Guido Grunwald, Bernd Hempelmann
Angewandte Marketinganalyse

Guido Grunwald, Bernd Hempelmann

Angewandte Marketinganalyse

Praxisbezogene Konzepte und Methoden zur
betrieblichen Entscheidungsunterstützung

DE GRUYTER
OLDENBOURG

ISBN 978-3-11-037172-7
e-ISBN (PDF) 978-3-11-043989-2
e-ISBN (EPUB) 978-3-11-043990-8

Library of Congress Cataloging-in-Publication Data
A CIP catalog record for this book has been applied for at the Library of Congress.

Bibliografische Information der Deutschen Nationalbibliothek
Die Deutsche Nationalbibliothek verzeichnet diese Publikation in der Deutschen
Nationalbibliografie; detaillierte bibliografische Daten sind im Internet über
http://dnb.dnb.de abrufbar.

© 2017 Walter de Gruyter GmbH, Berlin/Boston
Einbandabbildung: Pannawat/iStock/Thinkstock
Satz: Konvertus, Haarlem
Druck und Bindung: CPI books GmbH, Leck
♾ Gedruckt auf säurefreiem Papier
Printed in Germany

www.degruyter.com

Vorwort

Zielführende Entscheidungen im Marketing in einem globalen, durch neue Vertriebs- und Kommunikationskanäle geprägten Umfeld erfordern heute mehr denn je die Verarbeitung einer Fülle von Daten. Um aus der Vielfalt der zur Verfügung stehenden Daten konkrete Handlungsempfehlungen für betriebliche Entscheidungen ableiten zu können, ist der Einsatz von quantitativen und qualitativen Analysen im Marketing unumgänglich.

Mit diesem einführenden Lehrbuch in die angewandte Marketinganalyse werden die einschlägigen Analysekonzepte und -methoden zur betrieblichen Entscheidungsunterstützung anhand von Fallstudien und Übungsaufgaben kompakt und praxisnah vermittelt. Um ein besseres Verständnis für den Einsatz und das Ineinandergreifen der verschiedenen Analysen zu ermöglichen, werden die Analysekonzepte und -methoden entlang der typischen Ablaufschritte des Marketingplanungsprozesses dargestellt.

Im Einzelnen werden Konzepte und Methoden zur Analyse von Märkten, zur Ableitung von Potenzialen, zur Planung des Einsatzes von Marketingstrategien und Marketinginstrumenten sowie zur Messung der Marketingperformance vorgestellt. Die Auswahl der besprochenen Konzepte und Methoden berücksichtigt die besonderen Anforderungen kleiner und mittlerer Unternehmen in Bezug auf Anwendungsmöglichkeiten und Umsetzbarkeit.

Das Lehrbuch wendet sich an Studierende der Betriebswirtschaftslehre im Bachelor- und Masterstudium an Hochschulen, Universitäten und Akademien. Gleichermaßen geeignet ist es für Studierende des Wirtschaftsingenieurwesens, der Wirtschaftsinformatik und des Industrial Designs, die Marketing im Nebenfach belegen und sich – z. B. im Rahmen des Projektstudiums – mit strategischer und taktischer Marketingplanung auseinandersetzen. Auch Praktiker erhalten einen verwertbaren Einblick in die Anwendung der zentralen Konzepte und Methoden der Marketinganalyse zur Vorbereitung und Reflexion betrieblicher Entscheidungen. Da keine erweiterten Kenntnisse der Statistik oder Mathematik vorausgesetzt werden, ist das Buch sowohl als Begleitlektüre zu Veranstaltungen des Marketings wie auch zum Selbststudium geeignet.

Dr. Stefan Giesen und Annette Huppertz vom Verlag De Gruyter Oldenbourg danken wir für die bewährte gute Kooperation bei der Realisierung des Buches.

Lingen/Ems und Braunschweig, im September 2016　　　　　　　　Guido Grunwald
　　　　　　　　　　　　　　　　　　　　　　　　　　　　Bernd Hempelmann

Inhaltsverzeichnis

1 Analysebedarfe im Marketing

1.1 Einführung und Grundbegriffe

Entscheidungen im Marketing können von grundlegender Art sein und eine mehrere Perioden überdauernde Tragweite entfalten, indem sie die Stoßrichtung des Unternehmens langfristig vorgeben. Sie können aber auch konkrete Umsetzungen bezogen auf die Gestaltung des Tagesgeschäfts betreffen.

Aufgabe des **strategischen Marketings** ist die Festlegung der **Marketingstrategie** als grundlegender, langfristiger, aber flexibler (anpassungsfähiger) Handlungsplan zum Erreichen der gesetzten langfristigen Marketingziele. Die Strategie wird in der Regel über einen Zeitraum von fünf oder mehr Jahren geplant. Typische strategische Überlegungen stehen hinter der folgenden Fragestellung: Auf welchen Märkten oder Teilmärkten (Segmenten) sollen welche Produkte wann zu welchem Preis- und Serviceniveau angeboten werden?

Aus den strategischen Vorgaben werden im **taktischen Marketing** mittelfristige Ziele und Maßnahmen, etwa mit einem Zeithorizont zwischen ein bis fünf Jahren, abgeleitet. Im **operativen Marketing** werden aus der Strategie und den Vorgaben des taktischen Marketings kurzfristige Ziele mit einem Zeithorizont von etwa bis zu einem Jahr abgeleitet und kurzfristig wirksame Marketingmaßnahmen zum Erreichen dieser Ziele festgelegt. Folgende Fragestellung lässt sich exemplarisch eher dem taktisch-operativen Bereich zuordnen: Welche Werbeanzeigen sollen in welchen Zeitschriften wann geschaltet werden, um möglichst viele potenzielle Käufer über das Angebot einer neuen Produktvariante zu informieren?

Wie die beispielhaften Fragestellungen zum strategischen und taktisch-operativen Marketing zeigen, bedingen zielführende Entscheidungen regelmäßig eine strukturierte Planung. Unter dem Begriff der **Planung** wird im Folgenden die gedankliche Vorwegnahme zukünftiger Entwicklungen bezüglich bestimmter Ziele verstanden. Der Begriff der **Entscheidung** beinhaltet die Auswahl einer aus in der Regel mehreren möglichen Handlungsalternativen, die einem Entscheidungsträger zur Realisierung seiner Ziele zur Verfügung stehen, mit denen sich dieser einer zukünftigen Datenkonstellation möglichst perfekt (optimal) anpassen will. Die auszuwählende Maßnahme kann entsprechend der zeitlichen Dimensionierung strategischer, taktischer oder operativer Art sein.

Zur Planung und Entscheidung werden wiederum Daten benötigt sowie Kenntnisse darüber, wie sich Daten zu aussagekräftigen Informationen zur Unterstützung des Managements verarbeiten lassen. **Daten** sind nachprüfbare Werte als Ausprägungen einer **Variablen** (eines Merkmals, z. B. Zufriedenheit, Zahlungsbereitschaft), die entweder durch empirische Methoden wie Beobachtung, Befragung und Experiment erhoben oder durch modelltheoretische Methoden wie Simulation oder mathematische Optimierung am Rechner gewonnen werden können. Der **Marktforschung**

DOI 10.1515/9783110439892-001

kommt dabei die Aufgabe zu, Daten über Märkte in regelmäßigen Abständen durch Einsatz von empirischen Methoden zu erheben, aber auch auf die Entdeckung und Prüfung von Strukturen zielend zu analysieren und zu interpretieren (vgl. Grunwald und Hempelmann 2012 und 2013).

Um aus Daten **Informationen**, also zielgerichtet interpretierte Daten als nutzbare Antworten auf betriebliche Fragestellungen, zu erlangen, werden Modelle, Konzepte und Methoden benötigt. Deren (Weiter-)Entwicklung und Anwendung auf konkrete betriebliche Fragestellungen und Probleme des Marketings ist Aufgabe der **Marketinganalyse**. Sie bildet den Gegenstand des vorliegenden Lehrbuchs.

Während bei der Modellierung theoretische Annahmen bei der Schaffung eines Abbilds als Ausschnitt der Realität (Praxis) und die Ableitung von Folgerungen aus diesen Annahmen im Vordergrund stehen, liegt der Fokus bei den Konzepten und Methoden zur Analyse auf der **Erklärung** als dem Versuch zu verstehen, was uns die Daten sagen, bzw. bei der **Prognose**, welche Hinweise uns die Daten für die Zukunft geben. Mit dem Begriff **Konzept** ist näher ein umfassendes Handlungsmodell gemeint, in dem sowohl Ziele, Inhalte, Methoden und Verfahren (Instrumente, Techniken) planvoll miteinander verknüpft werden, z. B. ein Marketingkonzept zur Einführung eines neuen Produkts in einen Markt oder ein Analysekonzept zur Ermittlung des Marktpotenzials. Eine **Methode** ist ein Handlungsplan als Baustein eines Konzepts, in welchem die geplante Vorgehensweise im Voraus gedacht wird, z. B. eine Prognosemethode, die im Rahmen eines umfassenderen Konzepts zur Potenzialableitung angewendet wird. Den Prozess der Gewinnung von Informationen aus Daten fasst Abb. 1.1 zusammen.

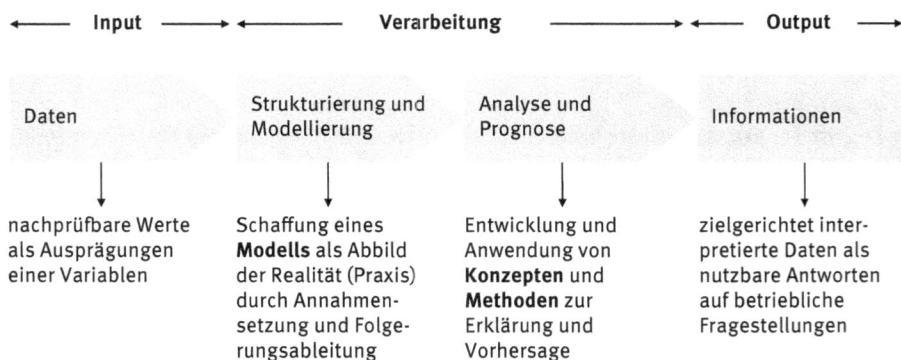

← Input →	← Verarbeitung →		← Output →
Daten	Strukturierung und Modellierung	Analyse und Prognose	Informationen
↓	↓	↓	↓
nachprüfbare Werte als Ausprägungen einer Variablen	Schaffung eines **Modells** als Abbild der Realität (Praxis) durch Annahmensetzung und Folgerungsableitung	Entwicklung und Anwendung von **Konzepten** und **Methoden** zur Erklärung und Vorhersage	zielgerichtet interpretierte Daten als nutzbare Antworten auf betriebliche Fragestellungen

Abb. 1.1: Zusammenhang zwischen Daten und Informationen (eigene Darstellung).

Die **praktischen Herausforderungen** an das Marketingmanagement liegen in Zeiten globalisierter Märkte sowie moderner Vertriebs-, Kommunikations- und

Informationskanäle nun zum einen in der stetig wachsenden Datenmenge, die kontinuierlich zu verarbeiten und zu interpretieren ist. Dieser Zunahme an auswertbarem Datenmaterial steht jedoch zum anderen eine oftmals unzureichende Kenntnis um die Existenz, Eignung und Anwendung von Konzepten und Methoden zur datengestützten Planung und Entscheidung gegenüber. Konkrete Analysebedarfe liegen hier insbesondere in der Zielgruppenidentifikation und -selektion, der Potenzialschätzung, der Neukundenakquise, dem laufenden Zielgruppen- und Kundenmanagement sowie in der Kundenbindung.

Vor allem in kleinen und mittleren Unternehmen scheinen nicht selten Hemmschwellen bei der Verwendung von Analysemethoden, etwa quantitativen Prognosemethoden, zu existieren, welchen oftmals vorschnell ein hoher Aufwand bei wenig aussagekräftigen Ergebnissen zugeschrieben wird. Hierhinter verbergen sich vielfach Vorbehalte, die eine generelle Skepsis gegenüber auf den ersten Blick komplexer erscheinenden Ansätzen offenbaren (vgl. für einen Überblick über typische Vorbehalte bei Folgenabschätzungen Grunwald und Hennig 2010). Die in vielen Lehrbüchern vorherrschende detailtechnische Darstellungsweise der Materie, deren Lektüre zum Teil beträchtliche mathematisch-statistische Vorkenntnisse erfordert, dürfte einer weiten Verbreitung von Ansätzen der Marketinganalyse in der betrieblichen Praxis überdies nicht gerade förderlich sein.

Ziel dieses Lehrbuchs ist somit die möglichst anwendungsnahe und kompakte Darstellung praxisbezogener Konzepte und Methoden zur Unterstützung von Planung und Entscheidung, einschließlich der Steuerung und Kontrolle von Maßnahmen, im strategischen wie taktisch-operativen Marketing. Der Einsatz solcher Ansätze soll zur Ableitung von Handlungsempfehlungen in Form betriebswirtschaftlicher Wenn-dann-Sätze zur Erklärung unternehmerischen Handelns, zu dessen Prognose sowie schließlich zur Optimierung des Handelns beitragen. Die Modellierung (Modellbildung) steht in diesem Lehrbuch nicht im Vordergrund, sie wird jedoch als notwendiger Zwischenschritt (Vorstufe) zur Ableitung und Anwendung von Konzepten und Methoden, nämlich zur Gewinnung und Strukturierung von Daten, mitbetrachtet.

Die Auswahl der Analysekonzepte und -methoden berücksichtigt die zentralen betrieblichen Analysezwecke sowie die besonderen Anforderungen kleiner und mittlerer Unternehmen in Bezug auf die Anwendungsmöglichkeit und Umsetzbarkeit der Ansätze. Um zur selbstständigen Anwendung anzuregen, werden die Konzepte und Methoden an konkreten Zahlenbeispielen in Form von Übungsaufgaben und Fallstudien vermittelt. Da keine erweiterten Kenntnisse der Statistik oder Mathematik vorausgesetzt werden, eignet sich das Lehrbuch sowohl als Begleitlektüre zu Veranstaltungen des Marketings wie auch zum Selbststudium.

Die nachfolgenden Abschnitte von Kapitel 1 informieren über die typischen Analysebedarfe (Untersuchungsziele) und Anforderungen an Analysen im Marketing. Einen systematisierenden Überblick über Modelle und Analysen im Marketing vermittelt Kapitel 2. Die methodischen Grundlagen der Statistik, Mathematik und betriebswirtschaftlichen Entscheidungslehre werden in Kapitel 3 gelegt. Um ein besseres Verständnis für die konkreten Einsatzmöglichkeiten und das Ineinandergreifen der verschiedenen Analysekonzepte und -methoden zu ermöglichen, werden diese entlang der typischen Ablaufschritte des **Marketingplanungsprozesses** in den Kapiteln 4 bis 8 behandelt. In Kapitel 4 werden zunächst Ansätze zur **Analyse der Ist-Situation** besprochen. Dem schließt sich die Analyse strategischer und taktisch-operativer Möglichkeiten **(Kann-Analyse)** und dessen, was angesichts der bestehenden Möglichkeiten (normativ) getan werden soll **(Soll-Analyse)** in den Kapiteln 5, 6 und 7 an. Mit der Ableitung von **Potenzialen und Marketingzielen** aus der zuvor durchgeführten Ist-Situationsanalyse beschäftigt sich Kapitel 5. Instrumentübergreifende und für den Einsatz einzelner Marketinginstrumente die Grundlage schaffende langfristige Handlungspläne, sogenannte **Basisstrategien**, werden in Kapitel 6 analysiert. Zu nennen sind hier Grundsatzüberlegungen zum Markteintritt (z. B. Wahl des Markteintrittszeitpunkts oder des Umgangs mit Wettbewerbern), der Marktstimulierung durch Ansätze der Positionierung, der Marktparzellierung durch Einteilung des Gesamtmarkts in homogene Teilmärkte (Segmentierung) sowie zur Verankerung des Themas Nachhaltigkeit in der Unternehmensstrategie (Corporate Social Responsibility, kurz: CSR). Mit der isolierten und kombinierten Analyse einzelner strategischer und taktischer **Marketinginstrumente** beschäftigt sich Kapitel 7. Die isolierte Analyse (Kapitel 7.1) betrachtet strategische und taktische Maßnahmen, die sich relativ trennscharf den Instrumenten Produkt- und Programmpolitik, Preispolitik, Distributionspolitik und Kommunikationspolitik zuordnen lassen. Im Rahmen der kombinierten Analyse (Kapitel 7.2) wird die Planung des Marketingmix behandelt. Der Begriff **Marketingmix** meint hierbei den simultanen und abgestimmten Einsatz von Marketinginstrumenten aus den genannten vier Marketingpolitikbereichen. Analysen zur **Erfolgsmessung** (Performance) der eingesetzten Strategien und Instrumente sind schließlich Inhalt von Kapitel 8. Sie messen den Zielerreichungsgrad, indem sie Zielvorgaben (Soll-Größen) mit dem nach Einsatz der Maßnahmen erreichten Stand (Ist-Größen) vergleichen. Insofern lässt sich von einer **Soll-Ist-Analyse** sprechen. Da bei Abweichung von Soll und Ist gegebenenfalls erneut zu analysieren ist und/oder Ziele bzw. Maßnahmen anzupassen sind, findet in diesem Schritt auch eine Rückkopplung mit vorher bereits durchlaufenen Phasen des Marketingplanungsprozesses statt.

Zu jedem Kapitel werden **Fallstudien und Übungsaufgaben** präsentiert, zu denen umfangreiche Lösungen am Ende des Buches, in Kapitel 9, dargestellt sind. Hierbei handelt es sich jedoch nicht um Musterlösungen als einzig denkbare Antworten. Vielmehr soll mit den angeführten Lösungsansätzen zu eigenständigen, erweiterten und unternehmensbezogenen Problemlösungen angeregt werden.

Abb. 1.2 fasst den Aufbau des Buches in Form eines Ablaufdiagramms zusammen.

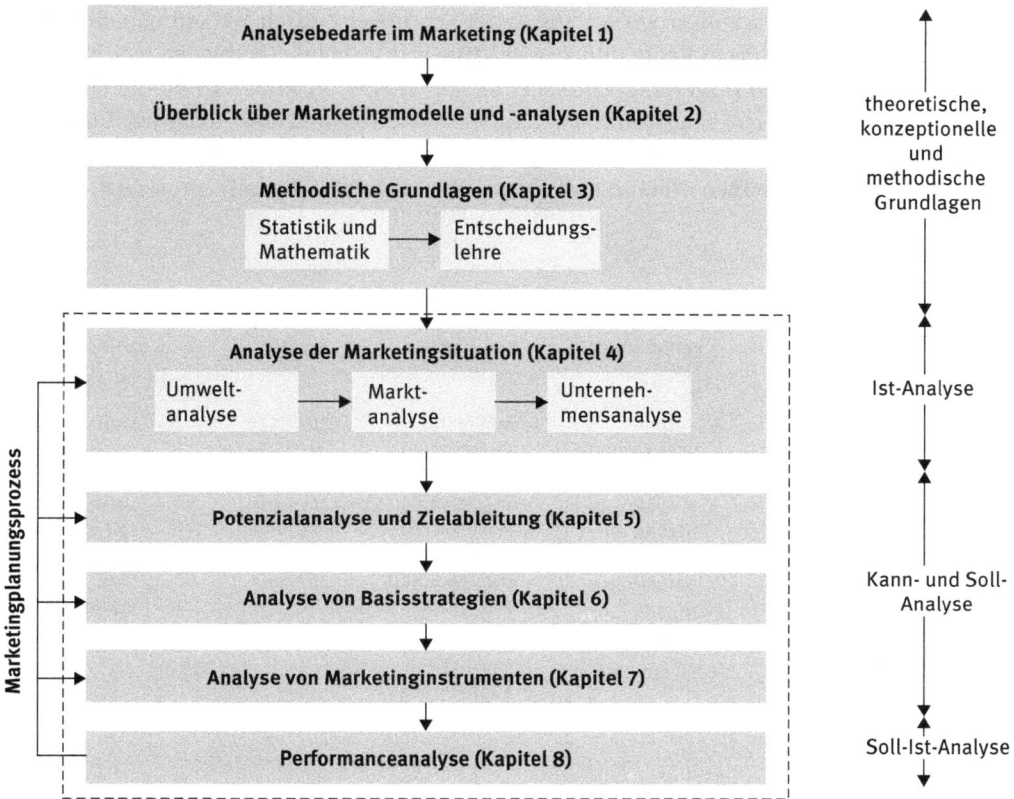

```
┌─────────────────────────────────────────────────────┐
│      Analysebedarfe im Marketing (Kapitel 1)          │
└─────────────────────────────────────────────────────┘
                          ↓
┌─────────────────────────────────────────────────────┐      theoretische,
│  Überblick über Marketingmodelle und -analysen (Kapitel 2) │   konzeptionelle
└─────────────────────────────────────────────────────┘          und
                          ↓                                    methodische
┌─────────────────────────────────────────────────────┐       Grundlagen
│         Methodische Grundlagen (Kapitel 3)            │
│   ┌──────────────┐      ┌──────────────┐              │
│   │ Statistik und│  →   │ Entscheidungs-│             │
│   │ Mathematik   │      │ lehre         │             │
│   └──────────────┘      └──────────────┘              │
└─────────────────────────────────────────────────────┘
```

Abb. 1.2: Aufbau des Lehrbuchs (eigene Darstellung).

1.2 Untersuchungsziele

Typische Untersuchungsziele der angewandten Marketinganalyse sind die Beschreibung, Erklärung und Prognose des Nachfrager- und Anbieterverhaltens und, damit verbunden, die Unterstützung der Planung und Verbesserung der Entscheidungsfindung (Optimierung) im strategischen und taktisch-operativen Marketing.

Im Hinblick auf die **Analyse des Nachfragerverhaltens** geht es der Marketinganalyse um die Beschreibung, Erklärung und Prognose des kurz-, mittel- und langfristigen Informations-, Beurteilungs- und Entscheidungs- bzw. Wahlverhaltens in der Kaufphase und in der Nachkaufphase. Die Vorkauf- und Nachkaufphasen lassen sich näher entlang typischer Schritte analysieren, die ein Nachfrager mehr oder weniger intensiv durchläuft. Das Nachfragerverhalten in den einzelnen Schritten lässt sich anhand unterschiedlicher Variablen beschreiben, von denen wiederum die jeweils nachfolgenden Schritte abhängen und die sich als Zielgrößen des Marketings zur Beeinflussung des Nachfragerverhaltens verwenden lassen. Gelingt es, den

Kauf- und Nachkaufprozess entlang dieser Schritte eng durch Marketingmaßnahmen zu begleiten, mögen Käufe und Wiederkäufe zugunsten des Anbieters beschleunigt, abgesichert und insgesamt wahrscheinlicher werden. In Abb. 1.3 sind die typischen Ablaufschritte eines ausführlichen Kaufentscheidungsprozesses skizziert. Die in den jeweiligen Schritten dieses Vorkaufprozesses wirksam werdenden Variablen werden im Folgenden näher erläutert und entsprechende Analysebedarfe aufgezeigt.

Problem-kenntnis	Informations-suche	Informations-verarbeitung	Alternativen-bewertung	Alternativen-wahl	Kaufent-scheidung
— Aufmerk-samkeit	— Informations-quellen	— Reizent-schlüsselung	— Mindestan-forderungen	— Wahlakt	— Kaufsituation
— Aktivierung	— Quellenglaub-würdigkeit	— Denken	— Alternativen-vergleich	— Risikowahr-nehmung	— Beratungs-qualität
— Involvement	— Medien-nutzung	— Produktver-fügbarkeit	— Produkt- und Markenrelevanz (Relevant Set)	— Vorkauf-dissonanz	— Vertrags-verhandlung/ Nachverhand-lung
— Wahrneh-mung	— Informations-selektion	— Produkt-beurteilung	— Präferenz	— Zusatzkauf-neigung	— Verhandlungs-kosten
— Bedürfnis (Motiv)	— Informations-kosten	— Nutzen	— Zahlungs-bereitschaft		
— Bedarf	— Kaufkriterien	— Lernen	— Kaufneigung		
— Emotion	— Produkt-merkmale	— Einstellung			
	— Image				
	— Awareness Set				

Abb. 1.3: Variablen des Nachfragerverhaltens in der Vorkaufphase (eigene Darstellung).

In der Phase der **Problemkenntnis** wird sich ein Nachfrager einer zu tätigenden Beschaffung zur Lösung eines bestimmten Problems (z. B. einer unzureichenden Produktqualität des bisher genutzten Produkts) über mehrere Schritte hinweg bewusst.

Als Auslöser eines Kaufentscheidungsprozesses ist in der Regel ein Mindestmaß an Aktivierung des Käufers erforderlich. Unter **Aktivierung** versteht man eine allgemeine Erregung und innere Spannung des Organismus, durch die der Käufer in einen Zustand der Leistungsbereitschaft und -fähigkeit versetzt wird. Nur wenn der Käufer hinreichend aktiviert ist, werden vom Marketing eingesetzte Reize (Stimuli), wie etwa eine Werbeanzeige, ein neues Produkt oder eine Preisänderung, überhaupt bemerkt. **Aufmerksamkeit** lässt sich dabei als vorübergehende Aktivierung kennzeichnen.

Während Aufmerksamkeit und Aktivierung vergleichsweise diffus und weniger auf einen konkreten Kaufgegenstand bezogen sind, handelt es sich bei der Variable **Involvement** um den Grad der Ich-Beteiligung bzw. das innere Engagement, mit dem sich ein Käufer einem Kaufobjekt (z. B. einem Produkt) oder einer Kommunikation zuwendet. Das Involvement kann sich z. B. auf ein spezielles Produkt bzw. Thema (produktbezogenes Involvement) oder auf eine Situation beziehen (situatives Involvement). Ein bestimmtes Grundinteresse lässt sich unabhängig von bestimmten Reizen der Person des Käufers, gewissermaßen als Persönlichkeitsmerkmal, zuordnen (persönliches Involvement). Während das situative Involvement nur in bestimmten Situationen auftritt bzw. erhöht ist, z. B. in einer Kauf- oder Beschwerdesituation, sind das produktbezogene und auch das persönliche Involvement vergleichsweise zeitstabil. Der Grad des Involvements (hoch vs. niedrig) beeinflusst u. a. die Informationssuche (aktiv vs. passiv), die gedankliche Verarbeitungstiefe der Informationen (hoch vs. gering), wie viele Merkmale bei einer Kaufentscheidung berücksichtigt werden (viele vs. wenige) und den Zeitpunkt der Meinungs- bzw. Einstellungsbildung (vor vs. nach dem Kauf).

Aufgabe der Marketinganalyse ist in diesem Zusammenhang die Abschätzung und Analyse des Involvement-Grades. Im Rahmen einer **Segmentierungsanalyse** lässt sich anhand der Verteilung des Involvements über verschiedene Kunden hinweg feststellen, ob und wie viele Kunden mit ähnlicher Involvement-Ausprägung zu einer Gruppe (Cluster, Segment) zusammengefasst werden können und wie viele solcher Segmente sich sinnvoll bilden lassen.

Die Kenntnis des Grades des Involvements ist im Marketing etwa bedeutsam für die Gestaltung der Werbebotschaft (informative vs. emotionale Ansprache). So lassen sich beispielsweise niedrig involvierte Konsumenten in der Tendenz kaum über eine informative Werbung mit vielen sachbezogenen Details erreichen, wohl aber über einfache, prägnante und häufig wiederholte Werbeslogans, eine ungewöhnliche Produktdarbietung oder über emotionale Gestaltungselemente wie Humor in der Werbung (vgl. Hempelmann und Lürwer 2002).

Aufmerksamkeit bzw. Aktivierung und Involvement beeinflussen die Wahrnehmung, also ob und inwieweit Nachfrager beispielsweise ein Problem mit einem derzeit genutzten Produkt empfinden, welches sie zum Kauf eines neuen Produkts anregt. **Wahrnehmung** kann näher definiert werden als Informationsaufnahme und Interpretation zur (subjektiv gefärbten) Abbildung der Realität. Merkmale der Wahrnehmung sind neben der Aktivierung auch die Subjektivität und die Selektivität. Die Wahrnehmung ist stets subjektiv, weil sich unterschiedliche Personen von ein und demselben Kaufobjekt regelmäßig ein unterschiedliches Abbild konstruieren. Ursache hierfür mögen beispielsweise Unterschiede im Alter, im Geschlecht oder in den Erfahrungen der Käufer mit einem Anbieter sein. Die Wahrnehmung ist selektiv, weil die Informationskapazitäten der Käufer regelmäßig begrenzt sind und Käufer in der Regel nicht jedes Detail, z. B. eines Produkts oder einer Werbung, aufzunehmen in der Lage sind. Die Selektivität der Wahrnehmung schützt das Individuum insofern auch vor einer unerwünschten Informationsüberlastsituation (Information Overload). Im Ergebnis kann es zur sogenannten schiefen Wahrnehmung kommen, also

einer systematischen Abweichung des subjektiven Abbilds der Realität von dem sogenannten Urbild als faktischer Wirklichkeit.

Auch Bedürfnisse müssen zunächst wahrgenommen werden, bevor sie ver-
haltenswirksam werden. Ein **Bedürfnis (Motiv)** ist ein wahrgenommener Mangel-
zustand, der den Organismus veranlasst, nach Mitteln zu dessen Beseitigung zu
suchen. Bedürfnisse sind **Emotionen**, verbunden mit einer Zielorientierung. Aus
einem Bedürfnis wird sich jedoch dann kein weiterer Schritt im Kaufentscheidungsprozess ableiten, wenn es dem Nachfrager an Kaufkraft und an Zeit zur Vorbereitung
und Tätigung von Käufen, z. B. zur Alternativensuche, mangelt. Das entsprechende
Bindeglied zwischen Bedürfnis und Nachfrage im Kaufentscheidungsprozess wird
Bedarf genannt. Unter dem Begriff **Bedarf** wird näher ein mit Kaufkraft und Zeit
ausgestattetes Bedürfnis verstanden. Im Rahmen der Marketinganalyse sind den
Entscheidungsträgern im Marketing in regelmäßigen Abständen Informationen zu
offenkundigen und latenten (unterschwelligen) Bedürfnissen und deren Veränderung im Zeitablauf zur Verfügung zu stellen, um die Produktgestaltung möglichst nah
an den Kundenwünschen ausrichten zu können.

Nimmt der Nachfrager am Ende der Problemkenntnisphase einen Bedarf wahr,
so wird er im nächsten Schritt des Kaufprozesses nach entsprechenden Angeboten
suchen, die seinen Bedarf grundsätzlich zu decken in der Lage sind.

In dieser zweiten Phase der **Informationssuche** sieht sich also der Nachfrager zunächst nach geeigneten Informationsquellen um, aus denen er sich mögliche
Angebote erschließen kann. Nicht jede Informationsquelle mag ihm dabei zugänglich sein oder zur Bewertung der Angebote gleichermaßen instruktiv erscheinen.
Nur ganz bestimmten Quellen mag der Käufer Vertrauen und Kompetenz zusprechen
(Quellenglaubwürdigkeit). Aus Anbietersicht stellt sich in diesem Zusammenhang
also die Frage, welche Informationsquellen für den Käufer überhaupt verfügbar und
relevant sind sowie von ihm als glaubwürdig wahrgenommen werden, um hierüber
gezielt zu informieren.

Neben der Quellenglaubwürdigkeit wird auch das **Mediennutzungsverhalten**
des Nachfragers bei der Planung von Kommunikationsmaßnahmen vom Anbieter
zu berücksichtigen sein: Welche Zielgruppe des Anbieters nutzt welche Medien zu
welcher Zeit? Zu welchen Zeiten sollte also der Anbieter in welchen Medien seine
Werbemaßnahmen schalten? Doch selbst wenn grundsätzlich bestimmte Medien
vom Käufer konsumiert werden, ist keineswegs sichergestellt, dass z. B. eine geschal-
tete Anzeige auch (vollständig) wahrgenommen und verarbeitet wird. Infolge eines
zu geringen Involvements mögen Werbemaßnahmen (teilweise) verpuffen, also etwa
nur einen Teil der Zielgruppe erreichen. Auch bei hohem Involvement der Empfänger mögen bestimmte aggressive Werbeformen vom Nachfrager nicht weiter beachtet, also **selektiert**, werden, weil sie **Reaktanz** auslösen. Mit dem Begriff Reaktanz
wird eine vom Werbeempfänger aufgebaute Abwehrhaltung gegen solche Werbemaßnahmen bezeichnet, die seine eigene Verhaltensfreiheit stark einschränken. Diese
Abwehrhaltung kann sich z. B. darin äußern, dass sich der Werbeempfänger dem

Beeinflussungsdruck widersetzt und die entsprechende Werbemaßnahme oder sogar die beworbene Marke meidet.

Die Informationssuche wird für den Nachfrager regelmäßig mit wahrgenommenen **Informationskosten** verbunden sein, die den Kaufprozess hemmen können. Dahinter verbergen sich etwa die zur Informationssuche aufgewendete Zeit und Mühe, das Entgelt für die Nutzung bestimmter Informationsquellen (etwa Zeitschriften, Messebesuch) und bisweilen empfundener psychischer Stress, beispielsweise in Verkaufsgesprächen. Ein Anbieter könnte durch leicht verfügbare und einfach verständliche Informationen hohe wahrgenommene Informationskosten reduzieren.

Hohe wahrgenommene Informationskosten mögen den Nachfrager dazu veranlassen, die Informationssuche auch eigeninitiativ durch Nutzung sogenannter **Schlüsselinformationen** (sogenannte Cues) zu verkürzen. Cues bündeln oder ersetzen viele detailtechnische Informationen, die der Käufer ansonsten, nämlich bei geringen wahrgenommenen Informationskosten, hoher Markttransparenz oder hohem Involvement, zur Ableitung seines Qualitätsurteils heranziehen würde. Dazu zählen etwa die Marke, der Preis, eine Garantie oder auch Warentesturteile. Zur Verkürzung von Kaufentscheidungsprozessen und zur Reduzierung wahrgenommener Informationskosten könnte ein Anbieter verstärkt Cues als Marketinginstrument einsetzen.

Für die Begleitung der Informationssuche des Käufers durch Marketingmaßnahmen des Anbieters ist bedeutsam, nach welchen **Kaufkriterien** der Nachfrager in seinem Suchprozess Ausschau hält, welche Kriterien er seiner Entscheidung zugrunde legt und wie relativ wichtig diese Kriterien für ihn subjektiv sind. Neben den genannten Cues mögen dies auch (technische) **Produktmerkmale**, Merkmale des Händlers oder des Vertriebskanals sein, über den das Produkt im Markt angeboten wird.

Bereits in der Phase der Informationssuche vergleicht der Nachfrager typischerweise Angebote entlang leicht verfügbarer und subjektiv als wichtig empfundener Vergleichsmerkmale (wie z. B. dem Preis, der Leistung, dem Anspruch an die Marke, dem üblichen Verkaufsort usw.). Ein solcher Vergleich schlägt sich in der Variable Image nieder. Unter dem **Image** lässt sich ein Gesamteindruck verstehen, den sich Nachfrager als Bild von einem Beurteilungsobjekt, etwa einer Marke, machen. Ein Image reflektiert die mit einem Beurteilungsobjekt assoziierten positiven und/oder negativen Eigenschaften. Positive bzw. negative Assoziationen mögen vor allem affektiv, auf der Gefühlsebene, entstehen. Die Eigenschaften eines Produkts werden aber kognitiv wahrgenommen, wobei auch Informationen des Anbieters (z. B. die Produktkommunikation) wie auch solche von anderen Konsumenten (z. B. Erfahrungsberichte) verarbeitet werden und in den Gesamteindruck einfließen. Insofern vereint das Image emotionale wie kognitive Elemente.

Angebote bzw. Anbieter, die dem Käufer im Rahmen seiner Informationssuche oder durch bereits früher gespeicherte Informationen ins Bewusstsein kommen, bilden das sogenannte **Awareness Set**. Hierbei handelt es sich um Alternativen, die noch nicht näher vom Käufer auf Eignung überprüft, also noch nicht bewertet wurden. Lediglich erste (oberflächliche) Assoziationen zu Produkt- und Anbietermarken in Form des Images mögen bis zu diesem Punkt vorliegen. Die Evaluierung der Alternativen schließt sich in den nächsten Phasen des Kaufentscheidungsprozesses an.

In der Phase der **Informationsverarbeitung** werden die aus bestimmten Quellen bzw. Medien aufgenommenen aktuellen Informationen sowie bereits gespeicherte Informationen weiter entschlüsselt und durch beteiligte **Denkprozesse** zu Urteilen, etwa über ein Produkt oder einen Anbieter, verarbeitet. Kaufentscheidungsprozesse lassen sich nach der Intensität der beteiligten Denkprozesse (hier absteigend sortiert) in extensive (ausführliche), begrenzte (vereinfachte), gewohnheitsmäßige (habitualisierte) und affektgesteuerte (impulsive) Prozesse einteilen (vgl. Grunwald und Hempelmann 2012, S. 21 f.). Extensive und vereinfachte Kaufentscheidungen finden unter starker kognitiver Kontrolle statt, also bei hohem Involvement, während impulsives und Gewohnheitsverhalten unter geringer kognitiver Kontrolle, also eher bei geringem Involvement, ablaufen. Hierin zeigt sich die Rolle des Involvements als Determinante des Kaufverhaltens. Bei geringem Involvement greift der Käufer häufig auf einfache Denkschablonen zurück, um ein Urteil über das Kaufobjekt abzuleiten. Hierbei schließt z. B. der Käufer vom Gesamteindruck eines Angebots auf einzelne Produkteigenschaften oder leitet umgekehrt aus einem Produktmerkmal, wie dem Preis als Cue, auf die Gesamtqualität ab. Bei hohem Involvement des Käufers hingegen werden tendenziell eher mehrere Eigenschaften des Angebots wahrgenommen, einzeln bewertet, in einer bestimmten Weise verknüpft und zu einem Gesamturteil verdichtet **(Multiattributmodell)**.

Neben Eigenschaften des Produkts wird ein Käufer dabei auch die **Produktverfügbarkeit** prüfen, vor allem, wenn es sich um mengenmäßig oder zeitlich limitierte Angebote handelt. Mit dem Hinweis auf die eingeschränkte oder umgekehrt uneingeschränkte Produktverfügbarkeit steht dem Anbieter somit auch ein Marketinginstrument zur Beeinflussung des weiteren Kaufprozesses zur Verfügung. So kann er sich beispielsweise durch unbeschränkte Produktverfügbarkeit (z. B. bei Ersatzteilen) von Wettbewerbern werbewirksam differenzieren oder mit dem Hinweis auf zeitlich oder mengenmäßig befristete Angebote milden Druck auf Käufer ausüben, ihren Kaufprozess zu beschleunigen.

Aus der Produktbeurteilung entwickelt der Nachfrager häufig konkrete Nutzenvorstellungen über ein bestimmtes Angebot. Unter der Variable **Nutzen** kann der Grad der erwarteten Bedürfniserfüllung durch ein bestimmtes Produktangebot verstanden werden. Der Nutzen von Produktangeboten könnte somit also vom Anbieter bereits in der Vorkaufphase durch Marktforschung gemessen und zur Zielgröße bei der Produktgestaltung im Produktmanagement verwendet werden. Ein Käufer wird regelmäßig dem Nutzen eines Angebots die wahrgenommenen erwarteten Kosten als Disnutzen gegenüberstellen, um aus dem Vergleich beider Größen auf den sogenannten Nettonutzen zu schließen. Der Nettonutzen könnte dabei als Quotient (Nutzen dividiert durch Kosten als Output-Input-Relation) oder als Differenz (Nutzen abzüglich der Kosten) ausgedrückt werden. Ein solches Kosten-Nutzen-Kalkül ist Ausdruck eines rationalen Entscheidungsprozesses und dürfte insbesondere bei Anschaffungen von größerer Tragweite, also etwa bei hochpreisigen Produkten, die seltener gekauft werden, anzutreffen sein. Gleichermaßen typisch ist es für Kaufentscheidungen auf Business-to-Business-Märkten (B2B-Märkten).

Werden kurzfristig Produkturteile bzw. Nutzenvorstellungen über die Zeit hinweg gelernt, können sie sich zu Einstellungen über ein Produkt bzw. einen Anbieter entwickeln. **Einstellungen** (Meinungen, Überzeugungen, Haltungen) werden im Marketing häufig definiert als gelernte, vergleichsweise dauerhafte Bereitschaften eines Individuums, auf Stimuli (z. B. Produkte, Anbieter) in einer bestimmten Weise (positiv oder negativ) zu reagieren. Kurzgefasst lässt sich die Einstellung als strukturierte Haltung gegenüber einem Gegenstand fassen. Sie umfasst die Motivation und zusätzlich die kognitive Gegenstandsbeurteilung. Ihre längerfristige Gültigkeit und ihre hohe Verhaltensrelevanz machen sie zu einer sehr geeigneten Zielgröße für Marketinginstrumente. Die kognitive Komponente der Einstellung beinhaltet das Wissen über die Eigenschaften eines Produkts bzw. einer Marke. Die emotionale oder affektive Komponente bezieht sich auf die subjektive Wichtigkeit bzw. Bedeutung der Eigenschaften für den Konsumenten. In manchen Operationalisierungsansätzen wird zusätzlich noch die konative Komponente ergänzt, die sich auf die Verhaltensdisposition gegenüber einem Produkt bezieht.

In der sich anschließenden Phase der **Alternativenbewertung** gleicht nun der Käufer die gebildeten Urteile über ein Angebot mit seinen **(Mindest-)Anforderungen**, also gewissen Erwartungsstandards, ab, um Angebote weiter auf Vorteilhaftigkeit zu prüfen. Angebote, die diesen Anforderungen nicht genügen, werden dabei selektiert, also im Evaluationsprozess nicht weiter berücksichtigt. Solche Vergleichsmaßstäbe können sich beispielsweise aus früheren Käufen und gebildeten Erfahrungen ableiten. Sie können einen subjektiv erwünschten oder auch einen maximal möglichen Zustand (z. B. im Sinne des Stands der Technik) beschreiben.

Während sich Nutzenvorstellungen lediglich auf ein einzelnes Angebot beziehen, vergleicht der Nachfrager im Rahmen der Alternativenbewertung nun zu einzelnen Produkten gebildete Urteile miteinander. Solch relativierte Nutzenurteile werden als **Präferenzen** bezeichnet. Sie drücken den Grad der Vorziehenswürdigkeit von Alternativen aus.

Diejenigen Angebotsalternativen, die im Rahmen der Urteils- und Präferenzbildung in die engere Wahl gelangen, somit also die präferierten Alternativen darstellen, werden als **Relevant Set** bezeichnet. Die Aufgabe, und gleichzeitig auch die Schwierigkeit für das Marketing, besteht nun darin, die eigene Marke im Relevant Set der Zielgruppe fest zu verankern und stets präsent zu halten. Denn allein aufgrund begrenzter Informationsaufnahme-, Informationsverarbeitungs- und -speicherkapazitäten der Nachfrager sowie zeitweilig dominanten Marketingaktivitäten der Konkurrenz, mag die eigene Marke Käufern nicht stets präsent genug sein, um sie in die engere Wahl zu ziehen.

Einen Ausweg aus diesem Dilemma sieht Aaker (2012) darin, die Marketingaktivitäten nicht erst im Rahmen der Präferenzbildung anzusetzen, um im Wettbewerb

z. B. durch überlegene Produkteigenschaftskombinationen gegen andere Marken zu gewinnen, sondern im Kaufentscheidungsprozess bereits viel früher bei der Herausbildung des Awareness Sets. Sofern es gelingt, die eigene Marke in der Wahrnehmung der Käufer gleichsam stellvertretend für die gesamte Produktkategorie zu positionieren, werden Käufer in den nachfolgenden Schritten des Kaufentscheidungsprozesses im Wesentlichen lediglich diese eine Marke für Käufe in der entsprechenden Produktkategorie in Betracht ziehen. Auf eine nachfolgende Präferenzbildung komme es somit gar nicht mehr an, weil die Marke über eine hinreichend große Alleinstellung verfügt.

Die Präferenz für eine bestimmte Produktalternative konkretisiert sich nun näher in einer bestimmten Zahlungsbereitschaft für das Produkt. Unter der **Zahlungsbereitschaft** (auch Preisbereitschaft, Reservationspreis, Maximalpreis oder Prohibitivpreis genannt) versteht man den maximalen Preis, den ein Nachfrager für ein Gut zu zahlen bereit ist (vgl. Hempelmann und Grunwald 2008). Die Kenntnis der Zahlungsbereitschaft ist für einen Anbieter von zentraler Bedeutung, um Angebote entsprechend der Möglichkeiten der Käufer zu bepreisen, aber auch, um möglichst wenig von der maximal möglichen Zahlungsbereitschaft zu verschenken. Ein Anbieter ist daran interessiert, die sogenannte Konsumentenrente als Differenz zwischen maximaler Zahlungsbereitschaft und herrschendem Marktpreis für das entsprechende Produkt abzuschöpfen. Einen Ansatz hierfür bietet die Preisdifferenzierung durch Setzung unterschiedlicher Preise für unterschiedliche Käufergruppen, die sich systematisch in der Ausprägung ihrer maximalen Zahlungsbereitschaft unterscheiden. Für die Preisfestsetzung ist wiederum die Kenntnis der Preis-Absatz-Funktion sehr nützlich, die sich z. B. regressionsanalytisch bestimmen lässt (vgl. dazu Hempelmann und Grunwald 2012, S. 25).

Präferenz und Zahlungsbereitschaft können als Indikatoren für die **Kaufneigung** des Nachfragers aufgefasst werden. Die Kaufneigung gibt an, inwieweit aller Voraussicht nach mit einem Kauf durch die betreffende Person gerechnet werden kann.

In der Phase der **Alternativenwahl** wählt der Käufer nun aus den im Relevant Set befindlichen Alternativen eine besonders geeignete aus. Da er nun kurz davor steht, sich möglicherweise für längere Zeit an eine bestimmte Alternative zu binden, mögen Käufer ein erhöhtes Kaufrisiko wahrnehmen, das den weiteren Kaufprozess bis zum Abschluss des Kaufvertrags verzögern kann. Vor allem beim erstmaligen Kauf höherwertiger und höherpreisiger Produkte, deren Qualität der Käufer im Kaufzeitpunkt schlecht abschätzen kann, mag das wahrgenommene Kaufrisiko erhöht sein. Ein erhöhtes wahrgenommenes Kaufrisiko wiederum kann den Käufer dazu motivieren, sich intensiver mit den vor dem Kauf verfügbaren Informationen über das Produkt zu befassen oder zusätzliche Informationen, z. B. von neutraler Seite eines Beraters, einzuholen. Sofern Informationen sich im Rahmen der erneuten Prüfung des Produktangebots vor dem Kauf widersprechen, kann hieraus ein als unangenehm empfundener Spannungszustand resultieren, der als **Vorkaufdissonanz** bezeichnet wird. Neben der Suche nach weiteren Informationen kann dies den Käufer auch zum Aufschub der Kaufentscheidung bewegen.

Aufgabe des Marketings könnte es in dieser Phase sein, solche, den Kaufprozess verzögernde, wahrgenommene Risiken und Vorkaufdissonanzen im Vorfeld durch ein in sich konsistentes und umfassendes Informationsangebot zu vermeiden oder aber Risiken und Dissonanzen wirksam abzubauen. Hierzu mögen sich umfassende Garantien und Serviceangebote (wie Schulungen, Installationshilfen, Wartungen) in der Nachkaufphase eignen, die auch – je nach Ausmaß des wahrgenommenen Risikos und der Risikoneigung des Käufers – als Zusatzangebote separat angeboten und bepreist werden können. Eine entsprechende **Zusatzkaufneigung** für solche, den Kauf unterstützende bzw. absichernde Maßnahmen sollte der Anbieter rechtzeitig in Erfahrung bringen, um sein Angebot sinnvoll zu ergänzen.

Nachdem die Wahlentscheidung getroffen wurde, wird nun in der Phase der **Kaufentscheidung** der Kaufvertrag formuliert, verhandelt, bei abweichenden Vorstellungen der Vertragsparteien gegebenenfalls nachverhandelt und final geschlossen. Sofern der Käufer weitere Auskunft über die Bedeutung und Folgen von Vertragsklauseln benötigt und sich von Dritter Seite beraten lassen möchte, können zusätzliche **Verhandlungskosten** entstehen. Im Projektgeschäft beispielsweise können häufig nicht sämtliche Eventualitäten bereits zum Zeitpunkt der Vertragschließung antizipiert und abschließend geregelt werden. Aus unvollständigen Verträgen können sich für die Vertragsparteien Risiken ableiten, etwa derart, dass nicht beobachtbare Verhaltensspielräume zulasten der anderen Vertragspartei opportunistisch ausgenutzt werden.

Kommt der Kauf zustande, gelangt der Käufer in die Nachkaufphase, die ebenfalls aus mehreren Schritten besteht (siehe Abb. 1.4), die vom Marketing zur Unterstützung von Wiederkäufen, Zusatzkäufen und Weiterempfehlungen durch Maßnahmen begleitet werden kann. Summarisch bilden das Wiederkauf-, Zusatzkauf- und Weiterempfehlungsverhalten die Variable **Kundenbindung**.

Lieferung	Lagerung	Vorbereitung für Konsum/ Verwendung	Konsum/ Verwendung	Wartung/ Reparatur/ Umtausch	Entsorgung
— Lieferzeit — Lieferzuverlässigkeit — Lieferflexibilität — Lieferqualität — Informationsfähigkeit	— Nachkaufdissonanz — Regret — Lagerkosten	— Verwendungszweck/ -situation — Komplexitätswahrnehmung — Risikowahrnehmung — Kosten der Bereitstellung	— Verwendungssorgfalt — Qualitätsbeurteilung — Ursachenzuschreibung (Attribution) — Zufriedenheit	— Kosten des Gebrauchs (Folgekosten) — Servicezufriedenheit — Beschwerdezufriedenheit — Nutzungsdauer	— Kosten der Entsorgung — Wiederkauf — Weiterempfehlung — Zusatzkauf — Anbieter-/ Produkt-/ Markenwechsel

Abb. 1.4: Variablen des Nachfragerverhaltens in der Nachkaufphase (eigene Darstellung).

Als ersten Schritt der Nachkaufphase kann der Käufer die **Lieferung** beobachten. Wird beispielsweise die versprochene **Lieferzeit** eingehalten? Der Kunde kann auch beobachten, wie häufig der Anbieter – gemessen an einer Gesamtzahl getätigter Bestellungen – termingerecht geliefert hat, was wiederum als **Lieferzuverlässigkeit** bezeichnet wird. Die **Lieferflexibilität** kann ausgedrückt werden als Anteil erfüllter Sonderwünsche des Käufers an der Gesamtzahl seiner Sonderwünsche. Die Lieferbeschaffenheit bzw. **Lieferqualität** misst, inwieweit die gelieferte Ware beim Kunden Grund zu Beanstandungen gibt. Die **Informationsfähigkeit** gibt an, wie auskunftsbereit der Anbieter auf Anfragen des Kunden über den Verbleib einer Sendung und Einhaltung von Lieferterminen reagiert. Die genannten Größen könnten bereits in der Vorkaufphase vom Anbieter als Verkaufsargumente im Marketing genutzt werden, um sich (auch) über solche logistische Themen von Wettbewerbern abzugrenzen.

Nach erfolgter Lieferung wird die Ware vom Kunden gegebenenfalls einer Form der **Lagerung** zugeführt, wobei ihm **Lagerkosten** entstehen können. Eine entsprechende Lagerung könnte ebenfalls als Zusatzleistung vom Anbieter offeriert werden, was für den Kunden unter Umständen mit Kostenvorteilen verbunden sein kann. Bereits in der Phase der Lagerung kann ein Kunde feststellen, ob das Produkt die vom Anbieter gemachten Angaben zur Haltbarkeit erfüllt.

Analog zur Vorkaufdissonanz mag sich auch nach dem Kauf bei Käufern ein Gefühl des Unbehagens einstellen, das falsche Produkt gekauft zu haben, was als **Nachkaufdissonanz** bezeichnet wird. Kunden bedauern möglicherweise ihre Kaufentscheidung, weil sie den Nutzen der ausgeschlagenen Alternative nachträglich höher bewerten als jenen der gewählten Alternative **(Regret)**, woraus sich Unzufriedenheit und in der Konsequenz Umtauschwünsche ableiten mögen. Das Marketing des Anbieters könnte auch auf die Vermeidung bzw. den Abbau solcher Nachkaufdissonanzen gerichtet werden, etwa durch gezielte Nachkaufkommunikation. Beispielsweise könnten die Vorteile des gewählten Produkts nach dem Kauf erneut aufgezeigt werden.

Bevor der Käufer das Produkt konsumieren bzw. verwenden kann, sind gegebenenfalls Vorbereitungen zu treffen. In der Phase der **Vorbereitung von Konsum bzw. Verwendung** setzt sich der Käufer intensiver mit dem Produkt auseinander, um zu klären, unter welchen Bedingungen es für die spezifizierten Verwendungszwecke bzw. -situationen einsetzbar ist. Die Verwendung kann sich möglicherweise als komplexer darstellen als vor dem Kauf erwartet. Eine gesteigerte **Komplexitätswahrnehmung** kann beispielsweise einen erhöhten Schulungsaufwand nach sich ziehen, weil Gebrauchsanweisungen unklar oder unvollständig sind, sich Mitarbeiter des Käufers nicht so schnell an die neuen Funktionalitäten gewöhnen, Produkte aufgrund hoher Komplexität anfälliger sind und nicht selbst vom Käufer repariert werden können usw. Vor der Nutzungsmöglichkeit des Produkts fallen möglicherweise **Kosten der Bereitstellung** für den Käufer an, wie beispielsweise Zulassungskosten, Kosten für die Umweltplakette und Überführungskosten bei Autos.

Empfundene Komplexität dürfte neben anderen Faktoren auch die **Risikowahrnehmung** nach dem Kauf ungünstig beeinflussen. Je komplexer und anfälliger ein Produkt wahrgenommen wird, desto eher mögen auch Schadensfälle mit der Verwendung assoziiert werden.

Sind Käufer und Produkt nun auf den Einsatz des Produkts vorbereitet, schließt sich die **Phase des Konsums bzw. der Verwendung** an. Insbesondere beim Kauf schadensträchtiger Produkte (wie z. B. technischen Geräten, Haushaltschemikalien) wird sich der volle Nutzen aus einer Verwendung nur dann einstellen, wenn der Käufer selbst eine hinreichende **Verwendungssorgfalt** beim Umgang mit dem Produkt ausübt. Hierunter lässt sich die aufgewendete Mühe verstehen, den Produkteinsatz ohne Schadensfall zu gestalten (vgl. Standop 2009, S. 3). Auch bei Dienstleistungen wird sich ein gewünschter Konsumerfolg für den Käufer im Übrigen nur dann einstellen, wenn er bei der Erstellung der Leistung mitwirkt, was als **Kunden-Co-Produktion** bezeichnet wird. Aus dem Zusammenspiel von eingebauter (technischer) Produktqualität und der Verwendungssorgfalt des Käufers bildet sich schließlich das **Qualitätsurteil** über das gekaufte Produkt. Der bereits vor dem Kauf einsetzende Prozess der Erwartungsbildung wird nach dem Kauf schrittweise durch die wahrgenommene Leistung bzw. Produktqualität abgelöst.

Zufriedenheit stellt sich dann beim Käufer ein, wenn seine Erwartungen durch die Produktleistung mindestens erfüllt werden. Im umgekehrten Fall kann Unzufriedenheit entstehen. Mögliche Ursachen für eine zufriedenstellende bzw. nicht zufriedenstellende Produktqualität kann der Käufer verschiedenen Ursachen zuschreiben, was als **Attribution** bezeichnet wird. Beispielsweise mag ein Käufer eine (nicht) zufriedenstellende Qualität dem Anbieter, sich selbst (wie etwa seiner unzureichenden Verwendungssorgfalt) oder äußeren Umständen zuschreiben.

Nach einiger Zeit der Produktnutzung mögen erste Probleme auftreten, die eine **Wartung, Reparatur** oder einen **Umtausch** erforderlich machen. Entsprechende Kundendienstleistungen mögen nun vom Kunden in Anspruch genommen werden, um die geplante Nutzungsdauer des Produkts zu erreichen bzw. zu verlängern. Solche vom Anbieter erbrachten produktbegleitenden Dienstleistungen mögen beim Kunden eine bestimmte **Servicezufriedenheit** hervorrufen, die auf die Zufriedenheit mit dem Produkt und mit dem Anbieter insgesamt ausstrahlen kann. Insgesamt werden dem Kunden nach längerer Zeit der Nutzung die **Folgekosten** seines Kaufes möglicherweise in einem größeren Ausmaß als im Kaufzeitpunkt bewusst. Zu denken ist hier an einen erhöhten Pflegeaufwand, Energie- und Wartungskosten.

Überschreitet die nach Produktproblemen erfahrene Unzufriedenheit ein gewisses Maß, könnte dies den Käufer zu einer **Beschwerde**, verstanden als jedwede Äußerung seiner Unzufriedenheit gegenüber dem Anbieter, veranlassen. Mit der Abwicklung seiner Beschwerde durch den Anbieter kann der Kunde nun wiederum ein bestimmtes Maß an Zufriedenheit erfahren **(Beschwerdezufriedenheit)**. Im günstigsten Fall kann der Anbieter eine erfahrene Unzufriedenheit mit dem Produkt durch hohe Beschwerdezufriedenheit (über-)kompensieren, sodass im Ergebnis sogar höhere Zufriedenheits- und Loyalitätsgrade erzielt werden als bei jenen Kunden, die niemals Unzufriedenheit im Laufe ihrer Geschäftsbeziehung mit dem Anbieter erfahren haben. Dieses Phänomen wird auch als **Recovery Paradoxon** bezeichnet.

Ist die geplante Nutzungsdauer erreicht oder lässt sich diese nicht weiter durch zusätzliche Wartungen, Reparaturen usw. verlängern, tritt der Käufer in die hier als **Entsorgung** bezeichnete Schlussphase mit dem Produkt ein. Der Anbieter könnte dem Kunden **Kosten der Entsorgung** durch besondere Rücknahmeangebote ersparen unter der Bedingung, dass ein Folgekauf bei demselben Anbieter getätigt wird. Hierdurch erlangt der Anbieter Kenntnis des Ersatzzeitpunkts und er kann dem Kunden zeitnah neue Produktangebote offerieren mit der Möglichkeit zur Steigerung der **Kundenbindung**. Bei gegebener Kundenzufriedenheit mit dem Produkt und dem Anbieter mag der Käufer mit **Wiederkäufen, Zusatzkäufen** und/oder **Weiterempfehlungen** reagieren, die allesamt Facetten der Kundenbindung darstellen. Solche erwünschten Verhaltensweisen mögen vom Anbieter im Rahmen von Kundenbindungsprogrammen belohnt werden. Infolge von erfahrener Unzufriedenheit mit dem betreffenden Produkt oder dominierenden Vorteilen von Konkurrenzprodukten kann der Kunde im umgekehrten Fall mit **Anbieterwechsel (Abwanderung), Produkt- bzw. Markenwechsel** reagieren.

Hinsichtlich der **Analyse des Anbieterverhaltens** hat die Marketinganalyse mittels Marktforschung erhobene Daten über die Anzahl, Art und relative Bedeutung von (potenziellen) Wettbewerbern zu interpretieren. Um die Stellung des eigenen Unternehmens im Umfeld von Wettbewerbern im Markt, die sogenannte Marktposition, einzuschätzen und den Erfolg von Marketingmaßnahmen im Zeitablauf beurteilen und kontrollieren zu können, sind Vergleichsgrößen in Form von Marktanteilen zu ermitteln. Der **absolute wertmäßige (mengenmäßige) Marktanteil** gibt den Anteil des gegenwärtigen Umsatzes (Absatzes) eines Anbieters auf einem Markt in einer bestimmten Periode an dem gegenwärtigen Umsatz (Absatz) aller Anbieter auf dem betreffenden Markt an. Der **relative Marktanteil** setzt hingegen den eigenen Marktanteil in Beziehung zum Marktanteil des größten Wettbewerbers.

Die Marktposition lässt sich nicht nur anhand ökonomisch-quantitativer Größen beschreiben, wie durch Marktanteile oder den **Bekanntheitsgrad**. Unter Letzterem kann der Anteil derjenigen Käufer verstanden werden, die den Namen (die Marke) des Unternehmens bzw. Produkts kennen an allen potenziellen Käufern im Markt. Als qualitative Größe wird ein Unternehmen auch die Käuferwahrnehmung des eigenen Angebots im Wettbewerbsumfeld, die sogenannte **Positionierung**, beachten müssen. Relevante Fragen sind in diesem Zusammenhang, welches Bild (Image) sich (potenzielle) Käufer von dem Anbieter und seinen Produkten machen, nach welchen Eigenschaften sie die Angebote im Markt vergleichen und ob es in der Wahrnehmung der Käufer Angebotslücken im Markt, sogenannte **Marktnischen** (Marktlücken), gibt, die ein Anbieter mit seinen Produkten besetzen könnte.

Die Analyse des Wettbewerberverhaltens lässt sich weiter nach dem Zeitbezug in drei Perspektiven unterscheiden:

(1) Bei der **retrospektiven Wettbewerbsanalyse** werden Märkte und Unternehmen vergangenheitsbezogen analysiert. So lassen sich zum gegenwärtigen Zeitpunkt auf Märkten beobachtbare Unterschiede zwischen den Unternehmen hinsichtlich des Zielerreichungsgrads bei den ökonomischen bzw. vorökonomischen Erfolgsgrößen (wie Marktanteilen, Umsätzen, Absätzen, Imagewerten, Bekanntheitsgraden usw.) teilweise auf deren eingesetzte Maßnahmen (z. B. des Marketings) zurückführen. Indem man z. B. für einen gegebenen Markt analysiert, was ein erfolgreicher Konkurrenzanbieter im Vorfeld im Unterschied zu einem ansonsten vergleichbaren, aber weniger erfolgreichen Anbieter unternommen hat, lässt sich auf erfolgsträchtige Maßnahmen schließen. Betrachtet man die Gruppe der auf einem Markt erfolgreichen Unternehmen näher, so könnte die Analyse der eingesetzten Maßnahmen, wie z. B. der gewählten Formen und Inhalte der Anzeigenwerbung, Aufschlüsse über die dahinterstehende Strategie geben, die auf dem betreffenden Markt erfolgversprechend ist.

(2) Bei der **begleitenden Wettbewerbsanalyse** wird das derzeitige Verhalten der Wettbewerber, welches momentan im Markt beobachtbar ist, analysiert. Beispiele bilden Preisbeobachtungen und die Analyse von Verkaufsförderungsaktionen. So bietet z. B. die Firma Drotax ein umfassendes Preisbeobachtungssystem für Konsumgüter an. In der Aktionspreisdatenbank werden tagesaktuell alle Aktionen in allen Warengruppen erfasst. Anhand der Regalpreisdatenbank werden Preis- und Sortimentsveränderungen der Wettbewerber aufgezeigt, um eine direkte Wettbewerbskontrolle am Point of Sale (PoS) zu ermöglichen.

(3) Bei der **prospektiven Wettbewerbsanalyse** versucht man, zukünftiges Wettbewerberverhalten auf der Grundlage vergangenen und gegenwärtigen Verhaltens bzw. auf der Basis von Verhaltensdeterminanten (-indikatoren), die derzeit beobachtbar sind, abzuschätzen. So schließt man z. B. von einer früheren Reaktion eines Wettbewerbers auf ein von dem betrachteten Unternehmen neu eingeführtes Produkt auf zukünftiges Verhalten dieses Wettbewerbers, beispielsweise auf dessen Preisanpassungen. Ein weiteres Beispiel ist die Planung der eigenen zukünftigen Werbemaßnahmen (etwa der zeitliche Einsatz bestimmter Werbeformen) auf der Grundlage der beobachteten getätigten Werbemaßnahmen relevanter Konkurrenten in der Vergangenheit.

1.3 Datenbezogene Anforderungen

Daten sind nachprüfbare Werte als Ausprägungen einer **Variablen** (z. B. Zufriedenheit, Zahlungsbereitschaft), die entweder durch empirische Methoden wie Beobachtung, Befragung und Experiment erhoben oder durch modelltheoretische Methoden wie Simulation oder mathematische Optimierung am Rechner gewonnen werden. Der **Marktforschung** kommt dabei die Aufgabe zu, Daten über Märkte in regelmäßigen Abständen durch Einsatz der genannten empirischen Methoden zu erheben, aber auch Strukturen entdeckend und Strukturen prüfend zu analysieren und zu interpretieren (vgl. Grunwald und Hempelmann 2012 und 2013). Bei der Analyse und Interpretation von Daten sowie zum Teil auch zu deren Gewinnung greifen Marktforschung und Marketing auf Modelle, Konzepte und Methoden der Marketinganalyse zurück.

Daten können durch Modellierung strukturiert und durch Anwendung von Konzepten und Methoden zu höherrangigen Informationen verarbeitet werden, um betriebliche Planungen und Entscheidungen zu unterstützen. Während Daten über Kaufakte, Erfahrungen und Anfragen von Kunden in der Regel bereits im Unternehmen, z. B. in Kundendatenbanken, vorhanden sind, können Daten über potenzielle Käufer und bislang nicht bearbeitete Märkte von externen Quellen wie Marktforschungsinstituten oder Auskunfteien beschafft werden.

Daten lassen sich nach der Beschreibungsart einteilen in **qualitative Daten**, die durch verbale Ausdrücke (wie geeignet, ungeeignet) beschrieben vorliegen, in **quantitative Daten** (0,25, 0,75 ...) und in **quantifizierte Daten** (0, 1). Letztere werden benötigt, um auch qualitative, z. B. in Textform vorliegende, Daten einer quantitativen Analyse zugänglich zu machen. Zum Beispiel können im Rahmen einer Inhaltsanalyse bestimmte Aussagen eines Textes Kategorien zugeordnet werden (wie positiv, neutral, negativ), denen wiederum zur anschließenden Häufigkeitsanalyse Zahlen (+1, 0, –1) zugeordnet werden (vgl. Grunwald und Hempelmann 2012, S. 137).

Im Grundsatz sind die Daten passend zum **Untersuchungsziel** (z. B. die beschreibende, erklärende oder prognostizierende Analyse der Wettbewerbspreise) zu wählen, wobei bereits in der Konzeptionsphase einer Untersuchung (etwa bei der Fragebogengestaltung) auf die **Auswertbarkeit** der zu erhebenden Daten zu achten ist.

Die Daten sollten grundsätzlich aktuell und vollständig für die Beantwortung der Untersuchungsfrage sein. **Aktualität** und **Vollständigkeit** der Daten können konkret an dem Gütekriterium der **Repräsentativität** reflektiert werden. Mit dem Kriterium der Repräsentativität wird angegeben, inwieweit eine gezogene Teilmenge von Daten (Stichprobe) strukturgleich zur Gesamtmenge der Daten (Grundgesamtheit) ist, aus der sie gezogen wurde. Sollen beispielsweise Aussagen über das Preissetzungsverhalten bestimmter Wettbewerber in Nordwestdeutschland im Zeitraum der letzten zwei Jahre getroffen werden, so ist die Stichprobe aus diesem Marktgebiet unter Beachtung des festgelegten Zeitraums zu bestimmen. Repräsentativität wird ihrerseits wesentlich bestimmt von dem Auswahlverfahren bzw. der Auswahlbasis sowie von dem Stichprobenumfang und dem letztlich für die Analyse verwertbaren Datenumfang als Ausschöpfung (Nettostichprobe).

Repräsentativität ist vor allem bei **quantitativer Forschung**, weniger dagegen bei **qualitativer Forschung**, von Bedeutung, da es letzterer im Unterschied zur quantitativen Forschung nicht darum geht, allgemeingültige Aussagen von großer Reichweite auf Basis großer, repräsentativer Stichproben zu machen. Das Forschungsanliegen qualitativer Forschung liegt eher auf dem Verstehen sozialer Phänomene und der Abbildung durch qualitative Relationen. Insofern genügen hierfür häufig qualitative Daten. Im Unterschied hierzu steht bei der quantitativen Forschung die Quantifizierung von Relationen (das Messen) im Vordergrund, sodass quantitative Daten oder quantifizierte Daten benötigt werden.

Die Auswahl und Verarbeitung der Daten hat dem Gütekriterium der Objektivität zu genügen. **Objektivität** meint die Unabhängigkeit der Untersuchungsergebnisse von dem jeweiligen Anwender (Forscher). Inwieweit wurden also die Messergebnisse durch intersubjektiv nachprüfbare Methoden der Datenerhebung und Datenanalyse nachvollziehbar abgeleitet? Um diesem Erfordernis nachzukommen, sind die Datenquellen transparent zu dokumentieren. In einem praktischen Fall könnte die Forderung nach Objektivität bedeuten, dass der Forscher bei der Datenerhebung und Datenanalyse bestehende subjektive Spielräume einräumt und transparent macht, wie er mit diesen Spielräumen, etwa durch Setzung von Annahmen oder Wahl eines bestimmten Vorgehens, umgegangen ist. Ein Beispiel für häufig vorkommende subjektive Spielräume bei empirischen Studien bildet der Umgang mit fehlenden Werten bei Befragungen. Der Forscher könnte hier beispielsweise einen unvollständig ausgefüllten Fragebogen komplett aus der Analyse herausnehmen. Er könnte aber auch nur die fehlenden Fragen ausblenden, jedoch den Rest der beantworteten Fragen voll berücksichtigen. Eine dritte Möglichkeit besteht in der Annahme typischer bzw. durchschnittlicher Werte für die fehlenden Antworten (vgl. zum Umgang mit fehlenden Werten in der Marktforschung Grunwald und Hempelmann 2012, S. 150 ff.). Ein zweites Beispiel ist der Umgang mit extremen Antworten bei Befragungen. Sofern über eine Skala Mittelwerte gebildet werden sollen, kann das Ergebnis erheblich durch solche Extremantworten (sogenannte Ausreißer), die untypisch für den Datensatz sind, beeinflusst werden. Im Sinne einer objektiven Vorgehensweise sollte der Forscher verdeutlichen, wie er mit Ausreißern umgegangen ist. Eine sinnvolle Vorgehensweise könnte sein, die Mittelwerte einmal mit Einbezug von Ausreißern und einmal ohne zu berechnen. Hierdurch könnte ermittelt werden, ob das Ergebnis bzw. die daraus gezogenen Schlüsse stabil bleiben. Zudem sollte ergänzend zum Mittelwert auch die Standardabweichung angegeben werden, die die Streuung der Merkmalswerte um den Mittelwert anzeigt.

Objektivität ist wiederum eine notwendige Voraussetzung für Reliabilität. Die Qualität der Daten kann insofern weiter anhand des Kriteriums der **Reliabilität** (Zuverlässigkeit) beurteilt werden. Sie gibt den Grad der Stabilität (Reproduzierbarkeit) der Messwerte bei wiederholter Messung an, also die Unabhängigkeit des Messergebnisses von dem Messvorgang. Hohe Reliabilität der Daten könnte beispielsweise dadurch erzielt werden, dass bei einer Befragung darauf geachtet wird, dass die Befragten die Fragen einheitlich und klar verstehen und das Verständnis der Frage durch Kontrollfragen, also Fragen mit gleichem Inhalt, aber unterschiedlicher Formulierung, überprüft wird. Da Objektivität eine Voraussetzung für Reliabilität ist, lässt sich letztere auch durch eine Verbesserung der Objektivität steigern.

Reliabilität wiederum ist notwendige, aber noch nicht hinreichende Bedingung für Validität. Mit dem Gütekriterium der **Validität** (Gültigkeit) wird die Frage betrachtet, inwieweit tatsächlich jene Information gemessen und wiedergegeben wird, die zu messen beabsichtigt ist. Inwieweit nimmt ein Messergebnis auch tatsächlich Bezug auf den zu untersuchenden Sachverhalt? Obwohl möglicherweise die Fragen in einem Fragebogen klar und übereinstimmend von den Befragten verstanden werden, kann es vorkommen, dass sie nicht dieselbe Vorstellung von der zu messenden Größe haben, wie der Forscher selbst.

1.4 Modellbezogene und methodische Anforderungen

Die Ansprüche an Modelle und Methoden im Marketing leiten sich aus der Überlegung ab, den Marketingmanager bei seinen Entscheidungen möglichst zu entlasten und zu unterstützen. Hierfür wiederum ist ein hoher Grad an **Benutzerorientierung** notwendig, so wie er von Little (1979) im Rahmen seines **Decision-Calculus-Konzepts** anhand von sechs Anforderungen an entsprechende Entscheidungsmodelle im Marketing operationalisiert wird (vgl. Little 1979, S. 466 ff.). Die Anforderungen an Modelle sind analog auch auf Methoden anwendbar.

(1) Hiernach sollte ein Modell nur jene Faktoren abbilden, die für die Entscheidungsfindung auch wirklich relevant sind **(Einfachheit)**.

(2) Umgekehrt sollte das Modell jedoch keine für die Entscheidung wesentlichen Einflussfaktoren unberücksichtigt lassen, sondern alle entscheidungsrelevanten Informationen abbilden **(Vollständigkeit)**.

(3) Das Modell sollte nur geringe Spielräume für Fehlspezifikation und Fehlinterpretation zulassen **(Benutzersicherheit)**.

(4) Ein Modell sollte anhand neuer Inputdaten laufend aktualisierbar und auf sich verändernde Rahmenbedingungen einzustellen sein **(Anpassungsfähigkeit)**.

(5) Der mit dem Modell arbeitende Benutzer sollte nachvollziehen können, wie durch Veränderung welcher Modellparameter welche Outputgrößen resultieren **(Kontrollierbarkeit)**.

(6) Der Benutzer sollte mit dem Modell im Rahmen des Einsatzes interaktiver EDV-Systeme schnell und unkompliziert dialogorientiert kommunizieren können **(Kommunikationsfähigkeit)**.

Sofern auch mehrere und stetig neue Anwender mit den Modellen und Methoden zur Entscheidungsunterstützung im Betrieb arbeiten, sollten die Anforderungen an einen **geringen Schulungsaufwand** bedacht werden. In einem geringen Schulungsaufwand liegt eine wesentliche Voraussetzung für die **Verstetigung** der Anwendung solcher Modelle und Methoden in der Marketingpraxis. Ein stetiger Einsatz der Modelle und Methoden ist erforderlich, um auch über mehrere Perioden auf der Grundlage einheitlicher Modelle und Methoden – und somit auf gleicher Berechnungsbasis – Vergleichswerte generieren zu können, um beispielsweise Trends in der Entwicklung aufzudecken und damit Entscheidungen nachhaltig zu unterstützen.

Auch auf die **Anwendbarkeit für KMU** sollte als Anforderung bei der Auswahl von Modellen und Methoden zur Entscheidungsunterstützung im Marketing geachtet werden. Die Wahl hat hier regelmäßig aufgrund der gegebenen Ressourcenknappheit mit dem geringsten Mitteleinsatz zu erfolgen **(Effizienz)**. Die Anknüpfungsmöglichkeit an bisher genutzte Software und Tools ist insbesondere zu prüfen. Steht beispielsweise nur ein geringes Budget für Primärforschung zur Verfügung, könnten jene Größen betrachtet werden, die mit den zu erhebenden Größen der Primärforschung korrelieren bzw. geeignete Indikatoren darstellen. Für die Analyse der Kundenzufriedenheit auf der Grundlage von Befragungsdaten ließen sich zeitweise (ergänzend) auch Beschwerdedaten, Kundenanfragen und produktbezogene Absatzzahlen nutzen. Eine große Anzahl an Beschwerden wird man sicher als Hinweis auf mangelnde Kundenzufriedenheit werten dürfen. Jedoch äußert sich nicht jede Unzufriedenheit in Form einer Beschwerde.

2 Systematisierung von Marketingmodellen und -analysen

2.1 Begriff und Typen von Marketingmodellen

Ein **Modell** ist ein im Rahmen der Theoriebildung genutztes vereinfachendes Abbild eines Ausschnitts der Realität. In einem Modell werden neben den Elementen des Realitätsausschnitts auch die Beziehungen zwischen den Elementen abgebildet. Insofern lässt sich ein Modell als formalisierte Theorie begreifen. So lassen sich beispielsweise Elemente des Realitätsausschnitts, wie etwa Kunden, Anbieter, Banken usw., in einem Modell durch Kästchen symbolisieren und die zwischen diesen Akteuren bestehenden Material- und Geldflüsse als Pfeile zwischen den Kästchen darstellen.

Werden dabei alle in der Realität vorkommenden Elemente sowie sämtliche Beziehungen zwischen diesen Elementen im Modell abgebildet, spricht man von einem **strukturgleichen Modell**. Aufgrund der in der Realität bestehenden Komplexität kann Strukturgleichheit im Allgemeinen nicht erreicht werden bzw. ist es oft auch gar nicht sinnvoll, diese zu erreichen, denn das resultierende Modell wäre genauso wenig verständlich wie die Realität selbst. Damit würde aber ein wesentlicher Zweck der Modellbildung gerade nicht erreicht. Modelle kommen nicht ohne Vereinfachungen aus. So wird man eben gerade nicht alle in der Realität bestehenden Elemente und/oder nicht alle zwischen ihnen bestehenden Beziehungen auch im Modell berücksichtigen, sondern je nach Anwendungszweck eine Konzentration auf als wichtig erachtete Elemente und Beziehungen zwischen diesen Elementen vornehmen.

Werden die Vereinfachungen dabei so vorgenommen, dass die Grundstruktur des betrachteten realen Systems unverändert bleibt, spricht man von einem **strukturähnlichen Modell**. Beispielsweise lässt sich ein Globus als strukturähnliches Modell der Erde interpretieren.

Generell können Modelle helfen, um

- in der Realität auftretende Situationen (Problemlagen) beschreibbar zu machen,
- ein grundlegendes Verständnis für das Verhalten eines realen Systems zu erlangen,
- mögliche Ursachen für auftretende Probleme zu ergründen sowie
- eine Informationsbasis für eine gezielte Beeinflussung bzw. Gestaltung des realen Systems zu generieren.

Modelle lassen sich nach verschiedenen Kriterien systematisieren (vgl. Domschke und Scholl 2005 S. 30 f.). Zunächst lässt sich nach dem **Einsatzzweck** des Modells zwischen

- Beschreibungsmodellen,
- Erklärungs- und Kausalmodellen,

DOI 10.1515/9783110439892-002

- Prognosemodellen,
- Entscheidungs- und Optimierungsmodellen sowie
- Simulationsmodellen

unterscheiden.

Beschreibungsmodelle dienen zur (verbalen, grafischen, tabellarischen ...) Darstellung der grundlegenden Systemelemente und der zwischen ihnen bestehenden Beziehungen. Das Betriebliche Rechnungswesen lässt sich in diesem Sinne als Beschreibungsmodell auffassen, dient es doch zur Beschreibung der finanziellen Beziehungen eines Unternehmens mit seiner Umwelt. **Erklärungs- und Kausalmodelle** untersuchen Ursache-Wirkungs-Beziehungen zwischen unabhängigen und abhängigen Variablen, die jeweils kontextspezifisch festzulegen sind. Abb. 2.1 stellt einen Ausschnitt aus einem Kausalmodell dar, das die Zufriedenheit mit einem Einzelhandelsunternehmen (abhängige Variable) auf verschiedene Ursachen (unabhängige Variablen) zurückführt.

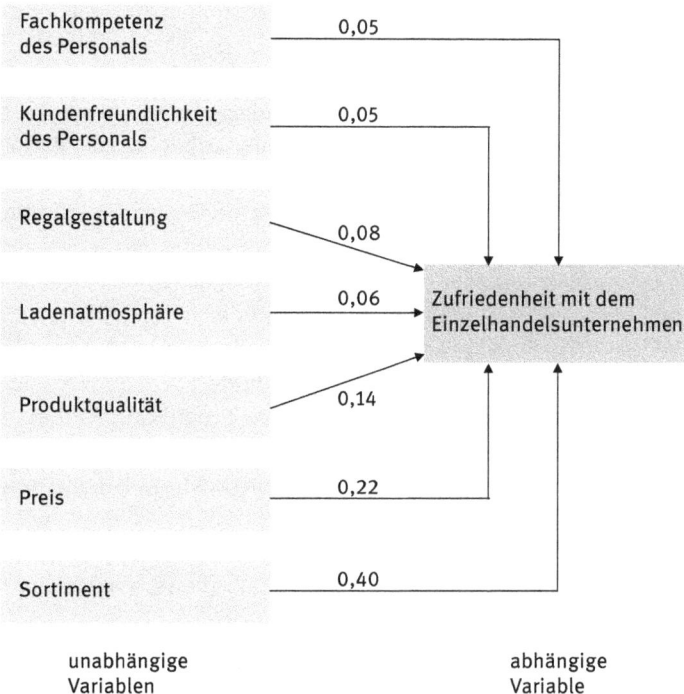

Fachkompetenz des Personals	0,05	
Kundenfreundlichkeit des Personals	0,05	
Regalgestaltung	0,08	
Ladenatmosphäre	0,06	Zufriedenheit mit dem Einzelhandelsunternehmen
Produktqualität	0,14	
Preis	0,22	
Sortiment	0,40	

unabhängige Variablen   abhängige Variable

Abb. 2.1: Beispiel für ein Kausalmodell (eigene Darstellung).

Prognosemodelle dienen zur Vorhersage zukünftiger Entwicklungen (Entwicklungsprognosen) oder zur Abschätzung der Auswirkungen bestehender Handlungsalternativen (Wirkungsprognosen). **Entscheidungs- und Optimierungsmodelle** verfolgen den Zweck, komplexe Entscheidungssituationen formal darzustellen und die bestmögliche Handlungsalternative mittels mathematischer Methoden zu identifizieren. Schließlich dienen **Simulationsmodelle** dazu, das Verhalten komplexer Systeme durchzuspielen.

Des Weiteren kann nach **Art der verarbeiteten Informationen** zwischen quantitativen und qualitativen Modellen unterschieden werden. **Quantitative Modelle** erfassen die zentralen Systemgrößen in Form von Variablen und bilden die zwischen Variablen bestehenden Beziehungen durch Gleichungen oder Ungleichungen ab. **Qualitative Modelle** beschränken sich auf die (verbale oder grafische) Darstellung grundsätzlicher Systemaspekte. Derartige Modelle sind vor allem im Rahmen der strategischen (Marketing-)Planung von Bedeutung.

Als bekanntes **Beispiel** für ein quantitatives Modell im Marketing, das gleichzeitig für Prognosezwecke genutzt werden kann, lässt sich ein auf Frank M. Bass zurückgehendes **Diffusionsmodell** anführen, das typische Muster der Marktausbreitung (Diffusion) erfolgreicher Produktinnovationen (z. B. Handys, Notebooks etc.) beschreibt (vgl. Bass 1969). Das Modell unterscheidet zwischen zwei Konsumentengruppen. Während **Innovatoren** kaufen, weil sie ein besonderes Interesse am Kauf von Produktneuheiten haben, erwerben **Imitatoren** Produktneuheiten erst dann, wenn sie deren Gebrauch in ihrem sozialen Umfeld bemerken. Die Marktausbreitung hängt nun entscheidend von der im Modell mathematisch erfassten Interaktion zwischen diesen beiden Konsumentengruppen ab. Zu Details sei diesbezüglich auf Kapitel 4.1.2 verwiesen. Falls die Gruppe der Imitatoren überwiegt (was im Allgemeinen der Fall sein dürfte), prognostiziert das Modell aufgrund der unterschiedlichen Verhaltensweisen der beiden Gruppen eine anfänglich steigende und später fallende Zahl der Erstkäufer sowie einen s-förmigen Verlauf der kumulierten Zahl der Erstkäufer. Derartige Muster der Marktausbreitung sind für erfolgreiche Produktinnovationen als durchaus typisch anzusehen und eben dieser Umstand macht das Modell für Prognosezwecke nützlich. In Abb. 2.2 ist eine s-förmige Marktentwicklung beispielhaft dargestellt.

Den **Prozess der Modellierung**, also der stufenweisen Modellbildung, ausgehend von der datengestützten Analyse betrieblicher Phänomene, verdeutlicht Abb. 2.3.

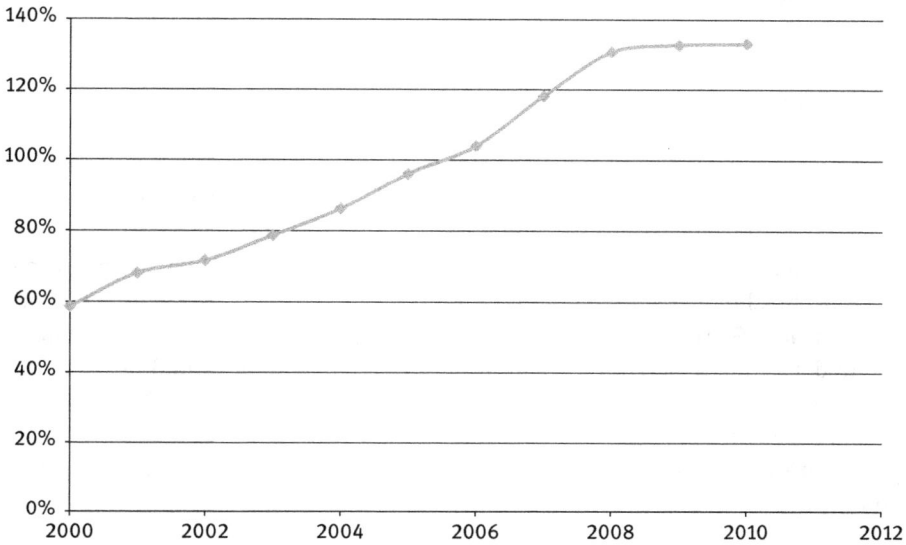

Abb. 2.2: Entwicklung der Penetration (Marktdurchdringung) in deutschen Mobilfunknetzen 2000–2010 (Bundesnetzagentur, Jahresbericht 2010, S. 81).

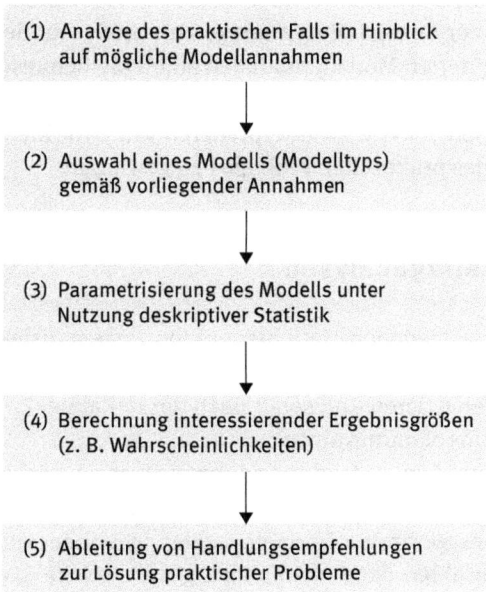

Abb. 2.3: Typische Ablaufschritte eines Modellierungsprozesses (eigene Darstellung).

Im **ersten Schritt** der Modellierung ist die betriebliche Situation, die durch das Modell beschrieben werden soll, im Hinblick auf zentrale Modellannahmen (z. B. Unabhängigkeit von Ereignissen, Prozess mit oder ohne Zurücklegen) zu untersuchen. Soll beispielsweise ein aus mehreren Komponenten bestehendes System (z. B. ein komplexes Produkt) im Hinblick auf seine Zuverlässigkeit analysiert und eine Systemausfallwahrscheinlichkeit geschätzt werden, ist hinsichtlich der Modellannahmen zu klären, ob die einzelnen Komponenten unabhängig voneinander arbeiten. Auch wäre beispielsweise zu klären, ob sich das in der Praxis zu beschreibende Phänomen auf zwei Ergebniszustände, nämlich Erfolg und Misserfolg, mit den zugehörigen Wahrscheinlichkeiten für Erfolg (p) bzw. Nichterfolg (1 − p) darstellen lässt.

Im **zweiten Schritt** gilt es, ein Modell auszuwählen, das möglichst viele Charakteristika der zu modellierenden Praxissituation in seinen Modellannahmen vereint. Hierzu gilt es, sich zunächst einen Überblick über mögliche Modelle, z. B. mithilfe der oben dargestellten Systematisierung, zu verschaffen.

Im **dritten Schritt** erfolgt mit der Parametrisierung die Schätzung der Modellparameter, wie beispielsweise der Erfolgs- und Nichterfolgswahrscheinlichkeiten, Erwartungswerte, Varianzen usw. Hierbei wird häufig auf Konzepte aus der deskriptiven Statistik, wie beispielsweise relative Häufigkeiten, Lage- und Streuungsmaße, zurückgegriffen.

Im **vierten Schritt** sind anhand des Modells die interessierenden Ergebnisgrößen, wie beispielsweise die Systemausfallwahrscheinlichkeit, unter Beachtung der im dritten Schritt durchgeführten Modellspezifikationen zu berechnen. Gegebenenfalls ist in diesem Schritt im Rahmen einer **Sensitivitätsanalyse** zu prüfen, ob die Rechenergebnisse auch bei leicht abgeänderten Modellannahmen stabil bleiben respektive wie stark sich diese verändern.

Im **fünften Schritt** sind die Rechenergebnisse zu interpretieren mit dem Ziel, Handlungsempfehlungen für Lösungen des praktischen Problems zu gewinnen.

2.2 Systematisierung von Marketinganalysen

Marketinganalysen lassen sich nach verschiedenen Gesichtspunkten systematisieren. Zunächst lässt sich nach dem Merkmal der Fristigkeit zwischen **strategischen** und **taktisch-operativen Analysen** differenzieren und somit nach der in Kapitel 2.3 angesprochenen Verankerung im Marketingplanungsprozess.

Die Unterscheidung nach **Dependenz-** bzw. **Interdependenzanalysen** bezieht sich auf die im Rahmen der Analyse verarbeiteten Variablen. Kennzeichen einer Dependenzanalyse ist die Aufteilung des gesamten Variablensatzes in abhängige und unabhängige Variablen. Welche Variablen dabei als abhängig und welche als unabhängig erachtet werden, hängt von der konkreten Zielsetzung der Analyse ab. Beispielsweise ließe sich die Kaufbereitschaft für eine Marke (= abhängige Variable) in Abhängigkeit von der Einstellung gegenüber der Marke (= unabhängige Variable) analysieren. Interdependenzanalysen ist hingegen eine solche Aufteilung der Variablen fremd. Im Rahmen dieser Analysen werden quasi Zusammenhänge zwischen gleichberechtigten Variablen analysiert.

Nach der grundsätzlichen Ausrichtung der Analyse kann zwischen **merkmals-** und **objektbezogenen Analysen** unterschieden werden. Während im ersten Fall die Merkmale als solche im Mittelpunkt des Interesses stehen, sind sie im Fall objektbezogener Analysen nur mittelbar von Relevanz, dienen sie doch der näheren Beschreibung der Objekte (Merkmalsträger), auf die sich das eigentliche Interesse der Analyse richtet. Nach den in der Analyse eingesetzten Daten kann zwischen **deterministischen** und **stochastischen Analysen** differenziert werden. Während in deterministischen Analysen nur solche Daten verwendet werden, deren Ausprägungen mit Sicherheit bekannt sind, werden in stochastischen Analysen auch solche Daten berücksichtigt, deren Ausprägungen Zufallsschwankungen unterliegen.

Schließlich kann nach den Analysezielen zwischen **Wirkungs-** und **Entscheidungsanalysen** unterschieden werden. Wirkungsanalysen untersuchen die Auswirkungen bestimmter Marketingmaßnahmen auf ausgewählte Variablen. Wie hat sich beispielsweise die Markenbekanntheit infolge einer durchgeführten Werbekampagne verändert? In welchem Umfang ist der Absatz nach einer Preiserhöhung zurückgegangen? Derartige Analysen bilden häufig einen Baustein von Entscheidungsanalysen, bei denen es allgemein um die zielkonforme Ausgestaltung von Marketingmaßnahmen geht.

2.3 Verankerung im Marketingplanungsprozess

Marketinganalysen werden entlang des Marketingplanungsprozesses eingesetzt (siehe Abb. 1.2), der die Gliederungsgrundlage des vorliegenden Lehrbuchs bildet und im Folgenden näher vorgestellt wird.

Den ersten Schritt im Marketingplanungsprozess bildet regelmäßig die umfassende Analyse der strategischen Ausgangssituation des Unternehmens im Markt einschließlich der auf den Markt einwirkenden Umweltfaktoren. Abb. 2.4 zeigt im Überblick das übliche Schema zur **Analyse der Marketingsituation**, die als **Ist-Analyse** die gegenwärtige und auch zukünftige (zu erwartende) Situation des Unternehmens (bei Beibehaltung der Strategie) in ihren Markt- und Umweltbezügen einerseits beschreibt, erklärt, prognostiziert und andererseits (normativ) bewertet. Der Übersicht halber sollte grundsätzlich der beschreibend-erklärend-prognostizierende Teil der Situationsanalyse getrennt vom normativ-bewertenden Teil dargestellt werden. Dies ist auch deswegen anzuraten, weil in vielen Organisationen regelmäßig unterschiedliche Personenkreise mit der Durchführung der Analyse zur Entscheidungsunterstützung einerseits und mit dem Treffen von Entscheidungen auf der Basis dieser noch weitgehend wertfreien Analyse andererseits befasst sind. Die

Vermischung beider Analyseteile würde umgekehrt ein vorschnelles, unreflektiertes Aussprechen von Handlungsempfehlungen begünstigen, das zu vermeiden ist.

Den Anlass zu einer Analyse der Marketingsituation können sowohl die erstmalige Festlegung der Marketingstrategie wie auch die Überarbeitung einer überkommenen Strategie geben. Eine Neuausrichtung der Marketingstrategie kann erforderlich werden, wenn sich wesentliche Veränderungen in den markt- und/oder umweltbezogenen Einflussgrößen ergeben haben. Von der Dynamik der Märkte (z. B. der Häufigkeit von Veränderungen im Verhalten von Nachfragern und Konkurrenten) hängt somit ab, in welchen Zeitabständen die Analyse der Marketingsituation wiederholt und einmal formulierte Ziele und Strategien gegebenenfalls neu festgelegt werden müssen.

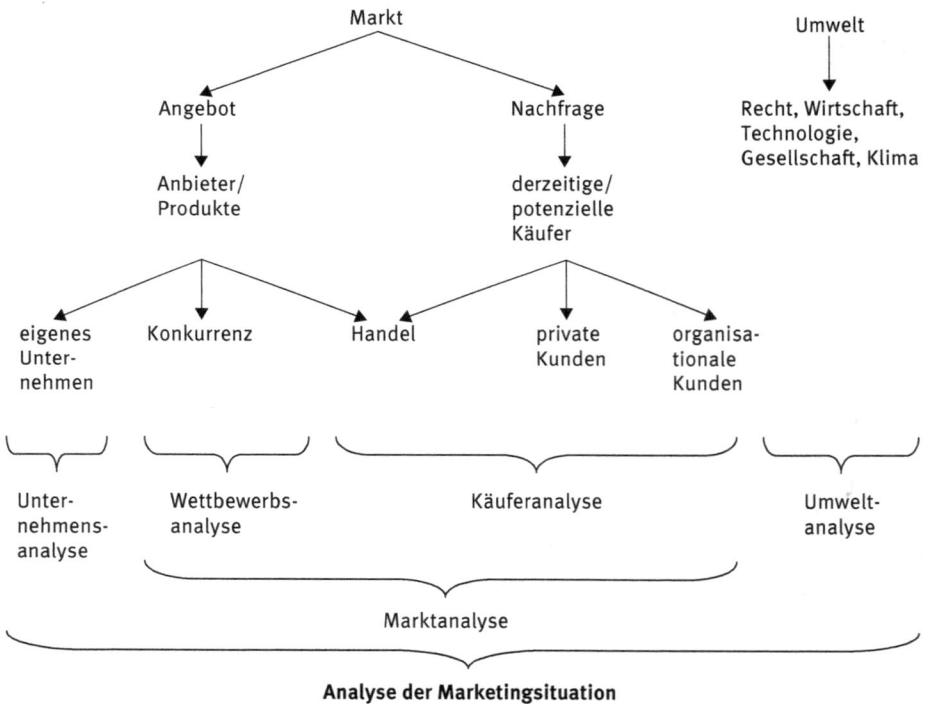

Analyse der Marketingsituation

Abb. 2.4: Schema zur Analyse der Marketingsituation (Grunwald und Hempelmann 2013, S. 3).

Während Angebot und Nachfrage (und deren Bestimmungsfaktoren) als marktbezogene Größen vom Unternehmen grundsätzlich (direkt oder indirekt) beeinflussbar (endogen) sind, handelt es sich bei den Umweltgrößen um von außen gegebene (exogene) Faktoren, die kurz- und mittelfristig gar nicht oder nur langfristig (schwer) vom Unternehmen selbst beeinflusst werden können. Eine Ausnahme könnte in einer längerfristig angelegten Lobbytätigkeit von Unternehmen auf Verbandsebene zur Beeinflussung politischer Entscheidungen gesehen werden. Häufig werden die zuerst genannten marktbezogenen, vom Unternehmen beeinflussbaren Faktoren auch unter dem Begriff der **Mikroumwelt** gefasst. Die zuletzt genannten schwer oder gar nicht beeinflussbaren Größen werden auch mit dem Begriff **Makroumwelt** umschrieben. Im Folgenden wird der Umweltbegriff allerdings zur deutlicheren Abgrenzung ausschließlich zur Kennzeichnung der vom Unternehmen nicht beeinflussbaren Faktoren verwendet.

Zur Gruppe der Umweltgrößen zählen insbesondere rechtliche Einflüsse (z. B. vom Gesetzgeber neu geschaffene oder geänderte Regeln im Steuer- oder Gefahrstoffrecht), wirtschaftliche Einflüsse (z. B. eine bestimmte konjunkturelle Situation, Einkommensrückgänge bei Kunden, gestiegene Arbeitslosigkeit), technologische Faktoren (Stand der Technik), gesellschaftliche Faktoren (z. B. ein Trend zu mehr nachhaltigem Konsum) sowie ökologische Faktoren (z. B. Klimawandel).

Solche Faktoren können sowohl Chance als auch Risiko für das betrachtete Unternehmen bedeuten und sind im Rahmen einer **Umweltanalyse** näher zu identifizieren, zu beschreiben und zu bewerten. Obgleich solche Faktoren vom Unternehmen selbst nicht zu beeinflussen sind, kann sich das Unternehmen strategisch auf diese Faktoren einstellen, um Risiken frühzeitig abzuwehren oder Chancen rechtzeitig zu nutzen. Die komplexe Aufgabe des mit der Analyse der Marketingsituation befassten Personenkreises liegt hier also vor allem darin, zwischen beeinflussbaren und nicht beeinflussbaren Erfolgsfaktoren des Unternehmens zu unterscheiden und Umweltentwicklungen zu antizipieren.

Die vom Unternehmen prinzipiell zu beeinflussenden Marktfaktoren werden im Rahmen der **Marktanalyse** weiter in angebots- und nachfragebezogene Größen unterteilt, welche von der Marktforschung, etwa durch Befragungen und Marktbeobachtungen, zur Verfügung gestellt werden.

Das Angebot auf einem Markt wird von dem betrachteten Unternehmen als Anbieter von Produkten und Leistungen sowie von dessen Wettbewerbern gebildet. Das Angebot des eigenen Unternehmens ist im Rahmen einer **Unternehmensanalyse** auf Stärken und Schwächen hin zu untersuchen. Beispielsweise mögen hier unternehmensinterne Gründe für eine schlechte Absatzsituation in der Produktpolitik (z. B. nicht erkannte Qualitätsmängel) oder der Preispolitik (z. B. regional nicht abgestimmte Preissetzung) in Betracht kommen.

Das Konkurrenzangebot als solches und in Relation zum eigenen Angebot ist im Rahmen einer (vergleichenden) **Wettbewerbsanalyse** näher zu betrachten. Beispielsweise mögen hier Preis- und Qualitätsvergleiche zwischen den Anbietern im Markt Aufschluss über relative Erfolgspotenziale geben. Konkret könnte ein Vergleich der eigenen Leistungen mit jenen eines näher zu definierenden besten Anbieterunternehmens (etwa des Marktführers) als sogenannte Benchmark durchgeführt werden. Alternativ oder ergänzend kommen kennzahlengestützte Vergleiche mit in der Branche als gut oder erstrebenswert angesehenen Soll-Kennziffern (z. B. hinsichtlich des Produktionsauslastungsgrads, der Reklamationsquote, der Wertschöpfung pro Mitarbeiter usw.) sowie mit selbst definierten Zielvorgaben (auch Verbesserungen gegenüber Vorperioden) infrage.

Im Rahmen der **Käuferanalyse** sind die derzeitigen und potenziellen Abnehmer der Produkte im Hinblick auf ihr (gegebenenfalls verändertes) Kauf- und Nachkaufverhalten und die hierauf einwirkenden Faktoren (z. B. Qualitätswahrnehmung und -beurteilung, Einstellungen, Bedürfnisse, Zufriedenheit, Produktverwendung) zu untersuchen.

Die Aufgabe der strategischen Marketingplanung besteht hierbei wesentlich darin, den **relevanten Markt** aus der Sicht des Anbieters zweck- und problembezogen abzugrenzen. Die Definition des relevanten Marktes kann dabei in sachlicher (inhaltlicher), räumlicher und zeitlicher Hinsicht erfolgen:

- In **sachlicher Hinsicht** kann der relevante Markt nach Anzahl und Art (z. B. Größe, Produkt- bzw. Kunden-/Käufertypen) der Anbieter und Nachfrager und nach deren Beziehungen zueinander (z. B. bezogen auf Kommunikation, Kooperation, Wettbewerb) analysiert werden. Eine besondere Bedeutung kommt hier der Frage zu, durch welche anderen Produkte und Leistungen dieselbe Problemlösung für den Nachfrager erbracht werden kann (Problemlösungsverbundenheit, substitutive Beziehung) bzw. welche Leistungen vom Nachfrager gemeinsam gekauft werden (Kaufverbundenheit, komplementäre Beziehung). Käufer könnten etwa in organisationale (z. B. gewerbliche) und private unterschieden und separat voneinander analysiert werden.
- In **räumlicher Hinsicht** kann der relevante Markt nach der Größe und Geografie des Verkaufsgebiets erfasst und näher beschrieben werden (z. B. Lokalmarkt, Regionalmarkt, überregionaler Markt).
- In **zeitlicher Hinsicht** ist zu präzisieren, auf welchen Zeitpunkt oder Zeitraum sich die Marktanalyse erstreckt (z. B. den Gegenwartszeitpunkt oder das letzte Geschäftsjahr). Hierbei ist zu beschreiben, welche Anbieter und Nachfrager in dem betrachteten Zeitraum bzw. zum identischen Zeitpunkt zum Leistungsaustausch bereit sind bzw. waren und damit dem relevanten Markt angehören.

Die einzeln durchgeführten Unternehmens-, Markt- und Umweltanalysen werden nun ganzheitlich in ihren Bezügen zueinander betrachtet und weiter zur Analyse der Marketingsituation verdichtet. Regelmäßig werden im Rahmen einer solchen Gesamtschau die aufgedeckten gegenwartsbezogenen Stärken und Schwächen der Unternehmung den ermittelten zukunftsbezogenen Chancen und Risiken der Unternehmensumwelt gegenübergestellt. Hieraus leiten sich häufig mehrere Möglichkeiten **(Potenziale)** ab, was das Unternehmen mit seinen Ressourcen angesichts gegebener Chancen und Risiken der Unternehmensumwelt strategisch erreichen kann (strategische Ziele) und auch wie, d. h. auf welche Art und Weise, diese Ziele sinnvoll erreicht werden können (Strategien).

Diese strategischen Möglichkeiten in Bezug auf Ziele und Strategien beschreiben den Möglichkeitsraum der Unternehmung, der in einer sogenannten **Kann-Analyse** dargestellt wird. Die Bewertung und Eingrenzung (Filterung) dieser strategischen Optionen erfolgt sodann im Rahmen einer normativ aufgeladenen **Soll-Analyse**. In beiden Analysen geht stets die Ableitung von Zielen der Strategieableitung logisch voran.

Strategische Marketingziele sind beispielsweise die Steigerung des Wertes der Marke um einen definierten Prozentsatz oder die Veränderung des Unternehmensimages hin zum Anbieter von Komplettlösungen jeweils in einem längerfristigen Zeitraum. In die Ableitung der strategischen Marketingziele fließen neben dem Ergebnis der Analyse der Marketingsituation regelmäßig auch unternehmensbezogene Vorgaben als Nebenbedingungen ein, wie etwa das Unternehmensleitbild als Unternehmensvision. Als Beispiel lässt sich hier die zunehmend wichtiger werdende gleichzeitige Berücksichtigung gesellschaftlicher und ökologischer Ziele neben wirtschaftlichen Zielen als Ausdruck einer freiwillig nachhaltigkeitsorientierten, verantwortungsvollen Unternehmensführung anführen **(Corporate Social Responsibility, kurz: CSR)** (vgl. Grunwald und Hennig 2012a und Grunwald und Hennig 2012b).

Die strategischen Marketingziele sind als langfristig angestrebte Leitziele (Oberziele) zu verstehen, die weiter in **taktische** bzw. **operative Ziele** (Unterziele) heruntergebrochen werden müssen, um konkret erreichbare Vorgaben für das operative Management (z. B. Produktmanagement) im Tagesgeschäft zu definieren. Als Beispiel für ein taktisches Marketingziel lässt sich die Steigerung des Marktanteils für das Produkt X im nächsten Quartal um 2 % anführen. Sowohl strategische als auch taktische Ziele sind messbar, d. h. operational, zu formulieren.

Eine Hauptaufgabe des strategischen Managements bei der Zielableitung besteht darin, strategische und taktische Ziele in ihren wechselseitigen Beziehungen zueinander zu beleuchten und ein Zielsystem ganzheitlich so zu entwickeln, dass die Verfolgung taktischer Ziele die Erreichung strategischer Ziele fördert.

Gleichwohl mögen **Zielkonflikte** zwischen den langfristig ausgerichteten strategischen Zielen und den mittel- bis kurzfristig ausgerichteten taktischen und operativen Zielen sowie Inkompatibilitäten unter den hieraus abgeleiteten Maßnahmen bestehen. So ist vorstellbar, dass das kurzfristig ausgerichtete Produktmanagement vor allem an der Erreichung vorgegebener taktischer Absatz-, Umsatz- oder Gewinnziele interessiert ist und hierzu auf kurzfristig hochwirksame Marketingmaßnahmen, wie Verkaufsförderungsaktionen oder preisaggressive Werbung, zurückgreift. Die häufige Durchführung solcher Aktionen kann das Qualitätsimage einer Marke jedoch langfristig schädigen, womit auch der Markenwert als strategische Zielgröße negativ beeinträchtigt würde. Ein solcher Zielkonflikt mag dadurch verstärkt werden, dass Produktmanager oft nur wenige Jahre für eine bestimmte Marke zuständig sind, sodass sie in ihrer Maßnahmenwahl vor allem von kurzfristigen Zielen und Erfolgen gesteuert werden. Eine Abhilfe könnten hier Anreizsysteme schaffen, die die Entlohnung des Produktmanagers auch von der Erreichung strategischer Markenziele abhängig machen.

Im nächsten Schritt des Planungsprozesses werden nun zur Erreichung der strategischen Ziele geeignete **Strategien** und zur Erreichung der taktischen Ziele erfolgversprechende taktische (operative) **Maßnahmen** abgeleitet. Die Strategien definieren hier zunächst grundlegende Entscheidungen von längerfristiger Tragweite und berühren regelmäßig mehrere Marketinginstrumente zugleich: Welche Märkte und Teilmärkte sollen langfristig mit welchen Produkten bedient werden? Als Beispiele für solche **Basisstrategien** lassen sich Maßnahmen zur Verbesserung der Wahrnehmung der eigenen Produkte im Wettbewerbsumfeld (Positionierungsstrategien) und Maßnahmen zur Ansprache und zum Bedienen unterschiedlicher Teilmärkte mit unterschiedlichen Problemlösungen (Segmentierungsstrategien) anführen.

Zur Verfeinerung der Planung und weiteren instrumentellen Umsetzung der Basisstrategien werden diese schließlich weiter auf einzelne Marketinginstrumente bezogen. Hieraus resultieren sogenannte **Instrumentalstrategien** zur Ausgestaltung und langfristigen Umsetzung der Basisstrategien:

- Welche Innovationen sollen wie weiter verfolgt werden? Welche Marken sollen wie langfristig unterstützt, neu geschaffen, zugekauft oder als Lizenz genutzt werden (Produkt- und Markenstrategien)?
- Wie soll das Preisniveau langfristig festgelegt oder verändert werden (Preisstrategien)?
- Wie soll das für den Planungszeitraum zur Verfügung stehende Werbebudget in einzelnen Perioden verausgabt werden? Sollen verstärkt neue Werbeformen genutzt werden (Kommunikationsstrategien)?
- Wie soll der Absatz langfristig über welche Vertriebskanäle organisiert werden (Distributionsstrategien)?

Strategien haben Investitionscharakter und können im Rahmen der Soll-Analyse mit den üblichen Methoden der Investitionsrechnung (z. B. Kapitalwertmethode) bewertet werden. Die taktisch-operativen Maßnahmen beziehen sich dagegen auf mittel- bis kurzfristig zu planende und im Tagesgeschäft umzusetzende Einzelmaßnahmen wie die Durchführung einer Rabatt- oder Werbeaktion, die Nutzung von Verkaufsdisplays oder die Neugestaltung einer Packung. Die Bewertung der taktischen Maßnahmen kann über die kurzfristige Erfolgsrechnung (z. B. Produkt- und Kundendeckungsbeitragsrechnung) erfolgen.

Das zentrale Ergebnis einer Soll-Analyse bildet die Ableitung strategiebezogener **Handlungsempfehlungen**, welche häufig in Form von Wenn-Dann-Sätzen formuliert werden: Wenn Umweltsituation A (z. B. ein bestimmtes Umweltrisiko) auf Unternehmenssituation B (z. B. eine bestimmte unternehmerische Stärke) trifft, dann sollte das Unternehmen Strategie C zur Erreichung des vorgegebenen strategischen Ziels D verfolgen.

Die **Auswahl** einer bestimmten Strategie oder taktischen Maßnahme aus der Menge der möglichen Strategien und Maßnahmen zur Erreichung der gewählten vorgegebenen Ziele erfolgt auf der Grundlage von Präferenzen des Unternehmens, die eine Ordnung von Konsequenzen bzw. Ergebnissen (z. B. erwarteten Gewinne) der alternativ möglichen Strategien bzw. Maßnahmen gestatten. Gewählt wird beispielsweise jene Strategie, die zum höchsten erwarteten Gewinn führt oder jene Strategie, mit der die Unternehmung am schnellsten zum Marktführer wird oder am schnellsten in die Gewinnzone gelangt.

Nachdem die ausgewählten Strategien und Maßnahmen im Markt eingesetzt wurden **(Realisation)**, gilt es, den Strategie- bzw. Maßnahmenerfolg anhand des Grades der Zielerreichung zu kontrollieren **(Strategiekontrolle)**. Das Marketing-controlling stellt hierfür regelmäßig Kennziffern und Analysen (z. B. Gap-Analyse als Schwachstellenanalyse) bereit. Sofern signifikante Abweichungen zwischen den definierten anzustrebenden Zielen (Soll-Zielgrößen) und dem erreichten Zielausmaß (Ist-Zielgrößen) bestehen, können Rückkopplungen im Marketingplanungsprozess erforderlich werden. Werden Soll-Zielvorgaben systematisch unterschritten, sollten entweder Strategien so abgeändert werden, dass die festgelegten Soll-Ziele besser erreicht werden können oder aber Soll-Zielvorgaben sollten an die Realitäten des Marktes angepasst und nach unten korrigiert werden. Der Planungsprozess wird mit der Analyse der Marketingsituation gegebenenfalls neu durchlaufen, wenn sich Rahmenbedingungen in der Unternehmensumwelt und/oder des Marktes selbst ändern.

3 Methodische Grundlagen

3.1 Datenverdichtung

Durch Datenverdichtung sollen umfangreiche Datenmengen durch wenige aussagekräftige Kennzahlen (z. B. durch Lageparameter und Streuungsparameter) oder Verteilungsmodelle kompakt beschrieben werden, um aus den Daten höherrangige Informationen zu gewinnen und Datensätze besser miteinander vergleichen zu können. Der hiermit verbundene Zugewinn an Übersichtlichkeit, Kompaktheit und Schnelligkeit beim Zugang zu Informationen ist gegen einen potenziell mit der Datenverdichtung verbundenen Informationsverlust abzuwägen. Den ersten Schritt zur Datenverdichtung bildet regelmäßig das Aufstellen der Häufigkeitsverteilung.

3.1.1 Häufigkeitsverteilungen

Nach Erhebung der Werte für ein interessierendes Merkmal stellt das Aufstellen einer empirischen Häufigkeitsverteilung für gewöhnlich den ersten Schritt der Datenverdichtung dar. Den Ausgangspunkt bildet hierbei die **Urliste** der erhobenen Merkmalswerte, die zunächst der Größe nach geordnet werden. Auf diese Weise wird die Urliste in eine **Rangliste** (Rangwertreihe) überführt. Die Häufigkeitsverteilung gibt sodann an, mit welcher (absoluten oder relativen) Häufigkeit die (der Größe nach geordneten) Merkmalsausprägungen vorgekommen sind. Häufigkeitsverteilungen lassen sich entweder tabellarisch (in Form einer **Häufigkeitstabelle**) oder grafisch (etwa in Form eines **Histogramms**) darstellen. Letztere Form eignet sich insbesondere zur Darstellung der Häufigkeitsverteilung für ein **stetiges Merkmal**, bei dem im Grundsatz jede beliebige reelle Zahl als Merkmalsausprägung vorkommen kann, oder jedenfalls **quasistetiges Merkmal**, bei dem eine sehr große Zahl von möglichen Merkmalsausprägungen gegeben ist. In beiden Fällen werden (für gewöhnlich äquidistante) Klassen von Merkmalsausprägungen so gebildet, dass sich die Klassen nicht überschneiden. Mithin wird also von **klassierten Daten** ausgegangen. Abb. 3.1 illustriert ein Histogramm am Beispiel des quasistetigen Merkmals Alter, wobei von einer Zuordnung in einer von insgesamt zehn Altersklassen ausgegangen wird.

3.1.2 Verteilungsparameter

In einem zweiten Schritt geht es darum, die in Häufigkeitsverteilungen enthaltenen Informationen durch Kennziffern (weiter) zu komprimieren. Dabei ist zwischen Lage- und Streuungsparametern zu unterscheiden. Während **Lageparameter** die mittlere Ausprägung eines Merkmals zum Ausdruck bringen, geben **Streuungsparameter**

DOI 10.1515/9783110439892-003

Auskunft darüber, wie stark die Einzelwerte variieren. Gemäß Tab. 3.1 ist die konkrete Ausgestaltung dieser Parameter dabei abhängig vom **Skalenniveau** des erhobenen Merkmals, wobei in aufsteigender Reihenfolge des Informationsgehalts zwischen der Nominal-, Ordinal-, Intervall- und Verhältnisskala (Ratioskala) zu unterscheiden ist (vgl. Grunwald und Hempelmann 2012, S. 56). Intervall- und Verhältnisskalen werden auch als metrische oder kardinale Skalen bezeichnet.

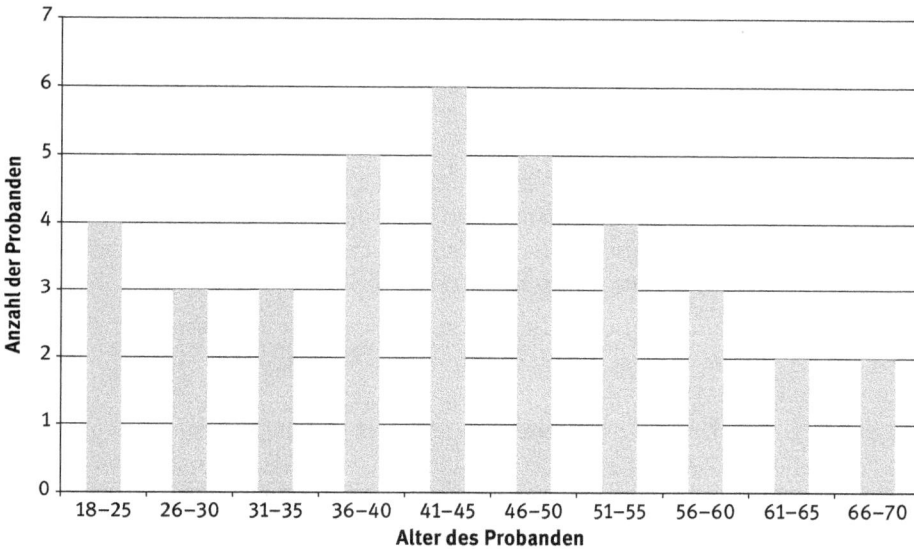

Abb. 3.1: Beispiel einer Häufigkeitsverteilung bei einem quasistetigen Merkmal (Grunwald und Hempelmann 2012, S. 74).

Tab. 3.1: Lage- und Streuungsparameter (eigene Darstellung).

Lageparameter	Definition	erforderliches Skalenniveau
Modus	häufigste Merkmalsausprägung	ab Nominalskala
Median	50 % der Beobachtungswerte liegen unterhalb, 50 % oberhalb des Medians	ab Ordinalskala
arithmetischer Mittelwert	Merkmalsumme/Zahl der Beobachtungswerte	ab Intervallskala

Streuungsparameter	Definition	erforderliches Skalenniveau
Spannweite	Differenz zwischen größtem und kleinstem Beobachtungswert	
Varianz	mittlere quadratische Abweichung vom arithmetischen Mittelwert	ab Intervallskala
Standardabweichung	Wurzel aus der Varianz	

3.1.3 Verteilungsmodelle

Gerade im Rahmen von Modellanalysen im Marketing ist es häufig nützlich, empirische Häufigkeitsverteilungen durch aus der Statistik bekannte theoretische Verteilungsmodelle annähern zu können. Die daher im Folgenden zu betrachtenden Verteilungsmodelle unterscheiden sich dahingehend, ob ein diskretes oder ein stetiges Merkmal betrachtet wird.

Im Fall eines **diskreten Merkmals** können nur endlich (oder abzählbar unendlich) viele Merkmalsausprägungen angenommen werden. Bezeichnet man das betrachtete Merkmal mit X und die möglichen Merkmalsausprägungen mit x_1, x_2, ..., x_n, nennt man die Funktion f(x) die angibt, mit welcher Wahrscheinlichkeit X eine der möglichen Merkmalsausprägungen annimmt, die **Wahrscheinlichkeitsfunktion** von X. Diskrete Verteilungsmodelle ergeben sich demgemäß aus der Spezifikation der zugehörenden Wahrscheinlichkeitsfunktion. Mit der Binomial- und der Poissonverteilung seien hierzu im Folgenden zwei Beispiele näher betrachtet.

Die **Binomialverteilung** ist durch die Wahrscheinlichkeitsfunktion

$$f(x) = \binom{n}{x} \cdot p^x \cdot (1-p)^{n-x}, \; x = 0, 1, 2, ..., n$$

mit den Parametern n und p gegeben. Sie ergibt sich aus der Fragestellung, wie groß die Wahrscheinlichkeit dafür ist, bei n unabhängig voneinander und zufällig durchgeführten Ziehungen mit Zurücklegen genau x-mal ein Objekt zu ziehen, das eine bestimmte Eigenschaft E aufweist, wenn bei jeder dieser Ziehungen die Wahrscheinlichkeit dafür, ein Objekt mit der Eigenschaft E zu ziehen, p beträgt. Als **Beispiel** seien Ziehungen aus einer Kundendatei mit N = 10.000 Kunden betrachtet von denen lediglich 250 durch die Eigenschaft gekennzeichnet sind, umsatzstarke Kunden zu sein. Wird zur Durchführung einer Kundenumfrage eine Stichprobe im Umfang von n = 50 Kunden gezogen, ist die Wahrscheinlichkeit dafür, dass unter diesen 50 Kunden x umsatzstarke Kunden vertreten sind, durch eine Binomialverteilung mit den Parametern n = 50 und p = 0,025 gegeben (siehe Abb. 3.2). Erkennbar wird, dass mit dem Ziehen von mehr als 5 umsatzstarken Kunden kaum zu rechnen ist. Mit etwas über 35 % weist die Berücksichtigung von einem umsatzstarken Kunden in der Stichprobe die größte Wahrscheinlichkeit auf.

Ein gewisser Nachteil der Binomialverteilung ist im betrachteten Kontext darin zu sehen, dass dieses Verteilungsmodell von einem **Ziehen mit Zurücklegen** ausgeht. Ein einmal gezogener Kunde verbleibt hierbei in der Auswahlbasis und könnte gegebenenfalls in einer der Wiederholungen des Ziehungsvorgangs erneut gezogen werden. Realistischer dürfte ein **Ziehen ohne Zurücklegen** sein, bei dem ein einmal gezogener Kunde anschließend aus der Auswahlbasis entfernt wird und folglich für weitere Ziehungen nicht mehr zur Verfügung steht. Das für diese Situation (eigentlich) probate Verteilungsmodell ist das der **Hypergeometrischen Verteilung,** dessen formale Darstellung z. B. bei Bamberg et al. 2012a, S. 95 nachgelesen werden kann. Unter der Bedingung eines hinreichend kleinen Auswahlsatzes n/N (als Faustregel gilt n/N < 5 %) kann dieses Verteilungsmodell jedoch durch die Binomialverteilung hinreichend genau angenähert werden.

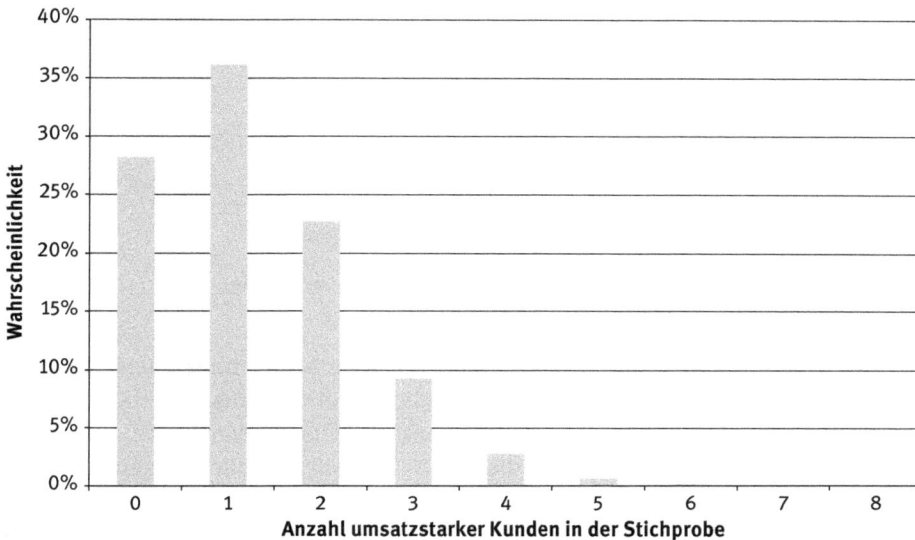

Abb. 3.2: Binomialverteilung der Anzahl umsatzstarker Kunden in der Stichprobe (eigene Darstellung).

Ein anderes Verteilungsmodell ist die durch die Wahrscheinlichkeitsfunktion

$$f(x) = \frac{\lambda^x}{x!} \cdot e^{-\lambda}, x = 0, 1, 2, \ldots$$

definierte **Poissonverteilung**. Diese Verteilung ist durch die Wahl des Parameters λ (wobei $\lambda > 0$) eindeutig festgelegt. Sie kann durch Setzung von $\lambda = n \cdot p$ unter der Bedingung $n \geq 50$ und $p < 0,05$ ihrerseits zur Annäherung an die Binomialverteilung verwendet werden. Mithin ist die Poissonverteilung immer dann von Interesse, wenn man sich für die Fragestellung interessiert, wie oft sich bei einer größeren Anzahl an Wiederholungen eines Zufallsvorgangs ein Ereignis, das sich bei jeder einzelnen Wiederholung nur sehr selten einstellt, ergeben hat. Bezogen auf das obige Beispiel lässt Abb. 3.3 die gute Übereinstimmung der beiden Verteilungsmodelle deutlich erkennen, wobei $\lambda = 50 \cdot 0,025 = 1,25$ gesetzt wurde.

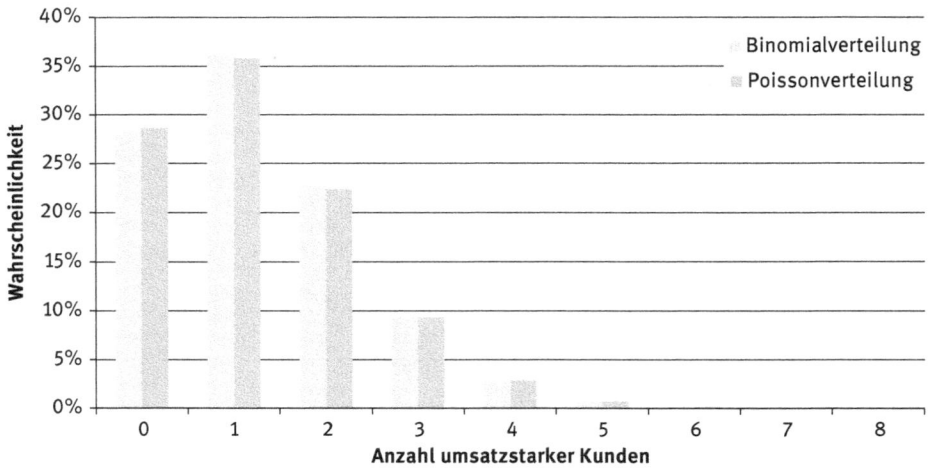

Abb. 3.3: Vergleich der Binomial- und Poissonverteilung (eigene Darstellung).

Im Fall eines **stetigen Merkmals** X stellt (jedenfalls bei hinreichend genauer Messung) jede beliebige reelle Zahl eine mögliche Merkmalsausprägung dar. Auch in diesem Fall stehen verschiedene Verteilungsmodelle zur Verfügung, wobei die **Wahrscheinlichkeitsdichte** f(x) an die Stelle der Wahrscheinlichkeitsfunktion des diskreten Falls tritt. Konkrete Verteilungsmodelle enstehen wieder durch Spezikation der Funktion f(x), wobei nur nicht negative Werte zugelassen sind (f(x) $\geq$ 0) und die Fläche unter dem Funktionsgraphen den Wert 1 haben muss ($\int_{-\infty}^{+\infty}$ f(x) dx = 1). Die Berechnung von Wahrscheinlichkeiten knüpft im stetigen Fall nicht unmittelbar an die Wahrscheinlichkeitsdichte f(x), sondern vielmehr an der zugehörenden **Verteilungsfunktion** F(x) an. Letztere gibt die Wahrscheinlichkeit dafür an, dass das betrachtete Merkmal maximal einen Wert in Höhe von x annimmt und ist durch Integration der Wahrscheinlichkeitsdichte zu berechnen:

$$F(x) = \int_{-\infty}^{x} f(t)\,dt.$$

Die Wahrscheinlichkeit dafür, einen Wert aus einem beliebig vorgegebenen Intervall [a, b] zu erhalten, berechnet sich dann als Differenz der zugehörenden Werte der Verteilungsfunktion F(b) – F(a).

Das einfachste Verteilungsmodell ist durch die (stetige) **Gleichverteilung** gegeben, bei dem das betrachtete Merkmal Werte aus dem Intervall [a, b] annehmen kann. Die Wahrscheinlichkeitsdichte ist durch f(x) = $\frac{1}{b-a}$ gegeben und stellt sich grafisch als Parallele zur x-Achse dar, die in Höhe von $\frac{1}{b-a}$ verläuft. Außerhalb des Intervalls [a, b] wird f(x) = 0 gesetzt. Für x-Werte aus dem Intervall [a, b] ist die zugehörende Verteilungsfunktion durch F(x) = $\frac{x-a}{b-a}$ gegeben.

Für das Marketing von größerem Interesse ist indes die durch die Wahrscheinlichkeitsdichte

$$f(x) = \lambda \cdot e^{-\lambda \cdot x}, \text{ für } x \geq 0$$

mit dem Parameter $\lambda > 0$ spezifizierte **Exponenzialverteilung**. Sie spielt vor allem bei
der statistischen Analyse von Zeitvorgängen eine Rolle und wird im Marketing z. B.
verwendet, um die Dauer des Zeitabstands zwischen zwei aufeinanderfolgenden Wie-
derholungskäufen bei häufig gekauften Konsumgütern oder die Länge von Bedien-
vorgängen statistisch zu untersuchen. Zur Illustration möge das folgende **Beispiel**
dienen.

An einer Supermarktkasse wurde bei einer Stichprobe von n = 100 Kunden die in
Tab. 3.2 angegebene Verteilung der Dauer des Kassiervorgangs empirisch festgestellt.
Die durchschnittliche Dauer eines Kassiervorgangs betrug 2,22 Minuten (Min.).

Tab. 3.2: Verteilung der Dauer des Kassiervorgangs in einem Supermarkt (eigene Darstellung).

Dauer des Kassiervorgangs	Anzahl
bis maximal 2 Minuten	57
2 bis maximal 3 Minuten	18
3 bis maximal 4 Minuten	8
4 bis maximal 5 Minuten	6
5 Minuten und mehr	11

Um eine Exponenzialverteilung zu spezifizieren, gilt es zunächst den Parameter λ zu
bestimmen. Dieser ergibt sich als Kehrwert der durchschnittlichen Dauer des Kassiervorgangs, d. h. $\lambda = 2{,}22^{-1} \approx 0{,}45$. Abb. 3.4 zeigt, dass die empirisch festgestellten Anzahlen gut mit den gemäß Exponenzialverteilung zu erwartenden Anzahlen übereinstim-
men. Letztere sind dabei über die zugehörige Verteilungsfunktion

$$F(x) = 1 - e^{-\lambda \cdot x}$$

zu bestimmen. Beispielsweise errechnet man den zu erwartenden Anteil der Kassier-
vorgänge, die weniger als 2 Minuten in Anspruch nehmen, gemäß $F(2) = 1 - e^{-0{,}45 \cdot 2} \approx$
59,3 %. Bei einem Umfang von 100 Kunden sind also ca. 59 Kunden in dieser Klasse
zu erwarten.

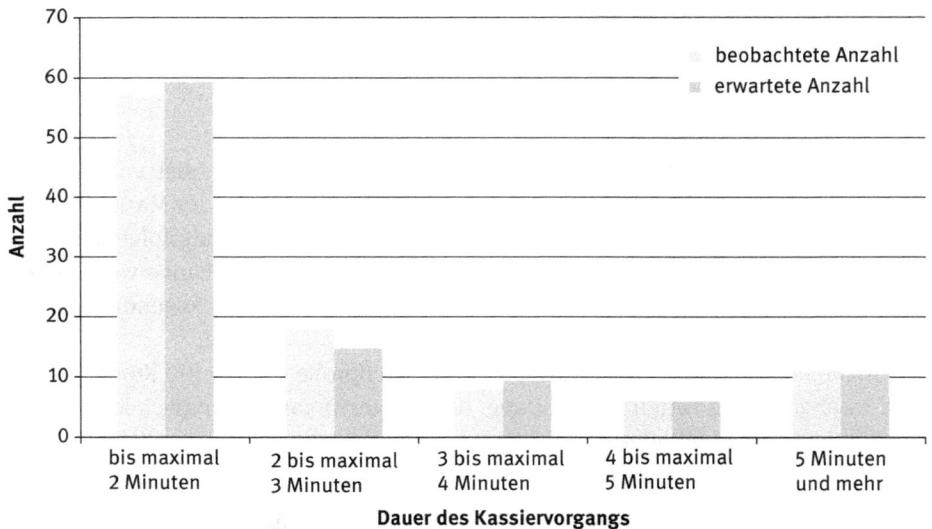

Abb. 3.4: Beispiel für eine Exponenzialverteilung (eigene Darstellung).

Das fraglos wichtigste stetige Verteilungsmodell ist durch die **Normalverteilung** (auch als Gauß-Verteilung bezeichnet) gegeben. Ihre Wahrscheinlichkeitsdichte ist durch die Funktion

$$f(x) = \frac{1}{\sigma\sqrt{2\pi}} \cdot e^{-\frac{1}{2} \cdot \left(\frac{x-\mu}{\sigma}\right)^2}$$

gegeben. Die Funktion verläuft eingipflig mit einem Maximum bei $x = \mu$ und symmetrisch zu diesem Punkt. Sie besitzt zwei Wendepunkte bei $x = \mu - \sigma$ bzw. $x = \mu + \sigma$. Der Parameter μ ist als Lageparameter und $\sigma > 0$ als Streuungsparameter zu interpretieren. Durch die spezielle Wahl von $\mu = 0$ und $\sigma = 1$ resultiert die **Standardnormalverteilung**, deren Wahrscheinlichkeitsdichte in Abb. 3.5 dargestellt ist.

Die Standardnormalverteilung ist vor allem deshalb von Bedeutung, da sich sämtliche Wahrscheinlichkeitsaussagen über ein normalverteiltes Merkmal unmittelbar auf sie zurückführen lassen. Für die Verteilungsfunktion einer beliebigen Normalverteilung gilt nämlich die Beziehung

$$F(x) = \Phi\left(\frac{x-\mu}{\sigma}\right),$$

wobei Φ die Verteilungsfunktion der Standardnormalverteilung bezeichnet.

Die praktische Bedeutung der Normalverteilung für das Marketing resultiert vor allem aus dem Umstand, dass sie es erlaubt, auf der Basis der Ergebnisse einer durchgeführten Marktforschung vermutete Zusammenhänge zwischen den erhobenen Variablen auf ihre statistische Tragfähigkeit zu prüfen. Die hierzu heranzuziehenden

Hypothesentests gehen üblicherweise von der Annahme normalverteilter Merkmale aus. Für die Marktforschung ist es daher von besonderer Bedeutung, die erhobenen Variablen auf Normalverteilung zu prüfen. Hierzu stehen verschiedene Methoden, die von einfachen grafischen Verfahren bis hin zu statistischen Tests reichen, zur Verfügung. Zu diesbezüglichen Einzelheiten sei auf Grunwald und Hempelmann 2012, S. 71 verwiesen.

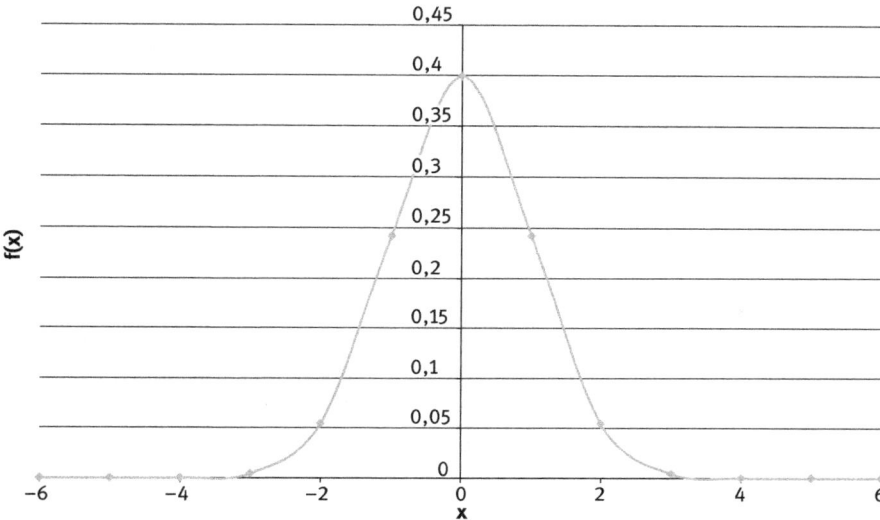

Abb. 3.5: Standardormalverteilung (eigene Darstellung).

3.2 Strukturanalyse

Die Strukturanalyse dient dem Ziel, aus den Daten tiefere Einsichten über die Beziehungen zwischen Merkmalen (Variablen) bzw. zwischen Merkmalen und Merkmalsträgern abzuleiten. Mithilfe von Verhältnis- und Indexzahlen werden zwei ähnliche oder logisch verknüpfte Variablen miteinander in Beziehung gesetzt. Konzentrationsmaße betrachten, wie stark ein interessierendes Merkmal (z. B. der Umsatz) auf bestimmte Gruppen von Merkmalsträgern (z. B. Kunden) konzentriert, also ungleich verteilt, ist. Mit Interdependenzanalysen werden Zusammenhänge zwischen mindestens zwei Variablen untersucht, um Strukturen im Datensatz zu entdecken.

3.2.1 Verhältnis- und Indexzahlen

Verhältniszahlen
Verhältniszahlen bestehen aus dem Quotienten zweier (zur Erfassung bestimmter Sachverhalte erhobener) Maßzahlen und werden in Gliederungs-, Beziehungs- und

Messzahlen differenziert. **Gliederungszahlen** dienen zur Darstellung der inneren Struktur einer Gesamtmasse, indem sie eine Teilgröße in Beziehung zur Gesamtgröße setzen (Beispiel: Inlandsumsatz/Gesamtumsatz; Häufigkeit des Kaufs einer bestimmten Marke/Gesamthäufigkeit der Käufe in der Produktklasse). **Beziehungszahlen** setzen zwei verschiedenartige, sachlich aber zusammenhängende Größen für einen Vergleich zueinander in Beziehung (Beispiel: Studentenzahl/Dozentenzahl; Merkmalssumme/Anzahl Merkmalsträger, Gewinn/Bilanzsumme). **Messzahlen** bilden einen Quotienten aus den Zeitreihenwerten eines kardinalskalierten Merkmals und einem vorab definierten Basiswert, der z. B. durch den Anfangswert (aber auch durch jeden beliebigen anderen Wert) der Zeitreihe gegeben sein kann. Beispielsweise bringt der für ein bestimmtes Gut berechnete Quotient Preis 2015/Preis 2010 zum Ausdruck, wie sich der Preis für das betrachtete Gut 2015 prozentual gegenüber 2010 verändert hat.

Indexzahlen
Während eine Preismesszahl die Preisänderung eines einzelnen Gutes beschreibt, gibt ein **Preisindex** Auskunft über die Preisänderung der Güter eines bestimmten Warenkorbs. Beispielsweise misst das Statistische Bundesamt kontinuierlich den Verbraucherpreisindex, der die durchschnittliche Preisentwicklung aller Waren und Dienstleistungen abbildet, die von privaten Haushalten zu Konsumzwecken gekauft werden. Abb. 3.6 illustriert dessen Entwicklung im Zeitraum von 1991 bis 2015, wobei das Jahr 2010 die Basis (= 100) bildet.

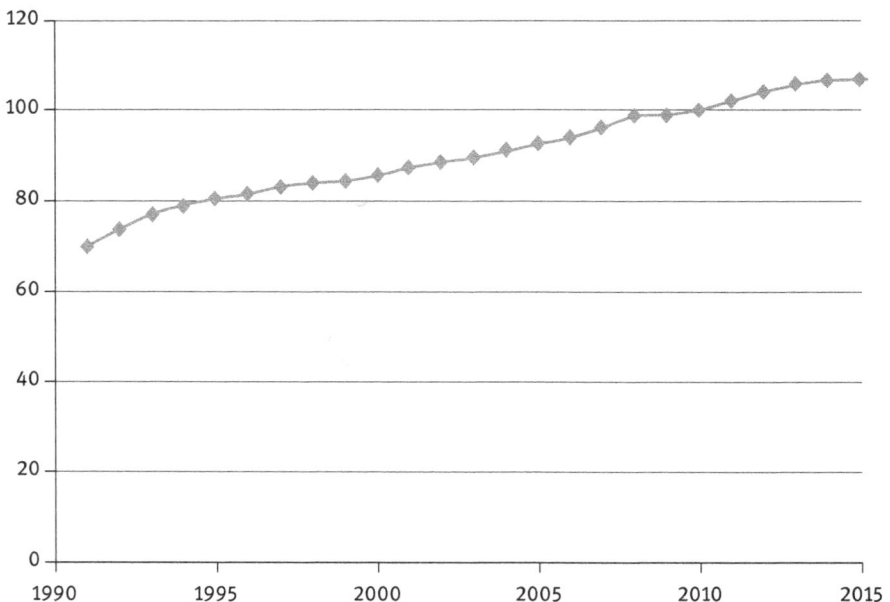

Abb. 3.6: Entwicklung des Verbraucherpreisindex für Deutschland 1991–2015 (Statistisches Bundesamt 2016).

3.2.2 Konzentrationsmaße

Im Marketing interessiert man sich häufig für die Fragestellung, wie stark ein interessierendes Merkmal (z. B. der Jahresumsatz) auf bestimmte Gruppen von Merkmalsträgern (wie z. B. Märkte, Produktgruppen oder Kunden) konzentriert ist. Diese Fragestellung ist insofern für die Marketingplanung bedeutsam, als man beispielsweise seine Werbeanstrengungen auf jene Käufergruppen konzentrieren muss und möchte, die in besonderem Maße zum Umsatz beitragen. Oder man möchte etwa im Zuge einer Absatzplanung Prognosen nur für jene Produktgruppen erstellen, die in besonderer Weise am Gesamtumsatz beteiligt sind. Konzentrationsmaße können in diesen Fällen zur quantitativen Fundierung entsprechender Entscheidungen herangezogen werden, wobei der auf der **Lorenzkurve** basierende **Gini-Koeffizient** als gängigstes Instrument anzusehen ist.

Die Lorenzkurve ist eine besondere Form der Darstellung einer empirischen Häufigkeitsverteilung, aus der sich die Konzentration der Beobachtungswerte in anschaulicher Form ablesen lässt. Ihre Konstruktion sei anhand des folgenden **Beispiels** illustriert: Ein Möbelhersteller mit einem gesamten Jahresumsatz von 41 Mio. € hat sein Produktprogramm in 7 Produktgruppen gegliedert, für die die in Tab. 3.3 dargestellten Umsatzdaten vorliegen.

Tab. 3.3: Umsatzdaten eines Möbelherstellers (eigene Darstellung).

Produktgruppe	Umsatz (Mio. €)	prozentualer Anteil	kumulierter prozentualer Anteil
Küchenmöbel	12,5	30,49 %	30,49 %
Wohnzimmermöbel	10,4	25,37 %	55,85 %
Schlafzimmermöbel	8,6	20,98 %	76,83 %
Kinderzimmermöbel	5,5	13,41 %	90,24 %
Gartenmöbel	3,2	7,80 %	98,05 %
Badezimmermöbel	0,7	1,71 %	99,76 %
Garderoben	0,1	0,24 %	100,00 %

Ausgangspunkt der Lorenzkurve ist die Produktgruppe mit dem geringsten Anteil am Gesamtumsatz, hier also die Garderoben mit einem Anteil von 0,24 %. Diese Produktgruppe umfasst 1/7 = 14,29 % aller Produktgruppen. Mit anderen Worten: Auf 14,29 % aller Produktgruppen konzentriert sich lediglich 0,24 % des Gesamtumsatzes. Der Punkt (14,29 %; 0,24 %) liegt daher auf der vom Ursprung (0 %; 0 %) ausgehenden Lorenzkurve (siehe Abb. 3.7). Als Nächstes werden die Badezimmermöbel mit in die Betrachtung einbezogen. Gemeinsam mit den Garderoben erfassen diese beiden Produktgruppen einen Anteil von 2/7 = 28,57 % aller Produktgruppen und einen Anteil am Gesamtumsatz von 1,95 % (= 0,24 % + 1,71 %). Auf diese Weise setzt sich die Lorenzkurve bis zum Punkt (100 %; 100 %) fort.

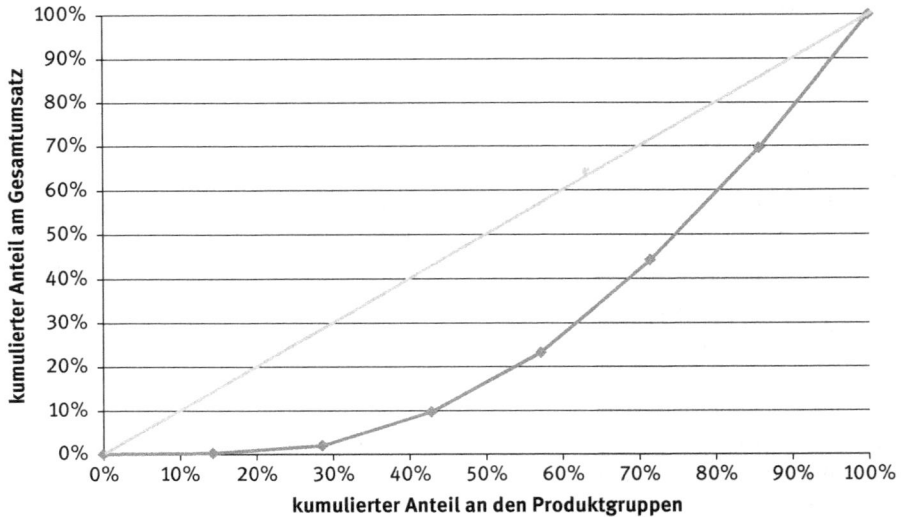

Abb. 3.7: Lorenzkurve (eigene Darstellung).

Die ebenfalls in Abb. 3.7 dargestellte Winkelhalbierende repräsentiert den Verlauf der Lorenzkurve für den Fall, dass sich der Gesamtumsatz gleichmäßig auf alle Produktgruppen verteilt. Je stärker der tatsächliche Verlauf der Lorenzkurve von der Winkelhalbierenden abweicht, umso stärker ist der Gesamtumsatz auf wenige Produktgruppen konzentriert. Quantitativ wird die Konzentration am Inhalt der Fläche zwischen der Winkelhalbierenden und der Lorenzkurve festgemacht. Der **Gini-Koeffizient** dividiert den Inhalt dieser Fläche durch den gesamten Flächeninhalt unterhalb der Winkelhalbierenden (diese beträgt 1/2) und lässt sich durch die Formel

$$G = \frac{2\sum_{i=1}^{n} i \cdot p_i - (n+1)}{n}$$

berechnen. Hierbei steht der Laufindex i für die (der Größe nach in aufsteigender Reihenfolge zu durchlaufenden) Merkmalsträger (hier: Produktgruppen), p_i für den prozentualen Anteil des i-ten Merkmalsträgers an der Merkmalssumme (hier: Gesamtumsatz) und n für die Zahl der Merkmalsträger (hier: n = 7). Unter Verwendung der Daten aus Tab. 3.3 errechnet man den Gini-Koeffizienten zu

$$G = \frac{2 \cdot (1 \cdot 0,0024 + 2 \cdot 0,0171 + \cdots + 7 \cdot 0,3049) - 8}{7} = 0,432.$$

Ein gewisser Nachteil des Gini-Koeffizienten ist darin zu sehen, dass er maximal den Wert $G_{max} = \frac{n-1}{n}$ annehmen kann. Da dieser Wert von der Anzahl der untersuchten Merkmalsträger abhängt, erschwert sich der Vergleich der Gini-Koeffizienten zwischen verschiedenen Datensets. Um diesen Missstand zu beheben, geht man zum **normierten Gini-Koeffizienten** $G^* = G/G_{max}$ über. G^* nimmt den Wert 0 an, wenn sich die Merkmalssumme gleichmäßig auf alle Merkmalsträger verteilt, also keine Konzentration vorliegt. Maximal kann G^* den Wert 1 annehmen, wobei diese Situation dann eintritt, wenn sich die gesamte Merkmalssumme auf nur einen Merkmalsträger konzentriert. Für die vorliegenden Daten errechnet man mit $G^* = 0{,}504$ einen Wert, der für einen mittleren Grad der Konzentration spricht.

Ein relativ einfaches, jedoch im Marketing als Standardinstrument der Konzentrationsanalyse anzusehendes und mit der Lorenzkurve in Zusammenhang stehendes Verfahren ist die **ABC-Analyse**. Sie lässt sich immer dann heranziehen, wenn es um die Priorisierung von Objekten (wie z. B. Lieferanten, Kunden- oder Produktgruppen) geht (vgl. z. B. Asche 2013). Anders als bei der Konstruktion der Lorenzkurve werden die Objekte bzw. Merkmalsträger hier in absteigender Reihenfolge geordnet, es wird also die in Tab. 3.3 bereits zugrunde gelegte Reihenfolge verwendet. Anschließend werden die untersuchten Merkmalsträger gemäß ihrer relativen Wichtigkeit der A-, B- oder C-Kategorie zugeordnet. Dabei repräsentiert die A-Kategorie die besonders wichtigen Merkmalsträger, also jene, die in besonderem Maße zur festgestellten Merkmalssumme beitragen. Die Kategorie B steht für die Gruppe der Merkmalsträger von mittlerer Wichtigkeit und C für die eher unwichtigen Merkmalsträger. Die Grenzen zwischen diesen Kategorien sind dabei nicht fest definiert, sondern sie können problemspezifischen Überlegungen folgend festgelegt werden. Häufig wird die A-Kategorie dadurch definiert, dass sie diejenigen Merkmalsträger umfasst, die etwa 80 % der Merkmalssumme auf sich vereinen. Bezogen auf das obige Beispiel würde diese Festlegung bedeuten, dass Küchen-, Wohnzimmer- und Schlafzimmermöbel dieser Kategorie zuzuordnen sind, tragen die drei Produktgruppen zusammen doch knapp 77 % zum Gesamtumsatz bei (siehe Abb. 3.8). Legt man ferner die Grenze zwischen den verbleibenden Kategorien B und C so fest, dass Erstere weitere 15 % des Gesamtumsatzes umfasst, resultiert daraus eine Zuordnung der Kinderzimmermöbel zur B-Kategorie, während die verbleibenden Produktgruppen der C-Kategorie zuzurechnen wären (siehe Abb. 3.8).

Wird die Priorisierung z. B. mit dem Ziel vorgenommen, Werbeanstrengungen auf besonders wichtige Produktgruppen zu beschränken, wären hier also Küchen-, Wohn- und Schlafzimmermöbel in den Fokus zu nehmen. Demgegenüber wären Kinderzimmermöbel und insbesondere Garten- und Badezimmermöbel sowie Garderoben als nachrangig zu betrachten.

Ein Vorteil der ABC-Analyse ist sicher in ihrer einfachen Umsetzung zu sehen. Neben der letztlich willkürlich vorgenommenen Grenzziehung zwischen den drei Kategorien lässt sich allerdings kritisch einwenden, dass die Priorisierung nur anhand eines einzigen Kriteriums (hier: Beitrag zum Gesamtumsatz) vorgenommen wird, was gegebenenfalls zu Fehleinschätzungen führen kann.

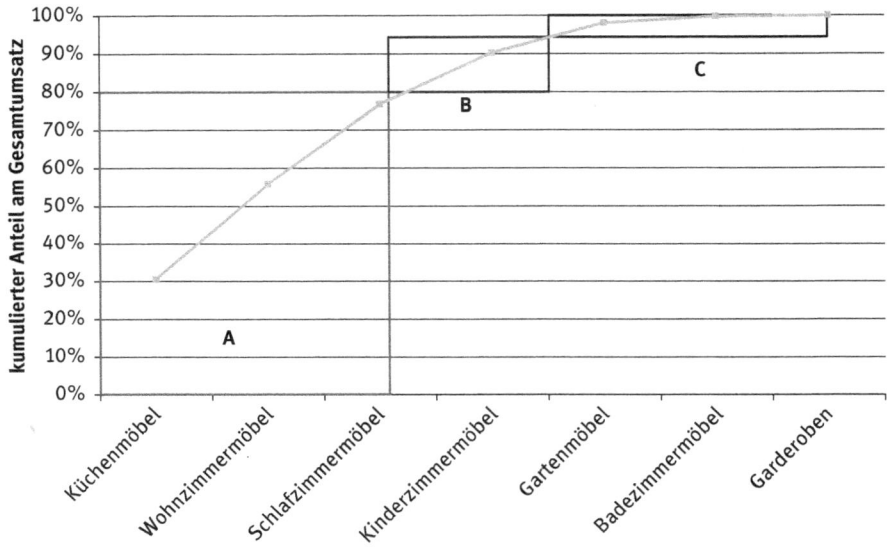

Abb. 3.8: ABC-Analyse (eigene Darstellung).

3.2.3 Interdependenzanalysen

Während in den bisherigen Anwendungen lediglich eine einzelne Variable im Fokus des Analyseinteresses stand, sollen nun mindestens zwei Variablen gemeinsam (simultan) analysiert werden. Die Verfahren zur Analyse von zwei Variablen (bivariate Verfahren) bzw. von mehr als zwei Variablen (multivariate Verfahren) lassen sich, wie bereits ausgeführt, in Interdependenz- und Dependenzanalysen unterscheiden. Während die zu untersuchenden Variablen bei Interdependenzanalysen grundsätzlich gleich behandelt werden, wird bei Dependenzanalysen eine Unterscheidung in Ursache (unabhängige Variable) und Wirkung (abhängige Variable) vorgenommen. Dependenzanalysen lassen sich insofern auch als Wirkungsanalysen kennzeichnen.

Ziel der Verfahren der Interdependenzanalyse ist dagegen die Aufdeckung von Strukturen in einem Datensatz. Man bezeichnet sie daher auch als strukturentdeckende Verfahren. Zu den wichtigsten Verfahren zählen die Korrelationsanalyse, die Faktorenanalyse, die Clusteranalyse und die Multidimensionale Skalierung. Die mit den jeweiligen Verfahren verfolgten Zielsetzungen zur Lösung typischer Analyseprobleme im Marketing können Tab. 3.4 entnommen werden (vgl. für eine ausführliche

Darstellung der Verfahren Grunwald und Hempelmann 2012, S. 105 ff. sowie Grunwald und Hempelmann 2013).

Tab. 3.4: Zielsetzung von Verfahren der Interdependenzanalyse (vgl. Backhaus et al. 1996, S. XXIII).

Verfahren	Zielsetzung	typisches Analyseproblem im Marketing
Korrelationsanalyse	Berechnung des Zusammenhangs zwischen zwei oder mehreren nominal, ordinal oder metrisch skalierten Variablen	Besteht ein Zusammenhang zwischen Kundenmerkmalen und der Kaufabsicht? Wie stark ist dieser Zusammenhang?
Faktorenanalyse	Verdichtung hoch korrelierter metrisch skalierter Variablen zu möglichst wenigen unabhängigen Faktoren	Lässt sich die Vielzahl von Eigenschaften, die Käufer von Automobilen als wichtig empfinden, auf wenige (komplexe) Faktoren reduzieren?
Clusteranalyse	Einteilung von Untersuchungsobjekten in möglichst homogene Gruppen	Gibt es unterschiedliche Typen von Automobilkäufern?
Multidimensionale Skalierung	Anordnung von Objekten in einem Wahrnehmungsraum, sodass die räumlichen Abstände zwischen den Objekten empfundenen (Un-)Ähnlichkeiten möglichst exakt entsprechen	Wie sieht die Positionierung unterschiedlicher Automobilmarken in einem Wahrnehmungsraum aus?

3.3 Wirkungsanalyse

Nachdem mithilfe der Strukturanalyse der Datensatz auf Beziehungen zwischen Variablen bzw. Variablen und Merkmalsträgern hin untersucht wurde und nun gegebenenfalls zwischen Ursachen- und Wirkungsgrößen unterschieden werden kann, lassen sich die aufgedeckten Variablenzusammenhänge weiter mittels Wirkungsanalysen betrachten. Wirkungsanalysen untersuchen die Art und Stärke des Einflusses von einer oder mehreren Ursachenfaktoren als unabhängige Variablen auf eine oder mehrere Wirkungs- bzw. Zielgrößen als abhängige Variablen. Das notwendige theoretische Fundament zur Analyse von Ursache-Wirkungs-Beziehungen im Kontext des Marketings liefert die S-O-R-Modellstruktur.

3.3.1 S-O-R-Modellstruktur

Die Grundlage zur Durchführung einer Wirkungsanalyse bilden **Erklärungs- und Kausalmodelle,** die Ursache-Wirkungs-Beziehungen zwischen unabhängigen und abhängigen Variablen postulieren. Mithilfe von Wirkungsanalysen soll nun auf dieser theoretischen Grundlage anhand von Daten die Art und Stärke des Einflusses von einer oder mehreren Ursachenfaktoren als unabhängige Variablen auf eine oder mehrere Wirkungs- bzw. Zielgrößen als abhängige Variablen untersucht und damit die Richtigkeit des zugrunde liegenden Kausalmodells überprüft werden.

Beispielsweise soll herausgefunden werden, ob und inwiefern der Absatz (= abhängige Variable) durch die Neugestaltung einer Produktpackung (= unabhängige Variable) positiv oder negativ, stark oder schwach beeinflusst wird. Hieraus wiederum können Handlungsempfehlungen für den zielgerichteten Einsatz der Marketinginstrumente (z. B. der Produktpolitik) gewonnen werden.

Die Grundstruktur der den Wirkungsanalysen zugrunde liegenden Erklärungs- bzw. Kausalmodelle zeigt Abb. 3.9. Dargestellt ist hier ein sogenanntes neobehavioristisches **S-O-R-Modell** (Stimulus-Organismus-Reaktions-Modell). Es erklärt das Verhalten von Individuen (z. B. Käufern) als Reaktions- bzw. Responsevariable nicht nur, wie bei den behavioristischen S-R-Modellen (Stimulus-Response-Modellen) üblich, durch physische Reize außerhalb des Käufers als sogenannte Stimulusvariablen, sondern zusätzlich auch durch die im Inneren des Käufers ablaufenden psychischen Prozesse als Organismusvariablen.

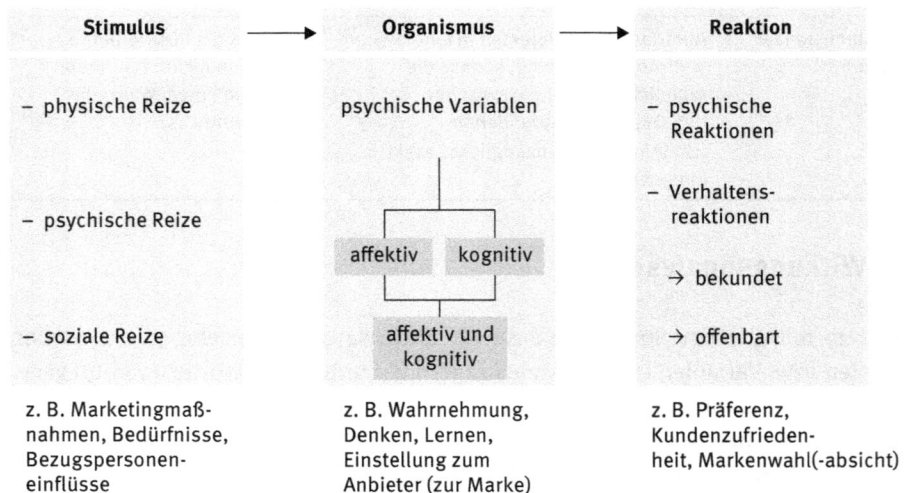

Abb. 3.9: S-O-R-Modell des Käuferverhaltens (eigene Darstellung).

Neben physischen (körperlichen) Reizen außerhalb des Käufers kommen als **Stimulusvariablen** (Inputvariablen) auch psychische Reize innerhalb des Käufers selbst in Betracht, die z. B. als Bedürfnisse (Motive) als Auslöser am Anfang eines Kaufentscheidungsprozesses stehen und das nachgelagerte Verhalten beeinflussen. Auch Einflüsse in der Umwelt des Käufers, wie beispielsweise Marketingmaßnahmen der Konkurrenzunternehmen, Einflüsse von Medien sowie soziale Einflüsse im Umfeld des Käufers (z. B. von Bezugspersonen oder Gruppen) können als Stimulusvariablen in die Wirkungsanalyse einbezogen werden. Solche physischen, psychischen und sozialen Einflussfaktoren als Stimulusvariablen werden in Kapitel 3.3.3 näher erläutert.

Organismusvariablen sind psychische Variablen, die die im Inneren des Käufers ablaufenden gedanklichen Prozesse der Verarbeitung der vorgelagerten Reize abbilden. Sie stehen in der S-O-R-Modellstruktur zwischen den Stimulusvariablen auf der einen Seite, von denen sie wiederum mit beeinflusst werden können, und den Reaktionsgrößen auf der anderen Seite. Da es sich bei ihnen in der Regel um nicht beobachtbare Größen handelt, sind sie durch Befragung zu ermitteln. Als Organismusvariablen können affektive, kognitive und affektive wie kognitive Elemente umfassende Mischvariablen unterschieden werden:

- **Affektive Variablen** (emotionale Variablen) beschreiben einen gefühlsmäßigen Spannungszustand im Konsumenten. Sie stehen häufig als Auslöser am Anfang eines Kaufentscheidungsprozesses. Hierzu zählen u. a. Bedürfnisse (Motive) sowie das Involvement.
- **Kognitive Variablen** bilden die rationale bzw. Verstandesseite des Konsumenten ab. Sie betreffen die geistige Aufnahme, Verarbeitung und Speicherung von Informationen und sind häufig dominant in der Nachfrage- und Kaufphase eines Kaufentscheidungsprozesses. Hierzu zählen Wahrnehmung, Denken und Lernen.
- Als **gemischt affektiv-kognitive Variablen** gelten u. a. Einstellungen sowie das Image als wichtige Zielgrößen von Marketinginstrumenten vor allem in der Vorkaufphase sowie die Zufriedenheit als wichtige Ziel- und Steuerungsgröße des Kundenbeziehungsmanagements in der Nachkaufphase.

Organismusvariablen werden neben den Stimulusvariablen in das S-O-R-Modell einbezogen, um so durch eine vollständigere Abbildung der Determinanten realen Kaufverhaltens die Prognosegüte der Wirkungsabschätzung zu verbessern. Außerdem liefert der Einbezug von Organismusvariablen zusätzliche Hinweise für die präzisere Steuerung der Marketinginstrumente. Betrachtet man beispielsweise das Involvement des Käufers als Organismusvariable, kann anhand dieser Größe präzisiert werden, unter welchen Bedingungen eine bestimmte Werbekampagne (= Stimulusvariable) in welcher Weise auf die Präferenzbildung (= Reaktionsvariable) einwirkt und für welchen (hoch vs. niedrig involvierten) Käufertypus welche Ausrichtung der Kampagne die höhere Wirkung verspricht.

Die **Reaktions-** bzw. **Responsevariablen** sind die Ergebnisgrößen (Outputvariablen), an deren Veränderung der Erfolg bzw. Misserfolg der eingesetzten Marketinginstrumente gemessen werden soll. Diese Ergebnisgrößen können je nach Fokus der Analyse ebenfalls psychischer Art sein, wenn z. B. die Wirkung einer Serviceoffensive auf die Zufriedenheit analysiert werden soll oder die Wirkung einer Werbekampagne auf Bekanntheit und Image. Sie können aber auch unmittelbar die bekundeten oder offenbarten Verhaltensweisen der Käufer selbst abbilden, wie z. B. Wahlabsichten in Bezug auf eine Marke oder das tatsächlich offenbarte Markenwahlverhalten der Käufer. Auf die Messung dieser Reaktionsvariablen wird in Kapitel 3.3.2 näher eingegangen.

3.3.2 Ziel- und Steuerungsgrößen

Als abhängige Variablen in Wirkungsanalysen fungieren in der Regel Zielgrößen, die im Zusammenhang mit den eingesetzten Marketingmaßnahmen stehen und sich in sogenannte ökonomische und vorökonomische (psychografische) Zielgrößen einteilen lassen.

Vorökonomische Zielgrößen sind zumeist qualitative Größen, die als Verhaltensdeterminanten das (nachgelagerte) Verhalten der Marktakteure beeinflussen. In der Vorkaufphase sind für den Erstkauf vor allem die Variablen Bekanntheit, Image, Einstellung und Präferenz relevant. In der Nachkaufphase zielt der Einsatz der Marketinginstrumente häufig auf die positive Veränderung der Zufriedenheit und der Kundenbindung ab.

Die zentralen vorökonomischen Größen werden anhand typischer Zielsetzungen im Marketing in Tab. 3.5 zusammenfassend erläutert.

Tab. 3.5: Vorökonomische (qualitative) Marketingzielgrößen (eigene Darstellung).

Zielgrößen	Erläuterung
Bekanntheit	Anteil derjenigen Käufer, die den Namen (die Marke) des Unternehmens bzw. Produkts kennen an allen potenziellen Käufern im Markt *Beispiel*: Steigerung des Bekanntheitsgrads um 3 % in der Kernzielgruppe der 30- bis 50-Jährigen
Image	Gesamteindruck, den sich ein Individuum als Bild von einem Beurteilungsobjekt (z. B. einer Produktmarke) im Wettbewerbsumfeld entlang kaufrelevanter Eigenschaften macht *Beispiel*: Veränderung des Images vom Spezialanbieter zum Anbieter von Komplettlösungen
Einstellung	Gelernte, vergleichsweise dauerhafte Bereitschaft eines Individuums, auf Stimuli (z. B. Produkt- oder Anbietermarken) in einer bestimmten Weise (positiv oder negativ) zu reagieren. (Synonyme: Meinung, Überzeugung, Haltung) *Beispiel*: Verbesserung der Einstellungen zur Marke X um 3 %
Präferenz	Grad der Vorziehenswürdigkeit von Alternativen (relativierter Nutzen bzw. Nettonutzendifferenz zwischen zwei Marken) *Beispiel*: Erhöhung der Kaufpräferenz der eigenen Marke A gegenüber Wettbewerbermarke B um 5 %
Zufriedenheit	aus einem psychischen Abgleichprozess von Erwartungen (Soll) und Beurteilung erfahrener Qualität (Ist) resultierende Größe als Ausdruck eines individuellen (Un-)Gleichgewichts *Beispiel*: Steigerung der Zufriedenheit mit dem Service um 4 %
Kundenbindung	Bindung eines Nachfragers an einen bestimmten Anbieter innerhalb eines bestimmten Zeitraums, die sich in Wiederkäufen, Zusatzkäufen (Cross Buying) und Weiterempfehlungen konkretisiert *Beispiel*: Steigerung der Kundenbindung von Kunde X um 5 %

Während die vorökonomischen Zielgrößen die Quellen (Ursachen) des Erfolgs eines Anbieters anzeigen, weisen die sogenannten **ökonomischen Zielgrößen** die Höhe (das Ausmaß) des wirtschaftlichen Erfolgs aus. Sie sind zumeist höher aggregierte, quantitativ vorliegende Größen, aus denen der Erfolgsbeitrag eines bestimmten eingesetzten Marketinginstruments erst herauszufiltern ist. Häufige im Marketing verfolgte ökonomische Zielgrößen sind in Tab. 3.6 zusammengefasst.

Tab. 3.6: Ökonomische (quantitative) Marketingzielgrößen (eigene Darstellung).

Zielgrößen	Erläuterung
Absatz (x)	verkaufte (abgesetzte) Anzahl an Fertigerzeugnissen *Beispiel*: Erhöhung des Absatzes um 3 %
Preis (p)	Entgelt für ein Fertigerzeugnis *Beispiel*: Erhöhung des Durchschnittsverkaufspreises im Vertriebsgebiet Z um 1 %
Umsatz (U)	$U = p \cdot x$ *Beispiel*: Steigerung des Umsatzes für Produkt A um 2 %
Kosten (gesamt) (K(x))	bewerteter Verzehr von Gütern und Dienstleistungen zur Erstellung der Fertigerzeugnisse in einer Periode; $K = f(x)$, z. B. lineare Kostenfunktion $K = K_f + K_v$ *Beispiel*: Reduzierung der Gesamtkosten um 2 %
Fixkosten (gesamt) (K_f)	Kosten, die unabhängig von der Höhe der Produktionsmenge anfallen *Beispiel*: Reduzierung der Personal-/Verwaltungskosten um 3 %
Variable Kosten (gesamt) (K_v)	Sie steigen und fallen unmittelbar mit der Produktionsmenge; $K_v = k_v \cdot x$. *Beispiel*: Reduzierung der Rohstoff-/Materialkosten
(Stück-)Deckungsbeitrag (gesamt) (db bzw. DB)	Beitrag des (Preises) Umsatzes eines Produkts oder eines Kunden zur Deckung der Fixkosten; $db = (p - k_v)$ bzw. $DB = (p - k_v) \cdot x$; *Beispiel*: Steigerung des produkt-/kundenbezogenen Deckungsbeitrags
Gewinn (G)	$G = U - K = p \cdot x - K(x) = (p - k_v) \cdot x - K_f$ *Beispiel*: Gewinnsteigerung im nächsten Geschäftsjahr um 2 %
Marktanteil (MA), wertmäßig	Anteil des eigenen Umsatzes am Gesamtumsatz aller Anbieter auf dem Markt: $\dfrac{\text{Unternehmenseigener Umsatz}}{\text{Gesamtumsatz aller Anbieter}} \cdot 100\%$
Marktanteil (MA), mengenmäßig	Anteil des eigenen Absatzes am Gesamtabsatz aller Anbieter auf dem Markt: $\dfrac{\text{Unternehmenseigener Absatz}}{\text{Gesamtabsatz aller Anbieter}} \cdot 100\%$
Relativer Marktanteil (RMA)	gibt den Marktanteil des eigenen Unternehmens am Marktanteil des größten Konkurrenten an bzw. den Absatz (Umsatz) des eigenen Unternehmens im Verhältnis zum Absatz (Umsatz) des größten Konkurrenten (des Marktführers): $\dfrac{\text{Unternehmenseigener Marktanteil}}{\text{Marktanteil des größten Konkurrenten}} \cdot 100\%$ $= \dfrac{\text{Unternehmenseigener Absatz (Umsatz)}}{\text{Absatz (Umsatz) des größten Konkurrenten}} \cdot 100\%$

Tab. 3.6: (fortgesetzt)

Zielgrößen	Erläuterung
Feldanteil (FA)	Anteil der Zahl der eigenen Kunden an der Gesamtzahl der Bedarfsträger bzw. der angestrebten Kunden; Hilfskonzept zur Schätzung von Marktanteilen, wenn Gesamtabsatz oder Gesamtumsatz unbekannt sind $= \dfrac{\text{Zahl der eigenen Kunden}}{\text{Gesamtzahl der Bedarfsträger (bzw. angestrebten Kunden)}} \cdot 100\%$
numerischer Distributionsgrad	gibt die Marktdurchdringung (Marktabdeckung, Penetration) an als Anteil der Zahl der produkt- bzw. markenführenden Geschäfte an der Gesamtzahl aller die entsprechende Warengruppe führender Geschäfte: $= \dfrac{\text{Anzahl der produkt- bzw. markenführenden Geschäfte}}{\text{Gesamtzahl aller die entsprechende Warengruppe führenden Geschäfte}} \cdot 100\%$
gewichteter Distributionsgrad	gibt die Marktdurchdringung (Marktabdeckung, Penetration) an als Anteil des Umsatzes der produkt- bzw. markenführenden Geschäfte am Gesamtumsatz aller die entsprechende Warengruppe führenden Geschäfte: $= \dfrac{\text{Umsatz der produkt- bzw. markenführenden Geschäfte}}{\text{Gesamtumsatz aller die entsprechende Warengruppe führenden Geschäfte}} \cdot 100\%$

Die Festlegung von lediglich ökonomischen Zielgrößen unter Verzicht auf eine Betrachtung der vorökonomischen Zielgrößen in einem Marketingplan genügt häufig nicht, weil die ökonomischen Zielgrößen vielen verschiedenen Einflüssen (z. B. auch der Konkurrenz und Gesamtwirtschaft) unterliegen, sodass an deren Veränderung nicht eindeutig der Erfolg oder Misserfolg eines eingesetzten Marketinginstruments abgelesen werden kann. Umgekehrt ist die ergänzende Analyse der Veränderung vorökonomischer Zielgrößen viel instruktiver für die konkrete Gestaltung der Marketinginstrumente wie z. B. der Werbung. Überdies stehen die vorökonomischen Größen in einer **Mittel-Zweck-Beziehung** zu den ökonomischen Zielgrößen. Beispielsweise kann sich die Verbesserung von Image und Bekanntheitsgrad nachgelagert auch positiv auf die Entwicklung der Absätze und Umsätze auswirken. Der ergänzende Einbezug der vorökonomischen Zielgrößen als Organismusvariablen kann somit die Wirkungsabschätzung der Maßnahmen im Hinblick auf die ökonomischen Zielgrößen verbessern.

Vorökonomische und ökonomische Zielgrößen werden also durchaus parallel verfolgt. Bei der Formulierung eines geschlossenen Zielsystems sind jedoch stets die Beziehungen zwischen diesen Zielen zu beachten. Das gilt sowohl für Zielgrößen innerhalb der Gruppe der vorökonomischen Ziele als auch innerhalb der Gruppe der ökonomischen Ziele sowie zwischen den Zielgrößen aus beiden Gruppen.

Zielbeziehungen können grundsätzlich konfliktär, komplementär oder neutral sein. Diese möglichen Zielbeziehungen lassen sich grafisch, wie in Abb. 3.10 dargestellt, veranschaulichen.

Ziel 1 ▲
　　　Zielkonflikt

Ziel 2 ▶

Ziel 1 ▲
　　　Zielkomple-
　　　mentarität

Ziel 2 ▶

Ziel 1 ▲
　　　Zielneutralität

Ziel 2 ▶

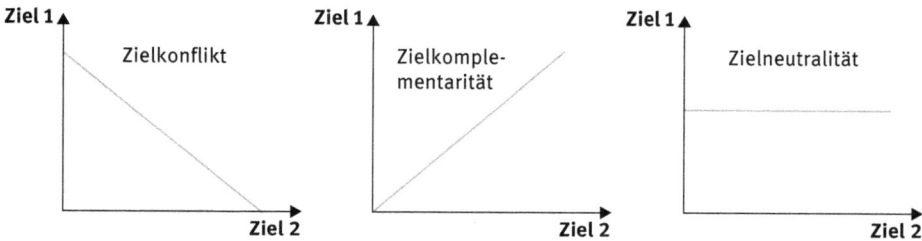

Abb. 3.10: Zielbeziehungen (eigene Darstellung).

– Ein **Zielkonflikt** liegt vor, wenn sich die Verfolgung eines Zieles negativ auf den Zielerreichungsgrad eines anderen Zieles auswirkt. Beispielsweise kann die einseitige Kostenreduzierung im Vertriebsbereich (z. B. die Schließung von Filialen, Personalabbau) die Kundenzufriedenheit negativ beeinträchtigen.
– **Zielkomplementarität** liegt vor, wenn sich die Ziele bei ihrer Verfolgung gegenseitig fördern. Beispielsweise kann die Steigerung des Bekanntheitsgrads sich positiv auf das Image des Anbieters auswirken.
– Von **Zielneutralität** wird gesprochen, wenn die Verfolgung eines Zieles keinen Einfluss auf die gleichzeitige Verfolgung eines anderen Zieles hat, sich die Ziele also nicht (gegenseitig) positiv oder negativ beeinflussen. Beispielsweise mag die Steigerung des Bekanntheitsgrads der Unternehmensmarke (zunächst) keinen Einfluss auf die Kundenzufriedenheit mit einem bestimmten Produkt haben.

Zielbeziehungen können auch komplexerer Natur sein. So ist es denkbar, dass der Zusammenhang zwischen zwei (oder mehreren) Zielen abschnittsweise durch verschiedene Zielbeziehungen gekennzeichnet ist. Ein Beispiel hierfür bildet der Zusammenhang zwischen Kundenzufriedenheit und Kundenbindung, der in Abb. 3.11 visualisiert ist.

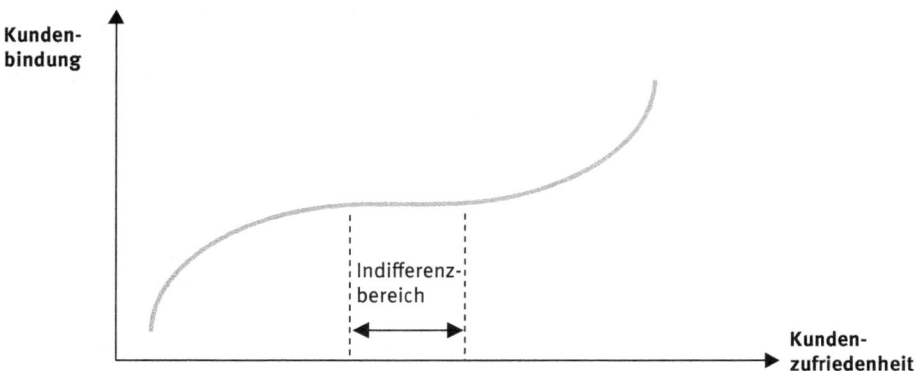

Kunden-
bindung ▲

Indifferenz-
bereich

Kunden-
zufriedenheit ▶

Abb. 3.11: Zielbeziehungen zwischen Kundenzufriedenheit und Kundenbindung (eigene Darstellung).

Die Zielbeziehung zwischen Kundenzufriedenheit und Kundenbindung ist in einem ersten Abschnitt komplementär, weil mit jeder Steigerung von Zufriedenheit auch eine Steigerung der Kundenbindung einhergeht. In einem Bereich mittlerer Zufriedenheit jedoch steigt die Kundenbindung mit Zunahme der Kundenzufriedenheit nicht weiter an, sondern verbleibt auf konstantem Niveau. In dieser sogenannten Indifferenzzone lässt sich die Beziehung zwischen den beiden Größen als Zielneutralität charakterisieren. Erst das deutliche Überschreiten eines bestimmten höheren Kundenzufriedenheitsniveaus wiederum vermag die Kundenbindung deutlich zu steigern. In diesem sich rechts an die Indifferenzzone anschließenden Intervall liegt somit wieder Zielkomplementarität vor.

Der Erfolg bzw. Misserfolg von Marketingmaßnahmen, die sogenannte **Marketingperformance**, lässt sich nun an der Veränderung der genannten ökonomischen wie vorökonomischen Zielgrößen ableiten. Die präzise Erfolgsmessung setzt dabei eine eindeutige und genaue Formulierung der Zielgrößen voraus. Die **operationale Zielformulierung** erfordert die Definition

- des **Zielinhalts** durch Präzisierung der Zielgröße, die es anzustreben gilt (z. B. Bekanntheitsgrad, Kundenzufriedenheit),
- des **Zielausmaßes** (z. B. Steigerung der Zielgröße um 3 %),
- des **Zeitbezugs** (z. B. Erreichung innerhalb des nächsten Quartals) und
- des **Markt- bzw. Segmentbezugs** (z. B. im Raum Norddeutschland in der Altersgruppe der 30 bis 40-Jährigen).

Da an der Veränderung der (vor-)ökonomischen (qualitativen wie quantitativen) Zielgrößen im Zeitablauf auch der Einsatz der Marketingmaßnahmen zieladäquat angepasst, also optimiert und überprüft werden kann, lassen sich die Größen auch als **Steuerungsgrößen** im Rahmen des Marketingcontrollings auffassen. Die betrachteten Zielgrößen fließen in Kennzahlen des Marketingcontrollings ein, auf die in Kapitel 8 näher eingegangen wird.

Während die **Messung** der Stimulusvariablen in Wirkungsanalysen grundsätzlich kein großes Problem darstellt, da diese vom Anbieter selbst festgelegt und definiert werden, ist die Messung der Organismus- und Reaktionsvariablen regelmäßig anspruchsvoller. Da Organismusvariablen nicht oder kaum beobachtbare Größen sind, werden sie in der Regel abgefragt und z. B. im Rahmen von experimentellen Untersuchungsdesigns kontrolliert, um den Einfluss der eigentlich interessierenden Stimulusvariable auf die abhängige Variable herauszufiltern. Sofern es sich bei den zu messenden Ziel- bzw. Reaktionsvariablen um psychische Variablen oder bekundete Verhaltensgrößen handelt, werden diese in der Regel ebenfalls abgefragt. Offenbartes (tatsächlich gezeigtes) Verhalten kann dagegen besser beobachtet werden.

Die Messung der als abhängige Variablen in die Wirkungsanalyse einfließenden Ziel- bzw. Reaktionsvariablen kann sowohl auf der individuellen Betrachtungsebene einzelner Konsumenten wie auch auf der Ebene des gesamten Unternehmens bzw. Marktes erfolgen (siehe Abb. 3.12).

Stimulusvariablen	→	Organismusvariablen	→	Reaktionsvariablen
→ werden bzw. sind vorgegeben		→ werden kontrolliert/ miterhoben		− psychische Reaktionen → werden i. d. R. abgefragt
→ sollen in ihrer Wirkung auf Reaktionsvariablen gemessen werden		→ werden i. d. R. abgefragt, da nicht oder kaum beobachtbar		− bekundete Verhaltens- reaktionen → werden abgefragt
				− offenbarte Verhaltens- reaktionen → werden beobachtet

auf individueller (disaggregierter) Ebene

Mikroanalyse

auf kollektiver (aggregierter) Ebene

Makroanalyse

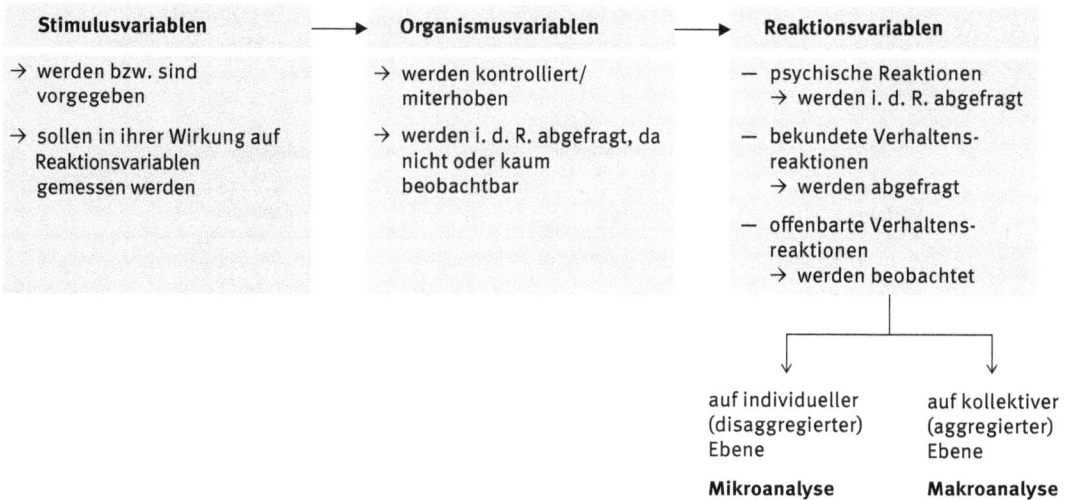

Abb. 3.12: Messung von Stimulus-, Organismus- und Reaktionsvariablen (eigene Darstellung).

- Bei der **Mikroanalyse** bilden Urteile und Befindlichkeiten einzelner Konsumenten, z. B. Zufriedenheits- oder Einstellungswerte, die Ausgangsbasis. Um eine Aussage über die Vorteilhaftigkeit der eingesetzten Marketinginstrumente (z. B. ein neu eingeführtes Produkt) ableiten zu können, werden die von einzelnen Probanden erhobenen Werte sodann zu Durchschnittswerten verdichtet.
- Bei der **Makroanalyse** wird die abhängige Variable durch Maßgrößen abgebildet, die von vornherein für den Markt insgesamt als Aggregate vorliegen, wie etwa durch Marktanteile oder Nachfrage nach der Marke.

Einerseits mögen sich die von einer Maßnahme ausgehenden Wirkungen vergleichsweise unverfälschter in den abhängigen Variablen zeigen, wenn diese auf individueller (disaggregierter) Ebene, wie im Rahmen einer Mikroanalyse, vorliegen. Bei Mikroanalysen ergibt sich jedoch stets das Problem der Aggregation (Hochrechnung) der Analyseergebnisse auf die Gesamtheit der betrachteten Einheiten. Es stellt sich hier die Frage, welche Art der Aggregation (z. B. einfache Mittelwertbildung, Verwendung von Gewichtungsfaktoren, z. B. verschiedene für unterschiedliche Absatzgebiete etc.) zu unverfälschten Ergebnissen führt. Zwar ergeben sich solche Aggregationsprobleme bei Makroanalysen nicht, jedoch fließen in die als abhängige Variable fungierenden hochaggregierten Größen regelmäßig zahlreiche Faktoren ein, die die zu messende Wirkung mit beeinflussen mögen. Es kann also nicht ausgeschlossen werden, dass auch andere Einflüsse die zu untersuchende Wirkung (z. B. des neuen Produkts) maßgeblich mitbestimmen, welche diese überlagern und kaum von der interessierenden Ursache isoliert werden können.

Tab. 3.7 stellt die Unterschiede sowie Vor- und Nachteile von Mikro- und Makroanalysen zur Messung der abhängigen Variablen überblicksartig gegenüber.

Tab. 3.7: Beurteilung von Mikro- und Makroanalysen (eigene Darstellung).

Verfahren	Mikroanalyse	Makroanalyse
Kennzeichnung	Variablen werden auf individueller Betrachtungsebene der Untersuchungseinheiten erhoben und ggf. anschließend (z. B. durch Mittelwertbildung) aggregiert	Variablen werden von vornherein für den Markt oder die Organisation insgesamt als Aggregate vorliegende Größen erhoben
Beispiele	Analyse der Verhaltensabsicht von Person X, an Person Y beobachtetes Stresslevel	Analyse der Anzahl an Patenten, Marktanteile, Nachfrage, Arbeitsproduktivität, Wirtschaftlichkeit
Vorteile	– individuelle Verhaltensmuster und Beurteilungen können aufgedeckt werden – Ansatzpunkte für neue Forschung – vielfältige Aggregationsmöglichkeiten	– forschungsökonomische Vorteile (evtl. Rückgriff auf Sekundärdaten möglich, Zeit-/Kostenersparnis) – Gesamttendenzen schneller erkennbar, Blick auf das Ganze
Nachteile	– aufwendige Erhebungen und Einzelfallanalysen notwendig – nachträgliche Aggregation führt zu Informationsverlust und wirft Fragen nach der Art der Aggregation auf	– hochaggregierte Größen nicht aussagekräftig genug – Isolierung nicht relevanter Größen u. U. schwierig – häufig veraltete Daten

3.3.3 Einflussfaktoren

Im Rahmen der Wirkungsanalyse bilden die Einflussfaktoren die unabhängigen Variablen, die auf die abhängigen Variablen als Zielgrößen des Marketings einwirken. Als
unabhängige Variablen werden in Marketinganalysen vor allem die Marketinginstrumente, wie z. B. veränderte Produkte, Preise, Packungen, Werbemaßnahmen usw.,
als physische (körperlich fassbare) **Marketingstimuli** (Reize) betrachtet. Sie werden
bewusst eingesetzt, um das Verhalten der Käufer in einer bestimmten Weise positiv
zu beeinflussen.

Auf das Verhalten des Käufers wirken aber auch weitere Größen in dessen Umwelt
ein, die somit ebenfalls als unabhängige Variablen im Rahmen der Wirkungsanalyse
anzusehen sind. Zu diesen **Umweltfaktoren** zählen Erfahrungen des Käufers mit
den ihn umgebenden Medien, mit bereits gekauften Produkten bzw. entsprechenden
Anbietern und Marken (einschließlich Konkurrenzmarken) sowie Einflüsse aus dem
sozialen Umfeld des Käufers. Soziale Einflussfaktoren können weiter in solche mit

wechselseitigem Einfluss (Gruppen) und solche mit einseitigem Einfluss (Bezugspersonen, Meinungsführer, Innovatoren) unterschieden werden.

- **Bezugspersonen** stammen nicht aus der Primärgruppe des Käufers. Gleichwohl können sie einseitigen Einfluss auf den Käufer ausüben, der sich mit diesen Personen identifiziert und sie sich zum Vorbild macht (z. B. Einflüsse von TV-Stars innerhalb und außerhalb der Werbung, Musterfamilie, Künstler, prominente Millionäre).
- **Meinungsführer** stammen dagegen aus der Primärgruppe des Käufers. Zu ihnen besteht somit ein persönlicher Kontakt. In dieser persönlichen, vertrauensvollen Beziehung liegt somit auch der Einfluss des Meinungsführers auf den Käufer begründet, der zudem über spezifische Erfahrungen in einem Produktbereich verfügt. Diese Erfahrungen bieten dem Käufer eine besonders glaubwürdige Orientierungshilfe beim Kauf neuer Produkte, da die Weitergabe der Erfahrungen seitens des Meinungsführers nicht monetär motiviert ist (z. B. Einflüsse von Freunden, Bekannten, Familienmitgliedern).
- **Innovatoren** sind Personen, die die Übernahme von neuen Produkten oder Ideen in sozialen Systemen initiieren. Häufig sind sie Vorreiter beim Kauf neuer Produkte oder Technikbegeisterte. Ihr Einfluss auf den Käufer beruht auf dem Nachahmungseffekt, nämlich aus Sicht des Käufers einen ähnlichen Nutzen aus dem Produkt zu ziehen wie die frühen Käufer, jedoch zu einem späteren Zeitpunkt und mit geringerem wahrgenommenen Risiko.

Die unabhängigen Variablen sind für eine präzise Wirkungsmessung möglichst vollständig zu erfassen. Nur wenn es gelingt, die neben den betrachteten Marketingstimuli auf die abhängige Variable einfließenden Größen im Rahmen der Wirkungsmessung transparent zu machen bzw. herauszufiltern, lässt sich der Erfolgsbeitrag des eingesetzten Marketinginstruments vergleichsweise unverfälscht ermitteln. Hierzu eignen sich verschiedene **experimentelle Untersuchungsdesigns** (vgl. Grunwald und Hempelmann 2012, S. 51 ff.).

3.3.4 Responsefunktionen

Für die Analyse von Kausalbeziehungen zwischen Stimulus- und Organismusvariablen (Inputvariablen) einerseits und den Reaktionsvariablen (Outputvariablen) andererseits werden **Dependenzanalysen** benötigt, mit welchen die Art und Stärke des Einflusses der unabhängigen auf die abhängige Variable quantifiziert werden kann. Einen Überblick über die typischen Zielsetzungen der einschlägigen Verfahren der Dependenzanalyse vermittelt Tab. 3.8 (für eine ausführliche Darstellung der Verfahren vgl. Grunwald und Hempelmann 2012, S. 82 ff.).

Mithilfe von Dependenzanalysen werden in der Regel Responsefunktionen (Reaktionsfunktionen) geschätzt, die die Beziehung zwischen der bzw. den unabhängigen und der abhängigen Variablen formal statistisch-mathematisch abbilden.

Responsefunktionen stellen eine Verallgemeinerung der empirisch vorliegenden Ausprägungen von unabhängiger und abhängiger Variable durch ein Modell dar, das – je nach zugrunde liegender Qualität – auch für Prognosezwecke geeignet ist.

Tab. 3.8: Zielsetzung von Verfahren der Dependenzanalyse (in Anlehnung an Backhaus et al. 1996, S. XXIII).

Verfahren	Zielsetzung	typisches Analyseproblem im Marketing
Regressionsanalyse	Analyse des Einflusses metrisch skalierter unabhängiger Variablen auf ebenfalls metrisch skalierte abhängige Variablen	Wie stark verändert sich die Absatzmenge für ein Produkt, wenn die Werbeausgaben um 10 % und der Preis um 5 % erhöht werden?
Varianzanalyse	Analyse des Einflusses nominal skalierter unabhängiger Variablen auf metrisch skalierte abhängige Variablen	Haben die Art der Verpackung und Regalplatzierung einen Einfluss auf die Absatzmenge eines Produkts?
Diskriminanzanalyse	Ermittlung von metrisch skalierten unabhängigen Variablen, die am besten zur Unterscheidung vorgegebener Gruppen beitragen können	Durch welche Merkmale unterscheiden sich BMW-Käufer von Käufern anderer Automobilmarken?
Konjunkte Analyse	Ermittlung des Stellenwerts einzelner Produkteigenschaften zum Gesamtnutzen	Wie hoch ist der Stellenwert der Sicherheit für die Gesamtbeurteilung eines Autos?

Eine im Marketing vielfach genutzte Responsefunktion ist die **Preis-Absatz-Funktion,** die den Zusammenhang zwischen dem Preis für ein Produkt als unabhängige Variable und dem Absatz als abhängige Variable darstellt. Das folgende **Fallbeispiel** erläutert das grundsätzliche Vorgehen bei der Ermittlung einer Preis-Absatz-Funktion.

Das Unternehmen DANON bietet digitale Kameras an. Für den Kameratyp XS–3000 soll für das neue Geschäftsjahr die bisherige Preissetzung überdacht werden. Dazu benötigt das Unternehmen Informationen über die Reaktion der Nachfrager auf unterschiedliche Preissetzungen. Das Unternehmen hat im vergangenen Jahr die Kamera in fünf verschiedenen Absatzgebieten angeboten. Die Absatzstatistik zeigt die folgenden Eintragungen (siehe Tab. 3.9).

Die Marktforschungsabteilung geht von der Existenz einer linearen Preis-Absatz-Funktion der Form $x = a - b\,p$ aus mit x als Absatzmenge, p als Absatzpreis und a, b als Funktionsparametern, die sie mittels linearer Regression schätzt (vgl. Grunwald und Hempelmann 2012, S. 78 ff.). Als Ergebnis der Berechnungen ergibt sich für den Regressionskoeffizienten ein Wert von $b = 64{,}3$. Dieser gibt die Steigung der Regressionsgeraden an, also wie sich die Absatzmenge (= abhängige Variable) bei einer

Variation des Preises (= unabhängige Variable) verändert. Im vorliegenden Fall führt also eine Preiserhöhung (Preissenkung) um eine Einheit zu einer Reduktion (Steigerung) der Absatzmenge um 64,3 Stück.

Tab. 3.9: Daten zur Schätzung einer Preis-Absatz-Funktion (eigene Darstellung).

Absatzgebiet	Preis (in €)	Absatzmenge (in Stück)
1	125	6.350
2	134	5.750
3	130	6.000
4	138	5.400
5	123	6.500

Der Durchschnittspreis $\bar{p}$ berechnet sich aus den Daten zu 130 €. Der durchschnittliche Absatz $\bar{x}$ beträgt 6.000 Stück. Die Sättigungsmenge a kann nun aus der Geradengleichung $\bar{x} = a - b \cdot \bar{p} = a - 64,3 \cdot 130 = 6.000$ durch Äquivalenzumformung bestimmt werden. Es ergibt sich a = 6.000 + 64,3 · 130 = 14.359. Die Sättigungsmenge gibt den maximal möglichen Absatz auf dem Markt bei einem Preis von p = 0 an.

Mit diesen Informationen kann nun die Preis-Absatz-Funktion vollständig angegeben werden. Sie lautet x = 14.359 − 64,3 p.

Hieraus lässt sich nun auch der Prohibitivpreis errechnen, der den maximalen Preis bei einer Absatzmenge von x = 0 darstellt. Er beträgt im vorliegenden Fall a/b = 14.359/64,3 = 223,31 €.

Die Preis-Absatz-Funktion kann nun weiter dazu genutzt werden, um den gewinnmaximalen Preis für die Kamera zu berechnen. Hierzu sei angenommen, dass die variablen Stückkosten der Produktion 60 € betragen. Es ergibt sich ein gewinnmaximaler Preis von p* = 1/2 · (223,31 + 60) = 141,66 €.

Responsefunktionen können ebenfalls in der Kommunikationspolitik genutzt werden, um beispielsweise den Einfluss zusätzlicher Werbeausgaben (= unabhängige Variable) auf den Absatz (= abhängige Variable) zu schätzen.

3.4 Entscheidungsanalyse

Mithilfe der Entscheidungsanalyse soll durch einen systematischen Vergleich verfügbarer Handlungsoptionen (Alternativenvergleich) und deren Bewertung (Alternativenbewertung) eine möglichst vorteilhafte (optimale) Handlungsalternative gefunden werden (Alternativenwahl). Sie leistet insofern einen wichtigen Beitrag zur Entscheidungsunterstützung und für mehr Rationalität bei der Entscheidungsfindung, indem sie dem Entscheider die Konsequenzen verschiedener Handlungsoptionen verdeutlicht und Kriterien für die Wahlentscheidung unter Berücksichtigung der Ziele und Präferenzen des Entscheiders bereitstellt.

3.4.1 Alternativenvergleich

Ein Vergleich verfügbarer Alternativen setzt zunächst deren vollständige Beschreibung voraus. Dies bedeutet, dass sämtliche Konsequenzen, die sich aus der Wahl einer Alternativen ergeben, zu erfassen sind. Als problematisch mag sich diese Forderung insbesondere dann erweisen, wenn die sich ergebenden Konsequenzen nicht eindeutig sind, sondern von der Entwicklung von Umweltfaktoren abhängen. In der Entscheidungstheorie spricht man dann von einer Entscheidung, die unter Unsicherheit zu treffen ist. Um in diesem Fall die möglichen Konsequenzen vollständig und systematisch zu erfassen, ist es hilfreich, sich des **Grundmodells der Entscheidungstheorie** zu bedienen.

Ausgangspunkt ist dabei eine gegebene endliche Menge sich wechselseitig ausschließender Handlungsalternativen a_i, die das sogenannte **Aktionsfeld** $A = \{a_1, a_2, ..., a_m\}$ bilden. Die Konsequenzen (Ergebnisse), die sich bei Wahl der Handlungsalternativen a_i ergeben, hängen von Umständen ab, die der Entscheidende nicht beeinflussen kann. Diese Umstände werden **Umweltzustände** (-konstellationen, Szenarien) genannt und mit s_j bezeichnet. Je nachdem, welche Handlungsalternative a_i der Entscheidende wählt und welcher Umweltzustand s_j tatsächlich eintritt, ergeben sich unterschiedliche **Handlungskonsequenzen** e_{ij}, die sich tabellarisch in Form der **Ergebnismatrix** darstellen lassen (siehe Tab. 3.10).

Tab. 3.10: Ergebnismatrix (eigene Darstellung).

Alternativen	Umweltzustände		
	s_1	...	s_n
a_1	e_{11}	...	e_{1n}
⋮	⋮	...	⋮
a_m	e_{m1}	...	e_{mn}

In manchen Fällen, insbesondere wenn die Konsequenzen nicht eindimensional und/oder nicht monetärer Natur sind, ist es erforderlich, die Entscheidung nicht direkt auf den Ergebnissen, sondern auf deren Nutzenbewertung basieren zu lassen. Werden die Handlungskonsequenzen der Ergebnismatrix einer Nutzenbewertung unterzogen, resultiert daraus die **Entscheidungsmatrix**.

Das Grundmodell der Entscheidungstheorie sei anhand des folgenden **Beispiels** illustriert. Herr Otto plant, das nächste Wochenende gemeinsam mit seiner Frau entweder in Rom oder in Oslo zu verbringen. Er zieht ein sonniges Wochenende in jedem Fall einem verregneten Wochenende vor. Ein sonniges Wochenende würde er lieber in Rom als in Oslo verbringen. Herr Otto würde es sehr bedauern, müsste er ein regnerisches Wochenende in Rom verbringen. Regen in Oslo macht ihm hingegen nicht so viel aus, sodass er ein regnerisches Wochenende lieber in Oslo als in Rom verbringen würde. Es sei angenommen, dass Herr Otto seine Präferenzen durch die Angabe der in Tab. 3.11 dargestellten Nutzenwerte weiter konkretisieren kann.

Tab. 3.11: Nutzenwerte im Beispiel (eigene Darstellung).

Situation	Nutzenwert
sonniges Wochenende in Rom verbringen	100
sonniges Wochenende in Oslo verbringen	60
regnerisches Wochenende in Oslo verbringen	40
regnerisches Wochenende in Rom verbringen	20

Um das Entscheidungsproblem von Herrn Otto gemäß dem Grundmodell der Entscheidungstheorie strukturieren zu können, gilt es zunächst, die Handlungsalternativen sowie die Umweltzustände zu definieren. Da Herr Otto erwägt, entweder nach Rom oder nach Oslo zu reisen, hat er zwei Handlungsalternativen:

a_1: Reise nach Rom

a_2: Reise nach Oslo

Die Umweltzustände ergeben sich jeweils durch Kombination der beiden möglichen Wetterzustände (Sonne oder Regen) in den beiden Städten:

s_1: Regen in Rom, Sonne in Oslo

s_2: Regen in Rom, Regen in Oslo

s_3: Sonne in Rom, Sonne in Oslo

s_4: Sonne in Rom, Regen in Oslo

Damit resultiert die in Tab. 3.12 dargestellte Entscheidungsmatrix.

Tab. 3.12: Entscheidungsmatrix im Beispiel (eigene Darstellung).

Alternativen	Umweltzustände			
	s_1	s_2	s_3	s_4
a_1	20	20	100	100
a_2	60	40	60	40

3.4.2 Alternativenbewertung

Die Bewertung bestehender Alternativen kann auf unterschiedlichen Wegen erfolgen. Im Fall einer **qualitativen Bewertung** geht es um die grobe Einschätzung einer Alternative z. B. als schlecht, brauchbar oder gut. Differenzierter stellt sich das Vorgehen im Fall einer **quantitativen Bewertung** dar. Hier erfolgt eine numerische Bewertung einer Alternative anhand ihrer Auswirkungen auf quantitative oder zumindest quantifizierbare Zielgrößen, also eine Bewertung z. B. anhand von Kosten, Gewinnbeiträgen oder anhand des mit einer Alternative verbundenen Risikos.

Bei der zuletzt genannten Zielgröße stellt sich allerdings die Frage, auf welche Weise sich das Risiko quantifizieren lässt. In der Entscheidungstheorie lassen sich hierzu zwei prinzipielle Ideen voneinander unterscheiden, die beide an der Entscheidungsmatrix ansetzen. Während **horizontale Risikomaße** eine isolierte Risikobewertung jeder Alternative vornehmen, identifizieren **vertikale Risikomaße** in einem ersten Schritt die für eine fixierte Umweltkonstellation optimale Alternative und nehmen eine Risikobewertung der betrachteten Alternative relativ hierzu vor. In beiden Fällen sind geeignete Risikomaße danach zu differenzieren, ob Eintrittswahrscheinlichkeiten für die definierten Umweltkonstellationen (Szenarien) angegeben werden können oder nicht. Tab. 3.13 vermittelt einen Überblick über gebräuchliche horizontale Risikomaße.

Tab. 3.13: Horizontale Risikomaße (eigene Darstellung).

mit Eintrittswahrscheinlichkeiten für Umweltkonstellationen (Szenarien)	ohne Eintrittswahrscheinlichkeiten für Umweltkonstellationen (Szenarien)
Verlustwahrscheinlichkeit Varianz Standardabweichung	Schwankungsbreite

Da bezogen auf das oben angesprochene **Fallbeispiel** die Handlungskonsequenzen ausschließlich nichtmonetärer Art sind, entfällt hier die Verlustwahrscheinlichkeit als mögliches Risikomaß. Um die Varianz (Standardabweichung) zu ermitteln, ist im ersten Schritt der erwartete Erfolg einer Alternativen zu bestimmen. Dies erfordert wiederum Angaben zu den Eintrittswahrscheinlichkeiten der definierten Umweltzustände. Dazu möge das Wettergeschehen in Rom und Oslo unabhängig voneinander sein. Ferner betrage die Wahrscheinlichkeit dafür, dass in Rom die Sonne scheint 75 %, wohingegen sie in Oslo nur 50 % betragen möge. Tab. 3.14 verdeutlicht die Berechnung der Eintrittswahrscheinlichkeiten für die Umweltzustände.

Tab. 3.14: Berechnung der Eintrittswahrscheinlichkeiten für die Umweltzustände (eigene Darstellung).

Umweltzustand	Eintrittswahrscheinlichkeit
s_1: Regen in Rom, Sonne in Oslo	$0{,}25 \cdot 0{,}5 = 0{,}125$
s_2: Regen in Rom, Regen in Oslo	$0{,}25 \cdot 0{,}5 = 0{,}125$
s_3: Sonne in Rom, Sonne in Oslo	$0{,}75 \cdot 0{,}5 = 0{,}375$
s_4: Sonne in Rom, Regen in Oslo	$0{,}75 \cdot 0{,}5 = 0{,}375$

Für den Nutzenerwartungswert μ_1 der Reise nach Rom ergibt sich hieraus

$$\mu_1 = 20 \cdot 0{,}125 + 20 \cdot 0{,}125 + 100 \cdot 0{,}375 + 100 \cdot 0{,}375 = 80.$$

Die Varianz σ_1^2 errechnet sich gemäß

$$\sigma_1^2 = (20 - 80)^2 \cdot 0{,}125 + (20 - 80)^2 \cdot 0{,}125 + (100 - 80)^2 \cdot 0{,}375$$
$$+ (100 - 80)^2 \cdot 0{,}375 = 1.200.$$

Durch Wurzelziehen folgt für die Standardabweichung $\sigma_1 = 34{,}64$.

Liegen keine Eintrittswahrscheinlichkeiten für die Umweltzustände vor, kann gemäß Tab. 3.13 die Schwankungsbreite als Risikomaß herangezogen werden. Da diese als Differenz zwischen dem größten und dem kleinsten Nutzenwert definiert ist, beträgt sie für die Reise nach Rom 80 (= 100 − 20). Tab. 3.15 fasst die Ergebnisse noch einmal zusammen und stellt sie den entsprechenden Werten für die Reise nach Oslo gegenüber.

Tab. 3.15: Nutzenerwartungswert und horizontale Risikomaße (eigene Darstellung).

Alternativen	Nutzenerwartungswert	Varianz	Standardabweichung	Schwankungsbreite
a_1: Reise nach Rom	80	1.200	34,64	80
a_2: Reise nach Oslo	50	100	10	20

Die Werte verdeutlichen, dass die Entscheidung für eine Reise nach Rom als erheblich risikoreicher als die Entscheidung für eine Reise nach Oslo einzustufen ist.

Im Gegensatz zu der für horizontale Risikomaße typischen isolierten Risikobewertung einer jeden Alternativen, nehmen vertikale Risikomaße gemäß Tab. 3.16 eine relative Risikobewertung der Alternativen vor.

Tab. 3.16: Vertikale Risikomaße

mit Eintrittswahrscheinlichkeiten für Umweltkonstellationen (Szenarien)	ohne Eintrittswahrscheinlichkeiten für Umweltkonstellationen (Szenarien)
erwartete Nutzenabweichung der zu bewertenden Alternative jeweils im Vergleich zu der in einer Umweltkonstellation optimalen Alternative	maximale Nutzenabweichung der zu bewertenden Alternative jeweils im Vergleich zu der in einer Umweltkonstellation optimalen Alternative

Um diese Risikomaße anwenden zu können, ist es in einem ersten Schritt erforderlich, für jede Umweltkonstellation festzustellen, welche Alternative zum höchsten Nutzenwert führt. Die entsprechenden Werte sind in Tab. 3.17 hervorgehoben.

Tab. 3.17: Bestimmung der maximalen Nutzenwerte (eigene Darstellung).

Alternativen	Umweltzustände			
	s_1	s_2	s_3	s_4
a_1	20	20	100	100
a_2	60	40	60	40

Im zweiten Schritt gilt es nun, die Nutzenabweichungen zu bestimmen. Die resultierenden Werte werden auch als **Bedauernswerte** bezeichnet. Tritt beispielsweise der Umweltzustand s_1 ein (es regnet sowohl in Rom als auch in Oslo), erreicht Herr Otto im Fall einer Reise nach Rom lediglich den Nutzenwert 20. Er hätte aber durch eine Reise nach Oslo einen Nutzenwert von 60 erreichen können. Der Mindernutzen von 40 (= 60 – 20) wird als Bedauernswert für die Alternative Reise nach Rom in die Matrix eingetragen. Entsprechend ergeben sich die übrigen Bedauernswerte in Tab. 3.18.

Tab. 3.18: Bedauernswerte (eigene Darstellung).

Alternativen	Umweltzustände			
	s_1	s_2	s_3	s_4
a_1	40	20	0	0
a_2	0	0	40	60

Die maximal mögliche Nutzenabweichung beträgt demnach für die Reise nach Rom 40 und für die Reise nach Oslo 60. Die erwarteten Nutzenabweichungen betragen 7,5 (= 40 · 0,125 + 20 · 0,125) für die Reise nach Rom und 37,5 (= 40 · 0,375 + 60 · 0,375) für die Reise nach Oslo. Ausgehend von der vertikalen Risikobewertung ist also die Reise nach Oslo als erheblich riskanter einzuschätzen als die Reise nach Rom.

3.4.3 Alternativenwahl

Alternativenwahl bei diskreten Alternativen
Zur Auswahl zwischen den verfügbaren Handlungsalternativen werden in der Entscheidungstheorie verschiedene **Entscheidungsregeln** bzw. **-kriterien** samt theoretischer Fundierung diskutiert (vgl. etwa Sorger 2000, S. 17 f.). An dieser Stelle sei lediglich auf eines dieser Kriterien, das **μ-σ-Kriterium**, das insbesondere in der Finanzwirtschaft gebräuchlich ist, eingegangen.

Das μ-σ-Kriterium beurteilt jede Handlungsalternative a_i anhand des Nutzenerwartungswertes μ_i sowie der zugehörigen Standardabweichung σ_i, wobei diese beiden Kenngrößen zum Präferenzwert

$$\Phi(a_i) = \mu_i - k \cdot \sigma_i \text{ mit } k > 0$$

weiter verrechnet werden. Das μ-σ-Kriterium bewertet Alternativen mit hohem Nutzenerwartungswert positiv, nimmt aber vom Nutzenerwartungswert einen Abschlag vor, der proportional zur Höhe der Standardabweichung ist. Alternativen werden demnach umso schlechter beurteilt, je höher das mit ihnen verbundene Risiko (gemessen durch die Standardabweichung) ausfällt. Der Parameter k bestimmt dabei, mit welchem Gewicht das Risiko in die Bewertung einer Alternativen einfließt. Er kann daher als Gradmesser für die **Risikoaversion** des Entscheidenden angesehen werden. Allerdings gestaltet sich dessen Bestimmung als aufwendig, ist doch eine direkte Abfrage nicht zu empfehlen. Vielmehr müssen jene Methoden herangezogen werden, die in der Entscheidungstheorie allgemein für die Bestimmung von Präferenzfunktionen im Fall risikobehafteter Entscheidungen diskutiert werden. Hierzu muss an dieser Stelle auf die Spezialliteratur verwiesen werden (vgl. z. B. Bamberg et al. 2012b, S. 67 f., Eisenführ et al. 2010, S. 269 f.).

Bezogen auf das Fallbeispiel lässt sich die Entwicklung der beiden Präferenzwerte in Abhängigkeit vom Grad der Risikoaversion grafisch illustrieren (siehe Abb. 3.13).

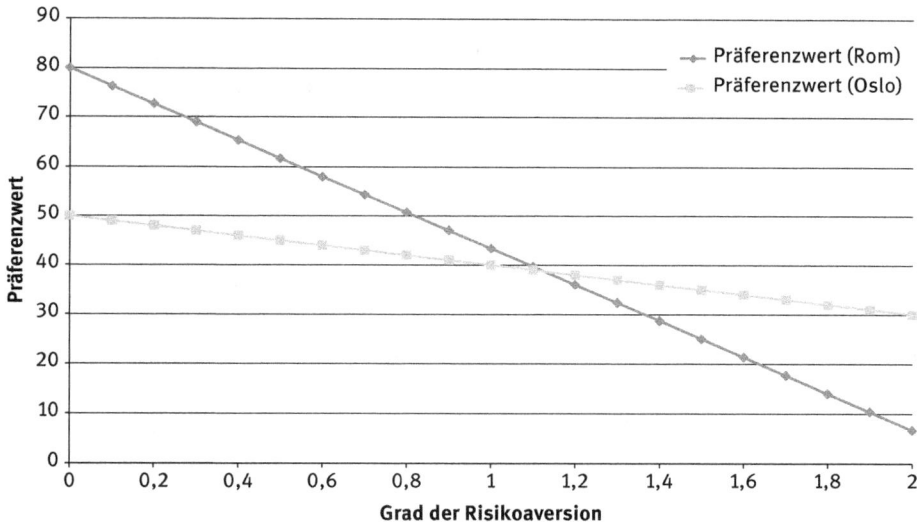

Abb. 3.13: Entwicklung der Präferenzwerte in Abhängigkeit vom Grad der Risikoaversion (eigene Darstellung).

Abb. 3.13 verdeutlicht, dass bei geringem Grad der Risikoaversion die Reise nach Rom vorzuziehen ist. Erst bei stärker ausgeprägter Risikoaversion (k > 1,1) erzielt die Reise nach Oslo einen höheren Präferenzwert.

Zur Strukturierung von Entscheidungssituationen sowie zur Alternativenbewertung und -wahl kann auch das **Entscheidungsbaumverfahren** verwendet werden. Entscheidungsbäume dienen zur grafischen Darstellung mehrstufiger Entscheidungsprobleme, die vor allem für mehrperiodige Planungsprobleme typisch sind. Bei Entscheidungsbäumen sind drei Arten von Knoten zu unterscheiden. Die von Entscheidungsknoten (symbolisiert durch Rechtecke) ausgehenden Äste repräsentieren die jeweils verfügbaren Handlungsalternativen. Hingegen präsentieren die von Zufallsknoten (symbolisiert durch Kreise) ausgehenden Äste unterschiedliche Umweltentwicklungen. An den Endknoten (symbolisiert durch Dreiecke) werden die Ergebnisse am Ende der Äste des Baumes dargestellt.

Die Anwendung von Entscheidungsbäumen in der Marketingplanung sei anhand des folgenden **Beispiels** illustriert. Die Grind AG überlegt, ob es sich zur Markteinführung einer durch einen besonderen Schmelz gekennzeichneten neuen Pralinenmischung entschließen soll. Dieses Produkt kann sich am Markt zu einem Erfolg entwickeln oder sich als Flop herausstellen.

Man schätzt die Wahrscheinlichkeit, dass es zu einem Markterfolg kommt, genauso hoch ein wie die Misserfolgswahrscheinlichkeit. Eine probeweise Einführung des neuen Produkts auf einem Testmarkt könnte Hinweise auf die zu erwartende Nachfrage geben. Die Unternehmensleitung würde aus einem positiven Ergebnis auf dem Testmarkt folgern, dass die Wahrscheinlichkeit für den Markterfolg 80 % und für einen Misserfolg 20 % beträgt (z. B. abgeleitet aus Erfahrungen mit vergangenen Produktneueinführungen, Häufigkeitsanalysen). Ein ungünstiges Ergebnis auf dem Testmarkt würde hingegen zu einer Wahrscheinlichkeitsschätzung für einen Markterfolg von 20 % führen, ein Misserfolg wird dann mit 80 % erwartet.

Wie das Ergebnis der Marktforschung ausgehen wird, ist zunächst unklar. Das Management ist jedoch verhalten optimistisch und geht daher von einer Wahrscheinlichkeit von 50 % für ein positives und 50 % für ein negatives Ergebnis aus.

Neben der sofortigen Markteinführung bzw. der Durchführung einer Testmarktuntersuchung besteht zudem die Möglichkeit, auf die Neuproduktentwicklung komplett zu verzichten, was zu keinerlei finanziellen Konsequenzen für das Unternehmen führen würde.

Die Kosten einer sofortigen Markteinführung belaufen sich auf 100.000 €. Bei einer erst nach durchgeführter Testmarktuntersuchung erfolgenden Markteinführung reduzieren sich die Kosten aufgrund des geringeren Entwicklungstempos auf 85.000 €. Dafür fallen jedoch Kosten für die Durchführung der Testmarktuntersuchung in Höhe von 15.000 € an. Im Falle eines Markterfolgs rechnet das Unternehmen mit Einnahmen in Höhe von 400.000 €, bei einem Misserfolg geht das Unternehmen auf der Einnahmenseite leer aus, hat aber die entsprechenden Markteinführungskosten und gegebenenfalls die Kosten für die Testmarktuntersuchung zu tragen.

Abb. 3.14 stellt die Entscheidungssituation der Grind AG in Form eines Entscheidungsbaums dar. In der Ausgangssituation kann sich das Unternehmen zur sofortigen

Markteinführung, zur Durchführung der Testmarktuntersuchung oder für die Möglichkeit, auf die Produktentwicklung komplett zu verzichten, entscheiden.

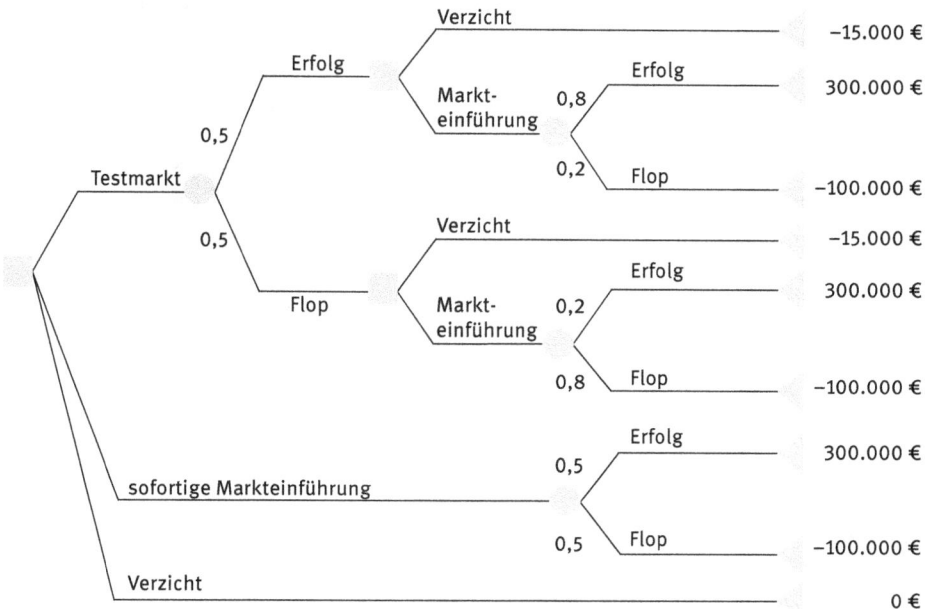

Abb. 3.14: Entscheidungsbaum zur Markteinführung eines Neuprodukts (eigene Darstellung).

Nach durchgeführter Testmarktuntersuchung bestehen jeweils zwei Handlungsoptionen: Das Unternehmen kann sich zur Markteinführung der neuen Pralinenmischung entscheiden oder eben darauf verzichten.

Auf der rechten Seite des Entscheidungsbaums sind die sich jeweils ergebenden finanziellen Konsequenzen für die Grind AG vermerkt.

Die Auswertung eines Entscheidungsbaums erfolgt rekursiv, beginnend mit dem am weitesten rechts liegenden Entscheidungsknoten. Im vorliegenden Fall ist daher zunächst zu überlegen, wie die Grind AG auf einen Erfolg bzw. einen Flop bei durchgeführter Testmarktuntersuchung reagieren sollte.

Bei erfolgreich durchlaufender Testmarktuntersuchung beträgt der erwartete finanzielle Erfolg bei Markteinführung der neuen Pralinenmischung

$$\mu(\text{Markteinführung} \mid \text{Erfolg auf dem Testmarkt}) = 0{,}8 \cdot 300.000 + 0{,}2 \cdot (-100.000)$$
$$= 220.000 \, \text{€.}$$

Bei einem Flop auf dem Testmarkt errechnet sich der erwartete finanzielle Erfolg bei Markteinführung hingegen zu μ(Markteinführung | Flop auf dem Testmarkt) = 0,2 · 300.000 + 0,8 · (−100.000)

$$= -20.000 \; €.$$

Der Vergleich mit dem sicheren Verlust von 15.000 € bei Verzicht auf die Markteinführung zeigt: Falls sich das Produkt auf dem Testmarkt als Erfolg erweist, sollte sich das Unternehmen zur Markteinführung der neuen Pralinenmischung entscheiden. Floppt das Produkt jedoch auf dem Testmarkt, sollte auf die Markteinführung verzichtet werden.

In der durch den ersten Entscheidungsknoten repräsentierten Ausgangssituation ist zu überlegen, ob die Testmarktuntersuchung überhaupt durchgeführt werden sollte. Dabei ist das Ergebnis der gerade vorgenommenen Analyse zu berücksichtigen. Der erwartete finanzielle Erfolg bei Durchführung der Testmarktuntersuchung errechnet sich als

$$μ(\text{Testmarkt}) = 0,5 · 220.000 + 0,5 · (−15.000) = 102.500 \; €.$$

Hingegen beträgt der erwartete finanzielle Erfolg bei sofortiger Markteinführung des neuen Produkts

$$μ(\text{sofortige Markteinführung}) = 0,5 · 300.000 + 0,5 · (−100.000) = 100.000 \; €.$$

Der Vergleich der beiden Alternativen zeigt, dass die Durchführung der Testmarktuntersuchung finanziell sinnvoll ist. Da hierbei ein Finanzerfolg von 102.500 € zu erwarten ist, ist diese Alternative auch dem Verzicht auf die weitere Produktentwicklung vorzuziehen.

Während die Entscheidungstheorie von einer Auswahl zwischen Alternativen ausgeht, die auf deren Beurteilung anhand quantitativer Kriterien beruht, können im Rahmen des nunmehr zu besprechenden **Punktbewertungsverfahrens** auch qualitative Kriterien berücksichtigt werden. Der grundsätzliche Aufbau dieses Verfahrens ist in Abb. 3.15 dargestellt.

Den Ausgangspunkt bilden auch hier die Ziele, die der Entscheidungsträger zu erreichen wünscht. In einem ersten Schritt gilt es, diese in Form eines **Kritierienkatalogs** aufzuschlüsseln und zu konkretisieren. Die verwendeten Kriterien sollten dabei inhaltlich überschneidungsfrei und unabhängig voneinander sein, um Mehrfachberücksichtigungen sehr ähnlicher Kriterien zu vermeiden. Zudem sollten alle für die anstehende Entscheidung über die Auswahl von Alternativen relevanten Kriterien vollständig abgebildet werden. Für die berücksichtigten Kriterien gilt es, Ausprägungen festzulegen. In einem ersten Schritt kann die Festlegung durch eine möglichst präzise verbale Beschreibung erfolgen. Um später Punktwerte vergeben zu können, ist jedoch die Konstruktion einer numerisch gefassten **Benotungsskala** unumgänglich. Da den verwendeten Kriterien im Hinblick auf die eingangs definierten Ziele durchaus ein unterschiedlicher Stellenwert zukommen mag, ist die Festlegung von

Kriteriengewichten ebenfalls bedeutsam. Über alle Kriterien gerechnet, müssen sich die vergebenen Gewichte auf 100 % summieren. Um dies zu gewährleisten, kann der Entscheidungsträger gebeten werden, eine vorgegebene Punktsumme gemäß seinen Vorstellungen auf die einzelnen Kriterien zu verteilen. Das Gewicht eines Kriteriums bestimmt sich dann dadurch, dass die für das Kriterium vergebene Punktzahl durch die Punktsumme dividiert wird. Mithilfe der Gewichte können nach Einordnung der zu beurteilenden Alternativen in die Benotungsskala **Einzelpunktwerte** berechnet werden, indem die Beurteilung bezüglich eines Kriteriums mit dessen Gewicht multipliziert wird. Die Addition sämtlicher Einzelpunktwerte führt zum **Gesamtpunktwert**. Dieser bildet dann die Basis der Ergebnisauswertung. So lassen sich die Alternativen anhand des von ihnen erreichten Gesamtpunktwerts in eine Rangfolge bringen oder die Qualität einer Alternative kann am Abstand des von ihr erreichten zum maximal möglichen Gesamtpunktwert gemessen werden.

Vorgabe des Bewertungsziels

↓

Definition von Zielkriterien

↓

Definition einer Benotungsskala

↓

Gewichtung der Zielkriterien

↓

Alternativenbeurteilung durch Vergabe von Punktwerten je Kriterium

↓

Multiplikation der Punktwerte mit Kriteriengewichten

↓

Aggregation der gewichteten Punktwerte zum Gesamtpunktwert

↓

Ergebnisinterpretation und ggf. Sensitivitätsanalyse

Abb. 3.15: Aufbau eines Punktbewertungsverfahrens (eigene Darstellung).

Die Anwendung eines Punktbewertungsverfahrens sei anhand des folgenden **Fallbeispiels** illustriert (vgl. in modifizierter Form Kleine-Doepke et al. 2006, S. 72 ff.). Die

Forschungs- und Entwicklungsabteilung des zur Allround AG gehörenden Unternehmensbereichs Bau- und Bastelbedarf hat einen neuen Klebstoff namens Klebon entwickelt. Dieser Klebstoff zeichnet sich durch hervorragende Klebekraft, Geruchlosigkeit und besondere Umweltverträglichkeit aus. Aufgrund dieser Eigenschaften sind zwei Abteilungen des Unternehmensbereichs an dem Produkt interessiert. Während die Abteilung für Baubedarf Klebon als Fliesenkleber in ihr Sortiment integrieren möchte, strebt die Abteilung für Bastelbedarf die Vermarktung von Klebon als Bastelklebstoff an.

Aufgrund eines Vorstandsbeschlusses steht jedoch fest, dass die Vermarktung von Klebon nur in Form von einer der beiden Produktalternativen erfolgen wird. Neben finanziellen Erwägungen spricht für dieses Vorgehen vor allem der Umstand, dass die Unternehmensleitung den Konsumenten ein klares Vorstellungsbild von der Allround AG vermitteln möchte. Man erhofft sich dadurch eine klarere Positionierung und Abgrenzung gegenüber Wettbewerbern. Eine Vermarktung von Klebon sowohl als Bastelklebstoff als auch als Fliesenkleber wird – obgleich technisch möglich – diesbezüglich als kontraproduktiv empfunden.

Die Vorgabe des Vorstands führt allerdings zu erheblichen Spannungen zwischen den betroffenen Abteilungen. Da die Bereichsleitung aufgefordert ist, dem Vorstand möglichst bald eine begründete Empfehlung für die Vermarktung von Klebon zu unterbreiten, werden die Abteilungsleiter gebeten, die Vorzüge der beiden Vermarktungsalternativen darzulegen. Herr Klöbner, Leiter der Abteilung für Bastelbedarf, stellt in seinen Ausführungen vor allem auf den zu erwartenden hohen Marktanteil ab, den man mit Klebon als Bastelklebstoff erreichen könnte. Dabei kann er sich auf die Ergebnisse einer bereits durchgeführten Marktanalyse berufen, die außerdem zeigt, dass im Hinblick auf laufende Vertriebskosten eher Vorteile bei einer Vermarktung von Klebon als Bastelklebstoff denn als Fliesenkleber zu erwarten sind. Aus diesen Gründen spricht er sich nachdrücklich für eine Einführung von Klebon als Bastelklebstoff aus.

Herr Müller, Leiter der Abteilung für Baubedarf, muss zwar einräumen, dass mit einer Einführung von Klebon als Fliesenkleber ein nur geringerer Marktanteil erobert werden kann, jedoch weist die Alternative in zwei aus seiner Sicht ebenfalls sehr wichtigen Punkten Vorteile auf. Für den wirtschaftlichen Erfolg von Klebon sei nicht nur der zu erwartende Marktanteil von Bedeutung, sondern auch die Frage, welcher Preis sich letztlich am Markt durchsetzen ließe. Wie bei Produktneueinführungen üblich, sei es zunächst sinnvoll, einen relativ geringeren Preis zu setzen. Mit zunehmender Marktpenetration ergäben sich aber Spielräume für Preiserhöhungen und diese seien bei Fliesenklebern deutlich ausgeprägter als bei Bastelklebstoffen. Darüber hinaus seien die Einführungskosten für einen Fliesenkleber geringer als für einen Bastelklebstoff. Mit Klebon als Fliesenkleber käme das Unternehmen daher schneller in die Gewinnzone und würde nachhaltig höhere Umsätze erzielen. Aus diesen Gründen spricht er sich ebenso nachdrücklich für eine Einführung von Klebon als Fliesenkleber aus.

Um die hitzige Diskussion zu versachlichen, schlägt der stets um Ausgleich bemühte Bereichsleiter Dr. Ruhig vor, die beiden Alternativen durch ein Punktbewertungsverfahren zu evaluieren. Dabei würde er die anzuwendenden Kriterien samt Bewertung der beiden Alternativen vorgeben. Die Abteilungsleiter sollen sich dann Gedanken über eine aus ihrer Sicht angemessene Gewichtung der Kriterien machen.

Der von der Bereichsleitung vorgegebene Kriterienkatalog lässt eine Gliederung der Kriterien in zwei Gruppen erkennen. Zum einen erfolgt eine Beurteilung der beiden Vermarktungsalternativen für den Klebstoff anhand **marktbezogener Kriterien** (Marktanteil, Preisspielraum, Imagewirkung, Erschließung neuer Käuferschichten), zum anderen anhand **unternehmensbezogener Kriterien** (Kosten der Markteinführung, laufende Kosten, Unterstützung strategischer Ziele). Die in Tab. 3.19 wiedergegebene Beurteilung der beiden Alternativen im Hinblick auf diese Kriterien ist ebenfalls seitens der Bereichsleitung vorgegeben. Die verwendete Benotungsskala sieht dabei eine Vergabe von 10 Punkten bei sehr ungünstiger Ausprägung bis hin zu 50 Punkten bei sehr günstiger Ausprägung vor. Abb. 3.16 stellt die Beurteilungen der beiden Alternativen in Form eines **Scoringprofils** einander gegenüber.

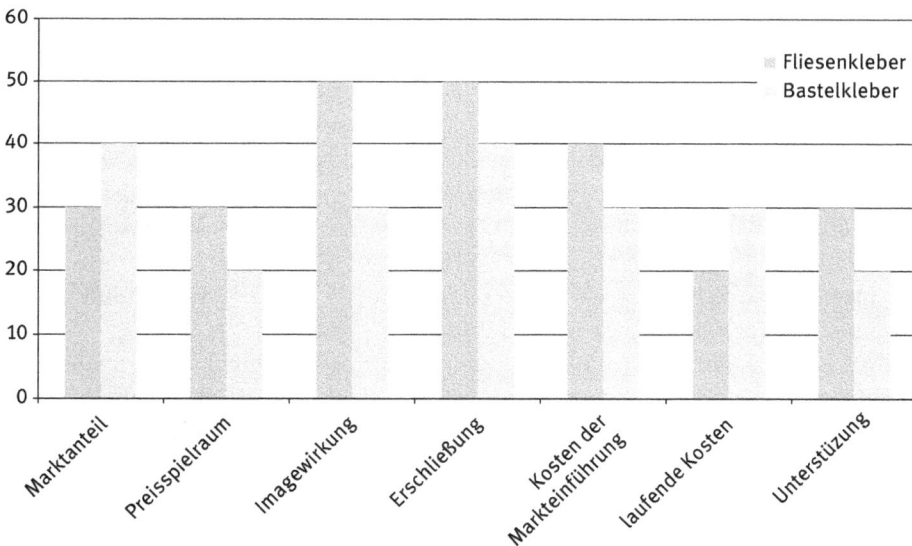

Skalierung: 10 = sehr ungünstig, 20 = günstig, 30 = neutral, 40 = günstig, 50 = sehr günstig

Abb. 3.16: Scoringprofil (eigene Darstellung).

Abb. 3.16 lässt erkennen, dass bezüglich der meisten Kriterien die Vermarktung als Fliesenkleber gegenüber der Vermarktung als Bastelkleber als die bessere Alternative beurteilt wird. Noch deutlicher wird dies bei der grafischen Aufbereitung der abgegebenen Beurteilungen in Form eines **Netz-Charts** (siehe Abb. 3.17).

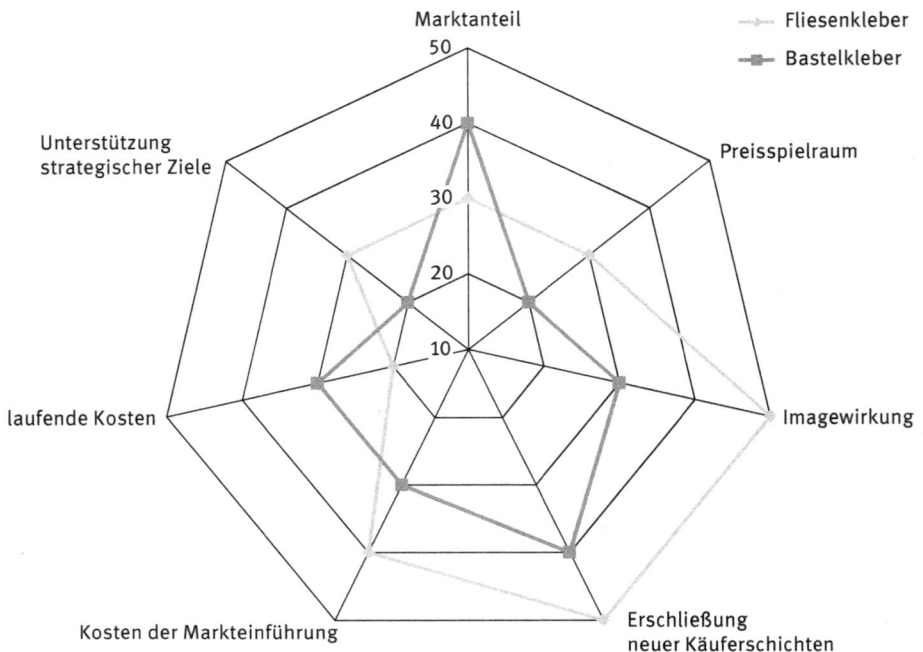

Abb. 3.17: Netz-Chart (eigene Darstellung).

Die Gewichte der Kriterien werden durch die Abteilungen festgelegt, wobei die verwendeten Gewichtungsschemata bei allen Unterschieden im Detail auch Gemeinsamkeiten erkennen lassen (siehe Abb. 3.18). So messen beispielsweise beide Abteilungen dem erreichbaren Marktanteil die größte Bedeutung zu.

Im nächsten Schritt lassen sich die Einzelpunkte und aus deren Addition die Gesamtpunktwerte bestimmen (siehe Tab. 3.19).

Als Ergebnis des durchgeführten Punktbewertungsverfahrens lässt sich festhalten, dass sich unter Verwendung des Gewichtungsschemas der Abteilung für Baubedarf die Vermarktung von Klebon als Fliesenkleber als die bessere Alternative herausstellt (32,8 > 32,6). Allerdings fällt der Vorsprung denkbar knapp aus, sodass das Ranking der Alternativen sich vermutlich bereits bei geringfügigen Änderungen der Bewertungsprämissen (Beurteilungen, Gewichte) verändern kann. Nach dem Gewichtungsschema der Abteilung für Bastelbedarf ist hingegen die Vermarktung von Klebon als Bastelkleber zu bevorzugen (34,5 > 32,6). Die endgültige Entscheidung muss also einstweilen offen bleiben. Inwiefern sich das Ranking der Alternativen bei veränderten Bewertungsprämissen ändert, kann durch eine **Sensitivitätsanalyse** ermittelt werden. Hierbei werden die Gesamtpunktwerte erneut unter Veränderung der Gewichte und/oder Beurteilungen berechnet.

Aufgrund der **Subjektivität** und letztlich beliebigen Manipulierbarkeit stößt die Anwendung eines Punktbewertungsverfahrens häufig auf Vorbehalte. Diese Kritik ist

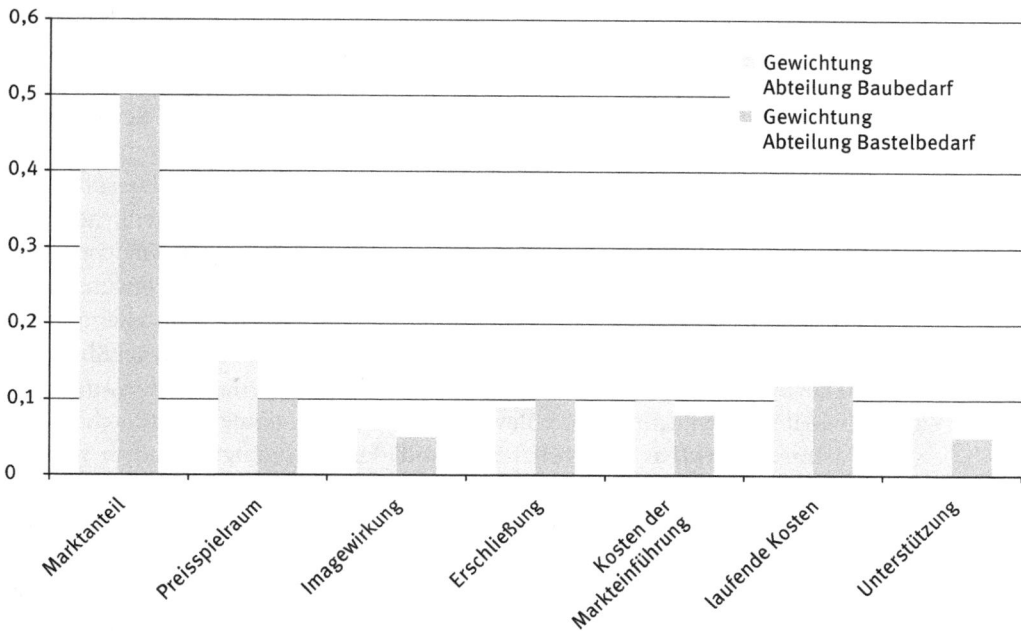

Abb. 3.18: Gewichtungsschemata der Abteilungen (eigene Darstellung).

Tab. 3.19: Einzel- und Gesamtpunktwerte (eigene Darstellung).

Kriterien	Bewertung		Gewichte von Abteilung Bau	Einzelpunkte		Gewichte von Abteilung Basteln	Einzelpunkte	
	Fliesen-kleber	Bastel-kleber		Fliesen-kleber	Bastel-kleber		Fliesen-kleber	Bastel-kleber
Marktanteil	30	40	0,4	12	16	0,5	25	20
Preisspielraum	30	20	0,15	4,5	3	0,1	3	2
Imagewirkung	50	30	0,06	3	1,8	0,05	2,5	1,5
Erschließung neuer Käufer-schichten	50	40	0,09	4,5	3,6	0,1	5	4
Kosten der Markt-einführung	40	30	0,1	4	3	0,08	3,2	2,4
laufende Kosten	20	30	0,12	2,4	3,6	0,12	2,4	3,6
Unterstützung strategischer Ziele	30	20	0,08	2,4	1,6	0,05	1,5	1
Summe			**1**	**32,8**	**32,6**	**1**	**32,6**	**34,5**

jedoch zu undifferenziert, weil es schädliche Formen von erwünschten Formen der Subjektivität zu unterscheiden gilt. Nicht erwünscht wäre, wenn die Beurteilenden unterschiedliche Vorstellungen vom Inhalt der Kriterien haben, sie also etwa in Bezug auf das obige Beispiel unter der Imagewirkung jeweils etwas anderes verstehen. Damit können unterschiedliche Beurteiler allein aufgrund der subjektiv bestehenden Interpretationsspielräume der Kriterien zu unterschiedlichen Bewertungen der Alternativen gelangen. Hieraus leitet sich die hohe Relevanz einer gründlichen Operationalisierung der Bewertungskriterien ab, um solch unerwünschte subjektive Spielräume zu vermeiden. In gleicher Weise wäre auch die unterschiedliche Interpretation der Punkte der zugrunde gelegten Benotungsskala problematisch und durch klare Definition der Skalenpunkte zu vermeiden. Ausdrücklich erwünscht ist hingegen die subjektive Einschätzung der Alternativen durch die Beurteiler anhand der einheitlich und klar definierten Bewertungskriterien. Als positiv gegenüber dem Vorwurf der Subjektivität ist ebenfalls anzuführen, dass das Verfahren den Anwender zur stringenten Offenlegung seiner Bewertungsprämissen zwingt. Hierdurch erhöht sich die **intersubjektive Nachvollziehbarkeit** der Bewertungen. Zudem handelt es sich beim Punktbewertungsverfahren um eine der wenigen Methoden, die eine Bewertung von Alternativen sowohl anhand von quantitativen, als auch von qualitativen Kriterien ermöglicht.

Der von Saaty entwickelte **Analytic-Hierarchy-Prozess (AHP)** setzt an der häufig am Punktbewertungsverfahren geübten Kritik bestehender subjektiver Spielräume bei der Festlegung von Gewichtungsfaktoren an und sucht diese durch paarweise Vergleiche von Beurteilungskriterien und Alternativen zu reduzieren (vgl. Saaty 1980). Hiermit soll gleichzeitig die Konsensbildung im Entscheidungsprozess unterstützt und die Komplexität des Entscheidungsproblems reduziert werden. Ähnlich wie beim Punktbewertungsverfahren handelt es sich beim AHP um eine Methode zur Lösung multikriterieller Entscheidungsprobleme, womit sich simultan qualitative und quantitative Informationen verarbeiten lassen. Anders als beim einfachen Punktbewertungsverfahren können jedoch hiermit auch die Logik und Konsistenz einer Entscheidung angegeben werden. Das Vorgehen ist in Abb. 3.19 beschrieben.

Der Ablauf des AHP entlang des beschriebenen Ablaufschemas wird im Folgenden am Beispiel der Beschaffung einer Projektmanagementsoftware für das Multiprojektmanagement (entnommen aus Peters und Zelewski 2002) dargestellt. In den **Phasen 1 und 2** erfolgt die hierarchische Zerlegung des Entscheidungsproblems in mehrere, logisch aufeinander aufbauende Teilprobleme, wozu Kriterien zur Beurteilung festzulegen sind. Die Zerlegung des Entscheidungsproblems kann dabei in eine Ziel-, Kriterien- und Alternativenebene erfolgen. Kriterien können weiter in Subkriterien ausdifferenziert werden, sodass eine Hierarchie mit mehreren Ebenen entsteht (vgl. Peters und Zelewski 2002, S. 7 ff.). Im vorliegenden Fall lässt sich das Entscheidungsproblem der Beschaffung einer Projektmanagementsoftware für das Multiprojektmanagement als definiertes Oberziel zunächst in eine strategische und eine operative Kriterienebene untergliedern. Die Anforderungen an die Software aus strategischer und operativer Sicht können sodann in weitere Subkriterien zerlegt werden. Auf der untersten Ebene des Entscheidungsproblems stehen die Softwarealternativen, zwischen denen der Entscheider auszuwählen hat, um sein Ziel zu erreichen. Die Hierarchie des Entscheidungsproblems ist in Abb. 3.20 visualisiert.

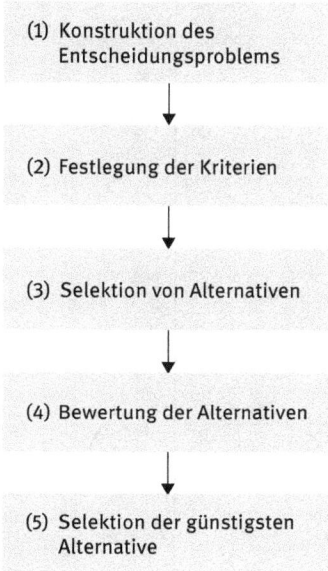

(1) Konstruktion des
    Entscheidungsproblems

↓

(2) Festlegung der Kriterien

↓

(3) Selektion von Alternativen

↓

(4) Bewertung der Alternativen

↓

(5) Selektion der günstigsten
    Alternative

Abb. 3.19: Ablaufschema des Analytic-Hierarchy-Prozess (AHP) (Peters und Zelewski 2002, S. 1).

Nachdem die (Sub-)Kriterien festgelegt und hierarchisch den übergeordneten Ebenen zugeordnet wurden, erfolgt nun die paarweise Beurteilung der (Sub-)Kriterien im Hinblick auf ihre Bedeutung für das jeweils übergeordnete (Sub-)Kriterium bzw. Ziel. Die Paarvergleiche erfolgen zunächst auf der Kriterienebene und werden dann schrittweise über die verschiedenen Subkriterienebenen von oben nach unten fortgeführt. Für die Beurteilung wird konventionell die in Tab. 3.20 dargestellte ordinale Skala verwendet, wobei zur Ausdifferenzierung der Beurteilung auch die angegebenen Zwischenwerte verwendet werden können.

Die Ergebnisse aller Paarvergleiche werden in einer sogenannten **Evaluationsmatrix** dargestellt, wobei für einen Wert oberhalb (unterhalb) der Hauptdiagonale der an der Hauptdiagonale gespiegelte Wert unterhalb (oberhalb) der Hauptdiagonale der Kehrwert ist. Jedes Ergebnis eines Paarvergleichs zeigt somit auf, um wie viel ein (Sub-)Kriterium im Hinblick auf das in der Hierarchie übergeordnete (Sub-)Kriterium bzw. Ziel bedeutender ist. Als Beispiel ist in Tab. 3.21 die Evaluationsmatrix für die Subkriterien des Subkriteriums Zeit- und Kapazitätsplanung dargestellt, die die Gewichtung der Subkriterien im Hinblick auf ihre Bedeutung für das in der Hierarchie übergeordnete Subkriterium Zeit- und Kapazitätsplanung angibt.

In Tab. 3.21 bedeutet beispielsweise der Wert 7 in der zweiten Spalte der ersten Zeile der Evaluationsmatrix, dass die Abbildung projektübergreifender Anordnungsbeziehungen in einer Projektmanagementsoftware eine viel höhere Bedeutung für die

Auswahl einer Projektmanagementsoftware für das Multiprojektmanagement

(1) Zielebene

(2) Kriterien-ebene

- (1) strategisches Multiprojektmanagement
- (2) operatives Multiprojektmanagement

(3) erste Subkriterien-ebene

- (1) Struktur-planung
- (2) Zeit- und Kapazitätsplanung
- (3) Multiprojekt-controlling

(4) zweite Subkriterien-ebene

- (1) Entscheidungs-unterstützung bei der Projektauswahl
- (2) Entscheidungs-unterstützung bei der Projekt beendigung
- (3) Projekt-dokumentation
- (4) Bildung von Projekt-portfolios
- (5) Integration eines Arbeitspakets in mehrere Projekte
- (6) projektübergreifende Anordnungsbe-ziehungen
- (7) Durchlaufterminierung
- (8) Kapazitätsangebots/-bedarfsplanung
- (9) Dokumentation der Fähigkeiten v. Ressourcen
- (10) dauerhaftes Projektcontrolling
- (11) Verdichtung der Daten aller Projekte einer Unternehmung
- (12) Verdichtung der Daten aller Projekte in einem
- (13) Verdichtung der Daten beliebiger Projekte

(5) Alternativen-ebene

Software A   Software B   Software C   Software D

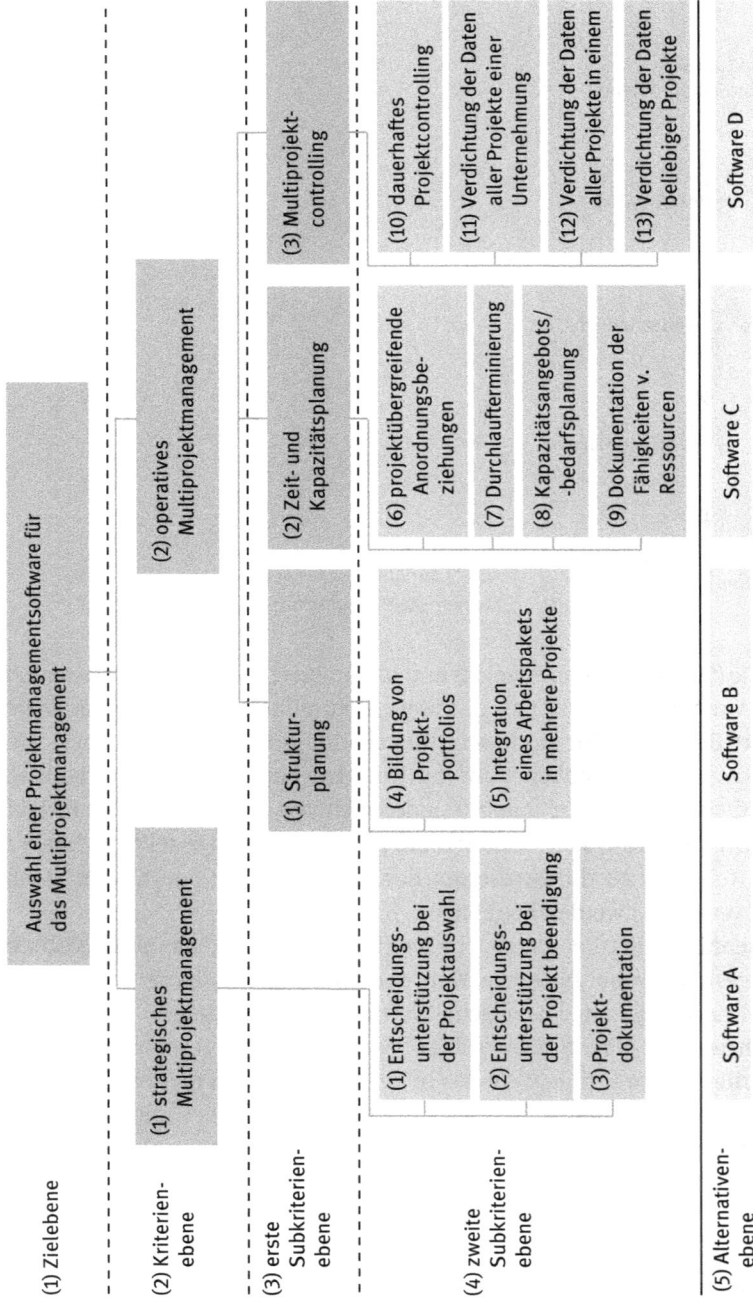

Abb. 3.20: Hierarchie des Entscheidungsproblems (nach Peters und Zelewski 2002, S. 7).

Tab. 3.20: Werteskala des AHP-Verfahrens (Ossadnik 1996, S. 303).

Werte der Skala a_{ij}	Eintrittswahrscheinlichkeit eines Szenarios i im Vergleich zu einem anderen Szenario j	Wichtigkeitsrelation zweier Unterziele i und j	Realisation eines Zieles durch eine Strategie i im Vergleich zu einer Strategie j
1	gleich wahrscheinlich	gleich wichtig	gleichwertig
3 (1/3)	etwas (un)wahrscheinlicher	etwas (un)wichtiger	etwas besser (schlechter)
5 (1/5)	spürbar (un)wahrscheinlicher	spürbar (un)wichtiger	spürbar besser (schlechter)
7 (1/7)	viel (un)wahrscheinlicher	viel (un)wichtiger	viel besser (schlechter)
9 (1/9)	extrem (un)wahrscheinlicher	extrem (un)wichtiger	extrem besser (schlechter)
2 (1/2) 4 (1/4) 6 (1/6) 8 (1/8)	Zwischenwerte	Zwischenwerte	Zwischenwerte

Tab. 3.21: Evaluationsmatrix für die Subkriterien des Subkriteriums Zeit- und Kapazitätsplanung (Peters und Zelewski 2002, S. 12).

Zeit- und Kapazitätsplanung	A) projektübergreifende Anordnungsbeziehungen	B) Durchlaufterminierung	C) Kapazitätsangebots-/-bedarfsplanung	D) Dokumentation der Fähigkeiten von Ressourcen
A) projektübergreifende Anordnungsbeziehungen	1	7	1/5	3
B) Durchlaufterminierung	1/7	1	7	1/5
C) Kapazitätsangebots-/-bedarfsplanung	5	1/7	1	7
D) Dokumentation der Fähigkeiten von Resourcen	1/3	5	1/7	1

Zeit- und Kapazitätsplanung hat als die Möglichkeit der Durchführung einer Durchlaufterminierung. Es gilt somit die Rangfolge A > B. Der Wert 1/5 in der dritten Spalte der ersten Zeile bedeutet, dass das Subkriterium A nur 1/5-Mal so bedeutend ist wie das Subkriterium C. Somit gilt die Rangfolge C > A. Im nächsten Schritt sind sodann die Paarvergleichsurteile zu Bedeutungsurteilen für jedes (Sub-)Kriterium im Hinblick auf ein übergeordnetes (Sub-)Kriterium zu aggregieren. Hierzu berechnet man die Summe jeder Spalte der Evaluationsmatrix. Dann normiert man die Evaluationsmatrix, indem jedes Paarvergleichsurteil durch seine jeweilige Spaltensumme dividiert wird. Anschließend werden die Zeilensummen der so gebildeten **normierten**

Tab. 3.22: Normierung der Evaluationsmatrix für die Subkriterien des Subkriteriums Zeit- und Kapazitätsplanung (vgl. Peters und Zelewski 2002, S. 12 ff.).

Zeit- und Kapazitäts-planung	A) projekt-übergreifende Anordnungsbe-ziehungen	B) Durchlauf-terminierung	C) Kapazi-tätsangebots-/-bedarfspla-nung	D) Dokumenta-tion der Fä-higkeiten von Ressourcen	normierte Evaluationsmatrix				Zeilen-summe	Bedeutungs-urteile
A) projektübergreifende Anordnungsbeziehungen	1	7	1/5	3	0,154	0,533	0,024	0,268	0,979	0,245
B) Durchlaufterminierung	1/7	1	7	1/5	0,022	0,076	0,839	0,018	0,955	0,239
C) Kapazitätsangebots-/-bedarfsplanung	5	1/7	1	7	0,772	0,011	0,120	0,625	1,528	0,382
D) Dokumentation der Fähigkeiten von Ressourcen	1/3	5	1/7	1	0,051	0,380	0,017	0,089	0,537	0,134
Spaltensumme	**6,476**	**13,143**	**8,343**	**11,2**	**1,000**	**1,000**	**1,000**	**1,000**	**4,000**	**1,000**

Evaluationsmatrix berechnet und jede Zeilensumme wird durch die Anzahl (n) der Kriterien in der Matrix dividiert. Für jedes (Sub-) Kriterium ergibt sich auf diese Weise ein Bedeutungsurteil (v_i). Diese Berechnungsschritte werden beispielhaft anhand der Normierung der Evaluationsmatrix für die Subkriterien des Subkriteriums Zeit- und Kapazitätsplanung (siehe Tab. 3.22) nachvollzogen.

Bevor weitere Berechnungen erfolgen, kann an dieser Stelle eine **Konsistenzprüfung** der Paarvergleichsurteile erfolgen. Da menschliche Denkkapazität und die im Verfahren verwendete Werteskala begrenzt sind, können die Vergleichsurteile inkonsistent sein (vgl. Ossadnik 1996, S. 304). Konsistente Paarvergleichsurteile liegen dann vor, wenn für beliebige Elemente einer Evaluationsmatrix folgende Konsistenzbedingung gilt:

$$a_{ik} \cdot a_{kj} = a_{ij}.$$

Der sogenannte Konsistenzwert (C. R. = Consistency Ratio) dient zur Unterstützung der Entscheidung, ob die Paarvergleichsurteile überarbeitet werden sollten. Die Überarbeitung der Evaluationsmatrix wird als Faustregel empfohlen, wenn der Konsistenzwert (C. R.) bei einer Dimension von n = 3 der Evaluationsmatrix über 0,05, bei n = 4 über 0,09 und bei n > 4 über 0,1 liegt (vgl. Peters und Zelewski 2003, S. 9). Um C. R. berechnen zu können, muss zunächst ein Konsistenzindex (C. I. = Consistency Index) mit dem maximalen Eigenwert λ_{max} der Evaluationsmatrix bestimmt werden:

$$\text{C.I.} = \frac{\lambda_{max} - n}{n - 1}$$

Der maximale Eigenwert λ_{max} der Evaluationsmatrix kann näherungsweise bestimmt werden, indem die Produkte aus den Spaltensummen der Evaluationsmatrix mit dem jeweiligen Bedeutungsurteil gebildet und diese Produkte dann aufsummiert werden (vgl. Peters und Zelewski 2003, S. 9). Im Beispiel gilt:

$$\lambda_{max} = 6,476 \cdot 0,245 + 13,143 \cdot 0,239 + 8,343 \cdot 0,382 + 11,2 \cdot 0,134 = 9,416.$$

Hieraus berechnet sich der Konsistenzindex (C. I.) wie folgt:

$$\text{C.I.} = \frac{9,416 - 4}{4 - 1} = 1,805.$$

Der Konsistenzwert kann berechnet werden, indem der Konsistenzindex durch den sogenannten Random Index (R. I. = Konsistenzindex zufallserzeugter Matrizen) geteilt wird. Die R.-I.-Werte in Abhängigkeit der Dimension der Evaluationsmatrix können Tab. 3.23 entnommen werden.

Für den Konsistenzwert C. R. ergibt sich mit einem Random Index (R. I.) von 0,9 für n = 4:

Tab. 3.23: Konsistenzindizes (R. I.) zufallserzeugter Matrizen (Ossadnik 1996, S. 305).

n	1	2	3	4	5	6	7	8	9	10	11	12	13	14	15
R.I.	0	0	0,58	0,9	1,12	1,24	1,32	1,41	1,45	1,49	1,51	1,48	1,56	1,57	1,59

$$\text{C.R.} = \frac{\text{C.I.}}{\text{R.I.}} = \frac{1,805}{0,9} = 2,005.$$

Da dieser Wert deutlich über dem zulässigen Grenzwert von 0,09 liegt, deutet das Ergebnis auf Inkonsistenz der Paarvergleichsurteile in der Evaluationsmatrix hin (vgl. Peters und Zelewski 2002, S. 17). Bei Konsistenz müsste beispielsweise folgende Gleichung erfüllt sein:

$$a_{12} \cdot a_{24} = a_{14}$$

Im Beispiel ergibt sich:

$$7 \cdot 1/5 = 1,4.$$

In der Evaluationsmatrix ist jedoch nicht $a_{14} = 1,4$ eingetragen, sondern $a_{14} = 3$, sodass die Konsistenzbedingung nicht erfüllt ist und die Evaluationsmatrix überarbeitet werden sollte. Die Inkonsistenz der Evaluationsmatrix ist ersichtlich, wenn man sich beispielsweise die sich aus den Zeilen 1 und 2 der Matrix ableitenden Rangfolgen der Kriterien ansieht. So leitet sich aus Zeile 1 aus den Paarvergleichsurteilen im Hinblick auf die Bedeutung für das übergeordnete Subkriterium die Rangfolge C > A > D > B ab. Aus Zeile 2 leitet sich die Rangfolge A > D > B > C ab. Da einmal C > D (in Zeile 1) und einmal D > C (in Zeile 2) gilt, besteht eine Inkonsistenz der Urteile.

Die inkonsistente Matrix kann den beurteilenden Experten erneut zur Diskussion der Uneindeutigkeiten ihrer Urteile und Neubewertung der (Sub-)Kriterien vorgelegt werden. Mathematisch kann die Überarbeitung durch Anwendung des Eigenwertverfahrens erfolgen (vgl. Peters und Zelewski 2002, S. 42 ff.). Das Ergebnis dieser Überarbeitung sei mit der in Tab. 3.24 dargestellten überarbeiteten Evaluationsmatrix für die Subkriterien des Subkriteriums Zeit- und Kapazitätsplanung gegeben.

Für die überarbeitete Evaluationsmatrix lässt sich nun erneut der Konsistenzwert C. R. berechnen. Im vorliegenden Fall ist

$$\lambda_{max} = 3,393 \cdot 0,353 + 13,5 \cdot 0,097 + 1,9 \cdot 0,476 + 12 \cdot 0,075 = 4,312.$$

Für C. I. ergibt sich:

$$\text{C.I.} = \frac{4,312 - 4}{4 - 1} = 0,104$$

Tab. 3.24: Überarbeitete Evaluationsmatrix und normierte Evaluationsmatrix der Subkriterien des Subkriteriums Zeit- und Kapazitätsplanung (eigene Darstellung).

Zeit- und Kapazitätsplanung	A) projektübergreifende Anordnungsbeziehungen	B) Durchlaufterminierung	C) Kapazitätsangebots-/ -bedarfsplanung	D) Dokumentation der Fähigkeiten von Ressourcen	normierte Evaluationsmatrix				Zeilensumme	Bedeutungsurteile
A) projektübergreifende Anordnungsbeziehungen	1	7	1/2	4	0,295	0,519	0,263	0,333	1,41	**0,353**
B) Durchlaufterminierung	1/7	1	1/5	2	0,042	0,074	0,105	0,167	0,388	0,097
C) Kapazitätsangebots-/ -bedarfsplanung	2	5	1	5	0,589	0,370	0,526	0,417	1,902	0,476
D) Dokumentation der Fähigkeiten von Ressourcen	1/4	1/2	1/5	1	0,074	0,037	0,105	0,083	0,299	0,075
Spaltensumme	**3,393**	**13,5**	**1,9**	**12**	**1,000**	**1,000**	**1,000**	**1,000**	**4,000**	**1,000**

Für C. R. resultiert:

$$C.R. = \frac{C.I.}{R.I.} = \frac{0,104}{0,9} = 0,116.$$

Da sich der Wert für C. R. der zulässigen Grenze von 0,09 annähert, kann die überarbeitete Evaluationsmatrix als hinreichend konsistent gelten und braucht nicht weiter überarbeitet zu werden.

In analoger Weise ergeben sich auch die (normierten) Evaluationsmatrizen für die anderen Subkriterien, die in den folgenden beiden Tabellen dargestellt sind.

Tab. 3.25: Evaluationsmatrix für die Kriterien zum Ziel der Hierarchie des Entscheidungsproblems (Peters und Zelewski 2002, S. 10).

Auswahl einer Projektmanagementsoftware für das Multiprojektmanagement	A) strategisches Multiprojektmanagement	B) operatives Multiprojektmanagement	normierte Evaluationsmatrix			Zeilensumme	Bedeutungsurteile
A) strategisches Multiprojektmanagement	1	1/3	0,25	0,25	0,5		0,25
B) operatives Multiprojektmanagement	3	1	0,75	0,75	1,5		**0,75**
Spaltensumme	4	1,333	1	1	2		1

Tab. 3.26: Evaluationsmatrix für die Subkriterien des Kriteriums operatives Multiprojektmanagement (Peters und Zelewski 2002, S. 11).

operatives Multiprojektmanagement	A) Strukturplanung	B) Zeit- und Kapazitätsplanung	C) Multiprojektcontrolling	normierte Evaluationsmatrix			Zeilensumme	Bedeutungsurteile
A) Strukturplanung	1	1/9	1/2	0,083	0,085	0,077	0,245	0,082
B) Zeit- und Kapazitätsplanung	9	1	5	0,75	0,763	0,769	2,282	**0,761**
C) Multiprojektcontrolling	2	1/5	1	0,167	0,153	0,154	0,474	0,158
Spaltensumme	12	1,311	6,5	1,000	1,000	1,000	3,000	1,000

Sodann erfolgt die **Aggregation der Bedeutungsurteile** der einzelnen Kriterienebenen. Bei Vorliegen mehrerer Kriterienebenen ist für jedes Subkriterium auf der untersten Subkriterienebene ein aggregiertes Bedeutungsurteil (w_i) zu bestimmen, indem die Bedeutungsurteile (v_i) in der Hierarchie entlang aller möglichen Pfade von der obersten bis zur untersten Ebene miteinander multipliziert werden. Gibt es nur eine Kriterienebene, so wird $w_i = v_i$ gesetzt (vgl. Peters und Zelewski 2002, S. 20). Für das Subkriterium projektübergreifende Anordnungsbeziehungen wird die Berechnung des aggregierten Bedeutungsurteils beispielhaft in der folgenden Tab. 3.27 vollzogen. Die hierbei entlang des Hierarchiepfads miteinander zu multiplizierenden Bedeutungsgewichte sind in den entsprechenden Evaluationsmatrizen (oben) hervorgehoben.

Tab. 3.27: Beispielhafte Berechnung des aggregierten Bedeutungsurteils für das Subkriterium projektübergreifende Anordnungsbeziehungen (Peters und Zelewski 2002, S. 21).

Kriterium	Subkriterien		aggregiertes Bedeutungsurteil (w_a) für das Subkriterium projektübergreifende Anordnungsbeziehungen
operatives Multiprojektmanagement	Zeit- und Kapazitätsplanung	projektübergreifende Anordnungsbeziehungen	
0,75	0,761	0,353	0,201

An dieser Stelle ist somit die Bedeutung eines (Sub-)Kriteriums bekannt. Die Berechnung erfolgt für die übrigen Kriterien analog.

In **Phase 3** des AHP erfolgt nun die **Selektion von Alternativen**. Hierbei könnte im vorliegenden Fall etwa auf existierende Übersichten und Beiträge, z. B. in Fachzeitschriften über Projektmanagementsoftware, zurückgegriffen werden. Unter Anwendung von Ausschlusskriterien wurden im vorliegenden Beispiel die vier in der Hierarchie des Entscheidungsproblems dargestellten Softwareprodukte (A bis D) selektiert.

Dem schließt sich in **Phase 4** die **Bewertung der Alternativen** auf der untersten Hierarchieebene an. Die Bewertung kann relativ oder auch absolut erfolgen (vgl. Peters und Zelewski 2002, S. 22 ff.).

– Die **absolute Bewertung** ist ein Ratingverfahren, bei dem der Entscheider die Alternativen mit einem Standard vergleicht, den dieser aufgrund seiner Erfahrungen gebildet hat. In dem betrachteten Beispiel wird etwa Software A im Hinblick auf das Kriterium Zufriedenheit mit den Softwareleistungen eines Softwareherstellers in der Vergangenheit mit der Intensität gut bewertet (vgl. Peters und Zelewski 2002, S. 22).

– Die **relative Bewertung** erfolgt (analog zum Vorgehen bei der Beurteilung der Bedeutung der Kriterien) als Paarvergleich der Alternativen im Hinblick auf ihre Bedeutung für ein Kriterium.

Tab. 3.28 zeigt beispielhaft die relative Bewertung der Alternativen für das Subkriterium projektübergreifende Anordnungsbeziehungen.

Tab. 3.28: Relative Bewertung der Alternativen für das Subkriterium projektübergreifende Anordnungsbeziehungen (Peters und Zelewski 2002, S. 24).

projektübergreifende Anordnungsbeziehungen	Software A	Software B	Software C	Software D
Software A	1	1/7	1/9	1/8
Software B	7	1	1/2	1
Software C	9	2	1	2
Software D	8	1	1/2	1

Software C schneidet somit bei der Bewertung im Vergleich zu Software B und Software D etwas besser ab. Wesentlich schlechter wird Software A bewertet. Die Konsistenzprüfung erfolgt wie gehabt.

Analog zur Aggregation der Paarvergleichsurteile in den Evaluationsmatrizen zur Beurteilung der relativen Bedeutung der Kriterien und Subkriterien erfolgt auch hier die Aggregation der Paarvergleichsurteile (aus den Evaluationsmatrizen zur Bewertung der Alternativen) zu sogenannten **Prioritäten**. Mit dem Begriff Priorität ist somit das Bedeutungsurteil einer Alternative gemeint. Hierbei lassen sich zwei Vorgehensweisen unterscheiden (vgl. Peters und Zelewski 2002, S. 24 ff.).

(1) Beim **Distributive Mode** wird gefragt, in welchem Ausmaß eine Alternative die anderen Alternativen dominiert. Hierzu wird – wie oben dargestellt – zunächst die Summe jeder Spalte der Evaluationsmatrix berechnet. Dann wird jedes Paarvergleichsurteil durch seine jeweilige Spaltensumme zur Normierung dividiert. Anschließend berechnet man die Zeilensumme der normierten Evaluationsmatrix. Die Division jeder Zeilensumme durch n liefert dann die Prioritäten p_i^{dis}.

(2) Beim **Ideal Mode** wird gefragt, wie eine Alternative im Vergleich zu einem festgelegten Benchmark eingestuft wird. Hierzu bildet man – wie gehabt – die normierte Evaluationsmatrix. Die Division aller Zeilensummen s_i durch die maximale Zeilensumme $max(s_i)$ liefert dann die Prioritäten p_i^{id}.

Tab. 3.29 verdeutlicht die Berechnung der Prioritäten mittels dieser beiden Verfahren.

In der abschließenden **Phase 5** des AHP erfolgt nun die **Selektion der günstigsten Alternative**. Hierzu sind zunächst die Bewertungen der Alternativen im Hinblick auf alle (Sub-)Kriterien zu einer **Gesamtpriorität P** für jede Alternative zu aggregieren. Dies erfolgt, indem die Prioritäten p_i mit dem Aggregierten Bedeutungsurteil w_i für das jeweilige (Sub-)Kriterium multipliziert werden.

Tab. 3.30 zeigt beispielhaft die so berechneten gewichteten Prioritäten der Alternativen für das Subkriterium projektübergreifende Anordnungsbeziehungen.

Tab. 3.29: Prioritäten der Alternativen für das Subkriterium projektübergreifende Anordnungsbeziehungen (vgl. Peters und Zelewski 2002, S. 25).

projektübergreifende Anordnungsbeziehungen	Software A	Software B	Software C	Software D	normierte Evaluationsmatrix				Zeilensumme s$_i$	p$_i^{dis}$	p$_i^{id}$	Rang
Software A	1	1/7	1/9	1/8	0,040	0,034	0,053	0,030	0,157	0,039	0,087	4
Software B	7	1	1/2	1	0,280	0,241	0,237	0,242	1,000	0,250	0,555	3
Software C	9	2	1	2	0,360	0,483	0,474	0,485	1,802	0,451	1,000	1
Software D	8	1	1/2	1	0,320	0,241	0,237	0,242	1,040	0,260	0,577	2
Spaltensumme	**25**	**4,143**	**2,111**	**4,125**	**1,000**	**1,000**	**1,000**	**1,000**				

Tab. 3.30: Gewichtete Prioritäten der Alternativen für das Subkriterium projektübergreifende Anordnungsbeziehungen (vgl. Peters und Zelewski 2002, S. 27).

Alternativen	aggregiertes Bedeutungsurteil (w_6) für das Subkriterium projektübergreifende Anordnungsbeziehungen	Priorität (p_6^{dis}) projekt-übergreifende Anordnungsbeziehungen	($w_6 \cdot p_6$)
Software A	0,201	0,039	0,0078
Software B		0,250	0,0503
Software C		0,451	0,0907
Software D		0,260	0,0523

Wie zu erkennen ist, dominiert hier Software C die übrigen Alternativen. Auf diese Weise werden auch für alle anderen Subkriterien der zweiten Subkriterienebene die gewichteten Prioritäten berechnet und dann für jede Alternative die Summe aus den gewichteten Prioritäten gebildet.

Kritisch an dem AHP-Verfahren ist der im Vergleich zum Punktbewertungsverfahren höhere Bewertungs- und Rechenaufwand zu sehen. Letzterer kann jedoch durch den Einsatz leistungsstarker AHP-Software reduziert werden. Wie auch beim Punktbewertungsverfahren, so wird auch beim AHP die Unabhängigkeit der Kriterien und Alternativen untereinander und der Kriterien von den Alternativen unterstellt, welche im Praxisfall nicht immer gegeben sein wird. Vorteilhaft im Vergleich zum Punktbewertungsverfahren fällt dagegen das vergleichsweise objektive Ableiten der Gewichtungsfaktoren durch ein transparentes Vorgehen durch Paarvergleiche auf. Auch die Qualität der Bewertung kann anhand des Konsistenzwerts beurteilt werden. Insgesamt kann mittels AHP-Verfahren die Konsensbildung bei Meinungsbildungsprozessen in Entscheidungsgremien unterstützt werden.

Alternativenwahl bei stetigen Alternativen

Während es im oben angesprochenen Grundmodell der Entscheidungstheorie ebenso wie beim Punktbewertungsverfahren darum geht, unter diskreten Alternativen auszuwählen, stellt sich der Marketingplanung oft das Problem, aus stetigen Alternativen auswählen zu müssen. Man denke etwa an Fragen der optimalen Preisfestsetzung oder an die Bestimmung eines Werbebudgets, wo im Grundsatz sämtliche nicht negative reelle Zahlen als mögliche Alternativen in Betracht kommen. Lassen sich die Problemzusammenhänge in Form mathematischer Funktionen modellieren, können in diesem Fall die klassischen Methoden der **Differenzialrechnung** zur Maximierung oder Minimierung einer gegebenen Zielfunktion herangezogen werden. Gegebenenfalls gilt es dabei, die Einhaltung von geforderten Nebenbedingungen zu beachten, was die Verwendung eines **Lagrange-Ansatzes** erforderlich machen kann. Optimierungsmodelle können im Marketing allerdings rasch eine Komplexität erreichen, die das Ableiten von analytischen Lösungen unmöglich und den Einsatz numerischer

Methoden zur Optimumbestimmung erforderlich machen. Hierum geht es auch in dem folgenden **Fallbeispiel**.

Der Anbieter der qualitativ hochwertigen Herrenanzugmarke Top Wear geht davon aus, dass der durchschnittliche Wochenabsatz x linear mit der Höhe des geforderten Preises fällt. Er schätzt, dass sich in keinem Fall mehr als 100 Anzüge pro Woche verkaufen lassen. Den **Prohibitivpreis**, also jenen Preis, ab dem niemand mehr bereit ist, den Anzug zu kaufen, glaubt der Anbieter durch geeignete Werbemaßnahmen beeinflussen zu können. Konkret sei davon ausgegangen, dass der Prohibitivpreis p_H gemäß der folgenden Funktion von den wöchentlichen Ausgaben für Werbung W abhängt:

$$p_H = 600 + 100 \cdot (1 - e^{-W/1.242,7})$$

Wie Abb. 3.21 verdeutlicht, steigt der Prohibitivpreis ausgehend von $p_H = 600$ degressiv mit zunehmenden Werbeausgaben, ist aber nach oben durch $p_H = 700$ beschränkt. Der Anbieter geht folglich davon aus, den Prohibitivpreis durch Werbung maximal um 100 € erhöhen zu können.

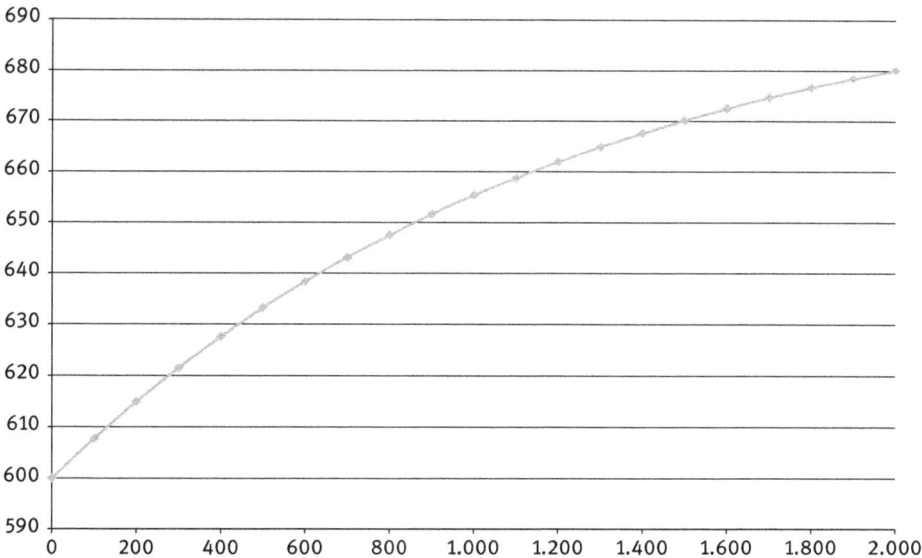

Abb. 3.21: Verlauf des Prohibitivpreises in Abhängigkeit von den Werbeausgaben (eigene Darstellung).

Annahmegemäß lässt sich die Absatzreaktion auf Preisänderungen durch eine lineare Preis-Absatz-Funktion beschreiben, die allgemein die Gestalt

$$x = x_S \cdot \left(1 - \frac{p}{p_H}\right)$$

hat. Hierbei bezeichnet p den Produktpreis und x_S die Sättigungsmenge, die im vorliegenden Fall 100 beträgt. Werbung bewirkt eine Drehung der Preis-Absatz-Funktion nach oben, wodurch diese insgesamt flacher verläuft. Abb. 3.22 illustriert dies am Vergleich der Preis-Absatz-Funktion ohne und mit maximal möglicher Werbung, die durch wöchentliche Werbeausgaben von 2.000 € gegeben ist.

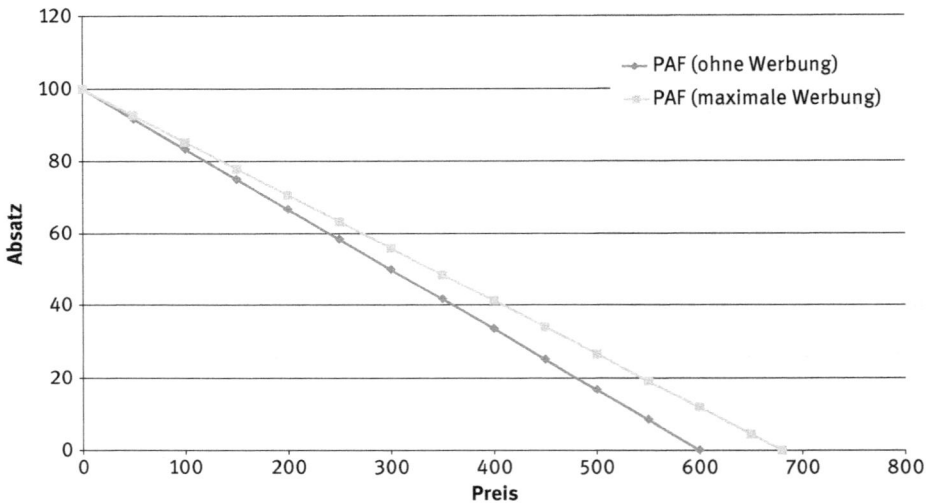

Abb. 3.22: Vergleich der Preis-Absatz-Funktion ohne und mit maximaler Werbung (eigene Darstellung).

Die Produktion der Anzüge erfolgt gemäß der linearen Kostenfunktion

$$K(x) = 5.000 + 200 \cdot x.$$

Produktpreis p und Werbeausgaben W sollen so bestimmt werden, dass der wöchentliche Gewinn des Anbieters maximiert wird. Zu beachten ist dabei, dass der Anbieter höchstens 2.000 € pro Woche für Werbemaßnahmen aufwenden kann.

Zur Lösung bietet sich ein zweistufiges Vorgehen an, bei dem in der ersten Stufe von gegebenen Werbeausgaben ausgegangen wird und der gewinnmaximale Preis bestimmt wird. Wie in Kapitel 7.1.2 gezeigt wird, ergibt sich im Falle linearer

Preis-Absatz- und ebenso linearer Kostenfunktion der gewinnmaximale Preis mit k_v als den variablen Stückkosten gemäß

$$p^* = \frac{p_H + k_v}{2}$$

Im vorliegenden Fall ist $k_v = 200$ und p_H hängt von den Werbeausgaben ab, sodass auch der gewinnmaximale Preis von den Werbeausgaben abhängt. Nach Einsetzen von p* in die Preis-Absatz-Funktion resultiert die gewinnmaximale Absatzmenge x*, die ebenso von den Werbeausgaben abhängt. Der Gewinn des Anbieters lässt sich somit ebenfalls als Funktion der Werbeausgaben auffassen und durch den Ausdruck

$$G(W) = (p^*(W) - 200) \cdot x^*(W) - 5.000 - W$$

berechnen. Im Grundsatz ließen sich nunmehr in der zweiten Stufe die gesuchten gewinnmaximalen Werbeausgaben mittels Differenzialrechnung dadurch bestimmen, dass die Ableitung G'(W) gebildet, gleich Null gesetzt und der resultierende Ausdruck nach W aufgelöst wird. Da jedoch eine analytische Auflösung der resultierenden Bedingung nach den gesuchten Werbeausgaben nicht möglich ist, wird hier ein anderer Weg beschritten. Ausgehend von W = 0 (also dem Verzicht auf Werbemaßnahmen) werden diese in 100er-Schritten bis zur Obergrenze von W = 2.000 erhöht und der jeweils resultierende gewinnmaximale Preis, die zugehörige Absatzmenge sowie der Gewinn des Anbieters berechnet. Tab. 3.31 zeigt die sich ergebenden Werte.

Tab. 3.31: Entwicklung von Preis, Absatzmenge und Gewinn in Abhängigkeit von den Werbeausgaben (eigene Darstellung).

Werbeausgaben	Prohibitivpreis	gewinnmaximaler Preis	gewinnmaximale Absatzmenge	Gewinn
0	600	400	33,33	1.666,67
100	607,73	403,87	33,55	1.738,76
200	614,87	407,43	33,74	1.798,01
300	621,45	410,72	33,91	1.845,35
400	627,52	413,76	34,06	1.881,61
500	633,13	416,56	34,21	1.907,60
600	638,30	419,15	34,33	1.924,07
700	**643,07**	**421,53**	**34,45**	**1.931,72**
800	647,47	423,73	34,56	1.931,19
900	651,53	425,77	34,65	1.923,10
1.000	655,28	427,64	34,74	1.908,01
1.100	658,74	429,37	34,82	1.886,45
1.200	661,93	430,96	34,89	1.858,89

Tab. 3.31: (fortgesetzt)

Werbeausgaben	Prohibitivpreis	gewinnmaximaler Preis	gewinnmaximale Absatzmenge	Gewinn
1.300	664,87	432,43	34,96	1.825,80
1.400	667,59	433,79	35,02	1.787,58
1.500	670,09	435,05	35,08	1.744,64
1.600	672,40	436,20	35,13	1.697,31
1.700	674,54	437,27	35,18	1.645,95
1.800	676,51	438,25	35,22	1.590,85
1.900	678,32	439,16	35,26	1.532,30
2.000	680,00	440,00	35,29	1.470,57

Abb. 3.23 stellt die Entwicklung des Anbietergewinns in Abhängigkeit von den Werbeausgaben grafisch dar.

Sowohl Tab. 3.31 als auch Abb. 3.23 verdeutlichen die Existenz eines eindeutigen Optimums, das bei wöchentlichen Werbeausgaben von ca. 700 € erreicht wird. Das Optimum ließe sich noch genauer lokalisieren, indem etwa das Intervall zwischen Werbeausgaben von 600 € bis 800 € noch feiner unterteilt und der jeweils resultierende Gewinn berechnet wird. Hierauf sei jedoch an dieser Stelle verzichtet.

Kann ein Planungsproblem im Marketing durch ein mathematisches Modell erfasst werden, das die Maximierung oder Minimierung einer linearen Zielfunktion

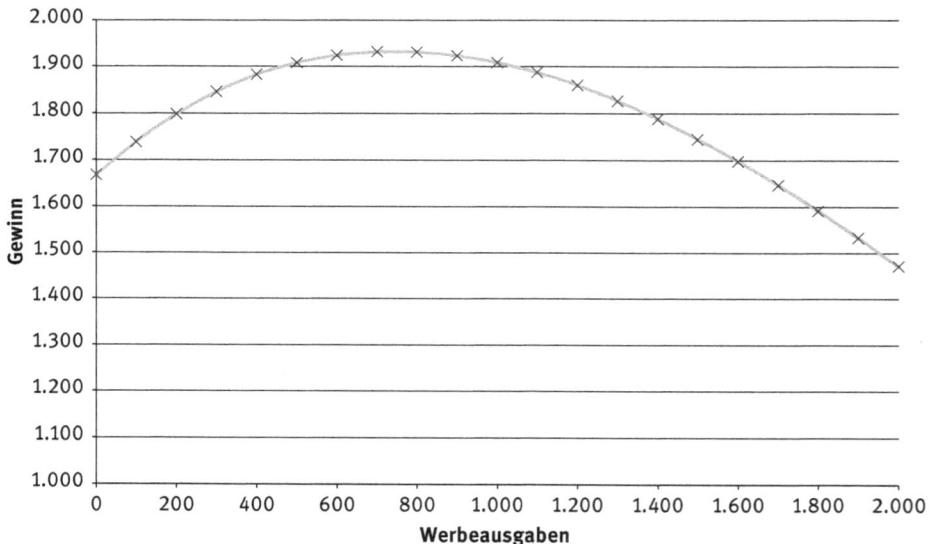

Abb. 3.23: Entwicklung des Gewinns in Abhängigkeit von den Werbeausgaben (eigene Darstellung).

unter ebenfalls linearen Nebenbedingungen vorsieht, so können Verfahren der **linearen Programmierung** zur Entscheidungsfindung herangezogen werden. Das folgende **Fallbeispiel** illustriert den Einsatz dieses Verfahrens im Rahmen der kurzfristigen Sortimentsplanung.

Betrachtet wird das Unternehmen Pedalo GmbH, das Fahrräder und Roller produziert und vermarktet. Das Unternehmen erwirtschaftet einen Stückdeckungsbeitrag von 60 € je Fahrrad und 40 € je Roller. In der Planungsperiode können maximal 10.000 Fahrräder und 7.000 Roller abgesetzt werden. Die Fixkosten betragen 100.000 €. Die Produkte werden auf zwei Maschinen gefertigt, die im Planungszeitraum über eine begrenzte Kapazität von 40.000 Std. (Maschine A) bzw. von 60.000 Std. (Maschine B) verfügen. Informationen über den Kapazitätsverbrauch durch die beiden Produkte sind Tab. 3.32 zu entnehmen.

Tab. 3.32: Kapazitätsverbrauch (eigene Darstellung).

Produkte	Maschine A	Maschine B
Fahrrad	4 Stunden	4 Stunden
Roller	2 Stunden	6 Stunden

Das Unternehmen möchte die Produktionsmengen der beiden Produkte so bestimmen, dass der resultierende Gewinn maximal wird.

Um das Planungsproblem mithilfe der linearen Programmierung zu lösen, sind zunächst die Entscheidungsvariablen zu formulieren. Hierzu sei mit x_1 die Menge an zu produzierenden Fahrrädern bezeichnet. Entsprechend bezeichnet x_2 die Menge der zu produzierenden Roller. Beide Variablen sind so festzulegen, dass ein maximaler Gewinn erwirtschaftet wird. Dabei ist zu beachten, dass die vorgegebenen Kapazitäten der beiden Maschinen nicht überschritten werden dürfen und die Absatzobergrenzen einzuhalten sind. Im Folgenden ist die Formulierung des Problems als lineares Programm dargestellt.

Zielfunktion:

$G = 60 \cdot x_1 + 40 \cdot x_2 - 100.000 \rightarrow max!$

Kapazitätsrestriktionen:

$4 \cdot x_1 + 2 \cdot x_2 \leq 40.000$ (Maschine A)

$4 \cdot x_1 + 6 \cdot x_2 \leq 60.000$ (Maschine B)

Absatzrestriktionen:

$x_1 \leq 10.000, x_2 \leq 7.000$

Nicht-Negativitätsbedingungen:

$x_1 \geq 0, x_2 \geq 0$

Wie in Abb. 3.24 aufgezeigt, ist die **zulässige Menge**, d. h. die Menge aller Kombinationen an Produktionsmengen der beiden Produkte, die sämtliche Restriktionen erfüllen, durch ein Fünfeck mit den Eckpunkten A bis E gegeben.

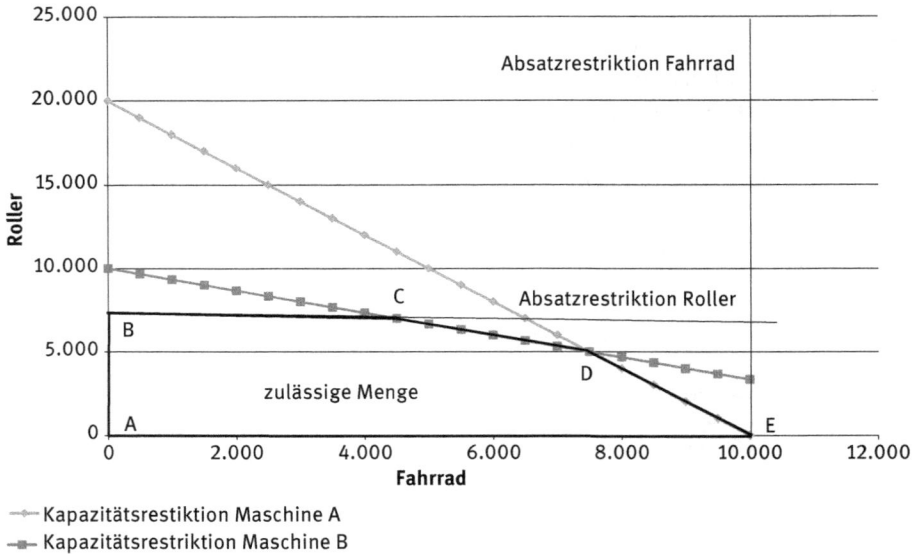

Abb. 3.24: Programmplanung – Darstellung der zulässigen Menge (eigene Darstellung).

Gemäß dem **Eckentheorem** der linearen Programmierung wird die optimale Lösung in (mindestens) einem der Eckpunkte erreicht. Tab. 3.33 weist daher die Koordinaten der Eckpunkte sowie den zugehörenden Gewinn aus.

Tab. 3.33: Eckpunkte der zulässigen Menge und zugehörender Gewinn (eigene Darstellung).

Eckpunkt	Gewinn
A = (0, 0)	−100.000
B = (0, 7.000)	180.000
C = (4.500, 7.000)	450.000
D = (7.500, 5.000)	**550.000**
E = (10.000, 0)	500.000

Mit einem Gewinn von 550.000 € wird die optimale Lösung im Eckpunkt D erreicht. Es sind demnach 7.500 Fahrräder und 5.000 Roller herzustellen, wobei mit dieser Kombination die vorhandenen Kapazitäten beider Maschinen voll ausgelastet werden.

3.5 Übungsaufgaben zu Kapitel 3

Aufgabe 1: Methodische Grundlagen

Die Mercador GmbH fertigt und vertreibt Spielsachen, die sich an die Zielgruppe Jungen im Alter zwischen 3 und 12 Jahren richten.

Um die Kundenstruktur besser kennenzulernen hat das Unternehmen eine Umfrage unter seinen Kunden durchgeführt, bei der u. a. das Alter des Kunden, der Haushaltstyp, in dem der Kunde lebt, sowie die Kundeneinschätzung der Produktqualität der vom Unternehmen angebotenen Spielsachen abgefragt wurden. Ergänzt wurden die erhobenen Daten um eine Variable, die den jeweiligen Kundentyp erfasst.

Zur Einschätzung der Produktqualität hat das Unternehmen die übliche Notenskala (von 1 = sehr gut bis 5 = mangelhaft) zugrunde gelegt. Durch Ankreuzen hatten die befragten Kunden jedoch auch die Möglichkeit, beliebige Zwischennoten zu vergeben. Die vergebenen Noten wurden elektronisch erfasst und anschließend automatisch in eine Nachkommastelle umgerechnet.

Für die folgenden Untersuchungen sei die Variable Produktqualität als metrisch skaliert unterstellt. Des Weiteren wurde zwischen zwei Haushaltstypen differenziert: Während in Haushalten vom Typ 1 1 bis 2 Kinder aus der Zielgruppe leben, sind es in Haushalten des Typs 2 3 oder mehr Kinder. Auch die Kunden wurden in zwei Gruppen unterteilt. Während Kunden vom Typ 1 seit weniger als 5 Jahren Kunden des Unternehmens sind, sind Kunden vom Typ 2 dies seit mindestens 5 Jahren.

Aus der Kundenkartei des Unternehmens wurde per einfacher Zufallsauswahl eine Stichprobe aus 40 Kunden gezogen. Tab. 3.34 gibt die erhaltenen Ergebnisse wieder:

Tab. 3.34: Stichprobenstruktur (eigene Darstellung).

Proband	Alter	Haus-haltstyp	Produkt-qualität	Kunden-typ
1	42	1	3,1	1
2	49	2	1,5	2
3	44	1	4,6	1
4	38	1	4,0	2
5	32	1	2,7	2
6	49	2	5,0	1
7	56	2	2,0	2
8	54	2	1,7	2
9	28	2	3,2	2
10	32	1	1,0	2
11	27	1	2,2	2
12	35	2	4,8	1
13	43	2	3,3	1
14	51	2	5,0	1

Tab. 3.34: (fortgesetzt)

Proband	Alter	Haus-haltstyp	Produkt-qualität	Kunden-typ
15	40	1	2,5	2
16	48	2	1,8	1
17	26	2	2,8	2
18	33	1	1,3	2
19	47	2	3,5	2
20	55	2	2,0	1
21	38	1	2,4	2
22	29	2	3,8	2
23	42	1	2,0	1
24	45	2	1,5	2
25	38	1	2,9	1
26	29	2	1,0	2
27	39	1	1,7	2
28	48	2	1,1	2
29	28	2	4,5	1
30	35	2	1,9	1
31	45	1	3,0	2
32	50	2	4,6	2
33	47	1	3,2	1
34	37	2	2,0	2
35	32	1	2,6	2
36	51	2	2,5	1
37	29	1	2,0	1
38	37	2	2,3	2
39	46	1	3,1	2
40	27	2	3,3	1

a) Erstellen Sie für die Variablen Alter und Produktqualität je ein Histogramm. Legen Sie dabei die folgenden Altersklassen 25 bis 30 Jahre, 31 bis 36 Jahre, 37 bis 42 Jahre, 43 bis 48 Jahre, 49 bis 54 Jahre, 55 bis 60 Jahre sowie die Notenstufen sehr gut (1,0–1,4), gut (1,5–2,4), befriedigend (2,5–3,4), ausreichend (3,5–4,4), mangelhaft (4,5–5,0) zugrunde.

b) Beschreiben Sie die erhaltenen Häufigkeitsverteilungen anhand der Kennziffern Modus, Median, arithmetisches Mittel, Spannweite und Standardabweichung.

Aufgabe 2: Methodische Grundlagen

Der international operierende Musikproduzent RONY steht vor der Frage, ob er den neu aufgenommenen Song eines Vertragskünstlers auf CD veröffentlichen soll. Im Fall einer Veröffentlichung ist laut Vertrag dem Künstler ein Honorar von 100.000 €

zu zahlen. An Fixkosten für Produktion und Vertrieb fallen bei RONY 500.000 € an. Nachdem aufgrund der Empfehlung des hauseigenen Musikkritikers die grundsätzliche Entscheidung pro Veröffentlichung gefallen ist, zieht das RONY-Management die folgenden Möglichkeiten näher in Betracht: Entweder soll die CD weltweit vertrieben werden (Produktionsmenge 1 Mio. Stück), der Vertrieb auf Europa beschränkt werden (Produktionsmenge 100.000 Stück) oder der Vertrieb auf Deutschland beschränkt werden (Produktionsmenge 10.000 Stück). Die zu erwartende Absatzmenge hängt davon ab, ob sich der Song als Superhit, als begrenzter Hit oder als Flop erweist. Im ersten Fall ist davon auszugehen, dass alle produzieren CDs auch verkauft werden. Im Fall eines begrenzten Hits ist von einer (maximalen) Absatzmenge von 100.000 CDs auszugehen. Wenn weniger als 100.000 Stück produziert wurden, werden auch in diesem Fall alle produzierten CDs abgesetzt. Erweist sich der Song als Flop, beträgt die Absatzmenge erfahrungsgemäß nur 5.000 CDs. Der Verkaufspreis einer CD beträgt 20 €. Die variablen Produktionskosten je CD betragen 5 €. Nicht verkaufte CDs werden von RONY zurückgenommen und anschließend verschrottet. Für die Verschrottung einer CD entstehen Kosten von 10 €.

a) Strukturieren Sie das Entscheidungsproblem von RONY gemäß dem Grundmodell der Entscheidungstheorie. Tragen Sie als Ergebniswerte den Gewinn von RONY in 1 Mio. € ein.

b) Angesichts der bisherigen Chart-Erfolge des betreffenden Vertragskünstlers schätzt das RONY-Management die Wahrscheinlichkeit für einen Superhit mit 40 %, die für einen begrenzten Hit mit 50 % und die für einen Flop mit 10 % ein. Welche Alternative soll RONY wählen, wenn es anhand des (μ, σ)-Kriteriums mit k = 0 bzw. mit k = 10 entscheidet?

Aufgabe 3: Methodische Grundlagen

Die Firma Nettler erwägt die Markteinführung eines Fitnessgeräts unter der Marke Body Train. Ein Konsumententest würde 50.000 € kosten. Die zukünftigen Gewinne aus Herstellung und Verkauf von Body Train belaufen sich auf 1.000.000 €, falls die Marke erfolgreich ist. Falls sie nicht erfolgreich ist, wird ein Verlust von 500.000 € erwartet. Der Konzerngewinn von Nettler bleibt unverändert, wenn Body Train nicht eingeführt wird.

Das Management schätzt die Erfolgschancen des Fitnessgeräts ohne Konsumententest auf 50 %. Der Konsumententest wird mit 40 % zur Produkteinführung ermutigen (günstiges Testergebnis). Bei günstigem Testergebnis wird die Erfolgschance von Body Train auf 80 % veranschlagt, bei schlechtem Ergebnis hingegen nur noch auf 25 %.

Was soll Nettler tun? Lösen Sie das Entscheidungsproblem mithilfe eines Entscheidungsbaums.

4 Situationsanalyse

4.1 Umweltanalyse

Im Rahmen der Umweltanalyse werden jene auf den Markt und das Unternehmen einwirkende Faktoren identifiziert, beschrieben, systematisiert, deren Folgen abgeschätzt und bewertet, welche das Unternehmen kurz- und mittelfristig selbst nicht bzw. allenfalls nur langfristig (schwer) beeinflussen kann. Die Chancen-Risiken-Analyse leistet einen Beitrag zur Beschreibung, Strukturierung und vor allem Bewertung bereits identifizierter Umweltfaktoren. Die Unsicherheitsanalyse setzt mit dem Einsatz von qualitativen und quantitativen Prognoseverfahren an der Identifikation und Abschätzung von Umweltfaktoren zur Reduzierung von Prognoseunsicherheiten an.

4.1.1 Chancen-Risiken-Analyse

Die **Chancen-Risiken-Analyse** lässt sich als Bestandteil der Umweltanalyse ansehen. Sie befasst sich mit der Bewertung bereits aufgedeckter Umweltfaktoren aus Unternehmenssicht. Es sollen die für die Planung der Unternehmens- und Marketingstrategie relevanten zukünftig wirksamen Umweltkräfte im Hinblick auf die Wirkung auf das eigene Unternehmen in der gegenwärtigen und auch zukünftigen Situation als günstig oder weniger günstig eingeschätzt werden. Eine positive Bewertung eines Umweltfaktors könnte dessen Charakterisierung als Chance, eine negative entsprechend als Risiko für das betrachtete Unternehmen nahelegen. Obgleich Umweltfaktoren vom Unternehmen selbst nicht beeinflusst werden können, kann sich das Unternehmen gleichwohl strategisch auf diese Faktoren einstellen, um Risiken frühzeitig abzuwehren und Chancen rechtzeitig auszunutzen. Als Beispiel lässt sich die Umstellung der Produktion auf umweltschonende Produkte anführen, die in Erwartung strengerer Umweltauflagen durch eine EU-Verordnung vorgenommen wird. Unter **Chancen** können schwer vorhersehbare Ereignisse verstanden werden, deren Eintritt für die Unternehmung mit angenehmen, plötzlichen und unvorhergesehenen Effekten verbunden ist und deren Nutzung ein schnelles Handeln erfordert. **Risiken** sind umgekehrt schwer vorhersehbare Ereignisse, deren Eintritt die Unternehmung mit der Gefahr der Insolvenz konfrontiert.

Da Umweltfaktoren weit in der Zukunft liegen können und nicht in jedem Falle einfach zu bestimmen sind, existieren Methoden, die der Identifikation und Abschätzung der Faktoren (etwa nach dem Ausmaß und Eintritt ihrer Folgen) dienen. Hiermit befasst sich die **Unsicherheitsanalyse**, die den zweiten Teilbestandteil der Umweltanalyse ausmacht. Logisch ist die Identifikation und Abschätzung der Umweltfaktoren dem Schritt der Bewertung dieser Faktoren aus Unternehmenssicht vorgelagert. Da die zur Identifikation und Abschätzung der Faktoren verwendeten Methoden (z. B.

DOI 10.1515/9783110439892-004

Szenariotechniken) z. T. speziellerer Natur sind und auch nicht stets, sondern eher bei komplexer Unternehmensumwelt zur Anwendung gelangen, werden sie aus didaktischen Gründen erst in Kapitel 4.1.2 behandelt.

Die den Bewertungsgegenstand der Chancen-Risiken-Analyse bildenden typischen Gruppen von Umweltfaktoren sowie Grundüberlegungen zur Bewertung dieser Faktoren werden in diesem Abschnitt behandelt. Zu den in der Chancen-Risiken-Analyse zu betrachtenden Einflüssen zählen die Faktorgruppen der sogenannten **Makroumwelt** wie insbesondere

- **rechtliche Faktoren** (z. B. vom Gesetzgeber neu geschaffene oder geänderte Regeln im Steuerrecht oder Gefahrstoffrecht),
- **wirtschaftliche Faktoren** (z. B. konjunkturelle Einflüsse, Einkommensrückgänge bei Kunden, gestiegene Arbeitslosigkeit),
- **technologische Faktoren** (Stand, Entwicklungstendenzen und Verfügbarkeit von Technologien wie etwa im Bereich der Bio- oder Nanotechnologien),
- **gesellschaftliche Faktoren** (z. B. ein Trend zu mehr nachhaltigem Konsum, die Einstellung der Bevölkerung zu bestimmten Themen wie Bioprodukten, Gentechnik, Atomenergie usw.) sowie
- **ökologische Faktoren** (z. B. Klimawandel, Ressourcenknappheit).

In Abgrenzung zu den Faktoren der Makroumwelt betreffen Faktoren der sogenannten **Mikroumwelt** dagegen die vom Unternehmen in der Regel selbst beeinflussbaren Faktoren des Marktes (des Angebots und der Nachfrage). Letztere werden im Rahmen der Marktanalyse näher betrachtet und zählen nicht zum Gegenstand der Umweltanalyse.

Im einfachsten Fall lassen sich solche Makro-Umweltfaktoren, nachdem man sie z. B. durch Brainstormingtechniken oder in Diskussionsrunden identifiziert hat, durch Vergabe von Punktwerten oder durch Ankreuzen auf einer Ratingskala im Hinblick auf ihre Auswirkung auf das Unternehmen durch Experten bewerten, was in Abb. 4.1 dargestellt ist.

Zur Sicherstellung der Vollständigkeit und Überschneidungsfreiheit der Umweltfaktoren bietet die sogenannte **PEST-Analyse** ein etwas systematischeres Vorgehen (vgl. Eayrs et al. 2011, S. 6 ff.). Gemäß dem verwendeten Kürzel definiert die Methode als fest vorgegebene Faktorgruppen politische (political), wirtschaftliche (economical), gesellschaftliche (social) und technologische (technological) Einflussfaktoren. Bezieht man auch ökologische (ecological, environmental) und rechtliche Faktoren (legal) mit ein, wird von einer **PESTEL-Analyse** gesprochen.

Bei der PEST- bzw. PESTEL-Analyse erfasst man im **ersten Schritt** in Form eines Brainstormings die potenziellen Umweltfaktoren, gruppiert sie entsprechend der genannten Faktorgruppen und wählt im **zweiten Schritt** aus der Menge der möglichen Faktoren die relevantesten aus (Vorselektion). Die Bewertung dieser Faktoren erfolgt sodann im **dritten Schritt**, wofür z. B. eine 10-Punkt-Skala verwendet werden kann.

In diesem Schritt sind folgende drei Fragen zu beantworten:

(1) Wie sicher ist es, dass der betrachtete Faktor eintritt?

(2) Wie relativ stark wirkt sich dieser Faktor im Vergleich zu den anderen betrachteten Einflussfaktoren auf die Branche und das eigene Unternehmen aus?

(3) Welches absolute Ausmaß (z. B. Schadenshöhe) kommt dem Einflussfaktor voraussichtlich zu?

		positiv				negativ
(1)	technologische Faktoren					
	– Produktionstechnologie	☐	☐	☐	☐	☐
	– Prozessinnovation	☐	☐	☐	☐	☐
	– Produktinnovation	☐	☐	☐	☐	☐
	– Substitutionstechnologie	☐	☐	☐	☐	☐
(2)	physische Faktoren					
	– Vorhandensein von Rohstoffen	☐	☐	☐	☐	☐
	– Verfügbarkeit von Energie	☐	☐	☐	☐	☐
	– Infrastruktur	☐	☐	☐	☐	☐
	– Bevölkerungsentwicklung	☐	☐	☐	☐	☐
(3)	ökonomische Faktoren					
	– Konjunktur	☐	☐	☐	☐	☐
	– Beschäftigungslage	☐	☐	☐	☐	☐
	– Währungssituation	☐	☐	☐	☐	☐
	– Entwicklung des Volkseinkommens	☐	☐	☐	☐	☐
(4)	ökologische Faktoren					
	– Umweltbewusstsein	☐	☐	☐	☐	☐
	– Recyclingverhalten	☐	☐	☐	☐	☐
	– Ressourcenreduktion	☐	☐	☐	☐	☐
	– Zukunftsorientierung	☐	☐	☐	☐	☐
(5)	soziokulturelle Faktoren					
	– Wertesysteme	☐	☐	☐	☐	☐
	– Arbeitsmentalität	☐	☐	☐	☐	☐
	– Konsumverhalten	☐	☐	☐	☐	☐
	– Sparneigung	☐	☐	☐	☐	☐
	– Freizeitverhalten	☐	☐	☐	☐	☐
(6)	rechtliche Faktoren					
	– politische Entwicklung	☐	☐	☐	☐	☐
	– wirtschaftspolitische Entwicklung	☐	☐	☐	☐	☐
	– steuerliche Entwicklung	☐	☐	☐	☐	☐
	– Arbeitsgesetze	☐	☐	☐	☐	☐
	– Gewerkschaften	☐	☐	☐	☐	☐

Abb. 4.1: Bewertung von Umweltfaktoren über eine Ratingskala (eigene Darstellung).

Im **vierten Schritt** der Analyse können die Antworten auf diese Fragen grafisch dargestellt und das Ergebnis ausgewertet und interpretiert werden. Die grafische Darstellung erfolgt üblicherweise in einem Portfoliodiagramm. Abb. 4.2 zeigt beispielhaft ein solches PESTEL-Portfolio, das auf der Grundlage der in Tab. 4.1 verwendeten Zahlen erstellt wurde.

So ist anhand des PESTEL-Portfolios zu erkennen, dass dem ökologischen Einflussfaktor (E) relativ wie absolut zwar die größte Bedeutung zukommt, dieser Faktor aufgrund seiner hohen Eintrittsunsicherheit jedoch zunächst weiter zu beobachten ist, bevor konkrete Handlungen abgeleitet werden sollten. Zudem sollten weitere Methoden der Unsicherheitsanalyse eingesetzt werden, um beispielsweise Eintrittswahrscheinlichkeiten und den Umfang der Auswirkungen präziser quantifizieren zu können, worauf im nächsten Kapitel eingegangen wird.

Tab. 4.1: Datengrundlage für die PESTEL-Analyse (eigene Darstellung).

	Sicherheit des Eintretens	relative Einflussstärke	absolutes Ausmaß
P – politisch	2,0	4,0	500
E – wirtschaftlich	4,0	8,0	700
S – gesellschaftlich	2,0	4,0	300
T – technologisch	6,0	6,0	500
E – ökologisch	2,0	8,0	1.000
L – rechtlich	4,0	6,0	500

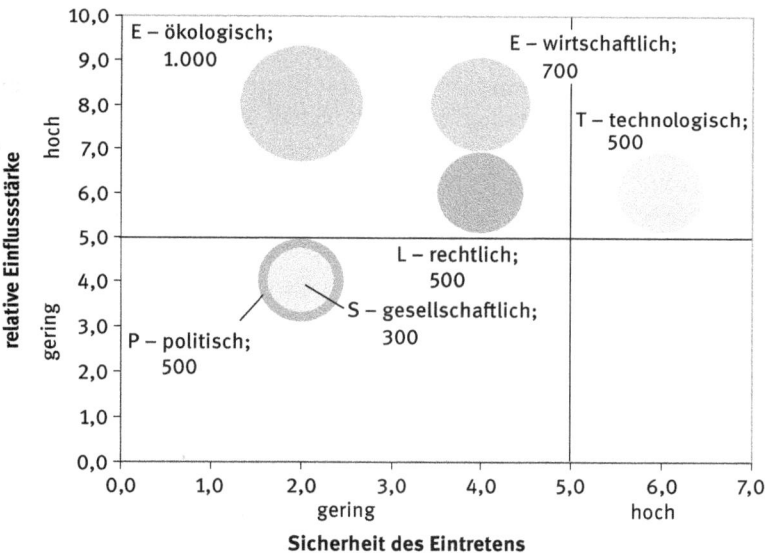

Abb. 4.2: PESTEL-Portfolio (eigene Darstellung).

Dem technologischen Faktor (T) kommt dagegen sowohl relativ wie auch absolut eine mittlere Bedeutung zu. Sein Eintreten gilt zudem als vergleichsweise sicher, sodass bereits jetzt konkrete Handlungspläne erarbeitet werden sollten. Hier scheint außerdem kein weiterer Analysebedarf zur näheren Abschätzung dieses Faktors vorzuliegen.

Wie ersichtlich, kann die PESTEL-Analyse zur Priorisierung von Maßnahmen verwendet werden. Die Orientierung an den fest vorgegebenen Faktorgruppen begünstigt die vollständige Aufdeckung der potenziell relevanten Umwelteinflüsse und verbessert zudem deren trennscharfe Zuordnung in Faktorgruppen, womit Doppelzählungen vermieden und der Diskussionsprozess im Rahmen der Umweltanalyse insgesamt methodisch unterstützt werden kann. Mit dem Ergebnis der PESTEL-Analyse ist jedoch nicht ausgesagt, inwiefern es sich bei den betrachteten Faktoren um für das Unternehmen günstige oder weniger günstige Einflüsse handelt. Dieser Bewertungsschritt sollte sich jedoch für eine vollständige Chancen-Risiken-Analyse anschließen.

In der eindeutigen Bewertung eines Umweltfaktors als Chance oder Risiko für das betrachtete Unternehmen besteht neben der Identifizierung und Vorhersage (Prognose) der Umweltfaktoren zugleich das Hauptproblem bei der Durchführung einer Umweltanalyse. Während zur Identifikation und Prognose bereits ausgereifte Methoden und Techniken zur Verfügung stehen (siehe Kapitel 4.1.2), die den Grad der Spekulativität und Subjektivität zu begrenzen in der Lage sind, bleibt die (eindeutige) Bewertung der aufgedeckten Umweltfaktoren eine in der Regel nur durch Nutzung von Erfahrungswissen zu lösende Aufgabe. Die Umweltanalyse greift daher sowohl zur Aufdeckung als auch zur Bewertung von Umweltfaktoren regelmäßig auf **Expertenurteile** zurück.

Sowohl Chancen als auch Risiken lassen sich quantitativ durch Experten bewerten, indem man den mit einer Chance verbundenen zukünftigen Gewinn bzw. den mit einem Risiko verbundenen zukünftigen Verlust bzw. die erwartete Schadenshöhe mit der jeweiligen Eintrittswahrscheinlichkeit multipliziert. In der PESTEL-Analyse wurde bereits das absolute Ausmaß des Ereignisses betrachtet und durch die Kreisgrößen im PESTEL-Portfolio dargestellt. Die (Un-)Sicherheit des Eintretens dieses Ereignisses wurde ebenfalls bereits in der PESTEL-Analyse betrachtet und lässt sich durch Wahrscheinlichkeiten ausdrücken. Durch multiplikative Verknüpfung dieser beiden Komponenten könnte also die Bewertung erfolgen. Verschiedene einzelne auf diese Weise bewertete Chance- bzw. Risikoarten lassen sich sodann zur Gesamtchance bzw. zum Gesamtrisiko summieren (Risiken- bzw. Chancenaggregation). Die multiplikative Verknüpfung von Wahrscheinlichkeit und Ergebnishöhe setzt allerdings deren Unabhängigkeit voraus, die faktisch nicht immer gegeben ist. Eine solche numerische Abschätzung von Chancen und Risiken rechtfertigt die Bezeichnung als **quantitative Chancen-Risiken-Analyse**. In der Praxis sind zumeist sowohl Eintrittswahrscheinlichkeiten als auch die erwarteten Konsequenzen durch Erfahrungswerte anzunähern. Zur Schätzung der Eintrittswahrscheinlichkeiten könnten etwa relative Häufigkeiten des Auftretens eines positiven bzw. negativen Umweltereignisses in der Vergangenheit genutzt werden. Als Schätzwert für das Ausmaß der Konsequenz könnte das arithmetische Mittel vergangener Ergebnishöhen verwendet werden. Neben Punktschätzungen können auch Intervallschätzungen vorgenommen werden, bei denen eine Bandbreite realistischer Ergebnisse bzw. Wahrscheinlichkeiten unter Angabe einer Unter- und Obergrenze angegeben wird.

Anstelle einer solchen quantitativen Chancen-Risiken-Analyse könnte auch eine **qualitative Chancen-Risiken-Analyse** in Form einer Punktbewertung (Scoring) durchgeführt werden. Hierbei werden Eintrittswahrscheinlichkeiten (z. B. sehr wahrscheinlich, wahrscheinlich ... sehr unwahrscheinlich) und die möglichen

Auswirkungen in Kategorien (z. B. sehr groß, groß ... sehr klein) unterteilt und in der Regel auf der Ebene einzelner Risiko- und Chancearten durch Experten abgefragt. Aus einem Vergleich der Einschätzungen über mehrere Perioden hinweg können Veränderungen der Risiko- und Chanceeinschätzung im Zeitablauf aufgedeckt werden.

Tab. 4.2 zeigt am Beispiel des Herstellers adidas ein mögliches Ergebnis einer qualitativen Chancen-Risiken-Analyse. In der Tabelle sind alle Risiken aggregiert dargestellt, die von verschiedenen Abteilungen berichtet werden. Insgesamt erwartet das Konzernmanagement keine substanzielle Gefährdung der Unternehmensfortführung. Jedoch hat sich die Risikoeinschätzung im Vorjahresvergleich geändert.

Tab. 4.2: Beispielhaftes Ergebnis einer qualitativen Chancen-Risiken-Analyse (adidas GROUP 2012, S. 162).

	2011		2010	
	Eintrittswahrscheinlichkeit	**mögliche finanzielle Auswirkung**	**Eintrittswahrscheinlichkeit**	**mögliche finanzielle Auswirkung**
strategische und operative Risiken				
gesamtwirtschaftliche Risiken		groß		wesentlich
Risiken aus Branchenkonsolidierung und Wettbewerb	wahrscheinlich	groß	sehr wahrscheinlich	wesentlich
Risiken durch außergewöhnliche externe Störfälle	möglich		unwahrscheinlich	
Risiken in Verbindung mit Markenimage oder Ruf	sehr wahrscheinlich		möglich	
Lagerbestandsrisiken	sehr wahrscheinlich		möglich	
Kundenrisiken	wahrscheinlich		höchstwahrscheinlich	
IT-Risiken	möglich		unwahrscheinlich	
Risiken in Verbindung mit der Einhaltung von Standards				
rechtliche Risiken	wahrscheinlich	wesentlich	möglich	moderat
Sozial- und Umweltrisiken	wahrscheinlich		sehr wahrscheinlich	
Risiken in Verbindung mit Produktfälschungen und -nachahmungen	sehr wahrscheinlich		höchstwahrscheinlich	
Produktqualitätsrisiken	wahrscheinlich		möglich	
Risiken aufgrund der Nichteinhaltung von Standards	möglich	moderat	unwahrscheinlich	gering

Tab. 4.2: (fortgesetzt)

	2011		2010	
	Eintrittswahr-scheinlichkeit	mögliche finanzielle Auswirkung	Eintrittswahr-scheinlichkeit	mögliche finanzielle Auswirkung
Finanzrisiken				
Zinsrisiken		gering		moderat

Legende: Bewertungskategorien in aufsteigender Reihenfolge

Eintrittswahrscheinlichkeit	mögliche finanzielle Auswirkung
unwahrscheinlich	unwesentlich
möglich	gering
wahrscheinlich	moderat
sehr wahrscheinlich	wesentlich
höchstwahrscheinlich	groß

4.1.2 Unsicherheitsanalyse

Mit der Durchführung einer Chancen-Risiken-Analyse ist regelmäßig das Abschätzen von zukünftig wirksamen Umweltfaktoren verbunden. Diese Faktoren sind jedoch zum gegenwärtigen Zeitpunkt der Planung häufig nicht vollständig nach Art, Eintritt und/oder Ausmaß ihrer Konsequenzen bekannt. Die sich aus diesem Umstand beim Abschätzen der Umweltfaktoren ergebenden Prognoseunsicherheiten lassen sich durch den Einsatz von **Prognoseverfahren** reduzieren. Nach der Art der vorliegenden Ausgangsdaten und der zum Abschätzen der zu prognostizierenden Größe primär eingesetzten Methode lässt sich zwischen qualitativen und quantitativen Prognoseverfahren unterscheiden (siehe. Abb. 4.3).

Qualitative Prognoseverfahren leiten zukünftige Entwicklungen aus den Erfahrungen, Kenntnissen und Erwartungen von Experten ab. Entsprechende Prognosegegenstände (Themen) können zunächst **unstrukturiert** über **Brainstormingtechniken** bzw. **formlose Befragungen von Gruppen oder Einzelnen** eingegrenzt und zu diesen Gegenständen können qualitative Urteile erhoben werden. Die Ergebnisse solcher Vorstudien lassen sich sodann mithilfe **strukturierter Verfahren** wie der **Szenarioanalyse** (Was-wäre-wenn-Analyse) weiter zu konsistenten Zukunftsbildern (Szenarien) verknüpfen. Bei Bedarf können qualitative Urteile auch über Bewertungsskalen quantifiziert werden, etwa indem in einem mehrstufigen Befragungsprozess mittels **Delphi-Methode** realistische Eintrittswahrscheinlichkeiten für zukünftige Entwicklungen von Experten eingegrenzt werden. Häufig finden qualitative Prognoseverfahren dann Anwendung, wenn belastbare quantitative Daten fehlen, z. B. weil die Prognosezeiträume relativ lang sind, also etwa mehrere Jahrzehnte umfassen.

Die qualitativen Prognoseverfahren stellen aber in der Regel eine Vorstufe zur Anwendung quantitativer Verfahren dar.

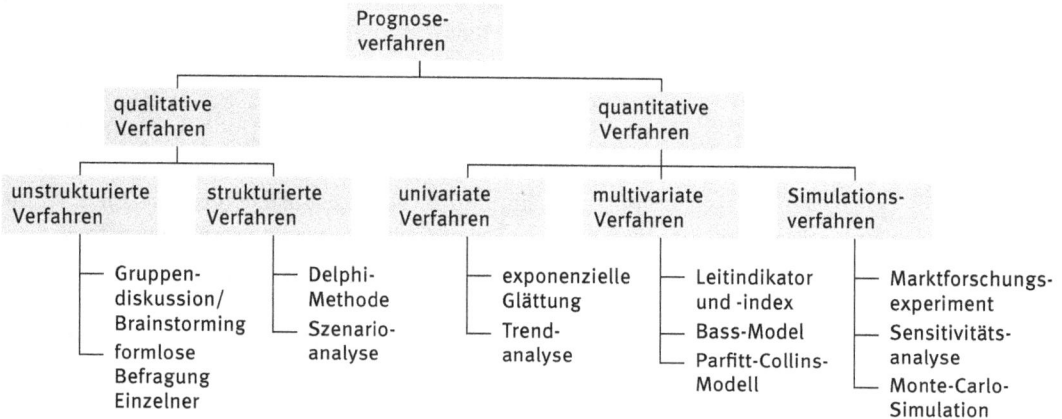

```
                          Prognose-
                          verfahren
                              |
          ┌───────────────────┴───────────────────┐
     qualitative                              quantitative
     Verfahren                                 Verfahren
          |                                        |
   ┌──────┴──────┐            ┌───────────────────┼───────────────────┐
unstrukturierte  strukturierte   univariate      multivariate      Simulations-
Verfahren        Verfahren       Verfahren        Verfahren         verfahren
```

unstrukturierte Verfahren	strukturierte Verfahren	univariate Verfahren	multivariate Verfahren	Simulations- verfahren
├ Gruppen- diskussion/ Brainstorming	├ Delphi- Methode	├ exponenzielle Glättung	├ Leitindikator und -index	├ Marktforschungs- experiment
└ formlose Befragung Einzelner	└ Szenario- analyse	└ Trend- analyse	├ Bass-Model └ Parfitt-Collins- Modell	├ Sensitivitäts- analyse └ Monte-Carlo- Simulation

Abb. 4.3: Prognoseverfahren im Überblick (eigene Darstellung).

Bei **quantitativen Prognoseverfahren** wird die zwischen der zu prognostizierenden Variablen und der erklärenden Größe bestehende Beziehung durch mathematische Operatoren zahlenmäßig abgebildet (vgl. Hansmann 1983, S. 12). Zukünftige Entwicklungen von Umweltfaktoren werden auf Grundlage einer Prognosefunktion hergeleitet, wobei nach der Anzahl und Art der zur Vorhersage verwendeten Variablen zwischen uni- und multivariaten Verfahren zu differenzieren ist.

– **Univariate Verfahren** prognostizieren einen Umweltfaktor ausschließlich aus dem bisherigen zeitlichen Verlauf eben dieses Faktors. Insofern stellen sie Entwicklungsprognosen dar. Hierzu zählen die Methode der Exponentiellen Glättung sowie die verschiedenen Verfahren der linearen und nichtlinearen Trendanalyse.

– **Multivariate Verfahren** ziehen zur Prognoseerstellung hingegen weitere Faktoren heran, die mit dem zu prognostizierenden **Umweltfaktor** möglichst kausal, zumindest aber statistisch, verbunden sind. In diesem Sinne lässt sich auch von Wirkungsprognosen sprechen. Ein Beispiel hierfür sind **Leitindikatoren** bzw. Frühwarnsysteme, an denen die zukünftige Entwicklung zeitversetzt bereits heute näherungsweise abgelesen werden kann. So könnte beispielsweise anhand der derzeitigen Auftragseingänge und deren Veränderungsrate auf die zukünftige Umsatzsituation geschlossen werden. Mehrere Leitindikatoren können dabei zu einem **Leitindex** zusammengefasst werden. Zur Neuproduktprognose können speziell das **Bass-Modell** sowie das **Parfitt-Collins-Modell** angewendet werden.

Fehlt das Vorwissen über entsprechende empirische Variablen als mögliche Determinanten der zu prognostizierenden Größe (z. B. vergangene Absätze eines vergleichbaren Produkts zur Vorhersage des zukünftigen Absatzes eines neuen Produkts) oder sind die Zusammenhänge zwischen den Variablen komplexer Natur, können Prognosewerte auch durch **Simulationsverfahren** künstlich gewonnen und Auswirkungen veränderter Rahmenbedingungen im Modell durchgespielt werden. Hierzu eignen sich standardisierte (quantitative) **Marktforschungsexperimente** (z. B. Store-Tests, die Analyse und Prognose von Auswahlentscheidungen im Rahmen der Choice-Based Conjoint Analysis (vgl. Grunwald und Hempelmann 2012, S. 104), die **Monte-Carlo-Simulation** sowie die **Sensitivitätsanalyse** (vgl. Steinle und Harmening 1994, S. 236). Mithilfe der Monte-Carlo-Simulation werden unsicheren Variablen Wahrscheinlichkeiten zugeordnet. Mit der Sensitivitätsanalyse kann untersucht werden, wie empfindlich die Lösung für ein Planungsproblem auf eine Änderung planungsrelevanter Daten reagiert.

Auch **gemischt qualitativ-quantitative Verfahren**, bestehend aus Kombinationen der oben angeführten Verfahren, sind denkbar. Im Folgenden werden ausgewählte qualitative und quantitative Prognoseverfahren anhand konkreter Anwendungsbeispiele erläutert.

Qualitative Prognoseverfahren

Als Beispiele für qualitative Prognoseverfahren lassen sich **unstrukturierte** (einfache) und **strukturierte** (komplexe, mehrstufige) Formen von Befragungen (z. B. von Experten, Händlern, Lead Usern usw.) anführen, welche sowohl mündlich als auch schriftlich, unter Nutzung eines (teil-)standardisierten Fragebogens oder frei (explorativ) durchgeführt werden können (vgl. Grunwald und Hempelmann 2012, S. 47).

Bei einem **Experteninterview** wird (werden) eine oder mehrere Personen, die aufgrund langjähriger Erfahrung über bereichsspezifisches Wissen oder Können verfügt (verfügen), zu diesem Wissen oder Können befragt (vgl. Mieg und Näf 2005, S. 7 f.). Regelmäßig erfordern Experteninterviews einen Interviewer auf Augenhöhe, der die Sprache seines Gegenübers versteht und spricht, sodass ein Austausch über Sachzusammenhänge möglich wird. Die freie Exploration kann in Betracht gezogen werden, um sich als Laie in ein unbekanntes Thema einführen zu lassen. Ein besonderes praktisches Problem der Experteninterviews liegt in der Auswahl geeigneter Experten, die einerseits unvoreingenommen über Sachverhalte berichten sollen, andererseits aber aufgrund ihres Fachwissens und ihrer Erfahrungen bereits stark vorgeprägt sein mögen.

Zu den strukturierten, komplexeren (mehrstufigen) Formen eines Experteninterviews zählt die **Delphi-Methode**, deren schrittweises und iteratives Vorgehen in Abb. 4.4 skizziert ist.

Nachdem das Befragungsziel mit einem Schätzproblem, wie etwa dem Abschätzen von Konsequenzen (Chancen vs. Risiken) eines Umweltfaktors, also z. B. einer

Festlegung des Befragungsziels
(Schätzproblem)

↓

Auswahl mehrerer Experten

↓

Befragung der Experten unabhängig
voneinander → Einzelschätzungen

↓

statistische Auswertung/
Aggregation der Einzelschätzungen

↓

Konfrontation der Experten mit den
(aggregierten) Einzelschätzungen

↓

statistische Auswertung   nein
Konvergenz der Einzelschätzungen?

↓ ja

Darstellung der Befunde

↓

ggf. Gruppendiskussion
→ Gruppenschätzung

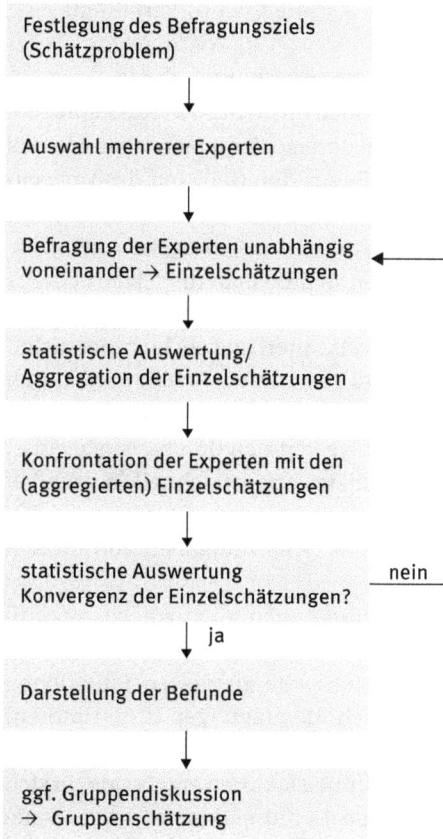

Abb. 4.4: Typischer Ablauf einer Delphi-Befragung (eigene Darstellung).

Stoffbeschränkung im Chemikalienrecht, festgelegt und mehrere Experten ausgewählt wurden, werden diese in einem dritten Schritt unabhängig voneinander befragt. Um etwaig abweichende Meinungen der Experten und deren Hintergründe aufzudecken und eine Konvergenz der Urteile zu erreichen, werden die Experten in einem nächsten Befragungsschritt sodann gebeten, ihr Urteil erneut abzugeben, jetzt allerdings unter Berücksichtigung der Urteile anderer Experten aus der ersten Befragungsrunde. Die Experten mögen nun, gegebenenfalls in Kenntnis der Urteile anderer Experten, ihre Meinung aus der ersten Runde revidieren und sich der Einschätzung anderer Experten annähern. Bei in der zweiten Runde weiterhin divergierenden Meinungen kann das Verfahren in einer dritten Befragungsrunde fortgeführt werden. Nachdem dieses Vorgehen nach einigen Runden zu keiner weiteren (nennenswerten) Anpassung der Einzelurteile mehr führt, werden die Ergebnisse statistisch ausgewertet und dargestellt. Zur Absicherung der Ergebnisse und Diskussion der Gründe für etwaige Anpassungen in den Einzelurteilen könnte gegen Ende des Verfahrens eine Gruppendiskussion durchgeführt werden.

Mit einem solchen Vorgehen können falsche Extrempositionen durch Überzeugung eliminiert und systematisch neue Informationen in den Bewertungsprozess eingeführt werden. Durch Einbezug von Experten unterschiedlicher, aber für das Bewertungsproblem relevanter Fachrichtungen (z. B. aus den Gebieten des Umwelt- und Chemikalienrechts, der Chemikaliensicherheit, des Risikomanagements, der Wirtschaftswissenschaften usw.), können interdisziplinär ausgewogene und ganzheitlich reflektierte Folgenabschätzungen resultieren. Würde man umgekehrt bereits im ersten Schritt eine Gruppe von Experten beispielsweise um einen Schätzwert für eine Eintrittswahrscheinlichkeit eines Umweltzustands bitten und sie hierüber diskutieren lassen, könnte eine frühzeitige Nennung eines bestimmten Schätzwerts durch ein Gruppenmitglied von anderen Gruppenmitgliedern bereits (bewusst oder unbewusst) als Ankerpunkt verwendet werden. In der Folge könnten durchaus relevante, jedoch von dem Ankerpunkt stark abweichende Schätzwerte vorschnell in sachlich nicht gerechtfertigter Weise von einer weiteren Betrachtung ausgeschlossen werden (vgl. zur Problematik von Gruppenentscheidungen bei Schätzaufgaben Von Nitzsch 2002, S. 76).

Mithilfe der **Szenarioanalyse** werden simultan mehrere mögliche zukünftige Situationen (Zukunftsbilder) einschließlich deren Entwicklungen und zentralen Einflussfaktoren (Schlüsselfaktoren) dargestellt, die zu diesen Situationen führen können. Einflussfaktoren werden näher durch Ausprägungen (Deskriptoren) beschrieben, die in die Zukunft projiziert werden. Ein bestimmtes Szenario stellt somit eine, sich aus dem Zusammenspiel verschiedener Einflussfaktoren ergebende, in sich stimmige zukünftige Situation dar, wobei für jeden Einflussfaktor mehrere denkbare Entwicklungsmöglichkeiten in der Zukunft betrachtet werden (vgl. Gausemeier et al. 2007, S. 12). Da simultan mehrere mögliche Entwicklungen betrachtet werden, ist diese Methode vor allem für Branchen relevant, deren Umwelt, bedingt durch Störereignisse (z. B. regulatorische Eingriffe, Wirtschaftskrisen), starken Schwankungen unterliegt (sogenannten Diskontinuitäten). Der typische Ablauf einer Szenarioanalyse ist in Abb. 4.5 dargestellt (vgl. Kosow et al. 2008, S. 20 ff.).

In **Phase 1** wird zunächst das **Untersuchungsziel** definiert. Beispielsweise erwägt ein Automobilzulieferer für Antriebstechnik die Expansion seiner Geschäftätigkeit auf den chinesischen Markt, auf dem ein großer Nachfrageanstieg nach Automobilen zu verzeichnen ist. Da das auf diesem Markt zu verzeichnende Wachstum von zahlreichen Umweltfaktoren abhängig ist, die letztlich damit auch die Geschäftsentwicklung des potenziell in diesen Markt eintretenden Zulieferers beeinflussen, soll zur Strategieableitung (hinsichtlich des Markteintritts und einer etwaigen Marktbearbeitung) eine Szenarioanalyse durchgeführt werden.

Der **Untersuchungsgegenstand**, also welche Themen in der Szenarioanalyse behandelt werden sollen, ist sodann näher durch möglichst präzise Beschreibung der gegenwärtigen Situation (Ist-Situation) zu bestimmen, da hiervon auf die zukünftige Situation geschlossen werden soll. Zur inhaltlichen Präzisierung des Untersuchungsgegenstands kann analysiert werden, welche Faktoren den Untersuchungsgegenstand (z. B. die Entwicklung des chinesischen Automobilmarkts) derzeitig und zukünftig beeinflussen und welche Problemfelder zukünftig an Bedeutung gewinnen werden. Neben der inhaltlichen Präzisierung des Untersuchungsgegenstands ist dieser auch in zeitlicher Hinsicht (z. B. durch Fokussierung auf ein Zeitfenster von zehn Jahren) und gegebenenfalls (sofern möglich) in räumlicher Hinsicht abzustecken.

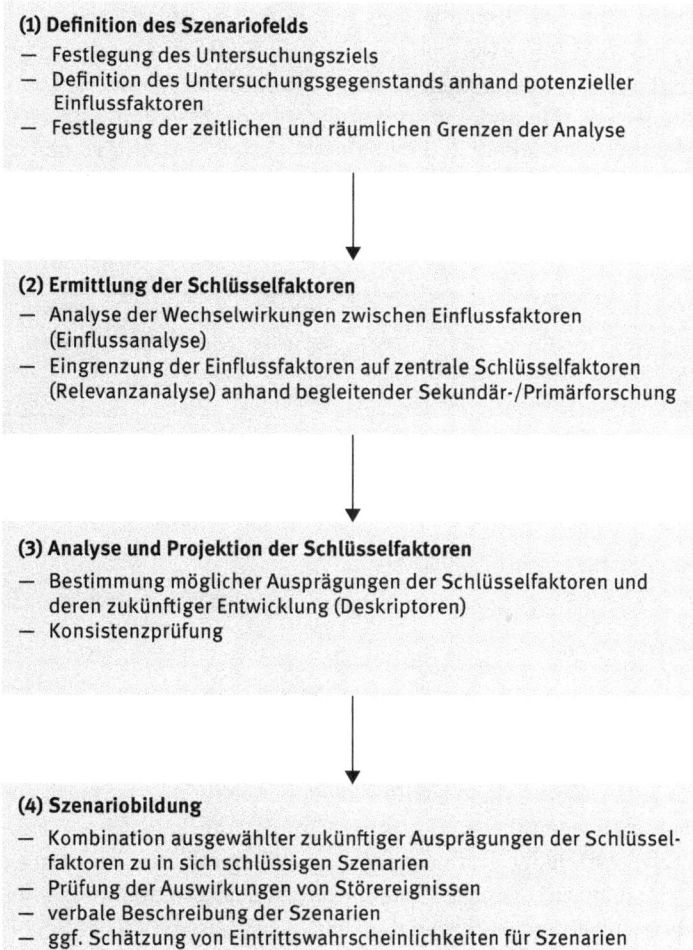

(1) Definition des Szenariofelds
— Festlegung des Untersuchungsziels
— Definition des Untersuchungsgegenstands anhand potenzieller Einflussfaktoren
— Festlegung der zeitlichen und räumlichen Grenzen der Analyse

(2) Ermittlung der Schlüsselfaktoren
— Analyse der Wechselwirkungen zwischen Einflussfaktoren (Einflussanalyse)
— Eingrenzung der Einflussfaktoren auf zentrale Schlüsselfaktoren (Relevanzanalyse) anhand begleitender Sekundär-/Primärforschung

(3) Analyse und Projektion der Schlüsselfaktoren
— Bestimmung möglicher Ausprägungen der Schlüsselfaktoren und deren zukünftiger Entwicklung (Deskriptoren)
— Konsistenzprüfung

(4) Szenariobildung
— Kombination ausgewählter zukünftiger Ausprägungen der Schlüsselfaktoren zu in sich schlüssigen Szenarien
— Prüfung der Auswirkungen von Störereignissen
— verbale Beschreibung der Szenarien
— ggf. Schätzung von Eintrittswahrscheinlichkeiten für Szenarien

Abb. 4.5: Typischer Ablauf einer Szenarioanalyse (eigene Darstellung).

Aus der Menge der (theoretisch) möglichen Einflussfaktoren werden sodann in **Phase 2** die besonders relevanten Faktoren als **Schlüsselfaktoren** im Rahmen der Relevanzanalyse durch Einbindung von Sekundär- und/oder Primärforschung (in der Regel durch Befragungen von Experten verschiedener Disziplinen) aufgedeckt. Hierzu kann im Rahmen der Einflussanalyse die **Einflussmatrix** (Vernetzungsmatrix) genutzt werden, mit der der Grad der gegenseitigen Beeinflussung der Einflussfaktoren, also deren Wechselwirkungen, paarweise untersucht wird. Ziel ist es, besonders aktive Einflussfaktoren zu identifizieren, die andere Bereiche stark beeinflussen. Dagegen sind solche Faktoren von einer weiteren Betrachtung auszuschließen, die als passiv erkennbar sind, da sie hauptsächlich von anderen Faktoren beeinflusst werden. Sie tragen selbst nur wenig zur Erklärung anderer Faktoren und damit der zukünftigen Entwicklung bei. In der Einflussmatrix (siehe Tab. 4.3) werden die theoretisch möglichen Einflussfaktoren jeweils zeilen- und spaltenweise gegenübergestellt. Durch Vergabe von Punktwerten (z. B. 0 = kein Einfluss, 1 = schwacher Einfluss, 2 = starker Einfluss) kann untersucht werden, wie stark ein in der Zeile dargestellter Einflussfaktor jeweils alle anderen in den Spalten dargestellten Faktoren beeinflusst, bzw. umgekehrt, wie sehr ein in der Spalte dargestellter Faktor von allen anderen in den Zeilen dargestellten Faktoren beeinflusst wird.

Tab. 4.3: Einflussmatrix zur Identifikation von Schlüsselfaktoren (eigene Darstellung).

Einflussfaktoren	Käufer- verhalten Automobil- hersteller	Käufer- verhalten Endver- braucher	Umwelt- bewusstsein in der Bevöl- kerung	Ausbau Verkehrs- infra struktur	Handels- hemmnisse	Aktiv- summe
Käuferverhalten Automobilhersteller		2	1	1	0	4
Käuferverhalten Endverbraucher	2		0	1	1	4
Umweltbewusstsein in der Bevölkerung	2	2		1	0	5
Ausbau Verkehrs- infrastruktur	2	2	2		0	6
Handels- hemmnisse	2	1	1	1		5
Passivsumme	**8**	**7**	**4**	**4**	**1**	

Die in der Randzeile zu jedem Faktor dargestellte Aktivsumme gibt an, wie stark ein Faktor alle anderen Faktoren beeinflusst. Die in der Randspalte angegebene Passivsumme drückt aus, wie stark jeder Einflussfaktor von jedem anderen beeinflusst wird. Im vorliegenden Beispiel wird also das Käuferverhalten der Automobilhersteller stark von anderen Faktoren bestimmt, während das Umweltbewusstsein in der Bevölkerung und auch der Ausbau der Verkehrsinfrastruktur maßgeblichen Einfluss auf andere Faktoren ausüben. Zur Filterung der besonders relevanten Faktoren könnte das Ergebnis der Bewertung im Rahmen dieser Einflussanalyse auch grafisch wie in Abb. 4.6 veranschaulicht werden.

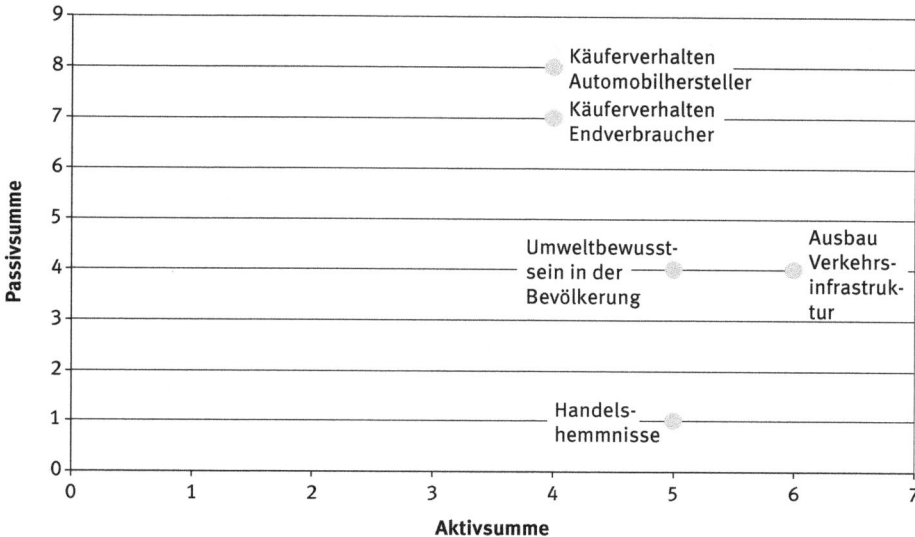

Abb. 4.6: Matrix der Aktiv- und Passivsummen (eigene Darstellung).

Es sollten bevorzugt solche Einflussfaktoren in die weiteren Betrachtungen einbezogen werden, die andere Faktoren in hohem Maße beeinflussen, jedoch selbst wenig beeinflusst werden. Dies trifft im gewählten Beispiel vor allem auf die Faktoren Handelshemmnisse, Umweltbewusstsein in der Bevölkerung sowie den Ausbau der Verkehrsinfrastruktur zu, die hohe Aktivsummen, jedoch relativ geringe Passivsummen aufweisen. Die beiden Faktoren des Käuferverhaltens (in Bezug auf Automobilhersteller und Endverbraucher) sind hingegen ambivalente Faktoren. Rein passive Faktoren, also solche, die andere Faktoren nur gering beeinflussen und durch andere Faktoren stark beeinflusst werden, liegen hingegen offenbar nicht vor.

In **Phase 3** werden die Schlüsselfaktoren weiter in Ausprägungen **(Deskriptoren)** zerlegt, die sodann in die Zukunft projiziert werden. Hierbei ist zu beachten, dass die Deskriptoren, anders als die Einflussfaktoren, möglichst wertneutral formuliert werden sollten, um den Abschätzungsprozess der Faktoren möglichst ohne Vorprägungen offen zu gestalten. Im vorliegenden Beispiel könnte etwa der Faktor Umweltbewusstsein in der Bevölkerung in quantitative Deskriptoren wie Benutzungshäufigkeit öffentlicher Verkehrsmittel und qualitative Deskriptoren wie Einstellung gegenüber Elektrofahrzeugen, Ansprüche an Mobilität usw. zerlegt werden. Die Einschätzung über die zukünftige Entwicklung dieser Faktoren im vorgegebenen Betrachtungszeitraum kann dann z. B. anhand der Ausprägungsgrade Einstellung gegenüber Elektrofahrzeugen ist positiv, Einstellung ist negativ bzw. neutral usw.

erfolgen. Der Umfang dieser Zerlegungen der Einflussfaktoren in Deskriptoren bzw. zukünftig denkbare Ausprägungsgrade entscheidet somit über die Vielfalt der einzelnen Szenarien. Die Projektion der heutigen Situation zu mehreren möglichen zukünftigen Situationen anhand der Ausprägungsgrade führt somit für einen jeden Faktor zu einem sogenannten Zukunfts- oder **Szenariotrichter**. Abb. 4.7 veranschaulicht für zwei beispielhafte Deskriptoren entsprechende Szenariotrichter.

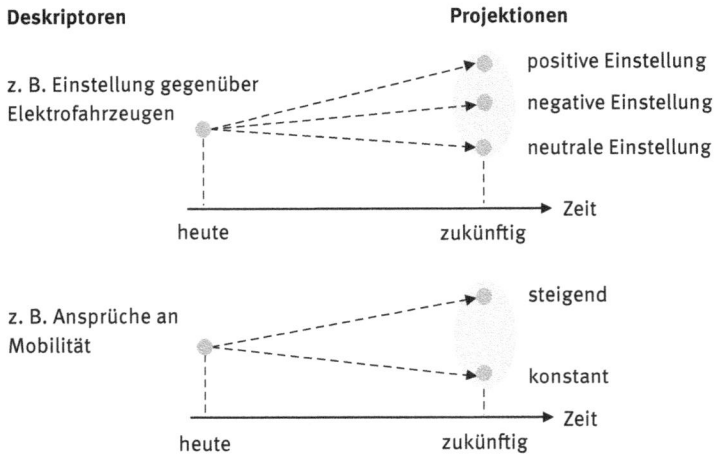

Deskriptoren   **Projektionen**

z. B. Einstellung gegenüber Elektrofahrzeugen — positive Einstellung / negative Einstellung / neutrale Einstellung — Zeit — heute — zukünftig

z. B. Ansprüche an Mobilität — steigend / konstant — Zeit — heute — zukünftig

Abb. 4.7: Szenariotrichter für zwei exemplarische Deskriptoren (eigene Darstellung).

Die jeweiligen Faktorausprägungen werden sodann auf Vollständigkeit, Überschneidungsfreiheit und logische Konsistenz überprüft. Zur Konsistenzprüfung kann eine sogenannte **Konsistenzmatrix** verwendet werden, in der die jeweiligen Faktorausprägungen zeilen- und spaltenweise gegenübergestellt werden. Hierbei wird gefragt, wie plausibel das Auftreten von jeweils zwei Zukunftsprojektionen in einem in sich schlüssigen Zukunftsszenario ist (vgl. Gausemeier et al. 2007, S. 15). Tab. 4.4 zeigt den typischen Aufbau einer solchen Konsistenzmatrix zur paarweisen Beurteilung der Faktorausprägungen auf Stimmigkeit. Die Beurteilung jeder Faktorkombination erfolgt dabei häufig auf einer 5-stufigen Ratingskala, wie der Legende zu der Tabelle entnommen werden kann.

Der paarweisen Konsistenzprüfung können sich Konsistenzbewertungen für alle theoretisch möglichen Bündel von Faktorausprägungen anschließen (vgl. Kosow et al. 2008, S. 42). Über ein Ranking der verschiedenen Bündel anhand der Summe der Konsistenzwerte der einzelnen Ausprägungspaare können solche Bündel von einer weiteren Betrachtung ausgeschlossen werden, die zu viele inkonsistente Paare enthalten.

Aus den verbleibenden konsistenten Bündeln von Ausprägungen werden sodann in **Phase 4** in sich schlüssige Szenarien unter Berücksichtigung der Auswirkungen etwaiger **Störereignisse** (z. B. Wirtschaftskrisen, politische Umschichtungen) gebildet und einfach und verständlich ausformuliert. In Fortsetzung des obigen Beispiels könnten zwei (verkürzte) Szenarien wie folgt lauten:

- Szenario A: Einstellung gegenüber Elektrofahrzeugen ist positiv, die Ansprüche an Mobilität bleiben konstant
- Szenario B: Einstellung gegenüber Elektrofahrzeugen ist negativ, die Ansprüche an Mobilität steigen

Tab. 4.4: Aufbau einer Konsistenzmatrix für drei Faktoren in je zwei Ausprägungen mit vorgenommener Bewertung (in Anlehnung an Kosow et al. 2008, S.41).

Wie verträgt sich Ausprägung a (Zeile) mit Ausprägung b (Spalte)?		Faktor A		Faktor B		Faktor C	
		Ausprägung Aa	Ausprägung Ab	Ausprägung Ba	Ausprägung Bb	Ausprägung Ca	Ausprägung Cb
Faktor A	Ausprägung Aa						
	Ausprägung Ab						
Faktor B	Ausprägung Ba	2	4				
	Ausprägung Bb	5	2				
Faktor C	Ausprägung Ca	5	2	2	5		
	Ausprägung Cb	3	4	5	2		

Legende: 1 = starke Inkonsistenz (völliger Widerspruch), 2 = schwache Inkonsistenz (Widerspruch), 3 = neutral oder unabhängig voneinander, 4 = schwache Konsistenz (gegenseitiges Begünstigen), 5 = starke Konsistenz (starke gegenseitige Unterstützung)

Im Anschluss können zu jedem Szenario Eintrittswahrscheinlichkeiten, beispielsweise durch Anwendung der Delphi-Befragung, von Experten abgeschätzt werden. Sofern für die jeweilig unterschiedlichen Szenarien ähnlich hohe Eintrittswahrscheinlichkeiten ermittelt wurden, könnte dies zur Formulierung von jeweils einer auf ein Szenario passenden Strategie führen. Dominiert anhand der Eintrittswahrscheinlichkeiten dagegen ein Leitszenario, könnte sich die Strategieableitung auf dieses besonders relevante Szenario fokussieren.

Mit der ergänzenden Abschätzung von Eintrittswahrscheinlichkeiten ist der Weg zu einer quantitativen Prognose bereits angedeutet, die sich nun anschließen kann.

Quantitative Prognoseverfahren

Den Ausgangspunkt sämtlicher **univariater Prognoseverfahren** bildet die grafische Aufbereitung der bisherigen Beobachtungswerte des zu prognostizierenden Umweltfaktors in Form einer **Zeitreihe**. Wie Tab. 4.5 zeigt, lassen sich Zeitreihen in verschiedene Komponenten zerlegen.

Tab. 4.5: Dekomposition einer Zeitreihe (eigene Darstellung).

Zeitreihenkomponente	Definition	Beispiel
Trend	gleichförmige Zu- oder Abnahme einer Größe über mehrere Perioden	Anstieg im Absatz von Erfrischungs-getränken aufgrund der Klimaer-wärmung
saisonale Schwankung	kurzfristige Entwicklung mit jähr-lich wiederkehrendem Verlauf	erhöhter Absatz von Erfrischungs-getränken in den Sommermonaten
zyklische Schwankung	Schwankung, die sich über mehrere Jahre erstreckt	erhöhter Absatz von Erfrischungs-getränken bei guter Konjunktur
irreguläre Schwankung (Zufallseinflüsse)	nicht prognostizierbare Irregula-ritäten in den Daten	reduzierter Absatz von Erfrischungs-getränken bei verregnetem Sommer

Zeitreihen, die zufällig um einen festen Wert schwanken, ansonsten aber keinerlei weitere Muster aufweisen, werden als **stationär** bezeichnet. Zur Prognose der wei-teren Entwicklung solcher Zeitreihen eignet sich die Methode der **Exponenziellen Glättung** erster Ordnung.

Das Verfahren geht davon aus, dass für die interessierende Größe laufend Prog-nosen erstellt und Prognose- bzw. Beobachtungswerte ebenso laufend abgeglichen werden. Für jede Periode wird demnach der sich ergebende Prognosefehler berechnet und die neue Prognose entsprechend angepasst. Dabei sollen die Prognosewerte um zufällige Einflüsse bereinigt werden und als Resultat weniger stark schwanken als die Reihe der Beobachtungswerte (Glättung). Eine **Glättungskonstante** entscheidet dabei darüber, wie stark sich der aktuelle Prognosefehler auf den zu berechnenden neuen Prognosewert auswirkt. Die **Fortschreibung des Prognosewerts** vollzieht sich gemäß der Gleichung

$$\hat{y}_{t+1} = \hat{y}_t + \alpha \cdot (y_t - \hat{y}_t).$$

Hierbei bezeichnet y die zu prognostizierende Größe und t den Periodenindex. Prog-nosewerte sind mit einem ^ gekennzeichnet. Für die Glättungskonstante α gilt $0 < \alpha < 1$. Ein höherer Wert für α bewirkt, dass die Prognosewerte weniger stark geglättet werden. Im Extremfall $\alpha = 1$ entspricht der neue Prognosewert dem aktuellen Beob-achtungswert. Dies wird als naive Prognose bezeichnet. Generell wird empfohlen, α zwischen 0,1 und 0,3 festzulegen. Der konkrete Wert für α muss allerdings auf die Hef-tigkeit der Schwankungen der Beobachtungswerte **(Volatilität)** Rücksicht nehmen. Bei einer stark volatilen Zeitreihe sollte tendenziell ein höherer Wert für α gewählt und damit die Reihe der Prognosewerte weniger stark geglättet werden. Bei einer wenig volatilen Zeitreihe sollte umgekehrt ein möglichst kleiner Wert für α gewählt werden. Um das Verfahren zu initialisieren wird der Prognosewert für die am wei-testen zurückliegende Periode gleich dem Beobachtungswert dieser Periode gesetzt.

Das Vorgehen soll anhand des folgenden (Buscher et al. 2008, S. 103 f. entnommenen) **Fallbeispiels** demonstriert werden. Die traditionsreiche Molkerei MILA zählt zu
den modernsten milchverarbeitenden Betrieben in Deutschland. Die jährliche Liefer-
und Verarbeitungsmenge an Milch beträgt durchschnittlich 140 Millionen Liter. In
drei Produktionsbereichen wird Milch zu Basis- und Frischeprodukten sowie Käse
verarbeitet. Aktuell beschäftigt MILA rund 200 Mitarbeiter und weist einen Umsatz
von 80 Millionen Euro auf.

Im Bereich Frischeprodukte werden Joghurt-, Buttermilch- und verschiedene
Milchmischprodukte hergestellt. Die Abfüllkapazität liegt bei 160 Millionen Bechern
pro Jahr. Die neu eingerichtete PET-Flaschenabfüllanlage hat eine Jahreskapazität
von 29 Millionen Einheiten. Über eine angegliederte Früchteverarbeitung werden
jährlich 1.700 Tonnen Fruchtzusatz hergestellt. Wesentliche Zutaten für die Herstellung der Frischeprodukte sind neben der Milch insbesondere die tiefgekühlt ange-
lieferten Industriefrüchte sowie Zucker. Da in nächster Zeit Verhandlungen mit dem
Lieferanten für Zucker anstehen, muss dessen zukünftiger Bedarf auf Basis des in
der Vergangenheit aufgetretenen Verbrauchs prognostiziert werden. Für die letzten
beiden Jahre liegen die in Tab. 4.6 dargestellten monatlich erfassten Verbrauchsdaten
für Zucker vor.

Tab. 4.6: Monatlicher Zuckerverbrauch in Tonnen (eigene Darstellung).

Jahr	Jan.	Feb.	März	April	Mai	Juni
01	27,2	27,4	26,7	27,7	27,1	27,3
02	27,0	27,1	27,7	26,8	27,1	26,4

Jahr	Juli	Aug.	Sept.	Okt.	Nov.	Dez.
01	26,8	27,4	27,2	27,1	26,8	26,9
02	27,2	26,9	27,2	27,2	27,5	27,3

Zur Erstellung einer Prognose für den Zuckerbedarf des nächsten Januars setzt der
Einkaufsleiter des Unternehmens, Herr Franke, eine aus Mitarbeitern seiner Abteilung bestehende Arbeitsgruppe ein, die in einem ersten Schritt die Daten grafisch
aufbereitet.

Abb. 4.8 lässt erkennen, dass die Verbrauchswerte zufällig um den Durchschnitts-
verbrauch von 27,15 Tonnen schwanken, die Zeitreihe also stationär ist. Aufgrund
dieser Eigenschaft empfiehlt die Arbeitsgruppe, die Prognose mittels Exponenzieller
Glättung zu erstellen. Um das Verfahren zu initialisieren, wird der Prognosewert für
den Monat Januar im Jahr 01 gleich dem Beobachtungswert für diesen Monat (= 27,2)
gesetzt. Für diesen Monat ergibt sich folglich ein Prognosefehler von 0, sodass
auch für den Februar des Jahres 01 ein Verbrauch von 27,2 Tonnen prognostiziert wird.

Der Vergleich mit dem tatsächlichen Verbrauch (= 27,4) zeigt nun, dass der Verbrauch um 0,2 Tonnen zu gering prognostiziert wird. Der Mechanik der Fortschreibung der Prognosewerte folgend, bedeutet dies, dass die Verbrauchsprognose für den Folgemonat (März des Jahres 01) anzuheben ist (siehe Abb. 4.9).

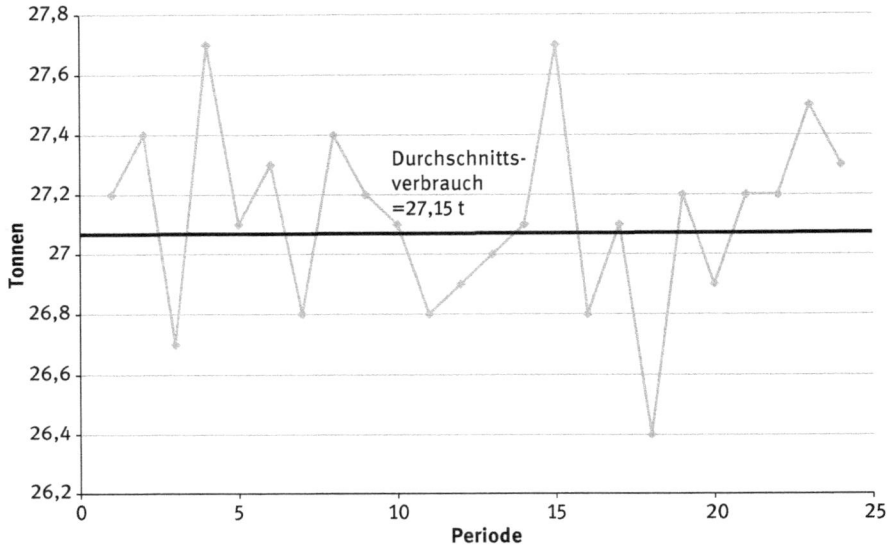

Abb. 4.8: Zeitreihe des monatlichen Zuckerverbrauchs (eigene Darstellung).

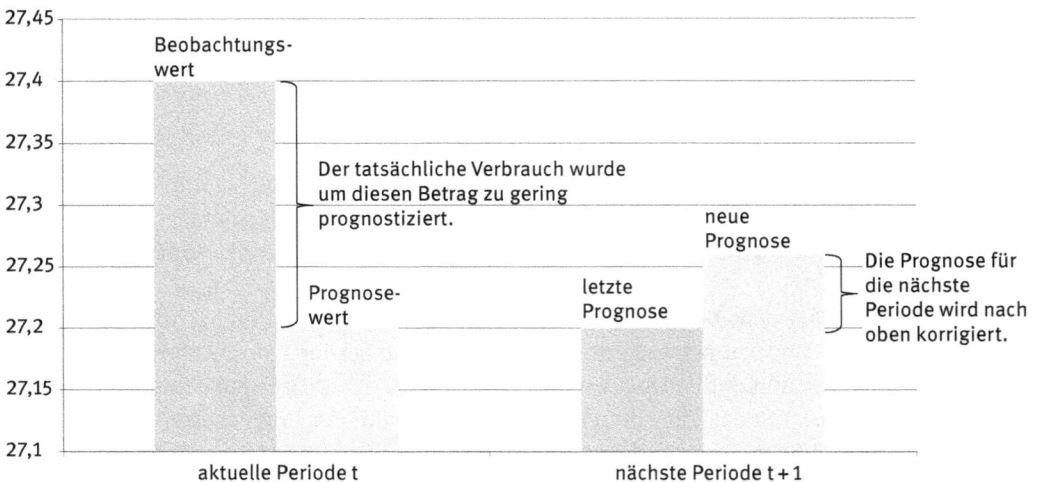

Abb. 4.9: Fortschreibung der Prognosewerte (eigene Darstellung).

Die Glättungskonstante entscheidet darüber, mit welchem Umfang die neue Verbrauchsprognose an den zuletzt festgestellten Prognosefehler angepasst wird. Diesbezüglich stellt Abb. 4.10 die sich ergebenden Prognosewerte für die Fälle $\alpha = 0{,}1$ bzw. $\alpha = 0{,}3$ dar. Erkennbar ist, dass der kleinere Wert für die Glättungskonstante zu einem glatteren Verlauf der Prognosewerte führt.

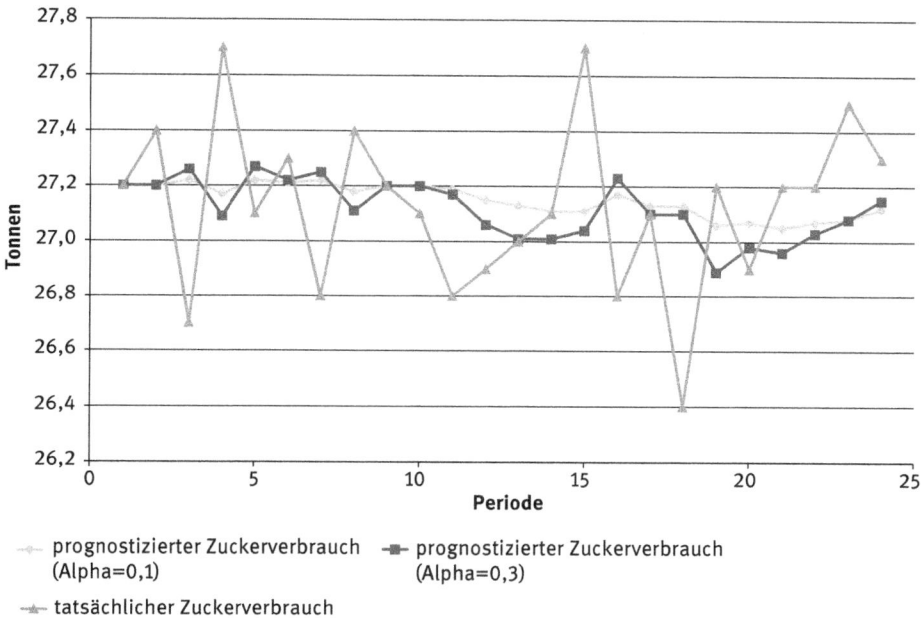

Abb. 4.10: Prognose des Zuckerverbrauchs (eigene Darstellung).

Um zu einer Prognose für den Zuckerverbrauch im Januar des Jahres 03 zu kommen, stellt sich zunächst die Frage, welcher Wert für die Glättungskonstante angemessen erscheint. Angesichts der nicht unerheblichen Schwankungen in den Verbrauchswerten sollte im Vergleich der beiden betrachteten Werte der Wahl von $\alpha = 0{,}3$ der Vorzug gegeben werden. Es ergibt sich dann für die Verbrauchsprognose im Monat Dezember des Jahres 02 ein Wert von 27,15 Tonnen, die den tatsächlichen Verbrauch dieses Monats (27,3 Tonnen) um 0,15 Tonnen zu gering schätzt. Mithin ergibt sich als Verbrauchsprognose für den Monat Januar 03 der Wert $27{,}15 + 0{,}3 \cdot (27{,}3 - 27{,}15) = 27{,}2$. Es wird also ein Zuckerverbrauch von 27,2 Tonnen prognostiziert.

Das dargestellte Verfahren ist relativ leicht anwendbar, da lediglich ein Parameter (die Glättungskonstante) festzulegen ist. Von daher kommt der Exponenziellen Glättung für die Aufstellung von **Kurzfristprognosen** auch in der Praxis Bedeutung zu. Zu betonen ist jedoch, dass das hier dargestellte Grundmodell der Exponenziellen Glättung erster Ordnung nur dann zu sinnvoll verwertbaren Prognosen führt, wenn die zugrunde liegende Zeitreihe tatsächlich stationär ist, insbesondere also weder trendförmige Entwicklungen, noch saisonale Ausschläge aufweist. Ist dies nicht der Fall, können Modelle der Exponenziellen Glättung höherer Ordnung herangezogen werden. Diesbezüglich sei auf die Spezialliteratur (z. B. Treyer 2010, S. 125 f.) verwiesen.

Lässt eine Zeitreihe einen stabilen Trend erkennen, der nicht von saisonalen Schwankungen überlagert wird, kann eine statistische **Trendanalyse** dadurch vorgenommen werden, dass eine vorgegebene Trendfunktion an die vorliegenden Daten angepasst wird. Das Ergebnis der auf diese Weise durchgeführten Trendschätzung kann zu Prognosezwecken herangezogen werden. Wie Abb. 4.11 zeigt, sind im Wesentlichen drei Grundtypen von Trendfunktionen zu unterscheiden.

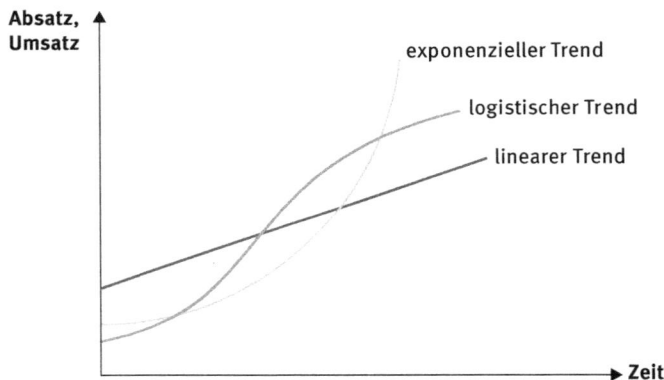

Abb. 4.11: Grundtypen von Trendfunktionen (Bruhn 2007, S. 119).

Lineare Trendfunktionen gehen von einem gleichbleibenden Anstieg (oder Abstieg) der zu prognostizierenden Größe aus und basieren auf der Gleichung $y_t = a - b \cdot t$, wobei die Parameter a und b für den Achsenabschnitt bzw. die Steigung der Trendgeraden stehen. Die Schätzung einer linearen Trendfunktion sei anhand des folgenden **Fallbeispiels** illustriert, das das Beispiel zur Exponenziellen Glättung fortführt (vgl. Buscher et.al. 2008, S. 111 f.).

Nach der aus Sicht des Einkaufsleiters der MILA überzeugenden Präsentation zur Prognose des Zuckerverbrauchs möchte Herr Franke auch eine Prognose für den zukünftigen Früchtebedarf erstellen lassen. Angestrebt wird hier eine Prognose für die nächsten drei Monate des kommenden Jahres. Für die letzten beiden Jahre liegen die folgenden monatlich erfassten Verbrauchsdaten vor (siehe Tab. 4.7).

Die Frage von Herrn Franke, ob auch für die Prognose des Früchteverbrauchs das Verfahren der Exponenziellen Glättung sinnvoll anzuwenden sei, verneinte der Leiter der eingesetzten Arbeitsgruppe, Herr Schneeberger, mit dem Hinweis, der Früchteverbrauch bilde eine nichtstationäre Zeitreihe, da im vorliegenden Fall der Verbrauch einer erkennbaren Trendentwicklung folge. Für eine kurzfristige Prognose sei es daher notwendig und sinnvoll, den vorliegenden Trend statistisch zu schätzen. Das Ergebnis dieser (mithilfe des Tabellenkalkulationsprogramms Excel durchgeführten) Schätzung lautet $y_t = 133{,}69 + 0{,}898 \cdot t$ und ist gemeinsam mit den tatsächlichen Verbräuchen in Abb. 4.12 dargestellt.

Tab. 4.7: Monatlicher Früchteverbrauch in Tonnen (eigene Darstellung).

Jahr	Jan.	Feb.	März	April	Mai	Juni
01	130	133	137	131	141	139
02	145	144	147	148	150	147

Jahr	Juli	Aug.	Sept.	Okt.	Nov.	Dez.
01	144	145	144	145	148	144
02	155	151	152	149	153	156

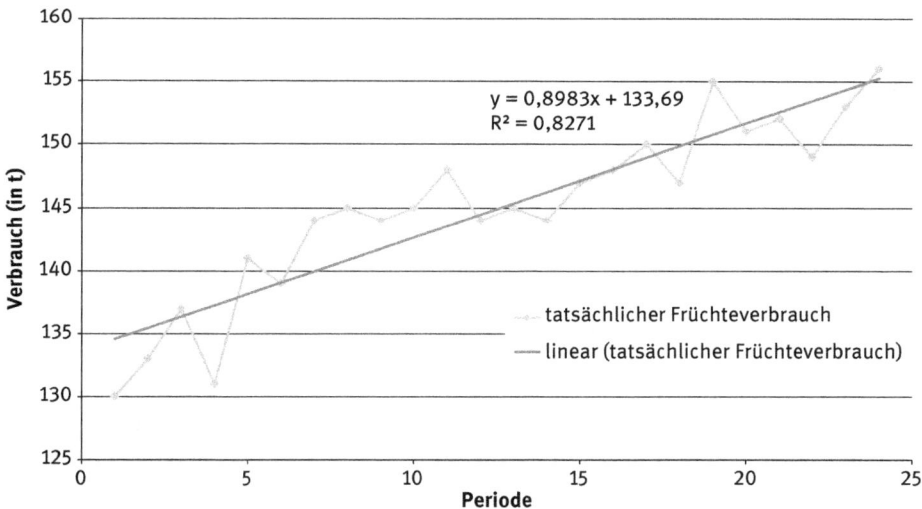

Abb. 4.12: Trendanalyse des Früchteverbrauchs (eigene Darstellung).

Als Maß für die Güte der Anpassung der Trendgeraden an den tatsächlichen Früchteverbrauch fungiert das **Bestimmtsheitsmaß** R^2, das hier den Wert 0,8271 erreicht. Dieser Wert besagt, dass ca. 83 % der Varianz der Verbrauchswerte durch die Trendgerade erklärt wird. Man kann von einer guten Anpassung sprechen, da für praktische Zwecke ein $R^2 > 0{,}5$ als ausreichend anzusehen ist. Diese gute Anpassung ist es dann auch, die den Einsatz der geschätzten Trendfunktion für Prognosezwecke rechtfertigt. Tab. 4.8 enthält daher die Verbrauchsschätzungen für die ersten drei Monate des Jahres 03.

Tab. 4.8: Prognose des Früchteverbrauchs (eigene Darstellung).

Monat	Periode	Verbrauchsprognose
Jan. 03	25	133,69 + 0898 · 25 = **156,14**
Feb. 03	26	133,69 + 0898 · 26 = **157,04**
März 03	27	133,69 + 0898 · 27 = **157,94**

Im Gegensatz zu linearen Trendfunktionen unterstellen **exponenzielle Trendfunktionen** einen im Zeitablauf überproportionalen Anstieg der zu prognostizierenden Größe. Sie basieren auf der Gleichung $y_t = a \cdot e^{bt}$, wobei durch a der (geschätzte) Anfangswert beschrieben wird und die Größe $e^b - 1$ als durchschnittliche Wachstumsrate zu interpretieren ist. Als Beispiel seien die in Tab. 4.9 enthaltenen Werte betrachtet, deren grafische Darstellung in Abb. 4.13 deutliche Hinweise auf eine exponenzielle Entwicklung erkennen lässt.

Tab. 4.9: Internetanschlüsse über Kabelfernsehnetze 2001–2010 in Mio. (Bundesnetzagentur, Jahresbericht 2010, S. 80).

Jahr	Anzahl	Jahr	Anzahl
2001	0,03	2006	0,49
2002	0,05	2007	1,0
2003	0,07	2008	1,6
2004	0,15	2009	2,3
2005	0,24	2010	2,9

Als Ergebnis der (ebenfalls mithilfe von Excel durchgeführten) Schätzung eines exponenziellen Trends resultiert die Funktion $y_t = 0,0169 \cdot e^{0,5454 \times t}$, sodass die durchschnittliche Wachstumsrate mit 72,5 % (= $e^{0,5454} - 1$) pro Jahr geschätzt wird. Das ausgewiesene Bestimmtheitsmaß $R^2 = 0,9895$ zeigt ebenso wie der optische Vergleich der beiden Kurven eine gute Übereinstimmung. Jedenfalls gilt dies bis einschließlich des Jahres 2009, da für das Jahr 2010 die exponenzielle Trendschätzung die tatsächliche Anzahl der Internetanschlüsse doch um einiges übertrifft. Für das Jahr 2010 macht sich also eine gewisse Sättigung bemerkbar, die nur über eine **logistische Trendfunktion** adäquat abgebildet werden kann.

Logistische Trendverläufe spielen auch im Rahmen von **Neuproduktprognosen** eine Rolle. Das im Folgenden betrachtete **Bass-Modell** ist ein quantitatives Prognoseverfahren zur Beschreibung der Verbreitung (Diffusion) eines neuen Produkts

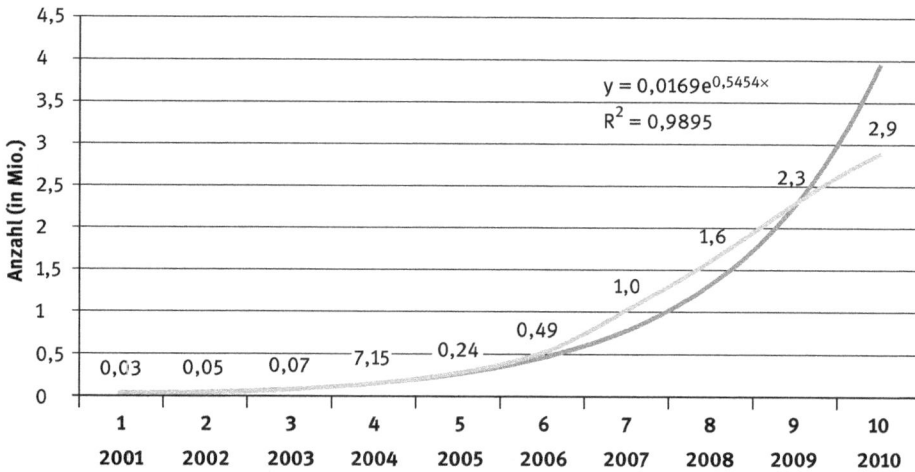

Abb. 4.13: Anpassung einer exponenziellen Trendfunktion – Internetanschlüsse über Kabelfernsehnetze 2001–2010 (eigene Darstellung).

im Markt (vgl. Bass 1969, Hempelmann 2002). Im Unterschied zu den besprochenen
univariaten Prognoseverfahren wird hier jedoch der zu prognostizierende Faktor,
die Neuproduktnachfrage, durch mehrere Faktoren erklärt, wobei auch Strategieva-
riablen des Anbieters, wie die Abhängigkeit der Nachfrage vom eingesetzten Werbebudget, berücksichtigt werden können. Insofern lässt sich das Bass-Modell in die
Gruppe der **multivariaten Prognoseverfahren** einordnen. Das Modell erklärt die
Diffusion eines neuen Produkts aus dem Zusammenspiel eines internen und eines
externen Faktors. Der interne Faktor beschreibt den Einfluss der interpersonellen
Kommunikation zwischen bisherigen Nichtkäufern als **Imitatoren** und den Käufern
als sogenannten **Innovatoren** des neuen Produkts. So mögen bisherige Nichtkäufer durch positive Kundenempfehlungen der Käufer zum Kauf beeinflusst und damit
zu Käufern werden. Zudem mögen bisherige Nichtkäufer aber auch rein durch Beobachtung des Kauf- und Produktverwendungsverhaltens der Käufer zum Kauf angeregt werden, was als Imitationseffekt bezeichnet wird. Im Ergebnis steigt ebenfalls
die Übernahmewahrscheinlichkeit des neuen Produkts für einen bisherigen Nichtkäufer an.

   Der externe Faktor beschreibt den Einfluss der Massenkommunikation des
Anbieters auf die Diffusion. Diese wirkt auf den noch nicht erschlossenen Teil des
Marktpotenzials, also die Nachfrage der Innovatoren, ein. In der formalen Struktur
des Prognosemodells wird der interne Faktor, nämlich die Nachfrage der Imitatoren,
durch den zweiten Summanden beschrieben. Der externe Faktor, also die Nachfrage
der Innovatoren, wird durch den ersten Summanden beschrieben. Interner und externer Faktor gemeinsam erklären in dem Modell als unabhängige Variablen den Periodenabsatz als abhängige Variable:

$$Y_t - Y_{t-1} = \alpha \cdot (M - Y_{t-1}) + \beta \cdot Y_{t-1} \cdot (M - Y_{t-1}), t = 1, \ldots, n$$

In der Formel bezeichnet Y_t (Y_{t-1}) die kumulierte Nachfrage der Periode t (der Vorperiode) und M das Marktpotenzial. Der Term $M - Y_{t-1}$ beschreibt somit die Bedarfslücke als Anzahl bisheriger Nichtkäufer. Mit $Y_t - Y_{t-1}$ wird der Periodenabsatz in Periode t ausgedrückt. Der interne Faktor wird in der formalen Struktur durch die Anzahl (Menge) möglicher Kontakte zwischen den Gruppen der bisherigen Nichtkäufer ($M - Y_{t-1}$) und der bisherigen Käufer (Y_{t-1}) beschrieben, die nicht in jedem Falle eintreten werden, sondern unsicher sind.

Diese Unsicherheit wird durch den sogenannten **Imitationskoeffizienten** abgebildet, der als Produktverbreitungsgrad die Wahrscheinlichkeit dafür angibt, dass ein interner Kontakt zwischen bisherigen Käufern und Nichtkäufern zustande kommt und dass ein bisheriger Nichtkäufer zum Käufer wird allein aufgrund interner Kommunikation bzw. Imitation. Bei praktischen Anwendungen könnte der Koeffizient abgeschätzt werden über den Anteil derjenigen Kunden, die von anderen Kunden nachweislich geworben wurden. Beispielsweise könnte diese Abschätzung im Rahmen der Erfolgskontrolle von Kunden-werben-Kunden-Aktionen erfolgen. Kunden könnten auch konkret dazu befragt werden, wie sie auf den Anbieter aufmerksam geworden sind oder wer konkret den Anbieter weiterempfohlen hat.

In ähnlicher Weise ist auch die Nachfrage der Innovatoren ($M - Y_{t-1}$) unsicher und hängt vom sogenannten **Innovationskoeffizienten** als autonomer Kaufwahrscheinlichkeit ab. Hierin drückt sich der Einfluss der Anbieterkommunikation (Massenkommunikation) auf die Gruppe der Innovatoren aus, die ihrerseits unbeeinflusst von anderen Käufern und relativ spontan als erste das neue Produkt kaufen. Bei konkreten Anwendungen des Modells könnte der Innovationskoeffizient durch den Anteil der frühen Käufer an allen (einschließlich der späten) Käufern eines neuen Produkts aus den Kaufdaten abgeleitet werden.

In der Grundversion des Bass-Modells wird von einer konstanten Intensität der Anbieterkommunikation ausgegangen. Am **Beispiel** des Bürogeräteherstellers Olympix AG (vgl. Hempelmann 2002) soll die Nachfrageprognose mit dem Bass-Modell im Folgenden veranschaulicht werden. Abweichend von dem oben betrachteten Grundmodell wird hier der Einfluss der Massenkommunikation proportional zu den Werbeausgaben des Anbieters unterstellt. Hierdurch soll die Wirkung alternativer Kommunikationsstrategien des Anbieters auf die Nachfrage analysiert werden.

Dem Unternehmen Olympix AG ist es als erstem gelungen, ein holografisches Aufnahme- und Wiedergabegerät zu entwickeln, das sowohl im industriell-administrativen als auch im privaten Bereich verwendet werden kann. Nach erfolgreichen Testmarktergebnissen soll das Gerät nunmehr bundesweit eingeführt werden. Mit den hierfür notwendigen Planungen wurde Herr Dr. Meyer, Planungschef von Olympix, beauftragt. Herr Meyer möchte zunächst auf der Grundlage der Testmarktergebnisse den weiteren Prozess der Marktdurchdringung des Geräts für die nächsten fünf Jahre untersuchen, da innerhalb dieses Zeitraums nicht mit dem Auftreten von Konkurrenzprodukten zu rechnen ist.

Dr. Meyer beschließt, das Bass-Modell den weiteren Analysen zugrunde zu legen. Allerdings vertritt er die Meinung, dass die Nachfrage der Innovatoren auch vom Umfang der Werbeausgaben abhängig ist. Nach einigen Überlegungen schlägt er das folgende Modell zur Prognose der Absatzentwicklung vor:

$$Y_t - Y_{t-1} = \alpha\, w_t (M - Y_{t-1}) + \beta Y_{t-1}(M - Y_{t-1}),\ t = 1,\ ...,\ 5$$

Hierin bezeichnet Y_t die kumulierte Nachfrage der Periode t (in Mio. Stück), w_t die Werbeausgaben der Periode t (in Mio. €) und M das Marktpotenzial (ebenfalls in Mio. Stück). Aufgrund von Expertenbefragungen geht die Olympix AG von einem Marktpotenzial in Höhe von 20 Mio. Stück aus. Anhand der im Testmarkt erzielten Daten werden die Parameter zu $\alpha = 0,1$ und $\beta = 0,003$ geschätzt. Aus den Verkaufszahlen des Testmarkts ergibt sich ferner der Anfangswert $Y_0 = 0,02$ (Mio. Stück).

Gemeinsam mit dem Vorstand diskutiert Dr. Meyer nun mögliche Werbestrategien. Insgesamt steht in den nächsten 5 Jahren ein Budget von 5 Mio. € für Werbemaßnahmen zur Verfügung. Als strategische Alternativen wird vorgeschlagen
- die 5 Mio. € gleichmäßig auf 5 Jahre zu verteilen,
- die ganzen 5 Mio. € im ersten Jahr auszugeben,
- die 5 Mio. € in zeitlich fallenden Beträgen auszugeben,
- die 5 Mio. € in zeitlich steigenden Beträgen auszugeben.

Nach weiteren Diskussionen wird beschlossen, die folgenden vier Strategien zur Verausgabung des Werbebudgets über die Zeit näher zu betrachten (siehe Tab. 4.10).

Tab. 4.10: Werbestrategien im Überblick (eigene Darstellung).

| Strategie | Werbeausgaben in Mio. € in Periode | | | | |
	t = 1	t = 2	t = 3	t = 4	t = 5
I	1	1	1	1	1
II	5	0	0	0	0
III	2,0	1,5	1	0,5	0
IV	0	0,5	1	1,5	2,0

Mithilfe des modifizierten Bass-Modells soll nun für jede der vier Werbestrategien der Verlauf der kumulierten Nachfragemenge Y_t prognostiziert werden. Die kumulierte Nachfragemenge Y_t einer Periode ergibt sich durch sukzessive Anwendung des Prognosemodells. Beispielsweise ist für t = 1 bei Strategie I

$$Y_1 - 0{,}02 = 0{,}1 \cdot 1 \cdot (20 - 0{,}02) + 0{,}003 \cdot 0{,}02 \cdot (20 - 0{,}02) \approx 2$$

und daher $Y_1 \approx 2{,}02$. Tab. 4.11 zeigt die Prognosewerte für die kumulierte Nachfragemenge in den einzelnen Perioden im Überblick.

Tab. 4.11: Prognose der kumulierten Nachfragemenge (eigene Darstellung).

	kumulierte Nachfragemenge			
Periode	Strategie I	Strategie II	Strategie III	Strategie IV
0	0,02	0,02	0,02	0,02
1	2,019	10,011	4,017	0,021
2	3,926	10,311	6,607	1,021
3	5,723	10,611	8,212	2,977
4	7,396	10,910	9,092	5,683
5	8,996	11,207	9,389	8,790

Abb. 4.14 visualisiert den Verlauf der kumulierten Nachfragemenge, die mit dem Bass-Modell geschätzt wird.

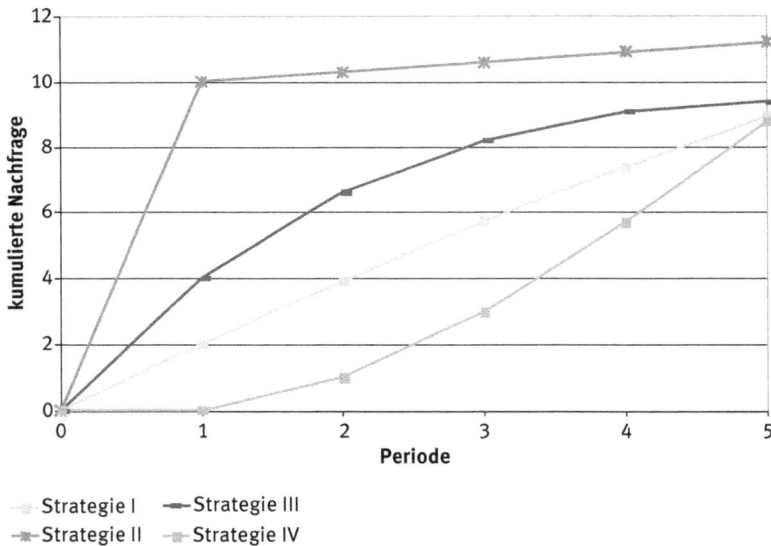

Abb. 4.14: Verlauf der kumulierten Nachfragemenge (eigene Darstellung).

Das Bass-Modell erfährt seine verhaltenswissenschaftliche Fundierung in den Arbeiten von Rogers, die sich mit der Beschreibung und Erklärung der Verbreitung von Innovationen im Markt bis zur dauerhaften Akzeptanz, der sogenannten **Adoption**, befassen **(Adoptermodell).** Die Verbreitung von Innovationen im Markt wird über die sogenannte **Adoptionsrate** erfasst, die die relative Geschwindigkeit angibt, mit der eine Innovation von Mitgliedern eines sozialen Systems übernommen wird. Sie kann konkret durch die Anzahl von Käufern operationalisiert werden, die innerhalb einer bestimmten Periode die Innovation adoptieren (vgl. Rogers 1983, S. 232).

Rogers postuliert fünf Stufen, die ein Individuum oder eine Organisation bis zur dauerhaften Akzeptanz von Neuprodukten durchläuft (vgl. Rogers 1983, S. 164):

(1) Wissen
(2) Überzeugung
(3) Entscheidung
(4) Implementierung
(5) Bestätigung

In der ersten Phase **(Wissen)** erlangt ein potenzieller Käufer zunächst Kenntnis von dem neuen Produkt. Er wird aufmerksam, nimmt die Innovation erstmalig wahr und wird vertraut mit einigen Produktfunktionen. Wahrnehmung alleine genügt im Allgemeinen jedoch noch nicht, um Käufe auszulösen. Das gilt vor allem für den Fall innovativer, z. B. technischer, Produkte, mit denen Käufer vielfach eine hohe Komplexität und Anfälligkeit aufgrund noch unausgereifter Technik (sogenannte Kinderkrankheiten) assoziieren. Infolgedessen ist hierbei mit höheren wahrgenommenen Kaufrisiken zu rechnen, sodass Käufe im Regelfall nicht unter den Bedingungen niedrigen Involvements ablaufen. Vielmehr wird sich als Voraussetzung für eine dauerhafte Akzeptanz zunächst ein Interesse und eine positive Beurteilung des neuen Produkts herausbilden müssen, was in der zweiten Phase **(Überzeugung)** erfolgt. In der dritten Phase schließt sich – bei vorliegender positiver Beurteilung – die **Entscheidung** an, die Innovation anzunehmen oder abzulehnen. Letzteres kann sowohl bewusst (aktiv) als auch unbewusst (passiv) erfolgen. Sofern auch diese Phase im Sinne der Adoption positiv durchlaufen wird, schließt sich die Phase der **Implementierung** an, in der das Produkt verwendet und Erfahrungen in der Anwendung gesammelt werden. Selbst nach gemachten positiven Erfahrungen mit dem Einsatz der Innovation wird diese jedoch dann nicht dauerhaft adoptiert, wenn das Individuum seine Entscheidung für die Innovation revidiert (vgl. Rogers 1983, S. 164). Die Revision der Entscheidung für die Innovation könnte beispielsweise beruhen auf der Kenntnis widersprüchlicher Informationen über Nutzen oder Risiken der Innovation (z. B. einer neuen Technologie), die das Individuum zu Kaufzurückhaltung motiviert. Insofern ist für die dauerhafte Übernahme der Innovation letztlich auch die positive **Bestätigung** der eigenen Erfahrungen selbst bei vorliegenden widersprüchlichen Informationsbotschaften über das Produktangebot erforderlich.

Bezogen auf den gesamten Markt findet jedoch die Adoption einer Innovation nicht zeitgleich in allen Konsumentengruppen, sondern zeitversetzt statt (vgl. Rogers 1983, S. 248 ff.; Clausen et al. 2011, S. 17). Nach der Zeit bis zur Adoption werden fünf Typen von Käufergruppen unterschieden, hinter denen eine unterschiedliche Zahl von Erstkäufern steht und die somit eine unterschiedliche Umsatzbedeutung aufweisen (siehe Abb. 4.15). Als erstes kaufen die sogenannten Innovatoren, die etwa 2,5 % der Individuen ausmachen, die eine Innovation annehmen, gefolgt von den frühen Adoptoren (die nächsten 13,5 %, die die Innovation adoptieren), der frühen und späten Mehrheit im Umfang von jeweils 34 % sowie den Nachzüglern (16 %), die als letzte Käufergruppe im Adoptionsprozess kaufen. Die resultierende Verteilung der Erstkäufe bzw. Umsatzentwicklung eines neuen Produkts in Abhängigkeit von der Zeit bis zur Adoption lässt sich nach Rogers durch eine Normalverteilung annähern.

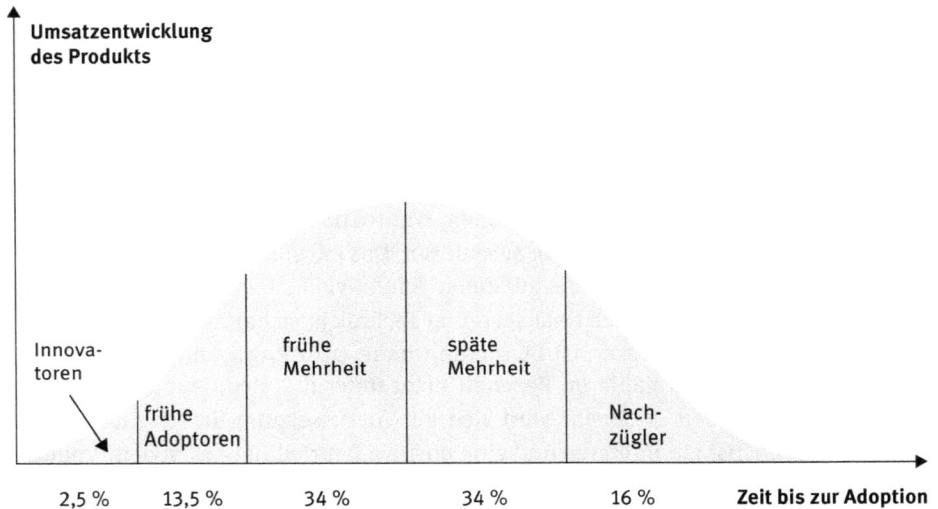

Abb. 4.15: Adoptionskurve nach Rogers (vgl. Rogers 1983, S. 247).

Wie aus der Adoptionskurve erkennbar ist, kommt der Gruppe der Innovatoren, also jenen Käufern, die als erstes ein neues Produkt kaufen, eine entscheidende Rolle für die Verbreitung einer Innovation im Markt zu. Innovatoren sind z. B. eher kosmopolitisch eingestellt und tragen die Innovation in das soziale System hinein (vgl. Clausen et al. 2011, S. 18). Außerdem konsumieren sie Massenmedien, sind überdies offen gegenüber Änderungen eingestellt, experimentierfreudig und verfügen über hinreichend finanzielle Mittel, sodass sie auch die Kosten von Fehlentscheidungen selbst tragen könnten. Zentral für das Marketing ist nun die Erkenntnis, dass sich Innovatoren als spezielle Zielgruppe ansprechen lassen (z. B. durch Gratisproben, Testversionen von Produkten, Vorführungen auf Messen), um in effizienter Weise – durch Ausnutzung der Multiplikatoreigenschaft der Innovatoren – Nachfrage bei den nachgelagerten Käufergruppen zu stimulieren. Vergleichbar gilt dies auch für die Gruppe der frühen Adoptoren, die ihrerseits auch eine beeinflussende Wirkung auf die Nachfrage der frühen Mehrheit und diese wiederum auf die Gruppe der späten Mehrheit ausübt. In jeder dieser Gruppen sollten also vom Marketing entsprechende Meinungsführer ausfindig gemacht und in geeigneter Weise angesprochen werden, um die

Innovation schnell im Markt zu verbreiten. Nachzügler üben dagegen keinen Einfluss auf die Kaufentscheidungen anderer Gruppen aus, da sie sich als letzte Gruppe im Adoptionsprozess befinden.

Für die Vermarktung von Innovationen sind weiterhin die Einflussfaktoren des Adoptionsprozesses von Bedeutung. Rogers nimmt an, dass folgende fünf Produkteigenschaften der Innovation die Adoptionsrate beeinflussen (vgl. Rogers 1983, S. 238 ff.). Die Adoptionsrate ist umso höher,

(1) je größer der mit der Innovation verbundene relative Vorteil ist.
(2) je größer die Verträglichkeit (Kompatibilität) der Innovation mit bestehenden Einstellungen, Werten und Erfahrungen des Käufers ist.
(3) je geringer die Komplexität der Innovation ist.
(4) je größer die Erprobbarkeit (Teilbarkeit) der Innovation ist.
(5) je leichter die Innovation wahrzunehmen bzw. zu kommunizieren ist.

Mit **Erprobbarkeit (Teilbarkeit)** ist hier gemeint, dass der Käufer die Möglichkeit hat, eine kleine Einheit der Innovation versuchsweise zu verwenden. Die Kommunizierbarkeit der Innovation fällt leichter, je mehr ein Käufer den aus der Innovation resultierenden Vorteil (Nutzen) auch für sich erkennen kann.

Der relative Vorteil kann sich zum einen beziehen auf das Ausmaß, in dem die Innovation im Vergleich zu ihrem Vorgänger überlegen scheint (vgl. Pousttchi und Wiedemann 2005, S. 38). Zum anderen kann dieser Vorteil auch in einem durch die Innovation dem Käufer (etwa einem Geschäftskunden) ermöglichten Wettbewerbsvorteil im Markt bestehen.

Hinter dem negativen Einfluss der Verträglichkeit der Innovation auf die Adoptionsrate steht die Annahme, dass die Vermarktung einer Innovation vor allem dann besonders schwer fallen wird, wenn zunächst gegen vorherrschende stark negative Einstellungen des Käufers (oder Käuferunternehmens) angegangen werden muss. Solch negative Einstellungen dürften z. B. dann zu erwarten sein, wenn mit dem Kauf der Innovation drastische Änderungen, etwa in der Organisation des Kundenunternehmens, assoziiert werden und Rationalisierungsängste der Belegschaft oder eine allgemeine Technikscheu vorherrschend sind.

Welche Möglichkeiten hier konkret im Marketing zur Verfügung stehen, mit Widerständen bei Beschaffungsentscheidungen in Einkaufsgremien, den sogenannten **Buying Centern**, in Kundenunternehmen umzugehen, verdeutlicht die Analyse des **Promotorenmodells von Witte** (1973). Nach Witte sind an Beschaffungsentscheidungen in Unternehmen regelmäßig zwei unterschiedliche Typen von Personen beteiligt. Zum einen solche, die die Beschaffung einer Innovation aktiv fördern. Diese Personen werden im Modell als Promotoren bezeichnet. Zum anderen gibt es regelmäßig auch solche Mitglieder des Buying Centers, die offenen oder verdeckten Widerstand gegen die Beschaffung der Innovation leisten und diese verhindern oder verzögern wollen. Sie werden im Modell als Opponenten bezeichnet. Unter den Promotoren wie auch den Opponenten mag es einerseits Personen geben, die aufgrund ihrer hierarchischen

Stellung (etwa als Mitglieder der Geschäftsleitung) in der Organisation über Macht verfügen und damit Einfluss auf die Beschaffungsentscheidung ausüben können. Sogenannte Machtpromotoren befürworten die Beschaffungsentscheidung und können sie in Gremiensitzungen hierarchisch absichern, während Machtopponenten die Beschaffung durch ihr Vetorecht blockieren können. Zum anderen gibt es unter den Promotoren und Opponenten auch solche Personen, die über Expertenwissen verfügen und unabhängig von ihrer hierarchischen Stellung im Unternehmen, z. B. als Produktionsingenieure, durch ihr Fach- und Methodenwissen Einfluss auf die Beschaffungsentscheidung nehmen können. Je nachdem, ob sie die Innovation aktiv fördern oder blockieren, nehmen sie die Rolle als sogenannte Fachpromotoren oder als Fachopponenten ein.

Einer schnellen Diffusion der Innovation ist es nach dem Promotorenmodell nach Witte zufolge förderlich, über das Marketing des verkaufenden Unternehmens stets ein Promotorengespann beim Kundenunternehmen, bestehend aus Fach- und Machtpromotoren, durch gezielte Kaufargumente anzusprechen, etwa im Rahmen der Angebotsgestaltung. Dahinter verbirgt sich die Vorstellung, dass die Fachpromotoren damit in die Lage versetzt werden, die Argumentation der Fachopponenten in Fachdiskussionen durch wirksame Gegenargumente gezielt zu entkräften. Parallel sorgen die Machtpromotoren für die hierarchische Absicherung der Beschaffungsentscheidung. Dagegen erscheint es weniger sinnvoll, Opponenten vom Marketing direkt anzusprechen. Zum einen leisten sie oftmals verdeckten Widerstand, sodass sie von außen schwerer zu identifizieren sind. Zum anderen würde die Entkräftung ihrer Gegenargumente von außen vergleichsweise aufwendiger und weniger glaubwürdig erfolgen können als von innen durch Argumente von Mitgliedern ihrer eigenen Organisation.

Mit **Komplexität** ist gemeint, wie schwierig eine Innovation vom Käufer zu verstehen oder anzuwenden ist. Hohe Komplexität mag aus Sicht des Käufers mit hoher wahrgenommener Anfälligkeit eines komplexen Systems einhergehen, mit geringen Eingriffsmöglichkeiten (etwa fehlenden eigenen Reparaturmöglichkeiten) und damit verbundenen hohen Komplexitätskosten (etwa hohem Schulungsaufwand der Mitarbeiter). Der Komplexitätsgrad bildet nach Neumann (2006), Bezug nehmend auf Thom (1980, S. 391), neben dem Neuigkeitsgrad und der mit dem Kauf von Innovationen verbundenen Unsicherheit (etwa über den eintretenden Nutzen der Innovation) einen dritten zentralen Einflussfaktor auf den Konfliktgehalt, z. B. in Buying Centern, beim Kauf von Innovationen. Diese Merkmale von Innovationen sind in ihren Beziehungen zueinander in Abb. 4.16 skizziert.

So gehen nach dem Modell von Neumann (2006) mit ansteigendem Neuigkeitsgrad und Komplexitätsgrad der Innovation also ein erhöhter Konfliktgehalt und eine gesteigerte Unsicherheit einher. Beispielsweise mögen mit einem hohen Neuigkeitsgrad der Innovation aus Sicht der Organisationsmitglieder einschneidende Änderungen der Arbeitsweise und Zuständigkeiten sowie Machtverluste assoziiert werden. In der Folge resultieren Konflikte über den sinnvollen Einsatz der Ressourcen und die Beschaffung der Innovation. Zum anderen steigt mit erhöhtem Neuigkeitsgrad auch die Unsicherheit, weil Wissen und Erfahrungen, z. B. zu einer völlig neuen Technologie fehlen und Folgenabschätzungen der Innovation lediglich auf Prognosen basieren. Der Faktor Unsicherheit wiederum steht in einer wechselseitig positiven Beziehung zum Konfliktgehalt. Je höher die mit der Innovation verbundene Unsicherheit über den eintretenden Nutzen ist, desto höher fällt der Konfliktgehalt aus. Umgekehrt mögen auch Konflikte und divergierende Ansichten, etwa im Buying Center, über die Sinnhaftigkeit der Innovation auch die Unsicherheit steigern.

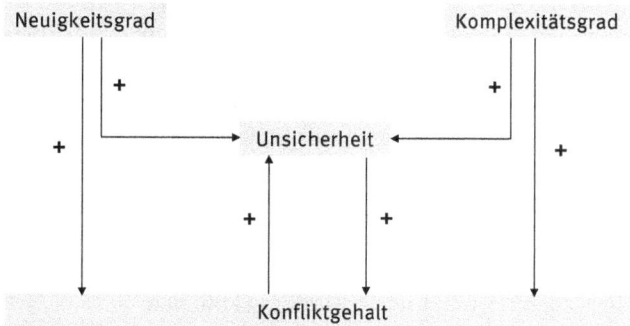

Neuigkeitsgrad   Komplexitätsgrad

+   +

+   Unsicherheit   +

+   +

Konfliktgehalt

Abb. 4.16: Beziehungen zwischen Merkmalen von Innovationen (Neumann 2006, S. 30).

Der praktische Nutzen des betrachteten Modells lässt sich in drei Punkten zusammenfassen:

(1) **Abschätzung des Konfliktgehalts:** Anhand der betrachteten Merkmale von Innovationen, nämlich Neuigkeitsgrad, Komplexitätsgrad und Unsicherheit, kann der Konfliktgehalt bei der Adoption von Innovationen abgeschätzt werden. Hierfür eignet sich ein Punktbewertungsverfahren (Scoring-Analyse, Multikriterienanalyse), das den drei bzw. vier Merkmalen (einschließlich des Komplexitätsgrads) messbare Indikatoren zuordnet, anhand welcher sodann Innovationen einheitlich, z. B. von Experten aus dem Vertrieb und der Produktion, bewertet werden. Eine solche Abschätzung ist zum einen nützlich für die Auswahl und Priorisierung von Marketingmaßnahmen. Zum anderen ist die Abschätzung wertvoll bei der Wahl eines geeigneten Kaufentscheidungsmodells zur Beschreibung der Entscheidungsstrukturen des Käufers als Grundlage für im Marketing nutzbare Prognosen über das Verhalten des Käufers. Sofern infolge hoch ausgeprägtem Neuigkeitsgrad, Komplexitätsgrad und hoher Unsicherheit mit einem hohen Konfliktgehalt beim Kundenunternehmen gerechnet werden muss, könnte beispielsweise das Buying-Center des Kunden durch das Promotorenmodell von Witte sinnvoll abgebildet werden.

(2) **Ableitung von Marketingmaßnahmen zur Reduzierung des Konfliktgehalts:** Sofern im ersten Schritt bei einer zu vermarktenden Innovation der Konfliktgehalt als hoch eingestuft wird, können im zweiten Schritt unter Berücksichtigung der Einflussfaktoren auf den Konfliktgehalt Maßnahmen zu dessen Reduzierung eruiert werden. Hierbei wird in der Argumentation unterstellt, dass mit

ansteigendem Konfliktgehalt die Adoptionsrate sinkt. Nicht immer muss jedoch ein gesteigerter Konfliktgehalt negativ auf die Adoption einer Innovation einwirken. Auch das Umgekehrte ist vorstellbar. So weist Neumann (2006) darauf hin, dass mit Konflikten auch Anstöße für Veränderungen und Anregungen zu neuen Ideen wie auch ein verstärkter Gruppenzusammenhalt verbunden sein können. Hierbei handelt es sich um Faktoren, die das Diffusionstempo der Innovation günstig beeinflussen mögen (vgl. Neumann 2006, S. 29).

Der Modellstruktur nach lässt sich der Konfliktgehalt sowohl durch eine Reduzierung des wahrgenommenen Neuigkeitsgrads, des wahrgenommenen Komplexitätsgrads wie auch durch den Abbau wahrgenommener Unsicherheit beim Käufer verringern. Unterstellt man die Gültigkeit der in dem Modell postulierten Beziehungen zwischen Innovationsmerkmalen, so empfehlen sich jedoch die ersten beiden Beeinflussungswege, da durch den Abbau von wahrgenommener Neuigkeit und Komplexität nicht nur ein direkter abschwächender Effekt auf den Konfliktgehalt ausgeht, sondern auch ein indirekter Effekt über die Reduzierung wahrgenommener Unsicherheit, welche selbst nicht direkt beeinflusst zu werden braucht. Hierdurch kann es zu einer Wirkungsverstärkung kommen.

Zur Abschwächung des wahrgenommenen Neuigkeitsgrads können etwa Vorher-Nachher-Produkt- bzw. Prozessvergleiche in der Kommunikation oder ein Produktgenerationen überdauerndes einheitliches Produktdesign genutzt werden. Der wahrgenommene Komplexitätsgrad kann reduziert werden durch Produktvorführungen vor Ort oder auf Messen, Firmenbesichtigungen mit der Möglichkeit der Inspektion der Herstellungsweise der Produkte sowie durch Bildmaterial, das Einblicke in das Produktinnere gestattet sowie durch Schulungen der Mitarbeiter. Wahrgenommene Unsicherheit lässt sich auch direkt durch Produktgarantien (vgl. Grunwald 2013) oder die Nutzung starker Marken (vgl. Hempelmann und Grunwald 2008) abbauen.

(3) **Einsatz der Marketingmaßnahmen zur Reduzierung des Konfliktgehalts unter Berücksichtigung der Entscheidungsstrukturen (des Buying Centers) des Käufers:** Im nun folgenden dritten Schritt können die den Konfliktgehalt potenziell abbauenden Kaufargumente zielgerichtet den einzelnen an der Kaufentscheidung beteiligten Personen (des Einkaufsgremiums bzw. Buying Centers) zur Verfügung gestellt werden. Folgt man der Argumentation nach dem Promotorenmodell von Witte, könnte ein Promotorengespann mit den entsprechenden Argumenten versorgt werden, um den Widerstand der Opponenten zu brechen.

Insgesamt gestattet die Analyse der von Rogers betrachteten Determinanten der Adoptionsrate so das Auffinden geeigneter Beeinflussungsmöglichkeiten von Käufern im Prozess der Vermarktung von Innovationen.

Auch das **Parfitt-Collins-Modell** ist ein quantitatives multivariates Prognoseverfahren, das das Ziel verfolgt, den langfristig erreichbaren Marktanteil eines neuen Produkts zu prognostizieren. Im Unterschied zum Bass-Modell geht dieses Modell davon aus, dass Daten sowohl zu Erst- als auch zu Wiederkaufraten vorliegen. Die erforderlichen Daten entstammen dabei einem Verbraucherpanel. Das Modell basiert auf einer Zerlegung des zu prognostizierenden langfristigen Marktanteils in drei Komponenten:

- Erstkaufrate (Penetrationsrate, Käuferreichweite),
- Wiederkaufrate (Bedarfsdeckungsrate) und
- relative Kaufintensität der Wiederkäufer (Intensitätsfaktor).

Abb. 4.17 stellt die Grundstruktur des Modells dar (vgl. Parfitt und Collins 1968).

Marktanteil = Erstkaufrate × Wiederkaufrate × relative Kaufintensität

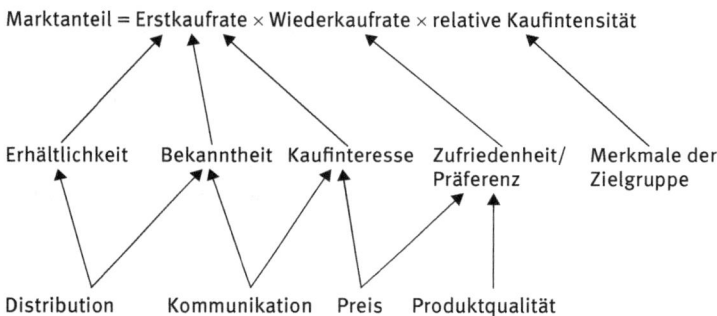

Abb. 4.17: Grundstruktur des Parfitt-Collins-Modells (Homburg und Krohmer 2003, S. 480).

Die im Rahmen der Marketinganalyse eingesetzten Planungstechniken sind oft deterministischer Natur und setzten eindeutig bestimmte, von Unsicherheiten unbelastete Daten voraus. Die in Kapitel 3.4 angesprochene lineare Programmierung stellt hierfür ein typisches Beispiel dar. Nun liegt aber eine solche Idealsituation in der Marketingpraxis typischerweise gerade nicht vor. Vielmehr dürfte das Auftreten von Unsicherheiten (über Daten, über Wirkungszusammenhänge etc.) den Normalfall darstellen. Zudem mag der Planer nicht in jedem Fall in der Lage sein, bestehende Unsicherheiten in Form von Wahrscheinlichkeitsverteilungen zu quantifizieren. Um die bestehenden Unsicherheiten dennoch in ein Planungskalkül einbinden zu können, bietet sich der Einsatz der **Sensitivitätsanalyse** an. Es geht ihr um die Klärung der Frage, wie empfindlich die Lösung für ein Planungsproblem auf eine Änderung planungsrelevanter Daten reagiert. Insbesondere besteht das Anliegen darin, **kritische Werte** für planungsrelevante Daten zu identifizieren, bei denen sich die Lösung des betrachteten Planungsproblems qualitativ verändert. Der Einsatz der Sensitivitätsanalyse im Rahmen der linearen Programmierung sei anhand des folgenden **Fallbeispiels** illustriert.

Dr. Begemann, Chef-Controller der Pedalo GmbH, beschäftigt sich routinemäßig mit der Festlegung des Produktionsprogramms für das nächste Quartal. Die bereits in Kapitel 3.4 dargelegten Rahmenbedingungen, insbesondere der in Tab. 3.32

angegebene Zeitbedarf für die Produktion der Fahrräder und Roller auf den beiden Maschinen, war unverändert geblieben. Wie gesehen führt somit die Produktion von 7.500 Fahrrädern und 5.000 Rollern zum maximalen Gewinn. Dr. Begemann zögerte aus folgendem Grund jedoch, der Geschäftsleitung dieses Produktionsprogramm vorzuschlagen. Für die Fahrräder ist der Einsatz einer besonderen Federung der Sattel erforderlich, um gegebenenfalls auftretende harte Stöße für die Fahrer abzumildern. Die Stahlfedern werden von einem externen Lieferanten bezogen, mit dem sich die Pedalo GmbH derzeit noch in Preisverhandlungen befindet. Von daher ist der angegebene Stückdeckungsbeitrag von 60 € je verkauftem Fahrrad als Schätzwert anzusehen. Je nach Ausgang der Preisverhandlungen kann es sein, dass der tatsächlich erzielte Stückdeckungsbeitrag höher, aber auch geringer ausfallen kann. Nach Aussage des Chefeinkäufers des Unternehmens, dürfte sich der tatsächliche Stückdeckungsbeitrag zwischen 10 € und 110 € bewegen. Dr. Begemann treibt nun die Frage um, wie sich die über die Höhe des Stückdeckungsbeitrags bestehende Unsicherheit auf die Planung des Produktionsprogramms auswirken würde. Zur Klärung dieser Frage sei die Variation in den variablen Produktionskosten der Fahrräder durch den Parameter Δ erfasst. Positive Werte des Parameters stehen für eine Kostenerhöhung und damit verbunden eine Senkung des Stückdeckungsbeitrags. Umgekehrt stehen negative Werte für eine Kostensenkung und damit verbunden eine Erhöhung des Stückdeckungsbeitrags. Schließlich bedeutet $\Delta = 0$, dass es für die variablen Produktionskosten und mithin der für den Stückdeckungsbeitrag bei den gegenwärtigen Werten bleibt. Nach Meinung des Chefeinkäufers kann Δ Werte zwischen −50 und +50 annehmen. Da die in Kapitel 3.4 formulierten Nebenbedingungen unverändert bleiben, ist die Lösung des Produktionsplanungsproblems auch nach Abschluss der Preisverhandlungen in einem der in Kapitel 3.4 identifizierten Eckpunkte zu suchen. Der resultierende Gewinn ist hingegen vom Stückdeckungsbeitrag der Fahrräder abhängig und durch die Funktion

$$G = (60 - \Delta) \cdot x_1 + 40 \cdot x_2 - 100.000$$

gegeben. Hierbei stehen die Entscheidungsvariablen x_1 (x_2) wieder für die Anzahl der produzierten Fahrräder (Roller). Mit Ausnahme des vernachlässigbaren Nullpunkts (Eckpunkt A) zeigt Tab. 4.12 den in den Eckpunkten B bis E resultierenden Gewinn, der zudem in Abb. 4.18 grafisch dargestellt ist.

Tab. 4.12: Gewinn in den Eckpunkten (eigene Darstellung).

Eckpunkt	Gewinn
B = (0, 7.000)	180.000
C = (4.500, 7.000)	450.000 − 4.500·Δ
D = (7.500, 5.000)	550.000 − 7.500·Δ
E = (10.000, 0)	500.000 − 10.000·Δ

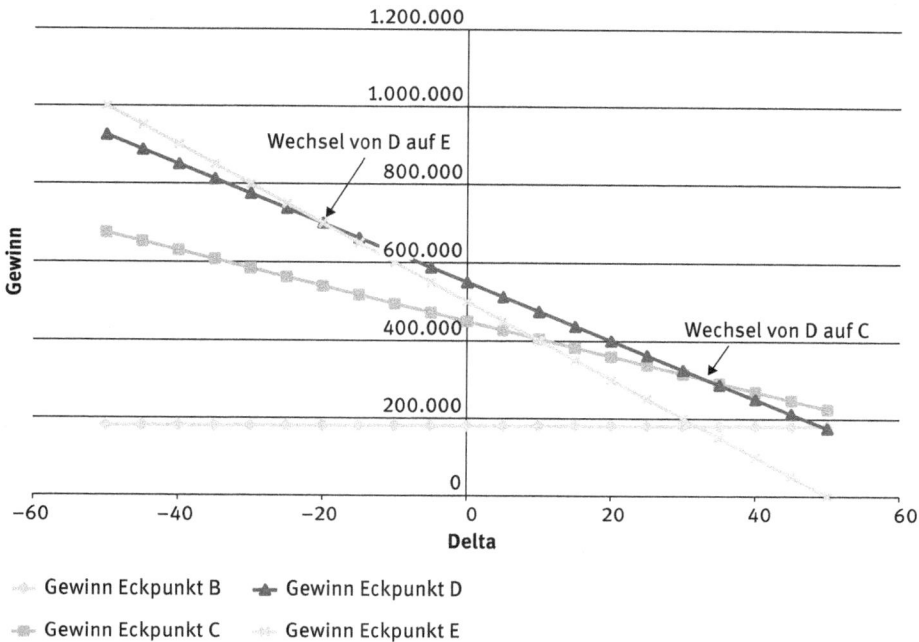

Abb. 4.18: Ergebnis der Sensitivitätsanalyse (eigene Darstellung).

Abb. 4.18 lässt zwei Wechsel der Eckpunkte erkennen. Zum einen findet ein Wechsel des Eckpunkts D auf E bei Δ = –20 statt. Falls also die Preisverhandlungen zu einem deutlichen Anstieg des Stückdeckungsbeitrags von mindestens 20 € je Fahrrad führen sollten, lohnt es sich für die Pedalo GmbH, die Produktion der Fahrräder bis zur Absatzobergrenze von 10.000 auszudehnen und im Gegenzug die Produktion der Roller einzustellen. Des Weiteren findet ein Wechsel des Eckpunkts D auf C bei Δ = 33,33 statt. Falls die Preisverhandlungen also im Ergebnis zu einer deutlichen Senkung des Stückdeckungsbeitrags von mindestens 33,33 € je Fahrrad führen sollten, lohnt es sich für das betrachtete Unternehmen, die Produktion der Fahrräder von 7.500 auf 4.500 Stück zurückzufahren und im Gegenzug die Rollerproduktion von 5.000 auf 7.000 Stück auszudehnen. Im Intervall zwischen –20 und 33,33 haben Variationen im Stückdeckungsbeitrag zwar einen Einfluss auf die Höhe des Gewinns, nicht aber auf die Zusammensetzung des optimalen Produktionsprogramms, das in diesem Fall weiterhin durch den Eckpunkt C gegeben ist.

Wie das Beispiel zeigt, ist die Sensitivitätsanalyse also grundsätzlich geeignet, die Auswirkungen von Parameteränderungen in einem Planungsmodell zu erfassen. Das Beispiel fokussiert auf eine eindimensionale Sensitivitätsanalyse, bei der für sämtliche nicht analysierten Größen weiterhin gegebene Werte unterstellt werden. Bezieht sich die Unsicherheit hingegen auf mehrere planungsrelevante Größen, muss eine **mehrdimensionale Sensitivitätsanalyse** durchgeführt werden. Wäre etwa in Bezug auf das Fallbeispiel auch eine Unsicherheit über die Höhe des Stückdeckungsbeitrags der Roller gegeben, könnte diese über eine zweidimensionale Sensitivitätsanalyse erfasst werden. Eine solche Analyse ist grundsätzlich möglich, allerdings steigt der Aufwand mit der Zahl unsicherheitsbehafteter Größen an.

Ebenfalls der Gruppe der multivariaten Prognoseverfahren lassen sich Frühwarnsysteme zuordnen, die auf **Leitindikatoren** basieren, an denen die zukünftige Entwicklung zeitversetzt bereits heute näherungsweise abgelesen werden kann. Mehrere Leitindikatoren können dabei zu Leitindizes zusammengefasst werden. So lässt sich beispielsweise von den derzeitigen Auftragseingängen oder Investitionen und deren Veränderung in einer bestimmten Branche oder Unternehmung auf den zukünftigen Beschäftigungsstand und Kapazitätsauslastungsgrad in dieser Branche oder Unternehmung schließen. Die Veränderungsrate des realen Bruttoinlandsprodukts (BIP) wird üblicherweise als Indikator für das Wirtschaftswachstum einer Volkswirtschaft herangezogen (vgl. Enquete-Kommission Wachstum, Wohlstand, Lebensqualität 2013, S. 8). Das BIP gibt die Wertschöpfung bei der Produktion von Waren und Dienstleistungen in privaten und staatlichen Wirtschaftseinheiten im Inland an, die während eines bestimmten Zeitraums erzeugt wurde. Die Europäische Kommission nutzt Indikatoren für nachhaltige Entwicklung, um den Fortschritt im Hinblick auf die Ziele der EU-Strategie für nachhaltige Entwicklung zu beobachten (vgl. http://epp.eurostat. ec.europa.eu/portal/page/ portal/sdi/indicators/). Diese in zehn Themen gruppierten Indikatoren werden alle zwei Jahre in einem Bericht des Statistischen Amtes der Europäischen Union (kurz: Eurostat) veröffentlicht (siehe für eine Übersicht Tab. 4.13).

Tab. 4.13: Leitindikatoren für nachhaltige Entwicklung der EU-Kommission (http://epp.eurostat.ec.europa.eu/portal/page/portal/sdi/indicators/).

Thema	Leitindikator
sozioökonomische Entwicklung	reales BIP pro Kopf, Wachstumsrate und insgesamt
nachhaltige Produktions- und Konsumstrukturen	Ressourcenproduktivität
soziale Eingliederung	von Armut oder Ausgrenzung gefährdete Bevölkerung
demografische Veränderungen	Beschäftigungsquote älterer Arbeitnehmer
öffentliche Gesundheit	gesunde Lebensjahre und Lebenserwartung bei der Geburt, nach Geschlecht
Klimawandel und Energie	– Treibhausgasemissionen – Anteil der erneuerbaren Energien am Bruttoendenergieverbrauch – Primärenergieverbrauch
nachhaltiger Verkehr	Gesamtenergieverbrauch vom Verkehr im Verhältnis zum BIP
natürliche Ressourcen	– Index weit verbreiteter Vogelarten – Fischfang aus Beständen, die sich außerhalb sicherer biologischer Grenzen befinden: Status der Fischbestände unter EU-Aufsicht im Nordostatlantik
globale Partnerschaft	öffentliche Entwicklungshilfe als Anteil des Bruttoinlandseinkommen
gute Staatsführung	kein Leitindikator

Der **Ifo-Geschäftsklimaindex** ist ein Frühindikator, der über die zukünftige konjunkturelle Entwicklung in Deutschland informiert. Er basiert auf einer regelmäßig durchgeführten Expertenbefragung von Unternehmen unterschiedlicher Branchen. Hieraus werden drei unterschiedliche Datenreihen ermittelt, die sowohl das Geschäftsklima als auch die Geschäftsbeurteilung bezogen auf die gegenwärtige wirtschaftliche Lage und die Geschäftserwartungen der nächsten sechs Monate abdecken (siehe Abb. 4.19).

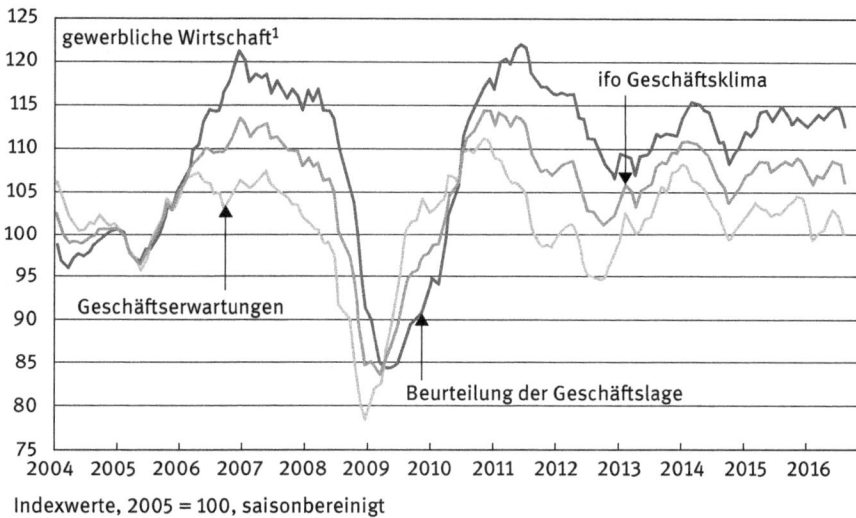

Indexwerte, 2005 = 100, saisonbereinigt

[1] verarbeitendes Gewerbe, Bauhauptgewerbe, Groß-und Einelhandel.

Abb. 4.19: Ifo-Geschäftsklimaindex Deutschland August 2016 (ifo Institut 2016).

Das Geschäftsklima ist ein Mittelwert aus den Salden der Geschäftslage und der Erwartungen. Der Ifo-Geschäftsklima-Saldo kann zwischen den Extremwerten –100 und +100 schwanken. Ein Wert von –100 sagt aus, dass alle Befragten die Lage schlecht einschätzen bzw. eine Verschlechterung der Entwicklung erwarten. Umgekehrt bedeutet ein Wert von +100, dass alle Befragten die Lage gut einschätzen bzw. eine Verbesserung der Entwicklung erwarten.

Fehlen empirische Daten zu möglichen Determinanten der zu prognostizierenden Größe oder sind die Zusammenhänge zwischen den Variablen komplexer Natur, lassen sich Prognosedaten auch im Wege der Simulation künstlich generieren. Unter dem Begriff **Simulation** versteht man allgemein die möglichst wirklichkeitstreue Nachbildung des Geschehens insbesondere in solchen (komplexen) Systemen, die sich einer formelmäßig-theoretischen Analyse weitgehend entziehen. Simulation bedeutet die Durchführung von **Experimenten**, die aber nicht am realen System, sondern einer modellmäßigen Abbildung des Systems vorgenommen werden. Daher stellt die Modellbildung in jedem Fall den Ausgangspunkt einer Simulation dar (siehe Abb. 4.20). Ziel der Simulation ist es, Aussagen über das Verhalten des realen Systems zu gewinnen. Auch in der Betriebswirtschaftslehre finden sich verschiedene Anwendungen der Simulation. So können z. B. in der Produktionswirtschaft Fragen der Lagerhaltung, der Maschinenbelegungsplanung oder der Instandhaltung maschineller Anlagen mittels Simulation untersucht werden. In der Finanzwirtschaft kann es um die Beurteilung unsicherer Investitionsvorhaben oder die Abschätzung von Risiken einer Finanzanlage gehen. Im Marketing finden sich Simulationen beispielsweise im Zusammenhang mit der Analyse von Kaufentscheidungsprozessen (vgl. z. B. Bänsch 2002, S. 154 f.), mit der Entstehung und Ausbreitung bestimmter Konsummuster (z. B. von Moden; vgl. Janssen und Jager 2001, Hempelmann und Fröhlich 2005) oder im Zusammenhang mit Markteintrittsentscheidungen.

Simulationstypen können danach klassifiziert werden, ob der Simulation ein Computermodell oder ein anderes Modell des realen Systems zugrunde liegt. Im ersten Fall spricht man auch von **digitaler Simulation**, weil die zentralen Systemgrößen im Modell durch Zahlenwerte erfasst werden. Hingegen finden sich vordringlich im technischen Bereich auch Beispiele für **analoge Simulationen**, etwa wenn Ingenieure im Windkanal die Strömungseigenschaften eines neuen Flugzeugmodells testen. In diesem Fall wird das Verhalten des Systems (des Flugzeugs) anhand eines physisches Modells getestet. In der Betriebswirtschaftlehre scheidet der Einsatz solcher physischer Modelle im Allgemeinen aus. Die Simulation betriebswirtschaftlicher Systeme erfolgt vielmehr anhand von computergestützten Systemmodellen. Wie jedes Modell verwandeln auch Simulationsmodelle bestimmte Eingangsgrößen (z. B. die durchschnittliche Länge eines Bedienvorgangs an einer Supermarktkasse) in interessierende Ausgangs- oder Zielgrößen (z. B. die durchschnittliche Zahl der vor einer Kasse wartenden Kunden). Besteht dabei zwischen Eingangs- und Ausgangsgrößen ein fester Zusammenhang, spricht man von **deterministischer Simulation**. Spielen hingegen im betrachteten System Zufallsprozesse eine Rolle, die im Simulationsmodell abgebildet werden, liegt der Fall einer **stochastischen Simulation**, die auch als **Monte-Carlo-Simulation** bezeichnet wird, vor. Die Grundidee der Monte-Carlo-Simulation besteht darin, mithilfe eines Simulationsmodells eine große Anzahl von Zufallsexperimenten durchzuführen, deren Ergebnisse ein (besseres) Verständnis für das Verhalten des Systems unter realen Bedingungen ermöglichen sollen. Der grundsätzliche Ablauf einer Monte-Carlo-Simulation ist Abb. 4.20 zu entnehmen.

Wie bereits erwähnt bildet die Konstruktion des Simulationsmodells den Ausgangspunkt. Diese vollzieht sich in zwei Schritten, bei denen zunächst die im Modell enthaltenen Systemgrößen (Einfluss- und Zielgrößen) samt der zwischen ihnen bestehenden Verknüpfungen zu spezifizieren sind. In einem weiteren Schritt der Modellbildung gilt es dann, Wahrscheinlichkeitsverteilungen für die Einflussgrößen festzulegen. Mit jedem Durchlauf durch das Simulationsmodell werden Ausprägungen der Einflussgrößen ermittelt. Zu diesem Zweck werden per Computer im Intervall [0, 1] gleichverteilte Zufallszahlen gezogen und diese dann gemäß der spezifizierten Wahrscheinlichkeitsverteilungen in Ausprägungen der Einflussgrößen transformiert. Aus diesen Werten werden sodann Ausprägungen für die eigentlich interessierende(n) Zielgröße(n) ermittelt. Dieser Prozess setzt sich iterativ so lange fort, bis eine vorgegebene Anzahl von Simulationsläufen erreicht ist. Die erhaltenen Ergebnisse lassen sich in Form einer Wahrscheinlichkeitsverteilung für die Zielgröße(n) darstellen, an die sich im letzten Schritt die Berechnung von Kennzahlen (z. B. Mittelwerte/ Mediane, Standardabweichungen, Verlustwahrscheinlichkeit etc.) anschließt. Das Vorgehen bei einer Monte-Carlo-Simulation sei anhand eines (in modifizierter Form aus Leiser 2000, S. 187 f. entnommenen) **Fallbeispiels** illustriert, bei dem es um die Abschätzung des Verlustrisikos beim Eintritt in einen neuen Markt geht.

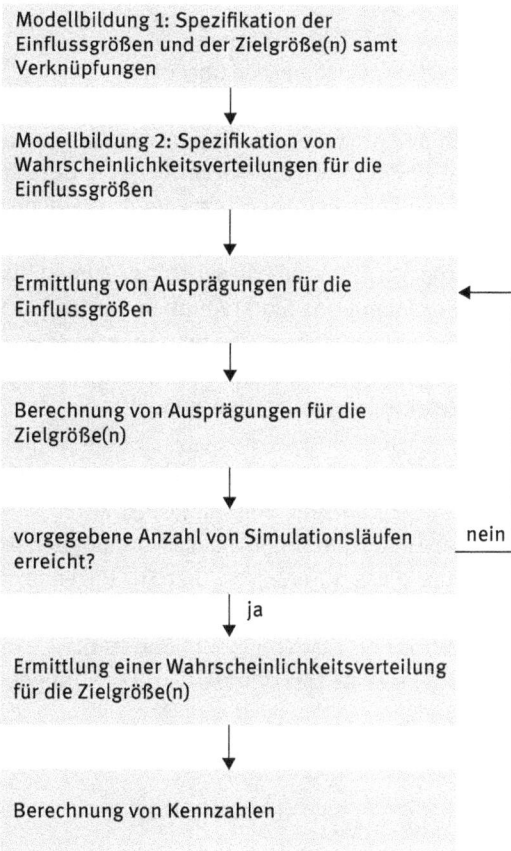

Modellbildung 1: Spezifikation der Einflussgrößen und der Zielgröße(n) samt Verknüpfungen

↓

Modellbildung 2: Spezifikation von Wahrscheinlichkeitsverteilungen für die Einflussgrößen

↓

Ermittlung von Ausprägungen für die Einflussgrößen

↓

Berechnung von Ausprägungen für die Zielgröße(n)

↓

vorgegebene Anzahl von Simulationsläufen erreicht? — nein

↓ ja

Ermittlung einer Wahrscheinlichkeitsverteilung für die Zielgröße(n)

↓

Berechnung von Kennzahlen

Abb. 4.20: Ablauf einer Monte-Carlo-Simulation (eigene Darstellung).

Die Pedalo GmbH, ein am Markt seit Langem etablierter Hersteller von Fahrrädern und Rollern, plant ihr Produktprogramm zu erweitern und in den Markt für Rollatoren einzutreten. Angesichts des allgegenwärtigen demografischen Wandels verspricht sich die Geschäftsleitung gute Marktchancen, eine Einschätzung, die auch durch die überdurchschnittlichen Wachstumsraten der Vergangenheit gestützt wird. Der Geschäftsleitung geht es darum, abzuschätzen, wie hoch der Gewinn sein wird, der bei einer Markteinführung erzielt wird. Die Geschäftsleitung möchte hierüber möglichst bald ein fundiertes Urteil vorliegen haben, um zu entscheiden, ob das Vorhaben weiterverfolgt werden soll. Mit dieser Aufgabe betraut sie Dr. Begemann, den Chef-Controller des Unternehmens.

Dieser beginnt seine Überlegungen damit, dass sich der Gewinn definitionsgemäß aus den folgenden Komponenten errechnet:

$$\text{Gewinn} = (\text{Preis} - \text{variable Stückkosten}) \times \text{Absatzmenge} - \text{Fixkosten}.$$

Da es sich bei dem Markt für Rollatoren um einen für das Unternehmen neuen Markt handelt, besteht zum gegenwärtigen Zeitpunkt noch Unsicherheit über die Höhe einiger der Einflussgrößen des Gewinns. So hängt das Marktvolumen (MV), also die maximal mögliche Absatzmenge, von der Möglichkeit ab, verschiedene Handelsunternehmen als Vertriebspartner zu gewinnen. Konkrete Verhandlungen, deren Ausgang derzeit noch ungewiss ist, laufen mit drei Handelsunternehmen. Abhängig vom Ausgang der Verhandlungen würde die Pedalo GmbH ihre Rollatoren in einem unterschiedlich großen Marktgebiet vertreiben können. Gelingt es, nur eines dieser Unternehmen als Vertriebspartner zu gewinnen, schätzt Dr. Begemann das Marktvolumen auf 100.000 Stück. Werden zwei Handelsunternehmen als Vertriebspartner gewonnen, geht er von einem Marktvolumen von 250.000 Stück aus. Gelingt es gar, alle drei Handelsunternehmen zu gewinnen, erhöht sich das Marktvolumen auf 400.000 Stück.

Wie weit das Marktvolumen tatsächlich ausgeschöpft werden kann, hängt primär vom Urteil der Verbraucher ab. Erste Tests lieferten hier für das Unternehmen positive Ergebnisse. Da man sich anderseits in direkte Konkurrenz zum Marktführer für Rollatoren begeben würde, hängt der erreichbare Marktanteil (MA) auch von möglichen Gegenmaßnahmen des Konkurrenten ab. Um diese zu erfassen, hat Dr. Begemann drei Szenarien definiert, die jeweils zu einem unterschiedlich hohen Marktanteil für die Pedalo GmbH führen. Im optimistischen Szenario ist von einem Marktanteil von 18 % auszugehen. Im mittleren Szenario würde sich der Marktanteil auf 12 %, im pessimistischen Szenario gar nur auf 6 % belaufen.

Liegen Marktvolumen und Marktanteil fest, lässt sich die zu erwartende Absatzmenge aus deren Produkt errechnen:

$$\text{Absatzmenge} = MV \cdot MA.$$

Die Höhe der variablen Stückkosten ist gegenwärtig noch unsicher, da sie ebenfalls abhängig ist von noch laufenden Preisverhandlungen mit einem Lieferanten. Auch hier hält Dr. Begemann mit 150 €, 175 € bzw. 200 € drei Alternativen für denkbar.

Die übrigen Einflussgrößen des Gewinns stehen hingegen fest: Da für die Herstellung der Rollatoren neue Maschinen anzuschaffen wären, belaufen sich die Fixkosten (für das erste Jahr) auf 1.100.000 €. Auch der Preis, zu dem die Rollatoren dem Handel angeboten werden sollen, steht mit 220 € bereits fest. Dieser relativ hohe Preis war nach Aussage der Geschäftsleitung durch die zusätzlichen Features, wie etwa die Möglichkeit eines automatischen Zusammenklappens oder die praktisch unbegrenzte Haltbarkeit der Rollatoren, gerechtfertigt.

Mit den angegebenen Werten errechnet Dr. Begemann die Bandbreite für die Zielgröße Gewinn. So beträgt der minimale Gewinn

$$G_{min} = (220 - 200) \cdot 100.000 \cdot 0{,}06 - 1.100.000 = -980.000 \text{ €.}$$

Der maximal mögliche Gewinn errechnet sich hingegen zu

$$G_{max} = (220 - 150) \cdot 400.000 \cdot 0{,}18 - 1.100.000 = 3.940.000 \text{ €.}$$

Im günstigsten Fall könnte das Unternehmen also mit einem Gewinn aus dem Verkauf der Rollatoren in Höhe von knapp 4 Mio. € rechnen. Im schlimmsten Fall würde allerdings ein Verlust in Höhe von ca. 1 Mio. € resultieren. Ein Verlust in dieser Größenordnung wäre für die Geschäftsleitung absolut untragbar, würde er doch das Unternehmen in seiner Existenz massiv gefährden.

Dr. Begemann möchte seine Empfehlung (auch) auf den Gewinnerwartungswert stützen. Hierzu benötigt er die Eintrittswahrscheinlichkeiten für die möglichen Werte der Gewinneinflussgrößen. Der Einfachheit halber geht er hier davon aus, dass alle drei Szenarien gleichwahrscheinlich sind. Die Eintrittswahrscheinlichkeit beträgt also jeweils 1/3. Damit bestimmt sich das erwartete Marktvolumen zu 250.000 Stück, der erwartete Marktanteil zu 12 % und die erwarteten variablen Stückkosten zu 175 €. Hieraus errechnet sich der Gewinnerwartungswert zu

$$\pi = (220 - 175) \cdot 250.000 \cdot 0{,}12 - 1.100.000 = 250.000 \text{ €.}$$

Angesichts des positiven Gewinnerwartungswerts beurteilt Dr. Begemann den geplanten Markteintritt grundsätzlich als positiv. Angesichts drohender Verluste zögert er dennoch, gegenüber der Geschäftsleitung eine Weiterverfolgung des Vorhabens zu empfehlen. Um das mit dem Markteintritt verbundene Risiko besser abschätzen zu können, möchte er die Frage klären, mit welcher Wahrscheinlichkeit mit einem Verlust zu rechnen ist. Um dies zu bestimmen, will er mittels Monte-Carlo-Simulation unterschiedliche Kombinationen der Ausprägungen der Einflussgrößen für die Zielgröße Gewinn durchspielen und die gesuchte Wahrscheinlichkeit als relative Häufigkeit derjenigen Kombinationen berechnen, in denen sich ein Verlust ergibt.

Um den drei unsicheren Einflussgrößen Ausprägungen zuzuweisen, ist es bei jedem Durchlauf durch das Simulationsmodell erforderlich, unabhängig voneinander jeweils drei im Intervall [0, 1] gleich verteilte Zufallszahlen per Computer zu ziehen, die dann in Ausprägungen der Einflussgrößen zu transformieren sind. Abb. 4.21 zeigt das Vorgehen am Beispiel der Einflussgröße Marktvolumen (MV). In Tab. 4.14 sind die Ergebnisse der ersten zehn Durchläufe durch das Simulationsmodell dargestellt.

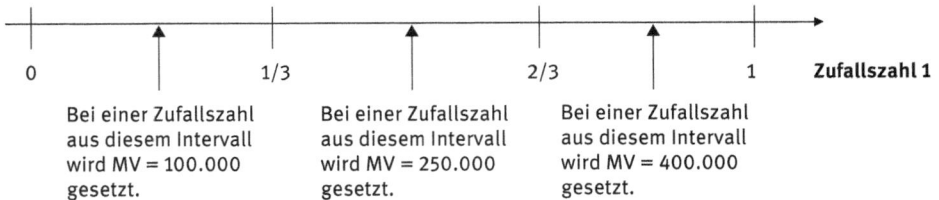

| 0 | 1/3 | 2/3 | 1 | **Zufallszahl 1** |

Bei einer Zufallszahl aus diesem Intervall wird MV = 100.000 gesetzt.

Bei einer Zufallszahl aus diesem Intervall wird MV = 250.000 gesetzt.

Bei einer Zufallszahl aus diesem Intervall wird MV = 400.000 gesetzt.

Abb. 4.21: Transformation der Zufallszahl in eine Ausprägung für das Marktvolumen (eigene Darstellung).

Tab. 4.14: Ergebnisse der ersten zehn Durchläufe durch das Simulationsmodell (eigene Darstellung).

Lauf	Zufallszahl 1	MV	Zufallszahl 2	MA	Zufallszahl 3	variable Stückkosten	Gewinn
1	0,283..	100.000	0,878..	0,18	0,095..	150	160.000
2	0,066..	100.000	0,845..	0,18	0,661..	175	−290.000
3	0,553..	250.000	0,238..	0,06	0,670..	200	−800.000
4	0,762..	400.000	0,566..	0,12	0,813..	200	−140.000
5	0,311..	100.000	0,120..	0,06	0,373..	175	−830.000
6	0,261..	100.000	0,777..	0,18	0,060..	150	160.000
7	0,920..	400.000	0,734..	0,18	0,521..	175	2.140.000
8	0,266..	100.000	0,837..	0,18	0,306..	150	160.000
9	0,928..	400.000	0,465..	0,12	0,956..	200	−140.000
10	0,433..	250.000	0,630..	0,12	0,247..	150	1.000.000

Abb. 4.22 zeigt die Ergebnisse der insgesamt 100 durchgeführten Läufe des Simulationsmodells in Form eines **Histogramms**, bei dem die jeweils erzielten Werte für die Zielgröße Gewinn einer von insgesamt sechs Gewinnklassen zugeordnet wurden.

Eine etwas andere Form der Ergebnisdarstellung erfolgt in Form des in Abb. 4.23 gezeigten **Risikoprofils**. Hier wird auf der Abzisse ein bestimmter Mindestgewinn vorgegeben und auf der Ordinate die Wahrscheinlichkeit abgetragen, mit der dieser Mindestgewinn erreicht oder überschritten wird.

Die erhaltenen Ergebnisse zeigen, dass trotz positiven Gewinnerwartungswerts die Entscheidung für den Eintritt in den neuen Markt mit erheblichen Risiken verbunden ist. Immerhin ergab sich in 52 % der Fälle ein Verlust, der in 31 % der Fälle 0,5 Mio. € übersteigt. In nur 48 % der Fälle stellte sich ein positiver Gewinn ein.

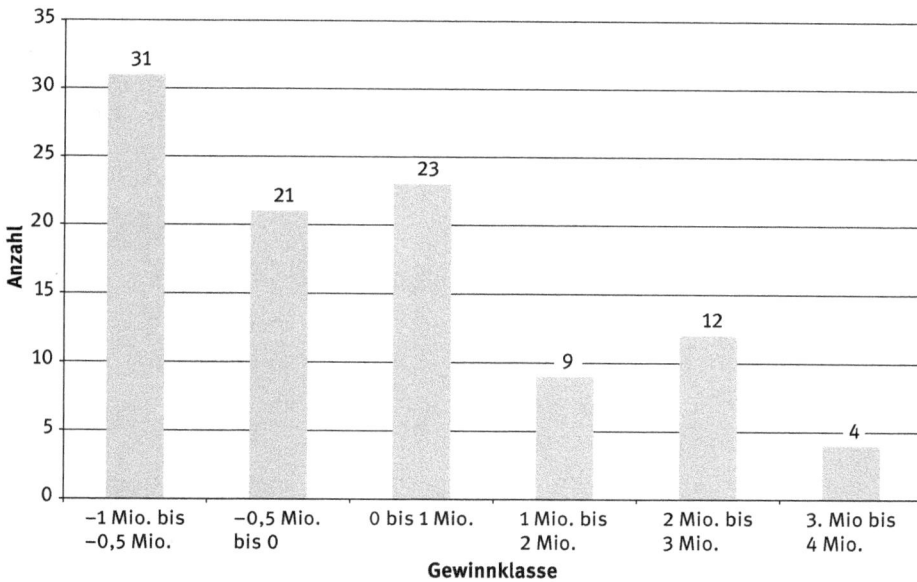

Abb. 4.22: Häufigkeitsverteilung (Histogramm) der Zielgröße Gewinn (eigene Darstellung).

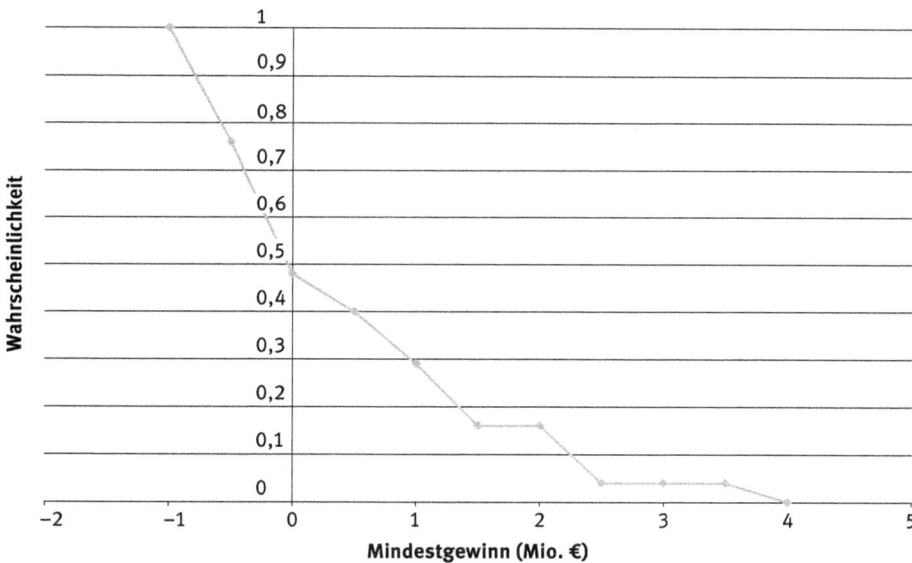

Abb. 4.23: Risikoprofil (eigene Darstellung).

Da das betrachtete Fallbeispiel relativ einfach konstruiert ist, lässt sich die Güte der durch Monte-Carlo-Simulation erhaltenen Ergebnisse per Vergleich mit den theoretisch zu erwartenden Ergebnissen abschätzen. Hierbei interessiert besonders die Frage nach der Höhe der Verlustwahrscheinlichkeit, deren analytische Berechnung nunmehr aufgezeigt wird. Den Ausgangspunkt hierfür bildet die Formel für die **Break-even-Menge** (x_{BE}), also jener Absatzmenge, bei der der Anbieter von der Verlust- in die Gewinnzone (siehe Abb. 4.24) wechselt:

$$x_{BE} = \text{Fixkosten/Stückdeckungsbeitrag} = 1.100.000/(220 - k_v).$$

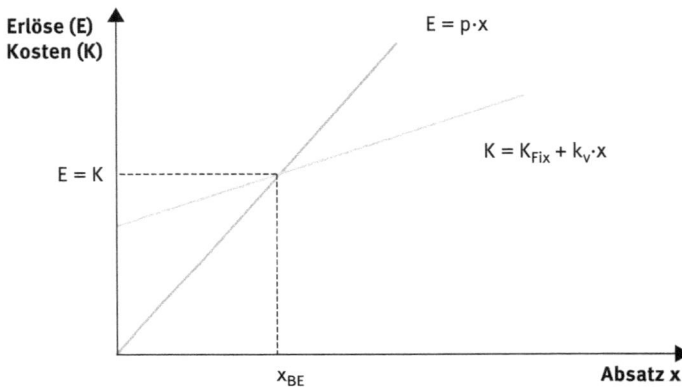

Abb. 4.24: Break-even-Analyse (eigene Darstellung).

Von den Bestimmungsgrößen der Break-even-Menge sind lediglich die variablen Stückkosten (k_v) unbekannt. Da es drei mögliche Ausprägungen dieser Größe gibt, resultieren daraus entspechend drei mögliche Werte für die Break-even-Menge (siehe Tab. 4.15).

Tab. 4.15: Mögliche Werte der Break-even-Menge (eigene Darstellung).

variable Stückkosten	Break-even-Menge
$k_v = 150$	15.714
$k_v = 175$	24.444
$k_v = 200$	55.000

Die Break-even-Menge ist mit der zu erwartenden Absatzmenge $x = MV \cdot MA$ zu kontrastieren. Hier ergeben sich $3 \cdot 3 = 9$ mögliche Werte, die in Tab. 4.16 dargestellt sind.

Im Fall $k_v = 150$ übersteigt die erwartete Absatzmenge die Break-even-Menge von 15.714 Stück in den drei in Tab. 4.17 hervorgehobenen Fällen nicht, sodass ein Verlust entsteht. Die Verlustwahrscheinlichkeit beträgt folglich dann 3/9.

Tab. 4.16: Mögliche Werte der Absatzmenge (eigene Darstellung).

MA MV	0,06	0,12	0,18
100.000	6.000	12.000	18.000
250.000	15.000	30.000	45.000
400.000	24.000	48.000	72.000

Tab. 4.17: Kombinationen aus MV und MA mit Verlust bei variablen Stückkosten von 150 € (eigene Darstellung).

MA MV	0,06	0,12	0,18
100.000	**6.000**	**12.000**	18.000
250.000	**15.000**	30.000	45.000
400.000	24.000	48.000	72.000

In analoger Weise lässt sich die Verlustwahrscheinlichkeit in den Fällen $k_v = 175$ ($k_v = 200$) zu 5/9 (8/9) ermitteln. Da jeder dieser drei Fälle wiederum die Wahrscheinlichkeit 1/3 aufweist beträgt die theoretische Verlustwahrscheinlichkeit $1/3 \cdot 3/9 + 1/3 \cdot 5/9 + 1/3 \cdot 8/9 \approx 59,3\,\%$.

Die im Fallbeispiel möglichen $3 \cdot 3 \cdot 3 = 27$ Werte der Zielgröße Gewinn lassen sich ebenfalls im Form eines Risikoprofils darstellen und mit dem per Simulation ermittelten Risikoprofil kontrastieren (siehe Abb. 4.25).

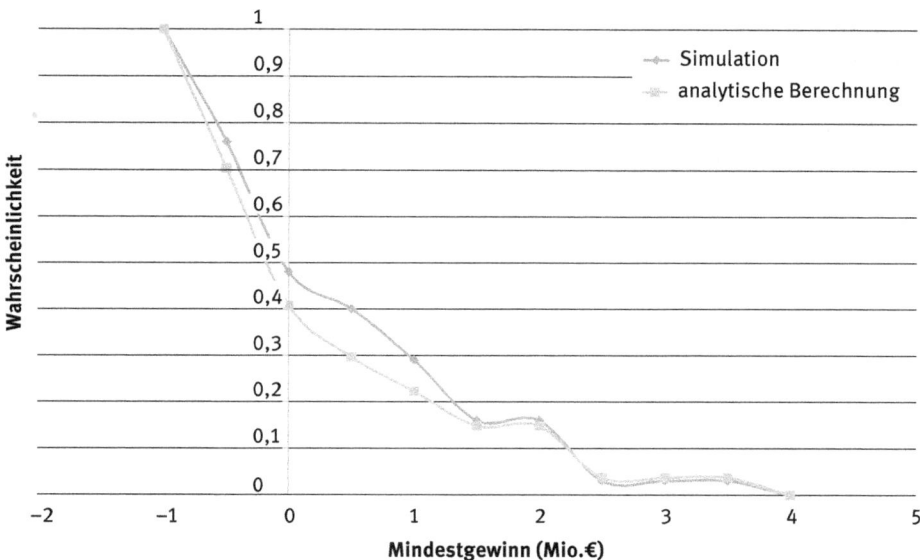

Abb. 4.25: Risikoprofil – Vergleich Simulation und analytische Berechnung (eigene Darstellung).

Abb. 4.25 verdeutlicht die gute Übereinstimmung der Simulationsergebnisse mit den theoretisch zu erwartenden Ergebnissen bei höheren Gewinnwerten. Deutlich wird aber auch, dass die Simulationsergebnisse die wahre Wahrscheinlichkeit dafür, Verluste zu erleiden, unterschätzen. Der Grund hierfür ist in der geringen Anzahl an durchgeführten Simulationsläufen zu sehen. Je größer diese Anzahl ist, desto besser dürfte im Allgemeinen die Annäherung an die wahre Verlustwahrscheinlichkeit sein, die sich anders im betrachteten Fallbeispiel oft analytisch gar nicht bestimmen lässt.

4.2 Marktanalyse

Im Rahmen der **Marktanalyse** werden der Markt insgesamt und die auf das Unternehmen einwirkenden Nachfrage- und Angebotsfaktoren nach Art, Stärke und Richtung analysiert, die vom eigenen Unternehmen grundsätzlich beeinflussbar sind und den Markterfolg des eigenen Unternehmens bedingen. Ziel der Marktanalyse ist die Ermittlung und Beurteilung der Marktattraktivität.

Die Beurteilung der Marktattraktivität kann zum einen **direkt** im Rahmen einer Makroanalyse durch Betrachtung globaler Indikatoren (wie Marktvolumen und Marktwachstum) erfolgen, die den Markt insgesamt beschreiben. Zum anderen lässt sich die Marktattraktivität auch **indirekt** durch die Beurteilung der Nachfragesituation und Angebotssituation mit Blick auf einzelne Marktakteure im Wege einer Mikroanalyse bestimmen.

Die nähere Betrachtung der Nachfragefaktoren erfolgt im Rahmen der **Käuferanalyse**, die sowohl derzeitige Käufer (Kunden) als auch zukünftig mögliche Käufer (potenzielle Kunden) berücksichtigt. Die Analyse der Angebotsfaktoren in Bezug auf das Angebot von Konkurrenzunternehmen erfolgt in der **Wettbewerbsanalyse** und in Bezug auf das Angebot des eigenen Unternehmens im Rahmen der Unternehmensanalyse. Die Teilbereiche der Marktanalyse sind in Abb. 4.26 im Überblick dargestellt.

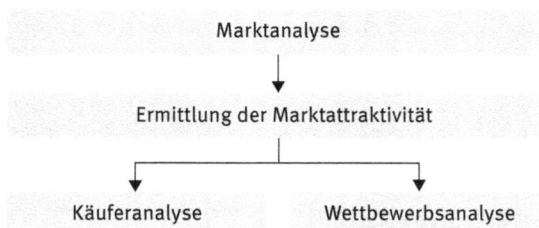

Abb. 4.26: Teilbereiche der Marktanalyse (eigene Darstellung).

4.2.1 Globale Analyse der Marktattraktivität

Vor der Ermittlung der Marktattraktivität und der Durchführung von Käufer- und Wettbewerbsanalysen ist zunächst der **relevante Markt** abzugrenzen, auf dem der Anbieter seine Produkte und Leistungen anbietet oder dies zukünftig in Betracht zieht. Als Kriterien zur Abgrenzung des relevanten Marktes können sowohl quantitative Merkmale (wie die Anzahl der Anbieter und Nachfrager und deren umsatz- bzw. absatzmäßige Größe) als auch qualitative Merkmale (wie insbesondere die Art der angebotenen Produkte, Substitut- und Komplementärangebote sowie die Kommunikationsbeziehungen zwischen Anbietern und Nachfragern) dienen.

Marktdefinitionen sind keineswegs vorgegeben, sondern sie müssen vom jeweiligen Anbieter problemorientiert eigenständig vorgenommen und – je nach Dynamik des Marktes – in mehr oder weniger kurzen Intervallen wiederholt durchgeführt werden. Mit Dynamik des Marktes ist hier gemeint, wie rasch sich etwa die Anzahl und Struktur der Anbieter und Angebote auf einem Markt ändern, also etwa neue Anbieter und Angebote hinzukommen oder etablierte Anbieter und Angebote wegfallen.

Nachdem der relevante Markt abgegrenzt ist, kann der Markt insgesamt im Rahmen einer Makroanalyse anhand **allgemeiner Marktcharakteristika** beschrieben werden, um die globale Marktattraktivität zu beurteilen. Hierzu eignen sich sowohl quantitative als auch qualitative Kenngrößen. Tab. 4.18 enthält Kriterien zur Beurteilung der Marktattraktivität im Rahmen einer Makroanalyse.

4.2.2 Käuferanalyse

Im Rahmen der **Käuferanalyse** werden Daten über die gegenwärtigen bzw. potenziellen Kunden für ein bereits auf dem Markt befindliches oder noch zu vermarktendes Produkt ausgewertet. Abb. 4.27 zeigt die typischen Teilbereiche und möglichen Phasen einer Käuferanalyse. Die Analyse der gegenwärtigen Käufer (Kunden) geht dabei üblicherweise der Analyse der potenziellen Käufer (Zielgruppen) voran, da die Beschreibung der ersten Gruppe wertvolle Hinweise zur Identifikation neuer (gegebenenfalls ähnlicher) Käufergruppen liefert, die noch nicht bearbeitet wurden.

Die **Identifikation** und Analyse der gegenwärtigen Käufer setzt an deren **Beschreibung** durch Merkmale und Merkmalsausprägungen an, zu deren Verdichtung die bereits dargestellten Verfahren der deskriptiven Statistik für ein- und mehrdimensionales Datenmaterial (wie Häufigkeitsanalysen, Lage- und Streuungsparameter, Lorenzkurve usw.) genutzt werden können. Als Merkmalsarten kommen dabei sowohl Verhaltensmerkmale (wie z. B. Anzahl der Käufe in einem bestimmten Vertriebskanal, Anfragen, Beschwerden) wie auch Einflussfaktoren auf das Verhalten (wie Einstellungen, Zufriedenheit, demografische Käufermerkmale wie Alter oder Geschlecht) in Betracht. Zur Aufdeckung relevanter Kundenmerkmale können die in Abb. 4.27 formulierten Fragen dienen. Mögliche Ausprägungen zu diesen Merkmalen enthält Tab. 4.19.

Tab. 4.18: Kriterien zur Beurteilung der Marktattraktivität für die Makroanalyse (vgl. Hinterhuber 1992, S. 114; Baum et al. 1999, S. 194).

Kriterien	Indikatoren	Erläuterungen/Beispiele
Marktgröße/ -veränderung	Marktvolumen	gegenwärtiger Absatz (Umsatz) aller Anbieter einer Leistung auf einem Markt
	Marktwachstum	Veränderung des Marktvolumens im Zeitablauf
	Marktpotenzial	maximal möglicher Absatz (Umsatz) aller Anbieter unter Ausnutzung aller Möglichkeiten auf einem Markt
Marktqualität	Branchenrentabilität	z. B. Umsatzrentabilität (= Gewinn/Umsatz · 100 %)
	Stellung des Produkts im Marktlebenszyklus	zeitliche Entwicklung des produktbezogenen Umsatzes, Absatzes und Gewinns aggregiert über alle Anbieter des Marktes
	Spielraum für die Preispolitik	Preisober- und Untergrenzen; Möglichkeit zur Variation des Preises ohne erkennbare Nachfrager- oder Wettbewerberreaktion
	Schutzfähigkeit des technischen Know-hows	bestehende Patente, Eigenständigkeit, Neuigkeitsgrad
	Investitionsintensität	Verhältnis von Investitionsvolumen bzw. durchschnittlich gebundenem Kapital und Umsatz; eine hohe Investitionsintensität erfordert hohe Auslastung der Kapazitäten, die häufig nur durch unterdurchschnittliche Preise und/oder kostenintensive Marketingmaßnahmen erzielt werden kann, was sich wiederum negativ auf die Rentabilität auswirkt.
	Wettbewerbsstruktur, -intensität und -verhalten	Anzahl, Konzentrationsgrad und typische Verhaltensmuster der Wettbewerber (z. B. Absprachen, Art und Ausmaß der Wettbewerberreaktionen auf Maßnahmen der anderen Unternehmen); hohe Wettbewerbsintensität spricht für geringe Marktattraktivität
	Käuferstruktur und -verhalten	Anzahl, Konzentrationsgrad und typische Verhaltensmuster (potenzieller) Käufer, z. B. Gründung von Einkaufverbünden, Verhandlungsmacht, Kaufverhalten, Stabilität der Verhaltensmuster
	Eintrittsbarrieren für neue Anbieter	Grad der Kundenbindung (Markentreue, Vertragsbindung, Wechselkosten …), Investitionsbedarf, behördliche Genehmigungsverfahren etc.
	Substitutionsmöglichkeiten	Existenz und Machbarkeit alternativer Produkte und Technologien
Energie- und Rohstoffversorgung	Versorgungssicherheit	Grad der Abhängigkeit von bestimmten Energie-/Rohstoffquellen; Störungsanfälligkeit; Anzahl alternativer Rohstoffe und Lieferquellen
	Energie- und Rohstoffpreise	Preise und Preisstabilität; Verhandlungsmacht und Verhalten der Lieferanten
Umweltsituation	Konjunkturabhängigkeit	Abhängigkeit der Nachfrage und Beschäftigung von konjunkturellen Schwankungen; Häufigkeit und Schwere von Krisen
	Abhängigkeit von der öffentlichen Einstellung	Stetigkeit von Trends; Beeinflussung des Käuferverhaltens durch aktuelle Themen (z. B. Verbraucherschutz, Nachhaltigkeit)
	Risiko staatlicher Eingriffe	Subventionen, Preisbindung

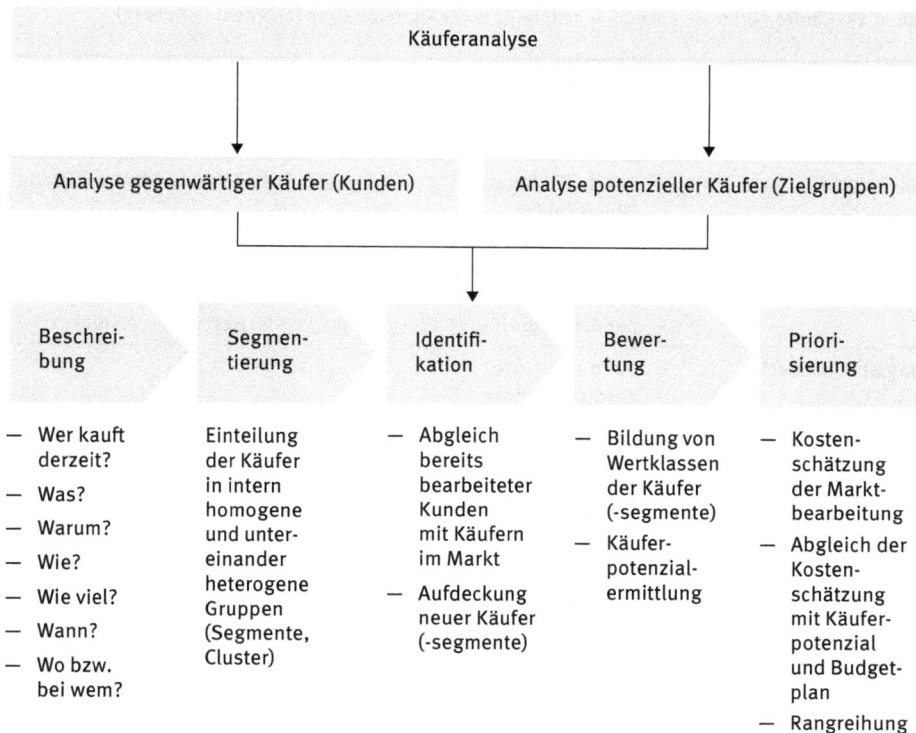

Abb. 4.27: Teilbereiche der Käuferanalyse (eigene Darstellung).

Anhand der an den Käufern aufgedeckten Ausprägungen der verschiedenen Käufermerkmale lassen sich in einem nächsten Schritt individuelle **Käuferprofile** bilden. So lässt sich das Käuferprofil von Kunde X beispielsweise durch die Eigenschaft als Privat- und Bestandskunde, der zwei verschiedene Produkte regelmäßig über den Direktversand in Mengen Y kauft und sich vor allem für Designaspekte und technisch neuartige Produktfunktionen interessiert, beschreiben.

Über alle Käufer aggregiert lassen sich anhand der verdichteten Profile **Käuferstrukturen** erkennen (vgl. Günther et al. 2006, S 303). Tab. 4.20 zeigt ein Beispiel für eine **soziodemografische Käuferstrukturanalyse** für ein bestimmtes Produkt nach dem Merkmal Alter. Wie Tab. 4.20 entnommen werden kann, nehmen in dem Beispiel die an der gekauften Menge pro Käufer gemessene Einkaufsintensität wie auch der Anteil der Käufer des Produkts an der Gesamtzahl der Käufer des betrachteten Unternehmens mit zunehmendem Alter ab. Hieraus lässt sich der Schluss ziehen, dass für das betrachtete Produkt eher eine Ansprache jüngerer Zielgruppen lohnenswert erscheint.

Tab. 4.19: Käufermerkmale als mögliche Inhalte einer Käuferanalyse (eigene Darstellung).

Fragestellungen zur Aufdeckung von Käufermerkmalen	Beispiele für Käufermerkmale
Wer kauft?	– Anzahl Käufer vs. Nichtkäufer, ehemalige Käufer, abwanderungsanfällige Käufer – demografische Merkmale (Geschlecht, Alter) – sozioökonomische Merkmale (Einkommen, Beruf, Haushaltsgröße) – psychografische Merkmale (Werte, Einstellungen, Lebensstile) – Kundenstatus (Geschäfts- vs. Privatkunde, Bestands- vs. Neukunde)
Was wird gekauft?	– (Kern-)Produkte – Zusatzleistungen
Warum wird gekauft?	– Bedürfnisse – Interesse – Anlass/Gelegenheit
Wie wird gekauft?	– als Einzelner oder in Gruppen (Kaufverbünde) – extensiver (ausführlicher) Kaufentscheidungsprozess, vereinfachter Kaufprozess, gewohnheitsmäßiger Kauf oder impulsiver (schneller und reizgesteuerter) Kauf
Wie viel wird gekauft?	– Mengen – Packungsgrößen – Kundenumsätze
Wann wird gekauft?	– Konzentration auf bestimmte Zeit (z. B. Saisonabhängigkeit) – Nutzungsdauer der Produkte – Kaufintervalle
Wo bzw. bei wem wird gekauft?	– Vertriebskanal, Handelsbetriebstyp (Warenhaus, Supermarkt usw.) – alles in einem Geschäft (One-Stop-Shopping) oder in verschiedenen – Standorte

Tab. 4.20: Beispiel für eine soziodemografische Käuferstrukturanalyse (vgl. Günther et al. 2006, S. 303).

	Alter des Käufers					
	gesamt	bis 30	31–40	41–50	51–60	über 60
Käuferanteil (%)	24	29	20	20	19	12
Menge pro Käufer (kg)	3,9	5,9	4,3	3,2	2,6	1,8

In einer **Mengenintensitätsanalyse** können die Käufer eines Produkts nach zunehmender Kaufmenge sortiert und kumuliert werden. Dem kumulierten Mengenanteil wird dann entsprechend der kumulierte Käuferanteil in einer Grafik gemäß einer Lorenzkurve gegenübergestellt (siehe zur Berechnung der Lorenzkurve Kapitel 3.2.2).

Aus einer solchen Analyse lässt sich der Grad der Konzentration der Mengen auf die Käufer erkennen, also dass X % der Käufer für Y % der Menge verantwortlich sind.

Anhand der aufgedeckten Käuferprofile bzw. -strukturen lassen sich nun in einem weiteren Schritt der Käuferanalyse ähnliche von unähnlichen Käufern unterscheiden. Um den Einsatz der Marketingmaßnahmen zu bündeln, können ähnliche Käufer zu in sich homogenen und untereinander heterogenen Gruppen (Segmente, Cluster) zusammengefasst werden, was als **Segmentierung** bezeichnet wird. Als Methoden stehen hierfür statistische Analyseverfahren, wie insbesondere die Clusteranalyse und die Diskriminanzanalyse, zur Verfügung (vgl. Grunwald und Hempelmann 2012, S. 110 ff. und 93 ff.).

Die anhand der derzeitigen Käufer (Kunden) gebildeten Segmente können sodann zur **Identifizierung neuer Zielgruppen** verwendet werden. Während die Anzahl der Kunden eines bereits geführten Produkts aus der eigenen Kundendatenbank oder durch Händlerinformationen bekannt sein dürfte, lässt sich diese für ein neues Produkt über die bereits dargestellten quantitativen Prognoseverfahren abschätzen. Grobe Hinweise auf das Absatzpotenzial geben Faktoren, die dem Unternehmen im Allgemeinen bekannt sind, wie insbesondere

-   die Art des Produkts (Massenprodukt vs. Spezial- bzw. Nischenprodukt/Sonderanfertigung, Komplementärbeziehungen zu bereits vermarkteten Produkten),
-   die Größe des geplanten Absatzgebiets bzw. Einzugsgebiets des Anbieters,
-   die Anzahl der Haushalte bzw. deren (durchschnittliche) Mitgliederzahl innerhalb des geplanten Absatzgebiets, die sich grundsätzlich mit dem Produkt versorgen können.

Sollen weitere Absatzmöglichkeiten für die bislang hergestellten Produkte eruiert werden, kann ein Abgleich der bislang bearbeiteten Käufersegmente mit noch nicht bearbeiteten Marktsegmenten erfolgen, um neue Käufer mit möglichst ähnlichen Merkmalsausprägungen zu den bisherigen Käufern aufzufinden. Ein solcher Abgleich könnte auf Grundlage bestehender Segmentierungsansätze erfolgen, wie beispielsweise anhand der sogenannten **Sinus-Milieus** (siehe Abb. 4.28). Hierbei handelt es sich um eine nach den Merkmalen soziale Lage und Grundorientierung (Einstellung) vorgenommene Aufteilung der deutschen Bevölkerung in Segmente. Bearbeitet ein Möbelhersteller beispielsweise derzeit primär das Segment der bürgerlichen Mitte (siehe Abb. 4.28), könnte eine Ausdehnung des Geschäfts auch auf die benachbarten Segmente der sozialökologischen und adaptiv-pragmatischen Käufer in Betracht gezogen werden. Ähnliche Segmentierungsansätze liegen auch für andere Ländermärkte vor.

Da in diesem Ansatz auch die Größe der Segmente (als Anteile der Bevölkerung) erfasst sind, können zudem Aussagen über das Marktpotenzial abgeleitet werden. Anhand der erfassten Käufermerkmale und Segmentgröße kann eine **Kundenbewertung** zur Ableitung von Aussagen hinsichtlich der Wichtigkeit von Käufer(-segmenten) erfolgen. Durch Vergleich des derzeitigen Kundenwerts mit definierten Soll-Größen lassen sich Käuferpotenziale erkennen.

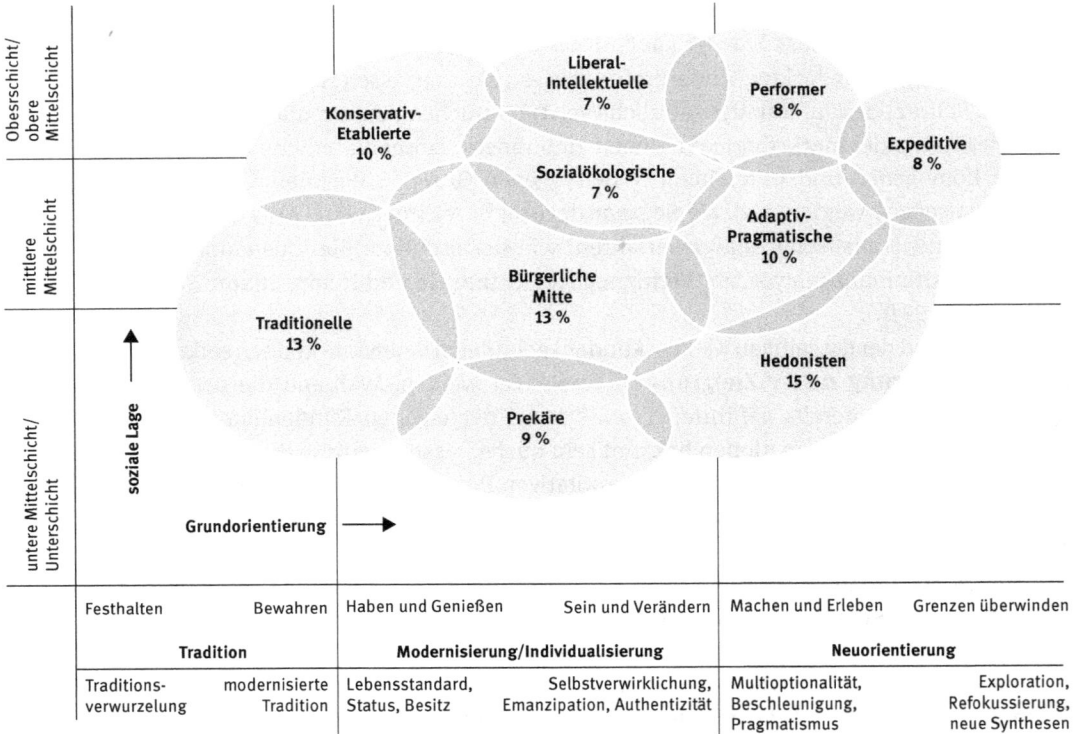

Abb. 4.28: Die Sinus-Milieus in Deutschland 2015 (Sinus-Institut 2015).

Der Kundenbewertung kann sich schließlich die **Priorisierung** von Käufern bzw. Segmenten für die weitere Marktbearbeitung anschließen, sofern aufgrund von Kapazitätsrestriktionen oder zur Begrenzung des Risikos nicht parallel mehrere Segmente bearbeitet werden können. An der Anzahl, Art und Wichtigkeit der Käufer werden sich regelmäßig die Marketinganstrengungen eines Anbieters orientieren.

Die Kundenbewertung kann durch Ermittlung der Größe Kundenwert erfolgen. Aus Anbietersicht stellt der **Kundenwert** den vom Anbieter wahrgenommenen und bewerteten Beitrag eines Kunden bzw. des gesamten Kundenstamms zur Erreichung der monetären und nichtmonetären Unternehmensziele dar (vgl. Helm und Günter 2003, S. 7). Das Bewertungsobjekt können also sowohl Kundengruppen bzw. -segmente als auch einzelne Kunden bzw. individuelle Kundenbeziehungen sein.

Zu den **monetären Komponenten** des Kundenwerts zählen in Anlehnung an Tomczak und Rudolf-Sipötz (2003)

– das **Erlöspotenzial** als gegenwärtiger monetärer Beitrag eines Kunden zum wirtschaftlichen Erfolg eines Unternehmens,

- das **Entwicklungspotenzial** als zukünftig im Laufe der Kunde-Anbieter-Beziehung aus Wiederkäufen zu erwartende Erträge des Kunden im Sinne einer Entwicklungsprognose des Ertragspotenzials,
- das **Loyalitätspotenzial**, welches die Cross- und Up-Selling-Möglichkeiten mit dem Kunden ausdrückt. Hiermit sind zu erwartende Zusatz- und Mehrkäufe während der Kunde-Anbieter-Beziehung gemeint, die sich mit Kundenbindungsmaßnahmen (z. B. der Einführung einer Kundenkarte) voraussichtlich erzielen lassen, deren Abschätzung (im Unterschied zur Abschätzung des Entwicklungspotenzials) regelmäßig auch den Einsatz von Wirkungsprognosen erforderlich macht.

Als nichtmonetäre **Komponenten** des Kundenwerts können aufgefasst werden
- das **Referenzpotenzial**, verstanden als Anzahl weiterer Kunden, die durch Weiterempfehlungen des betrachteten Kunden voraussichtlich generiert werden können, welche gegebenenfalls auch durch Marketingmaßnahmen des Anbieters (wie Kunden-werben-Kunden-Aktionen) unterstützt werden können,
- das **Informationspotenzial**, welches sich auf vom Kunden zum Unternehmen laufende Informationsströme bezieht, durch die der Anbieter seine Leistungen und Produkte verbessern oder eigene Marketingkosten reduzieren kann (z. B. im Rahmen der Auswertung von Kundenbeschwerden erfahrene Produktfehler und Gründe für Unzufriedenheit, in Kundenworkshops aufgedeckte Kundenbedürfnisse als Grundlage für Innovationen),
- das **Kooperations- und Synergiepotenzial**, das sich auf die Möglichkeiten der Integration des Kunden in die Wertschöpfungskette des Anbieters zur Ausschöpfung von Synergien bezieht (z. B. Forschungs- und Entwicklungskooperationen, Logistiknetze, Vertriebskooperationen).

Zur Kundenwertermittlung existieren verschiedene Methoden, die sich aufgrund der hierfür benötigten Informationen besonders für bereits bearbeitete Kunden (derzeitige Käufer) eignen (siehe Abb. 4.29). Die verschiedenen Verfahren lassen sich danach unterscheiden, ob der Kundenwert eindimensional im Wesentlichen durch eine Erfolgsgröße, die monetär oder nichtmonetär sein kann, ermittelt wird, oder ob mehrdimensional simultan mehrere Erfolgsgrößen (im Regelfall monetärer wie nichtmonetärer Art) in die Betrachtung einfließen (vgl. Reinecke und Janz 2007, S. 422; Bruns 2007, S. 119 ff.).

Eine weitere Unterscheidung der Verfahren lässt sich danach vornehmen, ob die Bewertung mehrperiodig (vergangenheits- oder zukunftsbezogen) oder einperiodig (gegenwartsbezogen) erfolgt. Im Falle einer zukunftsbezogenen Betrachtung sind Prognosen z. B. über die weitere Entwicklung der kundenbezogenen Umsätze zu erstellen. Darüber hinaus lassen sich die Verfahren danach gruppieren, ob der Fokus auf der Analyse individueller Kundenbeziehungen liegt (wie bei der

Kundendeckungsbeitragsrechnung oder dem Customer-Lifetime-Value-Ansatz) oder ob eine aggregierte Betrachtung über mehrere oder alle Kunden erfolgt (wie bei ABC- und Portfolioanalysen).

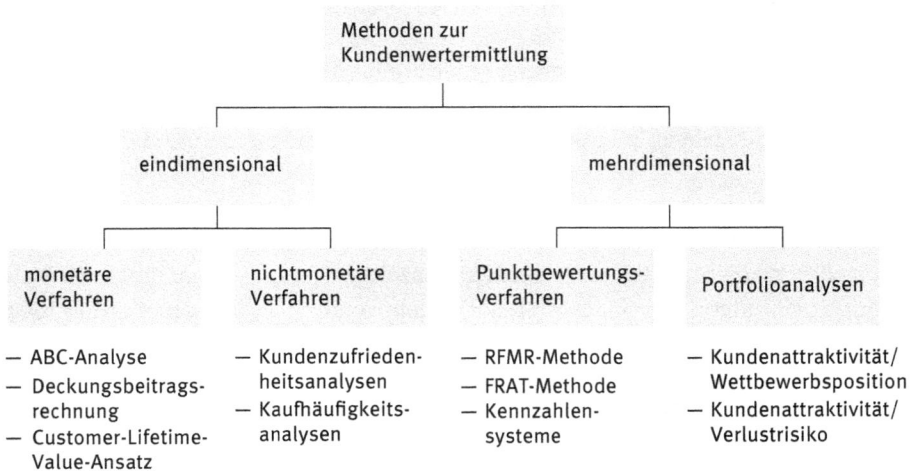

Abb. 4.29: Überblick über Verfahren zur Kundenwertermittlung (eigene Darstellung).

Zu den **eindimensionalen monetären Verfahren** zählt die bereits oben erläuterte **ABC-Analyse,** die eine Ordnung der Kunden nach Umsatz bzw. Umsatzanteil und deren Einteilung in Gruppen vornimmt. So könnten als A-Kunden jene Kunden definiert werden, die 80 % Umsatzanteil aufweisen, als B-Kunden die weiteren 10 % und als C-Kunden die letzten 10 %. Die Analyse lässt sich im Zeitablauf wiederholen, um erkennen zu können, wie sich die Wertigkeit der Kunden verändert, um Potenziale abzuleiten.

Mithilfe der **Kundendeckungsbeitragsrechnung** soll festgestellt werden, wie sich die Deckungsbeiträge auf die jeweiligen Kunden und Kundengruppen verteilen und mit welchen Kunden das Unternehmen den größten Deckungsbeitrag erwirtschaftet. Der Aufbau ist exemplarisch in Tab. 4.21 verdeutlicht (vgl. Reinecke und Janz 2007, S. 85). Hierbei werden die Erlöse und Kosten den Kunden bzw. Kundengruppen verursachungsgerecht zugeordnet. Sofern Kunden mit negativen Deckungsbeiträgen identifiziert werden, sollten hierfür die Gründe ausgemacht werden. Der Analyse der Gründe kann sich dann die Einleitung von Maßnahmen zur Steigerung des kundenbezogenen Erfolgs anschließen, wie beispielsweise Werbemaßnahmen und Preisänderungen oder eine Reduzierung der Marketingkosten beispielsweise durch geringere Häufigkeit von Kundenbesuchen oder einen Abbau von Konditionen (vgl. Reinecke und Janz 2007, S. 86).

Tab. 4.21: Aufbau einer Kundendeckungsbeitragsrechnung (Reinecke und Janz 2007, S. 85; Schmidt 1997, S. 104).

Kundengruppe nach Bruttoerlösen (in €)	< 100.000		100.000 bis 250.000		> 250.000	
Kunde	1	2	3	4	5	6
Bruttoerlöse	90.000	75.500	225.750	175.000	275.000	325.550
– Erlösschmälerungen (Boni, Rabatte, Skonti)	750	550	1.250	985	1.400	1.000
= Nettoerlöse	89.250	74.950	224.500	174.015	273.600	324.550
– Wareneinstand	15.550	27.850	55.000	55.000	63.000	100.000
= Kundendeckungsbeitrag I	73.700	47.100	169.500	119.015	210.600	224.550
– den Kunden eindeutig zurechenbare Kosten (z. B. Verkaufs- und Marketingkosten, Verpackung, Transportkosten)	18.000	22.500	55.000	65.000	125.000	155.850
= Kundendeckungsbeitrag II	55.700	24.600	114.500	54.015	85.600	68.700
– den Kundengruppen eindeutig zurechenbare Kosten (z. B. kundengruppenspezifische Marketingkosten)	35.750		87.400		100.150	
= Kundendeckungsbeitrag III	44.550		81.115		54.150	
– den Kunden nicht zurechenbare Kosten (z. B. nationale Werbung, Verwaltung)	86.815					
= Erfolg	20.000					

Die Klassifizierung der Kunden nach Art der ABC-Analyse kann in einer erweiternden Betrachtung auch anhand von mehreren Erfolgsgrößen des Erlöspotenzials wie Umsatz und Deckungsbeitrag erfolgen, was in Abb. 4.30 verdeutlicht wird. Zudem wird hier ein zeitlicher Aspekt in die Betrachtung einbezogen, indem über mehrere Perioden hinweg die Entwicklung der Kunden entlang dieser beiden Größen beobachtet und in das Umsatz-Deckungsbeitrags-Diagramm eingezeichnet wird, um Prioritäten in der Bearbeitung der Kunden ableiten zu können (vgl. Halfmann/Rennhak 2005, S. 6 f.).

Aus dem in Abb. 4.30 dargestellten Ergebnis der nach den beiden Erfolgsgrößen Umsatz und Deckungsbeitrag durchgeführten ABC-Analyse lassen sich Handlungsoptionen für die Bearbeitung der A-, B- und C-Kunden ableiten (vgl. Halfmann und Rennhak 2005, S. 7). Infolge der hohen Umsatzrentabilität sollten A-Kunden mit Priorität bedient werden. Für B-Kunden empfiehlt sich die weitere Bearbeitung speziell mit dem Ziel der Deckungsbeitragssteigerung. C-Kunden sollten nur nachrangig aufwendige Betreuungsleistungen erhalten. Für sie sollten jedoch die Möglichkeiten zur weiteren Umsatz- und vor allem Deckungsbeitragssteigerung ausgelotet werden.

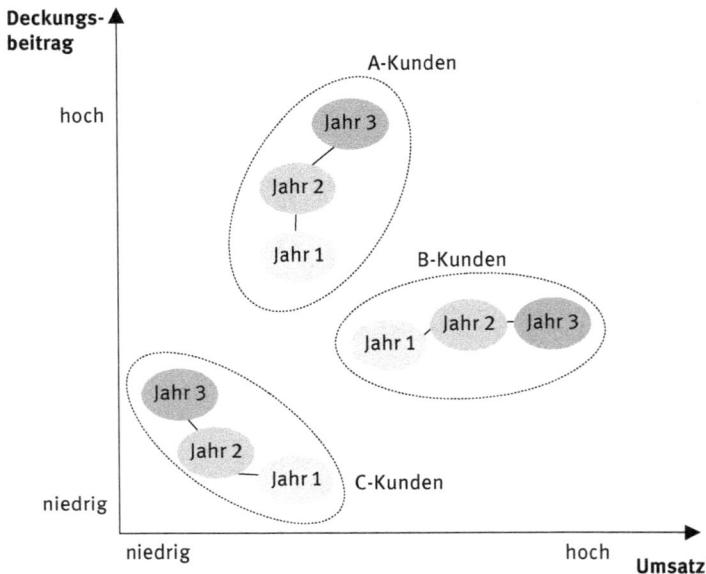

Abb. 4.30: Kombinierte Umsatz- und Deckungsbeitrags-ABC-Analyse (Halfmann und Rennhak 2005, S. 7).

Während in der ABC-Analyse und Kunden-Deckungsbeitragsrechnung eine vergangenheits- bzw. gegenwartsbezogene Betrachtung erfolgt, werden im **Customer-Lifetime-Value-Ansatz** (kurz: CLV-Ansatz) zur Kundenwertermittlung auch zukünftig zu erwartende kundenbezogene Erlöse und Kosten integriert. Es wird eine langfristige Perspektive unterstellt, bei der der Kunde als Investitionsobjekt aufgefasst wird (vgl. Hempelmann und Lürwer 2003, S. 336). Ziel ist die Bestimmung des Lebenszeitwerts, den ein Kunde über die gesamte Dauer der Geschäftsbeziehung betrachtet aus Anbietersicht aufweist.

Die Beziehung eines Kunden zu einem Unternehmen lässt sich dabei in Form eines Kundenzyklus abbilden, der vier Phasen umfasst (siehe Abb. 4.31):

(1) Zu Beginn des Zyklus ist der Kunde ein potenzieller Kunde, der das Unternehmen erst kennen lernen muss **(Kenntnisnahme)**. Eine Kaufhandlung liegt noch nicht vor. Um Austauschprozesse mit diesem Kunden in Gang zu setzen, muss das Unternehmen beispielsweise Werbung betreiben, die als Aufwand zu Buche schlägt. Die anfänglichen Erlöse sind sehr gering, sofern überhaupt existent.

(2) In der Phase der **Exploration** tätigt der Kunde erste Käufe, die Erlöse steigen leicht an. Während der Kunde erste Erfahrungen mit dem Unternehmen und dessen Produkten sammelt, übersteigen die Kosten der Kundenbeziehung aber noch deutlich die Erlöse.

(3) Ist der Kunde aufgrund seiner Erfahrungen mit dem Unternehmen und dessen Produkten zufrieden und besteht die Beziehung zwischen den Austauschpartnern fort, folgt die **Expansionsphase**. Der Umsatz des Kunden wächst in dieser Phase weiter an und die erzielten Erlöse können die Kosten übersteigen, da der Aufwand zur Aktivierung des Kunden gesunken ist.

(4) Ist der Kunde weiterhin mit der ihm gebotenen Leistung zufrieden, kann er seinen Umsatz bei diesem Unternehmen weiter ausweiten, bis er zu einem Stammkunden für das Unternehmen geworden ist. In dieser **Einbindungsphase** ist die positive Differenz zwischen Erlösen und Kosten für das Unternehmen am größten.

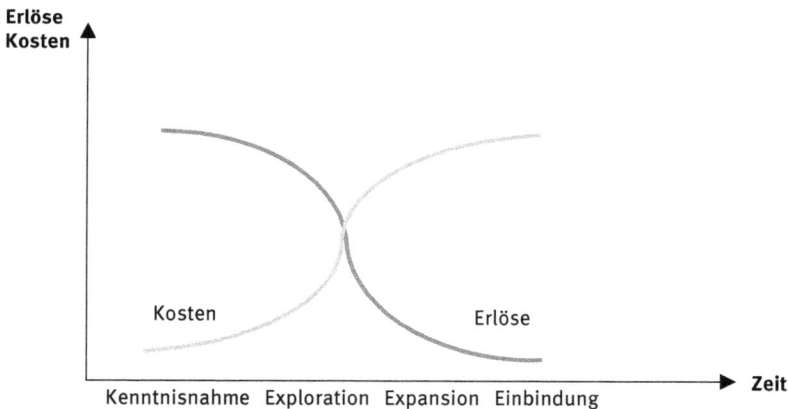

Abb. 4.31: Idealisierter Erlös- und Kostenverlauf eines Kundenzyklus (vgl. Hempelmann und Lürwer 2003, S. 336).

Aus Sicht des CLV-Ansatzes sind die Kosten, die ein Kunde (z. B. durch Nutzung eines Kundenkartensystems) verursacht, Auszahlungen, und die Erlöse, die mit dem Kunden erwirtschaftet werden, Einzahlungen. Sowohl die einmaligen Kosten zur Anbahnung der Geschäftsbeziehung als auch die laufenden Kosten werden den aktuellen und zukünftigen Einzahlungen des Kunden während der Geschäftsbeziehung gegenübergestellt (vgl. Grunwald 2009a, S. 585). Die Ein- und Auszahlungen werden auf den Investitionszeitpunkt abgezinst und ergeben den Barwert der Investition, der sich als Wertzuwachs interpretieren lässt, den die Anbahnung und Ausweitung der Geschäftsbeziehung unter Berücksichtigung der Opportunitätskosten erbringt.

Unter der Annahme, dass die Ein- und Auszahlungen jeweils am Ende einer Periode anfallen, lässt sich der **Customer Lifetime Value** als Kapitalwert einer Investition in eine Geschäftsbeziehung wie folgt ermitteln (vgl. Bruhn et al. 2000, S. 173):

$$CLV = -A_0 + \sum_{t=0}^{T} [x_t \cdot (p - k) - KKS_t] \cdot (1 + r)^{-t}$$

mit:

CLV   Customer Lifetime Value

A_0 Akquisitionskosten im Zeitpunkt t = 0

x_t Absatzprognose im Zeitpunkt t = 0

p   kundenindividueller Produktpreis

k   Stückkosten

KKS_t kundenspezifische Kosten in Periode t

r   Kalkulationszinsfuß

t   Periodenindex

T   voraussichtliche Dauer der Kunde-Anbieter-Beziehung (in Perioden)

Die Berechnung des Kundenwerts mit dem CLV-Ansatz sei an einem Fallbeispiel (entnommen aus Kleine-Doepke et al. 2006, S. 55 ff.) demonstriert:

Ein Händler für Gartengeräte verkauft einen Rasenmäher an den Kunden X für 490 €. Ab dem Zeitpunkt des Kaufes bietet der Händler kostenlose Wartungsarbeiten in Höhe von 25 € pro Jahr an, mit dem Ziel, den Kunden langfristig an sich zu binden. Auf Grundlage von Erfahrungswerten nimmt der Händler an, dass ein Kunde durchschnittlich alle drei Jahre Reparaturarbeiten für den Rasenmäher in Höhe von ungefähr 80 € durchführen lässt und der Händler nach zehn Jahren einen neuen Rasenmäher an den Kunden verkaufen kann, wobei er hier den gleichen Preis veranschlagt. Der Händler hat nun zwei Möglichkeiten. Entweder er verkauft den Rasenmäher an den Kunden X und verzichtet auf die Kundenbindungsmaßnahmen und somit auch auf die Einnahmen durch Reparatur und Ersatzinvestition, oder er versucht, den Kunden langfristig an sich zu binden. Zur Entscheidungsunterstützung kann für beide Fälle der Kundenwert aus Sicht des Händlers berechnet werden:

Für den **ersten Fall** des Verzichts auf Kundenbindungsmaßnahmen entspricht der Kundenwert dem Auftragswert in Höhe von 490 €.

Für den **zweiten Fall** sind die Einzahlungsüberschüsse über die betrachtete Zeitdauer der Geschäftsbeziehung von zehn Jahren zu aggregieren und auf den Gegenwartszeitpunkt zu diskontieren. Die Ein- und Auszahlungen sind in Tab. 4.22 dargestellt.

Tab. 4.22: Ein- und Auszahlungen zur CLV-Berechnung (Kleine-Doepke et.al. 2006, S. 56).

t	0	1	2	3	4	5	6	7	8	9
Einzahlungen	490	0	0	80	0	0	80	0	0	490
Auszahlungen	0	−25	−25	−25	−25	−25	−25	−25	−25	0

Die Einzahlungen ergeben sich im vorliegenden Fall aus $x_t \cdot p$, wobei $x_t = 1$ und p zum einen den Verkaufspreis des Produkts, zum anderen den veranschlagten Preis für die Reparatur ausdrückt. Da sich die Stückkosten bzw. Beschaffungskosten des Produkts für den Händler in beiden Fällen nicht unterscheiden werden sie hier aus der zugrunde liegenden Händlersicht ausgeblendet.

Anfangsauszahlungen (z. B. kundenspezifische Werbeaktionen) liegen im vorliegenden Fall nicht vor. Die Auszahlungen entsprechen somit KKS_t in der Formel zur Berechnung des CLV. Zur Abzinsung wird ein Kalkulationszins r von 10 % (r = 0,1) angenommen, der die Rentabilität einer alternativen Investition (Opportunitätskosten) reflektiert und um Risikozu- oder -abschläge, etwa zur Abbildung der mit zunehmender Zeit abnehmenden Planungssicherheit in der Schätzung der Ein- und Auszahlungen, angepasst werden kann.

Der Kundenwert kann anhand der CLV-Formel somit wie folgt berechnet werden:

$$CLV = 490 + (0 - 25) \cdot (1 + 0,1)^{-1} + (0 - 25) \cdot (1 + 0,1)^{-2} + (80 - 25) \cdot (1 + 0,1)^{-3} + \ldots$$
$$+ 490 \cdot (1 + 0,1)^{-9} = \mathbf{669,70\ €}$$

Somit ist der Kundenwert im zweiten Fall der Investition in die Durchführung kostenloser Wartungsarbeiten höher als bei Verzicht auf diese Maßnahme im ersten Fall. Der durch die Kundenbindungsmaßnahme langfristig an das Unternehmen gebundene Kunde trägt somit einen relativ höheren Wert zum Unternehmenserfolg bei (vgl. Kleine-Doepke et al. 2006, S. 56).

Um den CLV berechnen zu können, müssen die erforderlichen Daten aus vergangenen und aktuellen Transaktionen gespeichert und aufbereitet werden, wodurch eine sinnvolle Berechnung u. U. erst nach Jahren möglich wird (vgl. Bruhn et al. 2000, S. 184). Eine sehr große Datenmenge muss in dieser Zeit verarbeitet werden, um den CLV der einzelnen Kunden ermitteln zu können. Sowohl die Bereitstellung einer leistungsfähigen Infrastruktur als auch die kontinuierliche Datengewinnung und -aufbereitung mögen hohe Kosten verursachen. Darüber hinaus ergibt sich das für Kapitalwertansätze typische Schätzproblem der zukünftigen Ein- und Auszahlungen, welche zudem starken Schwankungen unterliegen können und kundenspezifisch aufzuschlüsseln sind. Vorteilhaft ist dagegen die vorausschauende Betrachtung, bei der Überlegungen zur systematischen Steigerung des Kundenwerts als geplante kundenspezifische Auszahlungen und auch Opportunitätskosten in das Kalkül einfließen (vgl. Reinecke und Keller 2006, S. 271).

Die Grundformel zur Berechnung des CLV lässt sich erweitern, um auch unterschiedliche Dauern von Geschäftsbeziehungen und das Weiterempfehlungsverhalten von Kunden zu berücksichtigen (vgl. Grunwald 2009a, S. 592 f.).

Mit der **Retention Rate** (Wiederkaufwahrscheinlichkeit) lassen sich unterschiedliche Dauern einer Geschäftsbeziehung abbilden. Die in der unten modifizierten CLV-Formel eingefügte Retention Rate (R_t) kann Werte zwischen Null (Beziehungsbeendigung) und Eins (sichere Beziehungsweiterführung) annehmen und korrigiert die Zahlungsströme in den jeweiligen Perioden um die Wahrscheinlichkeit, dass die Beziehung des Kunden zum Anbieter auch in der folgenden Periode bestehen bleibt:

$$CLV = -A_0 + \sum_{t=0}^{T} [x_t \cdot (p-k) - KKS_t] \cdot R_t \cdot (1+r)^{-t}$$

In dem von Cornelsen (2001) vorgeschlagenen **Reference-Value-Modell** (kurz: REVAL-Modell) wird der Referenzwert (RW_k) des Kunden (k) zur Abbildung des Weiterempfehlungsverhaltens ermittelt. Dieser ergibt sich multiplikativ aus
– der Größe des sozialen Netzes (bestehend aus der Anzahl der Personen im Personenkreis des Kunden, gewichtet mit der Intensität der dort geführten Gespräche),
– dem Grad der Meinungsführerschaft,
– dem Zufriedenheitsgrad sowie
– der Referenzrate in der jeweiligen Produktkategorie:

$$RW_k = [\Sigma(p_i \cdot g_i)] \cdot MF_k \cdot KZ_k \cdot RR_{TB}$$

mit:

RW_k (umsatzbezogener) Referenzwert von Kunde k
p_i Anzahl der Personen im Personenkreis i
g_i Index der Intensität der Gespräche im Personenkreis i
MF_k Meinungsführerindex von Kunde k
KZ_k Kundenzufriedenheitsindex von Kunde k
RR_{TB} Durchschnittliche branchenspezifische Referenzrate

Integriert man sowohl die Retention Rate (R_t) wie auch den Referenzwert (RW_t) in Periode t in die Formel zur Berechnung des CLV, so ergibt sich:

$$CLV = -A_0 + \sum_{t=0}^{T} [x_t \cdot (p-k) - KKS_t + RW_t] \cdot R_t \cdot (1+r)^{-t}$$

Tab. 4.23 zeigt beispielhaft die schrittweise Ermittlung eines Referenzwerts aus Befragungsdaten für einen Mercedes-E-Klasse-Kunden (Kunde E) (vgl. Cornelsen 2001, S. 7).

Geht man beispielsweise von einem kalkulatorischen Jahresumsatz in Höhe von 14.000 € aus, lassen sich diesem Kunden somit zusätzlich noch ca. 0,0866 × 14.000 € = 1.212,40 € als umsatzbezogener Referenzwert zurechnen. Dieser Wert entspricht ca. 8,6 % des jährlichen Ausgabevolumens dieses Kunden.

Um Veränderungen des Kundenwerts transparent zu machen, kann eine **Kundenflussrechnung** durchgeführt werden. Hierbei werden die Kundenzugänge durch Neuakquisition und Rückgewinnungsmaßnahmen den Kundenabgängen bezogen auf eine definierte Zeitperiode gegenübergestellt. Die hiermit verbundenen Veränderungen auf den Kundenwert unter Berücksichtigung von Veränderungen bei den kundenbezogenen Umsätzen und Deckungsbeiträgen können dabei ausgewiesen werden. Tab. 4.24 zeigt beispielhaft den Aufbau einer Kundenflussrechnung.

Tab. 4.23: Exemplarische Berechnung des Referenzwerts eines Kunden (vgl. Cornelsen 2001, S. 7).

Modellkomponente	beispielhafte Operationalisierung
Soziales Netz ($p_i \cdot g_i$)	Kunde E gab an, in folgenden Personenkreisen Referenzgespräche bezüglich Autos zu führen: – 4× Familie/Verwandte (seltene Gespräche → Skalenpunkt 0,25) – 0× Freunde/Bekannte (keine Gespräche → Skalenpunkt 0) – 20× Arbeitskollegen (manchmalige Gespräche → Skalenpunkt 0,50) – 0× Vereinskollegen (keine Gespräche → Skalenpunkt 0)
Zwischenergebnis	$\Sigma\,(p_i \cdot g_i) = [4 \cdot 0,25 + 0 \cdot 0 + 20 \cdot 0,50 + 0 \cdot 0] = \mathbf{11}$
Meinungsführerschaft (MF)	Von insgesamt 23 Meinungsführerpunkten erreichte der Kunde E 14 Punkte (MF-Index: 0,61).
Zwischenergebnis	MF-Gewichtungsfaktor: **0,61**
Kundenzufriedenheit (KZ)	Kunde E gab an, mit seinem Auto/Autohersteller/-händler eher zufrieden zu sein.
Zwischenergebnis	Kundenzufriedenheitsindex: **+1**
Referenzrate (RR)	Allgemein beträgt der Einfluss der Referenzen auf eine durchschnittliche Neuwagenkaufentscheidung 18 %. Im Durchschnitt wird mit 14 Personen über Autos/Autozubehör gesprochen (abgeleitet aus einer Pilotstudie).
Zwischenergebnis	∅ Nettoreferenzrate (Oberklasse): **1,29 %**
Referenzwert des Kunden E (RW_E)	$RW_E = 11 \times 0,61 \times (+1) \times 0,0129 = \mathbf{0,086559}$

Tab. 4.24: Aufbau einer Kundenflussrechnung (vgl. Reinecke 2004, S. 345).

	Δ Kundenanzahl	Δ Umsatz (€)	Δ Deckungsbeitrag	Δ spezifische Kundeninvestitionen	Δ Kundenwert (€)
Neukundenakquise	2.000	200.000	80.000	70.000	249.417
Kundenabwanderung	−1.500	−180.000	−60.000		−239.562
Kundenrückgewinnung	100	20.000	10.000	10.000	29.927
Gesamt	**600**	**40.000**	**30.000**	**80.000**	**39.782**

angenommener Zinssatz: 8 %
Zeitraum: 5 Jahre

Hiermit ist es möglich, Aussagen über die langfristigen Erfolgsauswirkungen von neu akquirierten und abgewanderten Kunden zu gewinnen. Wie bereits die Erweiterungen der Grundformel zur CLV-Berechnung erkennen lassen, erscheint es sinnvoll, in die Kundenwertermittlung auch qualitative Größen einfließen zu lassen.

Zur Analyse der Kundenabwanderung und Planung von Maßnahmen zur **Kundenrückgewinnung** (Customer Recovery) kann die **Churn Rate** ermittelt werden (ein

Kunstwort aus Change und Turn). Sie gibt den Anteil der abgewanderten Kunden an der durchschnittlichen Kundenanzahl in der betrachteten Periode an und kann wie folgt berechnet werden:

$$\text{Churn Rate} = \frac{\text{Kunden}_{\text{Beginn}} - \text{Kunden}_{\text{Ende}}}{\text{Kunden}_{\text{Beginn}} + \text{Neuzugänge}}$$

Liegt beispielsweise der Kundenbestand eines Unternehmens am Anfang einer Periode bei 1.000 und werden während der Dauer der Periode insgesamt 100 Abmeldungen und 200 Neuzugänge verzeichnet, berechnet sich die Churn Rate zu 100 / (1.000 + 200) = 0,083.

Abgewanderte Kunden können sodann weiter in Gruppen eingeteilt (segmentiert) werden. Als Segmentierungskriterien könnte zum einen die Motivation zur Abwanderung (intrinsisch, aus eigenem Antrieb vs. extrinsisch, z. B. durch Abwerbung) sowie die Ursachen für die Abwanderung (z. B. Preis, Qualität) betrachtet werden.

Werden vom Anbieter Maßnahmen zur Kundenrückgewinnung ergriffen, kann der **Rückgewinnungserfolg** anhand der folgenden Kennzahl eingeschätzt werden:

$$\text{Rückgewinnungserfolg} = \frac{\text{Anzahl reaktivierter Kundenbeziehungen}}{\text{Anzahl kontaktierter Kunden}}$$

Zu den eindimensionalen **nichtmonetären Verfahren**, die qualitative Größen bei der Kundenwertermittlung fokussieren, zählen die Kaufhäufigkeitsanalyse und die Kundenzufriedenheitsanalyse.

Mithilfe der **Kaufhäufigkeitsanalyse** wird untersucht, wie oft sich ein Käufer in einem definierten Zeitraum für das betreffende Produkt (bzw. den Artikel oder die Marke) entschieden hat (vgl. Günther et .al. 2006, S. 309). Die Ergebnisse können über alle Kunden aggregiert betrachtet werden. Im Ergebnis könnte sich beispielsweise zeigen, dass 30 % der Käufer einer Marke in dem betrachteten Zeitraum diese nur einmal, 25 % zweimal, 20 % dreimal, 15 % viermal und 10 % fünfmal oder öfter gekauft haben. Hohe Kaufhäufigkeiten könnten somit einen hohen Kundenwert anzeigen. Für die Interpretation ist jedoch zu beachten, dass die Kaufhäufigkeiten durch die Länge des Betrachtungszeitraums sowie Packungsgrößen beeinflusst werden, sodass die Ergebnisse mit entsprechenden Werten anderer Produkte und/oder Zeiträume zu vergleichen sind. Die ermittelten Kaufhäufigkeiten stellen insbesondere bei der Einführung neuer Produkte einen wichtigen Frühindikator zur Abschätzung des langfristigen Produkterfolgs dar (vgl. Günther et al. 2006, S. 309).

Auch über die **Analyse der Kundenzufriedenheit**, die als eine Determinante der Kundenbindung aufgefasst werden kann, lassen sich Aussagen zum Kundenwert ableiten. Zufriedenheit ist eine typischerweise nach dem Kauf auftretende Größe, die aus einem psychischen Abgleichprozess des Kunden von erwarteter Qualität (Soll-Komponente) und erfahrener Qualität (Ist-Komponente) entsteht. Sofern die Erwartungen aus der subjektiven Sicht des Kunden mindestens erfüllt sind, resultiert daraus Zufriedenheit, im umgekehrten Fall Unzufriedenheit. Zufriedenheit wirkt sich in der Tendenz positiv auf die Kundenbindung (Wiederkäufe, Zusatzkäufe und Weiterempfehlungen) aus, womit wiederum der Kundenwert steigt. Durch eine regelmäßig wiederkehrende Messung der Kundenzufriedenheit lassen sich Veränderungen in den Kundenwertpotenzialen frühzeitig erkennen. Würde man den Kundenwert lediglich anhand monetärer Erfolgsgrößen (wie Absätzen, Umsätzen, Deckungsbeiträgen und deren Veränderung) erfassen, würde ein rückläufiger Kundenwert und drohender Kundenverlust möglicherweise zu spät erkannt werden. Die Kundenzufriedenheit kann somit als Vorsteuerungsgröße zur Aufdeckung von Schwankungen bei den Größen Kundenbindung und Kundenwert dienen. Erfolgen Messungen der Kundenzufriedenheit zeitlich in angemessenem Abstand vor und nach dem Einsatz von Marketingmaßnahmen, lässt sich an deren Veränderung auch der Erfolg dieser Maßnahmen, etwa im Hinblick auf eine intendierte Steigerung von Kundenbindung und Kundenwert, abschätzen.

Die Variable Zufriedenheit kann anhand verschiedener Verfahren gemessen werden (vgl. Hempelmann und Grunwald 2004 und 2005). Einen Überblick gibt Abb. 4.32.

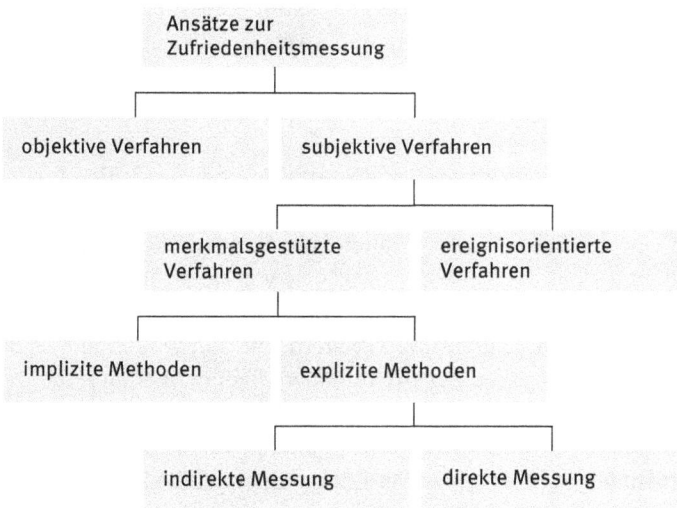

Abb. 4.32: Verfahren zur Messung von Kundenzufriedenheit (eigene Darstellung).

Objektive Verfahren erfassen das Konstrukt Zufriedenheit durch Indikatoren, die eine hohe Korrelation mit der Zufriedenheit aufweisen und nicht durch persönliche subjektive Wahrnehmungen verzerrt werden können. Ausgehend von der Überlegung, dass Zufriedenheit bzw. Unzufriedenheit zu treuem Verhalten bzw. zu Abwanderung führt, stützen sich objektive Verfahren auf Größen wie Marktanteil, Gewinn oder Umsatz. Die Messung der Zufriedenheit durch solche (nicht problembezogenen) Indikatoren ist problematisch, da diese Größen dem Einfluss weiterer Determinanten

(z. B. Wettbewerbereinflüssen) unterliegen. Ob diese in der Regel hochaggregierten Größen (wie z. B. Wiederkauf- bzw. Abwanderungsrate) mit der Kundenzufriedenheit tatsächlich in Verbindung stehen, ist umstritten.

Subjektive Verfahren stellen dagegen auf die Erfassung interindividuell unterschiedlich ausgeprägter psychischer Sachverhalte und damit verbundener Verhaltensweisen ab. Es werden keine direkt beobachtbaren Größen, sondern die vom Kunden subjektiv wahrgenommenen Zufriedenheitswerte ermittelt. Es lassen sich merkmalsorientierte und ereignisorientierte Verfahren unterscheiden.

Zur Gruppe der **ereignisorientierten Verfahren** gehört beispielsweise die Critical Incident Technique (CIT) bzw. die Methode der kritischen Ereignisse: Hierbei handelt es sich um eine weitgehend strukturierte und standardisierte Form der Befragung, in deren Rahmen die Probanden Vorfälle (häufig aus der jüngeren Vergangenheit der Geschäftsbeziehung mit dem Anbieter) schildern sollen, die sie als kritisch erlebt haben. Kritisch bedeutet in diesem Zusammenhang, dass mit den Ereignissen besonders positive Gefühle und Zufriedenheit oder umgekehrt starke negative Gefühle und Unzufriedenheit verbunden werden. Insbesondere wegen des mit ihnen verbundenen Zeitaufwands sind ereignisorientierte Verfahren für eine regelmäßige und repräsentative Erhebung der Kundenzufriedenheit kaum geeignet. Sie sind aber als wichtige Ergänzung merkmalsgestützter Verfahren anzusehen, da sich detailliertere bzw. erklärende Informationen gewinnen lassen.

Bei den **merkmalsorientierten Verfahren** lassen sich implizite und explizite Methoden unterscheiden.

Zu den **impliziten Ansätzen**, bei denen der Rückschluss auf die Zufriedenheit indirekt über Indikatoren erfolgt, zählen die systematische, retrospektive Erfassung von Beschwerden und des Beschwerdeverhaltens von Kunden oder die gezielte Auswertung von Kundenmeetings (z. B. Auswertung von vorliegenden Gesprächsprotokollen). Weitere Möglichkeiten der impliziten Messung sind die Einrichtung von Problem-Panels und die Befragung von Mitarbeitern mit Kundenkontakt (z. B. Hotline- oder Außendienstmitarbeiter) zu der von ihnen wahrgenommenen Kundenzufriedenheit. Solche implizite Methoden, die hauptsächlich Beschwerdeanalysen umfassen, setzen ein aktives Beschwerdeverhalten der Kunden voraus. Dies ist in der Realität jedoch häufig nicht gegeben. Somit ist der Rückschluss auf die Zufriedenheit über die Beschwerdezahl fragwürdig. Bei dem zuletzt genannten Ansatz der Befragung von Mitarbeitern mit Kundenkontakt ist zu kritisieren, dass die gewonnenen Informationen aufgrund der selektiven und subjektiven Wahrnehmung des Kontaktpersonals starken Verzerrungen unterliegen. Dennoch lassen sich zumindest Hinweise auf mögliche Gründe für die Unzufriedenheit finden, sodass Befragungen des Kontaktpersonals als ergänzende Zufriedenheitsmessungen geeignet sind.

Die **expliziten** Methoden ermitteln die Zufriedenheit entweder indirekt durch separate Messung von Erwartungen (Soll-Komponente) und wahrgenommener Leistung (Ist-Komponente) oder durch die direkte Erfragung der empfundenen Zufriedenheit (d. h. Abfrage von Soll minus Ist).

Beim **indirekten Ansatz** werden die Soll-Komponente (also die Erwartungen) vor und die Ist-Komponente (also die wahrgenommene Leistung) nach der zu beurteilenden Objekterfahrung erhoben (Ex-ante-/Ex-post-Messung), um aus der Differenz den Zufriedenheitsgrad abzulesen. Die separate Messung lässt mögliche Abhängigkeiten von Soll- (Erwartungen) und Ist- Komponente (wahrgenommene Leistung) unberücksichtigt bzw. setzt umgekehrt eine Unabhängigkeit von Soll- und Ist-Komponente voraus.

Es ist jedoch davon auszugehen, dass zwischen Soll- und Ist-Komponente Abhängigkeiten bestehen. Insbesondere werden Assimilations- und Kontrasteffekte (als kognitiv bewertende Prozesse) nicht berücksichtigt. Als Assimilationseffekt wird im Allgemeinen die psychische Anpassung der Wahrnehmung des Ist-Zustands an den Vergleichsstandard (Erwartungen) zum Abbau kognitiver Dissonanzen bezeichnet. Liegt z. B. die tatsächlich wahrgenommene Ausprägung der Ist-Komponente unter dem Vergleichsstandard (also den Erwartungen), schätzt der Urteilende sie aufgrund von Assimilationseffekten als weniger schlecht ein. Er korrigiert also seine ursprüngliche Wahrnehmung in Richtung seiner Erwartungen, sodass sich die Abweichungen zwischen dem Anspruchsniveau (Soll) und dem wahrgenommenen Ist-Zustand verkleinern. Nach der Kontrasttheorie vergrößern sich hingegen die Abweichungen zwischen dem Anspruchsniveau (Soll) und dem wahrgenommenen Ist-Zustand (Kontrasteffekt): Übertrifft die Ist-Komponente das Anspruchsniveau, wird sie vom Urteilenden aufgrund von Kontrasteffekten folglich besser eingeschätzt als sie es objektiv ist. Umgekehrt kommt es zu einer subjektiv schlechteren Wahrnehmung des tatsächlichen Ist-Zustands wenn der (wahrgenommene) Ist-Zustand unter den Erwartungen liegt. Angesichts solcher durch das Anspruchsniveau hervorgerufenen Wahrnehmungsverzerrungen ist die bei einer separaten Abfrage von Soll- und Ist-Komponente und anschließender Subtraktion unterstellte Unabhängigkeit grundsätzlich anzuzweifeln.

Ebenso kann nicht ausgeschlossen werden, dass die Ist-Komponente die Soll-Komponente beeinflusst. Um dissonante Eindrücke zu vermeiden bzw. zu reduzieren, kann das Individuum seinen ursprünglichen Vergleichsstandard im Rahmen des Beurteilungsprozesses auch bzw. zusätzlich an die Ist-Komponente anpassen. Daraus folgt unmittelbar, dass eine Erhebung des Anspruchsniveaus vor der eigentlichen Erfahrung mit dem Beurteilungsobjekt zu nicht validen Ergebnissen führen kann.

Daneben ergibt sich ein messtechnisches Problem: Durch die zweimalige Verwendung der gleichen Messskala neigt die befragte Person dazu, konsistente Antworten zu geben. Dies bedeutet, dass die gemessene Zufriedenheit wesentlich von der tatsächlich empfundenen Zufriedenheit abweichen kann. Wird zweimal die gleiche Skala genutzt, kann sich auch der sogenannte Floor or Ceiling Effect (Boden- oder Deckeneffekt) ergeben. Hat der Befragte seinen Erwartungen bereits die höchstmögliche Bewertung gegeben und wird diese dennoch übertroffen, besteht für ihn keine Möglichkeit, dies durch eine bessere Bewertung der wahrgenommenen Leistung zum Ausdruck zu bringen.

Nicht nur die separate Erhebung von Soll- und Ist-Komponente der Zufriedenheit ist problematisch; auch die anschließende Differenzenbildung zur Ermittlung der resultierenden (Un-)Zufriedenheit birgt Probleme in sich. Hierbei wird implizit unterstellt, dass sich die individuelle Zufriedenheit mathematisch-mechanistisch aus der Differenz der erhobenen Werte für die Soll- und die Ist-Komponente ableiten lässt. Ein derartiges Vorgehen kann zu Fehlinterpretationen verleiten, da Individuen eine rechnerisch identische Differenz anders wahrnehmen und folglich ein unterschiedliches Maß an Zufriedenheit aufweisen können. Zahlreiche empirische Studien kommen übereinstimmend zu dem Ergebnis, dass das Zufriedenheitsurteil deutlich stärker mit der wahrgenommenen Zufriedenheit als mit der resultierenden (errechneten) Zufriedenheit korreliert.

Alternativ zur Ex-ante-/Ex-post-Messung wird infolge dieser Probleme bei der **direkten Messung** die wahrgenommene Differenz erhoben, indem direkt nach dem Grad der Zufriedenheit gefragt wird. Alternativ könnte man auch danach fragen, ob die Leistungserfahrungen mit den ursprünglichen Erwartungen übereinstimmen. Vom Erfüllungsgrad der Erwartungen wird dann direkt auf die Zufriedenheit geschlossen.

Neben der Erfassung der Kundenzufriedenheit als Determinante der Kundenbindung könnte auch die **Kundenbindung** direkt über die dem Konstrukt zugeordneten Dimensionen und Indikatoren zur Abschätzung des Kundenwerts erfasst werden. Als Dimensionen der Kundenbindung werden dabei in der Regel Wiederkäufe, Zusatzkäufe und Weiterempfehlungen angesehen (vgl. Giering 2000, S. 161). Die Messung dieser Dimensionen der Kundenbindung kann dabei an dem tatsächlichen, offenbarten Verhalten der Käufer oder an dem bekundeten (geäußerten) Verhalten der Käufer ansetzen (siehe Abb. 4.33).

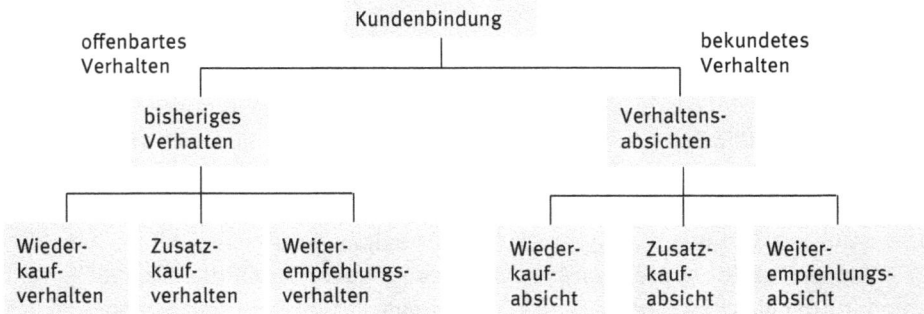

Abb. 4.33: Dimensionen zur Messung der Kundenbindung (eigene Darstellung).

Das offenbarte Verhalten lässt sich durch Beobachtung erfolgter Käufe und Auswertung der Kaufhistorie erfassen. Die Messung erfolgt somit vergangenheitsgerichtet. Das bekundete Verhalten kann im Wege von Befragungen der Käufer erfasst werden. Es bezieht sich auf zukünftig geplantes Verhalten. Sofern eine Messung der Verhaltensabsichten per Befragung erfolgt, lassen sich die in Tab. 4.25 dargestellten Frageformulierungen verwenden, die sich in Untersuchungen als trennscharf erwiesen haben.

Tab. 4.25: Frageformulierungen zur Erfassung des Konstrukts Kundenbindung (Giering 2000, S. 161).

Faktor	Item (Indikator)
Wiederkaufabsicht	— Es ist sehr wahrscheinlich, dass ich das nächste Mal wieder dieselbe Marke kaufe. — Ich beabsichtige nicht, eine andere Marke zu kaufen. — Ich habe die Absicht, dieser Marke treu zu bleiben. — Ich denke nicht, dass ich beim nächsten Mal eine andere Marke ausprobieren werde.
Weiterempfehlungs-absicht	— Ich werde meinen Freunden und Bekannten von den Vorzügen dieser Marke erzählen. — Von meinen guten Erfahrungen mit der Marke sollen auch andere erfahren. — Ich habe die Absicht, diese Marke anderen Personen weiterzuempfehlen.
Zusatzkaufabsicht	— Ich denke, dass ich auch andere Produkte dieses Markenanbieters ausprobieren werde. — Ich habe die Absicht, noch zusätzliche Produkte desselben Markenanbieters zu kaufen. — Ich beabsichtige, meine Einkäufe bei diesem Markenanbieter auszudehnen. — Wahrscheinlich werde ich häufiger als bisher Produkte bei diesem Markenanbieter kaufen.

Besonders geeignet zur umfassenden Messung des sich aus verschiedenen Komponenten zusammensetzenden Kundenwerts erscheinen **mehrdimensionale Ansätze**. Hierzu zählen Punktbewertungsverfahren und Portfolioanalysen.

Mithilfe von **Punktbewertungsverfahren** können simultan mehrere gemischt monetäre und nichtmonetäre Bestimmungsfaktoren des Kundenwerts auf einer einheitlichen Bewertungsskala erfasst werden. Das grundsätzliche Vorgehen dieser Methode wurde bereits in Kapitel 3.4.3 erläutert.

Die **RFMR-Methode** ist ein auf Kaufdaten beruhendes spezielles Punktbewertungsverfahren zur Kundenwertermittlung. Die Punktbewertung erfolgt auf Basis der Kaufdaten **R**ecency (letztes Kaufdatum), **F**requency (Kaufhäufigkeit) und **M**onetary **R**atio (Umsatz oder Deckungsbeitrag). Hierbei wird üblicherweise Käufern, die Käufe in der jüngeren Vergangenheit getätigt haben, ein höherer Kundenwert zugeschrieben als Käufern, deren Käufe bereits weiter zurückliegen. Zudem werden Kunden mit einer höheren Kaufhäufigkeit und einem höheren Umsatz oder Deckungsbeitrag besser bewertet.

Die Bewertung der Kunden erfolgt entlang dieser drei Kriterien durch Vergabe von Punkten (z. B. 0 bis 20), wobei die Kriterien auch gewichtet werden können. Die über die drei Kriterien errechnete (gewichtete) Punktsumme liefert dann einen Nutzwert pro Kunde, der Aufschluss über den Kundenwert geben soll. Dieser Nutzwert lässt sich mit den Werten anderer Kunden oder definierten Soll-Werten vergleichen, um Aussagen über die relative Wertigkeit des Kunden abzuleiten.

Die Berechnung von Punktwerten mit der RFMR-Methode könnte beispielhaft wie folgt aussehen (vgl. Bruns 2007, S. 121):

- Der Faktor Recency wird anhand des letzten Kaufdatums abgestuft beurteilt, wobei für einen Kauf im letzten Quartal 20 Punkte vergeben werden, für einen Kauf innerhalb der letzten 6 Monate 10 Punkte und für einen Kauf innerhalb der letzten 12 Monate 5 Punkte.
- Der Faktor Frequency wird über die Anzahl der Käufe im letzten Jahr multipliziert mit dem Gewichtungsfaktor 3 beurteilt.
- Der Faktor Monetary Ratio fließt ein, indem je umgesetztem Euro 0,05 Punkte vergeben werden, wobei 20 Punkte als Obergrenze gesetzt werden.

Mit der Festlegung einer Obergrenze soll dem Umstand Rechnung getragen werden, dass von hohen Umsätzen in einer Periode bei Gebrauchsgütern (wie dem Kauf von Möbeln oder Haushaltsgeräten) nicht zwingend auf hohe Umsätze in der Folgeperiode geschlossen werden kann.

Das Ergebnis der im Beispiel durchgeführten Bewertungen, die hier am Ende des Jahres erfolgt, kann Tab. 4.26 entnommen werden.

Tab. 4.26: Punktbewertung auf Basis der RFMR-Methode (vgl. Bruns 2007, S. 121).

Kunde	Monat des Kaufs (Recency)	Punkte	Anzahl der Käufe (Frequency)	Punkte	Umsatz in € (Monetary Ratio)	Punkte	Punktsumme
A	Februar	5	1	3	199	10	18
	Juli	10	1	3	75	4	17
	September	10	1	3	95	5	18
Summe A		**25**	**3**	**9**	**369**	**19**	**53**
B	Januar	5	1	3	999	20	**28**
C	November	20	1	3	149	7	**30**
D	März	5	1	3	49	2	10
	Oktober	20	1	3	59	3	26
	Dezember	20	1	3	39	2	25
Summe D		**45**	**3**	**9**	**147**	**7**	**61**
E	April	5	2	6	98	5	**16**

Wie in Tab. 4.26 ersichtlich, ist, weist Kunde D, gefolgt von Kunde A die höchste Punktsumme und nach dieser Methode den höchsten Kundenwert auf mit deutlichem Abstand zu den übrigen Kunden. Auf der Grundlage dieser Information könnten dann Maßnahmen zur weiteren Förderung von Kunden D und A geplant werden. Der Erfolg dieser Maßnahmen kann sodann an der Veränderung der Punktsumme beurteilt werden.

Bei Bedarf kann auch die Verteilung des Umsatzes auf verschiedene Warengruppen berücksichtigt werden, um dem Umstand Rechnung zu tragen, dass ein sich auf mehrere Warengruppen verteilender hoher Erstbestellwert eine hohe Kaufwahrscheinlichkeit in Folgeperioden indiziert (vgl. Bruns 2007, S. 122).

Positiv fällt an den Punktbewertungsverfahren zur Kundenwertermittlung die Möglichkeit zur Berücksichtigung verschiedener Dimensionen des Kundenwerts auf, was der Mehrdimensionalität dieses Konstrukts Rechnung trägt. Der Ansatz ist zudem sehr flexibel, da gemischt monetäre, quantitative und qualitative Faktoren simultan einbezogen und in einem Ansatz miteinander verrechnet werden können. Zudem ist die RFMR-Methode erweiterbar. So werden bei der sogenannten **FRAT-Methode** neben der Kaufhäufigkeit (Frequency – F), dem letzten Kaufdatum (Recency – R), der Umsatzhöhe (Amount of Purchase – A) auch die Warengruppe bzw. der Sortimentsbereich (Type of Merchandise – T) berücksichtigt.

Zu den mehrdimensionalen Ansätzen der Kundenwertberechnung zählen neben Punktbewertungsverfahren auch **Kennzahlensysteme**, bestehend aus mehreren einer zu messenden Größe inhaltlich zugeordneten quantitativen Maßzahlen als Indikatoren. Zur Erfassung der oben erörterten monetären und nichtmonetären Komponenten des Kundenwerts lassen sich die in Tab. 4.27 dargestellten Kennzahlen heranziehen. Die hier betrachteten Kennzahlen setzen dabei an der individuellen Erfassung des Kundenwerts eines einzelnen Kunden auf der Mikro-Ebene an. Sie lassen sich jedoch auch auf die Makro-Ebene übertragen, um aggregierte Aussagen über Kundensegmente oder den Gesamtkundenstamm insgesamt abzuleiten (vgl. für einen Überblick Reinecke 2004, S. 282 f.).

Tab. 4.27: Kennzahlen zur Erfassung des (individuellen) Kundenwerts (eigene Darstellung).

Kundenwertkomponente	zugeordnete Kennzahl	Erläuterung/Beispiel
Erlöspotenzial	Kundenumsatz	Umsatz pro Kunde und Jahr
	Kundendeckungsbeitrag	Kundenumsatz – kundenspezifische Kosten
	Kundenrentabilität	Kundenumsatz/kundenspezifische Kosten
	Zahlungsverhalten, Kundenbonität	– Debitorenlaufzeit (Kundenziel) in Tagen = ⌀ Kundenforderungen / Kundenumsatz × 360 Tage (Wie lange dauert es durchschnittlich, bis ein Kunde seine Rechnungen begleicht?) – Anteil der tatsächlichen Skontoausnutzungen durch einen Kunden – ⌀ Verzugsdauer in Tagen = Summe aller Verzugstage im Jahr / Summe der Forderungsposten im Jahr – Anteil der fristgerechten Zahlungen – Anteil der Zahlungen mit x Tagen Verzug – Anteil der Zahlungsausfälle (gesamt)
Entwicklungspotenzial	Bedarfslücke	noch nicht befriedigtes Nachfragepotenzial; maximal möglicher Kundenabsatz – bereits getätigte Käufe (erfolgte Absätze)
	Share of Wallet (Kundenpenetrationsrate)	Anteil der Bedarfsdeckung des Kunden beim Anbieter/ (geschätzter) Gesamtbedarf des Kunden

Tab. 4.27: (fortgesetzt)

Kundenwertkomponente	zugeordnete Kennzahl	Erläuterung/Beispiel
	Dauer der Kunden-beziehung	Zeitdauer seit Erstkaufzeitpunkt
	Kaufzeitpunkte, -intervalle	Kaufdatum und Zeitdauer seit letztem Kauf
	(Wieder-)Kaufintensität	Wiederkäufe nach Anzahl und Umsatz pro Zeiteinheit
	Nutzungsintensität	Häufigkeit der Nutzung pro Zeiteinheit
	Rabattanteil am Umsatz	durchschnittliche Rabattgewährung am Kundenumsatz (Anreiz zum Wiederkauf)
	Preisgünstigkeit/ -würdigkeit	vom Kunden wahrgenommene Preisgünstigkeit (absolut) und Preiswürdigkeit (relativ, Preis-Leistungsverhältnis)
Loyalitätspotenzial	Zusatzkaufrate	Zusatzkäufe nach Anzahl, Art und Umsatz pro Zeiteinheit
	Kundenzufriedenheit	Erfüllungsgrad der Kundenerwartungen (Abweichung zwischen wahrgenommener Soll- und Ist-Qualität)
	Abhängigkeit des Kunden	Art und Grad bestehender Kundenbindung (z. B. Restlaufzeit von Verträgen, Substitute, Wechselkosten, emotionale Bindung)
	Reaktion auf eingesetzte Kundenbindungs-instrumente	z. B. Ausmaß regelmäßiger Nutzung der Kundenkarte
Referenzpotenzial	Empfehlungsrate	Anzahl der Kunden, die aufgrund einer Empfehlung des betrachteten Kunden erstmals gekauft haben; Anzahl Weiterempfehlungen des Kunden pro Periode
	Meinungsführerschaft	Bedeutung des Käufers als Referenzgeber, z. B. abgeleitet aus – beruflicher Stellung – Umfang an Produkterfahrungen – Art des Produkts – Involvement – Zufriedenheit – Ausstrahlungskraft und Glaubwürdigkeit
	soziales Netz	Grad der Kundenvernetzung; Anzahl möglicher Abnehmer, die ein vorhandener Kunde beeinflussen kann
Informationspotenzial	Kontaktintensität	Anzahl der Kundenkontakte pro Zeiteinheit
	Teilnahme-/Auskunfts-bereitschaft	Teilnahme(-bereitschaft) an Kundenumfragen, Kundenworkshops/-veranstaltungen; zeitnahe Beantwortung von Rückfragen z. B. des Außendiensts
	Beschwerde-/Reklama-tionsanzahl	Anzahl der Beschwerden oder Reklamationen pro Zeiteinheit (ggf. aufgeschlüsselt nach Arten und Kanälen)

Tab. 4.27: (fortgesetzt)

Kundenwertkomponente	zugeordnete Kennzahl	Erläuterung/Beispiel
	Qualität der Kunden-äußerungen	Inhalt und Form der Kundenrückmeldungen (z. B. Präzision/Detailliertheit der Aussagen des Kunden)
Kooperations-/ Synergiepotenzial	Kontakthäufigkeit	Anzahl der kundeninitiierten Kontakte pro Zeiteinheit
	Kooperationsbereitschaft	Grad der Beteiligung des Kunden an Maßnahmen zur Kundenintegration (z. B. im Rahmen der Produktentwicklung)
	Kooperationsanzahl	Anzahl und Art bestehender und geplanter Kooperationen des Kunden mit anderen unserer (potenziellen) Kunden (z. B. zur Bildung von Einkaufsverbünden)
	Kosteneinsparpotenzial	Möglichkeiten und Ausmaß gemeinsamer Kosteneinsparpotenziale durch Kooperation von Kunde und Anbieter (z. B. durch Synchronisation der Geschäftsprozesse)
	Wachstum des Kunden	Umsatzentwicklung des Kunden; Entwicklung der Abnehmer und Märkte des Kunden

Auf aggregierter Ebene kann speziell zur Erfassung des Referenz-, Loyalitäts- und Entwicklungspotenzials der Kunden der **Net Promoter Score (NPS)** berechnet werden:

Grundlage hierfür ist eine im **ersten Schritt** durchzuführende Kundenbefragung zur Weiterempfehlungsabsicht auf einer standardisierten Zehn-Punkt-Skala, auf der Kunden die Wahrscheinlichkeit angeben sollen, das Produkt bzw. Unternehmen an einen Freund oder Kollegen weiterzuempfehlen. Ergänzend kann nach dem Grund für die abgegebene Einschätzung gefragt werden, um Hintergründe der Beurteilung (z. B. Bedürfnisse, Erwartungen, Erfahrungen) aufzudecken, die bei der Konzeption von Kundenbindungsmaßnahmen nützlich sein können.

Nach Durchführung der Kundenbefragung erfolgt im **zweiten Schritt** eine Clusterung der Kunden durch Einteilung der Zehn-Punkt-Skala in drei Bereiche:

(1) Die Skalenpunkte 9 und 10 repräsentieren Kunden, die ihre Weiterempfehlungsabsicht als hoch einschätzen und somit als echte Fürsprecher der Leistungen des Anbieters (engl. promoter) angesehen werden können.

(2) Die Skalenpunkte 7 und 8 repräsentieren die unentschiedenen Kunden (engl. passives), bei denen eine Weiterempfehlungsabsicht eher unklar ist.

(3) Die Skalenpunkte 0 bis 6 repräsentieren die Gruppe der Kritiker (engl. detractors), bei denen eine Weiterempfehlung der Leistungen des Anbieters eher unwahrscheinlich ist.

Im **dritten Schritt** der Analyse erfolgt die Berechnung des prozentualen Anteils von Fürsprechern und Kritikern an der Anzahl der Befragten. Der NPS wird sodann aus der Differenz dieser beiden Anteile ermittelt:

$$\text{NPS} = \%\text{-Anteil Fürsprecher (promoter)} - \%\text{-Anteil Kritiker (detractors)}$$

Wie an der Formel zu erkennen ist, nimmt der NPS negative Werte an, sofern der betrachtete Anbieter mehr Kritiker als Fürsprecher hat.

Da der NPS auf einer Kundenbefragung basiert, hängt die Aussagekraft stark von der Höhe der Rücklaufquote bei dieser Befragung ab. Ob der NPS überdies die tatsächliche Kundenzufriedenheit und Kundenbindung erfasst, dürfte fraglich sein, da es sich um (hypothetische) Absichtsbekundungen handelt. Die Vorteile der NPS-Berechnung liegen in dem sehr einfachen Konzept begründet. Die Einteilung der Skala berücksichtigt zudem einen nichtlinearen (exponenziellen) Zusammenhang zwischen Skalenwert und Kundenwert. Realistischerweise führt also nicht jeder (lineare) Anstieg der Weiterempfehlungsabsicht zu einer Erhöhung der Kundenbindung bzw. des Kundenwerts (vgl. zur Anwendung des NPS in der Praxis: Greve und Benning-Rohnke 2010).

Portfolioanalysen erfassen den Kundenwert mehrdimensional. Hierbei werden zwei Dimensionen des Kundenwerts in einem Diagramm gegenübergestellt. Sie bilden die Käufer räumlich anhand der Ausprägungen dieser beiden Dimensionen ab.

Im **Kundenattraktivitäts-/Wettbewerbsposition-Portfolio** erfolgt die Bewertung der Kunden anhand dieser beiden Dimensionen, die wiederum durch Punktbewertung mehrerer Kriterien und deren Gewichtung erfasst werden können (vgl. Bruns 2007, S. 123 f. und Link und Hildebrand 1993, S. 50 ff.).

Abb. 4.34: Kundenattraktivitäts-Wettbewerbsposition-Portfolio (Link und Hildebrand 1993, S. 52).

Die Kunden lassen sich in der Matrix als Kreise darstellen, die proportional zu ihrer jeweiligen Bedeutung (z. B. gemessen am Umsatzpotenzial) gezeichnet werden. Ergänzend lassen sich in den Kreisen die eigenen Lieferanteile vermerken.

Es ergibt sich die folgende Matrix mit den in den Feldern vermerkten Bezeichnungen zur Charakterisierung der Kunden als Grundlage für die Ableitung von Normstrategien.

Als Kriterien zur Beurteilung der Kundenattraktivität lassen sich die bereits zum CLV-Ansatz erörterten monetären und nichtmonetären Komponenten des Kundenwerts heranziehen. Darüber hinausgehend können die Bonität des Kunden, die Beratungs-/Serviceintensität, Preissensibilität und das Beschwerde-/Reklamationsverhalten als Merkmale zur Einschätzung der Kundenattraktivität verwendet werden (vgl. Link und Hildebrand 1993, S. 50 f.).

Zur Bewertung der eigenen Wettbewerbsposition können die geografische Nähe zum Kunden, der Ausstattungsgrad mit den eigenen Produkten, der eigene Lieferanteil, das Produktimage aus Sicht des eigenen sowie dessen Kunden und die Beziehung des eigenen Außendiensts zum Kunden als Kriterien betrachtet werden (vgl. Link und Hildebrand 1993, S. 50 f.).

Je nach Position eines Kunden in der Matrix sind verschiedene Strategien erfolgversprechend. Diese Normstrategien werden für die einzelnen Felder der Matrix im Folgenden kurz skizziert.

- Für **Starkunden** (Felder I und II) empfiehlt sich eine Investitionsstrategie, um die eigene Position bei diesen wichtigen Kunden zu halten oder auszubauen.
- Für **Entwicklungskunden** (Feld III) sollte geprüft werden, ob sich die eigene relativ schwache Wettbewerbsposition durch Maßnahmen verbessern lässt, um diese Kunden zu Starkunden zu entwickeln.
- Für **Perspektivkunden** (Feld IV) ist eine Stabilisierung der Lieferantenposition empfehlenswert. Der eigene relative Wettbewerbsvorteil kann hier zur weiteren Steigerung der Kundenattraktivität eingesetzt werden. Vorab sollte jedoch das Entwicklungspotenzial dieser Kunden genauer eingeschätzt werden.
- Für **Abschöpfungskunden** (Felder V und VII) ist infolge der mittleren bis geringen Kundenattraktivität bei (über-)durchschnittlicher Wettbewerbsstellung eine vorsichtige Investitionsstrategie empfehlenswert. Sie dient zur weiteren Sicherung der eigenen Position und Abschöpfung der Deckungsbeiträge dieser Kunden sowie zur weiteren Unterstützung der Entwicklungs- und Perspektivkunden.
- Für **Mitnahmekunden** (Felder VI und VIII) empfiehlt sich infolge der deutlich schlechteren Wettbewerbsposition eine Desinvestitionsstrategie. Es sind somit eher kostengünstigere Marketingmaßnahmen einzusetzen. Der Bearbeitungsaufwand ist zu reduzieren.
- Für **Verzichtskunden** (Feld IX) mit negativen Deckungsbeiträgen sollte in Betracht gezogen werden, die Beziehung zu lösen, sofern keine Synergien zu

anderen Kunden bestehen oder negative Mund-zu-Mund-Kommunikation und Imageeinbußen zu erwarten sind.

Im **Kundenattraktivität-Verlustrisiko-Portfolio** wird der Dimension der Kundenattraktivität anstelle der relativen Wettbewerbsposition das Abwanderungsrisiko des Kunden gegenübergestellt (siehe Abb. 4.35). Das Abwanderungsrisiko kann dabei anhand von Zufriedenheitswerten, Eindrücken der Außendienstmitarbeiter, Analyse der Beschwerdefälle, Auswertung der Kaufhistorie (z. B. vergangene Zeitdauer seit der letzten Bestellung, abweichende Kaufmuster) usw. eingeschätzt werden.

Abb. 4.35: Kundenattraktivität-Verlustrisiko-Portfolio (Büttgen 2003, S. 67).

In den Feldern der Matrix sind bereits die Normstrategien vermerkt, die denen des Kundenattraktivitäts-Wettbewerbsposition-Portfolio ähneln. Dies erklärt sich durch die inhaltliche Nähe der beiden Dimensionen des Abwanderungsrisikos und der relativen Wettbewerbsposition. Es darf vermutet werden, dass das Abwanderungsrisiko mit einer Schwächung der eigenen Wettbewerbsposition ansteigt, wobei jedoch auch weitere Abwanderungsgründe zu betrachten sind, die nicht in etwaigen eigenen Wettbewerbsnachteilen liegen (wie beispielsweise die Insolvenz des Kunden oder der entfallene Bedarf).

Portfolioanalysen zur Kundenbewertung sind vor allem geeignet, um etwaige Problemlagen einfach und schnell aufzudecken. Zudem stellen sie ein Denkraster zur Entwicklung von Strategieempfehlungen und zur Ableitung von Prioritäten für den Einsatz von Marketingmaßnahmen dar. Gleichwohl sind die betrachteten Normstrategien auslegungsbedürftig und noch stets unternehmensindividuell anzupassen. Weiterhin ist fraglich, ob die mit der Portfoliodarstellung unterstellte Unabhängigkeit der beiden Dimensionen in der Praxis stets gegeben ist. Abhängigkeiten, auch zwischen

den Kunden, sind im Rahmen der Strategieableitung stets zu reflektieren, um vorei-
lige Schlüsse in Bezug auf die möglicherweise folgenschwere Vernachlässigung ver-
meintlich irrelevanter Kunden zu vermeiden.

4.2.3 Wettbewerbsanalyse

Analog zu den Inhalten einer Käuferanalyse können die Aufgaben der Wettbewerbsanalyse in der Identifikation, Beschreibung, Aufteilung (Segmentierung, Strukturierung) sowie Bewertung von aktuellen und zukünftigen Wettbewerbern zur Priorisierung von Strategien und Maßnahmen im Umgang mit diesen gesehen werden
(siehe Abb. 4.36).

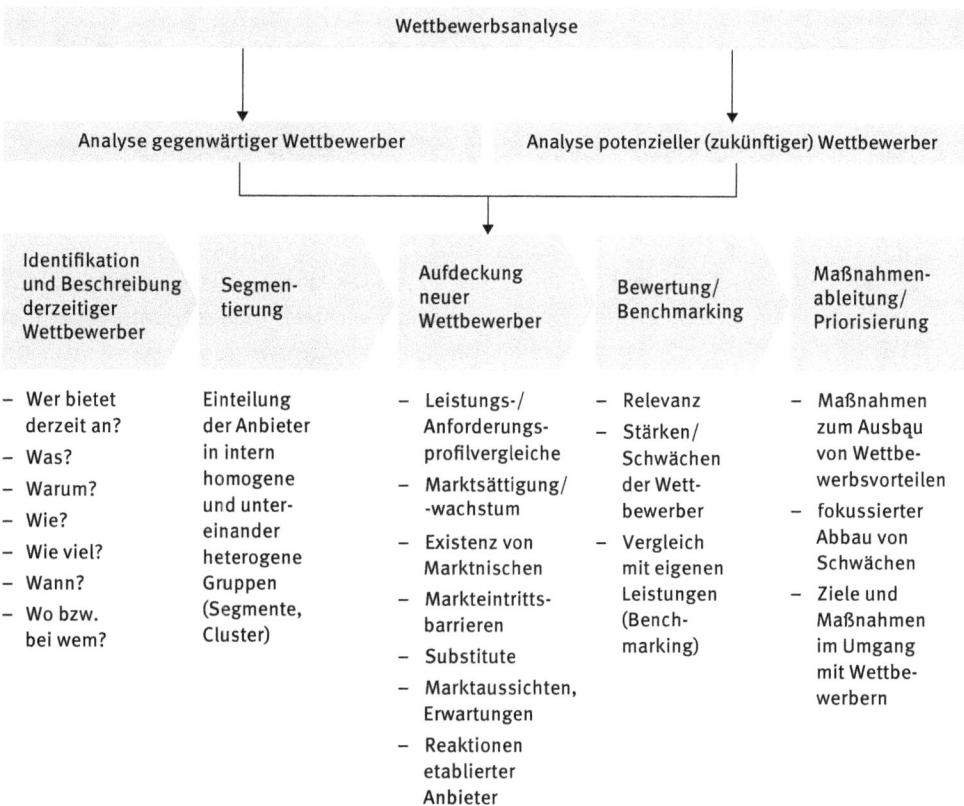

Abb. 4.36: Teilbereiche der Wettbewerbsanalyse (eigene Darstellung).

Nachdem im Rahmen der Definition des relevanten Marktes (z. B. anhand bestehender Substitute) relevante Wettbewerber **identifiziert** wurden, können diese näher zur weiteren Einschätzung und Segmentierung anhand von Merkmalen beschrieben werden. Beispiele für Merkmale zur **Beschreibung** von Wettbewerbern bilden die derzeitigen Produkte der Wettbewerber, die aktuelle Positionierung im Markt (Differenzierungs- und Angleichungsmerkmale), Preise und durchgeführte Verkaufsförderungsaktionen. Die Aufdeckung weiterer Merkmale für den Wettbewerbsvergleich könnte durch Beantwortung der in Tab. 4.28 aufgeführten Fragestellungen unterstützt werden.

Auf der Grundlage der in Tab. 4.28 vorgestellten Beschreibungsmerkmale der Wettbewerber (beispielsweise nach dem Preis- und Qualitätsniveau, Art und Umfang des Angebots und den dadurch angesprochenen Zielgruppen) lassen sich diese sodann im Wege der **Segmentierung** in Gruppen (Segmente, Cluster) ähnlicher Wettbewerber einteilen, um die Strukturen des Marktes besser erkennen zu können.

Der Segmentierung kann sich sodann die **Aufdeckung** potenziell **neuer**, zukünftig in den betrachteten Markt eintretender **Wettbewerber** anschließen. Analog zum Vorgehen bei der Käuferanalyse könnten zu diesem Zweck die gefundenen Segmente bestehender Wettbewerber anhand der zur Segmentierung verwendeten Beschreibungsmerkmale mit den Merkmalen der noch nicht im Markt vertretenen (potenziellen) Wettbewerber abgeglichen werden **(Leistungs-/Anforderungsprofilvergleich)**. Hintergrund ist die Überlegung, dass sich neu in den Markt eintretende Unternehmen mit den bisher am Markt etablierten Anbietern messen lassen müssen, also beispielsweise über mindestens vergleichbare Ressourcen verfügen müssen, um auf diesem Markt (langfristig) bestehen zu können. Hierbei könnten speziell die Anforderungen im Hinblick auf die Bearbeitung des Marktes (z. B. Kapazitäten zur Abdeckung des (Teil-)Marktes, Mindestqualitäten, Produktionsstandards, technisches Know-how, Kundenerwartungen/-bedürfnisse, Kapitalausstattung, mögliche Vertriebspartner usw.) mit den Eigenschaftsprofilen potenzieller neuer Wettbewerber abgeglichen werden.

Allgemein stellt der **Sättigungsgrad** einen Indikator für noch bestehende Vermarktungsspielräume dar. Der Sättigungsgrad ist definiert als Anteil des erreichten Marktvolumens (also der derzeitige Absatz oder Umsatz aller Anbieter auf dem Markt) am Marktpotenzial (als insgesamt auf dem Markt maximal möglicher Absatz oder Umsatz). Ist der Markt gesättigt, liegt also der Sättigungsgrad bei 100 %, so besteht auch für einen neu eintretenden Anbieter auf diesem Markt kein Potenzial, das diesen von einem Markteintritt abhalten könnte.

Analog zum Sättigungsgrad für den Gesamtmarkt lässt sich auch für einen einzelnen Anbieter eine Aussage treffen: Ein schneller Einblick in die Konkurrenzsituation des eigenen Unternehmens lässt sich gewinnen, indem man betrachtet, wie viele potenzielle Käufer das eigene Angebot grundsätzlich kaufen würden (z. B. sich hiermit versorgen müssten), dieses Angebot jedoch offenbar bereits von anderen Anbietern

Tab. 4.28: Beschreibungsmerkmale von Anbietern als Grundlage für die Wettbewerbsanalyse (eigene Darstellung).

Fragestellungen zur Aufdeckung von Wettbewerbermerkmalen	Beispiele für Wettbewerbermerkmale
Wer bietet derzeit an?	– Anzahl relevanter Wettbewerber (abgeleitet aus der Definition des relevanten Marktes) – Marktanteile – Unternehmensgröße (Marktanteil, Anzahl Beschäftigte, Umsatzklasse, Bilanzsumme, Größe nach der EU-Definition für kleine und mittlere Unternehmen) – Rechtsform, Eigentumsverhältnisse – Standorte (Hauptsitz, Niederlassungen) – Hauptabnehmer der Produkte (z. B. als %-Anteil vom Umsatz, aufgegliedert nach Regionen, Branchen, Kunden) – Anzahl und Art der Kunden (Hauptkundensegment) – Innovationskraft des Unternehmens (z. B. gemessen an Anzahl Patenten, Altersstruktur des Produktportfolios, Budget für Forschung und Entwicklung) – Bekanntheitsgrad – Image
Was wird angeboten?	– Programmbreite: Anzahl verschiedener Produkt(-linien) – Programmtiefe: Anzahl Typen, Sorten, Ausführungen, Marken usw. je Produkt(-linie) – Art der (Kern-)Produkte und Qualitätsniveau (z. B. nach technischer Produktqualität, gemessen am Entwicklungsstand der Produkte) – Anzahl und Art der Zusatzleistungen (z. B. komplementäre Produkte, Garantien, Absatzfinanzierung wie Leasingangebote, Schulungen, Wartungen) – Innovationsgrad der Produkte
Warum wird angeboten?	– Kernkompetenzen, Stärken und Schwächen – Lieferquellen (ggf. als Ingredient Brand, also als markierte Lieferquelle, im Marketing verwendet) – derzeitig verfolgte Strategien (z. B. beobachtbare Differenzierungs- vs. Imitationsstrategie, Diskont- vs. Hochpreisstrategie usw.) – Pläne (z. B. abgeleitet aus bisheriger Entwicklung des Unternehmens, Verlautbarungen des Managements, Analyse der Werbebotschaften, Analyse der Veränderung im Einsatz der Marketinginstrumente)
Wie wird angeboten?	– Preisstellung (Preishöhe, Zu- und Abschläge vom Basispreis, Preisdifferenzen zwischen Anbietern) – Aktionen (z. B. Sonderangebotspreise, Sonderpackungen) – Einzelangebote vs. Systemlösungen (z. B. Preisbündelung)
Wie viel wird verkauft?	– Mengen – Packungsgrößen
Wann wird angeboten?	– Konzentration auf bestimmte Zeit (z. B. Saisonabhängigkeit, zeitliche Begrenzung von Angeboten/Limited Editions) – Bezug zu eigenen Angebotszeiten (z. B. zeitlicher Abstand zur eigenen Neuprodukteinführung)

Tab. 4.28: (fortgesetzt)

Fragestellungen zur Aufdeckung von Wettbewerbermerkmalen	Beispiele für Wettbewerbermerkmale
Wo bzw. bei wem wird angeboten?	– Länge des Absatzkanals – Breite des Absatzkanals (Standorte, Filialen je Handelsbetriebstyp) – Tiefe des Absatzkanals (Typenvielfalt nach Universal-, Selektiv-, Exklusivvertrieb)

im Markt beziehen, da sie feststellbar nicht Kunden des eigenen Unternehmens sind. Hierzu setzt man die eigene Kundenanzahl, das Absatzvolumen, in Beziehung zur Anzahl möglicher Kunden, das sogenannte Absatzpotenzial. Im Ergebnis erhält man als Quotienten die **mengenmäßige Marktabdeckung**:

$$\text{Mengenmäßige Marktabdeckung} = \frac{\text{Absatzvolumen}}{\text{Absatzpotenzial}}$$

Eine gemessen an den eigenen Zielen des Unternehmens zu geringe mengenmäßige Marktabdeckung kann auf eine starke Konkurrenzsituation hindeuten. Das heißt ein Großteil der potenziellen Kundschaft versorgt sich nicht mit dem eigenen Angebot, sondern mit dem der Konkurrenz.

Zur Identifizierung potenzieller neu in den Markt eintretender Wettbewerber können auch erkannte **Marktnischen**, also Lücken im Angebot der derzeitigen Anbieter bei gleichzeitig bestehender Nachfrage, herangezogen werden. Hierbei wäre zu fragen, inwiefern potenzielle neue Wettbewerber solche Marktnischen mit ihren z. B. derzeitig auf anderen Märkten angebotenen Leistungen (kurzfristig, mit wenig Aufwand) besetzen könnten.

Die Existenz von **Markteintrittsbarrieren**, wie beispielsweise hohe zu tätigende Investitionen, ein langes behördliches Genehmigungsverfahren, ein treuer Kundenstamm bzw. hohe Markentreue, dürften sich dagegen eher negativ auf den Markteintritt neuer Wettbewerber auswirken. Gleiches gilt auch bei einer hohen Zahl bereits vorhandener Substitute, also alternative Produkte, auf die Käufer bereits gegenwärtig ausweichen können, um ihre Bedürfnisse und ihr Streben nach Abwechslung (Variety Seeking) umfassend erfüllen zu können. Das Vorhandensein zahlreicher Alternativangebote, die denselben Nutzen stiften, dürfte die Erfolgschancen eines Markteintritts mit einem zusätzlichen Alternativangebot eher erschweren.

Dagegen wirken positive **Markt-/Gewinnaussichten** auf neue Anbieter verlockend und begünstigen somit einen (frühen) Markteintritt. Anhand der derzeitig auf dem Markt von Anbietern erwirtschafteten Renditen und deren (stabilen positiven) Entwicklung über die Zeit mögen neue Anbieter in Erwartung zukünftig hoher

Renditen einen Markteintritt in Betracht ziehen. Als Indikator zur Abschätzung des Markteintritts neuer Anbieter könnten sich also die derzeitig von den etablierten Anbietern (z. B. im Mittel) erwirtschafteten Renditen eignen.

Ist zu erwarten, dass die etablierten Anbieter einem Markteintritt eines neuen Konkurrenten mit spürbaren Gegenmaßnahmen begegnen, wie beispielsweise einem Verdrängungswettbewerb über den Preis, so könnte diese Erwartung den neu eintretenden Wettbewerber vom Markteintritt unter Umständen fernhalten. Somit stellt die Erwartung an eine bestimmte **Reaktion der etablierten Anbieter** einen Indikator für den Markteintritt eines Wettbewerbers dar. Aus beobachteten früheren Verhaltensweisen der etablierten Anbieter beim Eintritt neuer Wettbewerber in der Vergangenheit mag der neu Eintretende Erwartungen hinsichtlich des zukünftigen Verhaltens der etablierten Anbieter ableiten.

Die Abschätzung des Eintritts neuer Wettbewerber auf einen gegebenen Markt kann auch modellgestützt auf Basis des **Fünf-Wettbewerbskräfte-Modells** erfolgen (vgl. Porter 1980), das ähnliche der bereits erwähnten Indikatoren integriert. Nach Porter wird die Attraktivität eines Marktes vor allem durch die Marktstruktur bestimmt, nämlich durch die Intensität des Branchenwettbewerbs. Je höher (geringer) diese durch fünf zentrale Faktoren im Modell erklärte Wettbewerbsintensität ausfällt, desto geringer (höher) ist das Erfolgspotenzial eines Unternehmens. Von dem an der Marktstruktur beurteilten Erfolgspotenzial hängt wiederum die Wettbewerbsstrategie der Unternehmen ab, also wie sich ein gegenwärtiger Wettbewerber auf dem Markt verhält und ob auch ein neuer Wettbewerber interessiert ist, in diesen Markt einzutreten. Die Aufgabe bei der Wettbewerbsanalyse besteht nun konkret darin, das Verhalten der gegenwärtigen und potenziell neu in den Markt eintretenden Wettbewerber anhand der in Tab. 4.29 dargestellten fünf Einflussfaktoren (Determinanten) abzuschätzen, wozu die jeweils beispielhaft zugeordneten Indikatoren verwendet werden können.

Aus der Gesamtschau dieser fünf Einflussfaktoren auf die Wettbewerbsintensität lässt sich eine Aussage über die Wettbewerbsintensität des bestehenden Marktes ableiten. Je stärker (geringer) die Bedrohung des Marktes durch diese fünf Faktoren eingeschätzt wird, desto höher (geringer) ist die Wettbewerbsintensität des gegenwärtigen Marktes zu beurteilen. Je höher (geringer) wiederum die Wettbewerbsintensität beurteilt wird, desto weniger (mehr) ist mit dem Markteintritt neuer Wettbewerber zu rechnen.

Durch Verdichtung der besprochenen Kriterien bei der Analyse der gegenwärtigen und zukünftigen (potenziellen) Wettbewerber durch eine Form von Punktbewertung kann sodann die **Bewertung** der Wettbewerber erfolgen. Die (gewichteten) Punktwerte je Kriterium (z. B. Preise, Qualitäten, Strategien, Ressourcen) sowie die ermittelten Gesamtpunktwerte können dann zum einen über die verschiedenen Wettbewerber hinweg verglichen werden, um deren jeweilige Relevanz (Wichtigkeit) abzuschätzen.

Tab. 4.29: Analyse der Wettbewerbskräfte nach Porter (eigene Darstellung).

Determinante der Wettbewerbsintensität	Indikatoren zur Messung der Determinante (Beispiele)
(1) Rivalität unter den bestehenden Wettbewerbern	– Anzahl der bereits vorhandenen Wettbewerber – Größenstruktur der Wettbewerberunternehmen – Beziehungen (z. B. Absprachen, Kooperationen) zwischen den Wettbewerbern – bestehende Preiskämpfe – Werbeschlachten zwischen Wettbewerbern – erweiterte Kundenservice- und Garantieversprechen
(2) Bedrohung durch neue Wettbewerber	– Markteintrittsbarrieren (z. B. Patente, treuer Kundenstamm) – Marktaustrittsbarrieren (z. B. vertragliche Bindungen, Umsatz-/Imageverluste bei Marktaustritt, Abfindungsprämien für Mitarbeiter, neu angeschaffte Produktionsanlagen etc.) – Kapitalbedarf – regulative Eingriffe des Staates
(3) Bedrohung durch Ersatzprodukte (Substitute)	– Wechselmöglichkeiten und Wechselkosten auf alternative Produkte/Anbieter – Grad der wahrgenommenen Gleichwertigkeit der Angebote – Anzahl vergleichbarer Angebote
(4) Verhandlungsmacht der Lieferanten	– Anzahl geeigneter Lieferanten – Größe und Konzentrationsgrad der Lieferanten – Substitutionsmöglichkeiten des Lieferanten bzw. Vorprodukts – Wechselkosten auf andere Lieferanten – Wichtigkeit des Vorprodukts für die Produktion
(5) Verhandlungsmacht der Kunden	– Wechselkosten – Beziehungen zwischen den Kunden (z. B. Absprachen) – Konzentrations- und Organisationsgrad der Kunden (z. B. Einkaufskooperationen) – Grad der Differenziertheit und Einzigartigkeit des Produkts

Zum anderen lassen sich hiermit aber auch Vergleiche der Wettbewerber (oder anderer definierter Vergleichsmaßstäbe) mit den eigenen Leistungen im Rahmen eines **Benchmarkings** durchführen. Ziel des Benchmarkings ist das Lernen von den Besten (z. B. einer Branche), um etwaig bestehende Vorteile des Wettbewerbs für das eigene Unternehmen nutzbar zu machen. Abb. 4.37 zeigt die typischen Ablaufschritte einer Benchmarking-Analyse im Überblick.

Auffinden und Definition
der Benchmark (intern vs. extern)

↓

systematischer Vergleich der eigenen
Leistungen mit der Benchmark

↓

Ermittlung von Unterschieden
und ihrer Ursachen

↓

Bewertung der Unterschiede
als Stärken/Schwächen

↓

Ableiten von Verbesserungsmöglichkeiten

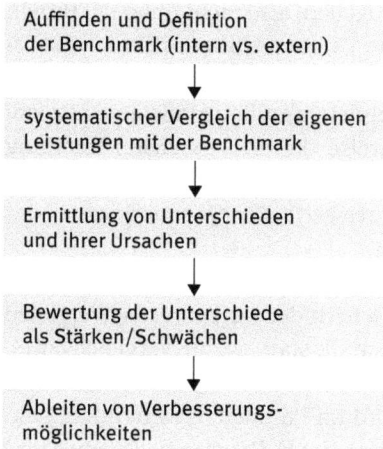

Abb. 4.37: Ablauf einer Benchmarking-Analyse (eigene Darstellung).

Der **erste Schritt** einer Benchmarking-Analyse besteht in der Auffindung geeigneter Vergleichsgrößen als Benchmarks. Je nachdem, ob die Vergleichsgrößen außerhalb oder innerhalb des eigenen Unternehmens liegen, lässt sich im ersten Fall von externem, im zweiten Fall von internem Benchmarking sprechen.

Beim sogenannten **externen Benchmarking** können als Referenzmaßstäbe sowohl Wettbewerber, die gesamte Branche (z. B. durchschnittliche Branchenrendite) oder auch Maßstäbe aus der Fachliteratur (z. B. eine als günstig angesehene Kapital- oder Vermögensstruktur) sowie Erfahrungswerte (z. B. Best-Practice-Fallstudien) dienen. Bezogen auf Wettbewerber können als Vergleichsgrößen beispielsweise herangezogen werden

- Wettbewerberunternehmen,
- Wettbewerberprodukte,
- Wettbewerbermarken,
- Serviceleistungen des Wettbewerbers,
- Wettbewerberprozesse sowie
- Wettbewerberinstrumente (z. B. der Einsatz der Marketinginstrumente).

Um grundsätzlich passende Vergleichsunternehmen aufzufinden, können die nach den oben beschriebenen Merkmalen (siehe Tab. 4.28) gebildeten Gruppen (Cluster, Segmente) von ähnlichen Unternehmen dienen. Das Benchmark-Unternehmen könnte dann ein besonders erfolgreiches Unternehmen sein, das insbesondere in einem zentralen Punkt (wie z. B. der Produktqualität) dem eigenen Unternehmen überlegen ist, ansonsten aber demselben Cluster (z. B. hinsichtlich der Unternehmensgröße) angehört wie das eigene Unternehmen. Da man über das Benchmarking den Vorteil des Vergleichsunternehmens für das eigene Unternehmen nutzbar zu machen sucht (z. B. durch eigene Investitionen), ist es wichtig, bei dem Vergleich auch von ansonsten ähnlichen Voraussetzungen der beiden Vergleichsunternehmen

(z. B. in Bezug auf die Ressourcenausstattung) auszugehen, also nicht Äpfel mit Birnen zu vergleichen. Die Nichtberücksichtigung ähnlicher Voraussetzungen könnte ansonsten dazu führen, dass unrealistische Maßnahmenvorschläge abgeleitet werden.

Beim **internen Benchmarking** werden als Vergleichsgrößen Maßstäbe aus dem eigenen Unternehmen verwendet, wie beispielsweise die erfolgreichste Abteilung (Funktionsbester) oder Tochtergesellschaft. Der interne Vergleich kann sich, auch bezogen auf eine Unternehmenseinheit, auf Vorjahreswerte, Durchschnittswerte oder auf aus Zielgrößen abgeleitete Sollwerte beziehen.

Nachdem entsprechende Daten (z. B. im Wege der Sekundär- und/oder Primärforschung) gewonnen wurden, findet im **zweiten Schritt** der systematische Vergleich der eigenen Leistungen mit der definierten Benchmark statt, wofür Vergleichskriterien als Orientierungsgrößen (z. B. Materialart, -güte, verwendete Technologie usw.) vorab definiert werden können. Beispielsweise wird im Rahmen des Produktbenchmarkings das eigene Produkt mit einem (oder mehreren) Benchmark-Produkt(en) der Wettbewerber anhand ihrer Einzelteile (Komponenten) verglichen. Dies kann auf einer technischen, sehr konkreten Ebene durch Auseinandernehmen der Produkte und Inspektion der verbauten Teile erfolgen. In diesem Zusammenhang bezeichnet **Reverse Engineering** die nachträgliche Ableitung eines Konstruktionsplans für ein bereits entwickeltes Produkt (z. B. eines Wettbewerbers) durch Zerlegung des Produkts in seine Bestandteile.

Im **dritten Schritt** werden als Ergebnis des Vergleichs Gemeinsamkeiten und Unterschiede, z. B. der Vergleichsprodukte, im Funktionsumfang, beim Nutzen, beim Design, bei den verwendeten Werkstoffen, der Verschiedenartigkeit von technischen Lösungen usw. durch Experten ermittelt und auf mögliche Ursachen (z. B. interne vs. externe, beeinflussbare vs. nicht beeinflussbare) untersucht. Aus den ermittelten Unterschieden in der Qualität kann sodann auf etwaige Kostenunterschiede zwischen den Produkten und Komponenten geschlussfolgert werden.

Die aufgedeckten Unterschiede lassen sich im **vierten Schritt** unter Berücksichtigung der vermeintlichen Gründe hierfür aus Sicht des analysierenden Unternehmens im Marktumfeld als positiv bzw. negativ bewerten, um Stärken und Schwächen des eigenen Angebots im Vergleich zum Konkurrenzangebot auszumachen.

Im **letzten Schritt** schließt sich die Ableitung von Verbesserungsmöglichkeiten der eigenen Leistungen an. Beim Produktbenchmarking könnten beispielsweise konkret Preisspielräume für das eigene Produkt abgeleitet werden, die sich ergeben, wenn man bei der Konstruktion auf ein von der Konkurrenz verwendetes kostengünstigeres Bauteil bzw. Produktmerkmal übergehen würde.

Die Benchmarking-Analyse kann auch durch Methoden der Marktforschung, wie beispielsweise die **Konjunkte Analyse** (Conjoint Analysis, Conjoint Measurement), unterstützt werden. Hierbei werden ausgehend von ganzheitlich auf Produktebene erhobenen Präferenzen rechnerisch Teilpräferenzwerte für Produkteigenschaften ermittelt. Sofern nicht nur eigene Produktangebote, sondern auch Wettbewerberprodukte in die Analyse einbezogen werden, liegt eine Form von Benchmarking-Analyse vor. Ergibt sich aus der Analyse beispielsweise ein höherer Teilpräferenzwert bei der Eigenschaft Marke bei der Wettbewerbermarke im Vergleich zur eigenen Marke, so ließe sich hieraus ableiten, um wie viel besser eigene (z. B. technische) Produkteigenschaften sein müssten, um den Markenvorteil der Konkurrenzmarke ausgleichen zu können (vgl. für Rechenbeispiele zur Konjunkten Analyse Grunwald und Hempelmann 2013 und 2012).

Tab. 4.30 zeigt exemplarisch das typische Ergebnis einer Konjunkten Analyse, bei dem neben dem eigenen Produkt auch ein Wettbewerberprodukt einbezogen wurde. Ausgewiesen werden die Teilpräferenzwerte, die den relativen Nutzen der betreffenden Eigenschaftsausprägung aus Sicht der befragten Käufer anzeigen. Die Teilpräferenzwerte addieren sich hier zum Gesamtpräferenzwert, der die relative Gesamtbeurteilung durch die befragten Kunden beim Vergleich der beiden Produkte reflektiert. Die Rechenschritte können bei Grunwald und Hempelmann 2012 nachvollzogen werden.

Tab. 4.30: Ergebnis einer Konjunkten Analyse als Form der Benchmarking-Analyse (eigene Darstellung).

Eigenschaft	eigenes Produkt		Wettbewerberprodukt	
	Ausprägung	Teilpräferenzwert	Ausprägung	Teilpräferenzwert
Design	klassisch	0,32	modern	0,00
Marke	A	0,00	B	0,48
Gesamtpräferenz		**0,32**		**0,48**

Wie in Tab. 4.30 zu erkennen ist, weist das eigene Produkt im Vergleich zum Wettbewerberprodukt ein Defizit hinsichtlich der Wertschätzung der Eigenschaft Marke auf, da der Teilpräferenzwert für die eigene Marke um 0,48 Nutzeneinheiten geringer ist als der entsprechende Wert des Wettbewerberprodukts. Aus Sicht des eigenen Unternehmens kann nun weiter gefragt werden, wie sich dieser Wettbewerbsnachteil durch ein anderes Merkmal ausgleichen lässt. Offenbar kann ein Teil des bestehenden Nachteils bei der eigenen Marke durch das Vorhandensein des klassischen Designs der Produkte ausgeglichen werden, denn der Teilpräferenzwert für das Design des eigenen Produkts übersteigt hier denjenigen Wert für das Wettbewerberprodukt um 0,32 Einheiten. Der noch verbleibende Nachteil bei der Gesamtpräferenz könnte nun gegebenenfalls durch geringfügige Anpassungen des Markenauftritts (z. B. Imagekampagnen) weiter zurückgeführt werden. Weitere Eigenschaften der Produkte könnten ergänzend betrachtet werden, um Potenziale zum Ausgleich des Markennachteils zu ergründen.

Das Fraunhofer-Institut für System- und Innovationsforschung (ISI) stellt speziell für produzierende Unternehmen ein Portal zur Unterstützung eigener Benchmarking-Analysen zur Verfügung (vgl. http://www.industriebenchmarking.eu). Unter anderem enthalten ist ein Modul zum Vergleich der Leistungsfähigkeit des eigenen

Unternehmens mit einer Datenbasis von mehr als 1.500 Unternehmen aus der gesamten deutschen Industrie. Dieses **Performance Benchmarking** ermöglicht Vergleiche unter Berücksichtigung von Unternehmensgröße und Produktionsmerkmalen in Bezug auf sieben spezifische Kennzahlen zur Innovationsleistung und Unternehmensperformance. Diese Kennzahlen sind in Tab. 4.31 zusammengestellt. Sie lassen sich auch für selbst durchgeführte Vergleiche nutzen und können im eigenen Unternehmen regelmäßig ausgewertet werden.

Tab. 4.31: Kennzahlen des Performance Benchmarking des Fraunhofer ISI (www.industriebenchmarking.de).

Indikator	Erläuterung
(1) Innovationsleistung	
Umsatzanteil mit Produkt-innovationen	Welchen Umsatzanteil erzielen Sie mit Produkten, die Sie in den letzten drei Jahren in Ihr Produktionsprogramm aufgenommen haben und die wesentliche technische Verbesserungen enthielten oder für Ihren Betrieb neu waren?
FuE-Anteil am Umsatz	Anteil der gesamten Ausgaben für Forschung und Entwicklung am Umsatz? (Die Ausgaben beinhalten sowohl die internen Aufwendungen für Forschung und Entwicklung als auch die Kosten für extern vergebene Aufträge.)
Time to Market für Produkt-innovationen	Wie lange dauerte es im Durchschnitt, neue Produkte, die für den Betrieb neu waren oder wesentliche technische Verbesserungen enthielten, zu entwickeln (von der Ideenfindung bis zur Markteinführung)?
(2) Unternehmensperformance	
Produktivität (Wertschöpfung)	Berechnet sich aus Umsatz abzüglich Vorleistungen geteilt durch die Anzahl der Beschäftigten.
Fertigungsdurchlaufzeit	Welche Zeit benötigen Sie, um das Hauptprodukt bzw. die Hauptproduktgruppe herzustellen? (Fertigungsdurchlaufzeit, von der Auftragseinlastung bis zur Fertigmeldung)
Ausschussquote	Wie viel Prozent der bei Ihnen hergestellten Produkte bzw. Zwischenprodukte müssen aufgrund einer Qualitätskontrolle einer Nachbearbeitung unterzogen werden oder sind endgültig nicht verwertbar?
Termintreue	Wie viel Prozent der Aufträge können termingerecht ausgeliefert werden (bestätigter Liefertermin)?

Am Beispiel der Kennzahl Produktivität ist in Abb. 4.38 ein Beispiel zur Durchführung eines Performance Benchmarkings angeführt. In der Grafik ist auf der Ordinate mit der Produktivität das betrachtete Vergleichskriterium abgetragen und auf der Abszisse der kumulierte Anteil der befragten Betriebe. Aus der Grafik kann abgelesen werden, dass die 10 % der besten Betriebe eine Produktivität von mindestens 166 Tsd. € pro Beschäftigtem erreichen. Weist beispielsweise der eigene Betrieb eine Produktivität von 90 Tsd. € pro Beschäftigtem auf, so kann abgelesen werden, dass etwa 41 % der Vergleichsbetriebe mindestens die gleiche Produktivität aufweisen. Der Abstand zu den 10 % besten Betrieben beträgt mindestens 76 Tsd. € pro Beschäftigtem. Die Ermittlung des Abstands des eigenen Unternehmens zu definierten besten Vergleichsbetrieben wird auch als **Gap-Analyse** bezeichnet (siehe Kapitel 5.1.3).

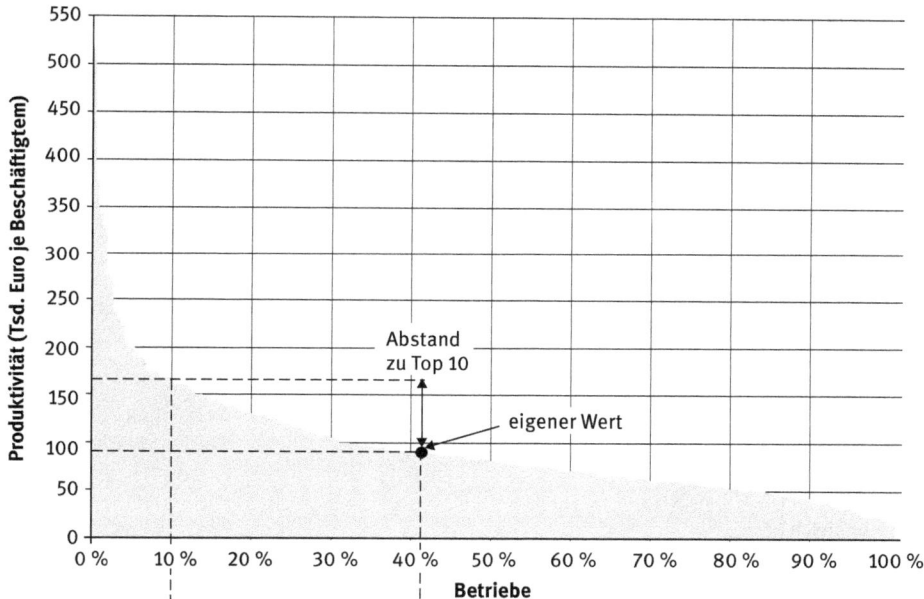

10 % der Betriebe Ihrer Vergleichsgruppe erreichen eine Produktivität von 166 Tsd. € je Beschäftigtem oder mehr.

Ihr Betrieb erreicht eine Wertschöpfung von 90 Tsd. € je Beschäftigtem. 41 % der Vergleichsbetriebe erreichen mindestens die gleiche Produktivität.

Ihr Abstand zu den 10 % der Vergleichsbetriebe mit der höchsten Produktivität beträgt mindestens 76 Tsd. € je Beschäftigtem.

Abb. 4.38: Angewandtes Performance Benchmarking – Beispiel Produktivität (FhG ISI, Erhebung Modernisierung der Produktion 2009, www.industriebenchmarking.de).

Anstelle oder ergänzend zu der betrachteten Bewertung von derzeitigen und potenziellen Wettbewerbern durch eine Form von Punktbewertung, eine Benchmarking-Analyse

oder (auf Produktebene) mittels der Konjunkten Analyse kann auch eine Bewertung durch Einordnung von (potenziellen) Wettbewerbern in ein **Wettbewerbsportfolio** erfolgen. Hierbei werden (potenzielle) Wettbewerber nach den zwei Dimensionen
– Leistungskongruenz (X-Achse) und
– Bedürfnisbefriedigung (Y-Achse)

quantitativ (über eine Skala) bewertet und grafisch als Kreise (z. B. gemäß ihrer Umsatzbedeutung bzw. ihres Marktanteils als Kreisausschnitt) in dem Portfolio dargestellt (siehe Abb. 4.39).

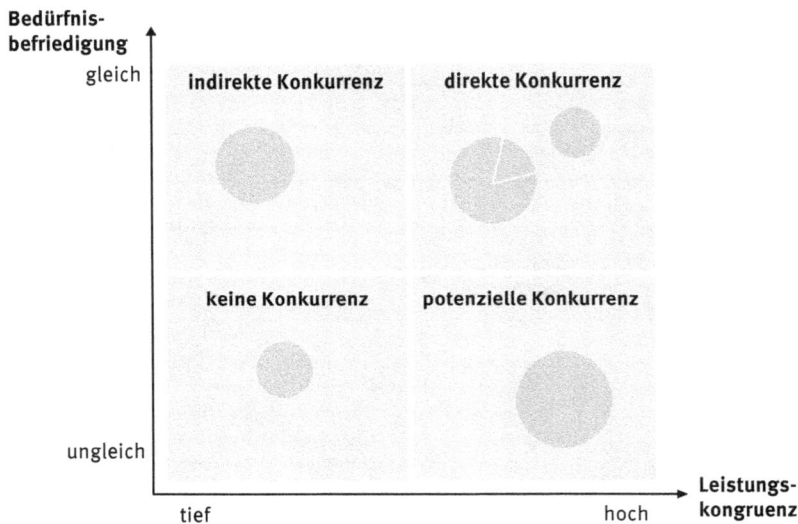

Abb. 4.39: Wettbewerbsportfolio (vgl. Hefti et.al. 2015, S. 54).

Die Dimension **Leistungskongruenz** gibt dabei an, in welchem Ausmaß das Leistungsangebot eines Wettbewerbers mit dem eigenen Leistungsangebot vergleichbar ist bzw. übereinstimmt (unabhängig davon, ob hiermit dieselben Bedürfnisse bedient werden). Wer bietet also Produkte der gleichen Bauart und Klasse an (z. B. Automobile einer bestimmten Art)? Die Aufdeckung der leistungskongruenten Anbieter kann im Rahmen einer Benchmarking-Analyse erfolgen.

Die Dimension **Bedürfnisbefriedigung** bezieht sich dagegen auf das Ausmaß, in dem Konkurrenzanbieter die gleichen Bedürfnisse der Kunden erfüllen (unabhängig davon, ob das über die gleichen Produkte bzw. Technologien geschieht). So mag beispielsweise ein Hersteller von Motoryachten genauso wie ein Hersteller von Sportwagen bei geringer Leistungskongruenz das im Wesentlichen gleiche Kundenbedürfnis nach sportlicher Fortbewegung und Abenteuer erfüllen (vgl. Hefti et al. 2015, S. 53).

Zur Einordnung von Anbietern hinsichtlich dieser beiden Dimensionen kann auf die im ersten Schritt der Wettbewerbsanalyse herangezogenen Merkmale zur Identifikation und Beschreibung von Wettbewerbern im Regelfall zurückgegriffen werden. Aus der Kreuzung dieser beiden Dimensionen in jeweils zwei Ausprägungen resultieren vier Felder im Wettbewerbsportfolio, aus denen direkte, indirekte, potenzielle und keine Konkurrenten abgelesen werden können. Hiermit liegt bereits eine Bewertung der Wettbewerber vor.

Aus der absoluten wie relativen Bewertung der Wettbewerber im Vergleich zum eigenen Unternehmen kann ein Anbieter nun **Prioritäten** für zukünftige Handlungsfelder ableiten. So können für besonders wichtige und nachhaltige Wettbewerbsvorteile, sogenannte Kernkompetenzen, Maßnahmen zur weiteren Absicherung und Stärkung im Wettbewerb abgeleitet werden. Auch besonders gravierende Schwächen können durch gezielte Investitionen mit Priorität abgebaut werden. Für im Rahmen der Bewertung (etwa im Rahmen des Wettbewerbsportfolios) aufgedeckte besonders relevante (direkte oder potenzielle) Wettbewerber lassen sich Ziele und Maßnahmen zum weiteren Umgang im Wettbewerb ableiten (z. B. Preisstrategien, Neuproduktkonzepte). Die Maßnahmen können sich auch auf die weitere Wettbewerbsbeobachtung im Rahmen der Marktforschung beziehen, die sich z. B. prioritär auf ganz bestimmte Wettbewerber richten soll.

Eine langfristig angelegte **Wettbewerbsbeobachtung** kann dazu beitragen, aus regelmäßig erfassten Beobachtungsdaten über das Wettbewerbsverhalten auf erfolgreiche und nicht erfolgreiche Maßnahmen und Strategien der Wettbewerber zu schließen. Die Klärung der Frage, was erfolgreiche von weniger oder nicht erfolgreichen Unternehmen unterscheidet, kann für das eigene Unternehmen sodann zur Ableitung von **Erfolgsfaktoren** genutzt werden. Methodisch lassen sich beispielsweise zu diesem Zweck die relevanten Wettbewerberunternehmen anhand leicht beobachtbarer Indikatoren für z. B. die Innovativität beschreiben und, z. B. mithilfe einer Clusteranalyse (vgl. Grunwald und Hempelmann 2012), zu trennscharfen Innovationsclustern zuordnen. Als beobachtbare Indikatoren der Innovativität können z. B. herangezogen werden:
- die Anzahl der von den Unternehmen angemeldeten Patente
- die Anzahl der Mitarbeiter im Bereich Forschung und Entwicklung (FuE)
- die FuE-Aufwendungen relativ zum Umsatz
- die FuE-Tätigkeit in den letzten drei Jahren sowie
- die Beteiligung der Unternehmen an Innovationskooperationen in den letzten drei Jahren.

Die Einteilung der einbezogenen Wettbewerberunternehmen anhand von Unterschieden bzw. Ähnlichkeiten bei den betrachteten Merkmalen führt beispielsweise im Ergebnis zu zwei Innovationsclustern, etwa zu schwach und hoch innovativen Unternehmen. Sodann können die Gründe für etwaige Unterschiede in Bezug auf die Innovativität näher durch Sekundär- und/oder Primärforschung (z. B. durch

Expertenbefragungen oder Unternehmensbefragungen über ein zwischengeschaltetes Marktforschungsinstitut) eruiert werden. Sofern einige metrische Variablen zur Erklärung der Unterschiede für den Grad der Innovativität aufgedeckt wurden, lassen sich diese Variablen näher im Hinblick auf ihre Einflussstärke auf die (nominal gemessene) Innovativität mittels einer Diskriminanzanalyse untersuchen (vgl. Grunwald und Hempelmann 2012). Determinanten für die Innovativität sollten explizit auch im Umfeld der von den Wettbewerbern eingesetzten Maßnahmen und Strategien gesucht werden, die sich z. T. auch aus Pressemeldungen der Unternehmen und Berichten in der einschlägigen Fachpresse ableiten lassen.

Insgesamt kommen als **Datenquellen** für die Wettbewerbsanalyse sowohl bereits vorliegende Sekundärdaten wie auch neu im Zuge der Primärforschung zu erhebende Daten in Betracht. Mögliche **Sekundärquellen** sind dabei Finanzdaten (z. B. aus veröffentlichten Jahresabschlüssen), Marktberichte, Produktbeschreibungen der Wettbewerber sowie Internetforen, z. B. zur Abschätzung, wie Kunden auf Wettbewerberprodukte reagieren.

Im Rahmen der **Primärforschung** kommen als Methoden zur Gewinnung von Informationen über das frühere, derzeitige und zukünftige (geplante) Wettbewerberverhalten vor allem die Wettbewerbsbeobachtung, z. B. auf Messen, und Expertenbefragung in Betracht. Die direkte Befragung von Wettbewerbern würde dagegen die strategische Absicht oder eigenen Pläne des eigenen Unternehmens offenbaren mit negativen Auswirkungen auf die Güte der Befragungsergebnisse.

Die durch Beobachtung oder Expertenbefragung gewonnenen Daten können sodann weiter in eine Einzugsgebietsanalyse einfließen, bei der die Art, Anzahl und Struktur der Wettbewerber in Abhängigkeit von der Entfernung vom eigenen Standort dargestellt wird, um die regionale Bedrohungslage durch Wettbewerber einschätzen zu können.

Sollen nicht nur Ad-hoc-Maßnahmen der Wettbewerber zu taktischen Zwecken analysiert werden, sondern dem Unternehmen dauerhaft Daten zum Wettbewerberverhalten zur Verfügung stehen, ist die Wettbewerbsmarktforschung systematisch im Unternehmen zu verankern, d. h. wettbewerberrelevante Daten sind in regelmäßigen Abständen zu sammeln, zu archivieren und aufzubereiten.

4.3 Unternehmensanalyse

Das Ziel der Unternehmensanalyse ist im Kern die Aufdeckung der eigenen Stärken und Schwächen im Marktumfeld, d. h. die Analyse der eigenen Ressourcen unter Berücksichtigung der Nachfrager, Wettbewerber und der auf den Markt einwirkenden Umweltkräfte. Während Umweltfaktoren nicht oder nur sehr schwer (langfristig) vom Unternehmen beeinflussbar sind und Marktfaktoren zwar beeinflussbar, jedoch nicht unmittelbar steuerbar sind, können die unternehmensbezogenen Faktoren vom Unternehmen selbst beeinflusst und gesteuert werden.

4.3.1 Stärken-Schwächen-Analyse

Der Fokus der Stärken-Schwächen-Analyse (Ressourcenanalyse) als Form der Unternehmensanalyse liegt, im Unterschied zur Umweltanalyse, auf einer eher gegenwartsbezogenen Betrachtung. Die Durchführung der Stärken-Schwächen-Analyse dient zur Klärung der Frage, was die Unternehmung angesichts der gegenwärtigen Stärken und Schwächen strategisch sinnvoll tun kann.

Sofern im Rahmen der Wettbewerbsanalyse bereits Stärken und Schwächen aus einer Benchmarking-Analyse abgeleitet wurden, lässt sich hierauf zurückgreifen. Ansonsten kann im einfachsten Fall eine Stärken-Schwächen-Analyse in drei Schritten erfolgen (siehe Abb. 4.40).

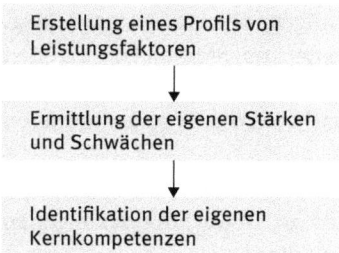

Erstellung eines Profils von
Leistungsfaktoren

↓

Ermittlung der eigenen Stärken
und Schwächen

↓

Identifikation der eigenen
Kernkompetenzen

Abb. 4.40: Ablauf einer Stärken-Schwächen-Analyse (eigene Darstellung).

Im **ersten Schritt** ist ein Profil der wichtigsten **Leistungsfaktoren** (kritischen Ressourcen) des Unternehmens zu erstellen. Hiermit sind solche Faktoren gemeint, die die Unternehmung im Wettbewerbsumfeld potenziell stark machen, die also besonders erfolgsrelevant sind. Um diese Kriterien sinnvoll im Rahmen der Analyse durch Vergabe von Punktwerten verarbeiten zu können, sollten sie zum einen trennscharf definiert, zum anderen vollständig sein.

Die Aufdeckung dieser wichtigen Leistungsfaktoren könnte im Ansatz beispielsweise über die **Erfolgsspaltung** im Controlling erfolgen, bei der das Unternehmensergebnis nach den Merkmalen Regelmäßigkeit und Betriebszugehörigkeit in das Betriebsergebnis und das neutrale Ergebnis eingeteilt wird, wobei Letzteres unabhängig vom betrieblichen Leistungsprozess erbracht wird. Das Betriebsergebnis könnte sodann weiter, z. B. nach Warengruppen, unterteilt werden, um die den Erfolg maßgeblich bestimmenden Leistungsfaktoren auszumachen.

Eine weitere Möglichkeit zur Aufdeckung der kritischen Ressourcen kann in der Anwendung der **Balanced-Scorecard-Analyse** gesehen werden (vgl. Kaplan und Norton 1997; Bischof 2002). Die Balanced Scorecard ist ein aus vier Perspektiven bestehendes Kennzahlensystem, das die Leistungsfähigkeit (Performance) von Unternehmen ganzheitlich zu erfassen sucht. Die Gesamtperformance eines Unternehmens wird dabei über eine Kunden-, Prozess-, Personal-/Innovations- und Finanzperspektive gemessen, die jeweils über mehrere Kennzahlen operationalisiert werden. Da hiermit die Quellen des Erfolgs aufgedeckt werden, kann die Balanced Scorecard zugleich als

Steuerungssystem aufgefasst werden. Beispielsweise kann die Kundenperspektive über die Kundenzufriedenheit, die Kundenstruktur, die Angebotserfolgsquote usw. erfasst werden. Anhand der Ausprägungen (bzw. der Veränderung) solcher Kennzahlen, die über die vier Dimensionen im Kontext der festgestellten Gesamtperformance betrachtet werden, lassen sich Aussagen über die maßgeblich die Gesamtperformance beeinflussenden Bereiche des Unternehmens (kritischen Ressourcen) ermitteln. Sofern sowohl für die zu erklärende Gesamtperformance als auch für die durch Kennzahlen abgebildeten Dimensionen metrische Variablen vorliegen, kann die Identifikation der Leistungsfaktoren auch durch Anwendung der Regressionsanalyse unterstützt werden.

Der **zweite Schritt** umfasst die **Aufdeckung der eigenen Stärken und Schwächen,** z. B. durch eine Form von Punktbewertung entlang der im ersten Schritt ausgewählten Leistungsfaktoren. Die Bewertung erfolgt auf einer dem Bewertungsproblem und dem Erfahrungsstand der Bewerter (z. B. Experten) angepassten Bewertungsskala.

Im **dritten Schritt** werden aus der Menge der aufgedeckten Stärken jene eigenen spezifischen Kompetenzen ausgemacht, die im Wettbewerb unverzichtbar sind und damit höchste Marktrelevanz besitzen sowie vom Wettbewerb schwer zu imitieren sind **(Kernkompetenzen)**.

Abb. 4.41 zeigt ein Beispiel für das Ergebnis einer so durchgeführten Stärken-Schwächen-Analyse, bei der als Vergleichsmaßstab für die Bewertung des eigenen Unternehmens ein wichtiges Wettbewerberunternehmen dient.

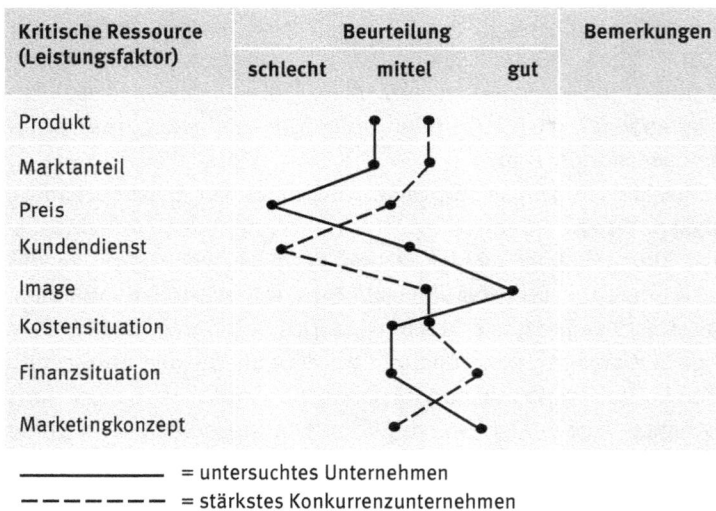

Abb. 4.41: Beispiel für ein Stärken-Schwächen-Profil (eigene Darstellung).

Die Interpretation des Stärken-Schwächen-Profils kann sich in der rechten Spalte (Bemerkungen) anschließen, indem extreme Bewertungen im positiven Bereich als potenzielle Stärken und extreme Bewertungen im negativen Bereich als potenzielle Schwächen vermerkt werden. Zudem könnte hinterfragt werden, inwiefern sich potenzielle Schwächen durch Stärken ausgleichen lassen, wobei Abhängigkeiten zwischen den betrachteten Faktoren zu berücksichtigen sind.

Nach der **VRIO-Methode** erfolgt in diesem Zusammenhang eine Ermittlung von Kernkompetenzen aus der Menge der (kritischen) Ressourcen durch Beantwortung der folgenden vier Fragen (vgl. Barney und Griffin 1992, Powalla 2009):

- **V**alue (Wert): Ist die Ressource wertvoll zur Ausnutzung von Chancen bzw. Überwindung von Risiken?
- **R**arity (Knappheit): Ist die Ressource derzeit wie auch zukünftig selten bzw. knapp, sodass nur wenige Wettbewerber hierauf zugreifen können?
- **I**mitability (Imitierbarkeit): Ist die Ressource schwer zu imitieren (z. B. weil hierfür spezifisches Know-how erforderlich ist)?
- **O**rganization (Organisierbarkeit): Ist das Unternehmen organisatorisch in der Lage, die Ressource in ihren Prozessen so zu verankern, dass die Ressource in ihrem Potenzial abgeschöpft und Gewinne gesteigert werden können?

Lassen sich sämtliche dieser vier Fragen positiv im Hinblick auf bestimmte Ressourcen beantworten, liegt in diesen identifizierten Kernkompetenzen ein nachhaltiger Wettbewerbsvorteil begründet. Da in diesen Fragen auch auf die Umweltsituation des Unternehmens Bezug genommen wird, empfiehlt sich die vorherige Durchführung einer Umweltanalyse zur Ermittlung von Chancen und Risiken.

4.3.2 Produktlebenszyklusanalyse

Der Produktlebenszyklus stellt die idealtypische Entwicklung des Erfolgs eines neuen Produkts (in der Regel gemessen am Umsatz oder Gewinn) in Abhängigkeit von der Zeit seit der Markteinführung bis zum Aussterben des Produkts dar (siehe Abb. 4.42). Die Entwicklung des Produkts in dieser sogenannten Marktperiode kann weiter in folgende typische Phasen unterteilt werden:

(1) Phase I kennzeichnet die **Markteinführungsphase** des neuen Produkts. Für diese Phase ist typisch, dass der Gewinn bzw. Produktdeckungsbeitrag infolge der in der Entwicklungsperiode aufgelaufenen Entwicklungskosten noch negativ ist ($G < 0$). Jedoch werden mit dem Produkt bereits erste Umsätze am Markt verbucht, sodass der Grenzerlös (erste Ableitung der Umsatzfunktion nach dem Absatz) größer Null ist ($U' > 0$).

(2) Phase II kennzeichnet die **Wachstumsphase**, die am Break-even-Punkt einsetzt. Der Gewinn ist hier also erstmalig positiv ($G > 0$). Der Umsatz wächst weiter überproportional bis zum Wendepunkt der Umsatzkurve, mit dem diese Phase abgeschlossen ist ($U' > 0$).

(3) Phase III kennzeichnet die **Reifephase.** Hier steigt der Umsatz weiter an, jedoch nur noch unterproportional (U' > 0). Das Umsatzmaximum wird hier noch nicht erreicht. Der Gewinn ist zwar immer noch positiv, aber rückläufig (G' < 0).

(4) Phase IV beschreibt die **Sättigungsphase,** in welcher der maximale Umsatz erreicht wird (U' ≈ 0). Der Gewinn ist weiter rückläufig (G' < 0).

(5) Phase V kennzeichnet die **Degenerationsphase,** in der die Umsätze rückläufig sind (U' < 0) und der Gewinn ebenfalls gegen Null tendiert (G' < 0).

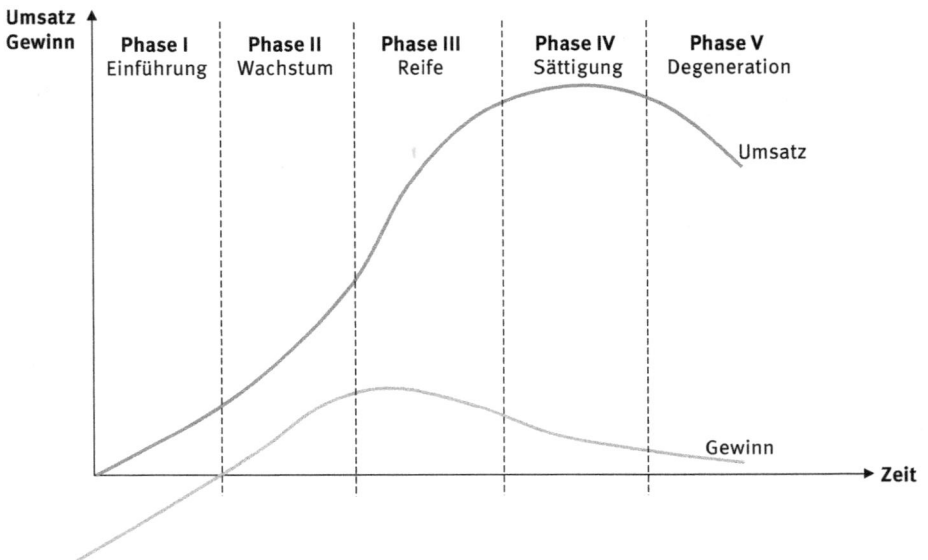

Abb. 4.42: Produktlebenszyklus (eigene Darstellung).

Das Produktlebenszykluskonzept kann im Marketing zu verschiedenen **Zwecken** genutzt werden. Im Rahmen der Unternehmensanalyse lässt sich hiermit für ein Mehrproduktunternehmen die **Ausgewogenheit des Produktprogramms** analysieren. Dazu können die Produkte als Punkte in das Diagramm eingezeichnet werden, um zu betrachten, in welchen typischen Phasen sich die jeweiligen Produkte im Lebenszyklus befinden. Hieraus lässt sich z. B. auf eine Überalterungsgefahr des Produktprogramms schließen, wenn relativ viele Produkte sich in mittleren oder späten Phasen des Produktlebenszyklus befinden und kaum Produkte in der Einführungs- oder Wachstumsphase zu verzeichnen sind.

Der Produktlebenszyklus kann weiterhin als **Prognoseinstrument** genutzt werden für ein neues Produkt, das kurz vor der Markteinführung steht. Handelt es sich um ein Produkt, das z. B. aus einem Vorläuferprodukt hervorgegangen ist, zu dem bereits früher ein Produktlebenszyklus empirisch beobachtet werden konnte, lässt sich auf Grundlage des früheren Lebenszyklus anhand der Phasenlängen auch die Marktperiode für das vergleichbare neue Produkt abschätzen.

Da sich die jeweils nachfolgenden Phasen des Lebenszyklus anhand von Veränderungen der Umsatz- und Gewinnverläufe ankündigen (z. B. die Reifephase am Wendepunkt der Umsatzkurve), kann das Instrument auch als **Frühwarnsystem** genutzt werden.

Schließlich kann das Konzept zur **Planung der Marketinginstrumente** verwendet werden. Dahinter steht die Überlegung, dass spezifische Phasen des Lebenszyklus einerseits regelmäßig unterschiedlicher Formen der Unterstützung durch das Marketing bedürfen. Andererseits stehen für den Einsatz der Marketinginstrumente in unterschiedlichen Phasen typischerweise auch unterschiedlich hohe finanzielle Mittel zur Verfügung. So erscheint es plausibel, dass in der Einführungsphase verstärkt kommunikationspolitische Mittel einzusetzen sind, um das Produkt im Markt bekannt zu machen und umfassende Unterstützung der Vertriebsorgane zu erhalten. Ein etwaiges Budgetdefizit könnte dann durch reduzierten Einsatz der Marketinginstrumente in der Wachstums- und Reifephase abgebaut werden, in welchen verstärkt Erlöse vom Markt in das Unternehmen zurückfließen und eine intensive Begleitung durch Marketingmaßnahmen in der Regel weniger notwendig ist. Der Einsatz der Marketinginstrumente kann wiederum in der Degenerationsphase forciert werden. So könnten hier verstärkt produktpolitische Maßnahmen (z. B. Packungsneugestaltung, Produktvariation) in Betracht gezogen werden, um das Produkt im Rahmen eines Relaunches in der Wahrnehmung der Käufer zu aktualisieren und mit einem verbesserten Preis-Leistungs-Verhältnis auszustatten.

Das Vorgehen der Produktlebenszyklusanalyse soll an einem Anwendungsbeispiel veranschaulicht werden. Der Landmaschinenhersteller Agrartec brachte in t = 1 einen innovativen Traktor mit verbessertem Bremssystem und spezieller Eignung für Einsätze in der alpinen Grünlandwirtschaft auf den Markt. Bei einem Verkaufspreis von 30.000 € je Stück (für die Basisausstattung) und unter Konstanthaltung aller anderen absatzpolitischen Maßnahmen konnten in den ersten beiden Jahren die in Tab. 4.32 dargestellten Absatzzahlen realisiert werden:

Tab. 4.32: Absatzzahlen Traktor (Basisausstattung) (eigene Darstellung).

Periode t	t = 1	t = 2
Absatz x(t)	368	1.083

Auf der Grundlage bereits vorliegender Absatzzahlen für das Vorgängermodell geht das Management unter Berücksichtigung des Produktlebenszykluskonzepts davon aus, die Absatzentwicklung für den Traktor zutreffend durch die folgende Funktion beschreiben zu können:

$$x(t) = 1.000 \cdot t^3 \cdot e^{-t}.$$

Anhand dieser Funktion wird der erwartete Absatz in den folgenden fünf Jahren (Perioden t = 3 bis t = 8) geschätzt (siehe Tab. 4.33).

Tab. 4.33: Absatzzahlen Traktor (Basisausstattung) (eigene Darstellung).

Periode t	t = 1	t = 2	t = 3	t = 4	t = 5	t = 6	t = 7	t = 8	t = 9
Absatz x(t)	368	1.083	1.344	1.172	842	535	312	171	89

Die grafische Darstellung der Absatzwerte ergibt den in Abb. 4.43 dargestellten Produktlebenszyklus.

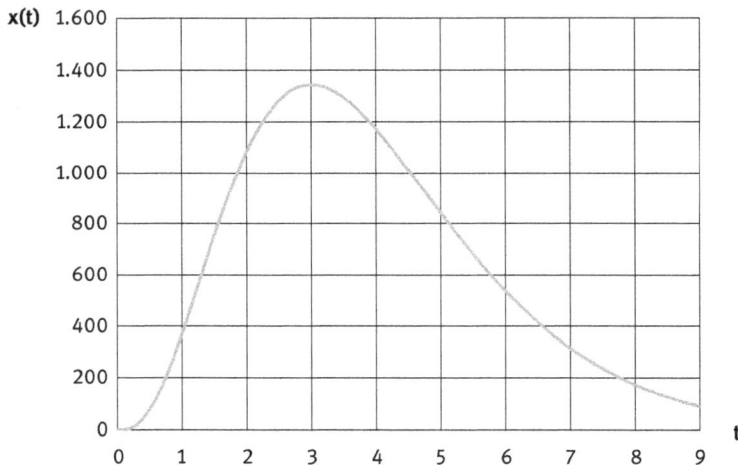

Abb. 4.43: Erwarteter Absatzverlauf Produktlebenszyklus (eigene Darstellung).

Die variablen Produktionskosten des Traktors betragen 20.000 €. Es soll nun die Break-even-Menge für einen Verkaufspreis von 30.000 € ermittelt werden, wenn vor der Einführung des Produkts Entwicklungskosten in Höhe von 16 Mio. € angefallen und die jährlichen Fixkosten zu vernachlässigen sind.

Die Break-even-Menge lässt sich aus der Gleichsetzung von Umsatz- und Kostenfunktionen als Quotient von Fixkosten (K_f) und Stückdeckungsbeitrag ($p - k_v$) bestimmen:

$$x_{BE} = K_f/(p-k_v) = 16.000.000/(30.000 - 20.000) = 1.600 \text{ Stück}$$

Die Break-even-Menge wird in Periode t = 3 erreicht, was sich aus der Betrachtung der kumulierten Absatzzahlen aus Tab. 4.33 ergibt.

Der Hersteller möchte den Traktor spätestens dann vom Markt nehmen, wenn der durch den Verkauf erzielte Deckungsbeitrag die jährlichen Fixkosten von 1 Mio. € unterschreitet. Die variablen Produktionskosten des Traktors betragen wie gehabt 20.000 €, der Verkaufspreis liegt bei 30.000 €. Für die Entwicklung eines Nachfolgemodells ist erfahrungsgemäß ein Zeitraum von zwei Jahren zu veranschlagen. Das Management fragt sich, wann das Unternehmen aus heutiger Sicht mit der Konstruktion des Nachfolgemodells beginnen sollte.

Zur Klärung dieser Frage werden die Gesamtdeckungsbeiträge (DB = $(p - k_v) \cdot x$) pro Jahr berechnet und in Tab. 4.34 dargestellt.

Tab. 4.34: Gesamtdeckungsbeiträge (DB) Traktor (Basisausstattung) (eigene Darstellung).

Periode t	DB	Periode t	DB
t = 1	3.680.000	t = 5	8.420.000
t = 2	10.830.000	t = 6	5.350.000
t = 3	13.440.000	t = 7	3.120.000
t = 4	11.720.000	t = 8	1.710.000
		t = 9	890.000

Wie aus Tab. 4.34 zu erkennen ist, werden in t = 9 die jährlichen Fixkosten von 1 Mio. € erstmalig unterschritten. Da für die Entwicklung zwei Jahre benötigt werden, muss bereits im Jahr t = 7 mit der Konstruktion des Nachfolgemodells begonnen werden.

4.3.3 Erfahrungskurvenanalyse

Das Erfahrungskurvenkonzept beruht auf Ermittlungen der Boston Consulting Group, die ergaben, dass sowohl Preise als auch Kosten mit zunehmender Erfahrung sinken. Als Maß für die gewonnene Erfahrung wurde dabei die kumulierte Produktionsmenge verwendet (vgl. z. B. Homburg 2000, S. 72 f.). Die Boston Consulting Group hat in ihren Untersuchungen festgestellt, dass sämtliche Kosten, z. B. Fertigungskosten, Vertriebskosten, Kapitaleinsatzkosten, Forschungs- und Entwicklungskosten diesem Verlauf folgen.

Das Erfahrungskurvenkonzept besagt, dass mit jeder Verdopplung der kumulierten Produktionsmenge die Stückkosten um einen bestimmten konstanten Prozentsatz zurückgehen. Dieser Prozentsatz wird als Lernrate bezeichnet.

Die stattfindende Kostenreduktion wird u. a. durch folgende Faktoren erklärt:
– Steigerung der Produktivität durch Einsatz neuer Technologien und/oder Anwendung neuer Produktionsmethoden,
– Ersetzung von weniger effizienten Produktionsfaktoren,
– Lernprozesse bei den Mitarbeitern.

Zu beachten ist allerdings, dass die steigende Produktionsmenge lediglich ein Kosten-reduzierungspotenzial eröffnet, das erst durch geeignete Maßnahmen des Manage-ments zu realisieren ist.

Das Konzept lässt sich zur langfristigen Prognose der Kostenentwicklung heran-ziehen. Unterstellt man, dass sich zumindest längerfristig die Preise parallel zu den Kosten entwickeln, lässt sich mithilfe der Erfahrungskurve auch die langfristige Prog-nose der Preisentwicklung und der Gewinnpotenziale unterstützen.

Abb. 4.44 zeigt den typischen Verlauf der Erfahrungskurve. Hierin wird ein wei-terer Zweck der Analyse angedeutet, nämlich Strategien des Markteintrittszeitpunkts (Timing-Strategien) zu bewerten. So ist an Abb. 4.44 erkennbar, dass ein in zeitlichem Abstand zu einem Pionierunternehmen (Führer) in den Markt eintretender Folger mit relativ höheren Stückkosten konfrontiert ist. Die Führungsposition des Pioniers hingegen ist mit Vorsprüngen auf der Erfahrungskurve verbunden, die sich in einem relativen Kostenvorteil gegenüber dem Folger äußern. Der Führer könnte nun auf-grund seines bestehenden Kostenvorteils einem Folger durch Senkung des Preises den Markteintritt erschweren oder aber den durch Kostensenkung resultierenden höheren Gewinn in die Produktqualität zur Festigung seiner Wettbewerbsposition reinvestieren. Gleichwohl mag der Kostennachteil des Folgers oftmals nicht so stark ausfallen, wie in der Abbildung angedeutet, wenn man bedenkt, dass sich der Folger möglicherweise Markt- und Technologiekenntnisse durch Beobachtung des Führers kostengünstig erschließen konnte.

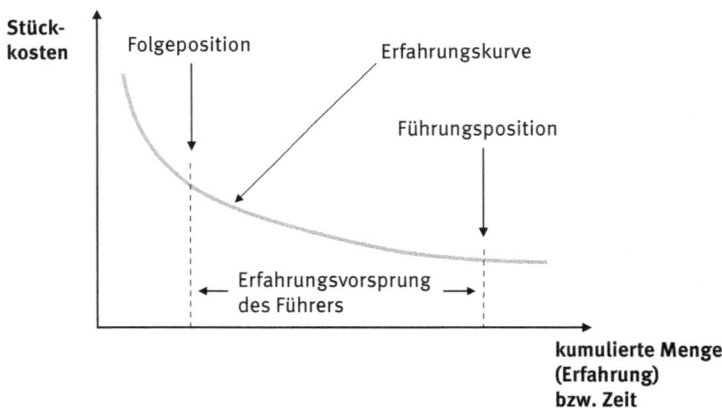

Abb. 4.44: Typischer Verlauf der Erfahrungskurve (eigene Darstellung).

Dem Erfahrungskurvenkonzept zufolge besitzen somit Unternehmen mit dem höchs-ten Marktanteil (gleicher Markteintrittszeitpunkt vorausgesetzt) grundsätzlich ein höheres Kostensenkungspotenzial als die Konkurrenten. Mit wachsendem Marktan-teil steigt das Gewinnpotenzial, wenn es zu keiner Senkung des Marktpreises kommt. Die Höhe des Kostensenkungspotenzials wird von der Stärke des Marktwachstums determiniert. Hieraus leitet sich die normative Aussage des Konzepts ab, was strategisch sinnvoll zu tun wäre. Solche Strategien sind besonders erfolgreich, die auf einen möglichst hohen relativen Marktanteil in stark wachsenden Märkten abzielen.

Die Anwendung des Erfahrungskurvenkonzepts auf den Bereich der Kosten- und Preisprognose sei an folgender Fallstudie demonstriert.

Die Firma Retrieve hat ein neuartiges Speichermedium zur Aufzeichnung von Konferenzen und Seminaren im World Wide Web (sogenannte Webinare) entwickelt, das eine erheblich verbesserte Aufnahmequalität und Speicherkapazität aufweist. Angesichts des anhaltenden Trends zur Durchführung von Webinaren als Ersatz direkt geführter Seminare rechnet das Unternehmen in den nächsten beiden Jahren jeweils mit einer maximalen Nachfragemenge (Sättigungsmenge) von 66.500 Stück. Marktforschungsergebnisse haben ferner gezeigt, dass die Nachfrager im Marktdurchschnitt maximal 831,25 € für ein Speichermedium in diesem Bereich auszugeben bereit sind.

Aufgrund eines komplizierten Produktionsverfahrens zur Herstellung der Speichermedien betragen die Stückkosten derzeit 525 €. Die Unternehmensleitung geht jedoch davon aus, dass für die Stückkostenentwicklung ein Erfahrungskurveneffekt unterstellt werden kann. Speziell nimmt sie an, dass bei jeder Verdopplung der kumulierten Produktionsmenge nunmehr 92 % der ursprünglichen Stückkosten anfallen. Ferner ist davon auszugehen, dass bei einer 1 %-igen Erhöhung der kumulierten Produktionsmenge die Stückkosten um einen konstanten Prozentsatz zurückgehen. Bislang wurde erst ein Prototyp hergestellt.

Die Firma Retrieve beabsichtigt, das Speichermedium 2017 auf dem Markt einzuführen. Es bieten sich dem Unternehmen zwei Möglichkeiten zur Vermarktung an:

(1) Der Hersteller könnte die Produkte selbst vertreiben. Dann fallen sowohl 2016 als auch 2017 variable Vertriebskosten in Höhe von 250 € pro Stück zusätzlich an.

(2) Alternativ könnten die Speichermedien auch über ein bekanntes Fachhandelsunternehmen für Bürogeräte und Datenverarbeitungs-Zubehör abgesetzt werden. In diesem Fall würden bei Retrieve keine Vertriebskosten anfallen. Allerdings beharrt der Händler darauf, die Preise autonom festzusetzen und vom Endverbraucherpreis eine Handelsspanne von 25 % einzuhalten. Seine je verkauftem Speichermedium zu veranschlagenden Kosten setzt der Fachhändler mit 165 € für die nächsten beiden Jahre an.

Schließlich werden von der Unternehmensleitung von Retrieve jährliche Fixkosten in Höhe von 562.500 € für die nächsten beiden Jahre veranschlagt.

Der Hersteller möchte nun zunächst für seine weiteren Planungen die lineare Preis-Absatz-Funktion ermitteln, von der er für sein Produkt auszugehen hat.

Die allgemeine Form einer linearen Preis-Absatz-Funktion ist durch

$$q_t = a - b \cdot p_t \qquad (1)$$

gegeben. Hierbei steht der Parameter a für die Sättigungsmenge. Im vorliegenden Fall
ist a = 66.500. Der Prohibitivpreis ist durch a/b gegeben. Im vorliegenden Fall beträgt
er 831,25 €. Daraus folgt b = 80. Somit lautet die Preis-Absatz-Funktion, der sich der
Hersteller gegenübersieht:

$$q_t = 66.500 - 80 \cdot p_t \text{ für } t = 2016, 2017 \tag{2}$$

Als Nächstes soll formal und grafisch der für die Speichermedienproduktion unterstellte Zusammenhang ermittelt werden, der zwischen den Stückkosten des Jahres
2017 und der (kumulierten) Produktionsmenge zu Beginn des Jahres besteht. Hiermit
soll sodann die Frage geklärt werden, um wie viel Prozent die Stückkosten zurückgehen, wenn die kumulierte Produktionsmenge um 1 % steigt.

Es sei Q_t die kumulierte Produktionsmenge der Periode t und k_t seien die Stückkosten dieser Periode. Zu Beginn des Jahres 2016 liegt die kumulierte Produktionsmenge
$Q_{2016} = 1$ vor. Die Stückkosten des Jahres 2016 betragen $k_{2016} = 525$. In der Periode t, in
der die doppelte kumulierte Produktionsmenge erreicht wird ($Q_t = 2 \cdot Q_{2016}$), reduzieren
sich die Stückkosten auf 92 % der ursprünglichen Stückkosten, d. h. $k_t = 0,92 \cdot k_{2016}$.
Allgemein ergeben sich die Stückkosten der Periode t gemäß der folgenden isoelasti-
schen Funktion:

$$k_t = k_{2016} \cdot \left(\frac{Q_t}{Q_{2016}} \right)^\kappa \tag{3}$$

Dabei steht der Parameter κ für die Elastizität der Stückkosten bezüglich der kumulierten Produktionsmenge. Ersetzt man in (3) Q_t durch $2 \cdot Q_{2016}$, so folgt wegen $Q_{2016} = 1$

$$k_t = k_{2016} \cdot (2 \cdot Q_{2016})^\kappa = 0,92 \cdot k_{2016} \tag{4}$$

und damit $\kappa = \frac{\ln 0,92}{\ln 2} = -0,1203$.

Für die Stückkosten des Jahres 2017 gilt folglich die Beziehung

$$k_{2017} = 525 \cdot (Q_{2017})^{-0,1203} = 525 \cdot (q_{2016} + 1)^{-0,1203}. \tag{5}$$

Demnach führt eine Steigerung der kumulierten Produktionsmenge um 1 % zu einem
Rückgang der Stückkosten um ca. 12 %.

Abb. 4.45 verdeutlicht den Verlauf der Erfahrungskurve grafisch.

Es sollen nun für die Jahre 2016 und 2017 die optimalen Preise bestimmt werden,
wenn Retrieve den Vertrieb der Speichermedien selbst übernimmt. Es wird davon
ausgegangen, dass der Hersteller im Jahr 2017 den statisch-gewinnmaximalen Preis
realisieren möchte. Ferner sei unterstellt, dass der Hersteller den Gewinn des Jahres
2017 mit dem Kalkulationszins i = 10 % diskontiert.

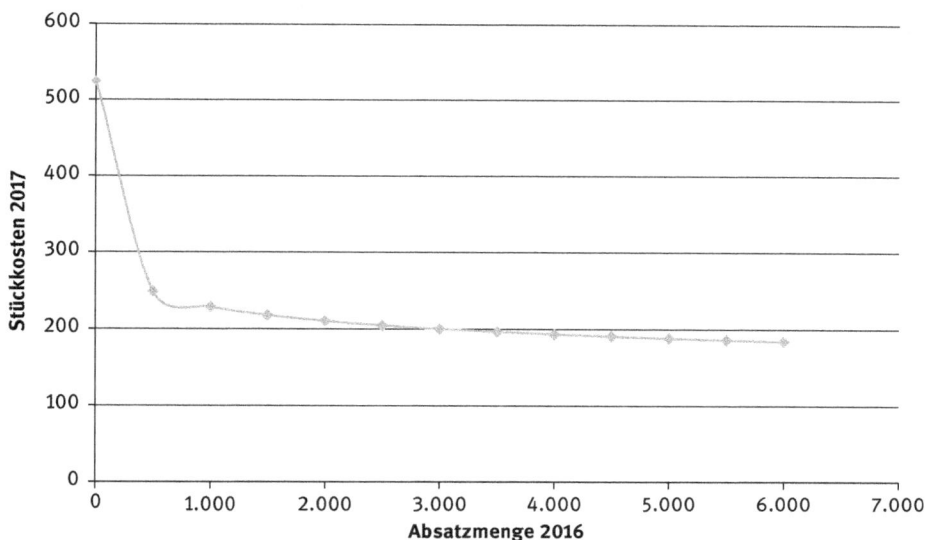

Abb. 4.45: Verlauf der Erfahrungskurve bei Firma Retrieve (eigene Darstellung).

Im Jahr 2017 ergibt sich der Preis als Durchschnitt aus Prohibitivpreis und Grenzkosten:

$$p_{2017} = \tfrac{1}{2} \cdot (831,25 + k_{2017} + 250) = 540,625 + 0,5 \cdot k_{2017} \tag{6}$$

Daraus ergibt sich die Absatzmenge

$$q_{2017} = 66.500 - 80 \cdot (540,625 + 0,5 \cdot k_{2017}) = 23.250 - 40 \cdot k_{2017}. \tag{7}$$

Der Kapitalwert der Periodengewinne ergibt sich zu

$$C_0^{Retrieve} = (p_{2016} - 775) \cdot q_{2016} - K_{Fix} + [(p_{2017} - k_{2017} - 250) \cdot q_{2017} - K_{Fix}] \cdot (1,1)^{-1}. \tag{8}$$

Unter Beachtung der Beziehungen (2), (5), (6) und (7) ist p_{2016} so zu wählen, dass der Kapitalwert maximal wird. Dieses Optimierungsproblem lässt sich nur numerisch lösen und liefert als Ergebnis $p_{2016} = 769,98 \,€ \approx 770 \,€$.

Abb. 4.46 verdeutlicht den Verlauf des Kapitalwerts für verschiedene Preise im Jahr 2016.

Als Nächstes werden die optimalen Preise für die Jahre 2016 und 2017 bestimmt, wenn der Fachhändler den Vertrieb der Produkte übernimmt.

Da von einer konstanten Handelsspanne ausgegangen wird, ist der sich auf die Produktionskosten beziehende Erfahrungskurveneffekt für die Preispolitik des

Fachhändlers ohne Bedeutung. Dieser wählt den Preis in beiden Perioden so, dass sein Periodengewinn

$$G_{Handel} = (0,25 \cdot p_t - 165) \cdot (66.500 - 80 \cdot p_t) \tag{9}$$

maximal wird. Daraus folgt $p_{2016} = p_{2017} = 745,625 €$.

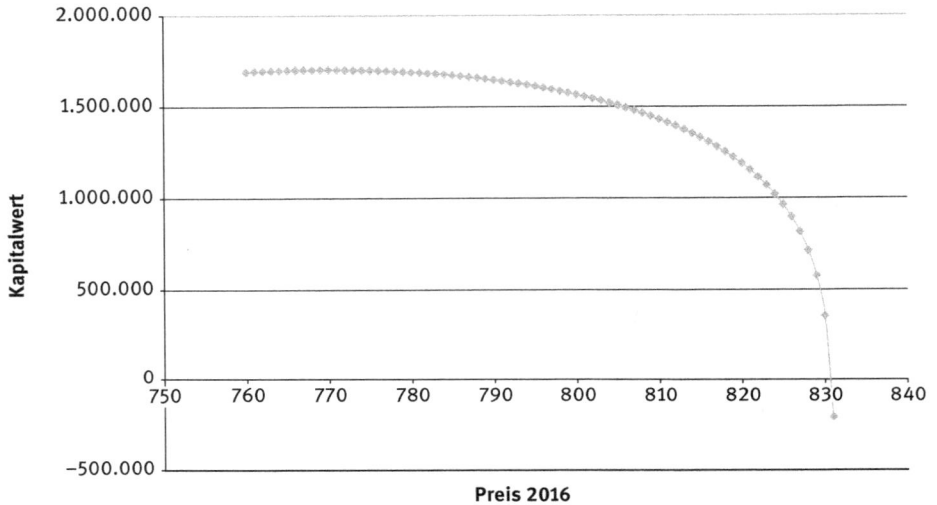

Abb. 4.46: Verlauf des Kapitalwerts (eigene Darstellung).

Um die Entscheidung über die Vermarktung zu unterstützen werden die beiden Vermarktungsmöglichkeiten in Tab. 4.35 gegenübergestellt.

Tab. 4.35: Vergleich der Alternativen (eigene Darstellung).

	Preis		Stückkosten der Herstellung 2017	Absatzmenge		Kapitalwert
	2016	2017		2016	2017	
Direktvertrieb	770	635,07	188,894	4.900	15.694	1.700.561,73
Vertrieb über Fachhandel	745,625		181,434		6.850	1.513.103,47

Bei der Berechnung des Kapitalwerts für den Vertrieb über den Fachhandel ist zu beachten, dass nur 75 % des Endverbraucherpreises als Erlös bei Retrieve verbleibt, dafür aber keine Vertriebskosten anfallen. Da bei Direktvertrieb ein höherer Kapitalwert entsteht, sollte sich Retrieve für diese Alternative entscheiden.

4.3.4 Portfolioanalyse

Portfolioanalysen eignen sich zur Strukturierung, Planung und Beurteilung der Aus-
gewogenheit von Produktprogrammen von Mehrproduktunternehmen. Die typischen
Ablaufschritte der Portfolioanalyse nach der Boston Consulting Group (kurz: BCG-
Portfolio) sind in Abb. 4.47 skizziert.

In der Basisvariante der Portfolioanalyse nach der Boston Consulting Group
(BCG) werden im **ersten Schritt** die Strategischen Geschäftseinheiten (SGE) eines
Unternehmens (Geschäftsfelder, Produktbereiche, Produktgruppen, Produkte) defi-
niert und abgegrenzt.

Im **zweiten Schritt** werden die SGE anhand der beiden Erfolgsgrößen relativer
Marktanteil und Marktwachstum näher beschrieben.

Der **relative Marktanteil** ergibt sich durch Division des eigenen Marktanteils
durch den Marktanteil des größten Wettbewerbers bzw. durch Division des eigenen
Umsatzes durch den Umsatz des größten Wettbewerbers. Diese Dimension gilt als
endogen, da sie durch Maßnahmen des Anbieters (z. B. Werbe- und Vertriebsaktivitäten) beeinflusst werden kann. Zur Begründung des Heranziehens dieser Dimension
lässt sich das Erfahrungskurvenkonzept anführen, wonach der relative Marktanteil
zur Abschätzung der Kostensenkungs- und Gewinnpotenziale herangezogen werden
kann. Demnach sind also SGE eines Anbieters, die sich durch einen hohen (geringen)
relativen Marktanteil auszeichnen auch durch hohe (geringe) Kostensenkungs- und
Gewinnpotenziale gekennzeichnet. Der relative Marktanteil der SGE wird als beeinflussbare Unternehmensgröße auf der X-Achse des Portfolios abgetragen.

Das **Marktwachstum** gilt als exogen, da es stärker von Umweltfaktoren, die auf
den Markt insgesamt einwirken, abhängig ist, und weniger von einem einzelnen
Anbieter selbst beeinflussbar ist. Hiermit wird also das Wachstum der jeweiligen SGE
in einem gegebenen, unterschiedlich stark oder schwach wachsenden Markt beschrieben. Hinter dem Marktwachstum als Erfolgsgröße der SGE steht das Produktlebenszykluskonzept. So sind die Erfolgspotenziale einer SGE in frühen Lebenszyklusphasen,
gekennzeichnet durch hohe Wachstumsraten des Umsatzes, grundsätzlich positiver
zu beurteilen als in mittleren oder späten Phasen, die sich durch ein stagnierendes
oder rückläufiges Wachstum auszeichnen. Das Marktwachstum wird als nicht beeinflussbare Umweltgröße typischerweise auf der Y-Achse des Portfolios abgetragen.

Im **dritten Schritt** werden für beide Dimensionen **Trennlinien** festgelegt, sodass
zwischen einem geringen und einem hohen relativen Marktanteil bzw. Marktwachstum
unterschieden werden kann. Als Trennlinie zur Unterscheidung zwischen hohem und
geringem relativen Marktanteil wird häufig der Wert 1 gesetzt, was die Existenz zweier
gleich großer Wettbewerber auf dem Markt anzeigt (Pattsituation). Werte größer als 1
bedeuten, dass der betrachtete Anbieter mit seiner SGE hier Marktführer ist. Umgekehrt stehen Werte kleiner als 1 dafür, dass ein anderer Anbieter auf diesem Markt mit
dem Produkt Marktführer ist. Als Grenzlinie zur Trennung zwischen hohem und geringem Wachstum lässt sich das arithmetische Mittel über sämtliche Wachstumsraten der

SGE heranziehen oder auch das mit den Marktvolumina der einzelnen Segmentwachs-
tumsraten gewogene Mittel.

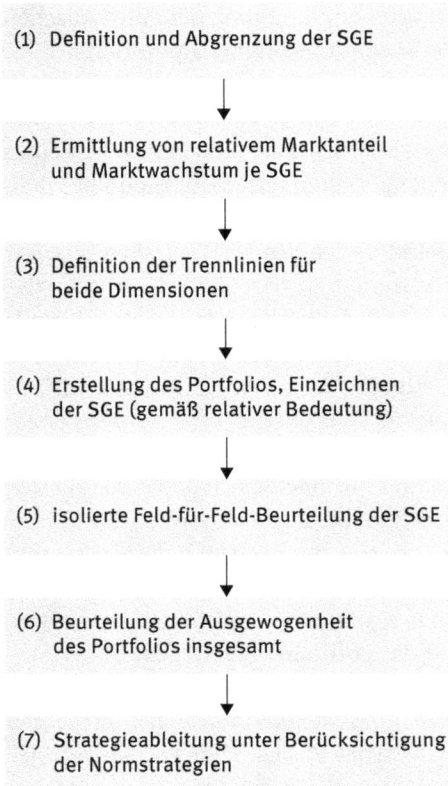

(1) Definition und Abgrenzung der SGE

(2) Ermittlung von relativem Marktanteil
    und Marktwachstum je SGE

(3) Definition der Trennlinien für
    beide Dimensionen

(4) Erstellung des Portfolios, Einzeichnen
    der SGE (gemäß relativer Bedeutung)

(5) isolierte Feld-für-Feld-Beurteilung der SGE

(6) Beurteilung der Ausgewogenheit
    des Portfolios insgesamt

(7) Strategieableitung unter Berücksichtigung
    der Normstrategien

Abb. 4.47: Ablaufschritte der Portfolioanalyse
nach BCG (eigene Darstellung).

Im **vierten Schritt** kann nun das BCG-Portfolio aufgestellt werden. Abb. 4.48 zeigt
das BCG-Portfolio in dieser Grundform mit den sich aus der Kreuzung der beiden
Dimensionen in jeweils zwei Ausprägungen (hoch vs. niedrig) ergebenden vier Felder.
Die SGE werden darin als Kreise dargestellt, die proportional zum Umsatz, Cashflow
oder zum Gewinn gezeichnet werden können.

Zwar gibt es nicht den einen typischen Weg einer SGE durch die vier Felder der
Portfoliomatrix. Dennoch erscheint es plausibel, dass ein möglicher Weg einer SGE
als Nachwuchsprodukt beginnt und sich entsprechend den Phasen des Produktlebenszyklus und der Marktstellung zum Starprodukt und zur Milchkuh weiterentwi-
ckelt und schließlich als Auslaufprodukt endet, was durch die Nummerierung der
vier Felder in der Abbildung angedeutet wird.

Im **fünften Schritt** ist das Portfolio zu interpretieren, wobei zunächst eine Beurteilung der einzelnen Felder der Matrix im Sinne einer **isolierten Analyse** erfolgen
kann.

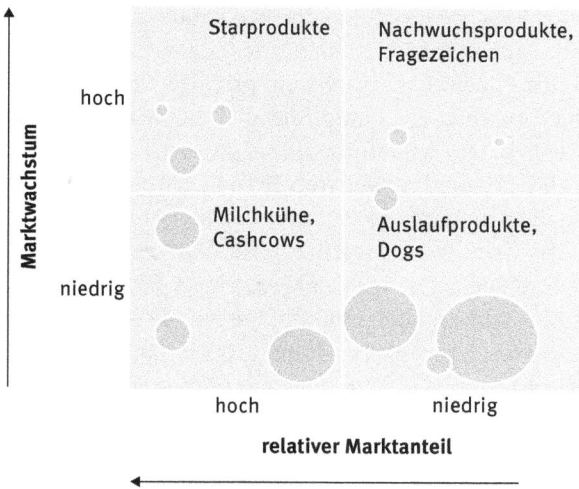

Abb. 4.48: Portfoliomatrix der Boston Consulting Group (vgl. Henderson 1973, S. 1).

Das Feld der **Nachwuchsprodukte** (Fragezeichen, Question Marks) enthält solche Produkte bzw. SGE, die sich noch am Anfang des Produktlebenszyklus, also noch in der Markteinführungsphase, befinden. Der relative Marktanteil ist bei diesen SGE noch vergleichsweise klein (unterhalb von 1), die weitere Entwicklung dieser Produkte im Markt ist noch unklar. Jedenfalls bedürfen diese SGE regelmäßig weitere intensive Unterstützung (z. B. durch Marketing- und Vertriebsmaßnahmen), um sich weiter erfolgreich entwickeln zu können, woraus sich ein erhöhter Finanzmittelbedarf ableitet.

Das Feld der Starprodukte ist gekennzeichnet durch einen hohen relativen Marktanteil bei gleichzeitig überdurchschnittlichem Marktwachstum. Produkte dieses Bereichs sind besonders erfolgreiche Produkte, die große finanzielle Mittel erwirtschaften, die jedoch zur Finanzierung des eigenen Wachstums benötigt werden.

Das Feld der Milchkühe (Cashcows) repräsentiert erfolgreiche Produkte auf reifen Märkten, die finanzielle Mittel freisetzen, welche somit zur Unterstützung von SGE in anderen Feldern (insbesondere für Nachwuchsprodukte) zur Verfügung stehen.

Das Feld der **Auslaufprodukte** (Dogs) enthält Produkte mit geringen Marktaussichten und unbedeutender Marktstellung, die über kurz oder lang nicht mehr erfolgreich am Markt gehalten werden können (z. B. aufgrund bestehender Veralterung).

Die isolierte Analyse sollte für eine fundierte Strategieableitung berücksichtigen,
- wie viele Produkte in jedem dieser vier Felder positioniert sind und
- wo genau innerhalb des betrachteten Feldes die Produkte positioniert sind, was z. B. durch eine verfeinerte Unterteilung in jeweils vier gleich große Unterfelder je Feld der Matrix unterstützt werden kann.

So ist beispielsweise im Feld der Nachwuchsprodukte der Investitionsdruck höher, wenn nur ein Fragezeichenprodukt vorhanden ist. Auch dürfte die Beurteilung eines Nachwuchsprodukts mit einem sehr hohen Marktwachstum grundsätzlich positiver ausfallen als bei einem Nachwuchsprodukt, das aufgrund des durchschnittlichen Marktwachstums droht, in den Bereich der Auslaufprodukte abzurutschen.

Der isolierten Beurteilung schließt sich im **sechsten Schritt** der Portfolioanalyse die **simultane Analyse,** also die ganzheitliche Betrachtung aller vier Felder des Portfolios im Hinblick auf eine ausgewogene Gesamtstruktur an. Die Gesamtstruktur lässt sich dabei als ausgewogen beurteilen, wenn in jedem Feld hinreichend viele SGE vertreten sind, wobei auf eine große Zahl an Auslaufprodukten am ehesten verzichtet werden kann. Schieflagen deuten sich umgekehrt durch Konzentration von SGE in nur wenigen Feldern an. Beispielsweise zeigt eine Konzentration von SGE in den Feldern der Starprodukte und Milchkühe bei weitgehend fehlenden Nachwuchsprodukten eine Überalterungsgefahr der Programmstruktur dieses Unternehmens an. Fehlende Milchkühe bei vielen Nachwuchsprodukten könnte dagegen als Anzeichen für eine unausgewogene Finanzstruktur interpretiert werden.

Im **siebten Schritt** der Portfolioanalyse werden für jede SGE Strategien abgeleitet. Hierzu lassen sich die von BCG für jedes Feld definierten **Normstrategien** als Denkraster anwenden. Diese sind jedoch vor dem Hintergrund des jeweiligen Unternehmenskontextes auszulegen und zu präzisieren:

– So empfiehlt BCG für **Nachwuchsprodukte** die Normstrategie der Investition oder Desinvestition. Diese Strategieempfehlung ist vor dem Kontext der Anzahl bestehender Nachwuchsprodukte sowie deren relativer Lage innerhalb dieses Feldes der Matrix jedoch zu präzisieren. Ergänzend sind der Investitionsbedarf und das Investitionsrisiko für die Nachwuchsprodukte anhand der weiteren Erfolgsaussichten abzuschätzen. Die Empfehlung zugunsten einer Investitionsstrategie wird weiterhin auch vor dem Hintergrund verfügbarer Ressourcen (z. B. abgeleitet aus Anzahl und Größe bestehender Milchkühe) zu begründen sein. Ziel einer Investitionsstrategie ist die Weiterentwicklung dieser Produkte zu Starprodukten. Im Falle einer sich trotz Investition abzeichnenden negativen Entwicklung eines Fragezeichenprodukts sollte schnell desinvestiert werden, um mit den frei werdenden Mitteln zügig andere Fragezeichenprodukte unterstützen zu können und drohende Verluste gering zu halten.

– Für **Starprodukte** ist dagegen die Strategieempfehlung eindeutiger. Hier sollte das Wachstum der betreffenden SGE weiter durch gezielte Investitionen gefördert und die weitere Entwicklung gegen Konkurrenzeinflüsse abgesichert werden. Zum einen wurden bereits in diese SGE viele Mittel investiert, die bei mangelnder weiterer Unterstützung ansonsten vermutlich verloren wären. Zum anderen handelt es sich bei Starprodukten um potenzielle zukünftige Milchkühe, die für eine ausgewogene Finanzstruktur des Portfolios wichtig und erstrebenswert sind.

– Für **Milchkühe** lautet die Normstrategie, Gewinne abzuschöpfen und den Marktanteil möglichst zu stabilisieren. Da die von diesen SGE erwirtschafteten

Mittelzuflüsse nicht mehr für das eigene weitere Wachstum benötigt werden, sollten die Mittel in die Unterstützung anderer SGE, insbesondere in Nachwuchs-produkte und Starprodukte, fließen. Da Milchkühe aufgrund des fortgeschritte-nen Marktwachstums dem Unternehmen voraussichtlich nicht mehr langfristig zur Verfügung stehen werden, sollte bereits frühzeitig eine Strategie zum Aus-stieg oder Umstieg geplant werden.

–   Für **Auslaufprodukte** wird aufgrund der ungünstigen Umweltsituation und zukünftig fehlender Marktaussichten eine vorsichtige Desinvestitions- oder Stabi-lisierungsstrategie empfohlen. Die SGE wäre mittelfristig vom Markt zu nehmen bzw. abzustoßen, wenn sie Ressourcen bindet, die für längerfristig erfolgreichere Produkte genutzt werden könnten oder beispielsweise Imageeinbußen bei anderen SGE oder in Bezug auf das gesamte Unternehmen drohen. Umgekehrt sollten aber auch positive Verbundwirkungen zu anderen SGE vor einer Eliminationsentschei-dung beachtet werden, so etwa potenzielle Rückwirkungen auf die Dachmarke.

Das Vorgehen der Portfolioanalyse nach BCG soll an folgendem **Fallbeispiel** illus-triert werden. Das Unternehmen AmbientLight ist ein großes Unternehmen, das eine breite Angebotspalette im Bereich Designleuchten und eine ebenfalls breite Kunden-struktur aufweist. Die Produktpalette setzt sich wie folgt zusammen:

–   Klassische Wohnzimmerleuchten aus Holz in Handarbeit geschnitzt, hochprei-sig; die meisten Käufer sind ab 45 Jahre alt, das jährliche Marktwachstum ist mit 2 % dementsprechend gering. Der Gesamtumsatz von AmbientLight beträgt 0,2 Mio. €, das Unternehmen gehört zu den 10 kleinen Anbietern dieses Seg-ments, dominiert wird es von dem bekannten Leuchtenhersteller Meyer-Design, der in etwa einen Umsatz von 1,8 Mio. € erzielt.

–   Plastikleuchten, die jeweils den neuesten Filmen nachempfunden werden (Harry Potter, Herr der Ringe, Avatar). Damit soll eine Zielgruppe von 8- bis 15-Jähri-gen erreicht werden. Die Leuchten werden als Nachtleuchten in Kinderzimmern eingesetzt. AmbientLight macht damit einen Umsatz von 13 Mio. €. Der Wachs-tumsmarkt (Marktwachstum 7 %) wird jedoch von Karl Holz (60 Mio. € Umsatz) beherrscht, da er sich das alleinige Vermarktungsrecht für die nächsten zehn Jahre gesichert hat.

–   Neonleuchten für Sport- und Fabrikhallen, der Markt ist stark wachsend (Markt-wachstum 8 %), das Unternehmen hat hohe Umsatzzuwächse. Zuletzt erzielte es einen Umsatz von 30 Mio. €. Jedoch wird dieses Segment von einem chinesischen Konkurrenten beherrscht, der 40 Mio. € Umsatz erzielt.

Das durchschnittliche Marktwachstum kann mit 5 % angenommen werden. Beim relativen Marktanteil ist ein Wert von 1,0 als Trennlinie vorzusehen. Das Unterneh-men AmbientLight möchte zur Beurteilung der Ausgewogenheit seines Produktpro-gramms eine Portfolioanalyse nach BCG durchführen. Auf dieser Grundlage sollen dann Strategien für jeden einzelnen Produktbereich abgeleitet werden.

Da die Produktbereiche bereits hinreichend als SGE abgegrenzt vorliegen, werden im nächsten Schritt zur grafischen Darstellung die relativen Marktanteile ermittelt sowie das Marktwachstum für die SGE aus dem Fall abgeleitet. Die Werte können Tab. 4.36 entnommen werden.

Tab. 4.36: Berechnungstabelle zur Erstellung des BCG-Portfolios (eigene Darstellung).

SGE	Marktwachstum (p. a.)	Umsatz SGE	Umsatz größter Wettbewerber	relativer Marktanteil
Wohnzimmerleuchten (WZ)	2 %	200.000 €	1.800.000 €	0,11
Plastikleuchten (P)	7 %	13.000.000 €	60.000.000 €	0,22
Neonleuchten (N)	8 %	30.000.000 €	40.000.000 €	0,75

Stellt man den relativen Marktanteil auf der X-Achse mit von rechts nach links ansteigenden Werten dar, ergibt sich das BCG-Portfolio mit der charakteristischen Anordnung der Felder (siehe Abb. 4.49).

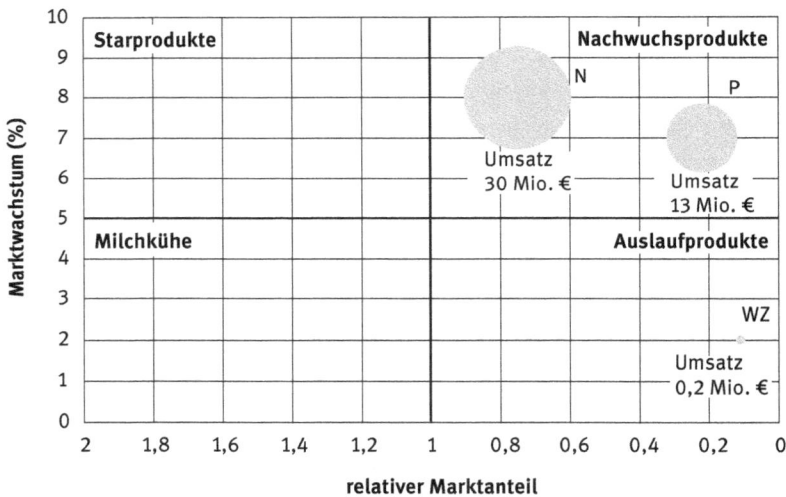

Abb. 4.49: BCG-Portfolio für das Unternehmen AmbientLight (eigene Darstellung).

Die isolierte Analyse zeigt, dass es zwei Nachwuchsprodukte, nämlich Neonleuchten (N) sowie Plastikleuchten (P), gibt. Neonleuchten weisen mit 30 Mio. € bereits einen mehr als doppelt so hohen Umsatz auf wie das Produkt Plastikleuchten mit 13 Mio. € Umsatz. Zudem ist die relative Lage der SGE Neonleuchten günstiger zu beurteilen als die der SGE Plastikleuchten. Der Markt für Neonleuchten weist nämlich ein deutlich höheres Marktwachstum auf als der Markt für Plastikleuchten. AmbientLight konnte mit dem Produkt Neonleuchten außerdem bereits einen deutlich höheren relativen Marktanteil erzielen als mit der SGE Plastikleuchten. Der Falltext deutet zudem auf eine problematische Situation bei Plastikleuchten hin, da sich ein Konkurrent die alleinigen Vermarktungsrechte gesichert hat.

Ferner enthält das Produktprogramm ein Auslaufprodukt, nämlich Wohnzimmerleuchten (WZ), mit vergleichsweise geringer Umsatzbedeutung von 0,2 Mio. €, einem sehr kleinen relativen Marktanteil und geringem Marktwachstum.

Das Portfolio des Unternehmens AmbientLight enthält weder Starprodukte noch Milchkühe.

Insgesamt ist das Portfolio des Unternehmens somit nicht ausgewogen. Es fehlen Starprodukte sowie Milchkühe. Das Fehlen von Milchkühen einerseits und Starprodukten als zukünftige Milchkühe andererseits deutet auf eine angespannte Finanzsituation des Unternehmens hin, die auch mittelfristig anzuhalten scheint. Finanzmittelüberschüsse zu erzielen, scheint derzeit nur durch weitere Investitionen in Nachwuchsprodukte möglich. Da die Situation bei Plastikleuchten angespannt ist, besteht zudem Bedarf an der Entwicklung weiterer Nachwuchsprodukte, um das Produktprogramm auch zukünftig aktuell zu halten.

Unter Berücksichtigung der Normstrategien von BCG sollte somit für das Nachwuchsprodukt Neonleuchten eine Investitionsstrategie verfolgt werden, um die SGE zum Starprodukt zu entwickeln und hiermit mittelfristig Finanzmittelüberschüsse zu erzielen. Dagegen sollte angesichts der ungünstigen Marktsituation bei Plastikleuchten desinvestiert werden. Hierdurch frei werdende Mittel können für das weitere Wachstum der SGE Neonleuchten eingesetzt werden.

Das Auslaufprodukt Wohnzimmerleuchten sollte auf Kosteneinsparpotenziale im Falle der Eliminierung untersucht werden. Sofern durch die Eliminierung Kosten eingespart werden können und keine positiven Verbundeffekte zu den anderen Produkten des Programms bestehen, sollte es vom Markt genommen werden. Hierdurch frei werdende Ressourcen können ebenfalls zur weiteren Unterstützung von Neonleuchten und für die Entwicklung neuer Nachwuchsprodukte verwendet werden.

Das oben dargestellte Basisportfolio nach BCG kann um zwei weitere Felder zur Berücksichtigung negativen Marktwachstums bei hohem vs. niedrigem relativem Marktanteil erweitert werden, um differenzierte Strategieableitungen zu ermöglichen.

- Das Feld der sogenannten **Buckets** ist gekennzeichnet durch ein negatives Marktwachstum bei gleichzeitig hohem relativem Marktanteil. Als Normstrategie kann für diese SGE eine Verteidigungs- und Abschöpfungsstrategie in Betracht gezogen werden.
- Das Feld der **Underdogs** ist gekennzeichnet durch ein negatives Marktwachstum bei geringem relativem Marktanteil, sodass sich anstelle einer Desinvestitionsstrategie auch Durchhalten als Strategieoption anbietet.

Kritisch an der BCG-Portfolioanalyse wird vor allem die Beschränkung auf nur zwei Erfolgsdimensionen gesehen. Vielmehr sollten auch qualitative Aspekte berücksichtigt werden, wie etwa die Qualifikation der Mitarbeiter und Führungskräfte. Außerdem sind die Normstrategien (z. B. Investition oder Desinvestition, Abschöpfung) relativ grob gehalten und bedürfen einer deutlichen Präzisierung durch das Management. Die Strategieempfehlung ist überdies unklar für den Fall, dass eine SGE nicht eindeutig in eines der vier Felder fällt, sondern in der Mitte zweier oder mehrerer Felder positioniert ist.

Die angesprochenen Kritikpunkte werden zumindest teilweise im **McKinsey-Portfolio** mit der Betrachtung weiterer Kriterien je Dimension und einer verfeinerten Einteilung in neun Felder der Matrix aufgegriffen, wobei die Trennlinien bei 33 % und 67 % festgelegt werden.

Zur ganzheitlichen Beurteilung der SGE werden pro Dimension sowohl quantitative wie auch qualitative Erfolgsfaktoren berücksichtigt, die über ein Punktbewertungsverfahren zu einem Wert je Dimension verrechnet werden.

Auf der X-Achse wird als gegenwartsbezogene Unternehmensdimension die **Wettbewerbsstärke** dargestellt. Hiermit ist die beeinflussbare Stärke des eigenen Unternehmens bzw. der jeweiligen SGE im Wettbewerbsumfeld gemeint. Als Kriterien zur Beurteilung der Wettbewerbsstärke können beispielsweise die Marktposition (etwa operationalisiert durch den relativen Marktanteil), das eigene Know-how im Bereich Produktion, Forschung und Entwicklung sowie die Kompetenz der Mitarbeiter herangezogen werden.

Auf der Y-Achse wird als zukunftsbezogene Umweltdimension die **Marktattraktivität** abgetragen. Sie ist vom Unternehmen nicht oder nur indirekt beeinflussbar und lässt sich beispielsweise anhand von branchenspezifischen Aspekten wie dem Marktpotenzial (künftiges reales Marktwachstum, Marktvolumen), der Marktqualität, der Energie- und Rohstoffversorgung usw. beurteilen. Weitere Kriterien leiten sich aus Kapitel 4.2 ab.

Abb. 4.50 zeigt das resultierende Neun-Felder-Portfolio, das zur Ableitung von Strategieempfehlungen in drei Bereiche eingeteilt wird.

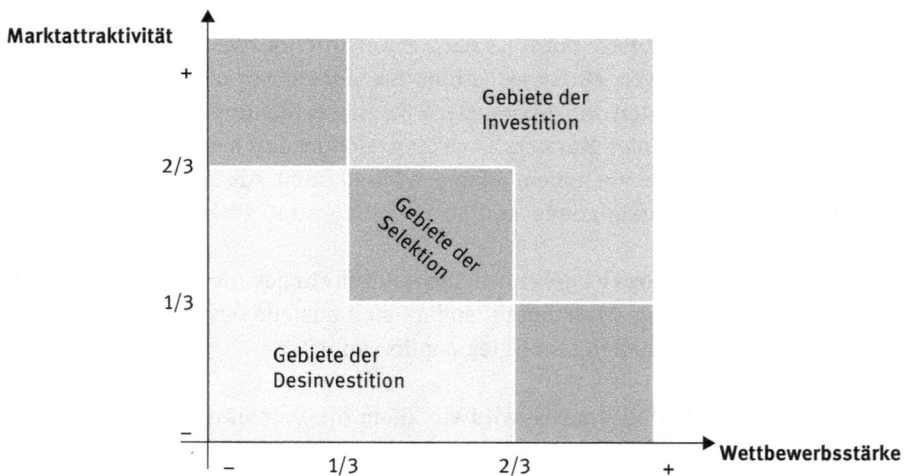

Abb. 4.50: Portfoliomatrix nach McKinsey (eigene Darstellung).

Für die drei Gebiete ergeben sich die folgenden Normstrategien, die in Tab. 4.37 nach den einzelnen neun Feldern der Matrix verfeinert dargestellt sind.

- Für die **Gebiete der Investition** wird als Normstrategie die Ausnutzung des hohen Ertragspotenzials durch gezielte Investitionen zum Ausbau und Erhalt der Marktposition empfohlen.
- Für die **Gebiete der Desinvestition** wird das Abstoßen der SGE unter bestimmten Voraussetzungen empfohlen, nämlich bei fehlenden langfristigen Gewinnaussichten, wenn trotz Ausnutzung aller Rationalisierungspotenziale und Synergien keine positiven Cashflows mehr zu erzielen sind.
- Für die **Gebiete der Selektion** ergeben sich für die drei Felder der Hauptdiagonale differenzierte Normstrategien:
  - Für das Feld **niedriger Wettbewerbsstärke bei hoher Marktattraktivität** (oben links) wird eine Offensivstrategie zur Verbesserung der Wettbewerbsstärke empfohlen, da die künftige Marktattraktivität (Umweltdimension) positiv eingeschätzt wird.
  - Für das Feld **hoher Wettbewerbsstärke bei niedriger Marktattraktivität** (unten rechts) werden gewinnstabilisierende Investitionen empfohlen, um die bestehenden relativen Wettbewerbsvorteile dieser SGE möglichst lange zu sichern.
  - Für das Feld **mittlerer Wettbewerbsstärke bei mittlerer Marktattraktivität** (Mittelfeld der Matrix) wird eine Übergangsstrategie empfohlen. Da die zukünftige Marktentwicklung unklar ist, sollte vor größeren Investitionen zunächst die weitere Entwicklung abgewartet bzw. genauer prognostiziert werden. In der Zwischenzeit kann die eigene Wettbewerbsposition durch Maßnahmen zur Rationalisierung verbessert werden.

Da die Firma AmbientLight für ihre SGE an einer verfeinerten Strategieableitung auf Grundlage zusätzlicher Bewertungskriterien interessiert ist, wird der oben skizzierte Fall nun dahingehend erweitert, dass neben dem Marktwachstum und dem relativen Marktanteil weitere Kriterien in die Beurteilung der SGE nach dem Vorbild der McKinsey-Matrix in die Betrachtung einfließen.

Zur ganzheitlichen Beurteilung der **Marktattraktivität** werden neben dem Marktwachstum nunmehr auch die Marktgröße, die Konkurrenzsituation, die Zuverlässigkeit der Lieferanten sowie die Stabilität von Trends einbezogen. Die Gewichtungen sind auf Grundlage von Branchenkenntnissen von Experten festgelegt worden. Zur Bewertung der SGE wurde eine Zehn-Punkteskala mit Endpunkten 1 = sehr ungünstig, ..., 10 = sehr günstig angewandt.

Tab. 4.38 zeigt das Ergebnis der Bewertung dieser Faktoren, die einige Mitarbeiter des Unternehmens gemeinsam mit einem unabhängigen Institut durchgeführt haben.

Tab. 4.37: Verfeinerte Strategieempfehlungen zum McKinsey-Portfolio (vgl. Day 1986, S. 204 und Kotler et al. 2007, S. 100).

Marktattraktivität	Wettbewerbsstärke		
	stark	**mittel**	**schwach**
hoch	**Position verteidigen** – Investieren auf maximal verkraftbares Tempo hin – Konzentriere die Kräfte auf die Erhaltung der vorhandenen Stärken	**Ausbau mit Investitionen** – Kämpfe um die Marktführerschaft – Baue selektiv auf vorhandene Stärken – Stärke anfällige Bereiche	**Selektiver Ausbau** – Spezialisiere auf eine begrenzte Anzahl von Stärken – Trachte nach Überwindung vorhandener Schwächen – Rückzug bei mangelnden Anzeichen für dauerhaftes Wachstum
mittel	**Selektiver Ausbau** – Investiere umfangreich in die attraktivsten Segmente – Stärke die Fähigkeit zur Abwehr der Konkurrenz – Betone die Rentabilität durch Produktivitätssteigerung	**Selektion/Gewinnorientierung** – Verteidige das laufende Programm – Konzentriere die Investitionen auf gewinnträchtige, risikoarme Unternehmenssegmente	**Expandiere begrenzt oder ernte** – Suche risikoarme Expansionsmöglichkeiten – Im Übrigen minimiere die Investitionen und rationalisiere die betrieblichen Prozesse
gering	**Verteidigen und Schwerpunktverlagerung** – Trachte nach gegenwärtiger Gewinnerzielung – Konzentrieren auf attraktive Segmente – Verteidige die vorhandenen Stärken	**Gewinnorientierung** – Verteidige die Position in den rentabelsten Segmenten – Verbessere die Produktlinie – Minimiere die Investitionen	**Desinvestition** – Veräußere zum Zeitpunkt des höchsten Verkaufswerts – Senke die Fixkosten; verzichte währenddessen auf Investitionen

Tab. 4.38: Punktbewertung der Marktattraktivität (eigene Darstellung).

Kriterien	Gewichtung	Marktattraktivität		
		Wohnzimmer-leuchten (WZ)	Plastik-leuchten (P)	Neon-leuchten (N)
Marktwachstum	3,0	2	7	8
Konkurrenzsituation	2,5	3	1	4
Marktgröße	2,0	1	4	10
Stabilität von Trends	1,5	5	2	8
Zuverlässigkeit der Lieferanten	1,0	7	5	6
Gesamtpunktzahl		**30**	**39,5**	**72**

In gleicher Weise wird auch die **Wettbewerbsstärke** der SGE über mehrere Kriterien hinweg bewertet, die dann über das Punktbewertungsverfahren zu einem Wert verdichtet werden. Das Ergebnis der Bewertung ist in Tab. 4.39 dargestellt.

Tab. 4.39: Punktbewertung der Wettbewerbsstärke (eigene Darstellung).

Kriterien	Gewichtung	Wettbewerbsstärke		
		Wohnzimmer-leuchten (WZ)	Plastik-leuchten (P)	Neon-leuchten (N)
relativer Marktanteil	3,0	2	7	8
Produktqualität	2,5	8	6	6
Werbung	2,0	6	5	5
Individualität	1,5	6	4	6
Vertrieb	1,0	4	4	7
Gesamtpunktzahl		**51**	**56**	**65**

Die SGE werden nun gemäß der zu beiden Dimensionen ermittelten Punktsumme in das Portfolio eingetragen, wobei die Kreisgröße proportional zum Umsatz der SGE gewählt wurde. Das Ergebnis ist in Abb. 4.51 dargestellt.

Die unausgewogene Programmstruktur der AmbientLight zeigt sich auch in dem McKinsey-Portfolio. Lediglich die SGE Neonleuchten fällt in das Gebiet der Investition. Bei Neonleuchten zeigt sich zudem ein erhöhter Handlungsbedarf zur Investition, da diese SGE ansonsten droht, in den Bereich der Selektion abzurutschen. Für die SGE Plastikleuchten ist die Situation unklar. Infolge der mittleren Marktattraktivität und Wettbewerbsstärke empfiehlt sich eine Übergangsstrategie. Hintergrund ist die als sehr ungünstig beurteilte Konkurrenzsituation (siehe Tab. 4.38), die die Marktattraktivität deutlich abschwächt. Die SGE Wohnzimmerleuchten fällt in den Bereich der Desinvestition. Angesichts des nicht mehr allzu attraktiven Marktes sollte hierin nicht mehr weiter investiert werden. Die Situation stellt sich jedoch bei dieser SGE nicht so negativ dar wie im BCG-Portfolio, da die Wettbewerbsstärke noch auf durchschnittlichem Niveau liegt. Dazu tragen die als positiv beurteilte Produktqualität, Werbung und Individualität der Produkte dieser SGE bei, die möglicherweise auch für das Image des Unternehmens insgesamt bedeutsam sind. Somit sollte die Position dieser SGE möglichst verteidigt werden.

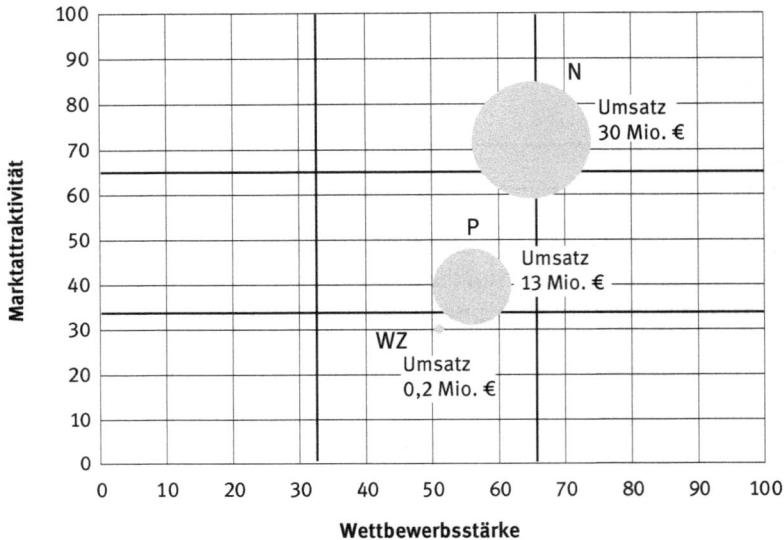

Abb. 4.51: McKinsey-Portfolio für das Unternehmen AmbientLight (eigene Darstellung).

An dem Beispiel wird die Stärke der Portfolioanalyse nach McKinsey deutlich, präzisere Strategieempfehlungen ableiten zu können als aus dem BCG-Portfolio. Da jedoch die Verdichtung der Kriterien je Dimension der Matrix auf einer Punktbewertung beruht, fließen vermehrt subjektive Bewertungsspielräume in das Ergebnis ein. Sowohl das BCG- als auch das McKinsey-Portfolio sind zudem zeitpunktbezogene Analysen. Ihr Aussagegehalt lässt sich jedoch steigern, wenn im Zeitverlauf mehrere Portfolioanalysen durchgeführt und die Ergebnisse vergleichend betrachtet werden. Hiermit könnte der zeitliche Verlauf der SGE durch die Felder der Portfoliomatrix verfolgt werden, um Strategien gegebenenfalls frühzeitig anpassen zu können.

4.4 Übungsaufgaben zu Kapitel 4

Aufgabe 1: Situationsanalyse

Der Osnabrücker Maschinenhersteller Schawitzky & Co. GmbH produziert Werkzeugmaschinen und vertreibt diese an Kunden in der Region Weser-Ems. Das Unternehmen hat seine Kunden in drei Klassen eingeteilt: Auf Großkunden (A-Kunden) entfallen 75 % des Jahresumsatzes, der zurzeit durchschnittlich 20 Mio. € beträgt. Auf B-Kunden entfallen 20 % des Jahresumsatzes. Die übrigen 5 % des Jahresumsatzes erzielt das Unternehmen mit C-Kunden.

Statistische Untersuchungen haben ergeben, dass in den drei Kundenklassen mit einer unterschiedlich starken Fluktuation zu rechnen ist. So wechseln im Jahr nur 5 % der Großkunden den Anbieter. Hingegen beträgt die Abwanderungsquote der B-Kunden 20 % und die der C-Kunden sogar 50 %.

A-Kunden werden im Rahmen des Key-Account-Managements regelmäßig durch Außendienstmitarbeiter der Firma besucht, um diese über Neuerungen in der Angebotspalette zu informieren. Hierdurch entstehen dem Unternehmen jährliche Kosten in Höhe von 100.000 €.

B- und C-Kunden werden nicht von Außendienstmitarbeitern betreut, erhalten aber regelmäßig auf postalischem oder elektronischem Wege Werbematerial des Unternehmens zugesandt. Die hierfür anfallenden Kosten belaufen sich auf 20.000 € im Jahr.

Berechnen Sie den Kundenwert für einen (durchschnittlichen) Kunden der drei Klassen. Gehen Sie dabei von einer zeitlichen Konstanz des Jahresumsatzes aus und unterstellen Sie einen Kalkulationszins von 3 %.

Aufgabe 2: Situationsanalyse

Führen Sie eine Wettbewerbsanalyse unter Abgrenzung des relevanten Marktes am Beispiel der Deutschen Bahn durch. Welche Probleme ergeben sich hierbei?

Aufgabe 3: Situationsanalyse

Gegenwärtig ist der Möbelhersteller Diele GmbH in vier Strategischen Geschäftseinheiten (SGE) tätig. Aus den letzten Marktanalysen ergab sich folgendes Bild:

Tab. 4.40: Daten zu den Geschäftseinheiten der Diele GmbH (eigene Darstellung).

SGE	Umsatz (Mio. €)	Marktvolumen (Mio. €)	Marktwachstum pro Jahr	Umsatz des Hauptwettbewerbers (Mio. €)
A: Wohnzimmermöbel	180	1.100	+/− 0 %	340
B: Küchenmöbel	360	970	+ 7 %	200
C: Büromöbel	290	800	+ 3 %	150
D: Wohnaccessoires	150	500	+ 1 %	130

Der Schwellenwert für das Marktwachstum beträgt 3,5 %.

a) Stellen Sie das BCG-Portfolio grafisch dar und benennen Sie die Felder und SGE.
b) Beurteilen Sie das Produktprogramm auf Ausgewogenheit und leiten Sie daraus Strategieempfehlungen für das strategische Marketingmanagement der Diele GmbH ab.

5 Potenzialanalyse

5.1 Potenzialidentifikation

Der Begriff Potenzialidentifikation meint die (erstmalige oder regelmäßige) Aufdeckung von Möglichkeiten (Potenzialen) im eigenen Unternehmen (intern), im Markt oder in der Unternehmensumwelt (extern). Die Identifikation von Potenzialen setzt zunächst ein klares Verständnis des Potenzialbegriffs als Messgegenstand voraus. Mithilfe der SWOT-Analyse als qualitativem Ansatz und der Gap-Analyse als quantitativem Ansatz können sodann Potenziale leichter erkannt werden.

5.1.1 Potenzialbegriff

Der Potenzialbegriff kann sich erstens **intern** auf das betriebliche Leistungsvermögen des eigenen Unternehmens beziehen, ein vorgegebenes Ziel noch besser, schneller, kostengünstiger usw. zu erreichen. Potenziale interner Art lassen sich bereits aus der oben betrachteten Stärken-Schwächen-Analyse zur Ableitung von Kernkompetenzen erkennen. Das sich aus dem Verhältnis von Stärken zu Schwächen ergebende Leistungsniveau (Ist) kann dabei mit einem definierten Zielmaßstab (Soll) verglichen werden, wobei sowohl ein Untererfüllen des Soll-Wertes als auch ein Übertreffen auf Potenziale hindeuten kann, die im ersten Fall in Leistungsverbesserungen, im zweiten Fall in Kostensenkungen bestehen mögen.

Zweitens kann der Potenzialbegriff sich auch rein **extern** auf Umwelt- und Marktbedingungen beziehen, aus denen sich Chancen für das eigene Unternehmen ergeben können. In diesem Kontext steht der Begriff **Marktpotenzial** als aggregierte, auf den gesamten Markt bezogene Größe, für den maximal möglichen Absatz oder Umsatz aller Anbieter auf einem Markt in einer bestimmten Zeitperiode unter Ausnutzung aller Ressourcen der Marktteilnehmer (Anbieter wie Nachfrager). Er kennzeichnet somit die gesamte Aufnahmekapazität eines Marktes und definiert damit die theoretische (fiktive) Obergrenze für das Marktvolumen, welches den gegenwärtigen (tatsächlichen) Absatz oder Umsatz aller Anbieter auf einem Markt in einer bestimmten Zeitperiode repräsentiert. Die Marktsättigung bestimmt sich aus dem Verhältnis von Marktvolumen zum Marktpotenzial und kann durch den Sättigungsgrad als prozentualer Anteil des Marktvolumens am Marktpotenzial quantifiziert werden. Ein Markt wird als gesättigt bezeichnet, wenn das Marktvolumen gleich dem Marktpotenzial ist. Das Potenzial ist dann bereits ausgeschöpft. Auf einem ungesättigten Markt bestehen für Anbieter dagegen noch Wachstumsmöglichkeiten, denn das Marktvolumen ist kleiner als das Marktpotenzial.

Drittens können **interne und externe Faktoren** gleichzeitig im Potenzialbegriff berücksichtigt werden. Umwelt- und Marktfaktoren werden in diesem Fall mit den

DOI 10.1515/9783110439892-005

Möglichkeiten des eigenen Unternehmens abgeglichen, um das betriebliche Potenzial kontextspezifisch ableiten zu können. Beispielsweise kann im Marketing das Marktpotenzial (externer Faktor) für ein neues Produkt unter Berücksichtigung der Stärken des eigenen Unternehmens bei der Vermarktung dieses Produkts (interner Faktor) abgeschätzt werden.

Im Folgenden wird aus Marketinggesichtspunkten von einer solchen weit gefassten Definition des Potenzialbegriffs ausgegangen, der sowohl externe Umwelt- und Marktfaktoren wie auch interne betriebliche Gegebenheiten in die Betrachtung integriert.

5.1.2 SWOT-Analyse

In diesem weiter gefassten Sinne lassen sich Potenziale für das eigene Unternehmen in diesem Schritt des Planungsprozesses aus dem Vergleich der Ergebnisse der (externen) Umweltanalyse mit den Ergebnissen der (internen) Unternehmensanalyse identifizieren. Die Gegenüberstellung kann im Rahmen der **SWOT-Analyse** erfolgen. Die Abkürzung SWOT steht dabei für die Anfangsbuchstaben der Begriffe **S**trengths, **W**eaknesses, **O**pportunities und **T**hreats. Strenghts und Weaknesses (also Stärken und Schwächen) stellen hierbei das Ergebnis der gegenwartsbezogenen (internen) Unternehmensanalyse dar. Opportunities und Threats (also Chancen und Risiken) bilden das Ergebnis der zukunftsbezogenen (externen) (Markt- und) Umweltanalyse, die als schwer bzw. nicht beeinflussbare Faktoren den Möglichkeitsraum der Unternehmung abstecken, den es durch den Einsatz eigener (beeinflussbarer) Stärken und die Überwindung von Schwächen auszunutzen gilt. Aus der Kreuzung der Unternehmens- mit der Umweltdimension in jeweils zwei Ausprägungen resultieren die vier Felder der SWOT-Matrix, die in Tab. 5.1 dargestellt ist.

Tab. 5.1: SWOT-Matrix (eigene Darstellung).

Ergebnis der (Markt- und) Umweltanalyse	Ergebnis der Unternehmensanalyse	
	Stärken (Strenghts)	Schwächen (Weakness)
Chancen (Opportunities)	Einsatz der Stärken des Unternehmens zur Ausnutzung der Chancen der Unternehmensumwelt → **Investieren**	Überwinden der Schwächen des Unternehmens zur Ausnutzung der Chancen der Unternehmensumwelt → **Ausgleichen**
Risiken (Threats)	Einsatz der Stärken des Unternehmens, um die Risiken der Unternehmensumwelt zu minimieren → **Absichern**	Minimierung der Schwächen des Unternehmens und der Risiken der Unternehmensumwelt → **Basisabsicherung**

Potenziale für das eigene Unternehmen im Kontext der (Markt- und) Umweltsituation leiten sich insbesondere in jenen Situationen ab, in denen die externe (Markt- und) Umweltsituation Chancen bietet. Die Potenziale werden jedoch zunächst lediglich qualitativ erkennbar, eine Quantifizierung könnte durch eine Punktbewertung von Stärken/Schwächen und Chancen/Risiken vorgenommen werden.

In der dargestellten SWOT-Matrix sind in den Feldern die sich ergebenden **Norm-strategien** beschrieben, die bei Vorliegen der jeweiligen Kombination von Stärken oder Schwächen einerseits und Chancen oder Risiken andererseits empfehlenswert erscheinen.

- **SO-Strategien:** Für die Kombination aus **Chance und Stärke** soll eine Investitionsstrategie in Betracht gezogen werden. Die Chance der Unternehmensumwelt soll durch den weiteren Ausbau der eigenen Stärke ausgenutzt werden, was wiederum eine zur Chance passende Stärke voraussetzt. Trifft also beispielsweise ein drohendes Vermarktungsverbot chemischer Substanzen auf einen Anbieter, der bereits seit längerer Zeit erfolgreich Substitute für diese Substanzen entwickelt hat, so soll diese Stärke weiter ausgebaut werden, um durch rechtzeitige Markteinführung die in dem Vermarktungsverbot liegende Chance ausnutzen zu können.
- **WO-Strategien:** Liegt eine Kombination aus **Chance und Schwäche** vor, so soll die Schwäche der eigenen Unternehmung möglichst schnell beseitigt werden, um die Chance der Unternehmensumwelt ausnutzen zu können. Hat das Unternehmen beispielsweise seine Produktpalette noch nicht auf die Anforderungen an eine sich ankündigende strengere Umweltauflage umgestellt, so sind vermehrt Anstrengungen zum Ausgleich dieser Schwäche notwendig, wie beispielsweise die Neu- oder Weiterentwicklung umweltschonender Produkte.
- **ST-Strategien:** Im Hinblick auf die Potenziale vergleichsweise ungünstiger zu beurteilen ist die Kombination aus **Risiken und Stärken**, die eine Defensivstrategie zur Absicherung (Verteidigung) der eigenen Stärken erfordert. Konkret könnte das Unternehmen versuchen, sich mit einer Diversifikationsstrategie unabhängiger von der gegebenen ungünstigen Umweltsituation zu machen, indem es sich parallel in verschiedenen, auch vergleichsweise krisenfesten, Geschäftsfeldern (z. B. Telekommunikationsbranche, Nahrungsmittelbranche) betätigt.
- **WT-Strategien:** Schließlich liegt in der Kombination aus **Risiken und Schwächen** die ungünstigste Situation vor, sodass eine Basisabsicherung zur Abwendung der Insolvenzgefahr des Unternehmens als geeignete Strategie erscheint. Hierzu könnte konkret die Verlagerung von Produktionsstandorten in Niedriglohnländer, die (teilweise) Einstellung der Produktion bzw. die Veräußerung von Unternehmensteilen erwogen werden.

Die SWOT-Analyse ist ein integratives Konzept zur Zusammenfassung der Ergebnisse von Markt- bzw. Umwelt- und Unternehmensanalyse. Sie kann als grobes Denkraster zur Analyse von (Markt- bzw.) Umwelt-Unternehmens-Zuständen die Ziel- und

Strategieableitung unterstützen, indem systematisch Potenziale durch Kreuzung von (Markt- bzw.) Umwelt- und Unternehmensdimension erkannt werden. Die Normstrategien sind jedoch noch vergleichsweise allgemein gehalten und näher vor dem Hintergrund des konkreten betrieblichen Kontexts auszulegen.

5.1.3 Gap-Analyse

Eine weitere Möglichkeit, betriebliche Potenziale im Kontext der Umwelt und des Marktes zu identifizieren, besteht in der Anwendung der Gap-Analyse (vgl. hierzu Kapitel 4.2.3). Im Unterschied zur SWOT-Analyse werden hiermit Potenziale unmittelbar quantitativ erfasst. Als **Gap** (Lücke, Abweichung) wird die Diskrepanz zwischen den gesetzten Zielen (Soll- bzw. Plan-Wert) und dem bisherigen Zielerreichungsgrad (Ist-Wert) bzw. einer realistisch zu erwartenden Entwicklung des Ist-Zustands definiert (vgl. Reinecke und Janz 2007, S. 117). Zur Vorhersage der zukünftigen Entwicklung des Ist-Wertes können die in Kapitel 4.1.2 besprochenen Prognoseverfahren eingesetzt werden. Anhand frühzeitig aufgedeckter Gaps lassen sich Potenziale und Handlungsbedarfe für das Unternehmen erkennen. Bezieht man das Konzept der Gap-Analyse auf die SWOT-Matrix, lassen sich aus dem Vergleich von Chancen und Risiken Zielgrößen ableiten und als Soll-Werte definieren, die mit den sich aus dem Abgleich von gegenwärtigen Stärken vs. Schwächen ergebenden Ist-Werten abgeglichen werden, um anhand der Soll-Ist-Abweichung Potenziale zu erkennen.

Bei der Fortschreibung des Ist-Wertes wird üblicherweise unterstellt, dass während der Betrachtungszeit keinerlei Änderungen in den (Marketing-)Maßnahmen des Anbieters vorgenommen werden (unverändertes Basisgeschäft). Es liegt also eine reine Entwicklungsprognose und keine Wirkungsprognose vor (siehe Kapitel 4.1.2).

Für die Ableitung von Soll-Größen wird dagegen eine Wirkungsprognose zugrunde gelegt. Hierbei lässt sich weiter zwischen einem angestrebten Soll-Wert bei Einsatz operativer Maßnahmen einerseits und einem Soll-Wert bei Einsatz strategischer (struktureller) Anpassungen andererseits unterscheiden, welcher z. B. aus einem Vergleich mit dem wichtigsten Wettbewerber als Benchmark abgeleitet wird:

- Die Abweichung des operativen Soll-Wertes vom Ist-Wert wird als **operative Lücke** bezeichnet. Sie kann durch Optimierung des Basisgeschäfts, z. B. den effizienteren Einsatz der Marketinginstrumente, geschlossen werden.
- Die Abweichung zwischen strategischem Ziel (strategischer Soll-Wert) und operativ erzielbarem Ergebnis (operativer Soll-Wert) wird als **strategische Lücke** bezeichnet.

Anders als die operative Lücke drückt die strategische Lücke somit keine Soll-Ist-Abweichung aus, sondern verdeutlicht den strategischen Anpassungsbedarf. Diese Lücke kann nicht rein durch den optimierten Einsatz operativer Maßnahmen geschlossen werden. Vielmehr sind eine Überprüfung der gesetzten strategischen

Ziele oder die Ableitung neuer Strategien erforderlich, etwa zur Anpassung der Unternehmensorganisation an veränderte Marktbedingungen, die Erschließung neuer Absatzmärkte, Vertriebskanäle usw.

Die Gap-Analyse lässt sich sowohl auf Unternehmensebene als auch auf Produktebene anwenden. Zur Verdeutlichung des Konzepts der Gap-Analyse wird das Zahlenbeispiel zur Schätzung des Produktlebenszyklus (siehe Kapitel 4.3.2) aufgegriffen, bei dem der Fokus auf der Ebene eines einzelnen Produkts liegt: Der Landmaschinenhersteller Agrartec brachte in Periode t = 1 einen innovativen Traktor mit verbessertem Bremssystem und spezieller Eignung für Einsätze in der alpinen Grünlandwirtschaft auf den Markt. Bei einem Verkaufspreis von 30.000 € je Stück (für die Basisausstattung) und unter Konstanthaltung aller absatzpolitischen Maßnahmen wurde auf Grundlage des Produktlebenszykluskonzepts unter Einbezug der bereits in den ersten beiden Jahren realisierten Absatzzahlen anhand folgender Formel die weitere Absatzentwicklung für den Traktor prognostiziert:

$$x(t) = 1.000 \cdot t^3 \cdot e^{-t}.$$

Das Management sieht zur Stabilisierung der Absatzzahlen und Verlängerung des Produktlebenszyklus, der hier das Basisgeschäft reflektiert, den verstärkten Einsatz taktisch-operativer Marketinginstrumente (v. a. Vertriebs- und Werbeaktivitäten in frühen und mittleren Phasen, Leistungsbündelung und preispolitische Maßnahmen in späten Phasen) vor. Hierzu werden operative Absatzziele (Soll-Werte) definiert. Abgeleitet aus den Ergebnissen der Wettbewerbsanalyse sieht das Management unter Vornahme strategischer Anpassungen zudem leicht höhere Absätze gegenüber den operativen Soll-Werten für erreichbar an.

Die resultierenden (prognostizierten) Ist-Absatzzahlen, die operativen und strategischen Soll-Werte und Abweichungen können Tab. 5.2 entnommen werden.

Tab. 5.2: Ist- und Soll-Absatzzahlen Traktor (Basisausstattung) in Stück (eigene Darstellung).

t	(prognostizierter) Ist-Absatz	operativer Soll-Absatz	strategischer Soll-Absatz	operative Lücke	strategische Lücke
0	0	0	0	0	0
1	368	368	368	0	0
2	1.083	1.083	1.083	0	0
3	1.344	1.400	1.500	56	100
4	1.172	1.450	1.600	278	150
5	842	1.300	1.650	458	350
6	535	1.200	1.700	665	500
7	312	1.100	1.750	788	650
8	171	1.050	1.800	879	750
9	89	1.000	1.800	911	800

Abb. 5.1 zeigt die Verläufe der Ist- und Soll-Werte und verdeutlicht die sich ergebenden Abweichungen.

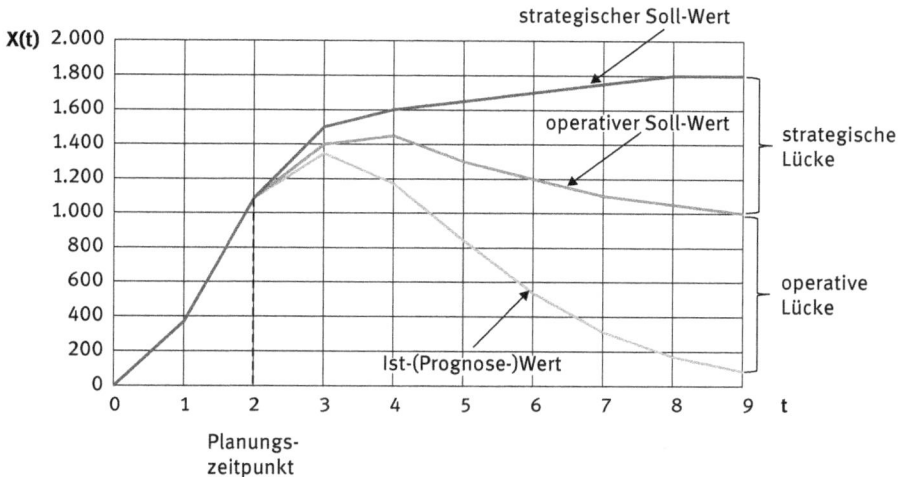

Abb. 5.1: Ist- und Soll-Absatzverläufe zur Gap-Analyse (eigene Darstellung).

Der Anbieter befindet sich nun am Ende von Periode 2 (Planungszeitpunkt) und verzeichnet einen Ist-Absatz von 1.083 Traktoren. Für die nächste Periode wird ein Absatzwert bei unverändertem Basisgeschäft in Höhe von 1.344 Stück erwartet, der um 56 Einheiten hinter dem Absatz bei intensiviertem und optimiertem Einsatz der Marketinginstrumente zurückliegt (operative Lücke). Unter Einbezug von strategischen (strukturellen) Anpassungen könnten in Periode 3 sogar 100 weitere Traktoren gegenüber dem operativen Planabsatz abgesetzt werden (strategische Lücke), womit das strategische Potenzial verdeutlicht wird. Die Absatzwerte können auch kumuliert betrachtet werden, um das Potenzial eines Planungszeitraums bestimmen zu können. Um beispielsweise das operative Potenzial der nächsten drei Jahre in Höhe von 792 Stück (= 56 + 278 + 458) auszuschöpfen, wären (ausgehend von Periode 3 bis zum Ende von Periode 5) pro Jahr durchschnittlich ca. 264 Traktoren (= 792/3) mehr abzusetzen, was den Verkaufsdruck, unter dem der Anbieter steht, verdeutlicht.

Zwar leiten sich aus der Gap-Analyse keine unmittelbaren Handlungsempfehlungen zur Erreichung der Ziele ab. Im vorliegenden Fall könnte die strategische Lücke beispielsweise durch eine grundlegende Weiterentwicklung des bisherigen Produkts (also z. B. innovative Antriebe, Verbesserung der Funktionalität) geschlossen werden. Hierbei würde dann beispielsweise in Periode 7 das alte gegen ein neues, verbessertes Produkt ausgetauscht, womit der Produktlebenszyklus verlängert würde. Allein durch operative Maßnahmen wie die Intensivierung von Anstrengungen des Außendienstes, preisliche Zugeständnisse, geringfügige Produktmodifikationen (z. B. Änderung technischer oder ästhetischer Eigenschaften) usw. ließe sich die strategische Lücke kaum schließen.

Die Gap-Analyse kann um andere Analysekonzepte ergänzt werden, um weitergehende Handlungsmöglichkeiten und -empfehlungen, beispielsweise auch auf der Unternehmensebene, ableiten zu können. Speziell zur Ableitung von strukturellen Anpassungsmöglichkeiten zur Schließung der strategischen Lücke sei auf die **Ansoff-Matrix (Produkt-Markt-Matrix)** verwiesen, die in Tab. 5.3 dargestellt ist. Mit der Ansoff-Matrix werden systematisch Strategien zum weiteren Wachstum des Unternehmens entwickelt, die sich aus der Kombination von gegenwärtigen oder neuen Produkten durch eine Vermarktung auf den bisher bearbeiteten oder neuen Märkten ergeben.

Tab. 5.3: Ansoff-Matrix (eigene Darstellung).

	Produkt	
Markt	**gegenwärtig (alt)**	**zukünftig (neu)**
gegenwärtig (alt)	Marktdurchdringung	Produktentwicklung
zukünftig (neu)	Marktentwicklung	Diversifikation

So kann das Unternehmen wachsen und die strategische Lücke schließen durch die vier in der Ansoff-Matrix angesprochenen Strategien, die einzeln oder in Kombination angewendet werden können:

- Mit der **Marktdurchdringungsstrategie** soll Wachstum auf dem bisher bearbeiteten Markt mit dem bisherigen Produkt dadurch erzielt werden, dass neue Abnehmer für das Produktangebot interessiert bzw. Marktanteile zulasten der Konkurrenz erhöht werden.
- Die **Marktentwicklungsstrategie** zielt auf die Generierung von Wachstum durch die Suche nach neuen Absatzmärkten, auf denen die bisherigen Produkte (nahezu) unverändert abgesetzt werden können. Dies kann durch Ansprache bislang nicht bearbeiteter Nachfragersegmente in dem bisherigen Absatzgebiet erfolgen oder durch Bearbeitung neuer geografischer Absatzgebiete (also z. B. eines Auslandsmarkts).
- Mit der **Produktentwicklungsstrategie** soll Wachstum auf dem bisher bearbeiteten Markt durch Entwicklung eines neuen Produkts, also durch Innovation, erzeugt werden. So wird beispielsweise das alte Produkt durch ein neues Produkt mit höherem Nutzenpotenzial ersetzt oder es wird eine neue Variante desselben Produkts eingeführt.
- Mit der **Diversifikationsstrategie** soll Wachstum durch die Entwicklung neuer Produkte in Kombination mit der Erschließung neuer Märkte geschaffen werden. Bei einer **horizontalen Diversifikation** erfolgt eine Erweiterung des Produktprogramms um solche Produkte, die in einem sachlichen Zusammenhang stehen zu den bislang angebotenen Produkten (also etwa Produkte

derselben Warengruppe, auf derselben Wertschöpfungsstufe). Bei der **vertikalen Diversifikation** werden Produkte der vor- und/oder nachgelagerten Wertschöpfungsstufe(n) in das Programm aufgenommen (z. B. Händlerleistungen, Vorprodukte). Bei der **lateralen oder diagonalen Diversifikation** besteht hingegen kein Sachzusammenhang zwischen bislang geführten und neu aufgenommenen Produkten (z. B. Produkte völlig verschiedener Warengruppen und Branchen wie Nahrungsmittel und Finanzdienstleistungen).

Die Gap-Analyse lässt sich erweitern, indem die derzeit verfolgten Ziele und dazu eingesetzten Mittel den momentan (noch) nicht verfolgten, aber möglichen Zielen und dafür notwendigen Mitteln gegenübergestellt werden (siehe Abb. 5.2).

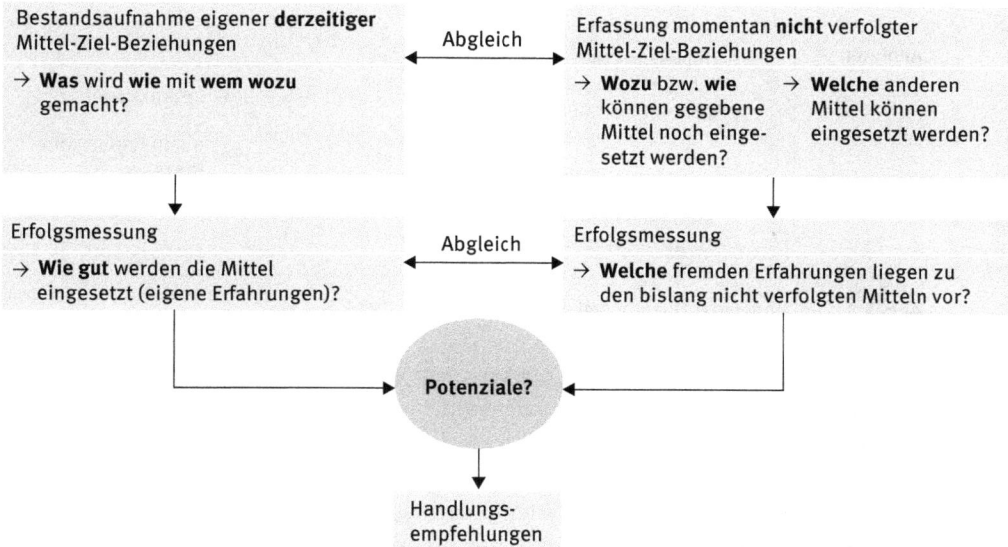

Abb. 5.2: Erweiterte Gap-Analyse durch Betrachtung von Mittel-Ziel-Beziehungen (eigene Darstellung).

Verglichen werden somit nicht nur Output-Größen, sondern Output-Input-Relationen, also Mittel-Ziel-Beziehungen. Bei der Analyse der momentan noch nicht verfolgten Mittel-Ziel-Beziehungen können auch Wettbewerberinformationen sowie Expertenurteile in die Betrachtung einbezogen werden, um Ideen für Verbesserungen des Einsatzes der bislang eingesetzten oder auch neuen Mittel (z. B. andere Marketinginstrumente) zu generieren. Aus dem Abgleich von eigenen und fremden Erfahrungen können Potenziale für den eigenen Mitteleinsatz abgeleitet werden, aus denen sich wiederum Handlungsempfehlungen ergeben können.

Der Grundgedanke der Abweichungsanalyse findet sich auch im **Gap-Modell der Qualität** von Parasuraman et al. (1985) wieder. Das auf Dienstleistungen bezogene, aber nicht auf diesen Bereich begrenzte Modell beschreibt und erklärt das Entstehen negativer Qualitätsurteile in **Gap 5**. Ein solches negatives Qualitätsurteil besteht in einem Auseinanderfallen von Kundenbedürfnissen (Anforderungen, Erwartungen) einerseits und wahrgenommener Produktqualität andererseits (siehe Abb. 5.3).

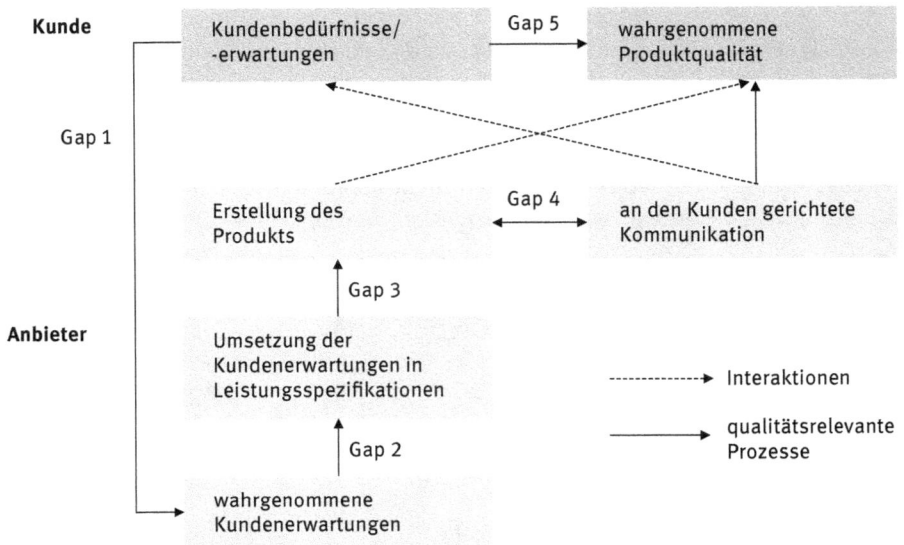

Abb. 5.3: Gap-Modell der Qualität (vgl. Parasuraman et al. 1985, S. 44).

Das Entstehen von Gap 5 kann über vier weitere Gaps entlang der Stufen des Produktentwicklungsprozesses erklärt werden.

- **Gap 1** beschreibt die Abweichung zwischen tatsächlichen Kundenanforderungen einerseits und den vom Management (z. B. Produktmanagement) wahrgenommenen und interpretierten Kundenanforderungen andererseits.
- **Gap 2** besteht in einer Kluft zwischen den vom Management wahrgenommenen und interpretierten Kundenanforderungen und den durch die Produktentwicklungsabteilung in Konstruktionspläne und Leistungsspezifikationen umgesetzten Anforderungen.
- **Gap 3** besteht in einer Diskrepanz zwischen Konstruktionsplänen und Leistungsspezifikationen der Produktentwickler, Designer bzw. Konstrukteure einerseits und deren Umsetzung in den Fertigungsprozess durch die Produktionsabteilung andererseits.
- **Gap 4** besteht schließlich in der Diskrepanz zwischen objektiv erstelltem Produkt und der Art und Weise, wie das Produktangebot durch das Marketing an den Kunden kommuniziert wird.

Die Anbieterkommunikation beeinflusst über Interaktionen mit dem Kunden zum einen die Kundenerwartungen an eine bestimmte Produktqualität. Zum anderen beeinflusst die Kommunikation aber auch die Wahrnehmung des Kunden hinsichtlich der tatsächlichen (objektiv-technischen) Produktqualität. Werden nun beispielsweise über eine stark übertriebene Werbung die Kundenerwartungen unbotmäßig gesteigert, kann selbst bei einwandfreier, guter Produktqualität ein negatives Qualitätsurteil des Kunden resultieren, wenn der Kunde den technisch-objektiven Produktvorteil nicht zugleich wahrnimmt. Ein solches negatives Ergebnis ist also selbst dann vorstellbar, wenn der Anbieter in sämtlichen vorhergehenden Schritten des Entwicklungsprozesses keinerlei Fehler gemacht und alle Schnittstellenprobleme gelöst hat. Umgekehrt kann aber auch nur eine kleine Abweichung bereits in einer frühen Phase des Produktentwicklungsprozesses ausreichen, um sich in späten Phasen zu einer größeren Lücke zu entwickeln, die dann im Ergebnis zu einem deutlich negativen Qualitätsurteil zu dem betrachteten Produkt führt.

Das Gap-Modell der Qualität kann verwendet werden, um etwaige mit den Gaps verbundene Schnittstellenprobleme zwischen den an der Produktentwicklung beteiligten Abteilungen und Akteuren aufzuspüren, zu beschreiben und systematisch nach Ursachen für diese Probleme zu suchen. Damit können Potenziale für Verbesserungen identifiziert werden.

Tab. 5.4 enthält einen Fragenkatalog zur Identifikation von Gap 1 bis Gap 4 zur Abschätzung von Gap 5. Zusätzlich werden in der Tabelle Ansätze für Verbesserungspotenziale zur Vermeidung oder Reduzierung der jeweiligen Schnittstellenprobleme beschrieben.

Tab. 5.4: Schnittstellenanalyse zur Potenzialidentifikation anhand des Gap-Modells der Qualität (eigene Darstellung).

Schnittstellen	Fragen zur Aufdeckung eines Schnittstellenproblems (Beispiele)	Verbesserungsansätze zur Begrenzung/ Lösung des Schnittstellenproblems (Beispiele)

Gap 1	– Werden Kundenbedürfnisse/-anforderungen regelmäßig erfasst?
	– Sind die Ergebnisse der Marktforschungsstudien noch aktuell?
	– Werden auch zu erwartende Marktveränderungen (z. B. Trends) erfasst?
	– Wie ist die Güte der Marktforschung einzuschätzen (z. B. Messfehler, Stichprobenumfang)?
	– Wurden Kunden in die Produktentwicklung integriert?
	– Falls ja: Wie erfolgt die Kundenintegration? (Methode, Intensität, Zeitpunkte)
	– Erfolgt die Interpretation von Kundenbedürfnissen/-anforderungen durch das Marketing objektiv?
		– regelmäßige Marktbeobachtung
		– Kombination verschiedener Erhebungsmethoden zur Erfassung von Bedürfnissen:
		  – neben Befragungen auch Beobachtungen und Experimente unter Einbezug der Verwendungssituation
		  – neben quantitativer Marktforschung auch qualitative Marktforschung (z. B. Tiefeninterviews) zur Aufdeckung latenter (unterschwelliger) Kundenbedürfnisse und Wertvorstellungen
		– rechtzeitige und regelmäßige Kundenintegration
		– enge Verzahnung von Marktforschung, Marketing/Produktmanagement und technischer Entwicklung (z. B. Workshops, interdisziplinär besetzte Projektteams)

Tab. 5.4: (fortgesetzt)

Schnittstellen	Fragen zur Aufdeckung eines Schnittstellen-problems (Beispiele)	Verbesserungsansätze zur Begrenzung/ Lösung des Schnittstellenproblems (Beispiele)
Gap 2	– Sind die Kundenäußerungen präzise? Welche Interpretationsspielräume sind zulässig? – Wie realistisch umsetzbar und zeitstabil sind die Kundenbedürfnisse/-anforderungen? – Welche technischen Spielräume (Möglichkeiten) bestehen in der Produktentwicklung bei der Umsetzung der Kundenbedürfnisse/-anforderungen? – Sind Abweichungen von Kundenbedürfnissen/-anforderungen technisch notwendig?	– präzise Auslegung von Kundenwünschen (ggf. mittels Inhaltsanalysen) – Prüfung der Konstruktionspläne auf Abweichung von Kundenbedürfnissen/-anforderungen – ggf. erneute Kundenintegration zur Präzisierung der Anforderungen und Beurteilung etwaiger (technisch notwendiger) Planabweichungen (z. B. auf Basis von Simulation, Prototypen) – regelmäßige Abstimmung und Rückkopplung von Produktmanagement (Marketing) und technischer Entwicklung (Design)
Gap 3	– Sind die Ressourcen nach Art und Umfang zur Erstellung des Produkts vorhanden? Bestehen oder drohen Lieferengpässe? – An welcher Stelle ist auf andere als die geplanten Rohstoffe, Materialien, Vorprodukte usw. auszuweichen? – Lassen sich die Produkte mittels des vorgesehenen Fertigungsverfahrens in spezifizierter Qualität und Quantität herstellen? – Inwiefern sind Planabweichungen für den Kunden wahrnehmbar?	– frühzeitige Erschließung geeigneter Lieferquellen, die dauerhaft zur Verfügung stehen – Qualitätsmanagement zur Kontrolle der Produktion und Logistik auf Planabweichungen – Erarbeitung von Ausweichplänen für die Produktion (alternative Anlagen, Vorgehen bei Störungen im Produktionsprozess, Fremdfertigung usw.) – kundenseitige Abschätzung der Auswirkungen von Planänderungen (z. B. Nutzenanalysen)
Gap 4	– Sind Produktmanager hinreichend mit der objektiven Produktqualität (Stärken und Schwächen des Produkts) vertraut? – Orientiert sich die Kommunikation an der objektiven Produktqualität? – Werden durch die Anbieterkommunikation unrealistische Erwartungen geschürt? – Wird das Nutzenversprechen glaubwürdig kommuniziert? – Passt der Gestaltungsstil der Werbemittel zu den Anforderungen der Zielgruppe? – Wird einheitlich über das Produktangebot kommuniziert? – Werden auch (nach dem Kauf) Maßnahmen zur Reduktion kognitiver Dissonanzen eingesetzt?	– Pretest der Werbung in der anvisierten Zielgruppe – Abstimmung der Kommunikationsinstrumente aufeinander im Hinblick auf das gesetzte Kommunikationsziel – stetige Prüfung der Kundenresonanz auf die Kommunikation des Anbieters – stetige Messung von Kundenzufriedenheit und wahrgenommener Produktqualität – Zielgruppen- und produktadäquate Gestaltung von Nachkaufkommunikation (z. B. Gebrauchsanweisungen)

Die so identifizierten Schnittstellenprobleme können in einem weiteren Analyse-
schritt, z. B. mithilfe eines Punktbewertungsverfahrens, quantifiziert werden, um
Potenziale auch quantitativ abzuschätzen.

5.2 Potenzialbeschreibung

Die sich aus dem Abgleich von strategischen Möglichkeiten (Chancen/Risiken in
der SWOT-Analyse bzw. strategischen/operativen Soll-Werten in der Gap-Analyse)
und tatsächlichen Gegebenheiten der Unternehmung (Stärken/Schwächen bzw. Ist-
Werten) häufig global und eher qualitativ ableitenden internen und/oder externen
Potenziale sind in einem nächsten Schritt, sofern noch nicht vorab geschehen, in
konkrete ökonomisch relevante Messgrößen mit dem Ziel der quantitativen Potenzialschätzung zu übersetzen. In diesem Schritt geht es also um eine Operationalisierung
der identifizierten Potenziale durch Zerlegung in einzelne Potenzialdimensionen
bzw. -komponenten. Die so verstandene präzise Potenzialbeschreibung bildet somit
die Voraussetzung für die im nächsten Schritt zu erfolgende quantitative Abschätzung des Potenzials durch den Einsatz von Datenerhebungs- und -analysemethoden.
  Grundsätzlich kann das Potenzial absolut oder relativ ausgedrückt und näher
beschrieben werden durch ein
– Mengengerüst,
– Wertgerüst und
– Zeitgerüst.

Das **Mengengerüst** zur Beschreibung von Potenzialen kann sich intern auf maximale, noch nicht ausgeschöpfte Produktions- oder Personal- bzw. Arbeitskapazitä-
ten beziehen. Extern wird es üblicherweise auf Absätze bezogen, z. B. für ein neues
Produkt, dessen Potenzial auf einem Markt abgeschätzt werden soll. Zur Abschätzung des Absatzpotenzials wäre dann die relevante Zielgruppe zu identifizieren
und in ihrem Kaufverhalten einzuschätzen (siehe zur Zielgruppenidentifikation
Kapitel 4.2.2). Das externe Potenzial könnte aber beispielsweise auch durch die
Anzahl möglicher Abnehmer beschrieben werden, die ein schon vorhandener Kunde
positiv oder negativ beeinflussen kann (Referenzpotenzial).
  Das **Wertgerüst** des Potenzials kann intern auf Kosten bzw. Preise für Input-
faktoren bezogen werden. In externer Betrachtung bestimmt sich das Potenzial aus
den in den jeweiligen Marktperioden eines Produkts pro Einheit erzielbaren Preisen.
Dabei können die eigenen Preise auch relativ zu Wettbewerberpreisen oder Durch-
schnittspreisen betrachtet werden, um Preisspielräume als Potenziale aufzudecken
(z. B. Preisprämien als maximal zu erzielende Preise für ein Herstellermarkenprodukt
in Relation zu einem nicht oder schwach markierten Produkt).
  Das **Zeitgerüst** des Potenzials bezieht sich erstens auf die Festlegung des Betrachtungszeitraums für das Mengen- und Wertgerüst. Wann wäre also beispielsweise das

Potenzial ausgeschöpft und der Markt (vollständig) gesättigt? Ist der Markt gesättigt, so besteht auch für einen neu eintretenden Anbieter auf diesem Markt kein Potenzial. Zweitens bezieht sich das Zeitgerüst auf die Länge der Kaufintervalle, also in welchen Abständen Käufer ihren Bedarf mit dem Produkt decken. Wie häufig pro Zeiteinheit sind also von einer durchschnittlichen Zielperson des betrachteten Personenkreises Käufe zu erwarten? Diese Kauffrequenz hängt wiederum ab von den Merkmalen des Produktangebots (Gebrauchs- oder Verbrauchsgut) wie auch von den Merkmalen der Zielgruppe (z. B. deren Nutzungsgewohnheiten, dem verfügbaren Einkommen). Drittens ist bei der Festlegung des Zeitgerüsts für das Potenzial auch zu beachten, inwiefern sich Mengen- und Wertgrößen über den vorgesehenen Zeitraum mit den gängigen Prognosemethoden noch realistisch abschätzen lassen. Ferner ist zu berücksichtigen, welcher Planungszeitraum von der Unternehmensplanung vorgegeben wird, den es bei der Potenzialschätzung zu berücksichtigen gilt.

5.3 Potenzialschätzung

Da die Abschätzungsprobleme des Potenzials vor allem bei einer Betrachtung der externen Marktpotenziale bestehen, um deren Quantifizierung es in der Marketinganalyse vor allem geht, wird im Folgenden auf den Fall der Marktpotenzialschätzung eingegangen. Das Marktpotenzial lässt sich nun aus den Komponenten des Mengen-, Wert- und Zeitgerüsts multiplikativ wie folgt ermitteln:

Marktpotenzial = Anzahl potenzieller Käufer × Kaufmenge pro Kaufvorgang
× Preis pro Einheit × Kauffrequenz pro Periode
× Anzahl betrachteter Perioden

Hierbei beziehen sich die Anzahl potenzieller Käufer sowie die Kaufmenge pro Kaufvorgang auf das Mengengerüst. Der Preis pro Einheit bildet das Wertgerüst ab und die Kauffrequenz pro Periode sowie die Anzahl betrachteter Perioden das Zeitgerüst. Bei Bedarf kann diese Berechnungsformel angepasst werden, z. B. um die Gruppe der potenziellen Käufer weiter segmentspezifisch zu unterteilen.

Zur Quantifizierung dieser einzelnen Komponenten sind in einem nächsten Schritt unter Rückbezug auf die Phase der Potenzialidentifikation Daten zu sammeln. Die Schätzung des Potenzials entlang der drei Dimensionen des Mengen-, Wert- und Zeitgerüsts erfordert einerseits entsprechende Datenquellen (z. B. amtliche Statistik zu Importen und Exporten, Verbräuche, Bevölkerungszahlen nach Alter, Gebieten usw.), aus denen sich Erkenntnisse zu den Treibern (Determinanten) und der Größenordnung des Potenzials ableiten lassen. Zum anderen ist regelmäßig der Einsatz von Prognosemethoden erforderlich, um über die Zeitspanne des Potenzials realistische Mengen und Werte ableiten zu können.

Das Marktpotenzial kann sowohl top-down, beginnend mit einer Makroanalyse, als auch bottom-up, ausgehend von einer Mikroanalyse, bestimmt werden (siehe Kapitel 3.3.2):

Beim **Top-down-Prinzip** wird das Marktpotenzial auf Basis von vornherein für den Markt insgesamt als Aggregate vorliegende Maßgrößen (durch Makrodaten) abgebildet. Das Vorgehen erfolgt von oben nach unten, ausgehend von einer allgemeinen Betrachtung der den Markt insgesamt beeinflussenden Umweltfaktoren (z. B. technologische Trends), gefolgt von einer Analyse von Angebot, Nachfrage bzw. Kapazitäten größerer Wirtschaftseinheiten (z. B. Ländermärkte, Regionen, Branchen), z. B. auf Basis von Daten aus der amtlichen Statistik oder auch von Mitgliederinformationen der Verbände (z. B. IHK, VCI). Gesamtmärkte können weiter in Teilmärkte segmentiert werden, um interessierende Gruppen von Nachfragern einzugrenzen, die dann im Hinblick auf das Mengen- und Wertgerüst näher untersucht bzw. vorselektiert werden können. Segmente können anhand von einfach beobachtbaren Merkmalen gebildet werden (z. B. nach Größenklassen von Unternehmen, eingesetzten Technologien, abnehmenden Branchen), die sich in ihren Bedarfen und Anforderungen markant unterscheiden. Je Segment könnte im letzten Schritt eine repräsentative Teilmenge von Unternehmen als potenzielle Kunden je Segment genauer untersucht werden, um zu klären, in welche Verwendungen die betrachteten Produkte entlang der Lieferkette einfließen bzw. welche Verbräuche anfallen. Einer solchen Feinanalyse kann sich die Priorisierung von Marktsegmenten für eine noch weitergehende Detaillierung der Potenzialabschätzung (z. B. durch Befragungen) und eine spätere Marktbearbeitung anschließen. Mikroanalysen stehen also bei Anwendung des Top-down-Prinzips, sofern sie eingesetzt werden, eher am Schluss. Das Vorgehen der Potenzialschätzung nach dem Top-Down-Prinzip eignet sich vor allem bei vorliegenden großen Nachfragerzahlen wie etwa auf Konsumgütermärkten (vgl. Voeth und Herbst 2013, S. 155).

Die Schätzung des Potenzials nach dem **Bottom-up-Prinzip** erfolgt ausgehend von Mikrodaten anhand von Eigenschaften (z. B. Stärken/Schwächen) des eigenen Produkts, die mit den spezifischen Bedarfen einzelner Wirtschaftssubjekte abzugleichen sind. Zur mengenmäßigen Eingrenzung der Zahl der potenziellen Käuferschaft kann auf Merkmale des Produktangebots zurückgegriffen werden (wie z. B. Qualitätsanspruch, Preislage, Markenimage, technische Komplexität), die mit Merkmalen der Zielgruppe (z. B. Alter, Einstellungen, Lebensstile, Bedürfnisse, Einkommen, Präferenzen, Zahlungsbereitschaften, Produkterfahrungen usw.) verglichen werden. Aus diesem Abgleich (Matching) von Merkmalen des Angebots mit Merkmalen der Zielgruppe resultiert eine Schnittmenge von Personen, die als Käufer des neuen Produkts vor allem in Betracht kommen (Mengengerüst). Von diesen potenziellen Käufern werden sodann Produktbeurteilungen, Einstellungen, Präferenzen, Zahlungsbereitschaften usw. abgefragt oder auch beobachtet, um das Wertgerüst zu quantifizieren. Unter Zugrundelegung eines realistischen Zeitraums für die Nutzung des Produkts (z. B. abgeleitet aus dem Produktlebenszykluskonzept) wird dann das Marktpotenzial durch multiplikative Verknüpfung von Mengen-, Wert- und Zeitgerüst zunächst für einzelne Käufergruppen (Segmente) ermittelt und für alle relevanten Segmente bzw. auf den Markt insgesamt hochgerechnet. Hierbei können auch gegebenenfalls Makroanalysen am Schluss angewandt werden. Eine Potenzialschätzung nach dem

Bottom-up-Prinzip ist vor allem bei einer überschaubaren Anzahl potenzieller Nachfrager anwendbar (vgl. Voeth und Herbst 2013, S. 155).

Das Vorgehen zur Abschätzung des Marktpotenzials nach dem Top-down- und Bottom-up-Prinzip veranschaulicht Abb. 5.4.

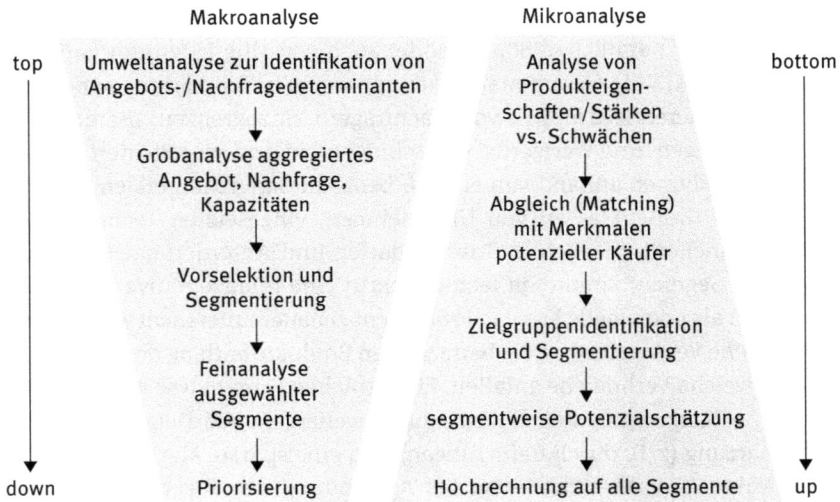

Abb. 5.4: Marktpotenzialschätzung nach dem Top-down- und Bottom-up-Prinzip (eigene Darstellung).

Bei Makroanalysen erfolgt die Potenzialabschätzung über aggregierte Marktdaten (wie z. B. das Marktvolumen), sodass eine weitere Aufschlüsselung in ein Mengen- und Wertgerüst nicht immer erforderlich oder möglich ist. Bei Mikroanalysen liegt der Blick dagegen auf der Abschätzung der Nachfrage und Zahlungsbereitschaft einzelner potenzieller Käufer, was in der Regel eine separate Betrachtung des Mengen- und Wertgerüsts erforderlich macht.

Zur Abschätzung des Zeitgerüsts für das Marktpotenzial kann auf das Produktlebenszykluskonzept zurückgegriffen werden. Die Länge sämtlicher Phasen des Produktlebenszyklus, die sogenannte Marktperiode, könnte dabei den Betrachtungszeitraum für die Potenzialabschätzung bilden. Hierbei sind auch Trends und deren Nachhaltigkeit in die Betrachtung einzubeziehen, da sie die Länge des Produktlebenszyklus wesentlich bestimmen. Je nach Phase des Produkts in dem Produktlebenszyklus ist das Marktpotenzial anders einzuschätzen. So ist regelmäßig in frühen Phasen (Einführungs- und Wachstumsphasen) das Potenzial höher einzuschätzen als in mittleren oder späten Phasen (Sättigungs- und Degenerationsphasen). Interessant für die Abschätzung des Potenzials ist in diesem Zusammenhang also die Veränderung des

Marktvolumens über die Zeit, was als Marktwachstum bezeichnet wird. In zeitlicher Hinsicht ist zudem zu bestimmen, wie häufig das Produkt pro Periode im Durchschnitt gekauft werden wird, was abhängig ist von der Art des Produkts, der Produktlebens- bzw. -nutzungsdauer und den verfügbaren Mitteln des Käufers. Im Rahmen von Mikroanalysen können hierzu auch (repräsentative) Befragungen und Beobachtungen von potenziellen Käufern durchgeführt werden.

Insbesondere für den Fall langer Betrachtungszeiträume erfordert die Quantifizierung der Potenzialdimensionen auch den Einsatz von Prognoseverfahren (siehe Kapitel 4.1.2). Wird das Marktpotenzial über einen sehr langen Zeitraum hinweg betrachtet oder auch für ein sehr innovatives Produkt vorgenommen, können Planungsunsicherheiten beispielsweise über die Anwendung der Szenarioanalyse und Delphi-Methode reduziert bzw. transparent gemacht werden. So ließe sich durch Setzung alternativer Annahmen, etwa über den Sättigungsgrad (z. B. hinsichtlich des pro-Kopf-Konsums), in ein Worst-Case- und ein Best-Case-Szenario bei der Potenzialschätzung unterscheiden und Eintrittswahrscheinlichkeiten hierfür durch Experten abschätzen.

Abb. 5.5 zeigt im Rahmen von Makro- und Mikroanalysen grundsätzlich einsetzbare Methoden zur Abschätzung des Potenzials, die auch kombiniert eingesetzt werden können (vgl. hierzu auch Holzmüller und Boehm 2007, S. 304 ff. sowie Voeth und Herbst 2013, S. 153 ff.). Die unterschiedlichen Methoden werden im Folgenden kurz erläutert.

Abb. 5.5: Methoden zur Marktpotenzialschätzung (eigene Darstellung).

Sofern das Marktvolumen bereits bekannt ist, wie bei einem bereits eingeführten Produkt, könnte die Schätzung des Marktpotenzials im Rahmen der **Makroanalyse** durch eine **Marktvolumenkorrektur** erfolgen. Hierbei wird das Marktvolumen mit einem realistischen Aufschlagfaktor multipliziert, um auf das Marktpotenzial zu schließen. So ergibt sich beispielsweise das Marktpotenzial für Handyhüllen aus dem

Marktvolumen für Handys multipliziert mit der im Durchschnitt pro Nutzungsdauer von Handys verwendeten Anzahl an Hüllen, die wiederum von den Eigenschaften des Handynutzers (z. B. Alter, Trendbewusstsein) abhängig ist. Das Marktpotenzial für Margarineprodukte könnte aus der Summe der Marktvolumina für Margarine und Butter bestimmt werden (vgl. Hammann und Erichson 1994, S. 343). Die Schätzung des Marktpotenzials kann präzisiert werden, indem vorhandenes Wissen über Bedarfe bzw. Verbräuche unterschiedlicher Marktsegmente (z. B. Altersgruppen) in die Bestimmung der Aufschlagfaktoren einfließt.

In die Marktvolumenkorrektur können ferner Schätzungen darüber einfließen, wie sich durch den Einsatz der Marketinginstrumente der eigene Absatz steigern lässt, wozu Wirkungsprognosen genutzt werden können. Hierbei lässt sich differenzierter fragen,

- um wie viel Prozent sich der Bedarf der bisherigen Käufer des Produkts durch den Einsatz der Marketinginstrumente noch intensivieren lässt,
- wie viel Prozent der bisherigen Nichtkäufer zu Käufern gemacht werden können und
- wie viel Absatz noch von Wettbewerbern zum eigenen Absatz durch Verdrängung hinzukommen kann.

Ist das Marktvolumen zunächst nicht bekannt, lässt sich das Marktpotenzial schrittweise mittels **Kaufanteilsverkettung** schätzen. Hierbei wird die das Produkt potenziell kaufende Bevölkerungsanzahl (z. B. abgeleitet aus der amtlichen Statistik) multipliziert mit dem verfügbaren Einkommen pro Kopf, das wiederum multipliziert wird mit dem durchschnittlichen Kaufanteil in der jeweiligen Warengruppe und dem darauf bezogenen Kaufanteil des entsprechenden Produkts (vgl. Hammann und Erichson 1994, S. 344). Fehlen entsprechende Angaben, beispielsweise über den Pro-Kopf-Verbrauch oder Verbrauchsanteile eines Produkts in dem geplanten Absatzgebiet, können möglicherweise im **Analogieschluss** entsprechende Werte vergleichbarer Länder herangezogen werden. Auch Expertenurteile können zur Schließung diesbezüglicher Datenlücken einfließen.

Im Rahmen der **Mikroanalyse** kann ein Abgleich von Produkteigenschaften und Käufermerkmalen zur Abschätzung der Anzahl potenzieller Kaufinteressenten im Rahmen von Produkt- bzw. Markttests erfolgen. Bei einem **Produkttest** wird Personen aus der potenziellen Zielgruppe vor der Vermarktung das betreffende Produkt probeweise zur Testung (zum Ge- oder Verbrauch) überlassen und anschließend ihre Wahrnehmung und Beurteilung (in der Regel durch standardisierte Befragung) eingefangen (vgl. Reinecke und Janz 2007, S. 194). Hierbei werden auch die Käufermerkmale registriert, sodass ein Zusammenhang zwischen Produkt- und Käufermerkmalen hergestellt werden kann. Somit könnte aufgedeckt werden, bei welchen Käufertypen das Potenzial höher oder geringer ausfällt. Die so vorgenommene Zielgruppenidentifikation kann durch die oben besprochene Studie zu den SINUS-Milieus weiter unterstützt werden (siehe Kapitel 4.2.2).

Bei einem **Markttest** wird das Produkt unter realen Bedingungen in einem regional abgegrenzten Testmarkt, der ähnlich dem Gesamtmarkt strukturiert sein sollte, eingeführt. Aus den dort beobachteten Absatzzahlen und erzielbaren Preisen (gegebenenfalls im Vergleich zu den Zahlen eines früheren Produkts, das in einem Kontrollgebiet verkauft wird) kann zunächst auf das Potenzial des Testmarkts geschlossen werden. Von dem Potenzial des Testmarkts wird sodann mittels Hochrechnung (unter Berücksichtigung regionaler Besonderheiten) auf das Marktpotenzial im Gesamtmarkt geschlossen.

Potenziale für ein neues Produkt können auch aus **Marktbeobachtungen** von Absätzen und Preisen vergleichbarer Referenzprodukte (z. B. von Wettbewerberprodukten oder eigenen, in der Vergangenheit vermarkteten Produkten) abgeleitet werden. Beobachtbare Referenzpreise können dabei in Abhängigkeit des Qualitätsanspruchs und Innovationsgrads des eigenen Produkts mit einem Auf- oder Abschlag versehen werden.

Die Abschätzung von voraussichtlich am Markt erzielbaren Preisen kann auch nachfrageseitig durch direkte oder indirekte **Präferenzabfrage** erfolgen. Bei der direkten Präferenzmessung werden Kunden Eigenschaften des neuen Produkts präsentiert, zu denen sie ihre subjektiv empfundene Wertschätzung (z. B. durch Abfrage der Wichtigkeit auf einer Fünf-Punkt-Skala) ausdrücken sollen. Die Gesamtpräferenz für das Produkt kann dann durch Aggregation der Teilurteile zu den einzelnen Eigenschaften rechnerisch ermittelt werden. Bei der direkten Präferenzabfrage besteht jedoch die Gefahr, dass Probanden überrationalisiert antworten und die zu beurteilenden Eigenschaften stärker als gewöhnlich gewichten. Alternativ ließe sich die Gesamtpräferenz direkt auch unmittelbar auf Ebene des Gesamtprodukts abfragen, womit eine solche Lenkung sowie Aggregationsprobleme vermieden werden. Dabei wird jedoch der Vergleich zu anderen Produkten, die Kunden bei der Beurteilung realistischerweise betrachten, ausgeblendet.

Bei der indirekten Präferenzabfrage in Form der Konjunkten Analyse werden den Probanden dagegen mehrere systematisch in den Eigenschaftsausprägungen variierte Produktstimuli präsentiert, die sie ganzheitlich, z. B. durch Angabe einer Präferenzrangfolge, bewerten sollen (vgl. Grunwald und Hempelmann 2012, S. 98 ff.). Der Vorteil der Konjunkten Analyse gegenüber der direkten Präferenzabfrage zur Eigenschaftsbewertung liegt in der für Probanden insgesamt realistischeren, auf Produkte als Eigenschaftsbündel bezogenen Bewertungsaufgabe, die insgesamt eine höhere Validität der Messergebnisse erwarten lässt.

Das Vorgehen bei der Marktpotenzialschätzung für ein neues Produkt unter Nutzung der durch Mikro- und Makroanalysen gewonnenen Daten zu den einzelnen Potenzialkomponenten sei an folgendem Zahlenbeispiel demonstriert.

Die Milchmix KG plant die Markteinführung einer neuartigen Ziegenfrischkäse-Zubereitung mit Pfifferlingen, die als pikanter Brotaufstrich auf dem Massenmarkt positioniert werden soll. Zunächst ist die Einführung auf dem deutschen Markt geplant. Das Produkt richtet sich aufgrund des herb-pikanten Geschmacks vor allem

an die erwachsene Zielgruppe. Da die Zielgruppe relativ groß ist soll die Potenzialschätzung nach dem Top-down-Prinzip erfolgen.

Anhand der Bevölkerungsstatistik (abrufbar auf der Webseite des Statistischen
Bundesamts) werden die Zahlen der erwachsenen Bevölkerung ermittelt, nämlich
32,4 Mio. Männer und 34,7 Mio. Frauen. Aufgrund des Ergebnisses einer repräsentati-
ven Befragung potenzieller Käufer geht das Produktmanagement davon aus, dass etwa
jeder fünfte Mann und jede zehnte Frau das Produkt kaufen würde. Die hieraus abgeleitete Größe der Zielgruppe beträgt somit 9,95 Mio. Personen (= 32,4 · 0,2 + 34,7 · 0,1).

Abgeleitet aus der Beobachtung von Käufen in der Warengruppe Molkereipro-
dukte (Frischkäse) könnte jeder Mann das Produkt zweimal pro Monat und jede Frau
einmal pro Monat nachfragen. Hierbei wird von einer vorsichtigen Schätzung der
Wirkung der Einführungswerbung ausgegangen. Da das Produkt ein Frischeprodukt
und eine hochwertige Spezialität darstellt, wird davon ausgegangen, dass bei einem
Kaufvorgang durchschnittlich lediglich ein Produkt erworben wird, das im Durchschnitt zu 2,49 € je Packung im Markt verkauft werden soll. Das Potenzial soll für
einen Planungszeitraum von einem Jahr abgeschätzt werden, da sich zunächst die
Innovation im Markt behaupten muss.

Aus den Werten lässt sich das Marktpotenzial wie folgt berechnen:

Die Abschätzung ergibt für die Zielgruppe der Männer ein Marktpotenzial von
32.400.000 · 0,2 · 2,49 · 2 · 12 = 387.244.800 €/Jahr bzw. 155.520.000 Packungen im
ersten Jahr.

Hinsichtlich der Zielgruppe der Frauen ergibt sich ein Marktpotenzial von
34.700.000 · 0,1 · 2,49 · 1 · 12 = 103.683.600 €/Jahr, was einem Absatzpotenzial von
41.640.000 Packungen im ersten Jahr entspricht.

Insgesamt ergibt sich somit im ersten Jahr ein Marktpotenzial für das neue
Produkt in Höhe von 490.928.400 €, was einer potenziell abzusetzenden Anzahl von
197.160.000 Packungen entspricht.

5.4 Potenzialbewertung

Im Anschluss an die (rein) quantitative Abschätzung des Potenzials ist dieses aus
Unternehmenssicht im Rahmen der Soll-Analyse zu bewerten. Es erfolgt also eine
normative Analyse der aufgedeckten Potenziale unter Beachtung der Unternehmens-
kultur, des Zielsystems der Unternehmung, der Rahmenbedingungen der Unternehmensumwelt und von Alternativen (vgl. Reinecke 2004, S. 340).

Hierhinter steht die Überlegung, dass die alleinige Hochrechnung von erzielbaren Umsätzen über den Planungszeitraum das Potenzial u. U. nicht vollständig
wiedergibt. Bei einer Marktpotenzialschätzung sind beispielsweise rechtliche,
politische und wirtschaftliche Spezifika der jeweiligen Märkte zu berücksichtigen
und vor dem Unternehmenskontext zu bewerten, die die Ausschöpfung des Potenzials erleichtern oder erschweren mögen. Hierzu zählen etwa Faktoren wie die

Infrastruktur eines Auslandsmarkts, die jeweilige Steuerbelastung, die Inflations-
rate, Konjunkturabhängigkeit der Nachfrage, Trends, Besonderheiten bei Werbe-
beschränkungen auf einem Auslandsmarkt oder auch Korruption (z. B. gemessen
durch den Corruption Perceptions Index (CPI)). Intern sind etwa auch Synergien
in Marketing und Vertrieb bei der Bearbeitung eines Marktes zu berücksichtigen.

Methodisch kann die Potenzialbewertung mithilfe von **Punktbewertungsverfahren** erfolgen, in die neben den zur Potenzialschätzung benutzten quantitativen
Kriterien der Anzahl Nachfrager und deren wertmäßigen Verbräuchen nun auch qualitative Kriterien zur Beurteilung des Potenzials von Märkten einfließen.

Die zur Potenzialbewertung verwendeten Kriterien können nach den Prioritäten
des eigenen Unternehmens gewichtet werden. Um ein beliebiges Ausgleichen geringer durch hohe Punktwerte zu begrenzen, können Kriterien nach ihrem Stellenwert
für die Ausschöpfung des Potenzials in Muss-, Soll- und Kann-Kriterien weiter eingeteilt werden:

- **Muss-Kriterien** definieren unabdingbare Voraussetzungen für eine Potenzialausschöpfung (z. B. für einen Eintritt in einen Auslandsmarkt), die aus Sicht
des Unternehmens zwingend erfüllt sein müssen (z. B. infrastrukturelle Voraussetzungen, Sicherheit, vorhandene Ressourcenausstattung im Vertrieb). Ein
Nichterfüllen dieser Kriterien führt entsprechend zu einer negativen Potenzialbewertung, die z. B. zum Ausschluss der Bearbeitung eines betrachteten Marktes
führen kann.
- **Soll-Kriterien** bilden wesentliche Eigenschaften des Potenzials ab, auf die das
Unternehmen bei der Potenzialausschöpfung besonderen Wert legt (z. B. Möglichkeiten eines schnellen Markteintritts, schnelles Erreichen der Break-even-
Menge, Unterstützung des Unternehmensimages). Ein höherer Erfüllungsgrad
bei diesen Kriterien führt entsprechend zu einer günstigeren, ein niedriger Erfüllungsgrad zu einer ungünstigeren Bewertung des Potenzials.
- **Kann-Kriterien** stellen wünschenswerte Eigenschaften dar, die bei Vorhandensein zu einer positiven Bewertung des Potenzials führen, jedoch bei Fehlen keine
ungünstige Bewertung nach sich ziehen (z. B. die Möglichkeit, Synergien für
andere Produktbereiche zu erzielen).

Die relative Vorteilhaftigkeit von Alternativen und die subjektive Zeitpräferenz des
Entscheiders können zur Potenzialbewertung im Wege der **Diskontierung** des quantitativen Ergebnisses der Potenzialschätzung im Rahmen der Kapitalwertmethode
einfließen.

5.5 Zielableitung

Die Potenzialbewertung leitet nahtlos über in die Festlegung der zur Ausschöpfung der Potenziale zugrunde zu legenden richtigen Zielgrößen, die die Zielinhalte

näher beschreiben, sowie des als richtig empfundenen Zielausmaßes, Segment- und Zeitbezugs.

Bereits in Kapitel 3.3.2 wurden die zentralen, im Marketing geläufigen vorökonomischen und ökonomischen **Zielgrößen** erläutert (z. B. Bekanntheitsziele, Absatz- und Umsatzziele). Vor dem Hintergrund der vorgenommenen Potenzialbewertung ist jedoch kritisch zu reflektieren, ob das Unternehmen als Beitrag zu einer nachhaltigen Entwicklung im Rahmen von freiwilliger Unternehmensverantwortung (Corporate Social Responsibility, kurz: CSR) neben ökonomischen Zielgrößen etwa auch gesellschaftliche und/oder ökologische Zielgrößen (wie die Entwicklung kompostierbarer Teppichböden) ergänzend verfolgen sollte.

Hinsichtlich des richtigen **Zielausmaßes, Zeit- und Segmentbezugs** ist die Frage zu klären, wie viel Prozent des geschätzten Potenzials in welchem Zeitraum in welchen Teilen (Segmenten) des Marktes durch Einsatz der eigenen Ressourcen ausgeschöpft werden sollen. Hinter dieser Frage steht die Überlegung, dass nicht in jedem Falle eine vollständige Ausschöpfung des Potenzials aller Segmente durch das Unternehmen in dem betrachteten Zeitraum sinnvoll sein mag.

Beispielsweise könnte die einseitige und zu rasche Potenzialabschöpfung durch intensivierten Einsatz der Marketinginstrumente einer Marke auch schaden, wenn dies ihrem Qualitätsimage zuwiderläuft. Im Falle von haltbaren Produkten (z. B. klassische Möbel, Haushaltsgeräte) reduziert jeder heutige Absatz den Absatz in zukünftigen Perioden, sodass eine schnelle Potenzialausschöpfung auch in dieser Hinsicht zu prüfen wäre. In zunehmendem Maße wird im Sinne des Nachhaltigkeitsgedankens auch der Ausgleich von betriebswirtschaftlichen Gewinn- und Wachstumszielen mit sozialen und ökologischen Zielen zu beachten sein. So könnte eine stärkere Potenzialausschöpfung in zeitnahen Perioden zu Lasten der Potenziale zukünftiger Generationen gehen. Nehmen Nachfrager solche Aspekte wahr und beurteilen sie Anbieter zunehmend vergleichend anhand ihres Nachhaltigkeitsengagements, könnte eine einseitige Potenzialausschöpfung zulasten sozialer oder ökologischer Ziele auch mit Vermarktungsproblemen einhergehen.

Nach dem **Zeitbezug** können Zielgrößen in langfristige (strategische Ziele), die sich über einen Zeitraum von etwa fünf Jahren oder länger erstrecken und in mittel- bzw. kurzfristige Ziele mit einem Zeithorizont zwischen ein und fünf Jahren (taktische Ziele) bzw. von bis zu einem Jahr (operative Ziele) unterschieden werden. Der Unterschied zwischen strategischen und taktisch-operativen Zielen lässt sich jedoch nicht nur an der Fristigkeit festmachen. Auch die Zielgrößen selbst können sich hierbei unterscheiden, was in Tab. 5.5 verdeutlicht wird.

Tab. 5.5 zeigt typische strategische und taktisch-operative Zielgrößen sowie Indikatoren zur Messung dieser Zielgrößen auf, die zur Überprüfung der Zielerreichung, also zur Zielkontrolle, verwendet werden können.

Tab. 5.5: Strategische und operativ-taktische Zielgrößen mit Messindikatoren (eigene Darstellung).

Zielgrößen	Zielinhalt	Messindikatoren (Beispiele)
strategische Zielgrößen		
Markenstärke/ -wert	bei (potenziellen) Käufern bzw. Geschäftspartnern vorhandenes Markenwissen, das den Einsatz der Marketinginstrumente effizienter macht (und sich z. B. in Einsparpotenzialen bei den Marketing- und Vertriebskosten äußert)	– Markenbekanntheit a) ungestützt (= Fähigkeit, die Marke aus dem Gedächtnis einer Produktkategorie korrekt zuzuordnen); b) gestützt (= Fähigkeit, die Marke als zuvor gesehen oder gehört korrekt wieder zu erkennen) – Markenimage a) Art der Markenassoziationen: Markeneigenschaften (indirekter/direkter Produktbezug), Markennutzen (funktional/emotional/symbolisch), Gesamteindruck der Marke b) Stärke der Assoziationen: Menge der gelieferten Markeninformationen (z. B. durch Werbung), Relevanz der Informationen für Nachfrager, zeitliche Konsistenz der Information (Aktualität) c) Vorteilhaftigkeit der Assoziationen: Kundenzufriedenheit und positiver Gesamteindruck (positive Werte) d) Einzigartigkeit der Assoziationen: Abgrenzungsmerkmale zu Wettbewerbermarken und -produkten; klar abgrenzbare Marken im eigenen Unternehmen (abgestimmte Markenarchitektur; Überschneidungsfreiheit der Markenbotschaften der verschiedenen Marken desselben Unternehmens)
Einstellung	dauerhafte Bereitschaft des (potenziellen) Kunden oder Geschäftspartners, auf Leistungen und Marketingmaßnahmen des Anbieters relativ dauerhaft konsistent zu reagieren	– kognitive Komponente: Wahrnehmung von Leistungsmerkmalen des Angebots (Welche Eigenschaften verbinden Sie mit der Marke?) – affektive Komponente: subjektive Wichtigkeit dieser Eigenschaften – konative Komponente: Würden Sie sich im Bedarfsfall für uns entscheiden?

Tab. 5.5: (fortgesetzt)

Zielgrößen	Zielinhalt	Messindikatoren (Beispiele)
strategische Zielgrößen		
Markenimage	Wahrnehmung des Angebots entlang kaufrelevanter Eigenschaften im Wettbewerbsumfeld	– Abfrage der Markenassoziationen (offen: Was kennzeichnet unsere Marke am ehesten? oder gestützt: Nehmen Sie Stellung, inwieweit vorgegebene Attribute unsere Marke kennzeichnen.) – semantisches Differenzial (bipolar gefasste Statements, auf die Käufer reagieren sollen) – systematischer kriteriengeleiteter Vergleich mit Wettbewerberprodukten und -marken; Vergleich der Kommunikationsauftritte (intern durchführbare Benchmarking-Analyse)
Markenbekanntheit	Kenntnis und Verbreitungsgrad des Markennamens in der relevanten Zielgruppe	– Anteil derjenigen Käufer, die den Namen (die Marke) des Unternehmens bzw. Produkts kennen an allen potenziellen Käufern im Markt – Anzahl der durchgeführten Werbeaktivitäten relativ zu Wettbewerbern – Medienresonanzanalyse (Dokumentation und statistische Auswertung der Nennungen von Markenelementen, z. B. als Zitate)
taktisch-operative Zielgrößen		
Marktabdeckung (Distribution, Penetration)	Marktdurchdringung	– numerischer Distributionsgrad: Anteil der Zahl der produkt- bzw. markenführenden Geschäfte an der Gesamtzahl aller die entsprechende Warengruppe führender Geschäfte – gewichteter Distributionsgrad: Anteil des Umsatzes der produkt- bzw. markenführenden Geschäfte am Gesamtumsatz aller die entsprechende Warengruppe führenden Geschäfte
Markenpassung (Fit)	wahrgenommene Übereinstimmung oder Komplementarität der Dachmarke mit den Submarken aus Käufersicht	– empfundene Ähnlichkeit/Passendheit zwischen Dachmarke und Submarke (Abgleich der Markenimages) – wahrgenommene Herstellerkompetenz der Anbietermarke in Bezug auf die Kategorie der Submarken – Glaubwürdigkeit (gemessen an der Anzahl und Art unterschiedlicher Produktkategorien, die unter der Dachmarke zusammengefasst sind)

Tab. 5.5: (fortgesetzt)

Zielgrößen	Zielinhalt	Messindikatoren (Beispiele)
taktisch-operative Zielgrößen		
Kundenbindung/Kundenrückgewinnung	kundenbezogenes Markt-, Ertrags- und Entwicklungspotenzial durch Wiederkäufe, Zusatzkäufe (Cross Selling) und Weiterempfehlungen	– Summe des bisherigen Ertrags durch den Kunden – Summe der bisherigen Erträge durch Cross Selling – Käuferengagement (Vergabe eines Punktwerts für verschiedene Aktivitäten wie Teilnahme an Umfragen, Gewinnspiele, Diskussionsforen, berufliche Stellung, Multiplikatoreigenschaft) – Anteil erfolgreich zurückgewonnener Kunden an allen abgewanderten Kunden
Kundenzufriedenheit	Grad der Erwartungserfüllung nach Inanspruchnahme des Angebots	– direkt abgefragte Kundenzufriedenheit – ermittelte Differenz zwischen abgefragten Erwartungen (Soll) und wahrgenommener Ist-Leistung (Ist) – Eindrücke von Außendienstmitarbeitern – Auswertung der kundenbezogenen Umsätze, Absätze und Kaufintervalle – Auswertung von Beschwerdefällen nach Problemart, -ausmaß und Häufigkeit des Auftretens
Präferenz	Grad der Vorziehenswürdigkeit von Alternativen (relativierter Nutzen bzw. Nettonutzendifferenz zwischen zwei Marken)	– angenähert durch das Relevant Set: Es umfasst diejenigen konkurrierenden Marken, die der Konsument bei einer Kaufentscheidung als ernsthafte Alternative in Betracht zieht. – Vergleich der Marktanteile der konkurrierenden Marken
Produkt- und Servicequalität	wahrgenommene und beurteilte Produktqualitätseigenschaften	siehe oben (Befragungs- und Beobachtungsmethoden)

5.6 Übungsaufgaben zu Kapitel 5

Aufgabe 1: Potenzialanalyse

Die Sonnen Ski & Surf GmbH ist ein mittelständischer Sportartikelhersteller, der bislang ausschließlich in Deutschland Ski, Surfbretter und Segel vertreibt. Das Unternehmen strebt eine Expansion seiner Aktivitäten an und ist dabei bereit, auch Neuland zu betreten. Systematisieren Sie die grundsätzlich für das Untenehmen bestehenden Expansionsmöglichkeiten auf Grundlage der Ansoff-Matrix. Verdeutlichen Sie diese Möglichkeiten auch anhand von Beispielen.

Aufgabe 2: Potenzialanalyse

Ein im Raum Niedersachsen operierendes Bauunternehmen möchte das Marktpotenzial für Maßnahmen zur Wärmedämmung (Fassadendämmung) für Einfamilienhäuser in einer bestimmten Stadt ermitteln. Durch eine Internetrecherche kann der Altbaubestand (Baujahr vor 1970) in Niedersachsen mit 47 % (Ergebnis Gebäude- und Wohnungszählung 2011) beziffert werden.

Aus dem Ergebnis einer Allensbach-Umfrage aus dem Jahr 2015 leitet sich mit 2,6 % aller 25.140 Befragten die Anzahl der Personen in Deutschland ab, die in den nächsten ein oder zwei Jahren ihre Wärmedämmung (Dach, Fassade) renovieren oder modernisieren wollen.

In der zu betrachtenden Stadt existieren ca. 20.000 Einfamilienhäuser. Als Zielgruppe sind die Eigentümer dieser Einfamilienhäuser zu betrachten.

Als Preis für die Fassadendämmung (Außen- oder Innendämmung) werden im Durchschnitt 120 € pro m² veranschlagt. Für ein durchschnittliches Einfamilienhaus mit einer Grundfläche von etwa 120 m² wird eine Fassadenfläche von 100 m² kalkuliert.

Berechnen Sie das Marktpotenzial für Wärmedämmungen in der betrachteten Stadt.

6 Strategieanalyse

Gegenstand der **strategischen Planung,** deren Zeithorizont sich regelmäßig über fünf Jahre oder länger erstreckt, ist die zukunftsorientierte Unternehmensgestaltung durch gedankliche Vorwegnahme von Erfolgspotenzialen und der zu ihrer Ausnutzung erforderlichen Handlungsschritte (vgl. Kleine-Doepke et al. 2006, S. 13). Gemeint ist hiermit die Planung der Voraussetzungen zur Erzielung hoher Periodenerfolge. Damit soll die Fähigkeit des Unternehmens zur nachhaltigen Gewinnerzielung gesteigert werden. Die konkrete Aufgabe der strategischen Planung kann darin gesehen werden, aus einer Menge möglicher Aktionen (Handlungen, Maßnahmen) die zur effektiven (wirkungsvollen) und effizienten (wirtschaftlichen) Zielerreichung richtigen auszuwählen, also kurz darin, die richtigen Dinge zu tun.

Die Strategieanalyse unterstützt die strategische Planung, indem sie passend zu den abgeleiteten Marketingzielen instrumentübergreifende Handlungspläne zum Markteintritt und zur weiteren Marktbearbeitung ableitet. Instrumentübergreifende oder für den Einsatz einzelner Instrumente die Grundlage schaffende Handlungspläne werden im strategischen Marketing auch als **Basisstrategien** bezeichnet. Hierzu zählen Strategien zum Markteintritt, zur Marktparzellierung durch Segmentierung und zur Marktstimulierung durch Positionierung im Allgemeinen und durch Verankerung von Nachhaltigkeit in der Unternehmensstrategie (CSR-Strategien) im Speziellen.

6.1 Markteintrittsanalyse

Die **Markteintrittsanalyse** (Timing-Analyse) soll Unternehmen bei der Klärung der Frage unterstützen, mit welchem Produkt wann auf welchen Markt in welcher Weise eingetreten werden sollte. Flankierend sind Überlegungen anzustellen, wie etwaige Markteintrittsbarrieren überwunden und der Erfolg eines Markteintritts langfristig abgesichert werden können. Die Markteinführungsentscheidung lässt sich in die in Abb. 6.1 dargestellten Planungsschritte zerlegen, zu denen die Markteintrittsanalyse Informationen beisteuern kann, auf die im Folgenden näher eingegangen wird (vgl. zur Analyse von Markteintrittsentscheidungen Remmerbach 1988 und Sonnenschein 2001).

Zunächst ist die **Grundsatzentscheidung** über den Markteintritt zu treffen. Soll überhaupt in einen bestimmten Markt eingetreten werden – ja oder nein? Zur Unterstützung dieser Grundsatzentscheidung kann eine Umweltanalyse durchgeführt werden, um die mit einem Markteintritt verbundenen Chancen und Risiken aufzudecken (siehe Kapitel 4.1). Zudem kann das Marktpotenzial unter Würdigung der Konkurrenzsituation abgeschätzt werden (siehe Kapitel 5.3) und mit Alternativen

DOI 10.1515/9783110439892-006

des Markteintritts, z. B. in einen anderen (Auslands-)Markt oder einer intensivierten Bearbeitung des bisher bedienten Marktes, verglichen werden. Die Ergebnisse dieser Umwelt- und Marktanalysen können sodann mit den eigenen unternehmens- und produktbezogenen Stärken und Schwächen im Rahmen einer SWOT-Analyse abgeglichen werden. Hiermit kann beurteilt werden, inwiefern das Unternehmen auf einen Markteintritt bereits hinreichend vorbereitet ist oder ob zunächst Anpassungen (z. B. am Produkt, im Vertrieb) vorgenommen werden sollten, um bestehende Chancen besser auszunutzen oder Risiken zu begrenzen.

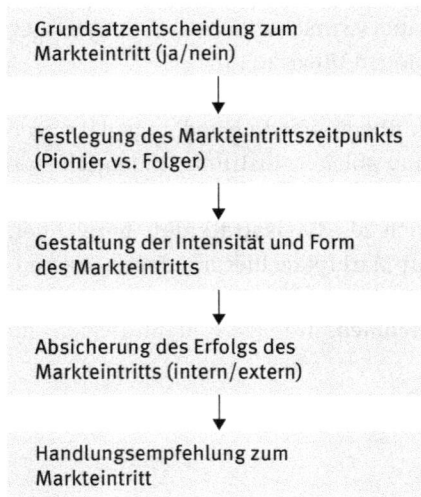

Grundsatzentscheidung zum
Markteintritt (ja/nein)

↓

Festlegung des Markteintrittszeitpunkts
(Pionier vs. Folger)

↓

Gestaltung der Intensität und Form
des Markteintritts

↓

Absicherung des Erfolgs des
Markteintritts (intern/extern)

↓

Handlungsempfehlung zum
Markteintritt

Abb. 6.1: Planungsschritte zur Markteintrittsentscheidung (eigene Darstellung).

Zur Analyse der Bedingungen, unter denen ein Markteintritt grundsätzlich lohnenswert erscheint, lassen sich in Anlehnung an Remmerbach (1988) im Rahmen der Umwelt- und Marktanalyse die in Tab. 6.1 dargestellten Einflussfaktoren auf den Markteintritt näher betrachten. Diesen Einflussfaktoren werden jeweils Kriterien zur konkreten Überprüfung am praktischen Fall sowie grundsätzlich geeignete Analysekonzepte, -methoden und Datenquellen zugeordnet.

Nachdem sich aus der Markteintrittsanalyse im ersten Schritt die Entscheidung zugunsten eines Markteintritts ableitet, erfolgt im zweiten Schritt die Analyse zur **Bestimmung des geeigneten Markteintrittszeitpunkts.** Hierbei ist zu fragen, ob das Unternehmen als Erstes mit einer Innovation auf den Markt gehen sollte (Pionierstrategie) oder besser zuwarten und als zweiter oder dritter Anbieter in den Markt eintreten sollte (Folgerstrategie). Welche Strategie verspricht den größeren Erfolg? Kann ein Pionier sich generell als Marktführer etablieren? Oder ist es auch dem Folger möglich, die Marktführerschaft zu übernehmen?

Tab. 6.1: Ansätze zur Analyse der Bedingungen des Markteintritts (vgl. Remmerbach 1988, S. VIII).

Einflussfaktoren auf den Markteintritt	Kriterien zur Überprüfung (Beispiele)	Analysekonzepte/-methoden/ Quellen (Beispiele)
(1) umweltbezogene Faktoren		
rechtlich-politische Faktoren	– Gründungserfordernisse – Patentvorschriften – steuerrechtliche Bedingungen – Kosten und Dauer von Genehmigungsverfahren – Stabilität des politischen Systems – Zölle, Importbeschränkungen	– Chancen-Risiken-Analyse – PESTEL-Analyse – Szenarioanalyse – Stakeholderanalyse (z. B. Analyse von Zielen, Macht und Einsatz der relevanten Anspruchsgruppen auf dem Markt) – Punktbewertungsmethode zur Verdichtung der Bewertung einzelner Kriterien
wirtschaftliche Faktoren	– Wirtschaftswachstum – Konjunkturentwicklung – Inflationsrate – Investitionsklima – Infrastruktur	
gesellschaftliche Faktoren	– Bevölkerungsstruktur/-entwicklung – Wertewandel/Umweltbewusstsein – Bildungssystem	
ökologische Faktoren	– klimatische Bedingungen (z. B. Temperatur, Luftfeuchtigkeit) – Rohstoffknappheit – Umweltverschmutzung – Energiekosten	
(2) absatzmarktbezogene Faktoren		
Marktattraktivität	– Marktvolumen – Marktwachstum – durchschnittliche Rentabilität – Phase des Produkts im Lebenszyklus	– Abgrenzung des relevanten Marktes – Analyse des Markterfolgs vergleichbarer Produktanbieter (Wettbewerbsbeobachtung) – EBIL (Einzelbilanzanalyse) – Creditreform-Branchenanalysen – Marktpotenzialschätzung – Produktlebenszyklusanalyse – Befragungen potenzieller Käufer (Stichproben) – Analyse von Beschaffungsgremien (Buying Center) – experimentelle Produkt-/Markttests – Lead-User-Analysen (Analyse des Kaufverhaltens trendführender Nutzer) – Diffusionsmodell nach Bass – Adoptionsmodell nach Rogers – Fünf-Wettbewerbskräfte-Modell nach Porter (Five Forces-Modell)
Nachfragerreaktion	– Ziele/Anforderungen/Bedürfnisse des Kunden – Höhe der Einsparpotenziale bei Übernahme des neuen Produkts (Kundenwirtschaftlichkeitswert) – Stärkung der Wettbewerbsfähigkeit bei Übernahme des neuen Produkts – Unsicherheitsgrad über Eintritt des Nutzens – Wechselkosten – Erfahrungen mit vergleichbaren Produkten/Technologien – Einstellungen zur neuen Technologie – Folgen der Innovation für Mitarbeiter der beschaffenden Organisation (Art und Ausmaß) – erkennbarer Konfliktgehalt in Beschaffungsgremien	

Tab. 6.1: (fortgesetzt)

Einflussfaktoren auf den Markteintritt	Kriterien zur Überprüfung (Beispiele)	Analysekonzepte/-methoden/ Quellen (Beispiele)
Wettbewerberreaktion	– Anzahl und Größe der Wettbewerber (einschließlich Marktanteile) – Verhalten der Wettbewerber bei vergangenen Markteintritten anderer Anbieter (Preiskämpfe, Absprachen etablierter Anbieter, kooperatives Verhalten etc.) – erkennbare Markteintrittsbarrieren der Wettbewerber (Patentschutz, treuer Kundenstamm, umfassendes Vertriebsnetz etc.)	
(3) technologiebezogene Faktoren		
Dynamik des technologischen Wandels	– Beständigkeit der Technologie/ Trends – Gefahr von Technologiesprüngen (Leapfrogging)	– Szenarioanalyse – Delphi-Methode – Marktforschungsmethoden (Kundenbefragung, Expertenbefragung, qualitative Interviews)
Komplexität der Technologie	– Kommunizierbarkeit der Technologie/ des technologischen Vorteils – bestehende Unsicherheit über den Nutzen – bestehende Einstellungen gegenüber der neuen Technologie	– Markt- und Technologiebeobachtung (u. a. Messebesuche, Patentrecherche) – Benchmarking-Analyse
(4) produktbezogene Faktoren		
Innovationsgrad des Produkts	– Unternehmens- vs. Marktneuheit – Veränderungen in der Nutzung – Anteil neuartiger Produkteigenschaften gegenüber Referenzprodukt(en) – Bedeutung der Neuerung für den Kunden	– Marktbeobachtung – Produktbenchmarking-Analyse (z. B. Vergleich mit bereits genutztem Produkt) – Nutzenmessung (z. B. Konjunkte Analyse) – Punktbewertungsmethode
Komplexitätsgrad des Produkts	– Kommunizierbarkeit des Produktnutzens – Grad des Produkt- und Anwendungsverständnisses, einfache Bedienbarkeit – Dauer des Beschaffungsvorgangs (Verzögerungen im Zeitablauf, Anzahl und Art eingeschalteter Gutachter/ Experten usw.) – erforderlicher Schulungsaufwand/ Einarbeitungszeit – Eingriffsmöglichkeiten des Kunden bei Produktproblemen (Flexibilität bei eigenen Anpassungen/Reparaturen) – Grad der Abhängigkeit von Fremddienstleistern	– Kundenanfragen (z. B. geäußerte Schulungsbedarfe) – Beobachtungen des Außendiensts – Analyse von Beschwerden/Reklamationen

Tab. 6.1: (fortgesetzt)

Einflussfaktoren auf den Markteintritt	Kriterien zur Überprüfung (Beispiele)	Analysekonzepte/-methoden/ Quellen (Beispiele)
(5) unternehmensbezogene Faktoren		
strategische Grundhaltung	– Einstellung der Geschäftsleitung zu Innovationen – Innovationskultur, Gestaltungsspielräume für Mitarbeiter – Länge der Entscheidungswege – Teilnahme an Innovationskooperationen	– Handelsregistereintragungen – veröffentlichte Jahresabschlüsse/ Geschäftsberichte – Analyse der Unternehmensziele/ Vision/Leitlinien aus Unternehmensveröffentlichungen/Website – Informationen von Kammern/ Verbänden – Fachpresseinformationen
Risikoneigung	– Eigentümerstruktur, Unternehmensverflechtung – Umsatzanteil mit Produktinnovationen – Anteil der gesamten Aufwendungen für FuE am Gesamtumsatz – Anteil der Aufwendungen für Innovationen am Gesamtumsatz – durchschnittliche Produktentwicklungsdauer – Kontinuität der FuE-Aktivitäten, einschließlich Testung neuer Ideen – Reaktionsgeschwindigkeit auf neue technologische Entwicklungen/ Trends	
Unternehmensgröße	– Umsatzklasse – Anzahl Mitarbeiter – Anzahl (Anteil) Mitarbeiter im Bereich Forschung und Entwicklung (FuE)	

Die Beurteilung dieser verschiedenen Timing-Strategien kann u. a. anhand der folgenden Kriterien durch Expertenbefragung und anschließende Aggregation mittels Punktbewertungsverfahren erfolgen:

- Markteintrittsbarrieren
- Konkurrenzreaktion
- Markt- und Technologierisiko
- Möglichkeiten zur Marktabsicherung
- Imageauswirkungen

Bei Wahl einer **Pionierstrategie** tritt das Unternehmen mit einer Innovation als erstes in den Markt ein. Infolgedessen kann der Anbieter zunächst mit überschaubaren Markteintrittsbarrieren rechnen und ohne Wettbewerbsdruck agieren. Infolge

fehlender Vergleichsmaßstäbe der Nachfrager lassen sich Preis- und Positionierungs-
spielräume ausnutzen. Der Pionier kann als anfänglicher Alleinanbieter Vorsprünge
auf der Erfahrungskurve realisieren. Hiermit verbundene Kostensenkungspotenziale
kann der Pionier nutzen, um durch Setzung niedriger Preise potenziellen Folgern den
Markteintritt zu erschweren. Mit der Etablierung von Standards, Patenten und dem
Aufbau eines treuen Kundenstamms sind ebenfalls mögliche Markteintrittsbarrieren
verbunden, die der Pionier noch weitgehend unbeeinflusst setzen kann. Jedoch sieht
sich der Pionier infolge seines frühen Markteintrittszeitpunktes mit einem hohen
Markt- und Technologierisiko konfrontiert und steht unter dem Druck, eigenständig
Nachfrage für sein innovatives Produkt zu schaffen.

Mit einer **frühen Folgerstrategie**, bei der der Anbieter in kurzem zeitlichen
Abstand zum Pionier in den Markt eintritt, bestehen dagegen bereits vom Pionier
aufgebaute Markteintrittsbarrieren und weniger Spielräume für Preissetzung und
Positionierung. Allerdings können Marktstandards vom frühen Folger noch mitbe-
stimmt werden. Etwaige Markteintrittsbarrieren hat der frühe Folger somit durch
raschen Aufbau einer starken Wettbewerbsposition (etwa durch Vorteile beim Preis-
Leistungs-Verhältnis, beim Grad der Problemlösung usw.) auszugleichen. Allerdings
sind Markt- und Technologiekenntnisse für ihn bereits in gewissem Maße verfügbar.

Bei einer **späten Folgerstrategie** tritt der Anbieter erst in der Reife- oder Sättigungsphase des Produktlebenszyklus in den Markt ein, wenn Marktstandards bereits
etabliert sind. Kaufwiderstände der Nachfrager sind somit bereits weitgehend abgebaut. Zudem können beobachtbare Fehler bei der Vermarktung vermieden werden.
Regelmäßig sind jedoch beträchtliche Markteintrittsbarrieren des Pioniers (und der
frühen Folger) zu überwinden, was die strategischen Spielräume einschränkt. Der
späte Folger kann sich entweder in einer Nische positionieren, die von den etablierten
Anbietern noch nicht besetzt ist. Hierbei kann sich der Anbieter mit einem speziali-
sierten Angebot an ein bestimmtes, häufig kleineres Marktsegment richten, das vom
Pionier noch nicht bearbeitet wird. Alternativ kann eine Imitationsstrategie verfolgt
werden, bei der ein zum Pionierprodukt ähnliches Produkt (sog. Me-too-Produkt)
angeboten wird, das zu einem günstigeren Preis angeboten wird. Hiermit könnte
ein mit der Me-too-Positionierung gegebenenfalls verbundener Imagenachteil in der
Wahrnehmung der Nachfrager ausgeglichen werden. Das Produkt des späten Folgers
könnte sich somit als echte Kaufalternative für Nachfrager erweisen. Die bereits etablierten Anbieter werden jedoch Anstrengungen unternehmen, den neu eintretenden
Folger zu verdrängen. Es besteht die Gefahr von Preiskämpfen.

Im dritten Schritt der Markteintrittsanalyse sind Aussagen zur **Gestaltung von
Intensität und Form des Markteintritts** abzuleiten. Hinsichtlich der Intensität geht
es um die Frage, wie viele Ressourcen in einem definierten Zeitraum für die Bewältigung
des Markteintritts eingesetzt werden sollen (vgl. Sonnenschein 2001, S. 192). Für die
Wahlentscheidung zwischen einem intensiven Markteintritt, gekennzeichnet durch
einen überdurchschnittlichen Ressourcenaufwand, und einem extensiven Markteintritt, gekennzeichnet durch einen unterdurchschnittlichen Ressourcenaufwand, sind

vor allem Risiko- und Wettbewerbsüberlegungen maßgebend. Bei einem intensiven, konzentrierten Markteintritt, beispielsweise durch fokussierte Bearbeitung eines Teilmarkts (Segments), besteht in der Regel ein erhöhtes Verlustrisiko, vor allem dann, wenn der Markteintritt spezifische Investitionen erfordert, die sich im Falle eines Misserfolgs als verloren erweisen (vgl. Sonnenschein 2001, S. 194). Eine solche Strategie wird jedoch vor allem in der Marktwachstumsphase des Produktlebenszyklus an Bedeutung gewinnen, wenn die Wettbewerbsintensität auf dem betreffenden Markt stark anwächst. Der intensive Markteintritt kann somit sowohl für den Pionier wie auch für Folger eine gangbare Strategieoption sein (vgl. Sonnenschein 2001, S. 194).

Mit einem extensiven Markteintritt kann auf der anderen Seite das Verlustrisiko minimiert werden, indem begleitend zu einem vorsichtigen Markteintritt zunächst die weitere Markt- und Konkurrenzentwicklung vor Tätigung größerer Investitionen weiter beobachtet werden kann. Diese Strategie erscheint zudem für kleine und mittlere Unternehmen mit begrenzter Ressourcenausstattung besonders relevant.

Die Form des Markteintritts betrifft die verschiedenen Möglichkeiten der Kombination interner und/oder externer Ressourcen zur effizienten Gestaltung des Markteintritts. Als Organisationsformen des Markteintritts kommen hierbei grundsätzlich die interne Entwicklung, die Kooperation mit anderen Marktpartnern oder die Akquisition in Betracht (vgl. Sonnenschein 2001, S. 197). Während mit der internen Entwicklung vor allem die eigene Unabhängigkeit durch Konzentration auf eigene vorhandene Ressourcen gewahrt werden soll, zielt die Kooperationsstrategie auf eine möglichst schnelle Überwindung eigener Ressourcenknappheit und Splittung des Eintrittsrisikos zwischen den beteiligten Kooperationspartnern. Für einen schnellen Markteintritt kann auch der Zukauf eines bereits auf dem Markt agierenden Unternehmens (die Akquisition) sinnvoll erscheinen.

Im Anschluss an die gewählte Intensität und (Organisations-)Form des Markteintritts sind im Rahmen der Markteintrittsanalyse Möglichkeiten zur **Absicherung des Erfolgs des Markteintritts** zu ergründen und zu bewerten. Worauf sollte also beispielsweise ein Pionier kurzfristig und langfristig achten, um die sich aus einem frühen Markteintritt ergebenden Wettbewerbsvorteile zu sichern und der gewählten Strategie zum Erfolg zu verhelfen? Welches Vorgehen bei der Markteinführung wäre also in Abhängigkeit von der gewählten Timing-Strategie, Intensität und Form des Markteintritts sinnvoll? Die Markteintrittsanalyse zur Beantwortung dieser Fragen sollte sowohl intern als auch extern wirkende Maßnahmen zur Absicherung des Strategieerfolgs berücksichtigen. Intern können beispielsweise Kommunikationsmaßnahmen zur Erklärung der Hintergründe und Ziele der verfolgten Strategie bei Mitarbeitern eingesetzt werden. Durch Schaffung von Transparenz über Ziele und Vorgehen können Mitarbeiteridentifikation und -motivation gefördert und etwaige intern bestehende Blockadehaltungen abgebaut werden. Zur externen Strategieabsicherung lassen sich verschiedene Marketinginstrumente einsetzen. Einige Beispiele für extern wirkende Maßnahmen zur Strategieabsicherung, die sowohl isoliert wie auch kombiniert eingesetzt werden können, enthält Tab. 6.2.

Tab. 6.2: Maßnahmen zur externen Absicherung der Markteintrittsstrategie (eigene Darstellung).

Marketinginstrumente	Maßnahmen (Beispiele)
Produktpolitik	– Gestaltung eines dominanten Designs – Etablieren eines Industriestandards – Patentschutz – stetige Produktverbesserungen – Produktdifferenzierung – Maßnahmen zur Steigerung der Kundenbindung
Preispolitik	– ggf. Penetrationspreisstrategie (niedriger Einführungspreis, der schrittweise erhöht wird) zum Abbau von Kaufwiderständen und zur Erzielung einer schnellen Marktabdeckung – Preisbündelung – Lizenzmodelle – Rabattsysteme
Distributionspolitik	– Aufbau eines leistungsfähigen Vertriebsnetzes – Bereitstellung von ausreichend Personal für Kundenschulungen (bei technischen Produkten) – ggf. Direktvertrieb durch persönlichen Verkauf zur Steigerung der Kundenbindung und zum Abbau von Kaufwiderständen – Schaffung eines Beschwerdemanagementsystems (zum schnellen Auflösen etwaiger Beschwerdegründe, zur Steigerung von Kundenzufriedenheit und -bindung)
Kommunikationspolitik	– Ausgabe kostenloser Produkttests (z. B. zeitlich limitierte Lizenzen bei Software) – umfassende Produktinformation durch persönliche und mediale Kommunikation – gezielte Ansprache von Innovatoren, z. B. durch Präsenz auf Fachmessen und -tagungen – Imagekampagnen

Anhand der durchlaufenen Schritte der Markteintrittsanalyse kann im letzten Schritt eine Handlungsempfehlung zum Ob, Wann und Wie des Markteintritts formuliert werden, womit insgesamt die Entscheidung zum Markteintritt unterstützt werden kann.

6.2 Segmentierungsanalyse

Die **Segmentierungsanalyse** dient der Klärung der Frage, ob der Markt eine in sich homogene Einheit bildet oder ob es wohl abgrenzbare Gruppen von Marktteilnehmern gibt. Zu diesem Zweck richtet die Segmentierungsanalyse ihren Blick auf die Marktteilnehmer (z. B. Kunden) und beschreibt diese zunächst anhand von Merkmalen

(z. B. Bedürfnisse, Einstellungen), durch die sich diese in möglichst trennscharfe Gruppen einteilen lassen. Die Sichtweise der Segmentierungsanalyse ist in Abb. 6.2 verdeutlicht.

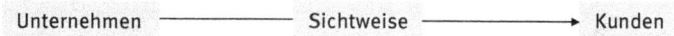

Unternehmen ——————— Sichtweise ———————→ Kunden

Abb. 6.2: Blickrichtung der Segmentierungsanalyse (eigene Darstellung).

Die zur Einteilung (Segmentierung, Gruppierung, Clusterung) verwendeten Beschreibungsmerkmale werden Segmentierungskriterien genannt. Die sich durch Segmentierung ergebenden Gruppen von Marktteilnehmern, die in sich möglichst homogen (ähnlich) und untereinander möglichst heterogen (unähnlich) sein sollen, werden Segmente genannt (z. B. Markt-, Käufer-, Kundensegmente).

Lassen sich aus der Menge der Marktteilnehmer (z. B. potenzielle Käufer) einige in sich homogene Gruppen (z. B. Käufergruppen) bilden, kann weiter gefragt werden, ob die verschiedenen Segmente auch vom Marketing bewusst unterschiedlich behandelt werden sollen. Die unterschiedliche Ansprache von Segmenten durch den Einsatz der Marketinginstrumente wird **differenzierte Marktbearbeitung** genannt. Hierbei handelt es sich um eine Marktsegmentierungsstrategie in Abgrenzung zur **undifferenzierten Marktbearbeitung** als Massenmarktstrategie.

Die Grundidee der Marktsegmentierung ist in Abb. 6.3 visualisiert.

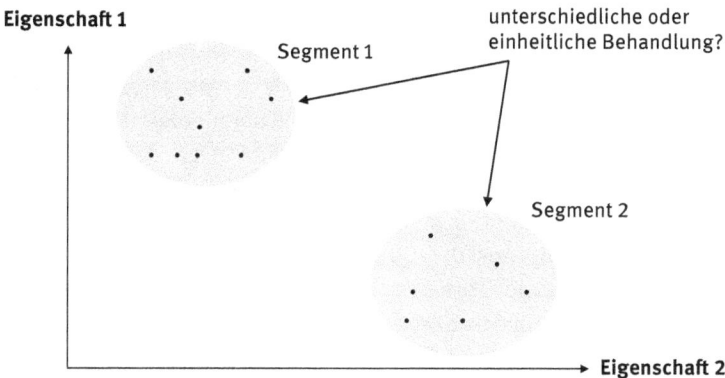

Abb. 6.3: Grundidee der Segmentierungsanalyse (eigene Darstellung).

Die Segmentierungsanalyse umfasst somit einerseits die Einteilung eines heterogenen Gesamtmarkts in homogene Teilmärkte (Segmente) und andererseits die Ableitung und Bewertung von Segmentierungsstrategien zur differenzierten Bearbeitung gefundener (Markt- bzw. Käufer-)Segmente. Die typischen Ablaufschritte der Segmentierungsanalyse sind in Abb. 6.4 dargestellt.

Ausgangspunkt:
heterogener Gesamtmarkt

↓

Umsetzung/Analyse:
Anwendung von Segmentierungskriterien

↓

Ergebnis:
homogene Teilmärkte?

↓

differenzierte oder einheitliche
Marktbearbeitung?

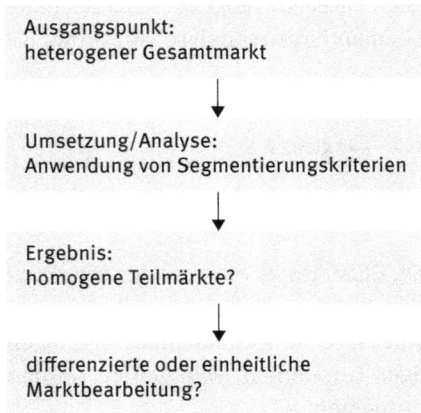

Abb. 6.4: Ablaufschritte der Segmentierungsanalyse (eigene Darstellung).

Den Ausgangspunkt der Segmentierungsanalyse bildet im ersten Schritt ein **hete-rogener Gesamtmarkt**, von dem vermutet wird, dass er sich in unterschiedliche Segmente aufteilen lässt. Betrieblicher Anlass für eine Segmentierung können Überlegungen zur Steigerung der Effizienz des Einsatzes der Marketinginstrumente sein. Durch deren Ausrichtung auf einzelne Käufergruppen sollen beispielsweise Streuverluste vermieden und Kundenwünsche besser erfüllt werden.

Auf diesen Gesamtmarkt werden nun im zweiten Schritt der Segmentierungsanalyse zur näheren Beschreibung und Trennung in homogene Teilmärkte **Segmentierungskriterien** angewendet (z. B. Alter, Bedürfnisse, Einstellungen, Markenpräferenzen). Diese Segmentierungskriterien müssen bestimmten Anforderungen genügen, damit überhaupt eine überschaubare Anzahl aussagekräftiger und stabiler Segmente gebildet werden kann, die anschließend gegebenenfalls durch den Einsatz der Marketinginstrumente unterschiedlich bearbeitet werden können. Im Einzelnen sind folgende Anforderungen an Segmentierungskriterien zu beachten:

- **Segmentbildungseigenschaft**: Aus der Gesamtheit der Marktteilnehmer soll sich eine in sich homogene Gruppe isolieren lassen, die gleichzeitig trennscharf zu anderen Marktteilnehmern abzugrenzen ist.
- **Aussagefähigkeit**: Die Ausprägungen der trennscharfen Kriterien sollen Ansatzpunkte für den gezielten und differenzierten Einsatz der Marketinginstrumente bieten.
- **Wiedererkennbarkeit**: Die Segmente sollen zeitlich stabil sein und sich in absehbarer Zeit nicht (zu sehr) miteinander vermischen.
- **Messbarkeit**: Die Segmentierungskriterien sollen mit den gängigen Methoden der Marktforschung (z. B. Befragungen, Beobachtungen) auffindbar sein.
- **Wirtschaftlichkeit**: Durch Anwendung der Segmentierungskriterien soll eine wirtschaftlich noch sinnvoll zu bearbeitende Anzahl hinreichend großer Segmente gebildet werden können.

Als Segmentierungskriterien kommen grundsätzlich die in Kapitel 3.3 erläuterten Einflussfaktoren auf das Käuferverhalten in Betracht, wobei jeweils im Einzelfall zu prüfen ist, inwieweit diese Merkmale den oben beschriebenen Anforderungen an Segmentierungskriterien genügen. Als allgemeine Segmentierungskriterien können u. a. herangezogen werden:

- **geografische Merkmale** (z. B. die vom Marktforschungsinstitut Nielsen definierte Aufteilung Deutschlands in sogenannte Nielsengebiete sowie Bundesländer, Postleitzahlenbezirke, Einteilungen nach Bevölkerungszahl oder -dichte)
- **demografische Merkmale** (z. B. Alter, Geschlecht, Familiengröße, Familienzyklus – etwa unterteilt in jung und ledig, jung und verheiratet, mit Kindern, älter und alleinstehend)
- **sozioökonomische Merkmale** (z. B. Schulbildung, Beruf, Kaufkraft, Einkommen, Wohnort)
- **psychografische Merkmale** (z. B. Bedürfnisse, Einstellungen)

Als spezielle, auf den Kauf bestimmter Produkte bezogene Segmentierungsmerkmale, können u. a. betrachtet werden:

- **Kaufanlässe** (z. B. gewöhnliche oder spezielle Anlässe wie Feiertage, Gelegenheiten, Situationen)
- **Kauf-/Zahlungsbereitschaft** (z. B. Produkt unbekannt, Produkt bekannt, informiert, interessiert, Kaufabsicht, jeweils bezogen auf das Kernprodukt, auf Zusatzleistungen, auf Einzelprodukte oder Produktbündel)
- **Produktverwendung** (z. B. nach der Verwendungsrate (stark, mittel, schwach) in Viel- vs. Seltenverwender, nach den Erfahrungen und Verwendungsanforderungen in Profi- vs. Amateurverwender, nach dem Verwenderstatus in Nichtverwender, ehemaliger Verwender, potenzieller Verwender, Erstverwender, regelmäßiger Verwender)
- **Markentreue** (z. B. Produkt-/Servicezufriedenheit, Wiederkaufbereitschaft, Weiterempfehlungsbereitschaft, Zusatzkaufbereitschaft, Markenvertrauen oder einfach unterschieden in hoch, gering, wechselhaft)

Die Anwendung der Segmentierungskriterien zur Aufteilung des Gesamtmarkts in homogene Teilmärkte erfolgt regelmäßig durch eine Marktforschungsuntersuchung. Segmentierungskriterien können von (potenziellen) Käufern abgefragt oder (teilweise) auch beobachtet werden. Liegen Beschreibungsmerkmale zu den Käufern vor, können Käufer anhand der Merkmalsausprägungen unterschieden und Käufergruppen zugeordnet werden. Hierzu kann das statistische Verfahren der **Clusteranalyse** angewendet werden (vgl. Grunwald und Hempelmann 2012, S. 110 ff.).

Die Zielsetzung der Clusteranalyse besteht darin, eine heterogene Grundgesamtheit von Objekten zu homogenen Gruppen (Clustern) zusammenzufassen. Die Clusterbildung erfolgt dabei so, dass die einer Gruppe zugeordneten Objekte möglichst ähnlich zueinander sind, zwischen den Clustern aber möglichst deutliche

Unterschiede bestehen. Ausgangspunkt der Clusteranalyse ist die Beschreibung der Objekte anhand vorab definierter Merkmale.

Anwendungsvoraussetzung und gleichzeitig erster Schritt der Clusteranalyse ist die Quantifizierung von Ähnlichkeiten zwischen den Objekten anhand dieser Merkmale. Je nach Skalenniveau der verwendeten Merkmale stehen hierzu unterschiedliche Konzepte zur Verfügung wie z. B. der Tanimoto-Koeffizient im Fall nominal skalierter oder die Euklidische Distanz im Fall metrisch skalierter Merkmale.

Im zweiten Schritt erfolgt dann die eigentliche Clusterbildung, bei der zueinander ähnliche Objekte demselben Cluster zugeordnet werden. Für den Prozess der Clusterbildung kann eine große Zahl möglicher Verfahren verwendet werden (vgl. Grunwald und Hempelmann 2012, S. 114).

Das Vorgehen der Clusteranalyse sei im Folgenden an einem **Fallbeispiel** demonstriert (vgl. Grunwald und Hempelmann 2012, S. 115). Es soll eine Klassifikation von zehn Probanden vorgenommen werden, die anhand der folgenden Merkmale beschrieben werden:

1. Merkmal 1: Geschlecht (0 = männlich, 1 = weiblich)
2. Merkmal 2: Schulbildung (1 = mittlere Reife, 2 = Abitur, 3 = Hochschulabschluss)
3. Merkmal 3: Altersgruppe (1 = 20–29, 2 = 30–39, 3 = 40–49, 4 = über 50)
4. Merkmal 4: Lebensfreude
5. Merkmal 5: Interesse an Innovationen
6. Merkmal 6: Risikobereitschaft

Bei den Merkmalen 1 und 3 handelt es sich um demografische Merkmale, bei dem Merkmal 2 um ein sozioökonomisches Merkmal. Diese sind jeweils nominal skaliert. Die Merkmale 4 bis 6 sind psychografische Merkmale, die jeweils über eine Ratingskala (1 = sehr wenig bis 7 = sehr viel) erhoben wurden. Diese Merkmale werden als metrisch skaliert unterstellt. Tab. 6.3 zeigt die jeweiligen Merkmalsausprägungen.

Tab. 6.3: Ausprägungen der Merkmale (Grunwald und Hempelmann 2012, S. 115).

Person	Merkmal 1	Merkmal 2	Merkmal 3	Merkmal 4	Merkmal 5	Merkmal 6
A	0	1	1	1	2	2
B	0	1	1	1	3	3
C	1	2	2	2	4	2
D	0	3	2	5	4	3
E	1	3	4	5	4	4
F	1	1	2	7	6	7
G	0	1	3	3	2	1
H	1	2	1	4	3	2
I	1	3	4	2	1	1
J	0	3	3	3	3	2

Ausgangspunkt für die Gruppenbildung ist die Berechnung der paarweisen Distanzen zwischen den Personen, die zunächst für die nominal skalierten und die metrisch skalierten Merkmale getrennt voneinander vorgenommen wird. Für die nominal skalierten Merkmale 1 bis 3 kann ein Ähnlichkeitsmaß einfach dadurch festgelegt werden, dass der Anteil (s) dieser Merkmale bestimmt wird, bei denen die zu vergleichenden Personen identische Merkmalsausprägungen aufweisen. Anschließend wird der Ähnlichkeitswert gemäß der Transformationsvorschrift d = 1 − s in einen Distanzwert (d) umgerechnet. Betrachtet man beispielsweise das Objektpaar A/D, so ergibt sich s_{AD} = 1/3, da beide Personen bei den nominal skalierten Merkmalen nur bei Merkmal 1 identische Merkmalsausprägungen aufweisen (beide sind männlich). Hieraus ergibt sich d_{AD} = 2/3.

Bei den metrisch skalierten Merkmalen 4 bis 6 wird der Distanzberechnung die Euklidische Distanz zugrunde gelegt (vgl. Grunwald und Hempelmann 2012, S. 113). Für das Objektpaar A/D folgt

$$d_{AD} = \sqrt{(1-5)^2 + (2-4)^2 + (2-3)^2} = 4,583.$$

Im letzten Schritt werden beide Teildistanzen zu einer Gesamtdistanz aggregiert, indem ein gewichteter Durchschnitt gebildet wird:

$$d_{AD} = (2/3 + 4,583) / 2 = 2,625.$$

Auf diese Weise werden die Distanzen zwischen sämtlichen Objektpaaren gebildet und man erhält die Distanzmatrix in Tab. 6.4. Da die Distanzmatrix symmetrisch ist, ist nur die untere Hälfte explizit ausgefüllt.

Betrachtet man die Distanzmatrix, fällt auf, dass das Objektpaar A/B die geringste Distanz zueinander aufweist. Der zugehörige Distanzwert (0,707) ist deshalb hervorgehoben. Im ersten Schritt werden daher die Personen A und B in einem Cluster vereint (Single-Linkage-Verfahren).

Tab. 6.4: Distanzmatrix der zehn Probanden (Grunwald und Hempelmann 2012, S. 116).

Person	A	B	C	D	E	F	G	H	I	J
A	0									
B	0,707	0								
C	1,618	1,366	0							
D	2,625	2,395	1,914	0						
E	2,949	2,621	2,136	0,833	0					
F	4,721	4,238	3,841	2,783	2,395	0				
G	1,285	1,667	1,725	2,065	2,526	4,456	0			
H	1,914	1,914	1,285	1,366	1,366	3,612	1,366	0		
I	1,366	2,0	1,914	2,679	2,679	4,970	1,207	1,833	0	
J	1,451	1,415	1,207	1,391	1,391	4,036	0,874	1,0	1,558	0

Für das so gebildete Cluster {A, B} sind dann die Distanzen zu den übrigen Personen neu zu berechnen. Beispielsweise ist die Distanz des Clusters {A, B} zu Person C (die noch ein eigenes Cluster bildet) durch

$$d_{\{A,B\},C} = \min\{d_{AC}, d_{BC}\} = \min\{1{,}618; 1{,}366\} = 1{,}366$$

gegeben. Auf diese Weise gelangt man zu einer reduzierten Distanzmatrix, mit der das Verfahren im nächsten Schritt fortzusetzen ist.

Die fortgesetzte Fusionierung von Clustern, und damit die einzelnen Verfahrensschritte, lassen sich grafisch in einem Diagramm darstellen, das Dendrogramm genannt wird und das für das betrachtete Beispiel in Abb. 6.5 dargestellt ist.

Verfahrensschritt	Distanz
9	2,395
8	1,366
7	1,285
5 / 6	1,207
4	1,0
3	0,874
2	0,833
1	0,707

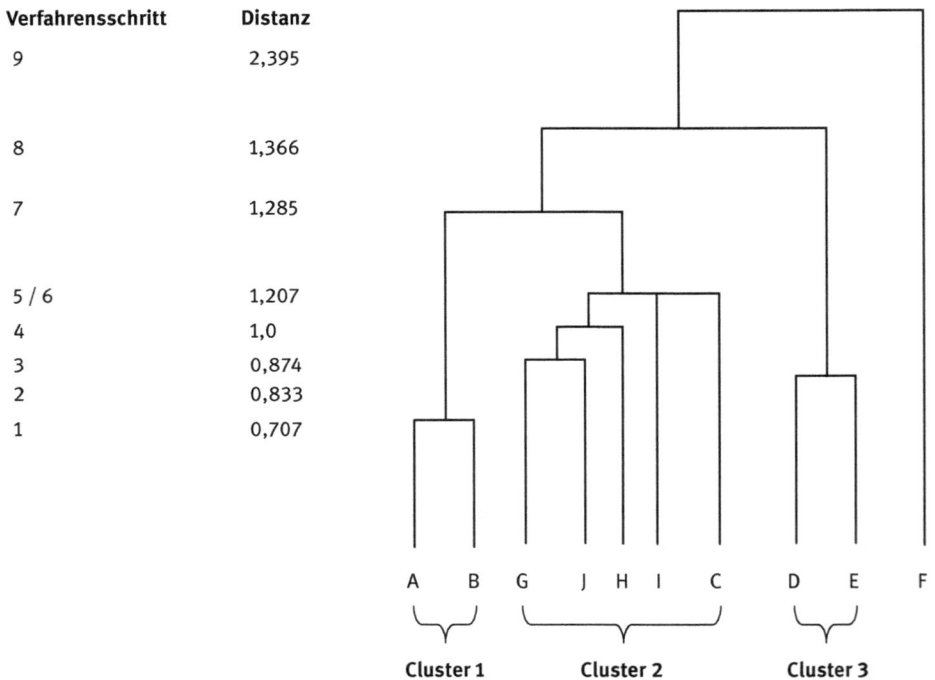

Abb. 6.5: Dendrogramm (Grunwald und Hempelmann 2012, S. 117).

Beispielsweise ist dem Dendrogramm zu entnehmen, dass im nächsten Verfahrensschritt die Personen D und E zu einem Cluster zusammengefügt werden. Dieses Cluster bleibt lange erhalten, da es erst relativ spät (im vorletzten Verfahrensschritt) mit anderen Clustern fusioniert wird. Ähnliches gilt auch für das Cluster, das sich aus den Personen A und B zusammensetzt. Man erkennt darüber hinaus, dass sich mehr oder weniger deutlich drei Cluster voneinander unterscheiden lassen. Dabei umfasst Cluster 1 die Personen A und B, Cluster 2 die Personen C, G, H, I und J und Cluster 3 die Personen D und E. Person F ist als Ausreißer anzusehen. Sie kann keinem der drei

Cluster zugeordnet werden. Erst im letzten Verfahrensschritt erfolgt die Vereinigung von Person F mit den übrigen Personen.

Nachdem das Verfahren eine Klassifikation der Personen in drei Clustern nahelegt, stellt sich die Frage, wie die gefundenen Cluster inhaltlich zu interpretieren sind. Um diese Frage zu klären, ist es zweckmäßig, die Häufigkeitsverteilung der Merkmalsausprägungen (bzw. die Mittelwerte bei den psychografischen Merkmalen) in den Clustern denen in der Erhebungsgesamtheit gegenüberzustellen.

Die Gegenüberstellung in Tab. 6.5 legt nahe, Cluster 1 als Gruppe junger, wenig gebildeter und, mit Blick auf die extrem geringen Werte beim Merkmal Lebensfreude, auch frustrierte Männer zu bezeichnen. Cluster 2 umfasst gebildete Personen mittleren Alters, die bei den psychografischen Merkmalen unterdurchschnittliche Ausprägungen aufweisen. Schließlich umfasst Cluster 3 hoch gebildete Personen mit überdurchschnittlichen Ausprägungen bei den psychografischen Merkmalen.

Tab. 6.5: Vergleich der gefundenen Cluster mit der Erhebungsgesamtheit (Grunwald und Hempelmann 2012, S. 118).

Merkmal	Erhebungs-gesamtheit	Cluster 1 {A, B}	Cluster 2 {C, G, H, I, J}	Cluster 3 {D, E}
Merkmal 1				
– männlich	50 %	100 %	40 %	50 %
– weiblich	50 %	0 %	60 %	50 %
Merkmal 2				
– mittlere Reife	40 %	100 %	20 %	0 %
– Abitur	20 %	0 %	40 %	0 %
– Hochschulabschluss	40 %	0 %	40 %	100 %
Merkmal 3				
– 20–29	30 %	100 %	20 %	0 %
– 30–39	30 %	0 %	20 %	50 %
– 40–49	20 %	0 %	40 %	0 %
– über 50	20 %	0 %	20 %	50 %
Merkmale 4–6				
– Lebensfreude	3,3	1,0	2,8	5,0
– Interesse an Innovationen	3,2	2,5	2,6	4,0
– Risikobereitschaft	2,7	2,5	1,6	3,5

Nach Durchführung der Segmentierung, z. B. durch Anwendung der Clusteranalyse, ist im dritten Schritt der Segmentierungsanalyse das Ergebnis der Clusterung im Hinblick auf die Strategieableitung zu beurteilen. Im Idealfall ergeben sich nach Anwendung der Clusteranalyse mehrere Segmente, die näher auf ihre Trennschärfe hin zu überprüfen sind. Hierzu können beispielsweise bei metrisch skalierten Merkmalen die Mittelwerte der Merkmale auf signifikante Unterschiede zwischen den gebildeten Segmenten überprüft werden. Im Falle von zwei Segmenten können signifikante

Mittelwertunterschiede mithilfe des **t-Tests** für zwei unabhängige Stichproben oder, bei mehr als zwei Segmenten, mittels der **Varianzanalyse** festgestellt werden (vgl. Grunwald und Hempelmann 2012, S. 86 ff.).

Die Trennschärfe der zur Segmentierung verwendeten Variablen wie auch das Ergebnis der Clusterung als solches können mithilfe der **Diskriminanzanalyse** überprüft werden (vgl. Grunwald und Hempelmann 2012, S. 93 ff. sowie Grunwald und Hempelmann 2013, S. 112 ff.).

Die Überprüfung der gefundenen Segmente kann im Wesentlichen dreierlei alternativ mögliche Ergebnisse hervorbringen:
(1) Es existieren keine hinreichend großen bzw. trennscharfen Segmente.
(2) Es gibt relativ viele große und auch trennscharfe Segmente.
(3) Es stellt sich eine überschaubare Anzahl hinreichend großer und trennscharfer Segmente heraus.

Im vierten und letzten Schritt der Segmentierungsanalyse sind angesichts des gefundenen Ergebnisses der Segmentbildung die Möglichkeiten zu einer **differenzierten Marktbearbeitung** (Marktdifferenzierungsstrategie) zu untersuchen und mit der Alternative der undifferenzierten Marktbearbeitung **(Massenmarktstrategie)** zu vergleichen. Die differenzierte Marktbearbeitung impliziert die Versorgung des Marktes mit unterschiedlichen Produkten, Serviceleistungen, über unterschiedliche Vertriebskanäle, mit unterschiedlicher Kommunikation und/oder zu unterschiedlichen Preisen. Bei der Massenmarktstrategie werden umgekehrt unterschiedliche Marktsegmente grundsätzlich gleich behandelt.

Diese Strategiebewertung liefert die Grundlage für die Entscheidungsfindung im Hinblick auf die Wahl der geeigneten Segmentierungsstrategie.
(1) Für Fall (1) einer nicht hinreichenden Anzahl an großen und trennscharfen Segmenten stellt sich die Frage nach einer differenzierten Marktbearbeitung nicht. Da die Käufer des Marktes nicht trennscharf nach kaufrelevanten Merkmalen unterschieden werden können, ergibt sich keine Notwendigkeit zu einer differenzierten Marktbearbeitung.
(2) Für Fall (2) ist zu ergründen, ob die sich ergebende große Anzahl an hinreichend starken und trennscharfen Segmenten vom Anbieter differenziert bearbeitet werden kann. Stehen für die differenzierte Marktbearbeitung genügend personelle, organisatorische, technische und finanzielle Ressourcen bereit? Ist das nicht der Fall, kann der Anbieter selektiv vorgehen und einige wenige, besonders lukrativ erscheinende Segmente differenziert bearbeiten, während er für andere Segmente die Massenmarktstrategie anwenden kann.
(3) Für Fall (3) einer vorliegenden überschaubaren Anzahl hinreichend starker und trennscharfer Segmente kann der Anbieter alle gefundenen Segmente unterschiedlich, d. h. differenziert, bearbeiten. Gleichwohl kann er sich aber auch, hinsichtlich der Bearbeitung einiger oder aller Segmente, für die Massenmarktstrategie entscheiden. Letzteres mag insbesondere für den Fall sinnvoll sein, dass die Nachteile einer differenzierten Bearbeitung (derzeit) überwiegen.

Hiermit stellt sich die Frage, wie die in Abhängigkeit von der Anzahl gefundener Segmente grundsätzlich gangbaren Strategiealternativen im Hinblick auf unterschiedliche Kriterien zu bewerten sind. Tab. 6.6 zeigt im Überblick Kriterien, die zur Strategiebewertung, etwa in Form einer Punktbewertung, verwendet werden können.

Tab. 6.6: Kriterien für die vergleichende Bewertung von differenzierter vs. einheitlicher Marktbearbeitung (eigene Darstellung).

Bewertungskriterium	mögliches Bewertungsergebnis (Tendenzaussagen)
Aufbau von Präferenzen	Dominanz der differenzierten Marktbearbeitung, da Produkt näher an den Kundenwünschen der Segmente positioniert werden kann
Stärkung der Kundenbindung	Dominanz der differenzierten Marktbearbeitung, da Produkt stärker als Problemlösung empfunden wird und sich stärker Zufriedenheit einstellt
Differenzierung im Wettbewerb	Dominanz der differenzierten Marktbearbeitung durch vielfältige Abgrenzungsmöglichkeiten, Individualisierung des Angebots und Einschränkung der Vergleichbarkeit
Abschöpfung von Zahlungsbereitschaft	Dominanz der differenzierten Marktbearbeitung, da Preise näher an den unterschiedlichen Zahlungsbereitschaften der Käufersegmente gesetzt werden können (Abschöpfung der Konsumentenrente)
Reduzierung von Streuverlusten	Dominanz der differenzierten Marktbearbeitung, da Kommunikation individueller und näher an Zielgruppenmerkmalen (z. B. Involvement) gestaltet und zielgenauer gesendet werden kann
Herstellkosten	Dominanz der Massenmarktstrategie wegen Möglichkeiten zur besseren Auslastung der Kapazität und Ausnutzung von Erfahrungskurveneffekten
Koordinations-/ Planungsaufwand	Dominanz der Massenmarktstrategie infolge entfallender Segmentierung und differenzierter Ansprache der Segmente; höhere Kosten der Koordination und Organisation bei differenzierter Marktbearbeitung

Im Anschluss an die generelle Bewertung der beiden Strategiealternativen kann sich die konkrete, **fallweise Bewertung der Strategien** unter Berücksichtigung von Unternehmensspezifika (z. B. Unternehmensziele, Ressourcenausstattung, Risikoeinstellung) und situativen Besonderheiten (z. B. Konkurrenzsituation, Möglichkeiten zur Abschottung von Teilmärkten) anschließen.

Ein in diesem Zusammenhang zu behandelndes Problem der differenzierten Marktbearbeitung in Form der Preisdifferenzierung (gleiches Produkt, das zu unterschiedlichen Preisen an Teilmärkte abgesetzt wird) ist **Arbitrage**. Hierunter versteht man das Ausnutzen bestehender Preisunterschiede seitens der Kunden, die Produkte in einem Teilmarkt günstiger erwerben und zu einem unterhalb des offiziellen Verkaufspreises liegenden Preis in einem anderen Teilmarkt an Kunden weiterverkaufen. Hiermit wird also der aus Anbietersicht erhoffte Vorteil der Preisdifferenzierung (teilweise) zunichte gemacht. Das Problem könnte durch eine bessere Abschottung der Teilmärkte begrenzt werden.

Ein zweiter Problemkreis, der im Rahmen der konkreten, einzelfallbezogenen Strategiebewertung zu beleuchten wäre, ist die **zeitliche Stabilität der Segmente**. Mithilfe der Clusteranalyse wurden Segmente, möglicherweise auf Grundlage von Befragungsdaten, zu einem Zeitpunkt gebildet. Es fragt sich jedoch, ob diese Segmente auch zukünftig Bestand haben oder ob sie sich möglicherweise bereits in absehbarer Zeit durchmischen. Ist Letzteres zu erwarten, wäre der Aufwand einer differenzierten Marktbearbeitung, etwa in Form unterschiedlicher Produkte und Kommunikationsmaßnahmen, kaum zu rechtfertigen.

6.3 Image- und Positionierungsanalyse

Im Rahmen der **Image- und Positionierungsanalyse** soll die Frage geklärt werden, wie die derzeitigen oder potenziellen Kunden die Leistungen eines Anbieters im Markt, im Umfeld von Wettbewerbern, wahrnehmen. Welche Position weist also beispielsweise die eigene Marke im Vergleich zu Wettbewerbermarken in der Wahrnehmung der Käufer auf? Welche Unterschiede und Ähnlichkeiten der Marken, Produkte oder Unternehmen tauchen im Urteil der Kunden auf? Die Perspektive der Positionierungsanalyse ist somit spiegelbildlich zur Blickrichtung der Segmentierungsanalyse. Sie wird in Abb. 6.6 verdeutlicht.

Kunden ——— Sichtweise ———▶ Produkte/Unternehmen

Abb. 6.6: Blickrichtung der Positionierungsanalyse (eigene Darstellung).

Zur Abbildung wahrgenommener Unterschiede und Ähnlichkeiten wird die Variable Image (z. B. bei potenziellen Käufern im Markt) erhoben. Unter dem **Image** lässt sich ein Gesamteindruck verstehen, den sich Nachfrager als Bild von einem Beurteilungsobjekt, etwa einer Marke, machen. Ein Image reflektiert die mit einem Beurteilungsobjekt assoziierten wahrgenommenen Eigenschaften, die positiv, neutral oder negativ empfunden werden mögen. Positive bzw. negative Assoziationen entstehen vor allem affektiv, also auf der Gefühlsebene. Die Eigenschaften eines Produkts werden zunächst kognitiv wahrgenommen, wobei sowohl Informationen des

Anbieters (z. B. die Produktkommunikation) als auch solche von anderen Konsumenten (z. B. Erfahrungsberichte) verarbeitet werden und in den Gesamteindruck einfließen. Insofern vereint das Image emotionale wie kognitive Elemente. Im Vordergrund einer Imagemessung, die den Startpunkt für die Positionierungsanalyse bildet, steht aber die kognitive Wahrnehmung.

Die Ablaufschritte einer Positionierungsanalyse sind in Abb. 6.7 visualisiert.

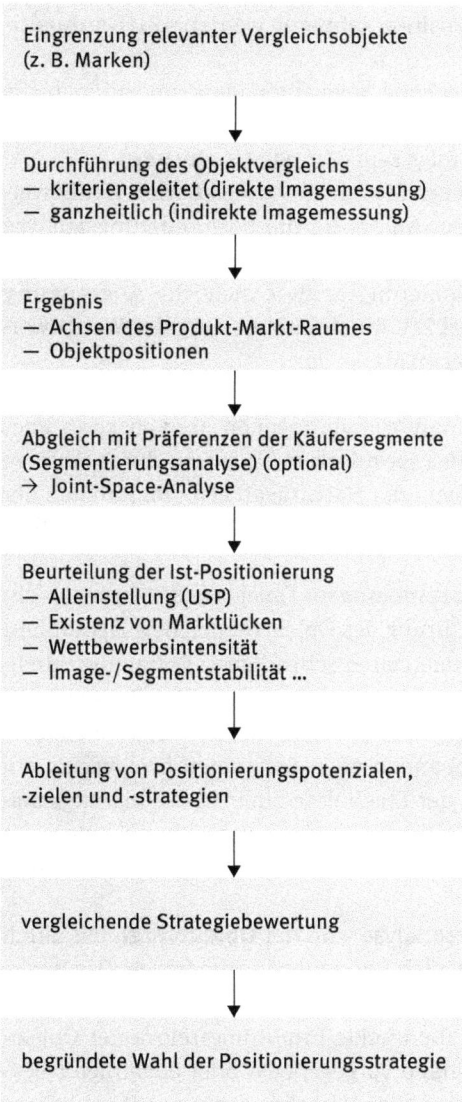

Eingrenzung relevanter Vergleichsobjekte
(z. B. Marken)

↓

Durchführung des Objektvergleichs
— kriteriengeleitet (direkte Imagemessung)
— ganzheitlich (indirekte Imagemessung)

↓

Ergebnis
— Achsen des Produkt-Markt-Raumes
— Objektpositionen

↓

Abgleich mit Präferenzen der Käufersegmente
(Segmentierungsanalyse) (optional)
→ Joint-Space-Analyse

↓

Beurteilung der Ist-Positionierung
— Alleinstellung (USP)
— Existenz von Marktlücken
— Wettbewerbsintensität
— Image-/Segmentstabilität ...

↓

Ableitung von Positionierungspotenzialen,
-zielen und -strategien

↓

vergleichende Strategiebewertung

↓

begründete Wahl der Positionierungsstrategie

Abb. 6.7: Ablaufschritte der Positionierungsanalyse (eigene Darstellung).

Im **ersten Schritt** der Positionierungsanalyse erfolgt die **Eingrenzung relevanter Vergleichsobjekte** (z. B. Anbieter- oder Produktmarken), die den Untersuchungsgegenstand bilden sollen.

Hierbei sind insbesondere die **Anlässe** für eine solche Analyse und die damit verbundenen **Analyseziele** des Entscheiders zu berücksichtigen:

- Ein solcher Anlass könnte die Fundierung der Entscheidung für eine erstmalige Einführung eines Markenprodukts in einen bestehenden Markt sein, wofür eine neue, besonders erfolgversprechende Position gefunden werden soll **(Neupositionierung)**.
- Ein anderer Anlass könnte die Aufdeckung relevanter Markenpositionen als Grundlage für die bewusste Veränderung der Position einer bereits eingeführten Marke zur Stabilisierung des Markenerfolgs sein **(Umpositionierung)**.
- Auch der Vergleich der Position der eigenen Marke mit vorselektierten Wettbewerbermarken **(Benchmarking)** könnte ein Anlass für die Positionierungsanalyse sein (siehe hierzu die Ausführungen zur Wettbewerbsanalyse in Kapitel 4.2.3).
- Einen weiteren Anlass für eine Positionierungsanalyse stellt die **Abgrenzung des relevanten Marktes** (siehe Kapitel 2.3) durch Eingrenzung der Wettbewerbermarken im näheren Umfeld der eigenen Marke dar.

Die Ableitung der Relevanz der in die Analyse einbezogenen Marken kann aber nicht nur intern durch den Analytiker selbst, **sondern** auch extern durch Abfrage der relativen Wichtigkeit der Objekte aus Sicht der Nachfrager, etwa im Rahmen der Bestimmung der Menge kaufrelevanter Alternativen, des sogenannten **Relevant Set**, erfolgen.

Sofern Probanden etwaige in die Analyse einbezogene Objekte (z. B. Marken) nicht kennen, sollten solche Objekte vor Durchführung des Objektvergleichs ausgesondert werden. Sofern der Objektvergleich im Rahmen einer schriftlichen Befragung durchgeführt wird, könnte hierzu im Fragebogen zu Beginn die Abfrage der **Bekanntheit** bzw. (weitergehend) des Grades an **Vertrautheit** mit dem betreffenden Vergleichsobjekt erfolgen. Die Filterung der den Probanden nicht bekannten bzw. vertrauten Objekte dient der Steigerung der Validität der Ergebnisse einer Positionierungsanalyse. Somit wird vermieden, dass Objekte eingeschätzt bzw. verglichen werden, die die Probanden infolge fehlender Bekanntheit oder Vertrautheit überhaupt nicht einschätzen können.

Im **zweiten Schritt** der Positionierungsanalyse wird der **Objektvergleich** durch die Probanden durchgeführt. Hierzu eignen **sich** Befragungen zum Image. Das Image kann sowohl direkt als auch indirekt gemessen werden.

Die **direkte Imagemessung** zielt auf die direkte Ermittlung relevanter Objekteigenschaften und den Objektvergleich anhand vorgegebener oder abgefragter **Vergleichskriterien** (z. B. Produkteigenschaften). Das Vorgehen kann somit als kriteriengeleitet gekennzeichnet werden.

– Die direkte Imagemessung kann einerseits ansetzen an einer **offenen Frage** nach den Eigenschaften, die Konsumenten mit einer oder mehreren zu untersuchenden Marken zu allererst, als Zweites, an dritter Stelle usw. verbinden.
– Bei der **Repertory-Grid-Methode** soll die Auskunftsperson Eigenschaften nennen, nach denen sich zwei von jeweils drei Objekten einander ähnlich sind und sich darin vom dritten unterscheiden (vgl. Rosenberger und Freitag 2009, S. 477 ff.). Der Prozess wird für alle Objekte und so lange wiederholt, bis keine weiteren Eigenschaften angegeben werden können.
– Es können auch Eigenschaften **direkt vorgegeben** und deren Wichtigkeit (z. B. auf einer Ratingskala) abgefragt werden. Um Vollständigkeit bei der Aufdeckung der Vergleichskriterien zu wahren, kann im Rahmen eines Fragebogens eine Zusatzkategorie Sonstige zur offenen Abfrage weiterer relevanter Kriterien ergänzt werden.

Liegen durch Anwendung von einer der beschriebenen Vorgehensweisen relevante Eigenschaften als Vergleichskriterien vor, können die Objekte anhand dieser Kriterien miteinander verglichen werden, um wahrgenommene Ähnlichkeiten und Unähnlichkeiten der Objekte aufzudecken. Kristallisieren sich z. B. von vornherein zwei für den Vergleich von Marken besonders relevante Eigenschaften aus Sicht der Nachfrager heraus, können die Probanden in einem weiteren Schritt gebeten werden, die vorgegebenen Marken in einen zweidimensionalen Raum mit den Eigenschaften als Achsen selbst einzuordnen (z. B. durch Einzeichnen der Marken als Punkte). Dabei soll gelten, dass als ähnlich empfundene Objekte nahe beieinanderliegen und als unähnlich empfundene Objekte weiter voneinander entfernt.

Liegen mehrere Eigenschaften zum Vergleich von Objekten vor, die auf wenige Eigenschaften zur grafischen (z. B. zweidimensionalen) Darstellung verdichtet werden sollen, lässt sich die **Faktorenanalyse** (vgl. Grunwald und Hempelmann 2012, S. 106 ff.) oder auch die Korrespondenzanalyse anwenden. Ziel der **Korrespondenzanalyse** ist die gemeinsame grafische Darstellung der Vergleichsobjekte (z. B. Marken) und der zum Vergleich verwendeten Merkmale bzw. Merkmalsausprägungen (z. B. modern vs. unmodern, günstig vs. teuer) in einem geringdimensionalen Raum (vgl. z. B. Bühl 2014).

Die Gesamtheit aller Objektpositionen im Wahrnehmungsraum einer Person wird **Konfiguration** genannt. Der Wahrnehmungsraum zur Abbildung der Objektpositionen wird im Marketingkontext als **Produkt-Markt-Raum** bezeichnet.

Abb. 6.8 zeigt einen solchen Produkt-Markt-Raum für den Waschmittelmarkt.

Eine spezielle Variante der direkten mehrdimensionalen Imagemessung ist das **Semantische Differenzial**. Es besteht aus einer Menge von Eigenschaftsaussagen, die bipolar gefasst sind (wie z. B. heiß/kalt, schnell/langsam) und semantisch abgestuft werden können, wobei die Abstufung über vorgegebene Ratingskalen erfolgt. Die Befragten sollen damit ihre Einschätzung kundtun, wie sehr sie z. B. das Adjektiv kalt bzw. heiß mit dem Beurteilungsobjekt assoziieren. Durch Verbindung der Ankreuzungen entsteht das sogenannte Polaritätenprofil (z. B. einer Marke), welches das Image des zu beurteilenden Objekts grafisch repräsentiert.

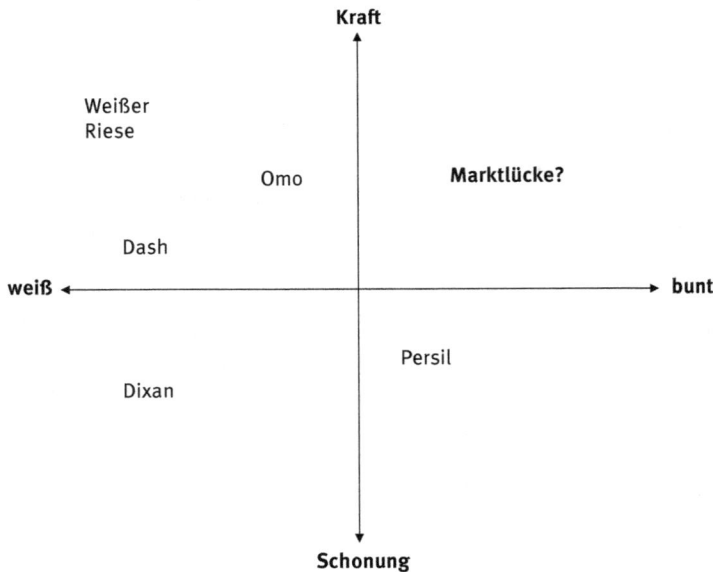

Abb. 6.8: Zweidimensionales Modell des Waschmittelmarkts (in Anlehnung an Dichtl 1973, S. 43).

Abb. 6.9 zeigt eine mögliche Ausgestaltung eines semantischen Differenzials zur Messung des Images von Automobilmarken samt Polaritätenprofil für zwei konkurrierende Marken. Die Datenerhebung erfolgt zunächst auf Individualebene. Durch Mittelwertbildung können dann durchschnittliche Profilverläufe ermittelt werden, die das Image in der Befragungsgesamtheit darstellen. Gegebenenfalls kann sich eine Faktorenanalyse anschließen, um die berücksichtigten Eigenschaftsaussagen auf jene (unabhängigen) Dimensionen zu verdichten, die das Image prägen (vgl. Grunwald und Hempelmann 2012, S. 106 ff.).

Das Grundproblem der direkten Imagemessung besteht im Falle der Vorgabe bestimmter Eigenschaften in der Möglichkeit einer starken Lenkung der Probanden auf eben diese Vergleichskriterien. Zudem ist häufig nicht sichergestellt, dass mit den vorgegebenen Eigenschaften auch alle aus Käufersicht relevanten Vergleichskriterien erfasst sind. Anders als in einer realen Kaufentscheidungssituation werden die Objekte zudem nicht ganzheitlich durch paralleles Abwägen mehrerer Eigenschaften miteinander verglichen. Vielmehr werden die Eigenschaften nacheinander in den Objektvergleich einbezogen, was häufig von einer realen

Bewertungsaufgabe abweicht. Die Durchführung eines Objektvergleichs anhand einer Vielzahl vorgegebener Vergleichsmerkmale setzt überdies im Grundsatz ein höheres Involvement der Probanden voraus, was nicht in allen Fällen angenommen werden kann.

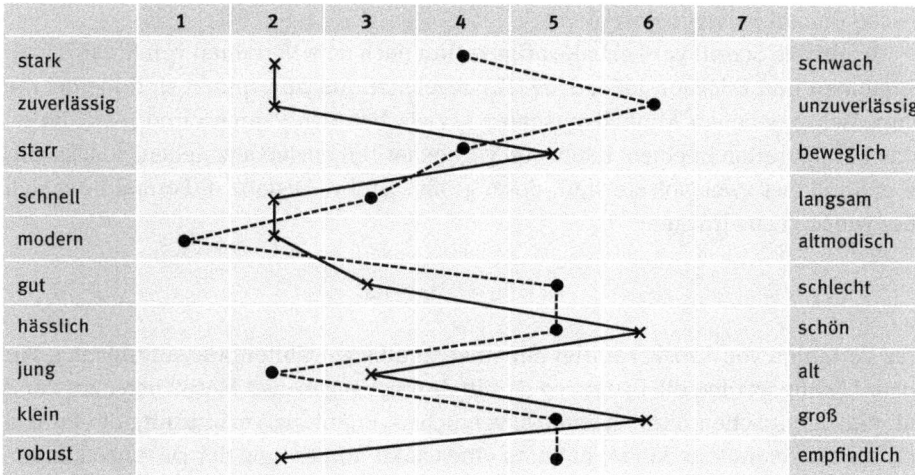

	1	2	3	4	5	6	7	
stark								schwach
zuverlässig								unzuverlässig
starr								beweglich
schnell								langsam
modern								altmodisch
gut								schlecht
hässlich								schön
jung								alt
klein								groß
robust								empfindlich

Abb. 6.9: Beispiel für ein semantisches Differenzial (Grunwald und Hempelmann 2012, S. 61).

Bei der **indirekten Imagemessung** erfolgt dagegen bewusst keine Vorgabe oder Abfrage von Vergleichskriterien. Stattdessen sollen die Objekte ganzheitlich (global) von den Probanden betrachtet und miteinander verglichen werden. Die indirekte Imagemessung umgeht so die mit der Vorgabe oder Abfrage von Kriterien verbundenen Probleme einer Lenkung des Probanden und ist auch bei vorherrschendem niedrigen Involvement der Probanden einsetzbar.

Zur indirekten Imagemessung kann die **Multidimensionale Skalierung (MDS)** eingesetzt werden (vgl. Grunwald und Hempelmann 2012, S. 118 ff.). Mithilfe der MDS können Objekte (z. B. Produktmarken) auf Basis ihrer Ähnlichkeit zueinander in einem (möglichst niedrig dimensionierten) Raum dargestellt werden.

Im ersten Schritt der MDS sind Ähnlichkeitsdaten von den Probanden zu erheben.

- So kann beispielsweise mithilfe der **Methode des Rangordnens** eine stufenweise Einordnung von Markenpaaren in eine lückenlose Rangfolge der Ähnlichkeit erfolgen.
- Bei der **Ankerpunktmethode** fungiert jede Marke einmal als Vergleichsobjekt für alle restlichen Marken. Die Marken werden jeweils in eine Rangfolge der Ähnlichkeit zu dem Ankerpunkt gebracht.

- Beim **Ratingverfahren** werden Markenpaare mittels einer zweipoligen Ratingskala beurteilt (Marke A und B sind vollkommen ähnlich … vollkommen unähnlich).

Nachdem über eine der genannten Methoden Ähnlichkeitsdaten von Probanden erhoben wurden, werden diese im zweiten Schritt zu **Distanzen** im Raum verarbeitet. Hierfür kann wiederum die bereits im Rahmen der Clusteranalyse betrachtete Euklidische Distanz verwendet werden.

Im dritten Schritt wird eine **Konfiguration** nach dem Verfahren von Kruskal (vgl. Hammann und Erichson 1994, S. 293 ff.) abgeleitet. Ausgangspunkt sind hierbei die empirisch gegebenen Ähnlichkeitsdaten s_{ij} zwischen den Paaren i und j. Ziel ist es, eine Konfiguration in einem Raum von gegebener Dimension abzuleiten, sodass gilt: Je unähnlicher zwei Objekte sind, desto größer ist ihre Distanz d. Formal lässt sich dies wie folgt ausdrücken:

$$s_{ij} \leq s_{kl} \Rightarrow d_{ij} \leq d_{kl}$$

Das Verfahren von Kruskal startet mit einer zufällig gewählten Ausgangslösung. Für diese Lösung werden die Distanzen d_{ij} mittels einer gegebenen Metrik berechnet und mit den empirischen Ähnlichkeiten s_{ij} verglichen. Ergibt die **Verbindung** der Punkte (d_{ij}, s_{ij}) eine monotone Kurve, hat man eine exakte Anpassung der Distanzen an die Ähnlichkeiten gefunden. Im Allgemeinen wird das jedoch nicht der Fall sein. Man bestimmt dann monotone Transformationen der Distanzen, die sogenannten **Disparitäten** (δ), die der Monotoniebedingung

$$s_{ij} \leq s_{kl} \Rightarrow \delta_{ij} \leq \delta_{kl}$$

für alle möglichen **Markenpaare** genügen.

Ein Maß für die **Abweichung** von der exakten monotonen Anpassung ist das Stressmaß S:

$$S = \sqrt{\frac{\sum\limits_{i<j} (d_{ij} - \delta_{ij})^2}{\sum\limits_{i<j} (d_{ij} - \overline{d})^2}}$$

Hierbei bezeichnet $\overline{d}$ den Mittelwert der Distanzen, der sich wie folgt berechnet:

$$\overline{d} = \frac{2}{K(K-1)} \sum\limits_{i<j} d_{ij}.$$

Das Verfahren von Kruskal ist darauf gerichtet, eine stressminimale Konfiguration abzuleiten. Zur Ermittlung der Disparitäten ordnet man alle Objektpaare nach abnehmenden Ähnlichkeiten und vergleicht diese mit den empirischen Distanzen. Ist die

Monotoniebedingung erfüllt, setzt man die Disparitäten gleich den Distanzen. Andernfalls setzt man die Disparitäten gleich dem Mittelwert zweier Distanzen. Mit den Disparitäten lässt sich nun der Stress S ermitteln. Der Stress S ist eine auf das Intervall [0, 1] beschränkte Größe. S = 0 bedeutet, dass eine exakte Anpassung gelungen ist. Die Beurteilung des Stress nach Kruskal kann dabei anhand folgender Tabelle erfolgen:

Tab. 6.7: Beurteilung des Stress nach Kruskal (vgl. Kruskal 1964, S. 3; Hüttner und Schwarting 2002, S. 314).

Stress S	Anpassungsgüte
0,4	gering
0,2	ausreichend
0,1	gut
0,05	ausgezeichnet
0	perfekt

Das Vorgehen der MDS sei an folgenden Fallbeispiel demonstriert (vgl. Grunwald und Hempelmann 2013, S. 105 ff.). Die Firma Ravenbrink ist spezialisiert auf die Verarbeitung von Ziegenmilch zu Käse. Das Unternehmen führt ein umfangreiches Sortiment und ist bundesweit als Marktführer für Ziegenkäse anzusehen. Das Unternehmen vermutet, bei Joghurt aus Ziegenmilch eine Marktlücke erkannt zu haben. Im Falle einer Markteinführung würden größere Investitionen erforderlich werden. Damit die Unternehmensleitung eine Entscheidung über Produktion bzw. Nichtproduktion dieses Joghurts fällen kann, soll der Markt für Joghurt hinsichtlich der Absatzchancen für Joghurt aus Ziegenmilch analysiert werden.

Ein Mitarbeiter hat bereits vor einigen Wochen mit der Untersuchung begonnen und ein Marktforschungsinstitut mit der Erhebung von Ähnlichkeitsurteilen beauftragt. Für die Auswertung soll die Multidimensionale Skalierung (MDS) angewendet werden. Die Ergebnisse der Befragung durch das Marktforschungsinstitut liegen nun vor. In die Untersuchung einbezogen waren neben dem Ziegenmilchjoghurt die drei Vergleichsmarken A, B und C, wobei bei allen vier Produkten die Variante ohne Frucht gewählt wurde. Über alle Auskunftspersonen aggregiert ergab sich die folgende Rangfolge:

Tab. 6.8: Rangfolge der Ähnlichkeit (Grunwald und Hempelmann 2013, S. 106).

Rangfolge der Ähnlichkeit	Objektpaar
1	A/B
2	C/B
3	C/A
4	Ziegenmilchjoghurt/A
5	Ziegenmilchjoghurt/B
6	Ziegenmilchjoghurt/C

Aus den Aufzeichnungen des Mitarbeiters lässt sich eine erste Schätzung der Konfiguration entnehmen, die in Abb. 6.10 dargestellt ist.

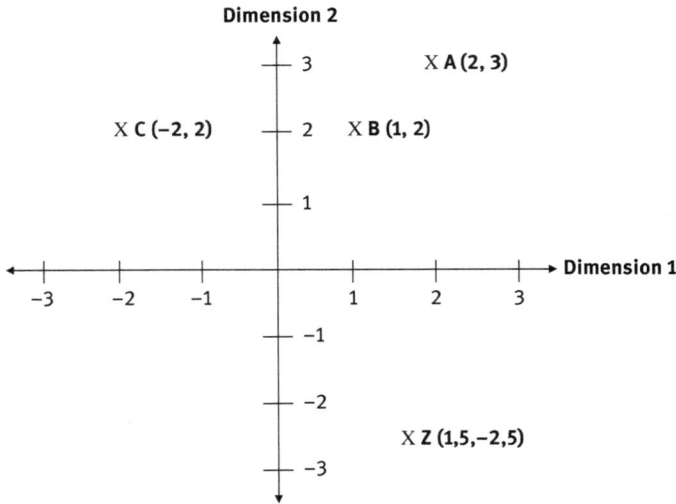

Dimension 2

X A (2, 3)

X C (−2, 2)   X B (1, 2)

Dimension 1

X Z (1,5,−2,5)

Abb. 6.10: Konfigurationsschätzung (Grunwald und Hempelmann 2013, S. 106).

Im ersten Schritt erfolgt die Berechnung der **Euklidischen Distanzen** unter Berücksichtigung der Koordinaten der Marken A (2|3), B (1|2), C(−2|2) und Z (Ziegenmilchjoghurt) (1,5|−2,5):

$$d_{AB} = \sqrt{(2-1)^2 + (3-2)^2} = 1,414$$

$$d_{AC} = \sqrt{(2+2)^2 + (3-2)^2} = 4,123$$

$$d_{AZ} = \sqrt{(2-1,5)^2 + (3+2,5)^2} = 5,523$$

$$d_{BC} = \sqrt{(1+2)^2 + (2-2)^2} = 3$$

$$d_{BZ} = \sqrt{(1-1,5)^2 + (2+2,5)^2} = 4,528$$

$$d_{CZ} = \sqrt{(-2-1,5)^2 + (2+2,5)^2} = 5,701.$$

Den Markenpaaren sind nun **Rangwerte** s_{ij} gemäß der berechneten Euklidischen Distanzen zuzuordnen, wobei eine geringe (große) Distanz eine hohe (geringe) wahrgenommene Ähnlichkeit zweier Marken indiziert und einen niedrigen (hohen) Rangwert zugewiesen bekommt. Die den Objektpaaren zugeordneten Rangwerte, die berechneten Euklidischen Distanzen, die **Disparitäten** als monoton angepasste Distanzen sowie die entsprechenden Abweichungen können der nachfolgenden Arbeitstabelle zur **Stressberechnung** entnommen werden. Zu beachten ist, dass lediglich die Objektpaare Z/A und Z/B die Monotoniebedingung verletzen. Nur für diese Objektpaare sind daher von Null verschiedene Disparitäten gemäß (5,523 + 4,528)/ 2 = 5,026 anzusetzen.

Tab. 6.9: Arbeitstabelle zur Stressberechnung (Grunwald und Hempelmann 2013, S. 108).

Objektpaar ij	s_{ij}	d_{ij}	δ_{ij}	$(d_{ij} - \delta_{ij})^2$	$(d_{ij} - \bar{d})^2$
A/B	1	1,414	1,414	0	6,938
C/B	2	3	3	0	1,098
C/A	3	4,123	4,123	0	0,0056
Z/A	4	5,523	5,026	0,247009	2,176
Z/B	5	4,528	5,026	0,248004	0,2304
Z/C	6	5,701	5,701	0	2,732
Σ		24,289		0,495013	13,18

Die mittlere Distanz $\bar{d}$ errechnet sich aus $\bar{d} = \frac{2}{4\,(4-1)} \cdot 24{,}289 = 4{,}048$ und fließt in die Formel zur Stressberechnung ein. Als **Stressmaß** ergibt sich im Fall

$$S^2 = \frac{0{,}495013}{13{,}18} = 0{,}03756 \;=>\; S = \sqrt{0{,}03756} = 0{,}194,$$

womit eine hinreichende Anpassung der Konfiguration an die erhobenen Ähnlichkeitsdaten angezeigt wird. Die weiteren Schritte der Positionierungsanalyse können nun auf Grundlage des vorliegenden Produkt-Markt-Raumes vorgenommen werden.

Das Ergebnis besteht in diesem **dritten Schritt** der Positionierungsanalyse einerseits in dem aufgedeckten **Produkt-Markt-Raum** und andererseits in den ermittelten **Objektpositionen**, die die Ähnlichkeit bzw. Unähnlichkeit der Objekte relativ zueinander abbilden. Beide Ergebnisse sind näher zu interpretieren. Sofern zur Aufdeckung des Produkt-Markt-Raumes die MDS verwendet wurde, gilt es, in diesem Schritt auch die Achsen inhaltlich anhand der relativen Lage der Objektpunkte zu interpretieren. Bei Anwendung von Methoden der direkten Imagemessung kann dieser Schritt entfallen, da die Eigenschaften bereits von vornherein definiert vorliegen.

Zur **Interpretation der Achsen** im Rahmen der MDS können verschiedene Hilfestellungen verwendet werden:

- Eine Möglichkeit ist es, die Objektpositionen zunächst jeweils nur als **Projektionen auf einer Achse** und anschließend auf der anderen Achse zu betrachten. Hierbei kann es sinnvoll sein, sich zunächst die extremen Positionen der Objekte im Raum (also ganz links und ganz rechts bzw. weit oben und weit unten) anzu-sehen, um aus dem Vergleich der Extrempositionen Rückschlüsse auf die hinter der jeweiligen Achse stehende Produkteigenschaft zu schließen.

-   Eine zweite, auch ergänzend heranzuziehende Möglichkeit zur Interpretation der Achsen besteht in der **Nutzung von Sekundärdatenmaterial** bzw. vorlie-genden Vorstudien über den betrachteten Markt. Im Fall der Firma Ravenbrink lässt sich beispielsweise aus den Aufzeichnungen der Marketingabteilung über den Joghurtmarkt (aus einer Vorstudie) ableiten, dass es sich bei der Dimension 1 um die Eigenschaft Haltbarkeit und bei der Dimension 2 um die Eigenschaft Geschmack handeln könnte. Offensichtlich haben die Konsumenten vor allem diese beiden Produkteigenschaften als Vergleichskriterien bei der Einschätzung der Marken herangezogen.
-   Eine dritte Hilfestellung zur Interpretation der Achsen könnte sich aus einer **Wettbewerbsbeobachtung** ableiten. Indem beobachtet wird, mit welchen Botschaf-ten Wettbewerber Werbung betreiben und welche Differenzierungsmerkmale zur Positionierung der Marken verwendet werden, lässt sich möglicherweise auf die von Nachfragern für den Objektvergleich herangezogenen Merkmale und damit auf die Achsen des Raumes schließen.
-   Eine weitere Möglichkeit zur Begrenzung der Interpretationsspielräume bei der Interpretation der Achsen im Rahmen der MDS liegt in der ergänzenden (nach-träglichen) direkten Abfrage der aus Käufersicht relevanten Produkteigenschaften (z. B. auch in einem gemeinsamen zur MDS genutzten Fragebogen). Damit liegt eine **Kombination von indirekter und direkter Imagemessung** vor, die auch nach erfolgter MDS bei bestehenden Interpretationsschwierigkeiten in Betracht gezogen werden kann. Aus den bereits angesprochenen Problemen der Lenkung des Probanden bei direkter Imagemessung, sollte die ergänzende direkte Abfrage der Vergleichskriterien erst im Anschluss an die zum MDS-Teil der Untersuchung gestellten Fragen erfolgen.

Ein mit der inhaltlichen Interpretation der Achsen bei der MDS eng verknüpftes Problem liegt in der Festlegung der **Anzahl relevanter Imagedimensionen** als Achsen. Es ist keineswegs vorgegeben, dass lediglich zwei Dimensionen den Produkt-Markt-Raum bilden. Häufig wird die zweidimensionale Darstellung vor allem aus Gründen höherer Übersichtlichkeit und leichterer Interpretierbarkeit bevorzugt. Das schließt aber nicht aus, dass Käufer auch mehrere Eigenschaften beim Vergleich der Objekte heranziehen. Auch zur Klärung der Frage nach der Anzahl relevanter Image-dimensionen im Rahmen der MDS kann es sinnvoll sein, ergänzend eine direkte Frage nach den (kauf-)relevanten Eigenschaften zu stellen.

In einem optionalen **vierten Schritt** der Positionierungsanalyse kann ein Abgleich der Objektpositionen im Produkt-Markt-Raum mit den **Präferenzen** der im Rahmen einer vorgeschalteten Segmentierungsanalyse aufgedeckten Käufersegmente erfolgen, z. B. um die Marktchancen des Produkts besser einschätzen zu können.

Die Abbildung von Präferenzdaten und wahrgenommenen (Un-)Ähnlichkeiten der Objekte in einem gemeinsamen (verbundenen) Merkmalsraum wird auch als **Joint Space** und die entsprechende Auswertung dieses Raumes als Joint-Space-Analyse bezeichnet.

Zur Berücksichtigung von Präferenzdaten in Produktpositionierungsmodellen lassen sich die folgenden zwei Ansätze heranziehen (vgl. Grunwald und Hempelmann 2013, S. 103 f.):

Das **Idealpunktmodell** unterstellt die Existenz nutzenmaximaler Ausprägungen der Beurteilungsdimensionen. Als Idealpunkt wird daher jenes (hypothetische) Objekt bezeichnet, dessen Position im Wahrnehmungsraum durch die höchste Präferenz gekennzeichnet ist. Je näher ein Objekt dem Idealpunkt kommt, desto größer ist die Präferenz für dieses Objekt. Dabei kommt es ausschließlich auf die Entfernung zum Idealpunkt, nicht aber auf die relative Lage zum Idealpunkt an. Sofern die Entfernungen über die Euklidische Distanz gemessen werden, wird implizit unterstellt, dass den Dimensionen des Wahrnehmungsraums dasselbe Gewicht bei der Präferenzbildung zukommt.

Im Unterschied zum Idealpunktmodell unterstellt das **Idealvektormodell**, dass jede Vergrößerung der Ausprägung bei einer Beurteilungsdimension zu einem Nutzenanstieg führt. Der Idealvektor zeigt die Richtung des maximalen Nutzenanstiegs an. Je nach Neigung des Idealvektors wird angezeigt, welcher Beurteilungsdimension die größere Bedeutung für die Präferenzbildung zukommt. Durch senkrechte Projektion von Objektpositionen auf den Idealvektor lassen sich Aussagen über die Präferenzrangfolge der Objekte gewinnen. Im unten dargestellten Beispiel (siehe Abb. 6.11) ergäbe sich so die Präferenzrangfolge C > B > A.

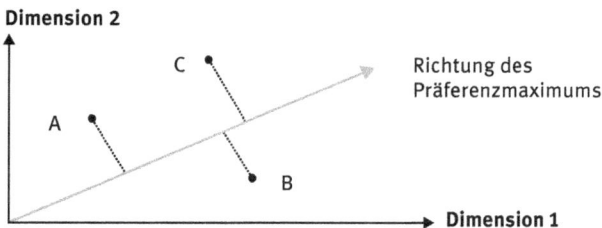

Abb. 6.11: Präferenzen im Idealvektormodell (Grunwald und Hempelmann 2013, S. 104).

Bezogen auf den Fall der Firma Ravenbrink ist aus früheren Marktforschungen bekannt, dass die drei Kundensegmente 1, 2 und 3 unterschieden werden können. Die Präferenzen von Segment 1 lassen sich durch den Idealpunkt (3, 1) kennzeichnen. Für Segment 2 gilt: Je milder, desto besser. Die Haltbarkeit spielt in diesem Segment als Kaufkriterium keine Rolle. Segment 3 legt dagegen stärkeren Wert auf herzhaften Geschmack, wobei hier die Haltbarkeit ebenso als wichtiges Kaufkriterium beurteilt wird. Der Idealvektor dieses Segments verläuft durch den Punkt (2, −2).

Durch eine Joint-Space-Analyse sollen nun die Marktchancen für den neuen Joghurt aus Ziegenmilch beurteilt werden. Die gegebenen Präferenzangaben über die drei Kundensegmente werden zunächst in den oben bereits betrachteten Produkt-Markt-Raum eingezeichnet. Es resultiert der folgende gemeinsame Merkmalsraum (Joint Space), in welchem sowohl die Markenpositionen als wahrgenommene Ähnlichkeiten und Unterschiede der Marken aus Sicht der Nachfrager sowie deren Präferenzen abgebildet sind (siehe Abb. 6.12). Da für Segment 2 die Haltbarkeit kein entscheidungsrelevantes Kriterium darstellt, fällt der Idealvektor für dieses Segment mit der Merkmalsachse Geschmack zusammen. Der Vektor ist dabei so orientiert, dass ein milderer Geschmack zu einer größeren Präferenz führt.

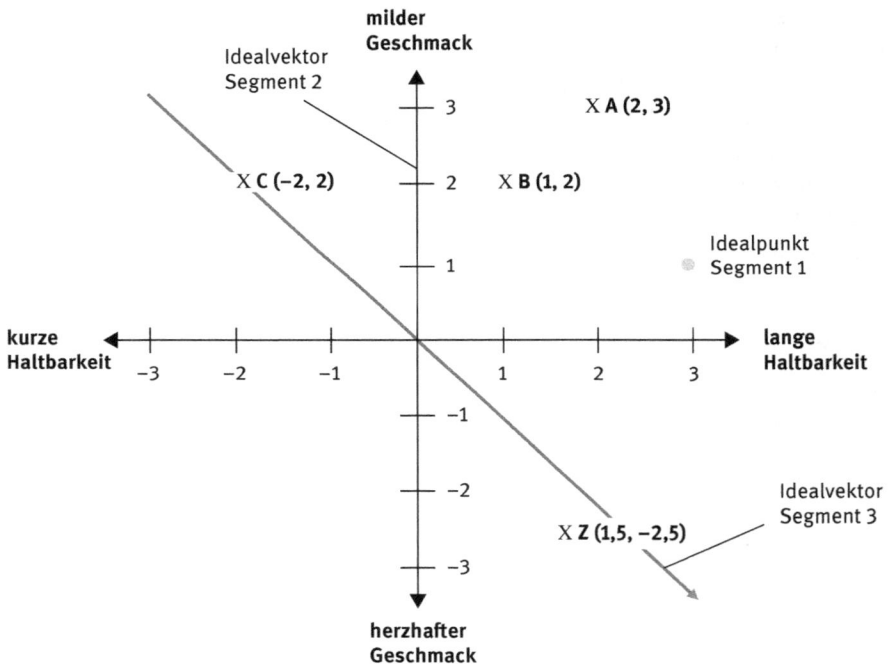

Abb. 6.12: Gemeinsamer Merkmalsraum (Grunwald und Hempelmann 2013, S. 109).

Zur Beurteilung der Marktchancen des Produkts Ziegenmilchjoghurt erfolgt zunächst die Bestimmung der Präferenzrangfolgen der einzelnen Kundensegmente:

- Nach dem Idealpunktmodell, das für **Segment 1** gelten soll, wird dasjenige Produkt gewählt, welches zum Idealpunkt die kürzeste richtungsunabhängige Distanz aufweist. Danach ergibt sich für Segment 1 die folgende Präferenzrangfolge: A ∼ B > Z > C.
- Entscheidend für den Kauf eines Produkts im Falle des Idealvektormodells ist die Position, die die Objekte auf dem Vektor einnehmen. Für **Segment 2** sind lediglich

die Ausprägungen der Dimension 2 (Geschmack) relevant. Hieraus ergibt sich die Präferenzrangfolge: A > B ~ C > Z.
- Für **Segment 3** ist die Rangordnung der Präferenzen für die einzelnen Produkte dadurch zu ermitteln, dass von jedem Objektpunkt ein Lot auf den Idealvektor gefällt wird. Unter Beachtung der Orientierung des Idealvektors ergibt sich daher für dieses Segment die Präferenzrangfolge: Z > A > B > C.

Offensichtlich wird das neue Produkt Z lediglich von Segment 3 stark präferiert. Z kommt also im Urteil der Nachfrager von Segment 3 der Idealvorstellung von einem Joghurt am nächsten. Sie werden also bei einem eventuellen zukünftigen Kauf in dieser Produktkategorie das Produkt Z vor allen anderen auch tatsächlich kaufen. Für die beiden anderen Segmente gilt dieses eben nicht: Nachfrager dieser Segmente werden bei einem anstehenden Kauf in der Zukunft vermutlich nicht Z, sondern die Marke A kaufen.

Weiterhin lässt sich dem Joint Space entnehmen, dass in unmittelbarer Nähe zum Produkt Z keine Konkurrenzmarken positioniert sind. Produkt Z hat einen weiten Präferenzabstand zu den übrigen Produkten. Z wurde also offenbar in einer **Marktnische** positioniert. Kennzeichnend für das Vorliegen einer Marktnische ist das Fehlen von Wettbewerbern an dieser Position bei gleichzeitig vorhandener Nachfrage bzw. bestehenden Präferenzen relevanter Käufersegmente.

Aus beiden Überlegungen folgt, dass die Marktchancen von Z als durchaus positiv zu bewerten sind. Voraussetzung für einen wirklichen Markterfolg ist jedoch, dass die gefundene Marktlücke auch den Bedarf eines hinreichend großen Käuferpotenzials repräsentiert. Für eine endgültige Entscheidung der Positionierung von Z in diesem Bereich (Segment 3) sollten auf jeden Fall die Marktanteile der einzelnen Segmente (bzw. die Größe des Segments 3) berücksichtigt werden. Gegebenenfalls wäre auch eine Idealpunktverschiebung von Segment 1 durch absatzpolitische Mittel in die Nähe von Segment 3 zu erwägen, um eine ökonomische Tragfähigkeit der Positionierung von Z in diesem Bereich sicherzustellen.

Zur **Beurteilung der Ist-Positionierung** im **fünften Schritt** der Positionierungsanalyse, die auf Basis des Joint Space wie oben dargelegt erfolgen kann, können die Objektpositionen mit verschiedenen Referenzpunkten verglichen werden. Die resultierenden Distanzen zwischen der eigenen (gegenwärtigen) Objektposition und dem jeweiligen Referenzpunkt können wie in Tab. 6.10 dargestellt interpretiert werden. Die jeweiligen Vergleiche können Aufschluss geben über die Vorteilhaftigkeit der derzeitigen Positionierung, etwa der eigenen Marke.

Im **sechsten Schritt** der Positionierungsanalyse sind aus der Beurteilung der Ist-Positionierung die **Potenziale** für eine (Um- bzw. Neu-)Positionierung abzuleiten. Positionierungspotenziale lassen sich quantifizieren, indem beispielsweise der Absatz des Produkts für alternative Positionen im Produkt-Markt-Raum bei gegebenen Präferenzen der Nachfragersegmente prognostiziert wird (vgl. hierzu Grunwald und Hempelmann 2013, S. 99 ff.).

Tab. 6.10: Vergleichsmaßstäbe zur Beurteilung der Ist-Positionierung (eigene Darstellung).

Vergleich von eigener Markenposition mit …	mögliche Interpretation der Distanz
a) Konkurrenzmarkenposition	– Differenzierungsgrad der eigenen Marke – Existenz eines Alleinstellungsmerkmals (USP) – Positionierung in einer Marktnische (zu beurteilen in Verbindung mit b)) – (Un-)Verwechselbarkeit des Images – Grad der Substituierbarkeit – Wettbewerbsintensität
b) Idealmarkenposition (Idealpunkt bzw. Projektion auf Idealvektor)	– Kaufpräferenz/-wahrscheinlichkeit für die eigene Marke – Positionierung in einer Marktnische (zu beurteilen in Verbindung mit a))
c) Zielposition	– Zielerreichungsgrad (Soll-Ist-Abweichung) – Effektivität der eingesetzten Marketingmaßnahmen zur (Um-)Positionierung
d) tatsächlicher Objektposition (objektiv gemessen anhand technischer Parameter, beurteilt von Experten)	– Grad der Wahrnehmungsverzerrung des Kunden (z. B. Abweichung von wahrgenommener Produktsicherheit zu technisch eingebauter Produktsicherheit) – Grad der Markttransparenz
e) früherer Markenposition	– Wahrnehmungsveränderung im Zeitablauf, z. B. durch Trends, Zeitgeist – Einflüsse des Marketings auf die Positionierung

Nach Abschätzung der durch die Positionierung bestehenden Potenziale sind nun mögliche, besonders interessante Objektpositionen im Produkt-Markt-Raum wie auch weitere (neue) Eigenschaften (potenzielle Achsen im Produkt-Markt-Raum) zu identifizieren, die in die Formulierung von Positionierungszielen einfließen können.

Mit dem **Positionierungsziel** wird näher festgelegt, wie das eigene Leistungsangebot in Relation zu Wettbewerberangeboten von (potenziellen) Käufern wahrgenommen werden soll, damit das eigene Angebot gegenüber Wettbewerberangeboten präferiert wird, eigene Wettbewerbsvorteile ausgebaut und langfristig gesichert werden. Es ist also zu bestimmen, welches Wertangebot (potenziellen) Käufern – im Vergleich zu entsprechenden Angeboten der Wettbewerber – gemacht werden soll.

Positionierungsziele können sich auf emotionale Eigenschaften (z. B. die Vermittlung von Erlebnissen, Design, Freiheit, Genuss, Prestige, Verantwortung) wie auch auf sachlich-funktionale Eigenschaften des Produkts (z. B. technische Leistungsvorteile, Haltbarkeit) beziehen. Bei der Zielfestlegung sollte berücksichtigt werden, dass sich ein nachhaltiger Wettbewerbsvorteil vor allem dann erreichen lässt, wenn mit der Zielposition relevante Bedürfnisse bzw. Problemlagen von hinreichend großen und stabilen Marktsegmenten in hohem Maße adressiert werden, die dauerhaft kein anderer Anbieter im Markt besser erfüllen könnte.

Im Produkt-Markt-Raum kann das Positionierungsziel als zu erreichender Punkt in Form einer **Zielposition (Soll-Positionierung)** eingezeichnet werden. Anhand der Abweichung der derzeitigen Positionierung (z. B. der eigenen Marke) von dieser angestrebten Zielposition lässt sich dann der Zielerreichungsgrad ablesen und erkennen, inwieweit Marketingmaßnahmen zur weiteren Verschiebung der eigenen Markenpositionierung zur Erreichung des Ziels erforderlich sind. Wird eine Zielposition auf einer neuen Eigenschaft, die bislang noch nicht zur Positionierung genutzt wird, angestrebt, lässt sich der bestehende Produkt-Markt-Raum um eine weitere Achse ergänzen und die Zielposition in dem erweiterten Raum eintragen.

Um die Ist-Positionierung zielgemäß in Richtung der definierten Soll-Positionierung systematisch zu verändern, ist der Einsatz von **Positionierungsstrategien** erforderlich (vgl. Ries und Trout 2001). Abb. 6.13 gibt einen Überblick über die möglichen Positionierungsstrategien.

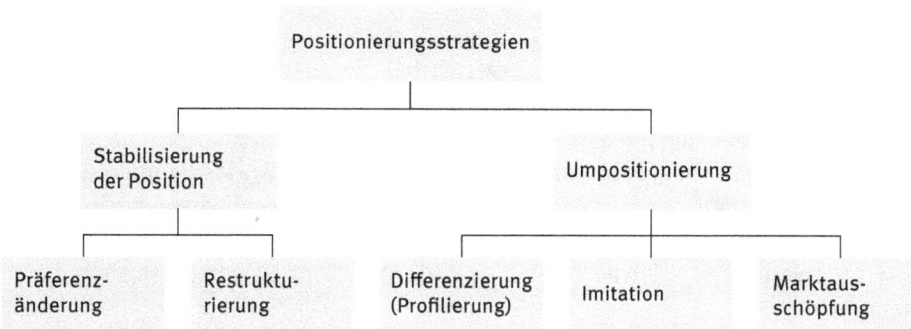

Abb. 6.13: Positionierungsstrategien im Überblick (eigene Darstellung).

Sofern die derzeitige Positionierung vom Management als günstig und (nahezu) deckungsgleich mit der Zielposition eingeschätzt wird, kann als Positionierungsstrategie die **Stabilisierung der Ist-Position** als geeigneter Handlungsplan angesehen werden. Das bedeutet, dass die Wahrnehmung der (potenziellen) Käufer konstant gehalten werden soll. Da aber die Wahrnehmung der Käufer und damit das Image stetigen Schwankungen unterliegt (z. B. aufgrund von Lern- und Vergessensprozessen, Wettbewerbereinflüssen und Modetrends) sind im Rahmen der Positionierung schrittweise Anpassungen und Aktualisierungen des Markenauftritts notwendig.

Es kann zudem sinnvoll oder sogar notwendig sein, die derzeitige Nachfragesituation an dieser Stelle im Produkt-Markt-Raum weiter zu verbessern. Hierzu kommt die

Betonung der Kaufrelevanz (Wichtigkeit) der derzeit für die Positionierung genutzten Eigenschaften für einzelne Nachfragersegmente in Betracht. Es wird also versucht, die subjektive Bedeutung einer bestimmten Kombination von Produkteigenschaften durch Herausstellen, z. B. in der werblichen Kommunikation, zu steigern. Faktisch läuft dies auf die **Veränderung der Präferenzen** der Nachfrager hinaus. Im Produkt-Markt-Raum könnte dies durch die Verschiebung des Idealpunkts bzw. durch eine Änderung der Richtung des Idealvektors abgebildet werden. Der Vorteil einer solchen Stabilisierungsstrategie besteht im Wesentlichen in der Beibehaltung des bereits etablierten Images sowie der Stammkäuferschaft der Marke. Zudem entstehen vergleichsweise geringe Kosten, da auf umfangreiche Maßnahmen zur Umpositionierung verzichtet wird.

In ähnlicher Weise zielt auch die **Restrukturierungsstrategie** auf die Stabilisierung, also Nichtveränderung, der derzeitigen Positionierung. Jedoch soll hierbei die Marke zusätzlich auf einer ganz anderen, bislang nicht zur Positionierung verwendeten Dimension außerhalb des derzeitigen Produkt-Markt-Raumes positioniert werden. Ein Anbieter könnte beispielsweise eine neue Produkteigenschaft wie Öko, Fair Trade, Design, Nano, ohne Aluminium usw. in die Vermarktung einführen. Dieser Schritt kann ebenfalls zur Ansprache weiterer Nachfragersegmente oder zur Abschwächung der Wettbewerbsintensität an der Ist-Position des derzeitigen Produkt-Markt-Raumes erfolgen. Sofern es sich bei der zu verwendenden Dimension außerhalb des derzeitigen Produkt-Markt-Raumes um eine völlig neuartige Produkteigenschaft handelt, steht jedoch die Kaufrelevanz dieser neuen Eigenschaft infrage. Oftmals ist es auch nur sehr langwierig und aufwendig möglich, Käufer für diese neue Eigenschaft zu interessieren und Einstellungen zu formen. Gelingt dies jedoch, so lässt sich durch die Restrukturierungsstrategie ebenfalls die Stabilisierung der derzeitigen Ist-Position erreichen, weil die Marke insgesamt für weitere Nachfragersegmente relevanter wird.

Sofern die Stabilisierung der Ist-Position vor dem Hintergrund der durchgeführten Ist-Analyse wenig sinnvoll erscheint, kann die aktive Veränderung der Wahrnehmung der Käufer im Rahmen der **Umpositionierung** erwogen werden.

Hierbei besteht eine Möglichkeit in einer **Differenzierungsstrategie** (Profilierungsstrategie), bei der in dem gegenwärtigen Produkt-Markt-Raum die größte Distanz zur Wettbewerberposition eingenommen werden soll. Damit wird eine Alleinstellung im Markt (Unique Selling Proposition, kurz: USP) angestrebt. Beispielsweise wählt ein Anbieter ein sich markant von Wettbewerbermarken abgrenzendes Produktdesign. Bei erfolgreicher Umsetzung kann mit der Abgrenzung von Wettbewerbern die Vergleichbarkeit und Austauschbarkeit (Substitutionalität) des eigenen Angebots reduziert werden. Die Abgrenzung vom Wettbewerb mag auch bestimmte Käufersegmente in ihrem Bedürfnis nach (sozialer) Abgrenzung (z. B. von Nichtmarkenkäufern oder Käufern anderer Marken) unterstützen und die Identifikation mit der Marke intensivieren. Die Schärfung des Anbieterprofils und die Steigerung der Wiedererkennung der Marke sind ebenfalls mögliche Vorteile der Differenzierungsstrategie.

Problematisch könnte jedoch sein, dass an der neuen durch Differenzierung erreichten Position nicht genügend Nachfrage vorhanden ist und sich der Anbieter immer weiter von einer Idealposition bestimmter Nachfragersegmente entfernt.

Die zur Differenzierung entgegengesetzte Richtung der Umpositionierung wird mit der **Imitationsstrategie** verfolgt. Sie zielt auf größte Nähe zu einem am Markt erfolgreichen Konkurrenzprodukt (sog. Me-too-Position). Ein Anbieter lehnt sich also beispielsweise im Produktdesign an ein Wettbewerberprodukt an, um von Image und Bekanntheit des Wettbewerbers zu profitieren. Eine solche Strategie könnte in Fällen verfolgt werden, in denen die eigene Marke über zu wenig Alleinstellungsmerkmale verfügt oder Marktnischen fehlen bzw. der Anbieter hierüber keinerlei Kenntnisse besitzt. Allerdings könnte diese Strategie auch zum Konflikt mit Wettbewerbern führen, die an dieser Stelle bereits etabliert sind und mit allen Mitteln (z. B. auch über Preiskämpfe) ihre Position zu verteidigen suchen. Die Imitation könnte von Nachfragern zudem negativ als Nachahmung und Mangel an Originalität empfunden werden, woraus für den Anbieter auch Imagenachteile entstehen können. Etwaige Imagenachteile könnte der Anbieter jedoch durch Preisvorteile für Nachfrager kompensieren.

Schließlich könnte der Anbieter mit der **Marktausschöpfungsstrategie** auf eine möglichst deckungsgleiche Übereinstimmung der Markenposition mit der Idealvorstellung der Zielgruppe in einem Marktsegment zielen. Es erfolgt also insofern eine segmentspezifische Positionierung. Hierzu bietet sich die Individualisierung des Produktangebots durch Produktdifferenzierung, also das Angebot zusätzlicher Produktvarianten, an. Auch individuelle Anpassungsmöglichkeiten des Produktdesigns (z. B. bei Materialart, Farbe, Aufdruck wie etwa bei Sportschuhen oder Kaffeemaschinen) im Rahmen der Massenfertigung (Mass Customization) sind möglich. Die Marktausschöpfungsstrategie könnte auch in Form einer Modularisierung des Angebots erfolgen, bei der Produkte individuell von Nachfragern aus Komponenten zusammengestellt werden können (wie z. B. bei Werkzeugkoffern). Der Vorteil der Marktausschöpfungsstrategie liegt darin, durch einen höheren Erfüllungsgrad der Kundenanforderungen Präferenzen aufzubauen, durch die wiederum die Nachfrage erhöht und Kundenbindung verstärkt werden. Als Problem kann sich jedoch erweisen, dass die Position in der Nähe der Idealvorstellungen der Käufer bereits eine auch von Wettbewerbern besetzte Stelle im Produkt-Markt-Raum darstellt, die somit hart umkämpft sein mag. Zudem stellt sich die Frage, wie stabil die Idealvorstellungen der Zielgruppe überhaupt sind. Ändern sich die Idealvorstellungen in absehbarer Zeit, wäre die Positionierung bei Wahl der Marktausschöpfungsstrategie stets neu anzupassen, was weder praktikabel ist noch zu einem glaubwürdigen positiven Image beitragen würde. In diesem Zusammenhang stellt auch das kurz- und mittelfristige Streben nach Abwechslung der Konsumenten im Rahmen der Kaufentscheidung (Variety Seeking) möglicherweise ein Problem bei der Umsetzung der Marktauschöpfungsstrategie dar.

Im **siebten Schritt** der Positionierungsanalyse erfolgt die **vergleichende Strategiebewertung** der im Grundsatz gangbaren Positionierungsstrategien. Hierzu wurden bereits bei der Darstellung der Strategien einige Überlegungen zu Vor- und Nachteilen angestellt.

In Tab. 6.11 werden Kriterien erläutert, die zur verfeinerten und fallbezogenen Bewertung von Positionierungsstrategien, z. B. durch ein Punktbewertungsverfahren, verwendet werden können.

Tab. 6.11: Kriterien zur Bewertung von Positionierungsstrategien (eigene Darstellung).

Bewertungskriterium	Erläuterung
Präferenzwirkung	Inwieweit können durch die Positionierungsstrategie Präferenzen der Nachfrager nachhaltig verändert bzw. aufgebaut oder verstärkt werden?
Absatz- und Erlöswirkung	Ist an der neuen Stelle im Produkt-Markt-Raum mit einer stabilen (höheren) Nachfrage bzw. mit höheren Erlösen zu rechnen? Wie groß sind die jeweiligen Käufersegmente an der interessierenden Position im Produkt-Markt-Raum?
Auswirkungen auf die eigene Kundenbindung	In welchem Ausmaß ist mit einem Verlust an Stammkundschaft durch die veränderte Positionierung zu rechnen? Wie viele stabile Geschäftsbeziehungen kommen neu hinzu?
Änderungsbedarf	Genügen kommunikationspolitische Anpassungen oder sind auch produktpolitische Änderungen zur Erreichung der neuen Position angezeigt? Sind lediglich Änderungen bei einer Produkteigenschaft oder bei mehreren Produkteigenschaften vorzunehmen?
Kosten/Ressourcenbedarf	Welche Kosten entstehen durch die Positionierungsstrategie? Sind ausreichend Ressourcen für die vorzunehmenden Änderungen im Unternehmen verfügbar?
Zeitbedarf	Wie zeitintensiv sind die vorzunehmenden Änderungen?
Stabilität der neuen Position	Wie zeitstabil ist die neue Position im Markt voraussichtlich? Welche externen Einflüsse (z. B. Trends) nehmen Einfluss auf die Stabilität der Position?
Konkurrenzreaktion	Wie werden Konkurrenten im Markt auf die neue Position voraussichtlich reagieren? Sind Gegenreaktionen (z. B. Konflikte in Form von Preiskämpfen) zu erwarten?
vorhandene Kundenbindung bei Wettbewerbern	Welche Hürden haben Wettbewerber gegen eine veränderte Positionierung aufgebaut? Inwieweit können stabile Kunde-Anbieter-Beziehungen zu Wettbewerbern aufgebrochen werden?
Glaubwürdigkeit der Anpassungen	Wie glaubwürdig sind die im Rahmen der Positionierung vorzunehmenden Änderungen aus Sicht der Nachfrager? Vertrauen Nachfrager auf die mit der neuen Position verbundenen geänderten Leistungsversprechen?

Abschließend kann auf dieser Grundlage im **achten Schritt** eine begründete **Wahlentscheidung** zugunsten einer bestimmten Positionierungsstrategie getroffen werden. Zu diesem Zweck können im Rahmen einer Gesamtschau aller bewerteten Strategien dominierende Strategien herausgefiltert werden. Dieser Wahlentscheidung schließt sich sodann die Gestaltung der Strategie durch die Planung der taktischen und operativen Marketinginstrumente an. So ist z. B. zu planen, inwiefern die Rezeptur des Produkts anzupassen oder die Packung neu zu gestalten ist, um die Strategie möglichst erfolgreich im Markt umsetzen zu können.

6.4 CSR-Analyse

Für Unternehmen besteht aufgrund veränderter organisationsexterner Rahmenbedingungen wie Globalisierung, die Geltung neuer bzw. modifizierter Rechtsnormen, verbesserte Produktions-, Informations- und Kommunikationstechnologien und Markttransparenz sowie Einstellungs- und Verhaltensänderungen bei Verbrauchern und Öffentlichkeit verstärkt die Notwendigkeit, sich mit dem Thema Nachhaltigkeit auseinanderzusetzen. Bezogen auf das Management von Unternehmen bedeutet Nachhaltigkeit, dass die strategische Orientierung des Unternehmens nicht nur auf das betriebswirtschaftliche Gewinnziel, sondern auch auf soziale und ökologische Ziele gerichtet wird (vgl. Grunwald und Hennig 2012a und Grunwald und Hennig 2012b).

Werden freiwillig und eigeninitiativ Nachhaltigkeitsaspekte in die Unternehmensstrategie unter Berücksichtigung der Beziehungen des Unternehmens zu seinen Anspruchsgruppen (Stakeholder) integriert, kann von einer **CSR-Strategie** gesprochen werden. CSR (Corporate Social Responsibility) steht dabei für ein ganzheitliches Unternehmenskonzept, das alle sozialen, ökologischen und ökonomischen Beiträge eines Unternehmens zur freiwilligen Übernahme gesellschaftlicher Verantwortung umfasst, die über die Einhaltung gesetzlicher Bestimmungen (Compliance) hinausgehen.

Die Umsetzung einer CSR-Strategie soll dazu beitragen, über eine dauerhafte Befriedigung der Bedürfnisse aktueller und potenzieller Kunden unter Ausnutzung von Wettbewerbsvorteilen und Innovativität und bei Sicherung der gesellschaftlichen Legitimität die angestrebten konventionellen Unternehmensziele effizienter zu erreichen. Im Einzelnen kann die Verfolgung einer CSR-Strategie dazu beitragen,
– die Beziehungen zu den Anspruchsgruppen des Unternehmens zu verbessern,
– hierbei anfallende Transaktionskosten durch Aufbau von Vertrauen zu reduzieren und
– sich im Wettbewerb durch Herausbilden eines nachhaltigen Images effektiver zu unterscheiden.

Im Rahmen der **CSR-Analyse** werden die sich aus einer (stärkeren) Verankerung des Themas Nachhaltigkeit in der Unternehmensstrategie ergebenden Potenziale im Kontext alternativer Strategieoptionen aus einer Analyse der Ist-Situation (Umwelt- und Stakeholderanalyse) abgeschätzt. Bei erkennbaren Potenzialen eines grundsätzlichen CSR-Engagements werden konkrete Ausgestaltungsmöglichkeiten der

CSR-Strategie (gegebenenfalls spezifisch bezogen auf unterschiedliche Stakeholdergruppen) abgeleitet, auf Wirkungen abgeschätzt und aus Unternehmenssicht bewertet.

Abb. 6.14 zeigt ein mögliches Ablaufschema zur Durchführung einer CSR-Analyse.

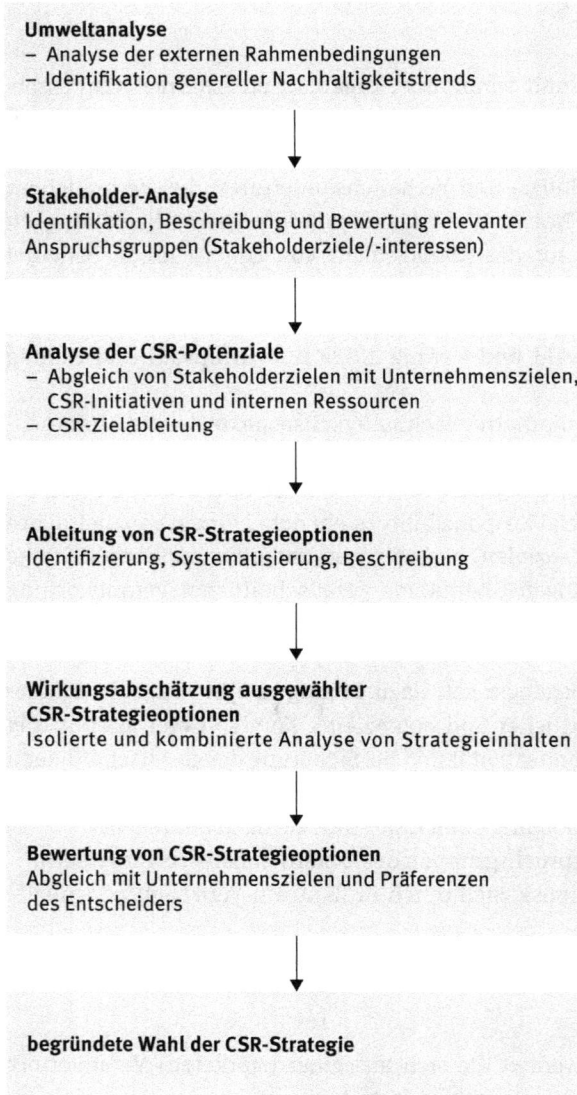

Umweltanalyse
– Analyse der externen Rahmenbedingungen
– Identifikation genereller Nachhaltigkeitstrends

Stakeholder-Analyse
Identifikation, Beschreibung und Bewertung relevanter
Anspruchsgruppen (Stakeholderziele/-interessen)

Analyse der CSR-Potenziale
– Abgleich von Stakeholderzielen mit Unternehmenszielen,
  CSR-Initiativen und internen Ressourcen
– CSR-Zielableitung

Ableitung von CSR-Strategieoptionen
Identifizierung, Systematisierung, Beschreibung

**Wirkungsabschätzung ausgewählter
CSR-Strategieoptionen**
Isolierte und kombinierte Analyse von Strategieinhalten

Bewertung von CSR-Strategieoptionen
Abgleich mit Unternehmenszielen und Präferenzen
des Entscheiders

begründete Wahl der CSR-Strategie

Abb. 6.14: Ablaufschema der CSR-Analyse (eigene Darstellung).

Im Rahmen der **Umweltanalyse** als **erster Schritt** hin zu einer CSR-Analyse werden die organisationsexternen Rahmenbedingungen (Umweltfaktoren) betrachtet, die mögliche Ansatzpunkte für eine (stärkere) Verankerung des Themas Nachhaltigkeit in der Unternehmensstrategie bieten. Hierzu lassen sich exemplarisch die folgenden Fragen beantworten (siehe Kapitel 4.1):

- Welche rechtlichen Regelungen im Unternehmenskontext (z. B. EU-Verordnungen, denen das Unternehmen bzw. die Branche unterliegt) enthalten Freiräume, die freiwillig im Rahmen der CSR-Strategie genutzt werden können?
- Welche Änderungen sind bei diesen Regelungen geplant (z. B. neue Gesetzesentwürfe, sich ankündigende Verschärfungen bestehender Rechtsnormen)?
- Welche Nachhaltigkeitsthemen prägen derzeitig die öffentliche Diskussion (z. B. in der Bevölkerung, in politischen Debatten, in den Medien)?
- Welche ökologischen, sozialen oder ökonomischen Probleme werden zukünftig an Bedeutung gewinnen (Nachhaltigkeitstrends)?
- Welche verfügbaren Technologien ermöglichen oder begünstigen ein verstärktes betriebliches Nachhaltigkeitsengagement (z. B. alternative Antriebe, energiespeichernde Materialien)?

Zur Beantwortung dieser Fragen kann auf Sekundärstudien, Medienbeobachtung (Auswertung von Presseartikeln) sowie auf Expertenurteile zurückgegriffen werden. Zur Aufdeckung von in sich stimmigen Zukunftsbildern kann die Szenarioanalyse, zur Abschätzung von Eintrittswahrscheinlichkeiten für Szenarien die Delphi-Methode eingesetzt werden (siehe hierzu Kapitel 4.1.2).

Zu den Megatrends der Nachhaltigkeit zählen insbesondere neben dem Klimawandel und der Ressourcenverknappung auf der ökologischen Seite der globale Süßwassermangel, der Biodiversitätsverlust sowie Entwaldung und Wüstenbildung. Auf der sozialen Seite können als Megatrends der demografische Wandel, das weltweite Bevölkerungswachstum und die Zunahme von Armut betrachtet werden (vgl. BMU 2008, S. 6).

Zur Einschätzung der gegenwärtigen und zukünftigen Relevanz von Nachhaltigkeitsthemen liegen beispielsweise Umfrageergebnisse des Collaborating Centre on Sustainable Consumption and Production (CSCP) vor (vgl. Pratt et al. 2012). Im Rahmen der vom CSCP durchgeführten Studie wurden die folgenden CSR-Themen auf ihre derzeitige und zukünftige Relevanz in einer Unternehmensbefragung untersucht, die auch ein Anbieter individuell für seinen Markt auf ihre Relevanz hin untersuchen könnte:

- regionale Herkunft
- Rückverfolgbarkeit/Transparenz entlang der Lieferkette
- faire Handels- und Geschäftspraktiken
- Arbeitsbedingungen und Menschenrechte entlang der Lieferkette
- Umweltschutz in der Lieferkette

- soziale Verantwortung für Mitarbeiter
- Unterstützung gesellschaftlicher Entwicklungen
- ökologische Verantwortung
- Verbraucherschutz
- Nutzungsverhalten

Die Ergebnisse der CSCP-Studie weisen auf eine hohe gegenwärtige Relevanz der produktbezogenen Themen Transparenz in der Lieferkette (15 % Nennungen), Arbeitsbedingungen und Menschenrechte entlang der Lieferkette (14 %) und Umweltschutz in der Lieferkette (13 %) hin. Das Thema Transparenz scheint den Befragungsergebnissen zufolge zukünftig noch weiter an Bedeutung zu gewinnen (vgl. Pratt et al. 2012, S. 13). Bezogen auf das gesamte Unternehmen sind die gegenwärtig bedeutsamen Themen in der CSR-Kommunikation die ökologische Verantwortung des Unternehmens (20 %) sowie die soziale Verantwortung für die Mitarbeiter (19 %), welche nach Einschätzung der befragten Unternehmen auch zukünftig die entscheidende Rolle spielen werden (vgl. Pratt et al. 2012, S. 14). In Bezug auf das Verbraucherverhalten liegen die Themenschwerpunkte auf dem Verbraucherschutz (17 %) und Nutzungsverhalten (14 %). Die Themen ökologische Verantwortung und Nutzungsverhalten werden zukünftig noch bedeutsamer eingeschätzt, da bei vielen Produkten negative Umwelteinflüsse nicht nur in der Produktionsphase, sondern vor allem auch in der Nutzungsphase liegen, wie etwa bei der Festlegung der Temperatur, mit der Textilien gewaschen werden (vgl. Pratt et al. 2012, S. 16).

Der Analyse solcher genereller Nachhaltigkeitstrends und organisationsexternen Rahmenbedingungen für ein verstärktes Nachhaltigkeitsengagement kann sich im **zweiten Schritt** einer CSR-Analyse die Analyse der Ziele und Interessen einzelner Stakeholdergruppen anschließen. Die **Stakeholderanalyse** umfasst näher die Identifikation, Beschreibung und Bewertung der relevanten internen und externen Anspruchsgruppen des Unternehmens isoliert und in deren Beziehungen zueinander. Zu den internen Anspruchsgruppen zählen insbesondere Mitarbeiter, das Management und Anteilseigner. Zu den externen Anspruchsgruppen gehören unter anderem (potenzielle) Kunden, Lieferanten, Wettbewerber, die allgemeine Öffentlichkeit, Anwohner, Behörden und Nichtregierungsorganisationen.

Die Stakeholderanalyse könnte zum einen zeigen, welche Themen für welche Stakeholder besonders relevant sind. Zum anderen können auch die Stakeholder selbst auf ihre Bedeutung für das eigene Handeln und die Erreichung der eigenen Ziele hin eingeschätzt werden. Aus beidem kann sich eine Priorisierung von CSR-Themenfeldern und Stakeholdern für die weitere CSR-Analyse und Strategieableitung ergeben.

Zur **Identifikation** potenziell relevanter Stakeholder kann auf verschiedene Suchstrategien zurückgegriffen werden (vgl. Hügens und Zelewski 2006, S. 370) wie insbesondere
- Expertenbefragung zu potenziellen Stakeholdern,
- Verwendung von Meinungsartikulationen von Mitarbeitern,

–   Verhaltensbeobachtung von Stakeholdern (z. B. aktive Teilnahme an Gremiensitzungen),
–   Aufdeckung von Stakeholdern anhand vorgegebener Kriterien, die für den Unternehmenserfolg relevant sein können (z. B. anhand von demografischen Eigenschaften wie Alter, Geschlecht, Ausbildung).

Häufig leiten sich die Stakeholder auch unmittelbar aus einem Regelungswerk (wie z. B. einer EU-Verordnung) ab. So gelten beispielsweise aus rechtlicher Perspektive als Stakeholder der Europäischen Chemikalienverordnung (REACH):

–   private Akteure: Hersteller und Importeure, nachgeschaltete Anwender, Händler, Lieferanten,
–   staatliche Akteure: EU-Kommission, Europäische Chemikalienagentur (ECHA), Mitgliedstaaten/mitgliedstaatliche Behörden.

Bezogen auf das Zulassungsverfahren im Rahmen der REACH-Verordnung können auf Grundlage des Verordnungstexts die folgenden Stakeholder identifiziert werden, die weiter nach dem Betroffenheitsgrad im Verfahren in direkte vs. indirekte sowie nach ihrer Stellung in interne vs. externe Stakeholder unterteilt werden können (siehe Tab. 6.12).

Tab. 6.12: Stakeholder im Rahmen des Zulassungsverfahrens nach der EU-Chemikalienverordnung (REACH) (Ingerowski et al. 2008, S. 25).

	direkt	**indirekt**
intern	– Antragsteller (z. B. Hersteller oder Importeur) – nachgeschalteter Anwender (andere Akteure der Lieferkette)	– EU-Kommission – Europäische Chemikalienagentur (ECHA) (z. B. Ausschüsse für Risikobeurteilung und für sozioökonomische Analyse) – Mitgliedstaaten – nationale Behörden – Helpdesks
extern	– interessierte Kreise (Nichtregierungsorganisationen wie z. B. Umweltschutz-, Tierschutz-, Verbraucherschutzorganisationen, Medien) – andere Betroffene (z. B. Arbeitsorganisationen wie Gewerkschaften oder Berufsgenossenschaften oder Gesundheitsverbände wie Krankenversicherungen, Patientenvereinigungen u. Ä.) – Gesellschaft	– interessierte Kreise (Nichtregierungsorganisationen wie z. B. Umweltschutz-, Tierschutz-, Verbraucherschutzorganisationen, Medien) – andere Betroffene (z. B. Arbeitsorganisationen wie Gewerkschaften oder Berufsgenossenschaften oder Gesundheitsverbände wie Krankenversicherungen, Patientenvereinigungen u. Ä.) – Unternehmens-/Industrieverbände – wissenschaftliche Forschung und Entwicklung – andere Staaten (nicht EU) – Zwischenstaatliche Organisationen

Die **Beschreibung** (Charakterisierung) der identifizierten Stakeholder kann sodann anhand der Kriterien

- Ziele,
- Macht und Legitimität,
- Einsatz sowie
- Dringlichkeit von Ansprüchen

erfolgen (vgl. Hügens und Zelewski 2006, S. 372).

Als mögliche **Ziele** von Stakeholdern im Kontext des Themas Nachhaltigkeit kommen beispielsweise Wirtschaftlichkeit und Prestige (Kunden), Schutz- und Überwachungsziele (Behörden), Gewinn-, Image- und Reputationsziele (Wettbewerber, Lieferanten, Händler), Erhaltung und Verzinsung des eingesetzten Kapitals (Banken, Anteilseigner) sowie Aufklärung und Transparenz (Medien, Nichtregierungsorganisationen) in Betracht.

Am Beispiel der EU-Chemikalienverordnung (REACH) betrachtet, sind die Ziele des Gesetzgebers (vgl. Verordnung (EG) Nr. 1907/2006) und der mit der Umsetzung betrauten Behörden

- Schutz der menschlichen Gesundheit und Umwelt,
- Verbesserung der Wettbewerbsfähigkeit und Innovation,
- Verbesserung der Kommunikation entlang der Lieferkette, um die sichere Verwendung von Stoffen zu gewährleisten,
- Stärkung der Informationsrechte für Verbraucher.

Das Kriterium **Macht** beinhaltet einen sozialen Einfluss, der es Individuen ermöglicht, sich bei Interessenskonflikten erfolgreich gegen andere durchzusetzen (vgl. Theuvsen 2001, S. 7). Es beinhaltet das Potenzial zur positiven wie negativen Sanktionierung des Machthabers gegenüber dem Machtunterworfenen. Nach French/Raven können sechs verschiedene Machtgrundlagen (Machtbasen) unterschieden werden (vgl. French und Raven 1959 und Raven 1965), die zur näheren Charakterisierung von Stakeholdermacht herangezogen werden können:

- **Belohnungsmacht:** Sie beruht auf der positiven Sanktionsgewalt des Machthabers (z. B. bevorzugte Belieferung, Intensivierung der Geschäftsbeziehung).
- **Bestrafungsmacht:** Sie beruht auf der negativen Sanktionsgewalt des Machthabers (z. B. Beendigung der Geschäftsbeziehung, Androhung einer intensivierten Marktbearbeitung).
- **Legitimationsmacht:** Sie beruht auf der inneren Überzeugung, dass der Machthaber ein legitimiertes (z. B. vertraglich fixiertes) Recht hat, den Machtunterworfenen zu beeinflussen (z. B. Kontroll- und Auskunftsrechte).
- **Identifikationsmacht:** Sie basiert auf dem Wunsch, so sein zu wollen, wie der Machthaber (z. B. die Verbundenheit aufgrund gemeinsamer Werte und Normen, Ausüben einer Vorbildfunktion).

- **Expertenmacht:** Sie basiert auf einer dem Machthaber zugeschrieben Rolle als Experte (z. B. Aufzeigen von guten Sachkenntnissen, Methodenwissen).
- **Informationsmacht:** Sie gründet auf dem Zugang zu relevanten Informationen (z. B. Einsichten in die Verwendungsweisen bestimmter chemischer Stoffe in der Lieferkette).

Zur Beschreibung von Stakeholdermacht enthält Tab. 6.13 einen Fragenkatalog mit beispielhaften Kriterien.

Tab. 6.13: Kriterien zur Bewertung von Stakeholdermacht (vgl. Theuvsen 2001, S. 7 f. und Krüger 1974, S. 10 ff.).

Fragestellung	Charakterisierung/Beispiele
Über welche Machtbasen verfügen Stakeholder?	Alle ökonomischen und außerökonomischen Ressourcen, die ein Akteur zum Aufbau von Machtpotenzialen einsetzen kann, u. a. Geld, Informationen, Know-how, Rechte, Persönlichkeitsmerkmale (wie Wissen, Charisma); Gliederung z. B. anhand der Machtgrundlagen nach French und Raven (1959)
Auf welche Machtbereiche erstreckt sich der Einfluss der Stakeholder?	Alle inhaltlich abgegrenzten Handlungsfelder, auf die ein Stakeholder Einfluss nehmen kann, z. B. Programmentscheidungen, personalpolitische Fragen
Wie groß ist die Stärke der Macht, über die die Stakeholder verfügen?	Intensität der Einflussmöglichkeiten; Wahrscheinlichkeit, mit der ein Stakeholder in einer bestimmten Situation tatsächlich andere Akteure gegen ihren Willen zu Handlungen veranlassen kann, z. B. Verfügbarkeit von Informationen und Wert der Informationen für die zu beeinflussenden Personen
Wie groß ist die Ausdehnung der Macht eines Stakeholders?	Anzahl beeinflussbarer Personen; Bedeutsamkeit dieser Personen in dem betrachteten Machtbereich

Das Kriterium **Legitimität** bezieht sich auf den wahrgenommenen Grad der Angemessenheit und Richtigkeit von Handlungen, z. B. die Konformität des Handelns mit bestehenden Werten und Normen oder gesetzlichen Bestimmungen (vgl. Theuvsen 2001, S. 8). Es ist im Ansatz der Machgrundlagen nach French und Raven (1959) bereits erfasst und kann gemeinsam mit dem Kriterium Macht eingeschätzt werden.

Das Kriterium **Einsatz** beschreibt das Engagement des Stakeholders, etwa gemessen am Mitteleinsatz, der für die Erreichung der Ziele riskiert wird.

Das Kriterium **Dringlichkeit** beschreibt, wie rasch sich das Unternehmen mit den Ansprüchen seiner Stakeholder auseinandersetzen muss, also wie zeitkritisch die Ansprüche sind (vgl. Theuvsen 2001, S. 9).

Die **Bewertung** der Stakeholder kann nun in Form einer Punktbewertung anhand der oben aufgeführten Kriterien erfolgen, durch die die Stakeholder zuvor gekennzeichnet wurden. Zudem kann eine Gesamtbeurteilung über alle Kriterien hinweg vorgenommen werden. Hierbei ist zu fragen, wie relevant die jeweiligen Stakeholder für die

Leistungserstellung und den Erfolg des eigenen Unternehmens insgesamt zum gegenwärtigen Zeitpunkt und mit Blick auf die Zukunft eingeschätzt werden (vgl. Hügens und Zelewski 2006, S. 371). Die Bewertung erfolgt also subjektiv aus Sicht des betrachteten Unternehmens. Nach dem Stakeholderansatz von Mitchell et al. (1997) steigt die Bedeutung eines Stakeholders für das Management an, je mehr der Kriterien Macht, Legitimität und Dringlichkeit ein Stakeholder erfüllt (vgl. Mitchell et al. 1997, S. 879).

Ein beispielhaftes Ergebnis einer solchen Stakeholderbewertung zeigt Tab. 6.14.

Tab. 6.14: Exemplarische Stakeholderbewertung (eigene Darstellung).

Stakeholdergruppe	Ziele	Macht (einschließlich Legitimität)	Einsatz	Dringlichkeit	Gesamtbewertung
Konsumenten	– Wirtschaftlichkeit – Konsumsicherheit – Identifikation – soziale Abgrenzung/Angleichung	+	+	+	+
Händler	– Gewinn – Imageverbesserung – Reputationsaufbau – Erhöhung der Einkaufsstättentreue	+ +	+ +	+ +	+ +
Lieferanten	– Gewinn – stabile Gechäftsbeziehungen – Gewinnung zusätzlicher Abnehmer	O	+	O	+
Banken	– Erhaltung und Verzinsung des eingesetzten Kapitals	+ +	+	+	+
Anteilseigner	– Gewinn – Erhaltung und Verzinsung des eingesetzten Kapitals – Einflussnahme	+	+	+	+
Behörden	– Schutzziele (z. B. Verbraucherschutz, Umweltschutz) – Einhalten von Rechtsvorschriften	+	O	+	+
Medien	– Aktualität – kontinuierliche Berichterstattung – Aufklärung/Transparenz	+ +	+	+ +	+ +

Legende:
Bewertungsskala Macht: + + große Macht des Stakeholders über das Unternehmen, + geringe Macht des Stakeholders über das Unternehmen, O gleichmäßig verteilte Macht, – geringe Macht des Unternehmens über den Stakeholder, – – große Macht des Unternehmens über den Stakeholder
Bewertungsskala Einsatz: + + hoher Einsatz des Stakeholders, + geringer Einsatz des Stakeholders, O kein Einsatz des Stakeholders
Bewertungsskala Dringlichkeit: + + hohe Dringlichkeit der Ansprüche, + geringe Dringlichkeit der Ansprüche, O derzeit keine Dringlichkeit der Ansprüche
Gesamtbewertung: + + höchste Relevanz (Top-Priorität), + mittlere Relevanz, O neutrale Bedeutung

Die in Tab. 6.14 betrachteten Stakeholdergruppen können zudem weiter in einzelne Stakeholderuntertypen untergliedert und auf disaggregierter Ebene näher bewertet werden.

Analog zur Analyse der Umweltfaktoren im PESTEL-Portfolio (siehe Kapitel 4.1.1) kann eine zweidimensionale Einordnung der Stakeholder in einer **Stakeholdermatrix** erfolgen. Hierzu können Stakeholder nach den Kriterien Einstellung (Unterstützungspotenzial) und Einflussstärke (Bedrohungspotenzial) jeweils in hoch und niedrig abgestuft, bewertet und in einer Vier-Felder-Matrix abgebildet werden. Abb. 6.15 zeigt die daraus resultierende Stakeholdermatrix nach Savage et al. (1991), die sich auch als Grundlage zur Strategieableitung verwenden lässt. Die für die Bearbeitung der jeweiligen Stakeholdertypen empfohlenen Strategien (Normstrategien) sind in Abb. 6.15 vermerkt.

Abb. 6.15: Stakeholdermatrix nach Savage et al. (Savage et al. 1991, S. 65).

Als spezielle und besonders relevante Stakeholdergruppe können **Nachfrager** näher im Hinblick auf ihr Kauf- und Verwendungsverhalten analysiert werden. Konsumenten stehen am Ende einer Lieferkette und mögen, isoliert oder in Gruppen (z. B. Beschaffungsverbünden, Kundenklubs, Interessengemeinschaften) auftretend, ebenfalls Ansprüche aus eigener Betroffenheit an das Unternehmen richten. Durch Kaufzurückhaltung, Anbieterwechsel und/oder negative Mund-zu-Mund-Kommunikation gerichtet an andere Kunden oder Medien können sie den Absatz einzelner gemiedener Produkte massiv gefährden und so Druck auf Anbieter (Hersteller wie Händler) und ganze Lieferketten ausüben, womit sie letztlich deren Existenz gefährden. Zur Analyse des Kauf- und Verwendungsverhaltens von Nachfragern liegen bereits zahlreiche empirische Studien vor, aus denen sich Ansatzpunkte für das eigene

CSR-Engagement ableiten lassen (vgl. für einen Überblick Grunwald und Ostendorf 2013). Studien zum nachhaltigen Käuferverhalten befassen sich schwerpunktmäßig mit der Frage, welche Faktoren den Kauf nachhaltiger Produkte beeinflussen bzw. was tatsächlich gekauft wird. Als Variablen werden entlang der Phasen eines typischen Kaufentscheidungsprozesses vor allem die

- Wahrnehmung (das Käuferinteresse an Nachhaltigkeitsthemen, Kenntnis und Assoziationen zum Nachhaltigkeitsbegriff),
- die Beurteilung des Themas Nachhaltigkeit (der generelle Stellenwert einzelner Nachhaltigkeitsthemen, die Relevanz des Themas Nachhaltigkeit bei eigenen Kaufentscheidungen, Einstellung zum Thema Nachhaltigkeit) sowie
- das bekundete und tatsächliche (offenbarte) Kaufverhalten bei nachhaltigen Produkten und Alternativen

untersucht.

Häufig zeigt sich in empirischen Studien jedoch nur ein relativ loser Zusammenhang zwischen einer bekundeten hohen Wichtigkeit des Themas Nachhaltigkeit einerseits und einem tatsächlich nachhaltigen Kaufverhalten andererseits (vgl. Grunwald und Ostendorf 2013). Ein Anbieter könnte in diesem Zusammenhang analyisieren, auf welche Gründe eine solche Verhaltenslücke zurückzuführen ist und wie sie sich überwinden lässt. Studien zeigen, dass für den Kauf nachhaltiger Produkte insbesondere deren leichte Verfügbarkeit für den Nachfrager in der Lieferkette (vgl. De Pelsmacker et al. 2005), das Erfüllen gesellschaftlicher Erwartungen durch das Produkt und den Anbieter (vgl. Rokka und Uusitalo 2008), der Eigennutz für den Käufer, wie etwa geringere Folgekosten beim Kauf eines energiesparenden Produkts (vgl. Ginsberg und Bloom 2004), ein nachweisbarer Effekt (vgl. Straughan und Roberts 1999) sowie Vertrauen und Glaubwürdigkeit des Anbieters (vgl. McDonald et al. 2009, D'Souza et al. 2007) relevant sind.

Die CSR-Analyse geht im **dritten Schritt** der Frage nach, welche **Potenziale** sich aus der grundsätzlichen Verfolgung einer CSR-Strategie für das Unternehmen im Vergleich zu Alternativen ableiten. Grundsätzlich lässt sich zwischen einem defensiven und einem offensiven Umgang mit organisationsexternen Einflussfaktoren (z. B. einer Verschärfung von Umweltauflagen) in der Unternehmensstrategie differenzieren. Ein defensiver Umgang lässt sich als Compliance denken, der primär in der Beachtung gesetzlicher Vorschriften im Sinne einzuhaltender Mindeststandards besteht. Ein offensiver Umgang im Sinne von CSR impliziert dagegen besondere überdurchschnittliche freiwillige unternehmerische Anstrengungen, die wahrnehmbar über gesetzliche Mindeststandards hinausgehen. Welcher grundsätzliche Umgang mit den organisationsexternen Einflussfaktoren angestrebt wird, lässt sich nicht losgelöst von der im Unternehmensleitbild beschriebenen Unternehmensvision und -mission, den daraus abgeleiteten strategischen Unternehmenszielen sowie der gegebenen Marktsituation betrachten, in der sich das Unternehmen derzeit befindet.

Zur Ableitung von Potenzialen eines grundsätzlichen CSR-Engagements können die Ziele der identifizierten und bewerteten Stakeholder mit den Zielen, Leitlinien und Visionen und möglicherweise bereits vorhandenen CSR-Initiativen des eigenen Unternehmens verglichen werden. Das Ergebnis dieses Abgleichs kann zum einen eine festgestellte Schnittmenge von im Wesentlichen gleichen Zielen und Anliegen von Stakeholdern und Unternehmen sein, die in einer CSR-Strategie noch weiter fokussiert werden können. Zum anderen kann der Abgleich aber auch bislang noch nicht vom Unternehmen, jedoch von den relevanten Stakeholdern verfolgte Ziele erkennen lassen. Auch hieraus leiten sich Potenziale für ein CSR-Engagement ab. Konkret könnten beispielsweise Schutzziele einer EU-Verordnung, der das Unternehmen unterliegt, mit eigenen Zielen abgeglichen werden.

Sofern sich der Anbieter mit diesen Zielen und Anliegen der Stakeholder identifiziert, können sie in der eigenen CSR-Strategie aufgegriffen werden. Bevor dies geschieht, sollten jedoch die Chancen (z. B. Steigerung der Unternehmensreputation, Wettbewerbsvorteile) und Risiken (z. B. nachgelagerte Verpflichtungen, vermehrte Ansprüche von Stakeholdern, zunehmende Kontrolle und Beobachtung, Verunsicherung der Verbraucher) eines solchen Engagements im Vergleich mit einer defensiven Haltung (Compliance) näher abgeschätzt werden. Sofern der Anbieter beispielsweise glaubt, dass ein überdurchschnittliches Engagement, z. B. im Bereich der Risikokommunikation, die Sicherheit des Kunden (auch langfristig) keineswegs verbessert, sondern allein die Kosten erhöht, könnte der Anbieter auch von CSR-Maßnahmen in bestimmten Bereichen aus nachvollziehbaren Gründen absehen.

Die Potenzialanalyse kann sodann in die **Ableitung von CSR-Zielen** für das Unternehmen münden, die sich den drei Nachhaltigkeitsdimensionen Ökonomie, Ökologie und Gesellschaft zuordnen lassen:

(1) **Ökonomische Ziele:** z. B. Steigerung des Unternehmenswertes, Innovativität, Beachtung von Lebenszykluskosten

(2) **Ökologische Ziele:** z. B. Energieeinsparung, Nutzung erneuerbarer Energien, Materialeffizienz, Reduzierung der Emissionen (Abfall, Schadstoffe usw.)

(3) **Gesellschaftliche Ziele:** z. B. Mitarbeiterbeteiligung, Familienfreundlichkeit, Gesundheitsschutz, Arbeitssicherheit

Sofern sich nach diesem Schritt grundsätzlich signifikante Potenziale eines CSR-Engagements per se für das Unternehmen herauskristallisieren, sind im **vierten Schritt** der CSR-Analyse konkrete Betätigungsfelder in Form von **CSR-Strategieoptionen** abzuleiten. Es ist also darzulegen, worauf sich ein offensiver vs. defensiver Umgang mit organisationsexternen Rahmenbedingungen überhaupt konkret beziehen kann. Entsprechend der üblichen Bezugspunkte einer Unternehmens- bzw. Marktstrategie lässt sich hier zwischen zeitlichen, inhaltlich-sachlichen und räumlichen Anpassungen an einen gegebenen organisationsexternen Einflussfaktor unterscheiden. Anhand dieser Kriterien können die Strategieoptionen systematisiert und näher beschrieben werden:

(1) In **zeitlicher Hinsicht** mag das Unternehmen bei einem offensiven Umgang sofort und unverzüglich gesetzliche Fristen erfüllen, z. B. Übergangszeiträume bei der Substitution bedenklicher Stoffe nicht ausschöpfen, sondern proaktiv die Substitution einleiten. Ein anderes Beispiel ist die unverzügliche Reaktion auf bekannt gewordene Qualitätsprobleme. Bei einem defensiven Umgang würden gesetzlich bestehende Übergangszeiträume zur Substitution voll ausgeschöpft oder erst auf Druck der Behörden Maßnahmen zur Risikoabwehr ergriffen.

(2) In **inhaltlich-sachlicher Hinsicht** beziehen sich die Anpassungen an den Einflussfaktor auf bestimmte Maßnahmenbereiche des Unternehmens, wie insbesondere die Produktpolitik oder Kommunikationspolitik. Eine offensive kommunikationspolitische Anpassung im Sinne von CSR stellt beispielsweise die transparente Aufklärung über stoffbedingte Risiken, etwa auf der Unternehmenswebsite, dar. Ein defensiver Umgang wäre umgekehrt in dem Zurückhalten von Informationen oder der Zuweisung von Verantwortlichkeit an vorgelagerte Akteure der Lieferkette zu sehen. Kommunikationsstrategien lassen sich weiter nach dem Botschaftsinhalt (Was soll gesagt werden?) und der Botschaftsformulierung (Wie wird etwas gesagt?) unterscheiden. Produktpolitisch offensive Strategien beinhalten beispielsweise eine aktive Suche nach Stoffalternativen und diesbezügliche Forschungstätigkeiten, die vertikale Integration von Lieferanten zur stärkeren Einflussnahme auf die Qualität und Unbedenklichkeit der Vorprodukte bzw. die Anwendung sensiblerer Qualitätsprüfverfahren. Ein defensives Vorgehen stellt dagegen der Verzicht auf entsprechend umfangreiche Qualitätsüberprüfungen und das Verlassen auf die Negativerklärungen der Lieferanten dar.

(3) In **räumlicher Hinsicht** könnte das Unternehmen die Anpassung an den organisationsexternen Einflussfaktor bei defensivem Umgang nur in einem Teil des Gesamtmarktes (Marktsegment) vornehmen, in dem der öffentliche Druck, z. B. bei einer besonders ökologisch vorgeprägten Zielgruppe, besonders groß erscheint. Ein konkretes Beispiel bildet die Entwicklung eines ökologisch unbedenklichen Produkts für ein besonders zahlungskräftiges ökologisch eingestelltes Marktsegment. Bei erfolgreicher Markteinführung dieses Produkts könnte die Vermarktung des Produkts auch auf andere Teilmärkte und schließlich den Gesamtmarkt ausgedehnt werden. Ein offensiver Umgang würde umgekehrt die flächendeckende Rücknahme bedenklicher Produkte und die Vermarktung innovativer und unbedenklicher Produkte auf dem Gesamtmarkt implizieren.

Entlang der drei genannten zeitlichen, inhaltlich-sachlichen und räumlichen Strategiedimensionen sind auch Optionen in der Mitte der beiden Extrempole eines defensiven vs. offensiven Umgangs, z. B. eine umfassende Risikokommunikation bei gleichzeitigem Verzicht auf eine frühzeitige Substitution des chemischen Stoffes, denkbar. Solche Abweichungen von den Extrempositionen lassen sich zumeist mit Anpassungen an eine jeweilig gegebene Unternehmenssituation im Marktumfeld erklären, weshalb hier von situativer Anpassung gesprochen wird.

Im **fünften Schritt** der CSR-Analyse sind die resultierenden CSR-Strategieoptionen auf Wirkungen im Hinblick auf die hiermit verfolgten CSR-Ziele abzuschätzen. Hierbei kann auf die spezifische Zielerreichung hinsichtlich der unterschiedlichen Stakeholdergruppen eingegangen werden. Zu fragen ist, ob und inwieweit die relevanten Stakeholder in deren (berechtigten) Interessen angemessen in der Strategie berücksichtigt werden und sich Strategieelemente (z. B. kommunikativer und/oder produktpolitischer Art) nicht (offenkundig) widersprechen, sodass Glaubwürdigkeitszweifel aufkommen können (vgl. Grunwald und Hennig 2012a, S. 47 f. und 62). Die Wirkungsabschätzung kann also sowohl für einzelne Strategieelemente isoliert erfolgen. Sie sollte jedoch auch ergänzend kombinierte Wirkungen mehrerer Elemente, z. B. kommunikativer wie produktpolitischer Art, berücksichtigen, um Inkonsistenzen zu vermeiden. Sofern ein Unternehmen Risiken, die als gering eingestuft werden, mit einer überzogenen Qualitätsoffensive begegnet, könnten hieraus reputationsschädliche Glaubwürdigkeitszweifel und gegebenenfalls auch eine ungünstigere Problembeurteilung durch die Öffentlichkeit resultieren (vgl. Grunwald und Hennig 2012a, S. 81).

Methodisch kann die Wirkungsabschätzung beispielsweise in Form einer Punktbewertung erfolgen, z. B. unterschieden nach der Wirkungsrichtung (positiv/negativ) und Wirkungsstärke (stark/mittel/schwach). Zur Ableitung von Bewertungskriterien kann auf bereits vorliegende Studien zur Maßnahmenevaluierung von CSR-Aktivitäten der Anbieter nachhaltiger Produkte zurückgegriffen werden (vgl. Grunwald und Ostendorf 2013). So erfolgt beispielsweise im Rahmen der Studie CSR auf dem Prüfstand 2012 der Marktforschungsagentur Icon Added Value eine Bewertung von CSR-Initiativen der betrachteten Marken anhand der Kriterien
- Bekanntheit,
- Gefallen,
- Glaubwürdigkeit,
- Markenpassung und
- Kaufanreiz.

Im **sechsten Schritt** erfolgt die **Bewertung** der CSR-Strategieoptionen aus Unternehmenssicht. Neben den in der Wirkungsabschätzung betrachteten externen Anforderungen (Erfolgskriterien) an die Gestaltung der CSR-Strategie sind nun die Strategieoptionen auch auf interne Verträglichkeiten mit den übergeordneten Unternehmenszielen und -leitlinien, dem Leistungsangebot, anderen bereits eingesetzten Maßnahmen sowie den Präferenzen des Entscheiders zu bewerten.

So mag der Anbieter selbst bereits Kommunikationsleitlinien im Rahmen seiner Corporate Identity (CI) zur Wahrung eines einheitlichen Erscheinungsbilds des Unternehmens nach außen wie nach innen aufgestellt haben, die es bei der Umsetzung seiner CSR-Strategie zu berücksichtigen gilt. Ähnliches gilt für ein kodifiziertes Unternehmensleitbild, das bereits an externe oder interne Anspruchsgruppen kommuniziert wurde. Die Glaubwürdigkeit des Unternehmens bei seinen Mitarbeitern sowie deren Motivation und Commitment stehen auf dem Spiel, wenn wesentliche Strategieinhalte wie die ökologische Ausrichtung nicht zur Unternehmens- bzw. Produktmarke passen, wenn diese intransparent oder an dem Empfängerhorizont der Mitarbeiter und Anleger vorbei vermittelt werden (vgl. Grunwald und Ostendorf 2013).

Neben Leitlinien der Kommunikation finden sich in vielen Unternehmen bereits detailliert ausgearbeitete Kommunikationsstrukturen vor, die teilweise intern vom Unternehmen selbst, teils aber auch von externen Stakeholdern, insbesondere von Regulierungsinstanzen, vorgegeben sein können. Hierzu zählen gesetzliche Verpflichtungen sowie grundsätzlich freiwillige, aber gesetzlich vorstrukturierte Rahmenvorgaben, wie etwa zur Kommunikation über sichere Verwendungen und Risiken in der Lieferkette (vgl. hierzu die Leitlinien der Europäischen Chemikalienagentur zur Risikokommunikation in der Lieferkette: ECHA 2010 sowie jene der deutschen zuständigen Behörde: BAuA 2009). In manchen Lieferketten sorgen qualitätsorientierte Zertifizierungssysteme für hinreichende Kontinuität und Transparenz der Kommunikation (vgl. Mesterharm und Akamp 2011, S. 226).

Nicht nur die innerhalb des Unternehmens bestehenden Kommunikationsstrukturen beeinflussen die Kommunikation mit internen und externen Anspruchsgruppen. Auch die Struktur der Wertschöpfungskette mit zahlreichen vor- und nachgelagerten Verflechtungen, in die das Unternehmen eingebunden sein kann, beeinflusst die Kommunikation und Koordination zwischen den beteiligten Unternehmen wesentlich (vgl. Mesterharm und Akamp 2011, S. 226).

Schließlich ist aus diesen Erwägungen heraus im **siebten Schritt** der CSR-Analyse eine am besten geeignete CSR-Strategie begründend auszuwählen.

6.5 Übungsaufgaben zu Kapitel 6

Aufgabe 1: Strategieanalyse

Das Unternehmen Toppix hat eine neuartige Reinigungsflüssigkeit für die besonders schonende Reinigung und Pflege von Küchenceranfeldern entwickelt. Ein ähnlich innovatives Produkt ist auf dem Markt für Haushalts- und Küchenpflegeprodukte bislang nicht etabliert. Soll Toppix als erster das Produkt auf dem Markt anbieten oder einem Konkurrenten den Vortritt lassen? Wägen Sie Vor- und Nachteile beider Strategien ab.

Aufgabe 2: Strategieanalyse

Der Lebensmittelproduzent Müller möchte sein Sortiment in der Sparte Emulsionsfette/Brotaufstriche (Butter, Margarine) um eine weitere Marke ergänzen. Um sich einen Überblick über die tatsächlichen Gegebenheiten am Markt zu verschaffen, wird das Marktforschungsunternehmen MDS-International beauftragt, die wechselseitigen Beziehungen zwischen Produkten und Konsumenten auf dem Markt für Emulsionsfette zu analysieren. Hierzu führt das Marktforschungsinstitut eine repräsentative Studie durch, deren Ergebnisse dem Auftraggeber nach drei Monaten vorgelegt werden. Kernstück der Ergebnispräsentation ist ein erzeugter zweidimensionaler Produkt-Markt-Raum, der die Idealproduktpositionen (I) von vier präferenzhomogenen Verbrauchergruppen enthält sowie die über alle Konsumentengruppen als weitgehend einheitlich empfundenen Realproduktpositionen (P) der fünf auf dem relevanten Markt befindlichen Marken umfasst.

Tab. 6.15: Ideal- und Realproduktpositionen (eigene Darstellung).

Idealproduktpositionen (I)			Realproduktpositionen (P)		
	x_1	x_2		x_1	x_2
I_1	−3	5	P_1	1	5
I_2	5	−2	P_2	5	2
I_3	1	2	P_3	−3	2
I_4	4	1,5	P_4	−2	4
			P_5	1	−1

Die Koordinaten bezeichnen hierbei die Streichfähigkeit (x_1) und den Fettgehalt (x_2) der Marken. Der Projektleiter von MDS-International behauptet bei der Präsentation der Ergebnisse, dass als Präferenzmodell das Idealpunktmodell

$$u\,(P_i,\,I_j)\,=\,\frac{1}{d\,(P_i,\,I_j)}$$

die Präferenzangaben der Konsumenten am besten schätzt, wobei d (P_i, I_j) der ungewichteten Euklidischen Distanz zwischen Idealpunkt des Segments j und Realposition von Produkt i entspricht.

Nach den umfassenden Erklärungen ist der Unternehmer davon überzeugt, dass der ermittelte Produkt-Markt-Raum einschließlich der Präferenzfunktion geeignet ist, die optimale Produktposition seiner neuen Marke zu bestimmen. Dem Unternehmer kommt es allein darauf an, möglichst viele Käufer zu erreichen. Bei seinen Überlegungen geht er davon aus, dass jedes der vier Segmente eine gleich große Anzahl von Käufern umfasst.

Auf Basis dieser Annahmen bittet er Sie, einen Vorschlag zur optimalen Produktposition zu unterbreiten. Zeichnen Sie den Produkt-Markt-Raum und beschreiben Sie für den vorliegenden Fall das Gebiet optimaler Produktpositionen. Geben Sie eine mögliche optimale Produktposition an.

Aufgabe 3: Strategieanalyse

Die Tabelo KG ist ein Hersteller von Büromöbeln im Osnabrücker Land. Der Anbieter sieht sich auf dem hart umkämpften nationalen Markt einer angespannten Absatzsituation gegenüber. Eine Expansion auf internationale Märkte ist aufgrund der begrenzten Kapazitäten und Risikobereitschaft des Managements bislang und auch in naher Zukunft kein Thema. Die Möglichkeiten, Kosten einzusparen, sind bereits nachhaltig erschöpft, sodass auch Preissenkungen zur Verbesserung der Wettbewerbssituation auf dem nationalen Markt keine Option darstellen.

Vor diesem Hintergrund regen die beiden neu eingestellten Ingenieure Frau Schenk und Herr Müller an, durch eine Designoffensive Marktanteile zurückzugewinnen. Im Detail wird vorgeschlagen, die verschiedenen Produktlinien (Seminar- und Konferenzbestuhlung, Büromöbel at work, Büromöbel at home) optisch ansprechender aufeinander abzustimmen, in ihrem Nutzenversprechen klarer zu definieren und die Funktionalität durch wesentlich einfachere Bedienelemente zu verbessern. Um ihren Designvorschlägen auf der bevorstehenden Geschäftsleitungssitzung Gehör zu verschaffen, beabsichtigen die Ingenieure, ihre Ideen in die Positionierungsstrategie des Anbieters einzubringen. Eine Marktstudie ergab folgenden Produkt-Markt-Raum für den Markt der Tabelo KG, in dem auch die relevanten Wettbewerber aus Sicht der Käufer verzeichnet sind.

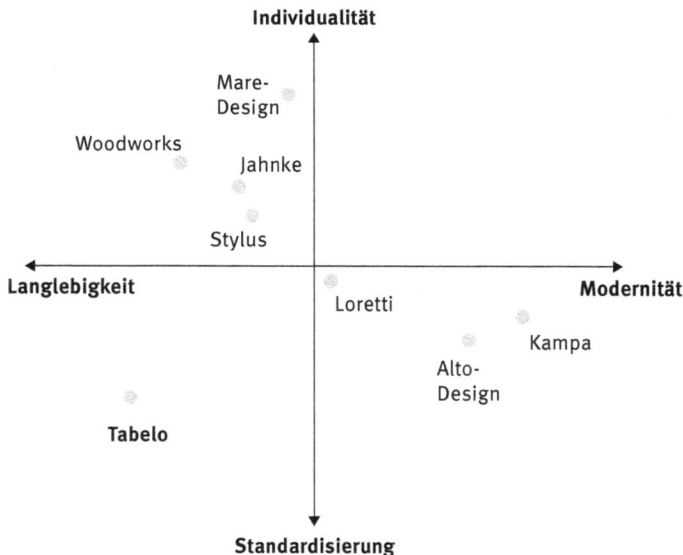

Abb. 6.16: Produkt-Markt-Raum für den Markt der Tabelo KG (eigene Darstellung).

a) Erläutern Sie kurz zwei Vorgehensweisen, wie sich das Image möglichst verzerrungsfrei vom Markt her erheben lässt.

b) Helfen Sie den beiden Ingenieuren, indem Sie zunächst den Produkt-Markt-Raum interpretieren und sodann eine praktikable Positionierungsstrategie für Tabelo mit Begründung vorschlagen. Argumentieren Sie mit den einschlägigen Fachbegriffen.

c) Welche weiteren Informationen werden benötigt, um sich letztendlich für eine Positionierungsstrategie entscheiden zu können?

Aufgabe 4: Strategieanalyse

Der fiktive deutsche Sportartikelhersteller Zuma GmbH (vgl. Grunwald 2010) sieht sich in seiner bedeutendsten Produktkategorie Freizeitschuhe einem rückläufigen Umsatzwachstum auf dem nationalen Markt gegenüber, das zudem deutlich unter dem Branchendurchschnitt liegt (siehe Tab. 6.16).

Tab. 6.16: Prozentuale Umsatzveränderung gegenüber dem Vorjahr im Branchenvergleich (eigene Darstellung).

Jahr	2013	2014	2015
Branche (gesamt)	8	14	15
Zuma	1	6	4

Das von Zuma mit der Suche nach möglichen Gründen für diese gegen den Branchentrend laufende Entwicklung beauftragte Marktforschungsinstitut InfoSearch führt die Situation insbesondere auf eine im Vergleich mit den wichtigsten Wettbewerbermarken Adudas, Fida und Nixe geringe ungestützte Markenbekanntheit zurück. Darüber hinaus befragte InfoSearch eine repräsentative Stichprobe aus der anvisierten Zielgruppe nach den Markenassoziationen von Zuma und denen der drei relevanten Wettbewerbermarken. Probanden wurden mit bestimmten Eigenschaften (Attributen) konfrontiert und aufgefordert, anzugeben, ob bei den vier betrachteten Marken das Attribut vorhanden ist oder nicht. Als Ergebnis der Befragung zeigt Tab. 6.17 den prozentualen Anteil derjenigen Probanden, die glaubten, dass Zuma, Adudas, Fida und Nixe das betreffende Attribut aufweisen.

Auf der **Grundlage** dieser Informationen sucht die Geschäftsführung von Zuma nach einer geeigneten Strategie des Markenerhalts, um Marktanteile zurückzuerobern. Im Mittelpunkt soll hierbei die Umpositionierung der Marke stehen. Im Einzelnen sind folgende Fragen zu klären:

Tab. 6.17: Ergebnisse einer Konsumentenbefragung zu markenbezogenen Attributen (eigene Darstellung).

Attribute	Marke besitzt Attribut (in %)			
	Zuma	Adudas	Fida	Nixe
gute Laufeigenschaften	63	56	54	33
robust/langlebig	50	33	35	36
wenig pflegeintensiv	43	25	34	30
modisches Design/Trendschuh	27	60	65	67
gutes Preis-Leistungs-Verhältnis	30	47	38	50

a) Erläutern Sie im Rahmen einer Ist-Analyse die Problematik, mit der die Zuma GmbH derzeit konfrontiert ist.

b) Welche Möglichkeiten des Markenerhalts stehen Zuma im Grundsatz zur Verfügung?

c) Wie sind diese Alternativen vor dem Hintergrund eines im Wettbewerbsvergleich geringen Marketingbudgets zu bewerten?

d) Wie sollten die Strategiealternativen im Detail ausgestaltet werden?

7 Instrumentalanalyse

7.1 Analyse einzelner Marketinginstrumente

Marketinginstrumente können nach der Fristigkeit ihrer Planung in längerfristig angelegte Instrumentalstrategien und in mittel- bis kurzfristig angelegte taktisch-operative Marketinginstrumente (Marketingmaßnahmen) unterschieden werden.

Instrumentalstrategien umfassen die Entscheidungen darüber, wie die Marketinginstrumente längerfristig ausgestaltet werden. Sie stellen den Übergang von der strategischen zur taktisch-operativen Marketingplanung dar, indem sie Konkretisierungen der vorgelagerten und übergeordneten Basisstrategien für die Bereiche der Produkt- und Programmpolitik, Preispolitik, Distributions- und Kommunikationspolitik enthalten.

Kurz- und mittelfristig angelegte **Marketingmaßnahmen** leiten sich wiederum aus der Instrumentalstrategie ab und stellen weitergehende Präzisierungen für das Tagesgeschäft dar.

Kapitel 7.1 thematisiert die isolierte Planung und Gestaltung einzelner Instrumentalstrategien und taktisch-operativer Marketingmaßnahmen. Kapitel 7.2 greift mit der instrumentübergreifenden Analyse die gemeinsame, integrierte Planung und Gestaltung der simultan eingesetzten Marketinginstrumente auf, zwischen denen Beziehungen und Abhängigkeiten bestehen.

7.1.1 Produkt- und Programmanalyse

Der Begriff **Produkt- bzw. Programmpolitik** umfasst sämtliche Aktivitäten zur Gestaltung der auf dem Absatzmarkt angebotenen Unternehmensleistungen. Da ein Unternehmen dauerhaft nur aufgrund entsprechender Leistungen existieren kann, wird dieser Bereich bisweilen als das Herzstück des Marketings angesehen. Die Hauptaufgabenbereiche der Produkt- bzw. Programmpolitik sind in der Neuproduktentwicklung einerseits und im Management etablierter Produkte sowie deren Zusammenstellung im Sinne der Festlegung der Programm- bzw. Sortimentsstruktur andererseits zu sehen.

Die **Neuproduktentwicklung** stellt sich als Teilbereich des Innovationsmanagements dar, in dessen Rahmen vorgelagerte Grundsatzentscheidungen etwa im Hinblick auf die Treiber der Innovation (technologische Entwicklungen vs. Kundenwünsche), auf die zur Generierung und Evaluation von Neuproduktideen einzusetzenden Verfahren oder das Vermarktungstempo der Innovation (Pionier vs. Folger) erfolgen (siehe Abschnitt 6.1). Aufbauend auf diese Grundsatzentscheidungen geht es im Zuge der Festlegung und Umsetzung der Produktkonzeption um die Gestaltung des **Produktkerns** und die damit zusammenhängende Frage der Produktpositionierung,

DOI 10.1515/9783110439892-007

also der Abgrenzung gegenüber bestehenden Konkurrenzprodukten. Im Rahmen der sich anschließenden Gestaltung der **Produktperipherie** ist die Frage zu klären, ob und gegebenenfalls in welcher Form das neue Produkt markiert werden soll. Darüber hinaus sind hier Entscheidungen zur Gestaltung der weiteren nutzenbeeinflussenden Faktoren (produktbegleitende Dienstleistungen, Garantien, Verpackung etc.) zu treffen.

Im Rahmen des **Managements etablierter Produkte** gilt es, Festlegungen zur Produktvariation (z. B. Änderung des Produktdesigns, Qualitätsverbesserungen), zur Produktdifferenzierung (Entwicklung weiterer Produktvarianten) sowie zur Produktelimination (Beendung der Produktvermarktung) vorzunehmen.

Abb. 7.1 veranschaulicht die typischen Phasen, in die sich der **Neuproduktentwicklungsprozess** gliedern lässt. Unterhalb der gestrichelten Linie setzt mit der Markteinführung der Produktlebenszyklus ein.

Phasen		einsetzbare Methoden (Beispiele)
Suche nach Produktideen	→	Marktforschung, Kreativitätstechniken
Vorauswahl von Produktideen	→	Punktbewertungsverfahren
Wirtschaftlichkeitsanalyse	→	Target Costing, Gewinnvergleichsrechnungen, Break-even-Analyse, Kapitalwertmethode
Produktentwicklung	→	Prototypenentwicklung, Markentechniken
Produktprüfung auf Testmärkten	→	Produkttests, Markttests
Einführung eines Produkts	→	Marktbeobachtung
Kontrolle der Einführung	→	Soll-Ist-Vergleich, Deckungsbeitragsrechnung, Marktforschung

Abb. 7.1: Neuproduktentwicklungsprozess (eigene Darstellung).

Entlang des Neuproduktentwicklungsprozesses können verschiedene Methoden zur Unterstützung von Planung und Entscheidung in den einzelnen Phasen eingesetzt werden (vgl. Erichson 2000). Während in frühen Phasen vor allem Methoden der Marktforschung zur Aufdeckung von (latenten) Kundenwünschen und relevanten Produkteigenschaften sowie Kreativitätstechniken zur Gewinnung von Ideen für neue Produkte Anwendung finden, werden in mittleren Phasen verstärkt Methoden zur Bewertung und weiteren Filterung besonders relevanter Produktideen eingesetzt.

Einen Überblick über mögliche Quellen und Methoden zur Gewinnung von Ideen für neue Produkte vermittelt Abb. 7.2.

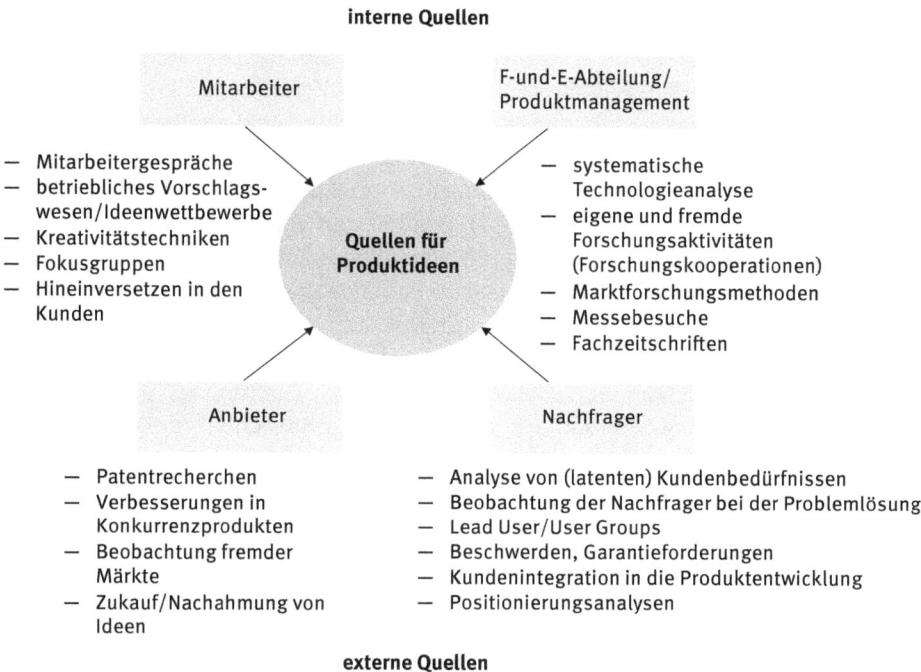

interne Quellen

Mitarbeiter

F-und-E-Abteilung/
Produktmanagement

Quellen für Produktideen

- Mitarbeitergespräche
- betriebliches Vorschlags-
  wesen/Ideenwettbewerbe
- Kreativitätstechniken
- Fokusgruppen
- Hineinversetzen in den
  Kunden

- systematische
  Technologieanalyse
- eigene und fremde
  Forschungsaktivitäten
  (Forschungskooperationen)
- Marktforschungsmethoden
- Messebesuche
- Fachzeitschriften

Anbieter

Nachfrager

- Patentrecherchen
- Verbesserungen in
  Konkurrenzprodukten
- Beobachtung fremder
  Märkte
- Zukauf/Nachahmung von
  Ideen

- Analyse von (latenten) Kundenbedürfnissen
- Beobachtung der Nachfrager bei der Problemlösung
- Lead User/User Groups
- Beschwerden, Garantieforderungen
- Kundenintegration in die Produktentwicklung
- Positionierungsanalysen

externe Quellen

Abb. 7.2: Quellen für Produktideen (eigene Darstellung).

Als Methode zur Bewertung und Filterung von Produktideen auf der Basis qualitativer Kriterien können **Punktbewertungsverfahren** eingesetzt werden (siehe hierzu Kapitel 3.4.3). Hierbei können insbesondere die folgenden Kriterien zur Beurteilung herangezogen werden:
- Kompatibilität der Produktidee mit den Unternehmenszielen und anderen Produkten des Produktprogramms
- Realisierbarkeit der Idee (Personal, Maschinen, Rohstoffe)
- Verbesserung der Marktstellung bei Verfolgung der Produktidee (erkennbarer Kundennutzen, Erschließung neuer Käuferschichten)
- Erlangung von Wettbewerbsvorteilen durch die Produktidee (Gefahr der Nachahmung, andere Gegenreaktionen)
- Kooperationsbereitschaft des Handels

Um Produktideen aus Sicht der Nachfrager ganzheitlich im Hinblick auf ihre **Präferenz** beurteilen zu lassen und besonders wichtige Produkteigenschaften herauszufinden, in deren Richtung ein Produktkonzept zur Steigerung der Gesamtpräferenz noch weiter verbessert werden könnte, kann die Konjunkte Analyse eingesetzt werden. Im Rahmen der **Konjunkten Analyse** (Conjoint Analysis, Conjoint Measurement, Verbundmessung) werden Produkte als Bündel systematisch variierter Eigenschaftsausprägungen (als sogenannte Produktsimuli) beschrieben, die ganzheitlich durch Abfrage der Gesamtpräferenz (des Gesamtnutzens) von (potenziellen) Käufern bewertet werden, z. B. durch Angabe einer Präferenzrangfolge. Rechnerisch wird dann mithilfe des Verfahrens der Beitrag einzelner Produkteigenschaften zur Gesamtpräferenz, die sogenannten Teilpräferenz- bzw. Teilnutzenwerte, ermittelt, ohne Probanden explizit nach dem Nutzen einzelner Eigenschaften zu befragen (vgl. Grunwald und Hempelmann 2012, S. 98). Das hat den Vorteil, dass die Probanden sich in einer sehr realistischen Beurteilungssituation befinden, in der sie analog zu einer realen Kaufentscheidung verschiedene Produkte ganzheitlich durch Abwägen mehrerer Eigenschaften beurteilen. Die direkte Abfrage nach den kaufrelevanten Eigenschaften ist dagegen mit Validitätsmängeln behaftet.

Das Vorgehen der Konjunkten Analyse zur Produktgestaltung soll an folgendem **Fallbeispiel** verdeutlicht werden. Die Elektro GmbH beabsichtigt im Rahmen ihrer produktpolitischen Maßnahmen die Markteinführung eines neuen Bügeleisentyps im Laufe der nächsten 18 Monate. Das neue Modell soll eine bereits eingeführte Modellvariante ersetzen.

Herr Müller, als kaufmännischer Leiter der Entwicklungsabteilung für die Entwicklung und Gestaltung des neuen Bügeleisens verantwortlich, hat mit großem Interesse die Veränderungen der letzten Jahre auf dem Gebiet der Produktsicherheit und Produkthaftung verfolgt. Dabei ist er zu der Einsicht gelangt, dass der Produktsicherheit bei der Planung des neuen Bügeleisentyps eine eher große Bedeutung zukommen muss. Nicht zuletzt wegen der Sensibilisierung der Verbraucher und Verbraucherschutzverbände im Hinblick auf Fragen der Produktsicherheit sollen Sicherheitsaspekte seiner Ansicht nach bei der anstehenden Konstruktionsarbeit Berücksichtigung finden.

Auch Herr Weiß, der technische Leiter der Entwicklungsabteilung, ist der Meinung, dass die Produktsicherheit aufgrund steigender Haftungsrisiken von Unternehmen von wachsender Bedeutung ist. Aus diesem Grund hat er sich bereits Gedanken darüber gemacht, wie die Sicherheit des neuen Bügeleisentyps verbessert werden könnte. Herr Weiß unterbreitet Herrn Müller im Verlauf einer Besprechung den Vorschlag, folgende sicherheitsfördernden Produktmerkmale in die Konstruktion zu integrieren:

(1) Einbau einer Übertemperatursicherung (Überhitzungsschutz),

(2) Einbau einer Kontrollleuchte, die den Betriebszustand des Geräts und den Grad der Erhitzung der Bügelsohle anzeigt,

(3) Einbau eines Warntons, der im Falle einer längeren Stillstandzeit des Geräts in eingeschaltetem Zustand ertönt,

(4) Verwendung einer besonders hitzebeständigen und elastischen Zuleitung, die sowohl das Durchschmoren bei Kontakt mit der heißen Bügelsohle als auch das

Hervortreten von Leitungsdrähten infolge brüchig und spröde gewordener Kabelmäntel verhindert.

Die beiden Herren beschließen, mithilfe einer Marktforschungsstudie die Bedeutung einzelner Eigenschaften von Bügeleisen für die Urteilsbildung der Konsumenten zu ermitteln. Insbesondere soll der Stellenwert der von Herrn Weiß vorgeschlagenen Sicherheitseigenschaften bestimmt werden. Aus diesem Anlass bittet Herr Müller Herrn Trentmann aus der hauseigenen Marktforschungsabteilung um die Konzeption und Durchführung einer entsprechenden Untersuchung.

In einem Gespräch mit den beiden Herren der Entwicklungsabteilung möchte Herr Trentmann weitere Einzelheiten zum zu lösenden Marktforschungsproblem erfahren. Insbesondere interessiert ihn, hinsichtlich welcher weiteren Produkteigenschaften neben der Produktsicherheit Freiräume bei der Produktgestaltung bestehen.

Herr Weiß stellt das Gewicht des Bügeleisens als dem Verbraucher vermutlich besonders wichtiges Produktmerkmal heraus. Das Gewicht spielt in seinen Überlegungen in zweifacher Weise eine Rolle. Erstens ist bei einem schwereren Bügeleisen die Gefahr des Umkippens wesentlich geringer als bei einem leichteren Bügeleisen. Zweitens lassen sich die von ihm vorgeschlagenen sicherheitsfördernden Maßnahmen besser durchführen, wenn auf Gewichtsrestriktionen nicht so sehr zu achten ist oder der Verbraucher sogar ein schwereres Bügeleisen bevorzugt. Herr Weiß ist der Ansicht, das Gewicht dürfe durchaus zwischen 1,2 kg und 1,8 kg betragen.

Herr Müller ist als kaufmännischer Leiter natürlich auch in besonderem Maße am Preis des Bügeleisens interessiert. Ursprünglich hatte er gedacht, dass der Preis des neuen Typs bei etwa 100 € liegen sollte, wodurch ungefähr der Preis des zu ersetzenden Modells erreicht wäre. Herr Müller verlässt sich jedoch immer stärker darauf, dass sich infolge der vielen geplanten Sicherheitsmaßnahmen gegebenenfalls Preise von bis zu 160 € realisieren lassen könnten. Zugleich sieht er keinen Grund für eine Preisfestlegung unterhalb der Schwelle von 100 € sodass folglich von einer Preisspanne von 60 € ausgegangen werden kann. Als weiteres vermutlich wichtiges Produktmerkmal stellt Herr Müller die Farbgebung des Bügeleisens heraus. Der Trend zum Kauf aller Haushaltsgeräte in gleicher Farbe werde längerfristig auch vor dem Bügeleisen nicht haltmachen. Daher müsse man sich an den Trendfarben für Kaffeemaschinen, Eierkocher, Toaster und Haushaltsmülleimern orientieren und gängige Farbmuster adaptieren.

Herr Trentmann macht die Leiter der Entwicklungsabteilung anschließend darauf aufmerksam, dass nach seiner Meinung die genannten Produktmerkmale keineswegs vollständig und ausschließlich jene Produkteigenschaften umfassen müssen, die von den Verbrauchern bei ihren Kaufentscheidungen Berücksichtigung finden. Der Marktforscher schlägt deshalb ein zweistufiges Vorgehen vor. Zunächst soll im Rahmen einer Vorstudie untersucht werden, welche Produktmerkmale überhaupt von den Konsumenten beim Erwerb eines Bügeleisens in ihr Kalkül einbezogen werden. Im Anschluss kann dann in der Hauptuntersuchung unter Einsatz der

Methode der Konjunkten Analyse die Bedeutung der gefundenen Eigenschaften für die Entscheidungsfindung der Konsumenten ermittelt werden.

Zur **Aufdeckung relevanter Eigenschaften** für Konsumentenentscheidungen im Rahmen der Vorstudie kommen insbesondere die folgenden Datenerhebungsmethoden in Betracht:

- **Direkte Konsumentenbefragung:** Welche Eigenschaften sind Ihnen beim Kauf von Bügeleisen wichtig?
- **Direkte Händlerbefragung:** Auf welche Eigenschaften achten Konsumenten beim Kauf von Bügeleisen?
- **Tiefenpsychologisches Interview:** Hierbei werden im Rahmen einer relativ offen gehaltenen Befragung von Konsumenten Zusammenhänge zwischen Produkteigenschaften und den persönlichen Werthaltungen und Motiven des Befragten aufgedeckt.
- **Repertory-Grid-Methode:** Der Versuchsperson werden jeweils Tripel von Produkten vorgelegt. Sie soll jene Eigenschaften nennen, nach denen zwei der Produkte einander ähnlich, beide aber dem dritten unähnlich sind. Das Verfahren wird solange fortgesetzt, bis die Versuchsperson keine neuen Merkmale mehr angibt. Die Wichtigkeit der Merkmale entspricht der Häufigkeit der Nennung.

Als Ergebnis der Vorstudie haben sich im vorliegenden Fall die Produkteigenschaften Gewicht, Sicherheit und Preis als tatsächlich entscheidungsrelevante Produkteigenschaften herauskristallisiert. Herr Trentmann orientiert sich bei der Festlegung der Eigenschaftsausprägungen an den Vorschlägen der Leiter der Entwicklungsabteilung und wählt folgende Ausprägungen für die Durchführung einer Konjunkten Analyse aus (siehe Tab. 7.1):

Tab. 7.1: Relevante Produkteigenschaften und -ausprägungen (eigene Darstellung).

Eigenschaft	Ausprägungen	
Gewicht (G)	(G_1)	1,2 bis 1,4 kg
	(G_2)	1,4 bis 1,6 kg
	(G_3)	1,6 bis 1,8 kg
Sicherheit (S)	(S_1)	eingebauter Überhitzungsschutz
	(S_2)	eingebauter Überhitzungsschutz und Einbau einer Kontrollleuchte für den Grad der Sohlenerhitzung
	(S_3)	eingebauter Überhitzungsschutz und Kontrollleuchte und Einbau einer Warntoneinrichtung bei drohender Überhitzung
Preis (P)	(P_1)	100 bis 120 €
	(P_2)	120 bis 140 €
	(P_3)	140 bis 160 €

Bei der Auswahl der im Rahmen einer Konjunkten Analyse untersuchten Produkt-eigenschaften und ihren Ausprägungen sind eine Reihe von **Anforderungen** zu beachten. So sollten die Eigenschaften relevant für die Kaufentscheidung sein, was im vorliegenden Fall bereits im Rahmen der Vorstudie überprüft wurde. Zudem sollen die Eigenschaften auch im Rahmen der Produktgestaltung (technisch) beeinflussbar und überhaupt realisierbar sein. Auch dieses Kriterium lässt sich im vorliegenden Fall als erfüllt ansehen. Die Eigenschaften müssen zudem redundanzfrei und unab-hängig voneinander sein, was ebenfalls im Beispiel gegeben ist. Zudem sollte auf den Einbezug von Ausschlusskriterien verzichtet werden. Vielmehr wird im Ansatz der Konjunkten Analyse von einem kompensatorischen Verhältnis der einbezogenen Eigenschaften ausgegangen. Damit wird unterstellt, dass geringere Ausprägungs-grade bzw. Nachteile bei einer Eigenschaft durch höhere Ausprägungsgrade bzw. Vorteile bei einer anderen Eigenschaft ausgeglichen (kompensiert) werden können. Auch dieses Kriterium kann im vorliegenden Fall als hinreichend erfüllt betrachtet werden.

Es sollen nun im nächsten Schritt mögliche **Erhebungsdesigns** für die Konjunkte Analyse diskutiert werden. Für verschiedene Varianten des Erhebungsdesigns soll die Anzahl der von den Probanden abzugebenden Beurteilungen angegeben werden. Mögliche Erhebungsdesigns für die Konjunkte Analyse sind die Zwei-Faktor-Methode und die Profilmethode.

Bei der **Zwei-Faktor-Methode** (Trade-off-Analyse) werden jeweils die Ausprä-gungen von nur zwei Eigenschaften einander gegenübergestellt. Die Bewertung kann anhand sogenannter Trade-off-Matrizen erfolgen (siehe Tab. 7.2).

Tab. 7.2: Beispiel für eine Trade-off-Matrix (eigene Darstellung).

Sicherheit (S)	Gewicht (G)		
	G_1	G_2	G_3
S_1	Stimulus I	Stimulus II	Stimulus III
S_2	Stimulus IV	Stimulus V	Stimulus VI
S_3	Stimulus VII	Stimulus VIII	Stimulus IX

Im vorliegenden Fall lassen sich bei Anwendung der Zwei-Faktor-Methode $\binom{3}{2} = 3$ Trade-off-Matrizen aufstellen, was bei jeweils 9 Beurteilungen zu insgesamt $3 \times 9 = 27$ Beurteilungen führt. Die Durchführung von Vergleichen auf Basis von lediglich zwei Eigenschaften mag zwar auf der einen Seite relativ leicht von Probanden zu bewälti-gen sein. Die Bewertungsaufgabe zeichnet sich jedoch durch eine geringe Realitäts-nähe aus. Zudem lassen sich die Stimuli kaum realistisch, z. B. durch Bildmaterial, darstellen.

Bei der **Profilmethode** besteht jeder Stimulus aus einer bestimmten Kombination der Ausprägungen aller Eigenschaften. Im vorliegenden Fall ergeben sich $3 \times 3 \times 3 = 27$ mögliche Stimuli. Bei jeweils paarweisem Vergleich der Stimuli würde dies $\binom{27}{2} = 351$ Paarvergleiche implizieren, was einen unangemessenen Bewertungsaufwand darstellt. Hieran wird der Nachteil der Profilmethode deutlich, der in einem raschen Anstieg der Zahl der Stimuli mit steigender Anzahl von Eigenschaften bzw. Ausprägungen besteht. Auf der anderen Seite ist aber die Bewertungsaufgabe für Probanden sehr realistisch. Produktstimuli können zudem in Form von Bildern oder Objektmustern dargestellt werden.

Herr Trentmann entscheidet sich für den Einsatz der Profilmethode zur Erhebung der benötigten Daten. Da ihm die Anzahl zu beurteilender Stimuli im Falle eines vollständigen Designs jedoch zu hoch erscheint und die Urteilsfähigkeit der Probanden damit überfordert werden würde, wählt er ein **reduziertes Design** in der Form eines lateinischen Quadrats (siehe Tab. 7.3):

Tab. 7.3: Reduziertes Design in Form des lateinischen Quadrats (eigene Darstellung).

	P_1	P_2	P_3
G_1	S_1	S_2	S_3
G_2	S_2	S_3	S_1
G_3	S_3	S_1	S_2

Die Auskunftsperson Nr. 96 hat für die in Tab. 7.3 dargestellten neun zu beurteilenden Bügeleisen, die gemäß obigen Designs aus den Merkmalsausprägungen zusammengesetzt wurden, folgende Rangwerte vergeben:

Tab. 7.4: Vergebene Rangwerte der Auskunftsperson Nr. 96 (eigene Darstellung).

5	2	9
8	1	6
3	7	4

Es sollen nun die Teilnutzenwerte und die Gesamtnutzenwerte der neun Stimuli auf der Basis der Beurteilungen dieser Auskunftsperson berechnet werden, um Aussagen zur relativen Wichtigkeit der betrachteten Produkteigenschaften abzuleiten. Dabei sei für die Rangwerte metrisches Skalenniveau unterstellt.

Zur Berechnung der Teilnutzen- und Gesamtnutzenwerte wird zunächst der Durchschnittsrang über alle möglichen Rangwerte berechnet. Der Durchschnittsrang μ beträgt:

$$\mu = \frac{1 + 2 + 3 + 4 + \cdots + 9}{9} = 5$$

- Die Eigenschaftsausprägung G_1 kommt in den Stimuli I, II, III vor. Hieraus ergibt sich der Durchschnittsrang $(5 + 2 + 9)/3 = 5{,}33$.
- Der Teilnnutzenwert für die Eigenschaftsausprägung G_1 ergibt sich als Abweichung vom Durchschnittsrang wie folgt: $\text{TNW}(G_1) = 5{,}33 - 5 = 0{,}33$.
- G_2 kommt in den Stimuli IV, V, VI vor. Der Durchschnittsrang beträgt $(8 + 1 + 6)/3 = 5$. Der Teilnutzenwert für G_2 beträgt somit $\text{TNW}(G_2) = 5 - 5 = 0$.
- G_3 kommt in den Stimuli VII, VIII, IX vor. Der Durchschnittsrang errechnet sich zu $(3 + 7 + 4)/3 = 4{,}67$. Der Teilnutzenwert für G_3 beträgt $\text{TNW}(G_3) = 4{,}67 - 5 = -0{,}33$.
- S_1 kommt in den Stimuli I, VI, VIII vor. Dies ergibt einen Durchschnittsrang von $(5 + 6 + 7)/3 = 6$. Für den Teilnutzenwert von S_1 folgt: $\text{TNW}(S_1) = 6 - 5 = 1$.
- S_2 kommt in den Stimuli II, IV, IX vor. Als Durchschnittsrang ergibt sich $(2 + 8 + 4)/3 = 4{,}67$. Der Teilnutzenwert für die Merkmalsausprägung S_2 beträgt somit $\text{TNW}(S_2) = 4{,}67 - 5 = -0{,}33$.
- S_3 kommt in den Stimuli III, V, VII vor. Der Durchschnittsrang beträgt somit $(9 + 1 + 3)/3 = 4{,}33$. Der Teilnutzenwert für S_1 beträgt $\text{TNW}(S_1) = 4{,}33 - 5 = -0{,}67$.
- P_1 kommt in den Stimuli I, IV, VII vor. Der Durchschnittsrang beträgt $(5 + 8 + 3)/3 = 5{,}33$. Es resultiert ein Teilnutzenwert für P_1 von $\text{TNW}(P_1) = 5{,}33 - 5 = 0{,}33$.
- P_2 kommt in den Stimuli II, V, VIII vor. Der Durchschnittsrang errechnet sich zu $(2 + 1 + 7)/3 = 3{,}33$. Es ergibt sich ein Teilnutzenwert für P_2 von $\text{TNW}(P_2) = 3{,}33 - 5 = -1{,}67$.
- P_3 kommt in den Stimuli III, VI, IX vor. Der Durchschnittsrang beträgt somit $(9 + 6 + 4)/3 = 6{,}33$. Als Teilnutzenwert für P_3 ergibt sich $\text{TNW}(P_3) = 6{,}33 - 5 = 1{,}33$.

Zur Berechnung der relativen Wichtigkeit der Produkteigenschaften ist eine Normierung der Teilnutzenwerte auf das Intervall $[0, 1]$ erforderlich. Es sei β_{im} der Teilnutzenwert (TNW) für die Ausprägung m der Eigenschaft i. Die Normierung ergibt sich dann aus zwei Schritten (vgl. Grunwald und Hempelmann 2012, S. 103). Im ersten Schritt erfolgt die Festlegung des Nullpunkts der Skala zur Messung der normierten Teilnutzenwerte dadurch, dass derjenigen Merkmalsausprägung mit dem geringsten Teilnutzenwert der Wert Null zugewiesen wird:

$$\beta_{im}^* = \beta_{im} - \min_m \{\beta_{im}\}$$

Im zweiten Schritt wird die Skaleneinheit so gewählt, dass dem am stärksten präferierten Stimulus der Gesamtpräferenzwert 1 zugeordnet wird:

$$\hat{\beta}_{im} = \frac{\beta_{im}^*}{\sum_i \max_m \{\beta_{im}^*\}}$$

$\hat{\beta}_{im}$ = normierter TNW für Ausprägung m der Eigenschaft i

Die relative Wichtigkeit der Eigenschaft i lässt sich dann aus dem Maximum der normierten Teilnutzenwerte errechnen:

$$w_i = \max_m \{\hat{\beta}_{im}\}$$

Die Ergebnisse der Normierung können für den vorliegenden Fall der Tab. 7.5 entnommen werden, wobei im zweiten Normierungsschritt das folgende Zwischenergebnis

$$\sum_i \max_m \{\beta_{im}^*\} = 0{,}67 + 1{,}67 + 3 = 5{,}33$$

verwendet wird.

Tab. 7.5: Ergebnisse der Normierung (eigene Darstellung).

	β_{im}	β_{im}^*	$\hat{\beta}_{im}$	w_i
G_1	0,33	0,67	0,126	0,126
G_2	0	0,33	0,062	
G_3	$-0{,}33$	0	0	
S_1	1	1,67	0,313	0,313
S_2	$-0{,}33$	0,33	0,062	
S_3	$-0{,}67$	0	0	
P_1	0,33	2	0,375	0,563
P_2	$-1{,}67$	0	0	
P_3	1,33	3	0,563	

Auf Basis der (normierten) Teilnutzenwerte lässt sich der Gesamtpräferenzwert der untersuchten Stimuli berechnen, anhand derer die Stimuli sich in eine Rangfolge bringen lassen. Idealerweise sollte diese Rangfolge mit der von dem Probanden im Rahmen der Befragung angegebenen Rangfolge exakt übereinstimmen. Je mehr Abweichungen zwischen beiden Rangfolgen festzustellen sind, umso schlechter ist die Anpassungsgüte der Analyse. Das auf dieser Überlegung basierende Gütemaß wird als **Stress** bezeichnet. Details zur Berechnung des Stresswerts können in Kapitel 6.3 im Abschnitt zur Multidimensionalen Skalierung (MDS) sowie bei Grunwald und Hempelmann 2012, S. 102 f. nachgelesen werden.

Die späteren Herstellkosten eines Produkts hängen wesentlich von dessen Eigenschaften ab und liegen daher typischerweise in erheblichem Umfang bereits **vor** der eigentlichen Produktion fest. Da die traditionellen Verfahren der Kostenrechnung auf eine Kostenkontrolle **nach** Beginn der Produktion ausgerichtet sind, benötigt die Betriebswirtschaftslehre zusätzliche Instrumente, um Kostenziele bereits in frühen Phasen der Produktentwicklung vorgeben zu können. Genau an diesem Punkt setzt das **Target Costing** (Zielkostenrechnung) an. Analog zur Konjunkten Analyse ist auch das Target Costing durch eine konsequente Markt- und Kundenorientierung gekennzeichnet, was sich in der Ausrichtung der Produktgestaltung an den von

Kunden gewünschten Produktmerkmalen bzw. -eigenschaften konkretisiert. Ergänzt wird diese Perspektive um die Idee, dass sich die im Zuge der Produktion anfallenden späteren Herstellkosten vor allem in der Entwicklungsphase beeinflussen lassen.

Der in Abb. 7.3 dargestellte Ausgangspunkt des Target Costing besteht in der Ermittlung der vom Markt erlaubten Kosten (**Allowable Costs**) durch Subtraktion der angestrebten umsatzbezogenen Zielrendite vom geplanten Absatzpreis. Im Rahmen einer durchzuführenden Kostenspaltung erfolgt eine Differenzierung der erlaubten Kosten nach den einzelnen Produktkomponenten. Den komponentenbezogenen Kosten kommt ein Vorgabecharakter im Sinne einzuhaltender **Zielkosten** zu. Ihnen gegenüberzustellen sind Kostenschätzungen für die Produktkomponenten, die als **Drifting Costs** bezeichnet werden. Idealerweise sollten die Drifting Costs bei allen Produktkomponenten mit den Allowable Costs übereinstimmen, zumindest jedoch diese nicht überschreiten. Liegen die Drifting Costs jedoch oberhalb der Allowable Costs, läuft der Anbieter Gefahr, die angestrebte Zielrendite zu verfehlen. Es sollte dann überlegt werden, Maßnahmen zur Reduzierung der komponentenbezogenen Kosten einzuleiten.

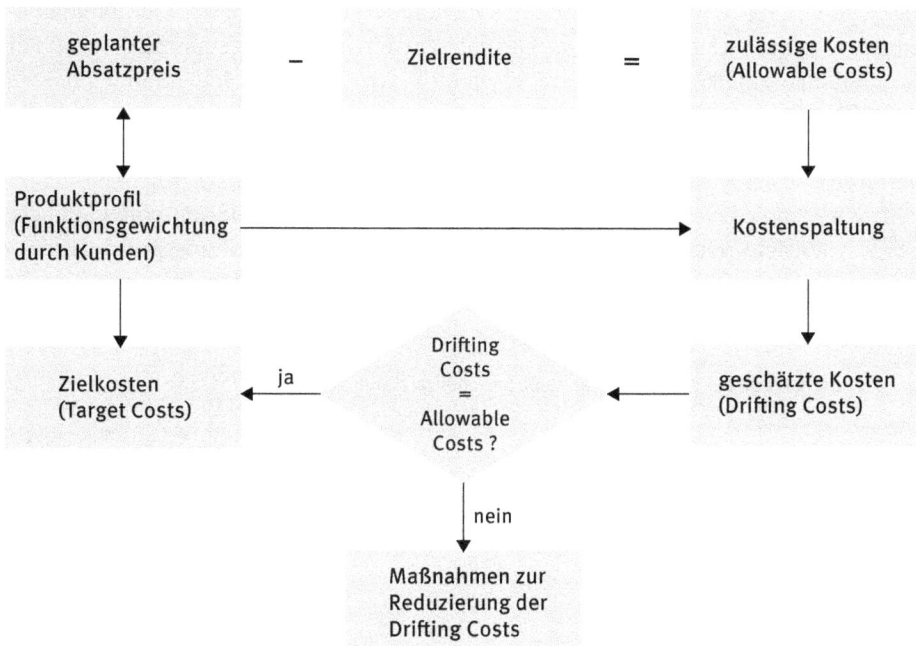

Abb. 7.3: Vorgehen des Target Costing (Coenenberg 2003, S. 443).

Bei der Entscheidung darüber, bei welchen Produktkomponenten Maßnahmen zur Kostenreduzierung eingeleitet werden sollen, sind auch die über eine **Konjunkte Analyse** gewonnenen Erkenntnisse über die Kundengewichtung zu kaufrelevanten Produkteigenschaften von Bedeutung. Zusammen mit Einschätzungen dazu, welche

Beiträge die jeweiligen Produktkomponenten zu den untersuchten Produkteigenschaften leisten, lassen sich Aussagen über den Anteil der jeweiligen Produktkomponente am Gesamtnutzen des Produkts gewinnen. Für jede Produktkomponente wird dann deren Anteil an den geschätzten Kosten ihrem Nutzenanteil durch Bildung des folgenden Zielkostenindex gegenübergestellt:

$$\text{Zielkostenindex} = \frac{\text{Nutzenanteil der Komponente}}{\text{Anteil der Komponente an den geschätzten Kosten}}$$

Produktkomponenten mit einem Zielkostenindex < 1 erscheinen als zu aufwendig gestaltet. Diese Komponenten verursachen einen relativ hohen Anteil an den geschätzten Kosten, ohne dass sie im selben Umfang Nutzen für die Kunden generieren. Bei diesen Komponenten erscheinen also Kostenreduzierungen möglich, ohne dass auf der anderen Seite die Gefahr besteht, hierdurch deutlich an Kundenakzeptanz zu verlieren. In diesem Fall würde das Unternehmen trotz ergriffener Maßnahmen zur Kostenreduzierung Gefahr laufen, die angestrebte Rendite dadurch zu gefährden, dass sich der geplante Absatzpreis gegebenenfalls nicht mehr realisieren lässt. Produktkomponenten mit einem Zielkostenindex > 1 erscheinen hingegen als zu einfach gestaltet. Für diese Komponenten sollten Kostenüberschreitungen gegenüber den erlaubten Kosten angesichts ihres hohen Beitrags zum Kundennutzen daher akzeptiert werden.

Das Vorgehen des Target Costing soll anhand des folgenden **Fallbeispiels** illustriert werden. Die Trek & Bike AG hat im Rahmen der Entwicklung ihres neuen Damenfahrrads Veronica eine Konjunkte Analyse durchgeführt, um Informationen über die aus Kundensicht relevanten Produkteigenschaften (Funktionen) und deren Gewichtung im Kaufentscheidungsprozess zu erlangen. Die Untersuchung hat zu den in Tab. 7.6 dargestellten Ergebnissen geführt.

Tab. 7.6: Ergebnisse der Konjunkten Analyse (eigene Darstellung).

Produkteigenschaft	Gewichtung
Gewicht	10 %
Haltbarkeit	10 %
Sicherheit	25 %
Design	15 %
Fahrkomfort	40 %

Gleichzeitig wurden die Kunden im Hinblick auf ihre Zahlungsbereitschaft befragt. Als Ergebnis dieser Befragung ergab sich 500 € als idealer Verkaufspreis. Das Unternehmen strebt eine Umsatzrendite von 10 % an. Nach Abzug dieser Renditeforderung vom angestrebten Verkaufspreis betragen die erlaubten Kosten 450 €.

Das Fahrrad setzt sich aus den Produktkomponenten Sattel, Lenkrad (mit Softbezug), Aluminiumpedale, Schalt- und Bremseinheit, Stahlrahmen, Scheinwerfer/

Rücklicht sowie den Reifen zusammen. Nach Kenntnisnahme der Ergebnisse der durchgeführten Konjunkten Analyse hat sich das Unternehmensmanagement intensiv Gedanken darüber gemacht, in welchem Umfang diese Produktkomponenten zu den kaufrelevanten Produkteigenschaften beitragen. Das Ergebnis dieser Überlegungen ist Tab. 7.7 zu entnehmen. Beispielsweise ist man der Meinung, dass das Gewicht des Fahrrads zu 15 % auf den verwendeten Sattel zurückgeführt werden kann.

Tab. 7.7: Komponenten-Funktions-Matrix

Produktkomponente	Produkteigenschaften (Funktionen)				
	Gewicht	Haltbarkeit	Sicherheit	Design	Fahrkomfort
Sattel	15 %	15 %	10 %	25 %	35 %
Lenkrad	20 %	10 %	15 %	25 %	10 %
Pedale	5 %	5 %			10 %
Schalt-/Bremseinheit	5 %		30 %		5 %
Stahlrahmen	25 %	55 %	15 %	25 %	10 %
Scheinwerfer/Rücklicht	5 %		10 %		5 %
Reifen	25 %	15 %	20 %	25 %	25 %
Summe	100 %	100 %	100 %	100 %	100 %

Die in den Tab. 7.6 und 7.7 dargestellten Gewichtungen lassen sich heranziehen, um die insgesamt erlaubten Kosten von 450 € je Fahrrad auf die Produktkomponenten bzw. -eigenschaften umzulegen (Kostenspaltung). Entsprechend der Gewichtung durch die Konsumenten betragen beispielsweise die erlaubten Kosten für die Produkteigenschaft Gewicht 10 % der 450 €, also 45 €. Hiervon sind 15 % (= 6,75 €) auf den verwendeten Sattel zurückzuführen. Tab. 7.8 enthält die übrigen, sich auf analoge Weise ergebenden Kostenwerte.

Tab. 7.8: Ergebnisse der Kostenspaltung

Produktkomponente	Produkteigenschaften (Funktionen)					erlaubte Kosten je Komponente
	Gewicht	Haltbarkeit	Sicherheit	Design	Fahrkomfort	
Sattel	6,75 €	6,75 €	11,25 €	16,88 €	63 €	104,63 €
Lenkrad	9,00 €	4,50 €	16,88 €	16,88 €	18 €	65,25 €
Pedale	2,25 €	2,25 €			18 €	22,50 €
Schalt-/Bremseinheit	2,25 €		33,75 €		9 €	45,00 €
Stahlrahmen	11,25 €	24,75 €	16,88 €	16,88 €	18 €	87,75 €
Scheinwerfer/ Rücklicht	2,25 €		11,25 €		9 €	22,50 €
Reifen	11,25 €	6,75 €	22,50 €	16,88 €	45 €	102,38 €
erlaubte Kosten je Eigenschaft	45 €	45 €	112,50 €	67,50 €	180 €	Summe = 450 €

Da bereits ein Rohentwurf des neuen Produkts vorhanden ist, können die voraussichtlich entstehenden Kosten je Produktkomponente geschätzt und diese den erlaubten Kosten gegenübergestellt werden (siehe Tab. 7.9).

Tab. 7.9: Vergleich der erlaubten und geschätzten Kosten (eigene Darstellung).

Produktkomponente	erlaubte Kosten	geschätzte Kosten
Sattel	104,63 €	115 €
Lenkrad	65,25 €	60 €
Pedale	22,50 €	34 €
Schalt-/Bremseinheit	45,00 €	50 €
Stahlrahmen	87,75 €	116 €
Scheinwerfer/Rücklicht	22,50 €	25 €
Reifen	102,38 €	100 €
Summe	**450 €**	**500 €**

Es wird deutlich, dass (mit Ausnahme der Reifen und des Lenkrads) die geschätzten Kosten bei allen Produktkomponenten die vom Markt erlaubten Kosten übersteigen. Da zudem die geschätzten Kosten je Fahrrad genau dem vorgesehenen Verkaufspreis entsprechen, sind Kostenreduzierungen unumgänglich.

Um Anhaltspunkte dafür zu gewinnen, bei welchen Produktkomponenten angesetzt werden sollte, wird der Anteil der Produktkomponenten an den geschätzten Kosten je Fahrrad deren Anteil am Kundennutzen gegenübergestellt. Das Vorgehen zur Bestimmung der zuletzt genannten Größe ist grafisch in Abb. 7.4 am Beispiel der Komponente Sattel dargestellt.

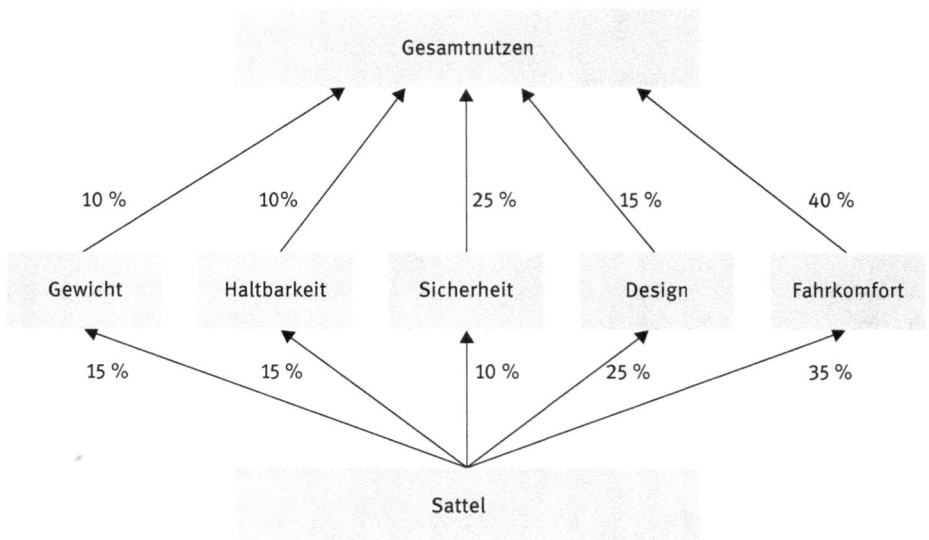

Abb. 7.4: Bestimmung des Nutzenanteils der Produktkomponente Sattel (eigene Darstellung).

Mit den Gewichten aus Abb. 7.4 errechnet sich der Nutzenanteil des Sattels zu

$$0{,}15 \cdot 0{,}1 + 0{,}15 \cdot 0{,}1 + 0{,}1 \cdot 0{,}25 + 0{,}25 \cdot 0{,}15 + 0{,}35 \cdot 0{,}4 = 0{,}2325,$$

beträgt also 23,25 %. In analoger Weise ergeben sich die übrigen, in Tab. 7.10 dargestellten Nutzenanteile.

Tab. 7.10: Vergleich der Kosten- und Nutzenanteile der Produktkomponenten (eigene Darstellung).

Produktkomponente	Kostenanteil	Nutzenanteil	Zielkostenindex
Sattel	23,00 %	23,25 %	101,09 %
Lenkrad	12,00 %	14,50 %	120,83 %
Pedale	6,80 %	5,00 %	73,53 %
Schalt-/Bremseinheit	10,00 %	10,00 %	100,00 %
Stahlrahmen	23,20 %	19,50 %	84,05 %
Scheinwerfer/Rücklicht	5,00 %	5,00 %	100,00 %
Reifen	20,00 %	22,75 %	113,75 %
Summe	**100 %**	**100 %**	

Der Inhalt der Tab. 7.10 lässt sich grafisch im sogenannten **Zielkostenkontrolldiagramm** visualisieren (siehe Abb. 7.5).

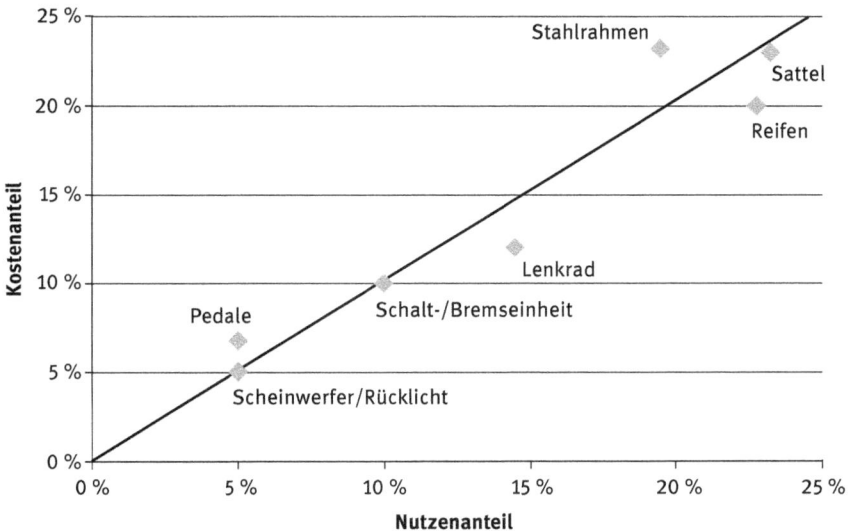

Abb. 7.5: Zielkostenkontrolldiagramm (eigene Darstellung).

Es wird deutlich, dass bei den Produktkomponenten Scheinwerfer/Rücklicht, Schalt- und Bremseinheit sowie beim Sattel Kosten und Nutzen in einem (nahezu) ausgeglichenen Verhältnis zueinander stehen. Im Zielkostenkontrolldiagramm liegen diese Komponenten auf bzw. nahe an der eingezeichneten 45°-Geraden. Bei Produktkomponenten, die im Zielkostenkontrolldiagramm unterhalb der Winkelhalbierenden positioniert sind, ist deren Kostenanteil geringer als der Nutzenanteil. Kostenüberschreitungen dieser Komponenten gegenüber den vom Markt erlaubten Kosten sollten akzeptiert werden. Im vorliegenden Fall trifft dies auf die Komponenten Lenkrad und Reifen zu. Oberhalb der Winkelhalbierenden finden sich hingegen diejenigen Produktkomponenten, deren Kostenanteil größer als der Nutzenanteil ist. Das Unternehmen sollte daher Kostenreduzierungen in erster Linie beim Stahlrahmen und in abgeschwächter Form auch bei den verwendeten Pedalen vornehmen.

Haben sich nach diesen ersten Phasen des Produktentwicklungsprozesses einige Produktkonzepte in der vorgesehenen Zusammenstellung sowohl aus Kundensicht als auch aus Unternehmenssicht als grundsätzlich geeignet herausgestellt, können die in die engere Wahl gezogenen Produktkonzepte in einem nächsten Schritt weiter auf ihre **Wirtschaftlichkeit** hin abgeschätzt werden. Da hierzu jedoch genauere Angaben zu erzielbaren Absätzen, Preisen, Erlösen und entstehenden Kosten erforderlich sind, kommen die im Folgenden betrachteten Verfahren der Wirtschaftlichkeitsrechnung tendenziell erst in mittleren bis späten Phasen des Neuproduktentwicklungsprozesses zur Anwendung. Zur Ermittlung der Wirtschaftlichkeit von neuen Produkten können insbesondere Gewinnvergleichsrechnungen bezüglich der in die engere Wahl gezogenen Produkte sowie die Break-even-Analyse und Kapitalwertmethode angewandt werden.

Als Entscheidungskriterien zur Beurteilung eines neuen Produktkonzepts im Rahmen der **Break-even-Analyse** können sowohl die Break-even-Menge als auch die Break-even-Zeit herangezogen werden (vgl. zur Break-even-Analyse Kapitel 4.1.2). Die Break-even-Zeit (t_{BE}) gibt die Anzahl der Perioden an, bis der Anbieter mit dem Produkt von der Verlust- in die Gewinnzone kommt. Die Break-even-Menge (x_{BE}) bezeichnet jene Absatzmenge, bei der der Anbieter von der Verlust- in die Gewinnzone wechselt, bei der der Gewinn also Null ist (siehe Abb. 7.6). Wird die Break-even-Menge überschritten, erwirtschaftet der Anbieter mit dem betreffenden Produkt Gewinne, wird sie unterschritten, macht er Verluste.

Die Break-even-Menge (Gewinnschwelle) lässt sich durch Gleichsetzen von Erlös- und Kostenfunktionen wie folgt bestimmen:

$$E(x) = K(x)$$

$$p \cdot x = K_{fix} + k_v \cdot x_{BE}$$

$$\Leftrightarrow x_{BE} = K_{fix}/(p - k_v),$$

wobei $(p - k_v)$ den Stückdeckungsbeitrag angibt.

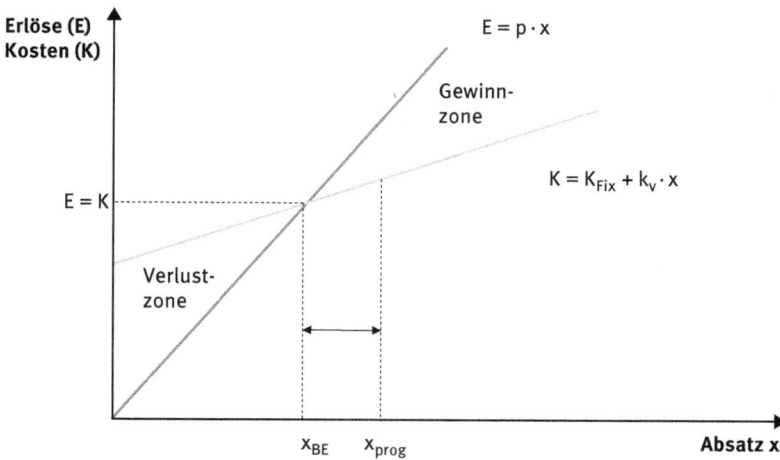

Abb. 7.6: Break-even-Menge und prognostizierter Absatz (eigene Darstellung).

Ein Neuproduktkonzept ist demnach also umso vorteilhafter zu beurteilen, je geringer die Break-even-Menge ausfällt bzw. je kürzer die Break-even-Zeit ist. Ergänzend lässt sich der für das neue Produkt prognostizierte (erwartete) Absatz (x_{prog}) heranziehen und mit dem Break-even-Absatz vergleichen (siehe die in Abb. 7.6 dargestellte Abweichung). Das **Absatzrisiko** eines Produkts ist umso geringer einzuschätzen, je mehr der prognostizierte Absatz die Break-even-Menge überschreitet ($x_{prog} > x_{BE}$), was zu einer positiven Beurteilung im Sinne der Weiterverfolgung der Neuproduktkonzeption führt. Im umgekehrten Fall ($x_{prog} \leq x_{BE}$) würden mit dem Produkt voraussichtlich Verluste erzielt werden, sodass in dieser Hinsicht von einer Weiterverfolgung bzw. Markteinführung abgesehen werden sollte. Verschiedene, im Hinblick auf die Weiterverfolgung bzw. Markteinführung zu beurteilende Produktkonzepte lassen sich nun anhand dieser Kriterien vergleichend gegenüberstellen und in eine Rangfolge bringen.

Das Vorgehen bei der Break-even-Analyse soll an einem **Beispiel** veranschaulicht werden. Als Mitarbeiter der Produktentwicklung haben Sie mitzuentscheiden, ob sie ein neues Produkt, das nach Meinung der Marktforschungsabteilung zu einem Preis von 20 € pro Stück in Höhe von 100.000 Stück pro Jahr auf dem Markt abgesetzt werden kann, fertigen und in das Produktprogramm aufnehmen wollen. Die Fertigung hat der Aufnahme schon zugestimmt und benötigt 200.000 € für Investitionen. Die Investitionen sollen in fünf Jahren abgeschrieben sein, d. h. sie sind gleichmäßig auf fünf Jahre zu verteilen und als Kosten anzusetzen. Nach Angaben der Marketingabteilung belaufen sich die allgemeinen Vertriebskosten auf 230.000 € pro Jahr und die Werbekosten auf 100.000 € pro Jahr. Die Kostenrechnung gibt variable Stückkosten von 9 €/Stück an. Wie ist im vorliegenden Fall auf Grundlage der Break-even-Menge zu entscheiden?

Zur Klärung dieser Frage sind zunächst die fixen Kosten (K_{fix}) für die Planungsperiode (ein Jahr) zu bestimmen. Diese ergeben sich hier aus der Summe der Investitionskosten pro Jahr (40.000 €), den allgemeinen Vertriebskosten pro Jahr (230.000 €) und den jährlichen Werbekosten (100.000 €). Hieraus errechnen sich die jährlichen Fixkosten zu K_{fix} = 370.000 €. Anhand der Angaben zum Preis (p = 20 €) und zu variablen Stückkosten (k_v = 9 €/Stück) lässt sich nun die Break-even-Menge wie folgt berechnen:

$$x_{BE} = K_{fix} / (p - k_v) = 370.000 / (20 - 9) \approx 33.637 \text{ Stück.}$$

Es sind somit also mindestens 33.637 Stück pro Jahr von dem neuen Produkt abzusetzen, bis sich mit dem neuen Produkt Gewinne erwirtschaften lassen. Die errechnete Break-even-Menge ließe sich mit den Break-even-Mengen alternativer Produktkonzeptionen vergleichen, um eine Rangfolge der Vorteilhaftigkeit der verschiedenen Produktkonzeptionen abzuleiten. Da der prognostizierte Absatz im vorliegenden Fall bei x_{prog} = 100.000 Stück pro Jahr liegt, welcher somit die errechnete Break-even-Menge deutlich überschreitet ($x_{prog} > x_{BE}$), kann das Produkt grundsätzlich in das Produktprogramm aufgenommen werden.

Vor einer endgültigen Entscheidung über die Aufnahme in das Produktprogramm sollten jedoch auch qualitative Kriterien zur Beurteilung herangezogen werden, die oben bereits im Zuge des Punktbewertungsverfahrens vorgestellt wurden. Zudem sollten vor einer Entscheidung auch die Kritikpunkte an der Break-even-Analyse gewürdigt werden, um die Entscheidung zu reflektieren und gegebenenfalls durch ein weiteres quantitatives Verfahren abzusichern. An der oben dargestellten Break-even-Analyse werden vor allem die folgenden Kritikpunkte vorgebracht:

- Die Analyse ist **statisch** orientiert. Die unterschiedliche zeitliche Verteilung von Erlösen und Kosten wird in dem oben betrachteten grundlegenden Ansatz der Break-even-Analyse nicht berücksichtigt.
- Es werden lineare Funktionsverläufe unterstellt.
- Die **Zeitpräferenz** des Entscheiders wird nicht berücksichtigt, d. h. die Tatsache, dass dem Entscheider Einzahlungsüberschüsse in der Gegenwart mehr wert sind als Einzahlungsüberschüsse in der Zukunft, wird nicht abgebildet.
- Die Möglichkeit alternativer Kapitalanlagen (Finanz- oder Sachanlagen) bleibt in dem Ansatz unberücksichtigt. Aus solchen Anlagen resultierende mögliche Gewinne, die dem Entscheider bei Wahl der betrachteten Alternative entgehen und somit **Opportunitätskosten** darstellen, werden nicht betrachtet.
- Es handelt sich um eine Entscheidung bei **Sicherheit**. Das Risiko (z. B. hinsichtlich der Durchsetzbarkeit von Preisen und des Eintretens der Absatzzahlen) bleibt unbeachtet.
- Die Anwendung des Verfahrens ist zudem erst in relativ **späten Phasen** des Produktentwicklungsprozesses möglich, da konkrete Daten zu Preisen und Kosten benötigt werden.

Die **Kapitalwertmethode** berücksichtigt einige der oben angesprochenen Kritik-punkte an der Break-even-Analyse. Sie ist ein dynamisches Verfahren der Wirtschaft-lichkeitsrechnung, das die unterschiedliche zeitliche Verteilung von Erlösen und Kosten berücksichtigt sowie die Zeitpräferenz und den Opportunitätskostengedan-ken integriert. Der Kapitalwert (C_0) lässt sich als auf den Gegenwarts- bzw. Entschei-dungszeitpunkt diskontierter zukünftiger Gewinn wie folgt berechnen:

$$C_0 = \sum_{t=0}^{T} [(p_t - k_{vt}) \cdot x_t - K_{Fix,t}] \cdot (1+i)^{-t} - K_{Fix,0}$$

mit:

t	Zeitindex ($t = 0, ..., T$)
$K_{fix,t}$	periodisch anfallende Fixkosten (z. B. für Löhne und Gehälter, Miete für Gebäude)
$K_{fix,0}$	einmalig in t_0 anfallende Fixkosten (z. B. Anschaffungskosten für eine Maschine, Forschungs- und Entwicklungskosten)
k_{vt}	variable Stückkosten in Periode t (z. B. für Rohstoffe, Materialien)
p_t	Preis in Periode t
x_t	Absatz in Periode t
i	Kalkulationszins in % (zur Berücksichtigung der Rendite alternativer Anla-gemöglichkeiten, der Zeitpräferenz sowie des Risikos)

Da es sich bei C_0 um eine Gewinngröße handelt, ist ein Neuprodukt anhand des Kapi-talwerts grundsätzlich positiv zu beurteilen, wenn $C_0 > 0$ ist. Ist $C_0 = 0$, lässt sich mit dem betrachteten Produkt eine Rendite erwirtschaften, die genauso hoch ist wie die eingeforderte Mindestrendite in Höhe des Zinsfußes i. Im Vergleich mit mehreren alternativen Neuproduktkonzepten wäre also jenes Konzept zu bevorzugen, das den größten Kapitalwert erbringt.

Break-even-Analyse und Kapitalwertmethode können zur Beurteilung einer Neuproduktkonzeption miteinander kombiniert werden, wie das folgende **Beispiel** verdeutlicht. Im Produktmanagement soll die Erfolgsträchtigkeit eines neuen Pro-dukts abgeschätzt werden. Zur Verfügung stehen die in Tab. 7.11 dargestellten Plan-daten. Hierbei wird davon ausgegangen, dass die Absatzmenge gleichmäßig über das betrachtete Jahr verteilt ist.

Tab. 7.11: Plandaten für ein Neuproduktkonzept (eigene Darstellung).

Perioden (Jahre)	t_0	t_1	t_2	t_3	t_4
geplanter Preis (GE)	100	95	90	90	80
geplante Absatzmenge (Stück)	1.000	2.000	3.500	5.500	5.000
variable Stückkosten (GE)	50	45	40	35	30
direkt zurechenbare Fixkosten (GE)	200.000				

Mithilfe der Break-even-Analyse möchte das Produktmanagement nun die Erfolgsträchtigkeit des neuen Produkts beurteilen. Zu diesem Zweck soll zunächst der über den Planungszeitraum erzielbare und auf den Gegenwartszeitpunkt (t_0) diskontierte Gewinn (Kalkulationszinssatz: 10 %) als Kapitalwert ermittelt werden. Zudem sollen Break-even-Zeit und Break-even-Menge bestimmt werden. Die Geschäftsleitung will die Markteinführung nur dann befürworten, wenn die Break-even-Menge nach spätestens zwei Jahren erreicht wird.

Tab. 7.12 zeigt die berechneten Deckungsbeiträge für die einzelnen Perioden bei statischer Betrachtung (ohne Diskontierung) sowie bei dynamischer Betrachtung (mit Diskontierung).

Tab. 7.12: Deckungsbeiträge des Neuproduktkonzepts (eigene Darstellung).

Perioden (Jahre)	t_0	t_1	t_2	t_3	t_4
Deckungsbeitrag (statisch) (GE)	50.000	100.000	175.000	302.500	250.000
Deckungsbeitrag (dynamisch) (GE)	50.000	90.909,09	144.628,10	227.272,73	170.753,36

Hieraus lässt sich unter Berücksichtigung der Fixkosten der erwartete Gewinn als **Kapitalwert** wie folgt berechnen:

$$C_0 = -200.000 + 50.000 + 90.909,09 + 144.628,10 + 227.272,73 + 170.753,36$$
$$= 483.563,28 \, \text{GE}.$$

Wegen $C_0 > 0$ kann das Produktkonzept grundsätzlich weiterverfolgt werden. Um die Break-even-Zeit zu bestimmen, werden die in den jeweiligen Perioden erwarteten dynamischen Deckungsbeiträge zusammen mit den in t_0 anfallenden Fixkosten bis zu demjenigen Jahr aufsummiert, in dem erstmalig Gewinne mit dem Produkt erwirtschaftet werden:

$$-200.000 + 50.000 + 90.909,09 + 144.628,10 = 85.537,19 > 0.$$

Wie aus der Rechnung erkennbar, ist dies erstmalig in Periode t_2 (also im dritten Jahr) der Fall. Da aber bereits in (und nicht erst am Ende von) Periode t_2 ein Gewinn erwirtschaftet wird, stellt sich die Frage nach dem genauen Zeitpunkt bzw. Monat, wann die Break-even-Menge erreicht wird. Um den Break-even-Zeitpunkt (Monat) zu bestimmen, lässt sich in der oben betrachteten Rechnung der in t_2 erwirtschaftete Periodendeckungsbeitrag mit x/12 multiplizieren und der kumulierte Gewinn (entsprechend der Bedingung für das Vorliegen der Break-even-Menge) sodann gleich Null setzen:

$$-200.000 + 50.000 + 90.909,09 + 144.628,10 \cdot x/12 = 0.$$

Umformen nach x ergibt $144.628,10 \cdot x/12 = 59.090,91 \Leftrightarrow x = 4,9 \approx 5$ Monate.

Das heißt bereits im fünften Monat des dritten Jahres (t_2) wird die Break-even-Menge erreicht. Die **Break-even-Zeit** (t_{BE}) beträgt somit drei Jahre und 5 Monate ($t_{BE} = 3{,}42$).

Die **Break-even-Menge** (x_{BE}) lässt sich nun exakt wie folgt aus den bis zum 4,9. Monat der Periode t_2 kumulierten Absatzmengen bestimmen:

$$x_{BE} = 1.000 + 2.000 + 3.500 \cdot 4{,}9/12 = 4.429{,}17 \approx 4.430 \text{ Stück.}$$

Da die Geschäftsleitung das neue Produkt nur dann einführen möchte, wenn die Gewinnschwelle bereits nach zwei Jahren erreicht ist, sollte das Produkt wegen $t_{BE} > 2$ nicht in den Markt eingeführt werden.

Sofern ein Neuproduktkonzept auch diese Phase der Wirtschaftlichkeitsprüfung des Neuproduktentwicklungsprozesses erfolgreich durchlaufen hat, können vor der Markteinführung Produkt- und Markttests durchgeführt werden (siehe Kapitel 5.3). Bei einem **Produkttest** wird Personen aus der potenziellen Zielgruppe vor der Vermarktung das betreffende Produkt probeweise zur Testung überlassen und anschließend ihre Wahrnehmung und Beurteilung (in der Regel durch standardisierte Befragung) eingefangen (vgl. Reinecke und Janz 2007, S. 194).

Bei einem **Markttest** wird das neue Produkt probeweise auf einem realen Testmarkt eingeführt (z. B. in einem regional abgegrenzten Gebiet), um die Absatzchancen besser einschätzen zu können und Erfahrungen mit dem Einsatz der Marketinginstrumente bei der Vermarktung des neuen Produkts zu sammeln. Um auf den Erfolg des neuen Produkts schließen zu können und Störgrößen (z. B. andere den Erfolg beeinflussende Faktoren wie der Einsatz weiterer Marketinginstrumente, Konkurrenzmaßnahmen) bei der Wirkungsabschätzung zu eliminieren, wird Markttests häufig ein **experimentelles Design** zugrunde gelegt (vgl. Grunwald und Hempelmann 2012, S. 53).

Das folgende Beispiel verdeutlicht das Vorgehen bei einem experimentellen Markttest. Ein Hersteller von Erfrischungsgetränken möchte die Wirksamkeit einer neuen Limonadesorte überprüfen. Hierzu wird die Durchführung eines Experiments nach dem Muster einer Vorher-Nachher-Messung mit Kontrollgruppe angesetzt (sog. EBA-CBA-Design). Das neue Produkt wird zunächst testweise in acht Filialen verkauft. Zudem stehen acht Kontrollfilialen zur Verfügung, in denen die frühere Variante des Produkts (oder ein anderes Vergleichsprodukt) verkauft wird. Als Indikator für die Ermittlung der Wirkungen der neuen Limonadesorte dienen die täglichen Umsatzzahlen, die über einen Zeitraum von drei Monaten erhoben und anschließend gemittelt wurden. Es ergaben sich folgende Werte (in €):

Tab. 7.13: Durchschnittsumsatz in Experiment- und Kontrollgruppen (eigene Darstellung).

	Vergleichsprodukt Durchschnittsumsatz im 4. Quartal 01	neues Produkt Durchschnittsumsatz im 1. Quartal 02
Testgeschäfte	222.894	251.514
Kontrollgeschäfte	170.202	174.600

In der Gruppe der Testgeschäfte konnte ein Umsatzanstieg von 28.620 € (= 251.514 – 222.894) verzeichnet werden. Im gleichen Zeitraum ist in der Gruppe der Kontrollgeschäfte ein Umsatzanstieg von 4.398 € (= 174.600 – 170.202) zu verzeichnen. Als bereinigter Umsatzanstieg in der Testgruppe ergibt sich 24.222 € (= 28.620 – 4.398), der als absolute Wirkung des neuen Produkts angesehen werden kann. Bezogen auf den durchschnittlichen Ausgangsumsatz in der Gruppe der Testgeschäfte bedeutet dies einen prozentualen Anstieg von 10,87 %. Indem die Veränderung des Umsatzes in den Kontrollgeschäften von der Umsatzveränderung in den Testgeschäften subtrahiert wird, können mögliche Störgrößen (z. B. das allgemeine Konsumklima, das Wetter etc.) bei der Wirkungsabschätzung herausgefiltert werden.

Neben der Gestaltung des Produktkerns und der Frage, welches Produkt überhaupt in einen Markt eingeführt werden soll, kommt der Gestaltung der **Produktperipherie** im Marketing eine zentrale Rolle zu. Hierbei geht es um die Klärung der Frage, ob und gegebenenfalls in welcher Form das neue Produkt markiert werden soll. Die **Marke** ist ein Zeichen zur Markierung einer Leistung, das bestimmte positive und kaufrelevante Assoziationen bei (potenziellen) Nachfragern auszulösen vermag und sich rechtlich schützen lässt. Die **Markierung** bezeichnet den Vorgang des Aufbaus und des Erhalts einer Marke über die Zeit hinweg.

Abb. 7.7 gibt einen Überblick über die wesentlichen markenpolitischen Optionen.

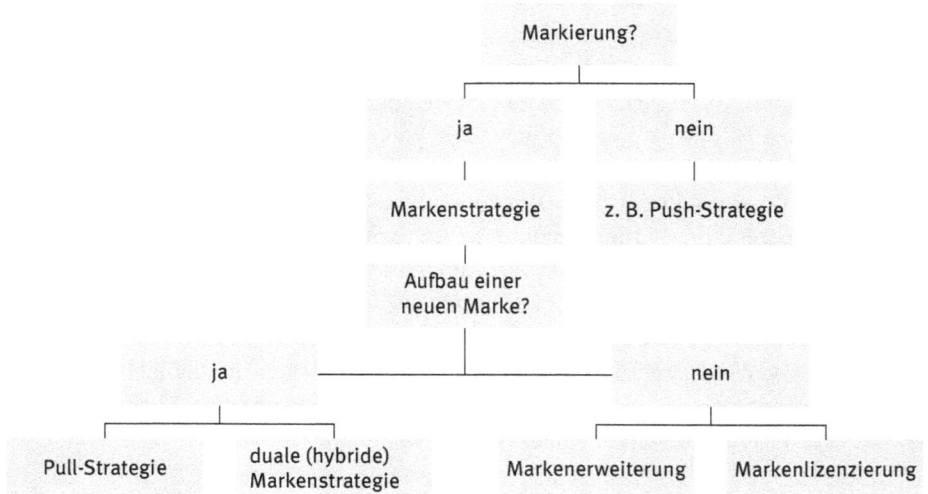

Abb. 7.7: Markenpolitische Optionen (Grunwald 2010, S. 202).

Beim **Markenaufbau** geht es aus verhaltenswissenschaftlicher Sicht darum, durch Wahl einer entsprechenden **Markenstrategie** zum einen den Namen des Produkts im Markt (bei der relevanten Zielgruppe) bekannt zu machen, d. h. ein Markenbewusstsein zu schaffen, und zum anderen über ein entsprechendes Markenimage

Gedankenassoziationen herbeizuführen, die für den Verkauf des Produkts förderlich sind (vgl. Keller 1998, 1993). Ein Beispiel für eine Markenstrategie ist die **Pull-Strategie**, bei der ein Anbieter versucht, durch Endverbraucherwerbung die eigenen Produkte mit einer vorteilhaften Position im Käuferurteil auszustatten, um so über die Endverbrauchernachfrage eine Zwischenhändlernachfrage mit hoher Preisbereitschaft und starkem Absatz herbeizuführen, gleichsam einen Nachfragesog zu verursachen.

Kleinen und mittleren Unternehmen (KMU) mit knappen Marketingbudgets ist jedoch oftmals der relativ aufwendige Aufbau einer Herstellermarke über den Einsatz umfangreicher kommunikationspolitischer Maßnahmen versagt. Alternativen zum Neuaufbau einer Marke bilden die **Markenlizenzierung** als die Nutzung einer bereits bestehenden etablierten fremden Marke gegen Gebühr, die **Markenerweiterung** als Nutzung einer eigenen bereits früher für andere Produkte aufgebauten Marke für ein neues Produkt oder die **Push-Strategie** als Investition in den Absatzkanal: Hierbei verzichtet der Hersteller im Unterschied zur Pull-Strategie auf eine Positionierung im Urteil der Endverbraucher. Er bleibt dem Endkunden weitgehend unbekannt oder verbirgt sich wie im Falle von **Handelsmarken** hinter dem Händler, der Eigner der Marke ist. Stattdessen richtet er intensive Absatzfördermaßnahmen an die Zwischenhändler (Großhändler, Einzelhändler) und diese wiederum an die Endverbraucher, womit das Produkt gewissermaßen in die Vertriebskanäle hineingedrückt wird (vgl. Grunwald 2010, S. 201 ff.).

Eine Vielzahl von Herstellern strebt keine reine Pull- oder Push-Strategie, sondern vielmehr eine Kombination beider Konzepte an: **Duale (hybride) Markenstrategien** sind dadurch gekennzeichnet, dass ein- und derselbe Hersteller simultan (starke) Herstellermarken und Handelsmarken produziert bzw. vertreibt. Dadurch unterstützt der Hersteller in einzelnen Bereichen die Forderung des Handels nach eigenständigen Marketingkonzeptionen.

Die Wahlentscheidung zwischen einer Investition in die Marke (Pull-Strategie) und einer Investition in den Absatzkanal (Push-Strategie) sei an folgender (in modifizierter Form Grunwald 2009b und Grunwald 2009c entnommenen) **Fallstudie** demonstriert:

Printe ist seit sechs Generationen ein Name, der für hervorragende Qualität bei Vollkornbroten bürgt. Der Schwerpunkt des mittelständischen Familienunternehmens liegt wie eh und je in der heimatlichen Region von Rheinland und Westfalen, wo mit dem eigenen Frischdienst der Lebensmittelhandel sowie das Bäckerhandwerk bedient wird. Wichtigstes Produkt ist der Pumpernickel, eine herb-süßlich schmeckende Schwarzbrotspezialität, den die Printes mit bislang geringem Werbeaufwand als Premiumbrot unter dem Namen Printes Original Westfälischer Pumpernickel an ihre Kunden verkaufen. Aufgrund der bislang hohen Nachfrage von Printes Pumpernickel ließ sich für die als interne Rechengröße verwendete Einheitspackung ein Durchschnittspreis von 1,00 € erzielen.

Die nach und nach verbesserten Absatzmöglichkeiten und positive langfristige Nachfrageprognosen für den Schwarzbrotmarkt haben Familie Printe dazu veranlasst, ihre Produktionskapazität stetig zu erweitern. Noch vor einigen Monaten konnte die gesamte monatliche Pumpernickelproduktion von rund 65.000 Einheitspackungen abgesetzt werden. Pro Einheitspackung Pumpernickel fallen für Rohstoffe, Backzutaten, Verpackungsmaterial und Energie variable Kosten in Höhe von 0,60 € an. Bei laufender Produktion entstehen zudem monatlich 8.000 € intervallfixe Personal- und Wartungskosten. Die Kosten für den eigenen Frischdienst belaufen sich pro Monat auf 2.000 €.

In letzter Zeit sieht sich das Unternehmen Printe jedoch einer angespannten Absatzsituation gegenüber. Als Folge von Überkapazitäten in der Branche und der Zurückhaltung der Verbraucher konnten im letzten Monat lediglich 50 % der Pumpernickelproduktion abgesetzt werden, wobei vor allem das Bäckereigeschäft große Einbußen brachte. Die derzeitige Absatzflaute ist nach Meinung führender Marktforschungsinstitute jedoch nur vorübergehend. Vor dem Hintergrund der angespannten Absatzsituation sucht Familie Printe nunmehr nach längerfristigen Handlungsalternativen, um den Absatz für Printes Pumpernickel zu sichern. Geschäftsführer Harry Printe rechnet für den Fall eines erfolgreichen nationalen Markenauftritts von Printes Original Westfälischer Pumpernickel in den nächsten fünf Jahren mit den in Tab. 7.14 angegebenen Umsätzen und Kosten für Markenaufbau und Markenführung.

Tab. 7.14: Umsätze und Markenkosten für Printes Original Westfälischer Pumpernickel (eigene Darstellung).

Zeit	t_1	t_2	t_3	t_4	t_5
Umsätze in Tsd. €	1.500	2.500	2.200	2.000	1.800
Markenkosten in Tsd. €	700	500	400	300	200

Da Printes Kernkompetenz in der Produktion und nicht im Marketing liegt, ist die Einschaltung einer Kommunikationsagentur für den professionellen Markenaufbau unumgänglich. Auf der Grundlage eines Angebots einer Kommunikationsagentur werden für Periode t_0 die folgenden markenspezifischen Kosten kalkuliert:
- Kosten für Zeichenschaffung (Logo) und Packungsdesign in Höhe von 10.000 €
- Werbeaufwendungen in Höhe von 800.000 €
- Aufwendungen für die Markenführung und die in Anspruch genommene Marketingberatung in Höhe von 150.000 €
- Kosten für Marktanalysen (quantitative und qualitative Marktforschungsstudien) in Höhe von 20.000 €.

Trotz hoher Werbeinvestitionen befürchtet Harry Printe jedoch, dass nicht zwangsläufig genügend Erstkäufer für sein Produkt erreicht werden könnten, um eine nachhaltige Nachfrage zu generieren. Insbesondere wird es schwierig sein, jüngere Konsumenten für sein Produkt zu begeistern. Herr Müller, Einkaufsleiter der Tugut-Handelsgruppe in Köln, hat von den Entscheidungsunsicherheiten Harry Printes hinsichtlich des Aufbaus einer nationalen Marke erfahren und unterbreitet Familie Printe folgendes Angebot: Für einen Zeitraum von einem Jahr verpflichten wir uns, für unsere Aktiv-&-Frisch-Filialen im Raum Norddeutschland die gesamte Jahresproduktion Pumpernickel von 780.000 Einheitspackungen zum garantierten Abnahmepreis von 1,50 € pro Einheitspackung abzunehmen. Bei der Packungsgestaltung (Form, Farbe, Art) sind die Anforderungen der Tugut-Handelsgruppe einzuhalten. Auf jeder Packung ist das Logo der Handelsmarke A&F (Aktiv & Frisch) anzubringen, dessen Eigner die Tugut-Handelsgruppe ist. Letztere übernimmt für das Produkt die Qualitätsgarantie sowie die Durchführung der Distribution vom eigenen Logistikzentrum zu den Aktiv-&-Frisch-Filialen und trägt auch die hierfür anfallenden Distributionskosten. Das Logistikzentrum wird zweimal wöchentlich von Bäckerei Printe beliefert, die auch die hierfür anfallenden Transportkosten trägt.

Da lediglich das Logistikzentrum vom Frischdienst der Firma Printe angefahren werden muss, reduzieren sich die Distributionskosten für Bäckerei Printe auf 1.000 € pro Monat. Bei Erfüllung des Vertrags, so Herr Müller, stehe einer Vertragsverlängerung um jeweils den gleichen Zeitraum grundsätzlich nichts im Wege. Die Tugut-Handelsgruppe sei dafür bekannt, Lieferbeziehungen bei gutem Funktionieren auch langfristig aufrechtzuerhalten.

Zur Vorbereitung der Entscheidungsfindung sollen die zur Verfügung stehenden Strategieoptionen, nämlich Pull-, Push- und duale Markenstrategien, bewertet und miteinander verglichen werden.

Zur **Analyse der Pull-Strategie** sind neben den in Tab. 7.15 gegebenen markenbezogenen auch die produktbezogenen Kosten zu berücksichtigen:

Tab. 7.15: Markenproduktbezogene Umsätze und Kosten im Falle der Pull-Strategie (eigene Darstellung).

Zeit	t_0	t_1	t_2	t_3	t_4	t_5
markenproduktbezogene Umsätze in Tsd. €	–	1.500	2.500	2.200	2.000	1.800
Markenkosten in Tsd. €	980	700	500	400	300	200
produktbezogene Kosten in Tsd. €	–	588	588	588	588	588

Die in Tab. 7.15 dargestellten produktbezogenen Kosten pro Jahr errechnen sich aus der Summe der Herstellkosten bei vollständiger Kapazitätsauslastung ($65 \cdot 12 \cdot 0{,}6 = 468$ Tsd. €), den Distributionskosten (Kosten für den Frischdienst) ($2 \cdot 12 = 24$ Tsd. €) und den Personal- und Wartungskosten ($8 \cdot 12 = 96$ Tsd. €) zu 588 Tsd. €/Jahr.

Mit diesen Angaben kann der Kapitalwert (mit i = 10 % p. a.) wie folgt berechnet werden:

$$C_0^{Pull} = -980.000 + (1.500.000 - 1.288.000) \cdot (1 + 0,1)^{-1} + \ldots + (1.800.000 - 788.000)$$
$$\cdot (1 + 0,1)^{-5} = 2.678.146,30 \text{ €.}$$

Da der Kapitalwert der Investition in die Pull-Strategie positiv ist, ist diese Strategie lohnend.

Zur **Analyse der Push-Strategie** wird der Kapitalwert einer Investition in den Absatzkanal ermittelt. Hierfür sind zunächst die jährlichen Einzahlungen und Auszahlungen zu berechnen:

Die jährlichen Einzahlungen errechnen sich zu 780 · 1,5 = 1.170 Tsd. €.

Die jährlichen Auszahlungen errechnen sich aus der Summe der Herstellkosten (780 · 0,6 = 468 Tsd. €), den Distributionskosten (1 · 12 = 12 Tsd. €) sowie den Personal- und Wartungskosten (8 · 12 = 96 Tsd.) zu 576 Tsd. €.

Der Kapitalwert (mit i = 10 % p. a.) für die Push-Strategie ergibt sich hieraus wie folgt:

$$C_0^{Push} = (1.170.000 - 576.000) \cdot (1 + 0,1)^{-1} + (1.170.000 - 576.000) \cdot (1 + 0,1)^{-2} + \ldots +$$
$$(1.170.000 - 576.000) \cdot (1 + 0,1)^{-5} = 2.251.727,34 \text{ €.}$$

Da mit der Push-Strategie ein positiver Kapitalwert erzielt wird, lohnt sich das von Herrn Müller gemachte Angebot.

Der in das Kapitalwertkalkül einfließende Zinssatz kann dabei folgende Größen reflektieren:
- Die Rendite einer Investition in eine (Neu-)Markenstrategie einschließlich eines entgangenen Markenwerts (entgangene Lizenzeinnahmen, Preisprämien, Mehrabsätze, etwaige Veräußerungserlöse der Marke etc.),
- die Rendite einer vergangenen Markenakquisition,
- eine landesübliche Mindestverzinsung,
- den internen Zinsfuß des Unternehmens,
- das Risiko eines Anschlussvertrags mit dem Handelspartner (Unsicherheit über Vertragsdauer und -konditionen).

Der quantitative **Vergleich von Pull- und Push-Strategie** anhand der Kapitalwerte ergibt einen um 426.418,96 € höheren Wert für die Pull-Strategie als für die Push-Strategie. Um diesen Betrag ist die Pull-Strategie also relativ vorteilhafter. Die bei Wahl der Pull-Strategie erzielbare **Preisprämie**, die den Preisabstand eines markierten Produkts im Vergleich zu einem artgleichen, aber unmarkierten (oder schwach markierten) Produkt angibt, kann anhand der Differenz der Durchschnittspreise bei Wahl von Pull- bzw. Push-Strategie ermittelt werden (vgl. Hempelmann und Grunwald 2008, S. 303 ff.):

$$\text{Preisprämie} = \varnothing\text{-Preis}_{Pull} - \varnothing\text{-Preis}_{Push}.$$

Der Fünfjahresumsatz bei Wahl der Pull-Strategie beträgt 1.500.000 + 2.500.000 + 2.200.000 + 2.000.000 + 1.800.000 = 10.000.000 €.

Bei konstantem Fünfjahresabsatz in Höhe von 780.000 · 5 = 3.900.000 Einheits-packungen ergibt sich ein Durchschnittspreis von 10.000.000/3.900.000 = 2,56 € pro Einheitspackung.

Der Fünfjahresumsatz bei Wahl der Push-Strategie beläuft sich auf 780.000 · 5 · 1,5 = 5.850.000 €. Bei konstantem Fünfjahresabsatz in Höhe von 780.000 · 5 = 3.900.000 Einheitspackungen ergibt sich ein Durchschnittspreis von 5.850.000/3.900.000 = 1,50 €.

Die Preisprämie beläuft sich damit auf 1,06 € (= $\varnothing$-Preis$_{Pull}$ − $\varnothing$-Preis$_{Push}$ = 2,56 − 1,50). Der Anbieter müsste also bei Wahl der Push-Strategie 2.766.667 Einheiten Pumpernickel mehr verkaufen, um auf den entsprechenden Umsatz bei Wahl der Pull-Strategie zu kommen:

$$(\text{Umsatz}_{Pull} - \text{Umsatz}_{Push})/\text{Preis}_{Push} = (10.000.000 - 5.850.000)/1,50 = 2.766.667.$$

Hiermit wird der **Verkaufsdruck** sichtbar, unter dem der Anbieter bei Wahl der unter-legenen Strategiealternative steht.

Neben der Differenz der Kapitalwerte und der erzielbaren Preisprämie bei Wahl der Pull-Strategie sollte der Anbieter jedoch auch **qualitative Kriterien** bei seiner Wahlentscheidung berücksichtigen. So mag zwar in der Einführungsphase einer neuen Marke die Push-Strategie bei Zugrundelegung des Kapitalwerts relativ vorteil-haft sein, da die relativ hohen Anfangsauszahlungen zum Aufbau der Marke vermie-den werden (siehe Abb. 7.8).

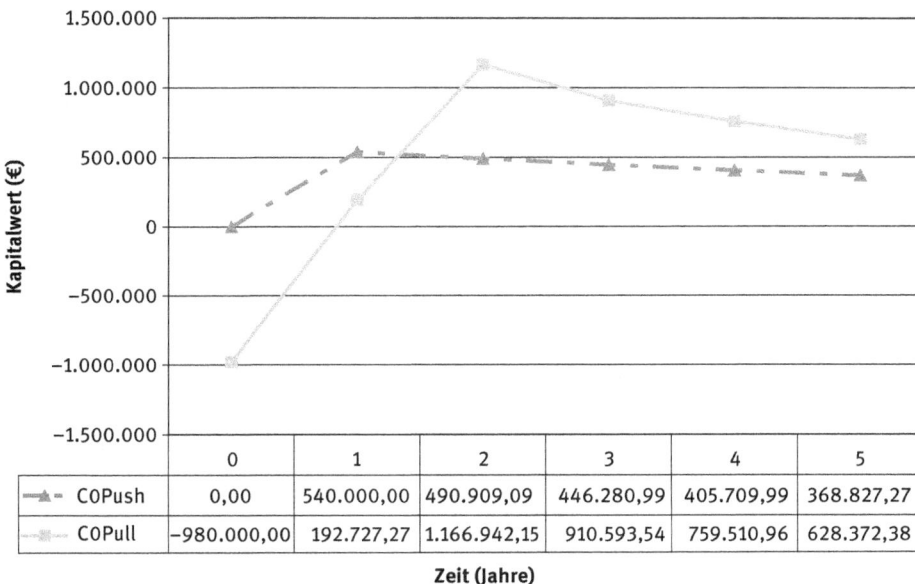

	0	1	2	3	4	5
COPush	0,00	540.000,00	490.909,09	446.280,99	405.709,99	368.827,27
COPull	−980.000,00	192.727,27	1.166.942,15	910.593,54	759.510,96	628.372,38

Zeit (Jahre)

Abb. 7.8: Zeitliche Entwicklung der Kapitalwerte für die Push- und Pull-Strategien (Grunwald 2009c, S. 598).

Es ist jedoch plausibel, dass mit zunehmender Zeit die Pull-Strategie gegenüber der Push-Strategie immer vorteilhafter wird, da mit zunehmender Zeit die Probleme eines Lieferantenwechsels durch den Handel immer größer werden (z. B. größere wirtschaftliche Abhängigkeit vom Abnehmer) bzw. die zur Vermeidung eines Lieferantenwechsels gemachten Anstrengungen des Lieferanten (z. B. Zugeständnisse in Form von Preisnachlässen) steigen. Umgekehrt ermöglicht eine mit zunehmender Zeit immer etabliertere (stärkere) Marke eine zunehmend größere Flexibilität bei ihrer kommunikationspolitischen Unterstützung und übersteht auch Perioden geringeren Werbeeinsatzes (steigende Effektivität und Effizienz der Marketinganstrengungen).

Printe als KMU verfügt zudem nicht über eine Marketingabteilung und müsste Marketing-Know-how für den Aufbau einer nationalen Marke im Falle einer Pull-Strategie extern beschaffen. Selbst bei vorhandener Marketingkompetenz bleibt ein noch genauer zu bewertendes Restrisiko bestehen, dass der Markenaufbau nicht gelingt und Fehlinvestitionen induziert, die für das KMU mit dünner Kapitaldecke zu einer existenziellen Bedrohung werden können.

Andererseits könnte ein längerfristiger nationaler Markenaufbau auch ohne den Einsatz kostspieliger Massenwerbung (TV, Print) gelingen, etwa durch die Nutzung alternativer Werbe- bzw. Kommunikationsformen wie Sponsoring, Eventmarketing, Public Relations und das gezielte Auslösen von Diffusionsprozessen.

Tab. 7.16 fasst die Chancen und Risiken von Push- und Pull-Strategien hinsichtlich der verschiedenen Marketinginstrumente zusammen.

Tab. 7.16: Chancen und Risiken von Push- und Pull-Strategien aus Herstellersicht (Grunwald 2009c, S. 599).

Bereiche	Pull-Strategie	Push-Strategie
Preispolitik	– Erzielung von Preisprämien – begrenzte Gefahr von Preiskämpfen dank Qualitätsvermutung und vorteilhafter Positionierung – wenig absatzfördernde Sonderkonditionen (Preisreduktionen, Handelszuschüsse etc.) erforderlich	– Erzielung niedriger Preise, geringe Preisspielräume – Gefahr von Preiskämpfen – Gewährung von Zugeständnissen an den Handel erforderlich (Sonderkonditionen, Handelszuschüsse etc.)
Kommunikationspolitik	– Markenaufbau i. d. R. mit hohen Werbekosten verbunden – hohe Werbekosten verbunden mit dem Risiko hoher Fehlinvestitionen	– kein Markenaufbau erforderlich – begrenztes Absatzrisiko, kein Problem der Werbeplanung und -wirkung

Tab. 7.16: (fortgesetzt)

Bereiche	Pull-Strategie	Push-Strategie
Produktpolitik	– aktive Produktpolitik für Aufbau und Erhalt des Qualitätsimages möglich und erforderlich – Ausnutzung des akquisitorischen Potenzials durch die Marke sowohl bei den Konsumenten als auch beim Handel – Produktionskosten sind bedeutsam, aber nicht der wichtigste strategische Wettbewerbsfaktor – Zuweisung der Produktverantwortung an den Produzenten (Herstellername erscheint auf der Packung)	– stark eingeengter produktpolitischer Spielraum, Handel wird zum Initiator für produktpolitische Entscheidungen – Substituierbarkeit des Herstellers, mangelndes akquisitorisches Potenzial – Produktionskosten werden zum wichtigsten strategischen Wettbewerbsfaktor – Zuweisung der Produktverantwortung an den Handelsbetrieb
Distributions-politik	– Aufgrund nationaler Distribution (im Fallbeispiel) geringere Abhängigkeit von regionalen Märkten – stärkere Verhandlungsposition beim Handel (Bereitstellung attraktiverer Präsentationsflächen, höhere Kooperation, verringerte Forderungen nach Werbekostenzuschüssen) – Auslösung von Sucheffekten bei den Konsumenten	– Aufgrund regionaler Distribution (im Fallbeispiel) höhere Abhängigkeit von regionalen Märkten – zur Stärkung der Verhandlungsposition des Herstellers bedarf es gewisser Anreize und Sonderbedingungen an den Handel – wegen hoher Austauschbarkeit der Handelsmarke bzw. geringerer Markenverbundenheit begrenzte Auslösung von Sucheffekten bei den Konsumenten
Strategisches Marketing	– Generierung weiterer Ertragsquellen (Lizenzierungen, Markenerweiterungen) – Schaffung eines hohen Markenwerts im Zeitablauf – hoher Koordinierungsaufwand aller Marketingmaßnahmen, dadurch Bindung finanzieller und personeller Ressourcen – Stabilität des Markenimages beim Konsumenten erfordert aktives Marketing des Herstellers – hohe Unabhängigkeit vom Handel	– keine weiteren Ertragsquellen – Notwendigkeit der laufenden Marktbearbeitung entfällt – Hersteller hat keinen Einfluss auf den Marketingmix der Handelsmarke – hohe wirtschaftliche Abhängigkeit des Herstellers vom abnehmenden Handelsunternehmen

Zur **Analyse der dualen Markenstrategie** können bezogen auf den vorliegenden Fall vor allem qualitative Kriterien herangezogen werden. Bei ausreichend vorhandener Produktionskapazität kann mit der zusätzlichen Produktion von Handelsmarken eine verbesserte Kapazitätsauslastung erreicht werden. Dies kann in der Folge zu Kostendegressionen und Lernkurveneffekten führen, womit Wettbewerbsvorteile verbunden sind. Mit einer dualen Markenstrategie lassen sich auch neue Handelskunden (etwa im Discountbereich) gewinnen. Der Hersteller macht sich dadurch unabhängiger von der Macht einiger weniger Handelspartner. Durch das Angebot von Produkten in verschiedenen Qualitäts- und Preissegmenten kann er Schwankungen der Konsumentennachfrage besser abfedern.

Probleme der dualen Markenstrategie ergeben sich, wenn Konsumenten aufgrund einer großen Ähnlichkeit von Handels- und Herstellermarke verstärkt zur preisgünstigeren Handelsmarke greifen (Kannibalisierungseffekt). In der Folge kann es zu Image- und schließlich zu Absatzeinbußen bei der Herstellermarke kommen, deren Existenz dann mehr und mehr infrage steht. Diesen Umstand kann sich der Handelspartner zunutze machen, indem er versucht, den Herstellerabgabepreis des Markenartikels dem der Handelsmarke anzupassen. Durch eine steigende Handelsnachfrage nach qualitativ hochwertigen Handelsmarken wird sich im Übrigen der Fokus des Herstellers immer mehr auf die Handelsmarkenproduktion verlagern (müssen). Die Herstellermarke erhält immer weniger marketinginstrumentelle Unterstützung. Auch hierdurch sind schrumpfende Absätze der Herstellermarke zu erwarten. So entsteht ein Teufelskreis, aus dem der Hersteller nur schwer ausbrechen kann. Übrig bleibt am Ende eine reine Push-Strategie, gegen die sich der Anbieter bewusst entschieden hatte. Abb. 7.9 fasst das Problem dualer Markenstrategien zusammen.

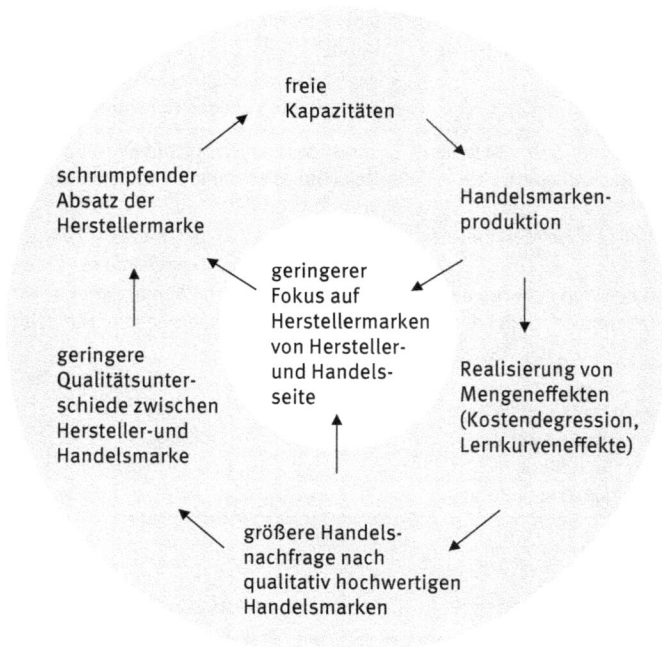

Abb. 7.9: Teufelskreis der dualen Markenstrategie aus Sicht des Herstellers (in Anlehnung an Kumar und Steenkamp, 2007, S. 140).

Aus Nachfragersicht kommen Marken unterschiedliche Funktionen zu: Sie besitzen eine Orientierungs- und Entlastungsfunktion, indem sie die Komplexität von Kaufentscheidungsprozessen reduzieren. Darüber hinaus senken sie das Risiko von Fehlkäufen (Qualitätssicherungsfunktion) und dienen als Mittel zur sozialen Abgrenzung/Angleichung oder zur inneren Selbstdarstellung (Prestige- und Identifikationsfunktion).

Gerade weil offenbar der Kunde aus der Marke einen bestimmten Nutzen ableitet und diese für ihn bestimmte Funktionen zu erfüllen vermag, sieht sich der Anbieter markierter Produkte oder Leistungen in die Lage versetzt, für diese eine Prämie in Form eines höheren Verkaufspreises zu verlangen (Preisprämieneffekt). Solche und andere von der Markierung bewirkten Vorzüge machen im Kern das aus, was eine Marke im Vergleich zu anderen (schwächeren) Marken respektive unmarkierten Produkten (No-Name-Produkten) auf dem betreffenden Markt unterscheidet. Als Maß für diese Vorteile einer markierten Ware oder Leistung gegenüber einer unmarkierten wird im Allgemeinen von **Markenstärke** gesprochen. In zahlreichen Praxissituationen kommt der Frage nach dem konkreten Ausmaß dieser Markenstärke wie auch ihrem monetären Pendant, dem **Markenwert**, eine große Bedeutung zu.

Für die Bestimmung von Markenwerten existiert eine Fülle konkurrierender Messansätze (vgl. für einen Überblick Trommsdorff 2004, S. 1853 ff.). Einer davon, der sogenannte **Preispremiumansatz**, setzt an dem Preisabstand zwischen Marke und mehr oder weniger vergleichbaren No-Name-Produkten an (vgl. dazu die Berechnung der Preisprämie in der Fallstudie Printe). Dies bedeutet, dass ein Unternehmen aufgrund der Marke einen höheren Preis als ein No-Name-Produkt oder als eine schwächere Marke erzielt und dass der Konsument auch bereit ist, diese sogenannte Preisprämie zu bezahlen.

Auch die oben bereits zur Strategiebewertung eingesetzte **Kapitalwertmethode** kann zur Bestimmung des Markenwerts herangezogen werden. Der Markenwert ergibt sich dabei aus den ursächlich aus der Marke als Zeichen resultierenden Einzahlungsüberschüssen, die über die Markennutzungsdauer hochgerechnet und auf den Gegenwartszeitpunkt bezogen (diskontiert) werden.

Bezogen auf den oben betrachteten Fall der Bäckerei Printe lässt sich der Markenwert mithilfe der Kapitalwertmethode wie folgt ermitteln: Im Falltext sind die ursächlich auf die Marke als Zeichen zur Markierung bezogenen Markenkosten bereits gegeben. Die im Falltext angegebenen Umsätze beziehen sich jedoch auf das gesamte Markenprodukt bei Verfolgung einer Pull-Strategie. Die markenproduktbezogenen Umsätze setzen sich also zusammen aus sowohl produktbezogenen Komponenten (z. B. Rezeptur und Geschmack des Produkts) als auch aus markenbezogenen Komponenten (Bekanntheit und Image des Namens Printes Original Westfälischer Pumpernickel). Um nun aus den markenproduktbezogenen Umsätzen die rein auf die Marke als Zeichen zurückführbaren markenbezogenen Umsätze herauszufiltern, kann folgende Berechnung erfolgen:

Markenbezogene Umsätze = Umsätze des Markenprodukts – Umsätze des unmarkierten Produkts

Zur Abschätzung der Umsätze des unmarkiert abgesetzten Produkts im Fall Printe kann auf die Vorher-Situation, also vor dem Markenaufbau, Bezug genommen werden. Das Produkt wird derzeit (nahezu) unmarkiert zum Durchschnittspreis von 1 € pro Einheitspackung verkauft. Pro Jahr ergeben sich 1 · 65.000 · 12 = 780.000 € als Umsätze mit dem unmarkierten Produkt. Diese rein auf das Produkt bezogenen Umsätze sind nun in jedem Jahr von den im Falltext gegebenen Umsätzen des Markenproduks zu subtrahieren, um den markenbezogenen Umsatz zu ermitteln. Es resultiert folgender Kapitalwert, der als Ansatz für den Markenwert (MW) der Marke Printes Original Westfälischer Pumpernickel betrachtet werden kann:

$$MW = -(10.000 + 800.000 + 150.000 + 20.000) + (1.500.000 - 700.000 - 780.000)$$
$$\cdot \, 1{,}1^{-1} + \ldots + (1.800.000 - 200.000 - 780.000) \cdot 1{,}1^{-5} = 4.907.128{,}92 \, €.$$

Der berechnete Markenwert dürfte hiermit eher vorsichtig abgeschätzt worden sein, da auch in der Vorher-Situation der Name Printe in gewissem Umfang bereits über einen Markenstatus im regionalen Absatzgebiet verfügt. Damit lassen sich aber die Umsätze nicht in vollem Umfang nur auf die Produktqualität zurückführen, sondern zum Teil auch auf den Namen Printe. Die Ausgangssituation zur Berechnung des Markenwerts ist im Fall Printe jedoch als günstig anzusehen, da das gleiche Produkt zuvor weitgehend ohne Markierungsleistung abgesetzt wurde. Der berechnete Markenwert lässt sich ebenfalls als Vorteil der oben betrachteten Pull-Strategie ausweisen, der dem Unternehmen bei Wahl der Push-Strategie entgeht.

Eine andere Möglichkeit zur Berechnung von Markenstärke bzw. -wert besteht neben der Anwendung des Preispremiumansatzes oder der Kapitalwertmethode in dem Einsatz der **Konjunkten Analyse** (Conjoint Analysis). Hierbei wird eine stärker konsumentenseitige Perspektive eingenommen, indem Konsumenten z. B. durch Rangordnung verschiedene Produktkonzepte beurteilen, die sich in ihren Eigenschaften, einschließlich der Marke, systematisch unterscheiden. Sodann wird rechnerisch der Beitrag der Marke als Produkteigenschaft (unabhängige Variable) zum Zustandekommen der Gesamtpräferenz bzw. des Gesamtnutzens (abhängige Variable) für ein markiertes Produkt aus den erhobenen ordinal skalierten Daten bestimmt. Wird der Produktpreis in die Analyse einbezogen, können die Teilnutzenzwerte der Marken bzw. die entsprechenden Nutzendifferenzen auch in Geldeinheiten umgerechnet werden, woraus sich ein monetärer Wert für die Markenstärke im Sinne des Markenwerts ableiten lässt. Hiermit lassen sich nicht nur Preiswirkungen, sondern (unter Annahme bestimmter Kaufverhaltensmuster) auch Mengen- und damit Erlöseffekte der Marke abschätzen. Bei Kenntnis markenspezifischer Kosten lassen sich außerdem markeninduzierte Deckungsbeiträge ermitteln.

Wird eine Marke aufgebaut, ergibt sich in der Regel die Notwendigkeit, Maßnahmen zum Erhalt der Marke zu ergreifen. Der **Markenerhalt** zielt auf die Beibehaltung von Markenbewusstsein (Image und Bekanntheit) und die Festigung oder Veränderung der Positionierung (Umpositionierung) der Marke im Zeitablauf in Abhängigkeit von Konsumenten- und Wettbewerbseinflüssen. Konsumenteneinflüsse bestehen vor allem in Vergessens- und Lernprozessen, die dazu führen können, dass die Marke an Bekanntheit verliert und/oder mit anderen Eigenschaften assoziiert wird als ursprünglich vom Anbieter intendiert war. Einflüsse von Wettbewerbern auf die Bekanntheit und das Image der eigenen Marke ergeben sich vor allem durch Werbemaßnahmen der Konkurrenz, die Einführung einer neuen Wettbewerbermarke oder die Einführung eines neuen Produkts (mit neuen Eigenschaften) unter einer bereits etablierten Wettbewerbermarke. Als Folge hiervon kann sich in der Wahrnehmung der Konsumenten die ursprüngliche Position der betrachteten Marke verschieben.

Wird diese neue Position vonseiten des Anbieters als ungünstig erachtet, mögen zur Umpositionierung erneut die in Abschnitt 6.3 erläuterten Positionierungsstrategien zum Einsatz kommen. Praktisch erfolgt die Umpositionierung einer Marke zumeist im Rahmen eines sogenannten **Relaunches**, also eines Neustarts der Marke, durch den eine überkommene Marke neu belebt werden soll.

Im Rahmen des **Managements etablierter Produkte** können als produktpolitische Maßnahmen zum Markenerhalt u. a. die Produktvariation und die Produktdifferenzierung eingesetzt werden. Der Begriff **Produktvariation** bezeichnet die Änderung von Eigenschaften von bereits am Markt befindlichen Produkten (z. B. Änderung der funktionalen Eigenschaften oder von Markenelementen, wie etwa der Packung, des Logos, Schriftzugs usw.). Bei der **Produktdifferenzierung** werden statt einer Produktvariante zwei (oder mehrere) Varianten des Produkts angeboten, um unterschiedliche und weitere Nachfragersegmente anzusprechen. Hierbei sind zwei Effekte zu beachten:

- Der Partizipationseffekt besteht darin, dass Käufer, die durch die neue Produktvariante angesprochen werden und bislang das Produkt nicht gekauft haben, gegebenenfalls hinzugewonnen werden können.
- Der Substitutionseffekt (Kannibalisierungseffekt) besteht darin, dass Käufer, die die bislang angebotene Variante gekauft haben, gegebenenfalls zur neuen Variante wechseln.

Nachdem ein Produkt die Degenerationsphase des Produktlebenszyklus durchlaufen hat und auch Maßnahmen wie Produktvariation oder -differenzierung keine weitere unterstützende Wirkung mehr entfalten, ist über eine geordnete Rücknahme des Produkts vom Markt, eine sogenannte **Produktelimination**, nachzudenken. Zur Identifikation eines Eliminierungsbedarfs können die in Tab. 7.17 aufgeführten Kriterien herangezogen werden.

Tab. 7.17: Kriterien zur Identifikation eines Produkteliminierungsbedarfs (vgl. Meffert 2000, S. 453 sowie Freter 2004, S. 77).

quantitativ	qualitativ
sinkender Umsatz	Einführung von Konkurrenzprodukten
sinkender Marktanteil	negativer Einfluss auf das Firmenimage
geringer Umsatzanteil	Änderung der Bedarfsstruktur der bisherigen Kunden
sinkende Deckungsbeiträge	Trendwandel, Einstellungswandel
sinkende Rentabilität	Änderung gesetzlicher Vorschriften
hohe Inanspruchnahme knapper Ressourcen (z. B. Außendienst)	technologische Veränderungen

Neben der Gestaltung von Produkten und -komponenten liegt ein zweiter Hauptbereich der Produkt- und Programmpolitik in der Festlegung der **Programm- bzw. Sortimentsstruktur.**

Gegenstand der strategischen Programmgestaltung (Sortimentsgestaltung) sind Entscheidungen zur Art des Leistungsprogramms (Bestimmung der Art der angebotenen Produkte und Produktlinien) sowie zum Umfang (Breite und Tiefe) des Leistungsprogramms. Unter dem Begriff **Produktlinie** versteht man die Zusammenfassung gleichartiger Produkte, zwischen denen ein Produktions- und/oder Absatzverbund besteht. Die **Programmbreite** meint die Anzahl der verschiedenen Produktarten bzw. -linien (z. B. Kosmetikartikel, Klebstoffe, medizinische Artikel), die ein Anbieter führt. Die **Programmtiefe** meint die Anzahl der verschiedenen Ausführungen (Typen, Modelle, Sorten) innerhalb einer Produktlinie. Als Methode zur langfristigen Planung der Programmstruktur sei auf die Portfoliotechniken nach BCG und McKinsey verwiesen (siehe Kapitel 4.3.4.).

Die kurzfristige Programm- bzw. Sortimentsplanung legt fest, welche Mengen welcher Produkte in der nächsten Planungsperiode hergestellt werden sollen. Zur kurzfristigen Sortimentsplanung wurde bereits in Kapitel 3.4 die Methode der Linearen Programmierung (LP) anhand eines Fallbeispiels (Pedalo GmbH) erläutert, auf das hier verwiesen wird. Darüber hinaus werden im Rahmen der kurzfristigen Programm- bzw. Sortimentsplanung Maßnahmen zur Veränderung des Produktprogramms mit dem Ziel der Anpassung an (veränderte) Marktbedingungen (z. B. aufgrund von Trends, verändertem Nachfragerverhalten, veränderten Gewinnaussichten oder gesetzlichen Rahmenbedingungen) geplant und gestaltet. In diesem Zusammenhang dient die laufende Programmkontrolle dem Ziel, Veränderungsbedarfe des Programms zu identifizieren. Hierzu können die in Tab. 7.18 dargestellten Methoden angewandt werden.

Tab. 7.18: Methoden zur Programmkontrolle (eigene Darstellung).

Methode	Erläuterung
ABC-Analyse	Strukturierung der Produkte (Produktlinien) nach der Wichtigkeit hinsichtlich ihres Anteils am Umsatz bezogen auf die Artikelzahl in A-, B- und C-Güter
Kennzahlenkontrolle	Durchführung von Sortimentsvergleichen mithilfe quantitativer Größen wie Umsatz, Absatz, Umschlagshäufigkeit, Lagerdauer usw.
Deckungsbeitragsrechnung	Ermittlung des Beitrags, den eine Produktlinie oder ein einzelnes Produkt zur Deckung der fixen Kosten leistet
Renner-Penner-Analyse	Analyse der tatsächlichen Verkaufszahlen eines Produkts in einem bestimmten Zeitraum, wobei Renner Schnelldreher mit hoher Umschlagshäufigkeit und Penner schlecht verkaufbare Produkte (Langsamdreher) sind
Kundenzufriedenheits-/ Bedarfsanalyse	regelmäßige Erfassung der nichterfüllten und latenten Kundenwünsche sowie diesbezüglichen Angebotslücken
Benchmarking-Analyse	Vergleich des eigenen Sortiments mit dem von strukturell ähnlichen Betrieben, z. B. im Rahmen der Wettbewerbsanalyse

7.1.2 Preisanalyse

Die **Preisanalyse** beschäftigt sich mit der quantitativen Unterstützung der Planung und Entscheidung zu preispolitischen Maßnahmen und Strategien. Im Mittelpunkt stehen Analysen
- zur Bestimmung von optimalen Preisen für einzelne Produkte,
- zur Bestimmung von optimalen Preisen für Bündel von Produkten im Mehrproduktfall,
- zur Differenzierung von Preisen sowie
- zur Festlegung von Verkaufskonditionen (z. B. Preisnachlässe, Liefer- und Zahlungsbedingungen).

Um die Auswirkungen preispolitischer Entscheidungen sichtbar zu machen und optimale Preise zu bestimmen, kann auf das Konzept der **Preis-Absatz-Funktion** (PAF) zurückgegriffen werden. Es stellt den Absatz x in Abhängigkeit des Preises p (also x(p)) bzw. umgekehrt den Preis p in Abhängigkeit des Absatzes x (also p(x)) dar.

Aus der Preis-Absatz-Funktion leiten sich für einen Anbieter verschiedene wichtige Erkenntnisse ab:

Zunächst gibt die PAF Auskunft über den **Prohibitivpreis**. Das ist derjenige Preis, bei dem der Absatz Null wird. Er lässt sich bestimmen, indem in die PAF für x Null eingesetzt und die Funktion nach p umgeformt wird. Überschreitet der Anbieter also den Prohibitivpreis, kommt die Nachfrage für das betreffende Produkt zum Erliegen.

Die **Sättigungsmenge** lässt sich bestimmen, indem in die PAF für p Null eingesetzt und die Funktion nach x umgeformt wird. Sie gibt somit den maximal möglichen Absatz bei einem Preis von Null an und kennzeichnet damit die Aufnahmefähigkeit eines Marktes bezogen auf das betreffende Produkt.

Mithilfe der PAF lassen sich auch **Absatzprognosen** durchführen. Bei Kenntnis der PAF können zukünftig mögliche Absätze bei Vorgabe des Preises unter Einsetzen des Preises in die für den Markt gültige PAF x(p) berechnet werden.

Die **Preiselastizität** der Nachfrage gibt die relative Änderung des Absatzes ($\Delta x/x$) bei einer relativen Änderung des Preises ($\Delta p/p$) an und ist damit ein Maß für die Preisempfindlichkeit der Nachfrage. Formal ergibt sich die Preiselastizität (ε) als erste Ableitung der PAF x(p) nach p multipliziert mit dem Verhältnis aus Preis und nachgefragter Menge. Es gilt:

$$\varepsilon = \frac{\frac{\Delta x}{x}}{\frac{\Delta p}{p}} = \frac{\Delta x}{\Delta p} \cdot \frac{p}{x} \text{ mit } -\infty < \varepsilon < 0.$$

Bewirkt also beispielsweise eine Preisänderung von p = 10 auf p = 9 einen Absatzanstieg von x = 100 auf x = 150, so lässt sich die Preiselastizität angeben mit ε = ($\Delta x/\Delta p$) $\cdot$ (p/x) = (50/–1) $\cdot$ (10/100) = –5.

Ist $\varepsilon = -\infty$, wird von einer vollkommen **elastischen Nachfrage** gesprochen. Eine leichte Preiserhöhung bewirkt also in diesem Fall bereits den vollständigen Verlust der Nachfrage. Gilt umgekehrt $\varepsilon = 0$, wird von einer vollkommen **unelastischen Nachfrage** gesprochen. Preisänderungen führen hier also zu keiner Änderung der Nachfrage. Bei einer Preiselastizität der Nachfrage von $\varepsilon = -1$ ändern sich Preise und Mengen im gleichen Verhältnis.

Aus der Form der aufgedeckten PAF lässt sich zudem auf die Existenz von **Preisschwellen** schließen, die als Knickstellen der Funktion in Erscheinung treten. Sie zeigen eine relativ starke Änderung des Absatzes bei Über- oder Unterschreiten einer bestimmten Preisschwelle (Grenzpreis) an.

Anhand der Form der PAF lässt sich auch auf die Wirkung der betrachteten Marke schließen. Eine unelastische Preis-Absatz-Funktion bzw. ein unelastischer Bereich der Preis-Absatz-Funktion deuten auf eine hohe **Markenstärke** hin, da Nachfrager trotz (gewisser) Preissteigerungen offenbar weiterhin die Marke nachfragen.

Die Form und Lage (Steigung) der Funktion geben schließlich Aufschluss über die zugrunde liegende **Marktform**. Für einen monopolistischen Anbieter hängt die PAF ausschließlich vom eigenen Preis ab. Hier stellen die lineare sowie die multiplikative PAF zwei Grundformen dar (siehe Abb. 7.10).

Während die lineare PAF sowohl einen endlichen Prohibitivpreis (symbolisiert durch p_H) als auch eine endliche Sättigungsmenge (symbolisiert durch x_S) unterstellt, geht die multiplikative PAF sowohl von unbegrenzten Absatzmöglichkeiten des Anbieters als auch von einer unbegrenzten Zahlungsbereitschaft der

Konsumenten aus. Beide Grundformen unterscheiden sich auch in Bezug auf die unterstellte Reaktion der Nachfrager auf Preiserhöhungen bzw. Preissenkungen. Während die lineare PAF davon ausgeht, dass Preiserhöhungen den Absatz im gleichen Umfang sinken lassen, wie ihn Preissenkungen steigen lassen, unterstellt die multiplikative PAF eine Asymmetrie der Preisresponse. Demnach wirkt eine Preissenkung stärker als eine Preiserhöhung vom selben Umfang. Unterschiede ergeben sich auch im Hinblick auf die Preiselastizität. Während diese im Fall der multiplikativen PAF konstant ist, hängt sie bei einer linearen PAF vom jeweiligen Ausgangspreis ab. Erweitert man beide Grundformen um Konkurrenzpreise als zusätzliche Argumentvariablen, können sie auch zur Beschreibung der Konsumentenreaktionen auf Preisänderungen im Fall oligopolistischer oder polypolistischer Märkte herangezogen werden.

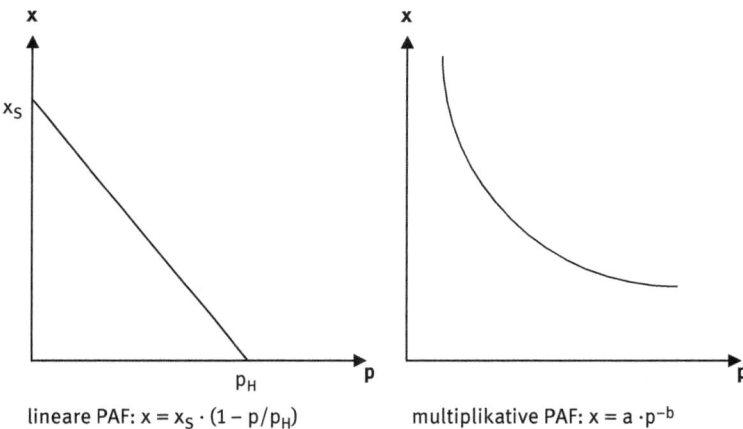

lineare PAF: $x = x_S \cdot (1 - p/p_H)$ multiplikative PAF: $x = a \cdot p^{-b}$

Abb. 7.10: Grundformen von Preis-Absatz-Funktionen im Monopol (eigene Darstellung).

Die Ermittlung der Preis-Absatz-Funktion kann auf Basis von beobachteten Preis-Mengen-Kombinationen über einen vergangenen Zeitraum, z. B. über unterschiedliche Vertriebsgebiete hinweg, per Regressionsanalyse erfolgen. Alternativ können auch Preisexperimente, Expertenschätzungen sowie Kundenbefragungen, z. B. die Konjunkte Analyse auf Grundlage abgefragter Präferenzurteile, zur Schätzung verwendet werden (vgl. zur Schätzung der PAF mittels der Konjunkten Analyse Grunwald und Hempelmann 2013, S. 68 ff.).

Das folgende Fallbeispiel soll verdeutlichen, wie auch mit vergleichsweise geringem Dateninput relativ einfach eine lineare Preis-Absatz-Funktion auf Basis von Sekundärdaten und Händlerinformationen ermittelt werden kann.

Die Möbel GmbH stellt Wohnzimmer- und Schlafzimmermöbel her. Das besondere an den Möbeln ist, dass alle Türen und Schubladen mit einem charakteristischen Plopp-Geräusch schließen. Die Möbel GmbH ist auf einem Absatzmarkt mit insgesamt

3 Mio. Haushalten tätig. Man weiß, dass diese Haushalte im Schnitt nur alle 12 Jahre neue Wohnzimmermöbel und nur alle 15 Jahre neue Schlafzimmermöbel kaufen. Im letzten Jahr hat die Möbel GmbH Wohn- und Schlafzimmermöbel mit einem Preis von 5.000 € bzw. 3.000 € verkauft und im Absatzmarkt einen mengenmäßigen Marktanteil von 0,4 % bzw. 1,5 % erreicht. Der Inhaber der Möbel GmbH vermutet aus Gesprächen mit dem Handel, dass bei einem Preis über 5.000 € kein Absatz von Schlafzimmermöbeln und bei über 7.000 € kein Absatz von Wohnzimmermöbeln möglich ist. Er unterstellt zudem eine lineare Preis-Absatz-Funktion der Form p(x) = a – bx mit p als Preis und x als Absatzmenge. Aus der Produktionsabteilung liegen die in Tab. 7.19 dargestellten Daten vor:

Tab. 7.19: Angaben zu Produktionsfaktoren und Herstellkosten

	Produktionsfaktoren		
	Holzplatten, behandelt	Verschluss-mechanismus	sonstige Faktoren
Wohnzimmermöbel (WZ)	24 qm/WZ	15 Stück/WZ	3.000 €/WZ
Schlafzimmermöbel (SZ)	22 qm/WZ	10 Stück/SZ	2.000 €/SZ
Beschaffungskosten	10 €/qm	32 €/Stück	

Unter der Annahme, dass sich die Haushalte beim Möbelkauf gleichmäßig auf die Jahre verteilen, ergibt sich ein Absatzpotenzial pro Jahr bei Wohnzimmermöbeln von 3 Mio./12 Jahre = 250.000 Stück. Für Schlafzimmermöbel ergibt sich entsprechend ein Absatzpotenzial pro Jahr von 3 Mio./15 Jahre = 200.000 Stück.

Die Preis-Absatz-Funktion für Wohnzimmermöbel kann nun anhand von zwei Punkten bestimmt werden. Multipliziert man den mengenmäßigen Marktanteil von 0,4 % mit dem jährlichen Absatzpotenzial bei Wohnzimmermöbeln von 250.000 Stück, ergibt sich ein Absatz von 1.000 Stück, die zum Preis von 5.000 € verkauft werden. Mit dieser Preis-Mengen-Kombination (x = 1.000 Stück; p = 5.000 €) liegt ein erster Punkt zur Bestimmung der Preis-Absatz-Funktion vor. Ein zweiter Punkt ist mit dem Prohibitivpreis gegeben. Der Prohibitivpreis stellt jenen Preis dar, bei dem der Absatz Null wird (x = 0 Stück; p = 7.000 €). Somit kann das Absolutglied der Preis-Absatz-Funktion mit a = 7.000 angegeben werden. Die Steigung (b) der Preis-Absatz-Funktion ergibt sich durch Einsetzen der gegebenen Punkte in die allgemeine Geradengleichung wie folgt:

$$5.000 = 7.000 - b \cdot 1.000 \Leftrightarrow b = 2.$$

Die Preis-Absatz-Funktion für Wohnzimmermöbel kann nun mit p(x) = 7.000 – 2 x oder alternativ mit x(p) = 3.500 – 0,5 p angegeben werden.

In analoger Weise errechnet sich die Preis-Absatz-Funktion für Schlafzimmermöbel. Durch Multiplikation des mengenmäßigen Marktanteils für Schlafzimmermöbel von 1,5 % mit dem jährlichen Absatzpotenzial von 200.000 Stück ergibt sich ein Absatz von 3.000 Stück, die zum Preis von 3.000 € abgesetzt werden, womit ein erster Punkt (x = 3.000 Stück; p = 3.000 €) der Preis-Absatz-Funktion gegeben ist. Mit dem Prohibitivpreis (x = 0 Stück; p = 5.000 €) liegt ein zweiter Punkt vor. Das Absolutglied der Preis-Absatz-Funktion beträgt somit a = 5.000. Aus diesen Angaben lässt sich die Preis-Absatz-Funktion wie folgt ermitteln:

$$3.000 = 5.000 - b \cdot 3.000 \Leftrightarrow b = 2/3.$$

Die Preis-Absatz-Funktion für Schlafzimmermöbel lautet also p(x) = 5.000 − 2/3 x oder alternativ x(p) = 7.500 − 3/2 p.

Nachdem die Preis-Absatz-Funktionen für Wohn- und Schlafzimmermöbel aufgestellt sind, interessiert sich die Möbel GmbH für die Bestimmung optimaler Preise. Es fragt sich, welche Preise die Möbel GmbH für ihre Wohn- und Schlafzimmermöbel setzen sollte, wenn sie den erzielten Deckungsbeitrag maximieren möchte.

Allgemein ist der Deckungsbeitrag (DB) wie folgt definiert, wobei mit k_v die variablen Stückkosten angegeben werden:

$$DB = (p - k_v) \cdot x.$$

Die variablen Stückkosten können anhand von Tab. 7.19 mit den Angaben zu Produktionsfaktoren und Herstellkosten wie folgt ermittelt werden. Für Wohnzimmermöbel ergeben sich variable Stückkosten von

$$k_v^{WZ} = 24 \cdot 10 € + 15 \cdot 32 € + 3.000 € = 3.720 € \text{ (pro Wohnzimmer)}.$$

Für Schlafzimmermöbel errechnen sich die variablen Stückkosten zu

$$k_v^{SZ} = 22 \cdot 10 € + 10 \cdot 32 € + 2.000 € = 2.540 € \text{ (pro Schlafzimmer)}.$$

Für Wohnzimmermöbel lässt sich nun durch Einsetzen der entsprechenden Preis-Absatz-Funktion die spezifizierte Deckungsbeitragsfunktion angeben mit

$$DB_{WZ} = 7.000\, x - 2\, x^2 - 3.720\, x = 3.280\, x - 2\, x^2.$$

Durch Nullsetzen der ersten Ableitung der Deckungsbeitragsfunktion nach x (DB′) kann der deckungsbeitragsmaximale Absatz für Wohnzimmermöbel (x_{WZ}^*) wie folgt bestimmt werden:

$$DB_{WZ}' = 3.280 - 4\, x = 0 \Leftrightarrow x_{WZ}^* = 820 \text{ Stück}.$$

Einsetzen dieser optimalen Menge in die Preis-Absatz-Funktion für Wohnzimmermöbel liefert den deckungsbeitragsmaximalen Preis für Wohnzimmermöbel (p_{WZ}^*):

$$p_{WZ}^*(x_{WZ}^* = 820) = 5.360 €.$$

Als maximaler Deckungsbeitrag ergibt sich für das Produkt Wohnzimmermöbel:

$$DB_{max}^{WZ} = (5.360 - 3.720) \cdot 820 = 1.344.800 €.$$

Für Schlafzimmermöbel ergibt sich nach Einsetzen der entsprechenden Preis-Absatz-Funktion die spezifizierte Deckungsbeitragsfunktion

$$DB_{SZ} = 5.000 \ x - 2/3 \ x^2 - 2.540 \ x = 2.460 \ x - 2/3 \ x^2.$$

Durch Nullsetzen der ersten Ableitung der Deckungsbeitragsfunktion nach x (DB′) kann der deckungsbeitragsmaximale Absatz für Schlafzimmermöbel (x_{SZ}^*) wie folgt angegeben werden:

$$DB_{SZ}' = 2.460 - 4/3 \ x = 0 \Leftrightarrow x_{SZ}^* = 1.845 \ \text{Stück.}$$

Durch Einsetzen dieser Menge in die Preis-Absatz-Funktion für Schlafzimmermöbel ergibt sich der deckungsbeitragsmaximale Preis (p_{SZ}^*):

$$p_{SZ}^*(x_{SZ}^* = 1.845) = 3.770 \ \text{€.}$$

Als maximalen Deckungsbeitrag für das Produkt Schlafzimmermöbel erhält man:

$$DB_{max}^{SZ} = (3.770 - 2.540) \cdot 1.845 = 2.269.350 \ \text{€.}$$

Betrachtet man ein Unternehmen mit heterogenem Produktangebot, so ging die bislang angesprochene Analyse gewinnmaximaler Preise von der Strategie der **Einzelpreisbildung** aus, bei der die Nachfrager die einzelnen Produkte jeweils zu produktspezifischen Preisen erwerben können. Daneben gibt es jedoch weitere preispolitische Strategien, die in Abb. 7.11 im Überblick dargestellt sind.

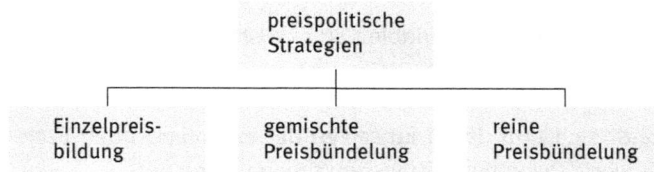

Abb. 7.11: Preispolitische Strategien (eigene Darstellung).

Den Gegenpol zur Einzelpreisbildung stellt die **reine Preisbündelung** dar. Bei dieser Strategie bündelt ein Mehrproduktunternehmen heterogene Produkte zu einem Bündel, das zu einem Gesamtpreis auf dem Markt angeboten wird. Ein Beispiel für die reine Preisbündelung ist etwa das Angebot von Telekommunikationsunternehmen, die Handys samt zugehörendem Vertrag kombinieren. Da der Erwerb der einzelnen Produkte (Bündelkomponenten) nicht möglich ist, können die Nachfrager nur entscheiden, ob sie das Bündel insgesamt erwerben wollen oder nicht.

Die **gemischte Preisbündelung** stellt eine Kombination aus Einzelpreisbildung und reiner Preisbündelung dar, bei der die Nachfrager sowohl die heterogenen Produkte zu Einzelpreisen, als auch das Bündel zu einem Gesamtpreis erwerben können.

Ob eine Preisbündelung gegenüber der Einzelpreisbildung als vorteilhaft anzusehen ist, hängt von verschiedenen Aspekten ab. Insbesondere ist hierbei die Verteilung der nachfragerspezifischen Zahlungsbereitschaften gegenüber dem Bündel bzw. den Bündelkomponenten zu beachten. Im Folgenden sei exemplarisch die Preisbündelung am Fall einer Bildungseinrichtung analysiert (vgl. Hempelmann und Grunwald 2006).

Die neu gegründete European Virtual University (E.V.U.) bietet ein aus zwei unterschiedlichen Modulen $i \in \{1, 2\}$ bestehendes, neu konzipiertes **Management-Kompaktstudium** mit online durchgeführten Unterrichtseinheiten an. Die Module können von den Studierenden einzeln als eigenständige Studienprogramme mit Zertifikat (ohne Abschlussprüfung) oder beide zusammen mit eingeschlossener Abschlussprüfung zum Master of Business Administration (MBA) absolviert werden. Werden zwei unterschiedliche Module nacheinander separat erworben, wird aus organisatorischen Gründen eine Abschlussprüfung zum MBA an der E.V.U. nicht mehr angeboten.

Eine von der Universitätsleitung in Auftrag gegebene Studie ergab, dass für ein Management-Kompaktstudium im Wesentlichen zwei gleich große **Kundensegmente** $k \in \{A, B\}$ infrage kommen, die sich in der Ausprägung ihrer **Reservationspreise** r und somit bezüglich der maximalen Zahlungsbereitschaft unterscheiden, wie in Tab. 7.20 dargestellt (Werte in Tsd. €):

Tab. 7.20: Verteilung der Reservationspreise (eigene Darstellung).

Segment k	r_{k1}	r_{k2}
A	5	4
B	6,5	1

Für das MBA-Programm ist ein Student bereit, einen Aufschlag in Höhe von 10 % auf die Summe seiner Reservationspreise für die einzelnen Module zu bezahlen. Hierdurch soll zum Ausdruck gebracht werden, dass die Studenten bessere Karrierechancen erwarten, wenn sie das MBA-Programm abschließen. Hingegen wird ein separater Besuch der beiden Module, der den Master nicht beinhaltet, als vergleichsweise weniger karrierefördernd eingeschätzt. Es sei angenommen, dass die Reservationspreise jeweils über den Grenzkosten für die Bereitstellung des jeweiligen Moduls liegen. Die Grenzkosten sind für beide Module gleich und betragen 500 € pro Modul und Student. Der Universität entstehen Kosten für die Abschlussprüfung in Höhe von 100 € je Prüfung. Fixkosten sind zu vernachlässigen. Ein Student ersteht höchstens eine Mengeneinheit des gleichen Moduls. Die E.V.U. muss sich auf einen Preis p_i pro Modul bzw. für das MBA-Programm festlegen.

Im vorliegenden Fall bedeutet Einzelpreisbildung, dass die E.V.U. nur die beiden Module anbietet, während das MBA-Programm nicht angeboten wird. Reine Preisbündelung bedeutet, dass nur das MBA-Programm angeboten wird, während ein separater Abschluss der beiden Module nicht möglich ist. Bei der gemischten Preisbündelung können die Nachfrager sowohl die Module zu Einzelpreisen, als auch das Bündel (das MBA-Programm) zu einem Gesamtpreis erwerben.

Aufgrund von **Validitätsproblemen** ist eine direkte Abfrage der Reservationspreise nicht zu empfehlen, da die Aufmerksamkeit der Befragten zu sehr auf den Preisaspekt fokussiert wird. Sinnvoller ist daher eine indirekte Ermittlung, bei der neben dem Preis weitere Eigenschaften des Gutes einer Bewertung unterzogen werden. Im vorliegenden Fall könnten diese Eigenschaften z. B. die Reputation der E.V.U., die Reputation des Lehrpersonals, die zu erwartende Studiendauer etc. sein.

Methodisch kann man sich dabei auf erprobte Methoden der Marktforschung, insbesondere auf die **Konjunkte Analyse** (Conjoint Analysis) stützen. Zur Konjunkten Analyse zählen Verfahren, die auf Basis empirisch erhobener globaler Präferenzurteile von Konsumenten hinsichtlich einer Anzahl von Produktvarianten individuell gültige Teilnutzenwerte einzelner Eigenschaftsausprägungen dieser Produktvarianten abzuleiten suchen. Als Produktvarianten wären also im vorliegenden Fall etwa einzelne Module der E.V.U. bzw. das Bündel, bestehend aus mehreren Modulen, sowie auch mögliche Studienprogramme von Konkurrenzanbietern zu untersuchen, die sich systematisch in ihren relevanten Eigenschaften, hier also insbesondere in dem Preis, der Reputation des Studienprogramms bzw. des Lehrpersonals, der Studiendauer etc. unterscheiden. Zur Ermittlung der Zahlungsbereitschaft wäre dann zu untersuchen, ab welchem durch die E.V.U. geforderten Preis sich für ein konkurrierendes Studienprogramm im Vergleich zum Programm der E.V.U. ein höherer **Gesamtnutzenwert** (= Summe aller Teilnutzenwerte) einstellen würde. Das Verfahren liefert Zahlungsbereitschaften auf individueller Ebene. Bei ausreichend großer Varianz empfiehlt sich die Identifikation homogener **Marktsegmente** mit ähnlichen Zahlungsbereitschaften, die methodisch auf einer Anwendung der **Clusteranalyse** basiert, und im vorliegenden Fall im Ergebnis zu den beiden Segmenten A und B samt deren (durchschnittlichen) Zahlungsbereitschaften geführt hat.

Aufgrund des 10 %-igen Aufschlags für den Reservationspreis des MBA-Programms ergibt sich die in Tab. 7.21 dargestellte Verteilung der Reservationspreise.

Tab. 7.21: Verteilung der Reservationspreise für Module und Bündel (eigene Darstellung).

Segment	Reservationspreise		
	Modul 1	Modul 2	Bündel
A	5	4	9,9
B	6,5	1	8,25

Zunächst sei der Fall der gemischten Preisbündelung betrachtet. Da sinnvollerweise als Preise der Module bzw. für das Bündel nur einer der Reservationspreise der beiden Segmente in Betracht kommt, ergeben sich 8 (= 2 × 2 × 2) mögliche Preiskombinationen, die in der folgenden Tabelle untersucht werden.

Tab. 7.22: Preisstrategie bei gemischter Bündelung (eigene Darstellung).

Preise		Absatz Segment A	Absatz Segment B	Erlös	Kosten	Gewinn
p_1	5	0	1			
p_2	1	0	1			
p_B	9,9	1	0	15,9	2,1	13,8
p_1	5	0	1			
p_2	4	0	0			
p_B	9,9	1	0	14,9	1,6	13,3
p_1	6,5	0	1			
p_2	1	0	1			
p_B	9,9	1	0	17,4	2,1	**15,3**
p_1	6,5	0	1			
p_2	4	0	0			
p_B	9,9	1	0	16,4	1,6	14,8
p_1	5	0	0			
p_2	1	0	0			
p_B	8,25	1	1	16,5	2,2	14,3
p_1	5	0	0			
p_2	4	0	0			
p_B	8,25	1	1	16,5	2,2	14,3
p_1	6,5	0	0			
p_2	1	0	0			
p_B	8,25	1	1	16,5	2,2	14,3
p_1	6,5	0	0			
p_2	4	0	0			
p_B	8,25	1	1	16,5	2,2	14,3

Zur Erläuterung der Tabelleneintragungen sei exemplarisch die Preiskombination (p_1 = 5, p_2 = 4, p_B = 9,9) betrachtet. In diesem Fall entspricht der Preis für das MBA-Programm genau dem Reservationspreis von Segment A, sodass Studenten dieses Segments das Programm nachfragen würden. Zwar übersteigen auch die Preise für die beiden Einzelmodule die Zahlungsbereitschaften dieses Segments nicht, dennoch ergibt sich hier keine Nachfrage, da das MBA-Programm mit einem höheren Nutzen verbunden ist – ein Umstand, der durch den Zuschlag auf die Summe der Reservationspreise reflektiert wird. Studenten aus Segment 2 fragen weder das MBA-Programm noch das Modul 2 nach, da die jeweiligen Zahlungsbereitschaften überschritten werden. Nachfrage aus diesem Segment besteht nur für das Modul 1. Damit ergibt sich der Erlös 14,9 (= 9,9 + 5). Nach Abzug der Kosten in Höhe von 1,6 (= 1,1 + 0,5) ergibt sich ein Gewinn von 13,3.

Die gewinnmaximale **Preiskombination** liegt bei (p_1 = 6,5, p_2 = 1, p_B = 9,9) vor. Damit sollte die E.V.U. Modul 1 zum Preis von 6.500 €, Modul 2 zum Preis von 1.000 € und das MBA-Programm zum Preis von 9.900 € anbieten. Der pro Student maximal erzielbare Gewinn beträgt dann 15.300 €.

Bietet die E.V.U. hingegen ausschließlich einzelne Module an, verfolgt sie also die Einzelpreisstrategie, besteht gemäß Tab. 7.23 die **gewinnmaximale Preisstrategie** darin, Modul 1 zum Preis von 5.000 € und Modul 2 zum Preis von 4.000 € anzubieten. Der maximal erzielbare Gewinn beträgt 12.500 € pro Student.

Tab. 7.23: Preisstrategie bei Einzelpreisbildung

Preis		Absatz Segment A	Absatz Segment B	Erlös	Kosten	Gewinn
p_1	5	1	1			
p_2	1	1	1	12	2	10
p_1	5	1	1			
p_2	4	1	0	14	1,5	**12,5**
p_1	6,5	0	1			
p_2	1	1	1	8,5	1,5	7
p_1	6,5	0	1			
p_2	4	1	0	10,5	1	9,5

Im Fall der reinen Preisbündelung wird nur das MBA-Programm angeboten, während eine separate Belegung eines der beiden Module nicht möglich ist (siehe Tab. 7.24).

Tab. 7.24: Preisstrategie bei reiner Bündelung (eigene Darstellung).

Preis		Absatz Segment A	Absatz Segment B	Erlös	Kosten	Gewinn
p_B	8,25	1	1	16,5	2,2	**14,3**
p_B	9,9	1	0	9,9	1,1	8,8

Der **gewinnmaximale Preis** für das MBA-Programm beträgt 8.250 €, die E.V.U. erzielt mit dem Programm einen Gewinn von 14.300 € pro Student.

Abb. 7.12 visualisiert die erhaltenen Ergebnisse in einem r_1, r_2-Diagramm.

r_2

$p_B = 8,25$

optimale Preise bei
Einzelpreisbildung

II

III

$p_2 = 4$

Segment A

IV

optimaler Preis bei
reiner Preisbündelung

I

Konsumentenrente

Segment B

r_1

$p_1 = 5$

$p_B = 8,25$

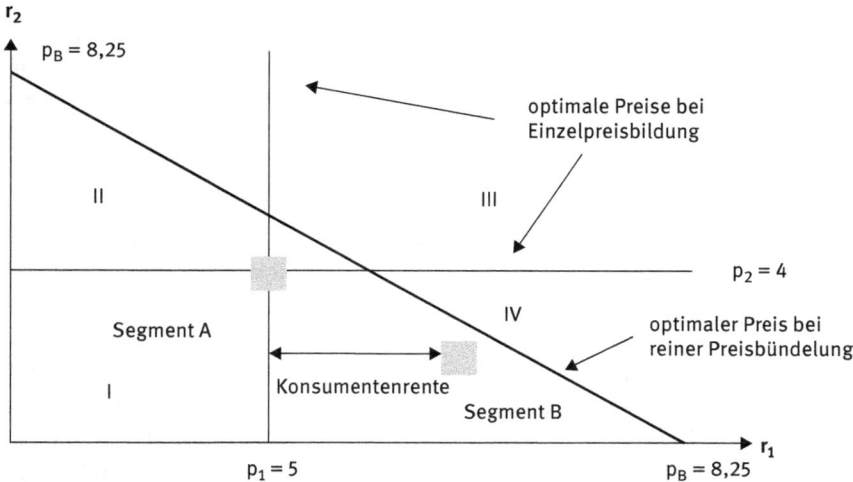

Abb. 7.12: r_1, r_2-Diagramm (eigene Darstellung).

Dargestellt sind zunächst die optimalen Preise bei Einzelpreisbildung ($p_1 = 5$, $p_2 = 4$), durch die die (r_1, r_2)-Ebene in vier Quadranten (I, II, III und IV) aufgeteilt wird. Ob und welche Module bei Einzelpreisbildung nachgefragt werden, bestimmt sich durch die Lage der Reservationspreise in der Ebene. In Quadrant I würde keines der beiden Module nachgefragt. In Quadrant II würde lediglich Modul 2, nicht aber Modul 1 nachgefragt werden. In Quadrant III würden beide Module nachgefragt werden. Schließlich würde in Quadrant IV Modul 1, nicht aber Modul 2 nachgefragt werden. Wie Abb. 7.12 zeigt gehört Segment B zu diesem Quadranten. Segment A liegt auf der Grenze von Quadrant III. Studenten dieses Segments fragen bei Einzelpreisbildung folglich beide Module nach. Ob im Fall der reinen Preisbündelung das MBA-Programm nachgefragt wird, hängt davon ab, ob der (aus Gründen der Übersichtlichkeit nicht eingezeichnete) Reservationspreis gegenüber dem Bündel ober- oder unterhalb der durchgezogenen Linie liegt, die die Achsen beim optimalen Bündelpreis schneidet. Diese Bündelungslinie mit der Steigung –1 repräsentiert die Menge aller Nachfrager, deren Summe der Reservationspreise für die 2 Module plus einem Aufschlag von 10 % dem optimalen Preis des Bündels ($p_B = 8,25$) genau entspricht. Die Preisbündelung teilt die potenziellen Nachfrager also in zwei Gruppen ein:

1. Konsumenten, deren kumulierte Zahlungsbereitschaften (plus Zuschlag von 10 %) kleiner als der festgelegte Bündelpreis sind (also unterhalb der diagonal verlaufenden Bündelungslinie liegen), verzichten auf das Bündel.
2. Konsumenten, deren kumulierte Zahlungsbereitschaften (plus Zuschlag von 10 %) größer oder gleich dem festgelegten Bündelpreis sind, kaufen das Bündel.

Die Strategie der reinen Preisbündelung ist im vorliegenden Fall gegenüber der Einzelpreisbildung vorteilhaft. Dies lässt sich dadurch erklären, dass durch die Bündelung die **Konsumentenrente**, also die Differenz zwischen der maximalen Zahlungsbereitschaft (Reservationspreis) und dem tatsächlich zu zahlenden Preis, effektiver abgeschöpft werden kann. Im Fall der Einzelpreisbildung belegen Studenten aus Segment B nur Modul 1, für das sie aber durchaus noch 1.500 € mehr bezahlen würden. Für die Studenten dieses Segments beträgt die Konsumentenrente demnach 1.500 €. Durch die Preisbündelung werden sie zu Nachfragern des Bündels, erwerben also Modul 2 als Bestandteil des Bündels. Ihre Konsumentenrente wird durch die Bündelung voll abgeschöpft. Die bei Einzelpreisbildung bestehende überschüssige Zahlungsbereitschaft wird durch die Bündelung quasi auf Modul 2 umgelenkt.

Neben diesen Vorteilen gilt es auch, qualitative Wirkungen der Preisbündelung zu bedenken. Diese beziehen sich insbesondere auf eine verbesserte Nutzung von **Erfahrungskurveneffekten** (Economies of Scale) durch größere Absatzmengen bei den Bündelkomponenten, sowie auf die Realisierung von **Verbundvorteilen** (Economies of Scope) durch die gemeinsame Produktion heterogener Produkte. Dem zuletzt genannten Aspekt dürfte für die E.V.U. größere Bedeutung zukommen. Konkret zu denken wäre hier an eine verbesserte Auslastung der räumlichen und technischen Kapazitäten, an den gemeinsamen Einsatz von Lehrpersonal und -materialien im MBA-Programm und in den Modulen etc. Weitere Aspekte sind in der gegebenenfalls bestehenden Möglichkeit zum Erreichen einer **Monopolstellung** oder der Errichtung von **Markteintrittsbarrieren** zu sehen.

Andererseits könnte eine reine Preisbündelung rechtlich problematisch sein, wenn sie den Nachfragern gegenüber dem Einzelkauf der Komponenten keinen zusätzlichen Nutzen bietet. Anders sieht es bei der reinen **Produktbündelung** aus, bei der der Anbieter die Komponenten physisch integriert. Hierdurch mag sich bei Nachfragern ein **Zusatznutzen** ergeben, der bei Kauf der Einzelkomponenten nicht entsteht. Gegen eine reine Produktbündelung mögen allerdings Kostenüberlegungen sprechen: Zusätzlich zu den Herstellkosten der einzelnen Komponenten können Kosten für die physische Integration der Komponenten in ein Bündel entstehen, wie etwa für eine möglichst reibungslose Integration einzelner Hardware- und Softwarekomponenten in ein Computernetzwerk. Damit ist es denkbar, dass hier die Kosten der Bündelung die im Vergleich zur Einzelpreisbildung aufgrund der besseren Abschöpfung der Konsumentenrente bestehenden Vorteile zunichtemachen. Außerdem mag es aus wettbewerbsrechtlicher Sicht Bedenken gegen die reine Preis- bzw. Produktbündelung geben.

Die Vorteilhaftigkeit der reinen Preisbündelung hängt zudem wesentlich von der jeweiligen **Verteilung der Reservationspreise** ab. Neben anderen Autoren verdeutlichen etwa Adams und Yellen (1976) sowie Stremersch und Tellis (2002) die Vorteilhaftigkeit der Preisbündelung für den Fall einer negativen Korrelation der Reservationspreise für zwei Einzelprodukte bei verschiedenen Konsumentensegmenten. In dem hier betrachteten Fall einer **Superadditivität des Bündelnutzens** (der Nutzen des Bündels ist größer als die Summe der Nutzen der Einzelprodukte) demonstrieren Dansby und Conrad (1984) anhand von Zahlenbeispielen, dass auch bei einer positiven Korrelation der Reservationspreise die Preisbündelung zu einem höheren Gewinn als die Strategie der Einzelpreisbildung führen kann.

Die Preisbündelung lässt sich als spezielle Form der **Preisdifferenzierung** auffassen, da einzelne Produkte grundsätzlich anders bepreist werden als Produkte, die im Verbund zu einem Paketpreis angeboten werden. Allgemein bedeutet Preisdifferenzierung, dass unterschiedliche Preise für dasselbe Produkt im Markt gefordert werden. Neben der mit der Preisbündelung bereits erläuterten **produktbezogenen Preisdifferenzierung** stehen als Formen der Preisdifferenzierung auch die zeitliche, räumliche und personelle Preisdifferenzierung zur Verfügung. Bei der **zeitlichen Preisdifferenzierung** werden für die gleiche Leistung in Abhängigkeit vom Kaufzeitpunkt bzw. der Inanspruchnahme der Leistung unterschiedliche Preise gefordert. Beispiele hierfür sind Telefongebühren, Strompreise, Online-Gebühren, Kino-Eintrittspreise, Flugtarife und saisonale Angebote wie z. B. Hoteltarife. Bei der räumlichen Preisdifferenzierung werden für die gleiche Leistung auf geografisch abgetrennten Teilmärkten (z. B. Ländern, Regionen, Städten) unterschiedliche Preise, verlangt wie z. B. unterschiedliche Preise für PKW in unterschiedlichen Ländern der EU. Schließlich werden bei der **personellen Preisdifferenzierung** für unterschiedliche Käufergruppen, die sich durch spezifische Merkmale voneinander unterscheiden, unterschiedliche Preise für die gleiche Leistung verlangt. Vorstellbar sind hier etwa nach dem Alter differenzierte Preise (z. B. unterschiedliche Eintrittspreise für Senioren und Jugendliche) oder auch nach der Einkommenssituation differenzierte Preise (z. B. Bankgebühren für Studenten, Schüler, Senioren).

Das folgende **Fallbeispiel** soll das Problem der Bestimmung optimaler Preise im Falle der personellen Preisdifferenzierung veranschaulichen. Herr Müller, Manager einer regional konkurrenzlosen Freizeitanlage, steht vor dem Problem, den Eintrittspreis für die Besucher festzusetzen. Aufgrund seiner Erfahrung ist ihm bekannt, dass bei Studenten, Schülern und Rentnern eine andere Preisreaktion zu erwarten ist als bei der restlichen Bevölkerung. Daher erwägt er die Anwendung einer personellen (personenbezogenen) Preisdifferenzierung. Aufgrund seiner Marktkenntnisse geht Herr Müller von der Gültigkeit der folgenden Preis-Absatz-Funktionen aus mit x_1 und x_2 als Absatz (jeweils in 1.000 Personen) und p als Preis:
-   Für das Marktsegment der Studenten, Schüler und Rentner: $x_1 = 20 - 2\,p_1$
-   Für die restliche Bevölkerung: $x_2 = 120 - 8\,p_2$

Gesucht sind die gewinnmaximalen Eintrittspreise für beide Marktsegmente, wenn je Besucher variable Kosten in Höhe von 4 € entstehen. Zum Vergleich soll auch der gewinnmaximale Eintrittspreis bei Verzicht auf eine Preisdifferenzierung ermittelt werden.

Da Herr Müller als Monopolist gewissen Einfluss auf die Bestimmung seiner Preise hat und nicht mit einem vollständigen Verlust sämtlicher Besucher bei Preiserhöhungen zu rechnen ist, geht er von einer linear fallenden Preis-Absatz-Funktion aus. Zudem wird für die Analyse eine lineare Kostenfunktion unterstellt, sodass die angegebenen variablen Stückkosten zugleich den Grenzkosten ($K' = 4$) entsprechen.

Für den Fall der Preisdifferenzierung betrachtet Herr Müller die beiden Teilmärkte separat und bestimmt für beide Teilmärkte die optimalen Preise:

Für das Marktsegment der Studenten, Schüler und Rentner lässt sich die Preis-Absatz-Funktion $x_1 = 20 - 2\,p_1$ nach p_1 umformen. Es ergibt sich

$$p_1 = 10 - \tfrac{1}{2}\,x_1.$$

Durch Multiplikation der Preis-Absatz-Funktion mit x erhält man die Umsatz- bzw. Erlösfunktion

$$U_1 = 10\,x_1 - \tfrac{1}{2}\,x_1^2.$$

Den gewinnmaximalen Absatz erhält man, indem man entweder die Gewinnfunktion nach x ableitet und Null setzt oder alternativ den Grenzerlös (U') gleich den Grenzkosten (K') setzt. Leitet man U_1 nach x ab, so ergibt sich die folgende Grenzerlösfunktion:

$$U_1' = 10 - x_1.$$

Gleichsetzen der Grenzerlösfunktion mit den Grenzkosten liefert den gewinnmaximalen Absatz für den Teilmarkt der Studenten, Schüler und Rentner:

$$10 - x_1 = 4 \Leftrightarrow x_1^* = 6.$$

Durch Einsetzen dieser Absatzmenge in die für diesen Teilmarkt geltende Preis-Absatz-Funktion erhält man den zugehörigen gewinnmaximalen Preis:

$$p_1^* = 10 - \tfrac{1}{2} \cdot 6 = 7.$$

Analog wird für den zweiten Teilmarkt (die restliche Bevölkerung) vorgegangen. Die nach dem Preis umgeformte Preis-Absatz-Funktion lautet hier:

$$p_2 = 15 - 1/8\,x_2.$$

Die Grenzerlösfunktion lautet

$$U_2' = 15 - \tfrac{1}{4}\,x_2.$$

Durch Gleichsetzen der Grenzerlösfunktion mit den Grenzkosten und anschließendes Umformen erhält man den gewinnmaximalen Absatz für den zweiten Teilmarkt:

$$15 - \tfrac{1}{4}\,x_2 = 4 \Leftrightarrow x_2^* = 44.$$

Einsetzen dieser gewinnmaximalen Absatzmenge in die Preis-Absatz-Funktion liefert den zugehörigen gewinnmaximalen Preis für den zweiten Teilmarkt:

$$p_2^* = 15 - 1/8 \cdot 44 = 9{,}5.$$

Um den optimalen Preis bei undifferenzierter Marktbearbeitung für den Gesamtmarkt, bestehend aus den beiden Teilmärkten, bestimmen zu können, ist zunächst die Preis-Absatz-Funktion für den Gesamtmarkt aufzustellen.

Hierzu werden per Queraddition (horizontale Addition) die nach x umgeformten Preis-Absatz-Funktionen für die beiden Teilmärkte wie folgt zusammengefasst (vgl. Helmedag 2001, S. 13):

$$x_1 + x_2 = x = 140 - 10\,p \Leftrightarrow p = 14 - 1/10\,x.$$

Die Grenzerlösfunktion für den Gesamtmarkt lautet

$$U' = 14 - 1/5\,x.$$

Gleichsetzen der Grenzerlösfunktion mit den Grenzkosten und Umformen führt zum gewinnmaximalen Absatz für den Gesamtmarkt:

$$14 - 1/5\,x = 4 \Leftrightarrow x^* = 50.$$

Durch Einsetzen dieser Menge in die Preis-Absatz-Funktion erhält man den gewinnmaximalen Preis für den Gesamtmarkt:

$$p^* = 14 - 1/10 \cdot 50 = 9.$$

Bei Fixkosten von Null ergibt sich für den Gesamtmarkt ein maximaler Gewinn bei undifferenzierter Marktbearbeitung von

$$G_{undiff}^* = 50 \cdot 9 - 50 \cdot 4 = 250 \text{ Tsd. €.}$$

Im Fall der Preisdifferenzierung ergibt sich für den ersten Teilmarkt der Studenten, Schüler und Rentner ein maximaler Gewinn (bei Fixkosten von Null) in Höhe von

$$G_1^* = 6 \cdot 7 - 6 \cdot 4 = 18 \text{ Tsd. €.}$$

Für den zweiten Teilmarkt (restliche Bevölkerung) ergibt sich ein maximaler Gewinn von

$$G_2^* = 44 \cdot 9,5 - 44 \cdot 4 = 242 \text{ Tsd. €.}$$

Addiert man die Gewinne der beiden Teilmärkte erhält man den maximalen Gesamtgewinn für den Fall der Preisdifferenzierung in Höhe von

$$G_{diff}^* = 18 + 242 = 260 \text{ Tsd. €.}$$

Wie zu erkennen ist, lässt sich im vorliegenden Fall mit Preisdifferenzierung ein um 10 Tsd. € höherer Gesamtgewinn erwirtschaften als bei undifferenzierter Marktbearbeitung.

Rabatte sind vom Hersteller gewährte Preisnachlässe von einem fixierten Basispreis. In der Praxis treten sie vor allem in Form von **Mengen- oder Umsatzrabatten** in Erscheinung. Tab. 7.25 liefert einen Überblick.

Bei Mengenrabatten ist weiter zwischen dem durchgerechneten und dem angestoßenen Mengenrabatt zu differenzieren.

Tab. 7.25: Mengen- bzw. Umsatzrabatte (Hansen 1990, S. 512).

		Sachbezug	
		verschiedene Produkte	ein Produkt
Zeitbezug	ein Auftrag	Auftragsrabatt (Wertgrundlage)	Artikelrabatt (Mengen-/ Wertgrundlage)
	eine Bezugsperiode	Umsatzrabatt, Jahresbonus, Treuerabatt (Wertgrundlage)	Period. Artikelrabatt (Mengen-/Wertgrundlage)

Beim **durchgerechneten Mengenrabatt** wird auf die gesamte Bezugsmenge Q ein bestimmter Rabattsatz r gewährt, falls Q die Rabattschwelle (Q_S) übersteigt. Mit p_0 als Basispreis ergibt sich der Gesamtpreis P(Q) gemäß

$$P(Q) = p_0 \cdot Q, \text{ falls } Q \le Q_S \text{ bzw.}$$

$$P(Q) = p_0 \cdot (1 - r) \cdot Q \text{ falls } Q > Q_S.$$

Ist z. B. $p_0 = 10$, $Q_S = 1.000$ und r = 5 %, beträgt der Gesamtpreis bei einer Bestellmenge von 900 Stück

$$P(900) = 10 \cdot 900 = 9.000 \text{ €.}$$

Werden hingegen 1.200 Stück bestellt, beträgt der Gesamtpreis

$$P(1.200) = 9{,}50 \cdot 1.200 = 11.400 \text{ €.}$$

Abb. 7.13 zeigt, dass P(Q) eine Sprungstelle bei $Q = Q_S = 1.000$ aufweist. Die Funktion P(Q) verläuft somit unstetig.

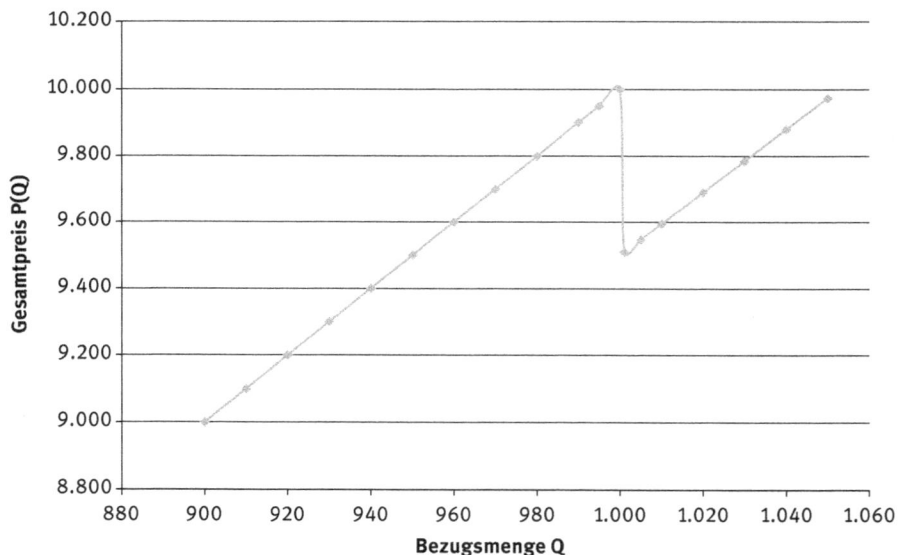

Abb. 7.13: Durchgerechneter Mengenrabatt (eigene Darstellung).

Beim **angestoßenen Mengenrabatt** wird hingegen nur derjenige Teil der Bezugs-menge rabattiert, der die Rabattschwelle übersteigt. Es gilt dann

$$P(Q) = p_0 \cdot Q, \text{ falls } Q \leq Q_S \text{ bzw.}$$

$$P(Q) = p_0 \cdot Q_S + p_0 \cdot (1 - r) \cdot (Q - Q_S) \text{ falls } Q > Q_S.$$

Werden nunmehr 1.200 Stück bestellt, beträgt der Gesamtpreis

$$P(1.200) = 10 \cdot 1.000 + 9{,}50 \cdot 200 = 11.900 \text{ €.}$$

Abb. 7.14 zeigt, dass sich in diesem Fall ein stetiger Verlauf der Funktion P(Q) ergibt:

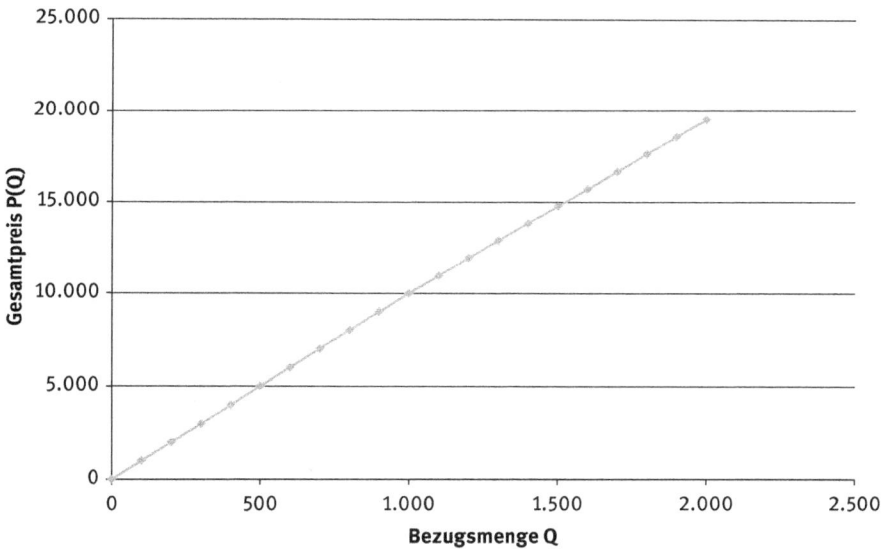

Abb. 7.14: Angestoßener Mengenrabatt (eigene Darstellung).

7.1.3 Distributionsanalyse

Zum **Distributionssystem** gehören diejenigen absatzwirtschaftlichen Institutio-nen, die in irgendeiner Form an der Verteilung (Distribution) eines ganz bestimmten Absatzgutes beteiligt sind. Das Distributionssystem gliedert sich in ein Absatzka-nalsystem und in ein Absatzlogistiksystem (siehe Abb. 7.15).

Das **Absatzkanalsystem** umfasst die Gesamtheit aller Organe, die an dem Verkauf und an der Vermittlung des betreffenden Absatzguts beteiligt sind. Marketinganalysen zu diesem Bereich fokussieren die Gestaltung und Optimierung der Verkaufsprozesse (akquisitorische Distribution). Am Absatzkanalsystem sind regelmäßig sowohl Verkaufsorgane des Herstellers beteiligt als auch Absatzmittler, nämlich Groß- und Einzelhändler. Die Verkaufsorgane des Herstellers lassen sich weiter unterteilen in

- **interne Aufgabenträger** wie Reisende als festangestellte Verkaufsmitarbeiter, organisatorische Einheiten wie Verkaufsabteilungen bzw. Verkaufsniederlassungen sowie in
- **externe Aufgabenträger** wie Handelsvertreter, die auf Provisionsbasis häufig auch für mehrere Firmen Verkaufsaufgaben wahrnehmen und Kommissionäre als unterstützende Organe ohne eigenes Absatzrisiko.

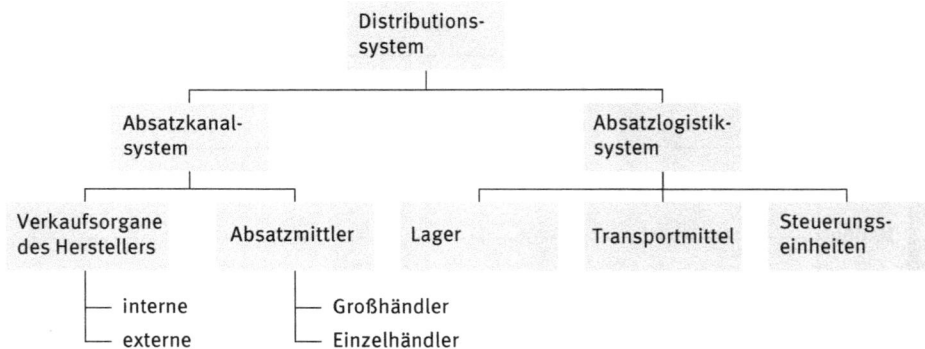

Abb. 7.15: Elemente des Distributionssystems (eigene Darstellung).

Anders als Absatzhelfer (Reisende, Handelsvertreter, Kommissionäre) erwerben Absatzmittler grundsätzlich das Eigentum an der Ware.

Das **Absatzlogistiksystem** dient der Überbrückung der zeitlichen, räumlichen, quantitativen und qualitativen Spannungen (Diskrepanzen) zwischen Produktion und Konsum. Entsprechende Analysen betreffen

- die Gestaltung des Informationsflusses im Absatzlogistiksystem (z. B. durch Steuerungseinheiten wie Warenwirtschaftssysteme),
- die Lagerhaltung (z. B. Lagerstandortwahl, Bemessung der Lagerkapazität, Wahl zwischen eigenen oder fremden Lagerhäusern und Lagerbewirtschaftung),
- Verpackungsentscheidungen sowie
- die Transportmittelwahl (Land-, Luft-, Wasserverkehr).

Im Folgenden wird primär auf Analysen zum Absatzkanalsystem eingegangen, die im Marketing im Fokus stehen. Mit der Standortwahl wird exemplarisch auch auf eine Analyse aus dem Bereich der Absatzlogistik eingegangen. Weitere Beispiele für Analysen zum Bereich Absatzlogistik können der einschlägigen Logistik-Fachliteratur (z. B. Pfohl 2010) entnommen werden.

Die Entscheidungen zum Absatzkanalsystem und entsprechende Marketinganalysen lassen sich in drei Bereiche gliedern (siehe Abb. 7.16):

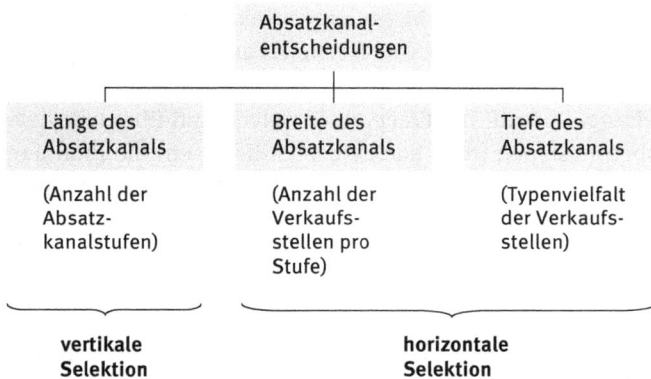

Abb. 7.16: Entscheidungsbereiche zum Absatzkanalsystem (eigene Darstellung).

Die **Länge des Absatzkanals** bezeichnet die Anzahl der Absatzkanalstufen, über die das Absatzgut vom Hersteller über den Vertriebskanal den Endkunden erreicht. Aus Sicht des Herstellers stellt sich die Frage, ob dieser überhaupt Absatzmittler (Händler) einschalten sollte oder nicht. Die Wahlentscheidung hinsichtlich des Einschaltens von Absatzkanalstufen wird auch als **vertikale Selektion** bezeichnet.

Ein Verzicht auf das Einschalten von Händlern **(direkter Vertrieb)** kann sowohl mit als auch ohne Außendienst bzw. **Verkaufsorganisation** erfolgen. Sofern Außendienstler beteiligt werden sollen, kann weiter eine Wahlentscheidung zwischen Reisenden und Handelsvertretern erfolgen. Bei Verzicht auf eine Verkaufsorganisation kann das Absatzgut über das **Direktmarketing** (ohne Außendienst) vertrieben werden, z. B. per Onlineshop, Telefon-/Katalogverkauf oder Fabrikverkauf (Factory Outlet). Da im Falle des direkten Vertriebs keine Absatzkanalstufen eingeschaltet werden, wird hier auch von einem kurzen Absatzkanal gesprochen.

Schaltet der Hersteller Händler zur Distribution ein **(indirekter Vertrieb)**, stellt sich weiter die Frage, wie viele Handelsstufen (auf Ebene der Groß- bzw. Einzelhändler) eingeschaltet werden sollen, z. B. eine, zwei oder mehr als zwei Stufen. Je mehr Stufen in den Absatzkanal integriert werden, desto länger wird der Absatzkanal.

Ein zweiter Entscheidungsbereich betrifft die **Breite des Absatzkanals**. Die Festlegung der Breite betrifft die Anzahl der beteiligten Verkaufsstätten innerhalb der einzelnen Handelsbetriebstypen im Falle des indirekten Vertriebs bzw. die Festlegung der Anzahl der eigenen Verkaufsstellen (z. B. Filialstandorte, Vertriebsniederlassungen) im Falle des direkten Vertriebs. Es geht also beispielsweise um die Frage, in wie vielen Filialen eines bestimmten Händlers das betreffende Absatzgut gelistet (verkauft) werden soll. Somit stehen hier Standortentscheidungen im Blickpunkt. Nicht in jedem Fall ist eine breite Distribution aus Sicht des Herstellers anzustreben, wenn dieser nämlich z. B. nur über begrenzte Produktions- und Verkaufskapazitäten verfügt, regionale Besonderheiten in der Nachfrage eine selektive Listung des Produkts erforderlich machen und Listungsgelder vom Hersteller an den Händler zu entrichten sind.

Die **Tiefe des Absatzkanals** betrifft die Frage, über welche und über wie viele unterschiedliche Handelsbetriebstypen (oder auch eigene Filialtypen) die Produkte angeboten werden sollen. Es geht hier also nicht um die Anzahl der Filialen je unterschiedlichem Betriebstyp, sondern um die Anzahl und Art der unterschiedlichen Betriebstypen selbst (wie z. B. Kaufhäuser, Verbrauchermärkte, Facheinzelhandel, Discounter usw.). Hierbei kann eine Unterscheidung in Universal-, Selektiv- und Exklusivvertrieb vorgenommen werden.

- Beim **Universalvertrieb** kann und soll das betreffende Absatzgut von jedem Handelsbetriebstyp verkauft werden, der eine grundsätzliche Bereitschaft hierzu zeigt. Die Anzahl der belieferten Händler unterliegt somit also keiner erkennbaren Beschränkung durch den Hersteller (wie beispielsweise beim Verkauf von Schokoladeerzeugnissen im unteren Preissegment).
- Beim **Selektivvertrieb** begrenzt der Hersteller bewusst die Anzahl der Handelsbetriebstypen nach qualitativen Gesichtspunkten (wie z. B. Vorhandensein eines Kühlraums, Qualität der Beratung, Verzicht auf aggressive Vermarktungspraktiken). Es werden also vom Hersteller solche Händler zur Vermarktung des eigenen Produkts ausgewählt (selektiert), die den vorgegebenen Qualitätsanforderungen genügen (wie etwa beim Verkauf hochwertiger und höherpreisiger Schokoladeerzeugnisse).
- Beim **Exklusivvertrieb** erfolgt neben der qualitativen Selektion zusätzlich eine quantitative Selektion. Die Anzahl und Typenvielfalt der Absatzmittler wird bewusst (z. B. durch Alleinvertriebsrechte) vom Hersteller in hohem Maße begrenzt, z. B. in Erwartung hoher Verkaufsanstrengungen des Handels, zur verstärkten Preiskontrolle sowie zur Erzielung eines besseren Produkt- bzw. Markenimages (wie etwa beim Verkauf von besonders exklusiven und hochpreisigen Schokoladeerzeugnissen über ausgewählte Feinkostgeschäfte).

Die Entscheidungen zur Breite und Tiefe des Absatzkanals werden auch unter dem Begriff der **horizontalen Selektion** subsumiert.

Von einem **Mehrkanalsystem** (Multi-Channel-Vertriebssystem) wird gesprochen, wenn ein Unternehmen den Konsumenten über mehrere Absatzkanäle gleichzeitig gegenübertritt wie etwa im Beispiel des Unternehmens Tchibo mit den Vertriebskanälen Filialen, Depots, Katalog- und Onlineversand (vgl. http://www.tchibo.com/content/309602/-/de/ber-tchibo/vertriebssystem.html). Der Begriff Mehrkanalsystem impliziert aber nicht notwendigerweise, dass zugleich alle Produkte des Sortiments über alle Vertriebskanäle angeboten werden. Vielmehr liegt in der Frage, welche Produkte des Sortiments über welche Vertriebskanäle des Mehrkanalsystems angeboten werden sollen, ein wesentliches Entscheidungsproblem beim Mehrkanalvertrieb.

Zur Analyse von Absatzkanalsystemen können sowohl **quantitative** als auch **qualitative Kriterien** herangezogen werden. Beispiele für quantitative und qualitative Kriterien, die sich für eine generelle Analyse von Absatzkanalsystemen (Länge, Breite und Tiefe übergreifend) eignen, werden in Tab. 7.26 in Form eines Fragenkatalogs erläutert.

Tab. 7.26: Kriterien zur generellen Analyse von Absatzkanalsystemen (eigene Darstellung).

Kriterien	Erläuterung (Fragenkatalog)
a) qualitative Kriterien	
Zeitüberbrückungsfunktion	Wie gut werden zeitliche Spannungen zwischen Produktion und Konsumtion durch das System überwunden (z. B. durch Lagerhaltung, Kreditierung)?
Raumüberbrückungsfunktion	Wie gut werden räumliche Spannungen zwischen Produktion und Konsumtion durch das System überwunden (z. B. durch direkte Kundennähe, Erfüllung von Transportfunktionen)?
Quantitätsfunktion	Inwiefern lassen sich durch das System kleinere Nachfragemengen zu größeren Produktionsaufträgen bündeln und Planungsvorteile realisieren?
Qualitätsfunktion	Welchen Mehrwert bietet das System für Kunden (z. B. Sortimentsbildung, Veredelung, Beratung, Kundendienst)?
Konfliktbegrenzung	Inwiefern ist das System in der Lage, potenzielle Konflikte zwischen den beteiligten Verkaufsorganen des Herstellers und den Absatzmittlern zu begrenzen (z. B. durch vertragliche Abstimmung, Fokussierung auf gemeinsame Absatzziele)?
Verkaufsanstrengungen des Handels	Wie intensiv setzt sich der Handel in dem betrachteten System (voraussichtlich) für den Verkauf der eigenen Produkte ein?
Unterstützung von Markenbekanntheit und -image (Markenpassung/-fit)	Welchen Beitrag leistet das betrachtete System zum Markenaufbau und Markenerhalt (Steigerung und Stabilisierung von Bekanntheit und Image)? Wie gut passt das System zum Anspruch der eigenen Marke?

Tab. 7.26: (fortgesetzt)

Kriterien	Erläuterung (Fragenkatalog)
b) quantitative Kriterien	
Erreichung der Gewinn-, Erlös-, Absatz- und Kostenziele	Werden mit dem betrachteten System die vorgegebenen ökonomischen Ziele erreicht?
Handelsspanne	Wie groß ist die Spanne aus (Netto-)Verkaufspreis und Herstellerabgabepreis? Was verdient der Handel beim Weiterverkauf der Produkte?
Transaktionskosten	In welchem Ausmaß können durch das betrachtete System Transaktionskosten für Nachfrager und Anbieter eingespart werden (z. B. Anbahnungskosten, Vereinbarungskosten, Kontrollkosten, Änderungs-/Anpassungskosten)?
Komplexitätskosten	In welchem Ausmaß verursacht das betrachtete System zusätzliche Kosten der Abstimmung einzelner Vertriebskanäle (z. B. konsistente Preissetzung, Aktualisierung des Angebots, Abstimmung des Marktauftritts, der Beratungsqualität usw.)?
Marktabdeckung	Wie gut werden die Zielgruppen durch das betrachtete System im Markt insgesamt und an einzelnen Standorten erreicht?

Durch ein Punktbewertungsverfahren lässt sich sodann der Erfüllungsgrad unterschiedlicher Varianten der in Betracht gezogenen Absatzkanalsysteme (z. B. langer vs. kurzer Absatzkanal, Selektiv- vs. Exklusivvertrieb) hinsichtlich der einbezogenen Vergleichskriterien ermitteln. Anschließend lassen sich die Systeme anhand ihres (Gesamt-)Punktwerts gegenüberstellen und auf ihre relative Vorteilhaftigkeit untersuchen.

Speziell zur Analyse der **Länge des Absatzkanals** gilt es abzuwägen, welche Vor- und Nachteile ein kurzer vs. langer Absatzkanal hinsichtlich unterschiedlicher Kriterien aufweist. Zur Fundierung der Wahlentscheidung hinsichtlich der Länge des Absatzkanals können die in Tab. 7.27 dargestellten Kriterien herangezogen werden.

Tab. 7.27: Kriterien zur Analyse der Länge des Absatzkanals (eigene Darstellung).

Kriterien	Erläuterung (Fragenkatalog)
a) kundenbezogene Faktoren	
Anzahl großer vs. kleiner Kunden	Ist die Kundenstruktur durch wenige Großkunden oder viele kleine Kunden geprägt?
geografische Verteilung der Kunden	Wohnen die Kunden dezentral über das gesamte Absatzgebiet verstreut oder in unmittelbarer Nähe zum Produktionsstandort?
Bereitschaft der Kunden zur Raumüberbrückung	Sind die Kunden bereit und in der Lage, längere Wegstrecken zum Kaufort zurückzulegen?

Tab. 7.27: (fortgesetzt)

Kriterien	Erläuterung (Fragenkatalog)
Standardisierungsgrad der Kundenwünsche	Sind die Kundenwünsche eher speziell und erfordern individuelle Beratung bzw. Anpassung oder eher standardisiert?
b) produktbezogene Faktoren	
Güterart Erklärungsbedürftigkeit	Besteht das Angebot aus Sachgütern oder aus Dienstleistungen? Besteht das Angebot aus speziellen, erklärungsbedürftigen Produkten oder aus wenig beratungsintensiven Alltagsprodukten?
Bedarfshäufigkeit	Wie häufig (in welchen Abständen) und in welchen Mengen treten Bedarfe auf?
Transport- und Lagerfähigkeit	Lassen sich die Produkte längere Zeit (beim Handel) zwischenlagern oder müssen sie sofort verkauft werden (z. B. Frischeprodukte)? Wie groß sind das Transport- und Lagerrisiko?
Produktpreis	Werden hochpreisige oder niedrigpreisige Produkte angeboten?
c) unternehmensbezogene Faktoren	
Bekanntheit und Reputation	Ist das Unternehmen (die Marke) hinreichend im Markt bekannt und verfügt es über einen guten Ruf? Würden Kunden auch größere Wegstrecken für die Produkte dieser Marke zurücklegen? Sind Händler an der Listung der Produkte dieser Marke besonders interessiert?
Finanzkraft/ Ressourcenausstattung	Verfügt das Unternehmen über hinreichende Mittel zum Aufbau und Erhalt eines direkten Vertriebs (z. B. mit eigenem Außendienst)?
Marktkenntnis	Liegen gute oder nur begrenzte Kenntnisse über den Markt vor? Inwieweit lässt sich von dem Wissen der Händler über regionale Gegebenheiten profitieren?

Eine im Rahmen der Länge des Absatzkanals zu treffende Entscheidung behandelt die Frage, ob unternehmenseigene oder -fremde Verkaufsorgane eingesetzt werden sollen. Im Speziellen gilt es, zwischen dem Einsatz von **Reisenden** oder **Handelsvertretern** zu wählen.

Reisende sind weisungsgebundene Mitarbeiter des Unternehmens, die ihre Kunden grundsätzlich gemäß den Vorgaben der Verkaufsleitung betreuen. Typischerweise werden sie durch ein Fixgehalt entlohnt, das gegebenenfalls um Provisionen oder Prämien ergänzt werden kann. Durch den Einsatz von Reisenden entstehen dem Unternehmen überwiegend fixe Kosten. Handelsvertreter sind hingegen selbstständig tätig und daher grundsätzlich nicht weisungsgebunden. Üblicherweise werden sie durch eine umsatzabhängige Provision entlohnt. Je nach vertraglicher Regelung kann dem Handelsvertreter darüber hinaus ein bestimmtes Mindesteinkommen garantiert sein. Durch den Einsatz von Handelsvertretern entstehen dem Unternehmen überwiegend variable Kosten. Oftmals sind Handelsvertreter für verschiedene

Unternehmen tätig, sodass sie im Vergleich mit Reisenden weniger spezifische Produktkenntnisse aufweisen, wodurch die Effizienz der Kundenbetreuung leiden kann. Andererseits wird man aufgrund der variablen Entlohnung mit einer höheren Leistungsbereitschaft der Handelsvertreter rechnen können.

Die Entscheidung zwischen Reisenden und Handelsvertretern nur auf Basis der zu erwartenden Kosten zu treffen, reicht daher regelmäßig nicht aus. Stattdessen hat die Entscheidung auf Basis einer **Gewinnvergleichsrechnung** zu erfolgen. Das Vorgehen soll anhand des folgenden (in modifizierter Form Hempelmann 2001 entnommenen) Fallbeispiels illustriert werden.

Die LLR GmbH produziert Lederlenkräder für PKW in zwei Versionen. Während für das Lenkrad A hochwertiges Leder verarbeitet wird, handelt es sich bei Lenkrad B um eine einfachere Standardausführung. Der Vertrieb erfolgt über den Facheinzelhandel auf Basis persönlicher Verkaufsgespräche. Die Unternehmensleitung hat darüber zu entscheiden, ob hierfür Handelsvertreter oder Reisende eingesetzt werden sollen.

Vorgesehen ist, dass die Reisenden ein Fixgehalt bekommen, das um eine umsatzabhängige Provision ergänzt wird. Darüber hinaus entstehen dem Unternehmen für das Gesamtgehalt Lohnnebenkosten in Höhe von 70 %. Als Entlohnungsbasis dient der monatliche Umsatz. Handelsvertreter erhalten ebenfalls eine Umsatzprovision, aber kein Fixgehalt. Über die Höhe der Provisionssätze und des Fixgehalts der Reisenden ist noch zu entscheiden.

Aufgrund spezifischer Marktkenntnisse der Reisenden kann davon ausgegangen werden, dass Reisende und Handelsvertreter unterschiedliche Verkaufserfolge erzielen. Dies spiegelt sich in entsprechenden **Preis-Absatz-Funktionen** für ein repräsentatives Verkaufsgebiet wider, wobei in jedem Verkaufsgebiet entweder genau ein Reisender bzw. ein Handelsvertreter eingesetzt werden soll.

Ein Vergleich der Preis-Absatz-Funktionen aus Tab. 7.28 zeigt, dass sich durch den Einsatz von Handelsvertretern höhere **Prohibitivpreise**, also höhere maximale Zahlungsbereitschaften, erreichen lassen.

Tab. 7.28: Preis-Absatz-Funktionen für ein Verkaufsgebiet (eigene Darstellung).

Preis-Absatz-Funktion für	Lenkrad Typ A	Lenkrad Typ B
Reisende	$p_A = 280 \cdot \left(1 - \dfrac{x}{2.800}\right)$	$p_B = 250 \cdot \left(1 - \dfrac{x}{3.125}\right)$
Handelsvertreter	$p_A = 310 \cdot \left(1 - \dfrac{x}{2.480}\right)$	$p_B = 280 \cdot \left(1 - \dfrac{x}{2.800}\right)$

Andererseits wird im Falle des Einsatzes von Reisenden mit einer höheren **Sättigungsmenge** gerechnet. Für entsprechend geringe Produktpreise wird also mit einem größeren Verkaufserfolg der Reisenden gerechnet. Erst bei höheren Verkaufspreisen kompensiert der Motivationsvorsprung der Handelsvertreter deren weniger spezifische Marktkenntnisse und macht sich in einem höheren Verkaufserfolg bemerkbar.

Für das Unternehmen ist die folgende Kostensituation gegeben:

Tab. 7.29: Variable und fixe Kosten der beiden Lenkradtypen (eigene Darstellung).

	variable Kosten je Stück	fixe Kosten pro Monat
Lenkrad Typ A	70 €	40.000 €
Lenkrad Typ B	60 €	35.000 €

Aus der Verkauftätigkeit entstehen den Reisenden bzw. den Handelsvertretern **Opportunitätskosten** (für den persönlichen Einsatz, Fahrtkosten, Zeitverlust etc.), die sich in Höhe von 10 € je verkaufter Mengeneinheit des Lenkrads A oder B beziffern lassen mögen.

Sowohl Reisende als auch Handelsvertreter richten ihre Verkaufsanstrengungen so aus, dass ihr persönliches Nettoeinkommen (Einkommen abzüglich der entstehenden Opportunitätskosten) maximiert wird. Sie verhalten sich also in diesem Sinne opportunistisch.

Im Folgenden sei mit x_A (x_B) die Absatzmenge von Lenkrad A (Lenkrad B) bezeichnet. Ferner sei $U(x_A, x_B)$ der im betrachteten Verkaufsgebiet erzielte Umsatz. Mit F als Fixgehalt und f_R als Provisionssatz der Reisenden ergibt sich deren zu maximierendes Nettoeinkommen gemäß

$$F + f_R \cdot U(x_A, x_B) - 10 \cdot (x_A + x_B).$$

Die Reisenden legen annahmegemäß ihre Verkaufsanstrengungen so fest, dass jene Absatzmengen resultieren, die das Nettoeinkommen maximieren. Die Bedingungen hierfür lauten

$$f_R \cdot \frac{\partial U}{\partial x_A} = f_R \cdot \frac{\partial U}{\partial x_B} = 10.$$

Da sich der Umsatz definitionsgemäß als Produkt aus Verkaufspreis und Absatzmenge errechnet, kann die obige Gleichung unter Verwendung der Preis-Absatz-Funktionen aus Tab. 7.28 folgendermaßen aufgelöst werden:

$$x_A = 1.400 - \frac{50}{f_R}, \; x_B = 1.562,5 - \frac{62,5}{f_R}.$$

Die obigen Gleichungen beschreiben die Abhängigkeit der Absatzmengen vom Provisionssatz f_R. Je höher f_R, desto mehr strengen sich die Reisenden im Verkauf an und umso größer sind die Absatzmengen. Das Fixgehalt beeinflusst die Höhe der Absatzmengen hingegen nicht.

In Abhängigkeit vom erzielten Umsatz entstehen dem Unternehmen durch den Einsatz eines Reisenden Kosten in Höhe von

$$K_R(U) = (F + f_R \cdot U) \cdot 1{,}7.$$

Der Faktor 1,7 erklärt sich dabei durch die zu zahlenden Lohnnebenkosten von 70 %.

Pro verkaufter Einheit von Lenkrad A (Lenkrad B) entsteht dem Unternehmen der Stückdeckungsbeitrag von $(p_A - 70)$ bzw. $(p_B - 60)$. Da sich die Fixkosten in Summe auf 75.000 € im Monat belaufen, wird das Unternehmen die den Vertrag mit den Reisenden charakterisierenden Entlohnungsparameter (F, f_R) so festlegen, dass der resultierende Gewinn

$$G_R(F, f_R) = (p_A - 70) \cdot x_A + (p_B - 60) \cdot x_B - (F + f_R \cdot (p_A \cdot x_A + p_B \cdot x_B)) \cdot 1{,}7 - 75.000$$

maximiert wird.

Dabei hat das Unternehmen die folgenden **Nebenbedingungen** zu berücksichtigen: Zum einen gilt es zu beachten, dass die Absatzmengen das Ergebnis der Verkaufsanstrengungen der Reisenden sind. Diese wiederum können durch den mit den Reisenden geschlossenen Entlohnungsvertrag beeinflusst werden. Die oben für die Absatzmengen formulierten Gleichungen sind folglich als Nebenbedingungen im Kalkül des Unternehmens zu berücksichtigen. Sie werden **Anreizverträglichkeitsbedingungen** genannt. Zu beachten ist zum anderen, dass der mit den Reisenden geschlossene Entlohnungsvertrag attraktiv genug sein muss, um sie für eine Verkaufstätigkeit im Unternehmen zu interessieren. Hier sei davon ausgegangen, dass das Nettoeinkommen der Reisenden mindestens 5.000 € im Monat betragen muss:

$$F + f_R \cdot U(x_A, x_B) - 10 \cdot (x_A + x_B) \geq 5.000.$$

Diese Bedingung ist die sogenannte **Teilnahmebedingung** der Reisenden. Als letzte Bedingung ist zu berücksichtigen, dass aufgrund tariflicher Vereinbarungen ein Fixgehalt von mindestens 2.000 € im Monat zu zahlen ist.

Grundsätzlich wird das Unternehmen versuchen, das zu zahlende Fixgehalt möglichst gering zu halten. Bei gegebenem Provisionssatz wird das Unternehmen daher das Fixgehalt so ansetzen, dass das Nettoeinkommen der Reisenden genau 5.000 € beträgt. Würden die 5.000 € bereits überschritten, ohne ein Fixum zu zahlen, ist aufgrund der oben erwähnten Vereinbarung ein Fixgehalt in Höhe von 2.000 € anzusetzen.

Tab. 7.30 zeigt die Entwicklung der Absatzmengen, Verkaufspreise sowie weiterer monetärer Größen für verschiedene Werte des Provisionssatzes f_R.

Tab. 7.30 und Abb. 7.17 verdeutlichen, dass das Gewinnmaximum bei einem Provisionssatz von ca. 9 % angenommen wird und etwa 83.000 € im Monat beträgt. Bei diesem Provisionssatz werden ca. 884 Lederlenkräder vom Typ A zu einem Preis von 195,60 € abgesetzt. Ebenso werden ca. 868 Lederlenkräder vom Typ B zu einem Preis von 180,56 € abgesetzt. Das Unternehmen gewährt den Reisenden ein Fixgehalt von 2.000 € im Monat. Durch ihre Verkaufstätigkeit erzielen sie ein monatliches Nettoeinkommen von ca. 13.800 €.

Tab. 7.30: Ausprägungen der Absatzmengen, Verkaufspreise und weiterer monetärer Größen beim Einsatz von Reisenden (eigene Darstellung).

Provi-sions-satz	Absatz Typ A	Absatz Typ B	Preis Typ A	Preis Typ B	Oppor-tunitäts-kosten	Umsatz	Fixum	Nettoein-kommen	Gewinn
0,05	400	313	240	224,96	7.130	166.412,48	3.809,38	5.000	24.011,47
0,06	567	521	223,3	208,32	10.880	235.145,82	2.000	5.228,75	61.810,95
0,07	686	670	211,4	196,4	13.560	276.608,4	2.000	7.802,59	77.072
0,08	775	781	202,5	187,52	15.560	303.390,62	2.000	10.711,25	82.619,5
0,09	844	868	195,6	180,56	17.120	321.812,48	2.000	13.843,12	83.015,17
0,1	900	938	190	174,96	18.380	335.112,48	2.000	17.131,25	80.463,36
0,12	983	1.042	181,7	166,64	20.250	352.249,98	2.000	24.020	70.660,98
0,14	1.043	1.116	175,7	160,72	21.590	362.618,62	2.000	31.176,61	57.945,39
0,15	1.067	1.146	173,3	158,32	22.130	366.345,82	2.000	34.821,87	51.077,64
0,2	1.150	1.250	165	150	24.000	377.250	2.000	53.450	15.085

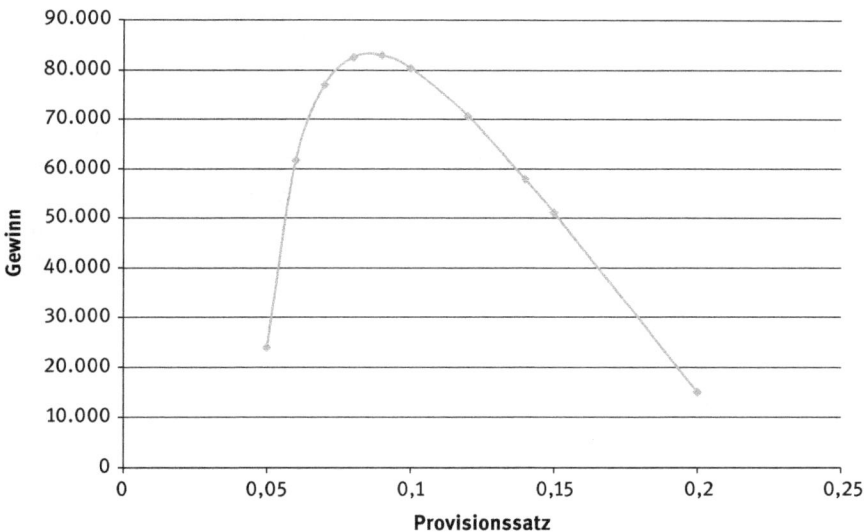

Abb. 7.17: Verlauf der Gewinnfunktion für unterschiedliche Provisionssätze für Reisende (eigene Darstellung).

Da beim Einsatz von Handelsvertretern kein Fixum gezahlt wird, ist in diesem Fall lediglich der Provisionssatz f_V festzulegen. Das Kalkül zur Festlegung der Verkaufsanstrengungen der Handelsvertreter unterscheidet sich formal nicht von dem der Reisenden, sodass auch in diesem Fall gilt:

$$f_V \cdot \frac{\partial U}{\partial x_A} = f_V \cdot \frac{\partial U}{\partial x_B} = 10.$$

Unter Verwendung der Preis-Absatz-Funktionen aus Tab. 7.28 kann die obige Gleichung diesmal zu

$$x_A = 1.240 - \frac{40}{f_V}, \; x_B = 1.400 - \frac{50}{f_V}$$

aufgelöst werden. Der zu maximierende Gewinn des Unternehmens ergibt sich dann gemäß

$$G_V(f_V) = (p_A - 70) \cdot x_A + (p_B - 60) \cdot x_B - f_V \cdot (p_A \cdot x_A + p_B \cdot x_B) - 75.000.$$

Da die Handelsvertreter anders als die Reisenden keine Angestellten des Unternehmens sind, entfällt das Fixum ebenso wie die Lohnnebenkosten.

Analog zu den Reisenden sei unterstellt, dass die Handelsvertreter nur dann bereit sind, für das Unternehmen tätig zu sein, wenn sie ein monatliches Nettoeinkommen von mindestens 5.000 € bekommen. Die Teilnahmebedingung der Handelsvertreter lautet daher

$$f_V \cdot U - 10 \cdot (x_A + x_B) \geq 5.000.$$

Analog zu Tab. 7.30 zeigt Tab. 7.31 die Entwicklung der Absatzmengen, Verkaufspreise sowie weiterer monetärer Größen für verschiedene Werte des Provisionssatzes f_V.

Anders als beim Einsatz von Reisenden sind die Provisionssätze von 5 % bzw. 6 % hier nicht zulässig, da sie zu einem Nettoeinkommen von weniger als 5.000 € führen und somit die Teilnahmebedingung verletzen. Tab. 7.31 und Abb. 7.18 verdeutlichen, dass das Gewinnmaximum wiederum bei einem Provisionssatz von ca. 9 % angenommen und etwa 121.350 € im Monat beträgt.

Tab. 7.31: Ausprägungen der Absatzmengen, Verkaufspreise und weiterer monetärer Größen beim Einsatz von Handelsvertretern (eigene Darstellung).

Provisionssatz	Absatz Typ A	Absatz Typ B	Preis Typ A	Preis Typ B	Opportunitätskosten	Umsatz	Nettoeinkommen	Gewinn
0,05	440	400	255	240	8.400	208.200	2.010	67.990
0,06	573	567	238,38	223,3	11.400	263.199,985	4.392	98.277,98
0,07	669	686	226,38	211,4	13.550	296.465,28	7.202,57	112.722,71
0,08	740	775	217,5	202,5	15.150	317.887,5	10.281	119.156,5
0,09	796	844	210,5	195,6	16.400	332.644,4	13.538	121.346,4
0,1	840	900	205	190	17.400	343.200	16.920	121.080
0,12	907	983	196,63	181,7	18.900	356.949,98	23.934	116.645,98
0,14	954	1.043	190,75	175,7	19.970	365.230,6	31.162,28	109.738,32
0,15	973	1.067	188,38	173,3	20.400	368.199,98	34.830	105.839,98
0,2	1.040	1.150	180	165	21.900	376.950	53.490	84.760

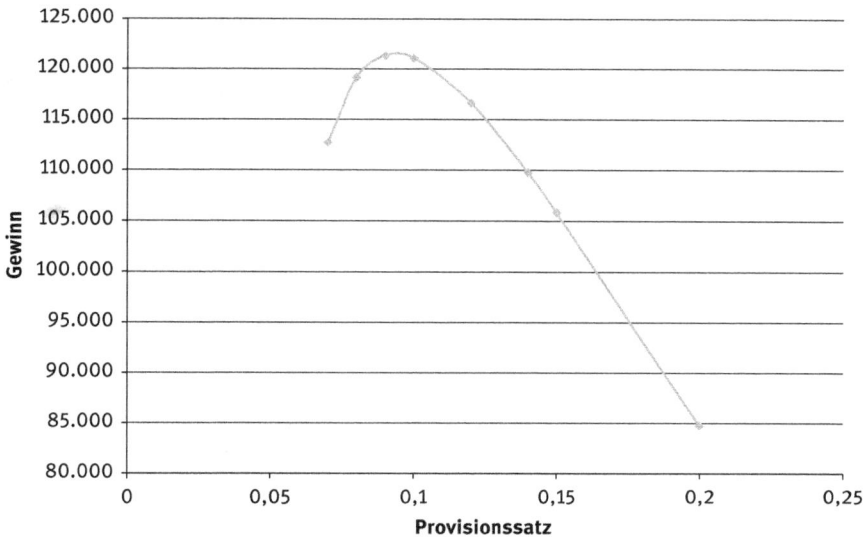

Abb. 7.18: Verlauf der Gewinnfunktion für unterschiedliche Provisionssätze für Handelsvertreter (eigene Darstellung).

Bei diesem Provisionssatz werden ca. 796 Lederlenkräder vom Typ A zu einem Preis von 210,50 € abgesetzt. Ebenso werden ca. 844 Lederlenkräder vom Typ B zu einem Preis von 195,60 € abgesetzt. Durch ihre Verkaufstätigkeit erzielen die Handelsvertreter ein monatliches Nettoeinkommen von ca. 13.500 €. Tab. 7.32 stellt die beiden Alternativen nochmals vergleichend gegenüber.

Tab. 7.32: Quantitativer Vergleich von Reisenden und Handelsvertretern (eigene Darstellung).

Einsatz von	Absatz Typ A	Absatz Typ B	Preis Typ A	Preis Typ B	Umsatz	Umsatz-provision	Fixum	Nettoein-kommen	Gewinn
Reisenden	844	868	195,6	180,56	321.812,48	28.963,12	2.000	13.843,12	83.015,17
Handels-vertretern	796	844	210,5	195,6	332.644,4	29.938	–	13.538	121.346,4

Wie Tab. 7.32 verdeutlicht, könnten durch den Einsatz von Reisenden zwar höhere Absatzmengen realisiert werden, aber dafür liegen die Verkaufspreise bei den Handelsvertretern höher. Diese beiden gegenläufigen Effekte gleichen sich beim Umsatz fast aus, sodass sich diesbezüglich nur ein recht geringer Vorteil durch den Einsatz von Handelsvertretern ergibt. Da aber beim Einsatz der Handelsvertreter sowohl das Fixum als auch die Lohnnebenkosten entfallen, lässt sich hierdurch eine Gewinnsteigerung von ca. 46 % gegenüber dem Einsatz von Reisenden realisieren.

Eine solche quantitative Analyse kann ergänzt werden um qualitative Kriterien, um die Vorteilhaftigkeit von Reisenden und Handelsvertretern ganzheitlich, aus unterschiedlichen Perspektiven, zu beurteilen. Zur Beurteilung können die in Tab. 7.33 erläuterten Kriterien herangezogen werden.

Tab. 7.33: Kriterien zum qualitativen Vergleich von Reisenden und Handelsvertretern (eigene Darstellung).

Kriterien	Erläuterung
Steuerbarkeit und Kontrollierbarkeit	Welcher Außendienstmitarbeitertyp lässt sich besser (einfacher, kostengünstiger usw.) im Hinblick auf die Durchführung der Verkaufsaktivitäten vom Anbieter steuern und kontrollieren?
Verkaufsanstrengungen	Welcher Außendienstmitarbeitertyp ist motivierter und setzt sich stärker für den Verkauf der Produkte des Anbieters ein?
Fachwissen	Welcher Außendienstmitarbeitertyp ist fachlich vertrauter mit dem zu verkaufenden Produkt und kann diesbezügliche Fragen des Kunden versierter beantworten?
Marktinformation	Welcher Außendienstmitarbeitertyp besitzt die größeren Kenntnisse über den (regionalen und überregionalen) Markt im Hinblick auf Anbieter, Angebote und Nachfrager?
Kundenkontakt	Welcher Außendienstmitarbeitertyp stellt die bessere Beziehungsqualität zum Kunden her (z. B. den intensiveren, von Vertrauen geprägten und nachhaltigeren Kundenkontakt)?

Zur Analyse der **Breite des Absatzkanals** kann zunächst eine **generelle Analyse** durchgeführt werden mit dem Ziel, die Abdeckung des Marktgebiets mit dem eigenen Produkt (der eigenen Marke) zu ermitteln. Auf dieser Grundlage können dann nachgelagert bei Bedarf Maßnahmen zur Erreichung einer angemessenen Marktabdeckung ergriffen werden. Zur Analyse der Marktabdeckung können die folgenden Kennzahlen verwendet werden:

- Die **Distributionsquote/-grad** gibt den Anteil der Verkaufsstellen, die die eigene bzw. eine bestimmte Marke des Produkts führen, an der Anzahl der Verkaufsstellen an, die irgendeine Marke des Produkts führen.
- Die **Distributionsdichte** gibt die Anzahl der Verkaufsstellen, die in einem Absatzgebiet ein bestimmtes Produkt oder eine bestimmte Marke führen, an der Fläche des Absatzgebiets an. Alternativ zur Fläche als Bezugsgröße können auch die Einwohnerzahl oder die Zahl der Haushalte verwendet werden.

Die betrachteten Kennzahlen sind vor allem in Verbindung mit Vergleichswerten aussagekräftig. So können Veränderungen bei Distributionsquote bzw. -dichte im Zeitablauf sowie im Vergleich mit Wettbewerbern Aufschlüsse über die zu ergreifenden Maßnahmen zur Verbesserung der Marktabdeckung geben.

Eine **spezielle Analyse** zur Breite des Absatzkanals ist die **Analyse der Standortpolitik** für Verkaufsstellen. Hierbei geht es um die Frage, an welchem Standort (in welcher Filiale) das (die) betrachtete(n) Produkt(e) verkauft werden soll(en). Die Wahl von Standorten für Verkaufsstellen, aber auch z. B. von Lagern in der Distributionslogistik, stellt eine strategische Entscheidung mit langfristiger Bindungswirkung dar, mit der sich die Betriebswirtschaftslehre seit Langem intensiv beschäftigt. Entsprechend wurden verschiedene Modelle für diesen Entscheidungsbereich konzipiert, die sich gemäß Abb. 7.19 kategorisieren lassen.

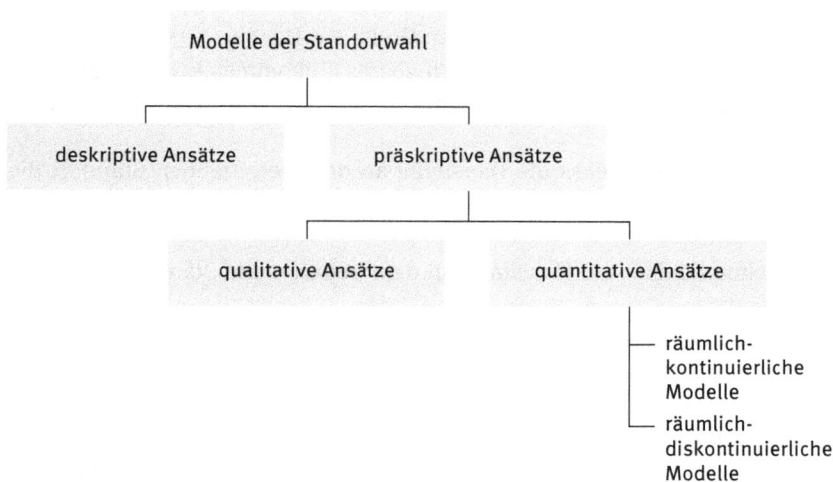

Modelle der Standortwahl

deskriptive Ansätze

präskriptive Ansätze

qualitative Ansätze

quantitative Ansätze

räumlich-kontinuierliche Modelle

räumlich-diskontinuierliche Modelle

Abb. 7.19: Modelle der Standortwahl im Überblick (eigene Darstellung).

Während **deskriptive Ansätze** den Ablauf realer Standortentscheidungsprozesse in Unternehmen analysieren und auf diesem Wege Einflussfaktoren der Standortwahl identifizieren wollen, geht es den **präskriptiven Ansätzen** um die Entwicklung von Handlungsanweisungen zur optimalen Wahl eines Standorts.

Qualitative Ansätze nehmen in diesem Zusammenhang eine (primär) qualitative Beurteilung von Standorten anhand bestimmter Kriterien, die als **Standortfaktoren** bezeichnet werden, vor. Zu diesen lassen sich z. B. Einflussfaktoren des Absatzmarkts (Absatzpotenzial, Präsenz von Absatzmittlern, Konkurrenzverhältnisse), Einflussfaktoren der Beschaffungsmärkte (Verfügbarkeit von Grundstücken und Gebäuden, Verfügbarkeit von geeigneten Arbeitnehmern, Anbindung an das Verkehrsnetz) sowie staatliche Rahmenbedingungen (z. B. baurechtliche Auflagen, Auflagen zum Lärm- und Umweltschutz etc.) zählen.

Speziell bei der Wahlentscheidung über den Standort für eine Verkaufsstelle könnten im Rahmen eines qualitativen Ansatzes die Faktoren
- standortbezogene Kosten (z. B. Investitionskosten, Unterhaltskosten),
- technische Nebenbedingungen (z. B. Verkehrsanbindung, Parkmöglichkeiten, Umweltauflagen) und
- standortbezogene Umsatzerlöse

betrachtet werden.

Die an einem Standort zu erzielenden Umsatzerlöse sind wiederum abhängig von
- der Anzahl der Haushalte an dem betreffenden Standort bzw. im Einzugsgebiet des Standorts,
- der Art der Haushalte (z. B. Altersstruktur, Größe der Haushalte gemessen durch die Anzahl der Personen je Haushalt, verfügbares Einkommen je Haushalt),
- dem Kaufvolumen der verschiedenen Haushalte (wie viel und wie oft wird gekauft) sowie
- der Wahrscheinlichkeit, dass die Haushalte an dem betreffenden Standort die relevanten Produkte erwerben.

Die Kaufwahrscheinlichkeit der Haushalte an dem betreffenden Standort ist wiederum abhängig von
- der Entfernung der Haushalte von dem Standort,
- den Alleinstellungsmerkmalen der Verkaufsstelle an dem betrachteten Standort,
- der Attraktivität des Standortes selbst und der damit verbundenen Anzahl an Passanten an diesem Standort als potenzielle Käufer sowie
- der Art und Anzahl an Wettbewerbsanbietern, die mit ähnlichen Angeboten an dem Standort oder Einzugsgebiet vertreten sind.

Die Abschätzung des standortabhängigen Kaufvolumens sei an einem **Fallbeispiel** demonstriert. Hierbei wird unterstellt, dass die Kaufwahrscheinlichkeit eines Haushalts von der Entfernung zum Standort abhängt. Zur leichteren Abschätzung der Kaufwahrscheinlichkeit werden Entfernungszonen zu dem Standort gebildet. Praktisch kann man sich dann die Abschätzung der Kaufwahrscheinlichkeit über den relativen Anteil an Käufern der jeweiligen Entfernungszone vorstellen. Die Entferungszone, in der der Käufer wohnt, lässt sich durch Abfrage der Postleitzahl des Wohnorts des jeweiligen Käufers, die etwa beim Kaufvorgang registriert wird, feststellen. Für einen Standort i lassen sich exemplarisch anhand der Reichweite des Standorts die folgenden in der Tab. 7.34 angegebenen Entfernungszonen l definieren. Zu jeder Entfernungszone l wurden die Anteile der Käufer der jeweiligen Entfernungszone über einen Zeitraum hinweg gemessen, die in Tab. 7.34 als Kaufwahrscheinlichkeiten w_{il} aufgefasst werden.

Tab. 7.34: Entfernungszonenabhängige Kaufwahrscheinlichkeiten (eigene Darstellung).

Entfernungszone l für Standort i	Reichweite der Entfernungszone l für Standort i	Wahrscheinlichkeit w_{il}, dass ein Haushalt der Entfernungszone l am Standort i die relevanten Produkte erwirbt
A	bis 5 Minuten	$W_{iA} = 0{,}60$
B	5 bis 10 Minuten	$W_{iB} = 0{,}15$
C	10 bis 30 Minuten	$W_{iC} = 0{,}05$
D	über 30 Minuten	$W_{iD} = 0{,}00$

Für jede Entfernungszone sind zudem die Anzahl der Haushalte sowie das Kaufvolumen eines Haushalts der jeweiligen Entfernungszone hinsichtlich der relevanten Produkte bekannt (siehe Tab. 7.35):

Tab. 7.35: Anzahl Haushalte und Kaufvolumen je Entfernungszone

Entfernungszone l für Standort i	Anzahl der Haushalte m_l der Entfernungszone l	Kaufvolumen eines Haushalts der Entfernungszone l hinsichtlich der relevanten Produkte y_l^* (in GE)
A	$m_A = 3.700$	$y_A^* = 30$
B	$m_B = 4.600$	$y_B^* = 26$
C	$m_C = 9.000$	$y_C^* = 15$
D	$m_D = 72.000$	$y_D^* = 22$

Das Kaufvolumen aller Haushalte einer Entfernungszone kann nun angegeben werden mit

$$y_l = m_l \cdot y_l^*.$$

Das erwartete standortbezogene Kaufvolumen aller Haushalte einer Entfernungszone lässt sich berechnen über

$$E\left[y_{il}\right] = m_l \cdot y_l^* \cdot w_{il}.$$

Die Aggregation über alle Entfernungszonen ergibt dann das Kaufvolumen aller Haushalte:

$$E\left[y_i\right] = \sum_l m_l \cdot y_l^* \cdot w_{il}.$$

Im Beispiel beträgt das Kaufvolumen aller Haushalte für den Standort i

$$E\left[y_i\right] = 91.290 \text{ GE.}$$

Verschiedene Standorte können nun anhand der betrachteten qualitativen Kriterien (wie technische Infrastruktur) und quantitativen Kriterien (standortbezogene Kosten und Umsatzerlöse) anhand eines Punktbewertungsverfahrens beurteilt und miteinander verglichen werden. Ein solcher Vergleich kann dann die Grundlage zur Selektion eines Standorts bilden.

Rein **quantitative Ansätze** zur Standortwahl fokussieren sich im Allgemeinen auf ein einzelnes Kriterium, wobei in den klassischen Ansätzen zur Bestimmung von Standorten in der Logistik die **Minimierung von Transportkosten** im Zentrum des Interesses steht.

Bei den quantitativen Ansätzen lässt sich wiederum zwischen zwei Fällen unterscheiden. Während im Fall eines räumlich-kontinuierlichen Ansatzes der Raum als homogenes Territorium betrachtet wird, sodass jeder Punkt der Ebene als potenzieller Standort in Betracht kommt, gehen räumlich-diskontinuierliche Ansätze von einem inhomogenen Territorium aus. In diesem Fall ist die Menge der potenziellen Standorte diskret.

Im Folgenden sei beispielhaft das klassische **Steiner-Weber-Modell** aufgegriffen, das zur Gruppe der räumlich-kontinuierlichen Ansätze zu rechnen ist. Es seien dazu mit (x, y) die zu bestimmenden Koordinaten für ein Auslieferungslager bezeichnet, von dem aus m Kunden beliefert werden sollen. Die Koordinaten der Kundenstandorte seien mit (u_j, v_j) bezeichnet. Das Modell geht vereinfachend davon aus, dass räumliche Entfernungen durch die **Euklidische Distanz** gemessen werden können, sodass die Entfernung vom Auslieferungslager zu Kunde j durch den Ausdruck

$$d_j = \sqrt{(x - u_j)^2 + (y - v_j)^2}$$

gegeben ist. Die Bedarfsmenge von Kunde j beträgt b_j. Ferner sei k der Transportkostensatz pro Längen- und Mengeneinheit. Gesucht ist dann ein Standort (x, y), der die insgesamt anfallenden Transportkosten

$$K = \sum_{j=1}^{m} k \cdot b_j \cdot d_j$$

minimiert. Die Lösung dieses Problems mittels Differenzialrechnung führt auf ein nichtlineares Gleichungssystem, das nur durch ein iteratives Verfahren aufgelöst werden kann. Als Ausgangslösung findet dabei die von den Schwerpunktkoordinaten (x_S, y_S) ausgehende **Näherungslösung** Verwendung. Mit

$$B = \sum_{j=1}^{m} b_j$$

als insgesamt zu transportierender Menge sind die gesuchten Schwerpunktkoordinaten gegeben durch:

$$x_S = \frac{\sum_{j=1}^{m} b_j \cdot u_j}{B} \, , \; y_S = \frac{\sum_{j=1}^{m} b_j \cdot v_j}{B}$$

Die Anwendung des Modells sei anhand des folgenden **Beispiels** illustriert.

Die Billig-Kauf GmbH betreibt Verbrauchermärkte mit einem sich auf den Lebensmittelbereich konzentrierenden Sortiment. Im Zuge einer verstärkten Dezentralisierung von Logistikaufgaben möchte die Unternehmensleitung auch im Landkreis Osnabrück ein Regionallager einrichten, das die Versorgung der örtlichen Verkaufsstellen übernehmen soll.

Zur Festlegung des transportkostenminimalen Standorts des Regionallagers liegen der Geschäftsleitung die folgenden Daten vor.

Tab. 7.36: Daten des Fallbeispiels

Ort	Koordinaten (in km)	prozentualer Anteil am Gesamtbedarf
Osnabrück	(0, 0)	30 %
Bad Essen	(20; 4,5)	10 %
Bramsche	(−4, 15)	15 %
Melle	(19; −8,5)	20 %
Dissen	(9,25; −18)	14 %
Bad Iburg	(−1,25; −13)	11 %

Die Schwerpunktkoordinaten errechnen sich in diesem Beispiel zu

$$x_S = 0,3 \cdot 0 + 0,1 \cdot 20 + 0,15 \cdot (-4) + 0,2 \cdot 19 + 0,14 \cdot 9,25 + 0,11 \cdot (-1,25) = 6,36,$$

$$y_S = 0,3 \cdot 0 + 0,1 \cdot 4,5 + 0,15 \cdot 15 + 0,2 \cdot (-8,5) + 0,14 \cdot (-18) + 0,11 \cdot (-13) = -2,95.$$

Als Näherungslösung für das zu errichtende Regionallager kommt also der Ort mit den Koordinaten (6,36; −2,95) in Betracht. Unter Verwendung einer Landkarte und mittels eines Koordinatenkreuzes, dessen Nullpunkt im Zentrum der Stadt Osnabrück liegt, lässt sich dieser Standort als Osnabrücker Stadtteil Voxtrup identifizieren, der aufgrund seiner direkten Lage am Kreuz der beiden Bundesautobahnen A30 und A33 auch aus verkehrstechnischer Sicht Vorzüge aufweist.

7.1.4 Kommunikationsanalyse

Ausgehend von der Marketingsituationsanalyse und den daraus abgeleiteten globalen Marketingzielen werden im Planungsprozess der Kommunikationspolitik zunächst die **Kommunikationsziele** festgelegt. Typische psychografische Kommunikationsziele sind etwa die Steigerung der Markenbekanntheit, der Aufbau bzw. die Veränderung des Markenimages, die Differenzierung gegenüber Wettbewerbern, die Vermittlung von Informationen, das Auslösen von Emotionen oder die Verbesserung der Einstellungen zur Marke. Als typische ökonomische Kommunikationsziele sind die Erhöhung des Absatzes und Umsatzes, die Steigerung der Kauffrequenz sowie die Erhöhung des Marktanteils hervorzuheben.

Passend zu den Kommunikationszielen wird die **Kommunikationsstrategie** als langfristiger Handlungsplan über den Einsatz der Kommunikationsinstrumente entwickelt. Mit der Kommunikationsstrategie werden die Leitlinien der Kommunikation festgelegt, an denen sich die im Tagesgeschäft geplanten und eingesetzten taktisch-operativen Maßnahmen orientieren sollen, um die Erreichung der langfristigen Ziele zu unterstützen bzw. diese nicht zu gefährden. Als Beispiel für eine Kommunikationsstrategie sind das Corporate-Identity-Konzept und die Copy-Strategie hervorzuheben.

Das **Corporate-Identity-Konzept** stellt auf eine ganzheitliche Abstimmung der Kommunikationsinstrumente zur Erzielung eines einheitlichen Erscheinungsbilds des Unternehmens bei externen wie internen Stakeholdern ab. Hintergrund sind die Erhöhung des Wiedererkennungswerts zur Steigerung von (Marken-)Bekanntheit, die Unterstützung der Imagebildung durch Förderung von Glaubwürdigkeit der Kommunikation sowie die Vermeidung von (rechtlichen) Problemen in der Beziehung zu Stakeholdern, die mit einem uneinheitlichen Auftreten im Geschäftsverkehr einhergehen können. Letztlich dient die Abstimmung der Kommunikationsmaßnahmen auch der Vermeidung oder Begrenzung von Produkt- bzw. Unternehmenskrisen. Das Konzept umfasst näher die Abstimmung
– des Verhaltens aller Unternehmensmitglieder (Corporate Behavior),
– der (visuellen) Gestaltungselemente (Corporate Design) und
– der Unternehmenskommunikation (Corporate Communications).

Zur Abstimmung können Grundsätze in Form von Leitlinien formuliert werden, die dem Handeln im Unternehmenskontext auf verschiedenen Ebenen (z. B. bei der Formulierung von Werbebotschaften im Produktmangement) als verbindliche Grundlage dienen können. Auch wenn der Schwerpunkt des Konzepts in der Erzielung eines einheitlich-konsistenten Images nach außen liegt, kann dies die **Markenidentität** unter den Mitarbeitern der eigenen Organisation, also das Selbstbild von der eigenen Marke, fördern. Mit gesteigerter Markenidentität sind wiederum Mitarbeiter eher geneigt, ein der Marke förderliches Verhalten freiwillig und eigeninitiativ sowohl in Beziehungen zu den Anspruchsgruppen des Unternehmens als auch im eigenen sozialen Umfeld zu zeigen, so etwa in Form einer Multiplikation von Markenbotschaften oder in Produktempfehlungen. Ein solches Verhalten wird auch **Brand Citizenship Behavior** genannt.

In ähnlicher Weise handelt es sich auch bei der **Copy-Strategie** um eine Leitlinie mit strategischem Charakter, in der die Grundlagen zur Gestaltung der Kommunikationsmaßnahmen (z. B. die inhaltliche und formale Gestaltung der Werbebotschaft) festgehalten werden. Da bei der Gestaltung der Kommunikationsmaßnahmen häufig mit externen Dienstleistern (z. B. Werbeagenturen) zusammengearbeitet wird, kann eine solche Leitlinie auch als Grundlage für ein Briefing mit Agenturen dienen und eine Vorlage bzw. ein Muster für einen hieran auszurichtenden (zu kopierenden)

Kreativvorschlag durch die Agentur sein. Ein solcher Copy-Vorschlag der Kreativagentur kann sodann anschließend anhand des Leitliniendokuments der Copy-Strategie beurteilt und mit konkurrierenden Vorschlägen, z. B. mittels Punktbewertung, verglichen werden. Tab. 7.37 zeigt die typischen Elemente einer Copy-Strategie mit erläuternden Beispielen.

Tab. 7.37: Elemente einer Copy-Strategie (eigene Darstellung).

Copy-Strategie-Element	Erläuterungen/Beispiele
Positionierung	– Wie wollen wir langfristig als Unternehmen/Marke wahrgenommen werden (z. B. Differenzierung von Wettbewerbern, Angleichung an Wettbewerber, Herauspositionieren aus dem Markt?) – Welche Kommunikationsziele sollen erreicht werden?
Zielgruppe	– Wer ist potenzieller Käufer der Produkte/Leistungen? – Welche in sich homogenen Gruppen von Käufern (Segmente) lassen sich unterscheiden? – Sollen bestimmte Segmente der Zielgruppe fokussiert werden? Wer soll mit der Kommunikation konkret erreicht werden (Rezipienten)?

Benefit	– Welchen Nutzen weist unser Angebot (im Wettbewerbsvergleich) auf?
	– Welcher Nutzen soll an die Zielgruppe (bzw. an Segmente der Zielgruppe) kommuniziert werden?
	– Beispiele für Nutzenversprechen sind:
	  – Leistungsnutzen: Herausstellen der Leistungsfähigkeit (Performance) des Produkts
	  – Expertennutzen: Herausstellen der Überlegenheit des Produkts und Käufers
	  – Trendnutzen: Herausstellen der Zugehörigkeit zu einer Gruppe
	  – Geltungsnutzen: Herausstellen des Prestigebedürfnisses der Käufer

Reason Why	– Wie erfolgt die Begründung der Glaubwürdigkeit des Nutzenversprechens?
	– Sind für unterschiedliche Segmente der Zielgruppe unterschiedliche Begründungen erforderlich?
	– Die Glaubwürdigkeit kann u. a. unterstützt werden durch:
	  – Hinweis auf besondere Rezepturen/Inhaltsstoffe, die ursächlich für eine versprochene Wirkung des Produkts sind (z. B. bei Waschmitteln, Kosmetika)
	  – Hinweis auf besondere Herstellungsverfahren/Technologien, die ursächlich für die versprochene Wirkung sind
	  – Verwendung von Anwenderbeispielen und Testimonials (Empfehlungen, Erfahrungsberichte anderer Nutzer)
	  – Nutzung von Gütesiegeln unabhängiger (neutraler) Institutionen
	  – Verweis auf wissenschaftliche Test-/Studienergebnisse
	  – Hinweis auf eingebaute Produktkomponenten oder Zutaten, die von anderen renommierten Markenherstellern (Zulieferern) stammen (sog. Ingredient Branding)
	  – Bezugnahme auf eigene umfangreiche Forschungs- und Entwicklungstätigkeiten und -ressourcen

Tab. 7.37: (fortgesetzt)

Copy-Strategie-Element	Erläuterungen/Beispiele

Tonality	– Welcher Gestaltungsstil soll für die Kommunikationsinstrumente/-mittel gewählt werden?
	– Sollen Anpassungen für unterschiedliche Segmente der Zielgruppe erfolgen?
	– Mögliche Gestaltungselemente beziehen sich auf:
	  – Sprache (z. B. einfach, bildhaft, wissenschaftlich-technisch, marktschreierisch, altmodisch, seriös-vertrauensvoll, persönlich, originell)
	  – visuelle Gestaltung (z. B. Bilder, Farbwahl, Typografie)
	  – kreativer Stil (z. B. provakant, ernst, humorvoll)

Ausgehend von der definierten Kommunikationsstrategie erfolgt im nächsten Schritt des Planungsprozesses der Kommunikationspolitik die **Botschaftsgestaltung**.

Hierbei geht es zum einen um die Wahl der **Inhalte der Kommunikation**, also darum, was gesagt werden soll. Beispiele für Kommunikationsinhalte, die mit den Kommunikationszielen korrespondieren, sind die Bekanntmachung mit einer Produktinnovation, das Herausstellen bestimmter Produkteigenschaften oder neuer Verwendungsweisen für das Produkt, die Vermittlung von produktbezogenen Assoziationen oder auch das Herausstellen nachhaltiger Eigenschaften des Produkts.

Bei gewähltem Inhalt der Kommunikation ist zweitens zu konkretisieren, wie die einmal gewählten Kommunikationsinhalte zielgruppenadäquat formuliert werden sollen (z. B. informativ vs. emotional, ausführlich (lang) vs. kurz, selten vs. oft wiederholt (z. B. innerhalb einer Werbeanzeige)). Die **Formulierung der Kommunikation** sollte sich, um eine entsprechende Wirkung entfalten zu können, wesentlich an den Merkmalen der Empfänger (Rezipienten) der Botschaft orientieren. Hierbei ist das **Involvement** der Empfänger als relevante Steuerungsgröße für die Wahl der Form der Botschaftsgestaltung besonders zu beachten (siehe Kapitel 1.2).

Mit der **Budgetierung** wird im nächsten Schritt des Planungsprozesses die Höhe der finanziellen Mittel festgelegt, die in der Planungsperiode für die Kommunikation zur Verfügung stehen sollen. Hierzu stehen die folgenden Budgetierungsmethoden zur Verfügung:

- **Prozentsatz vom Umsatz** der Vorperiode: Bezogen auf den Umsatz der Vorperiode wird ein fester Prozentsatz als Kommunikationsbudget für die folgende Planungsperiode veranschlagt.
- Orientierung an **frei verfügbaren Mitteln** (All you can afford): Alle noch nicht verplanten (zweckgebundenen) Mittel der Vorperiode werden für Kommunikationsmaßnahmen in der Folgeperiode bereitgestellt.
- Orientierung an **Konkurrenzausgaben**: Das Kommunikationsbudget wird in jener Höhe fixiert, die den (beobachtbaren) Ausgaben der Konkurrenz entsprechen.
- Orientierung an **Kommunikationszielen** und dafür notwendigem Mitteleinsatz: Das Kommunikationsbudget wird an dem zu erreichenden Zielausmaß bemessen,

das mit bestimmten Kommunikationsmaßnahmen erreicht werden soll, deren Kosten abschätzbar sind.

Die Festlegung des Kommunikationsbudgets durch Anwendung der erläuterten Methoden sei an dem folgenden **Fallbeispiel** demonstriert (in Anlehnung an Meffert 1980, S. 467 ff.). Die Drogeriemarktkette FLORA sieht sich mit einem verschärften Wettbewerb an den jeweiligen Filialstandorten konfrontiert. Das Management sieht den verstärkten Werbeeinsatz zur Festigung von Markenimage und Markenbekanntheit als unumgänglich an und möchte hierfür im Jahr 05 ein Werbebudget von 30 Mio. € bereitstellen. Die Entwicklung des Unternehmens FLORA lässt sich für die Jahre 01 bis 04 durch folgende Kennzahlen beschreiben.

Tab. 7.38: Kennzahlenentwicklung bei FLORA (eigene Darstellung).

Jahr	01	02	03	04
Umsatz in Mrd. €	4,0	4,5	3,9	3,7
Bilanzgewinn in Mio. €	120	122	118	115
für Werbung verfügbare finanzielle Mittel in Mio. €	25	25	20	18

Die Werbeaufwendungen des wichtigsten Wettbewerbers im Vergleichszeitraum können nur grob anhand der beobachtbaren Werbemaßnahmen geschätzt werden und sind in Tab. 7.39 dargestellt.

Tab. 7.39: Entwicklung des Werbeaufwands der Konkurrenz (eigene Darstellung).

Jahr	01	02	03	04
Werbeaufwand der Konkurrenz in Mio. €	40	35	25	27

Es ist bekannt, dass der Konkurrent in 01/02 große werbliche Anstrengungen unternommen hat, um seine Handelsmarke zu unterstützen.

Die Marketingabteilung von FLORA fordert aufgrund ihrer Planungen für das Jahr 05 ein Werbebudget von etwa 25 Mio. € zur umfassenden Stützung der Marke, welches deutlich über dem Vorjahresbudget liegt.

Dem Management bieten sich folgende Möglichkeiten zur Festlegung des Werbebudgets:
- 0,8 % vom Umsatz in 04,
- nach den verfügbaren finanziellen Mitteln von 18 Mio. € in 04,
- mindestens in gleicher Höhe wie die Konkurrenz in 03 und 04,
- Ausrichtung an dem geforderten Werbeziel der Steigerung von Markenbekanntheit und Imageprofilierung.

Im Management wird der Aussagewert der unterschiedlichen Entscheidungsregeln diskutiert. Es soll eine Empfehlung zur Festlegung des Kommunikationsbudgets gegeben werden. Zu den einzelnen Entscheidungsregeln lassen sich die folgenden Kritikpunkte anmerken:

Nach der prozentualen Orientierung am **Umsatz der Vorperiode** würde das Management ein Budget von 29,6 Mio. € veranschlagen, welches jedoch deutlich über den verfügbaren finanziellen Mitteln in Höhe von 18 Mio. € liegt. Die Festlegung des Werbebudgets anhand des Umsatzes der Vorperiode ist zudem problematisch, da aufgrund des kontinuierlich sinkenden Umsatzes zukünftig zunehmend weniger für Werbung verausgabt werden würde. Damit verstärken sich jedoch die prozyklischen Tendenzen. Um dem Negativtrend beim Umsatz entgegenzuwirken, könnte das Unternehmen stattdessen bei negativer Umsatzentwicklung vermehrt, dagegen bei positiver Entwicklung entsprechend weniger gemäß einer antizyklischen Ausgabenpolitik in Werbung investieren. Außerdem besteht zwischen dem Umsatz der Vorperiode und dem Werbebudget kein Ursache-Wirkungs-Zusammenhang, sodass die (alleinige) Festlegung des Werbebudgets auf Basis des Umsatzes der Vorperiode fragwürdig erscheint.

In ähnlicher Weise kann die alleinige Orientierung an den **verfügbaren finanziellen Mitteln** kein Maßstab zur Bemessung des Werbebudgets sein, da in Zeiten des Abschwungs regelmäßig weniger finanzielle Mittel zur Verfügung stehen. Eigentlich müssten jedoch gerade in diesen Zeiten vermehrt Mittel in Werbung investiert werden. Auch hier besteht kein klarer Ursache-Wirkungs-Zusammenhang zwischen den verfügbaren finanziellen Mitteln und dem Werbebudget. Die verfügbaren Mittel stellen jedoch eine wichtige Zusatzinformation dar, die vom Management zu beachten ist.

Die Orientierung an den **Werbeausgaben des Wettbewerbs** kann ebenfalls eine wichtige Zusatzinformation sein. Allerdings sind diese Ausgaben regelmäßig nur für einen vergangenen Zeitraum und in der Regel auch nicht vollständig abzuschätzen. Im vorliegenden Fall hatte der Wettbewerber sein Budget in den letzten beiden Jahren aufgrund der hohen Investitionen der Vorperioden wieder reduziert. Damit sind jedoch die Situationen der beiden Anbieter nicht vergleichbar, sodass die alleinige Orientierung an den Werbeausgaben der Konkurrenz zu Fehlentscheidungen führen kann.

Die Ausrichtung an dem vorgegebenen **Werbeziel**, das weiter operationalisiert werden sollte, kann dagegen als sinnvoller Maßstab zur Fixierung des Werbebudgets angesehen werden. Hierbei wird der Ursache-Wirkungs-Zusammenhang korrekt abgebildet, wonach ein bestimmtes Werbebudget als Ursache für eine bestimmte Werbewirkung angesehen wird. Sofern die Marketingmanager nachweisen können, z. B. anhand quantifizierter Werbewirkungsverläufe, dass das gesetzte Ziel mit dem eingeforderten Budget von 25 Mio. € kostengünstig erreicht werden kann, könnte die Geschäftsleitung dieser Forderung nachkommen. Als problematisch kann sich jedoch die deutliche Diskrepanz zu den für Werbung als frei verfügbar ausgewiesenen Mitteln erweisen. Angesichts des sogar reduzierten Budgets des relevanten Wettbewerbers erscheint jedoch eine Fixierung auf der Höhe des geforderten Budgets bei nachgewiesener Wirkung als angemessen.

Der Begriff **Werbewirkung** lässt sich dabei unterschiedlich definieren. In mikroanalytischer Betrachtung wird unter Werbewirkung jede Reaktion eines Werbeadressaten auf die Werbung verstanden. Eine weitgehende Verbreitung hat der Ansatz von Steffenhagen (1993) gefunden, der nach dem zeitlichen Abstand zwischen Werbereiz und feststellbarer Reaktion des Werbeadressaten zwischen momentaner und dauerhafter Werbewirkung sowie nach der Art der Reaktion des Werbeadressaten zwischen nicht unmittelbar und unmittelbar beobachtbaren Reaktionen unterscheidet. Tab. 7.40 zeigt diese Systematisierung der Werbewirkungen samt in der Literatur häufig genannter Werbeziele.

Tab. 7.40: Wirkungskategorien und Ziele der Werbung (eigene Darstellung).

	Reaktionsarten und Werbeziele	
Zeitspanne Reiz-Wirkung	**nicht beobachtbar**	**beobachtbar**
kurz	– Aufmerksamkeit – Anmutung der Werbung – Verständlichkeit der Werbung – Glaubwürdigkeit der Werbung/Quelle	
lang	– Erinnerung/Lernen – Einstellung/Präferenz	– Kaufhandlung

Nachdem für die Planungsperiode das Kommunikationsbudget festgelegt wurde, gilt es, den Mitteleinsatz in sachlicher und zeitlicher Hinsicht zu planen.

Die **sachliche Aufteilung des Budgets** bezieht sich zunächst auf die Auswahl der **Kommunikationsinstrumente**. Wie viel Prozent des Budgets sollen also auf die verschiedenen klassischen und modernen Kommunikationsinstrumente wie Mediawerbung, Öffentlichkeitsarbeit (Public Relations), Verkaufsförderung (Sales Promotion), Messen und Ausstellungen, Eventmarketing, Multimediakommunikation, Direktmarketing, persönliche Kommunikation, Sponsoring usw. verwendet werden? Je Instrument sind sodann die zur Verfügung stehenden Erscheinungsformen weiter festzulegen, wie beispielsweise beim Instrument Verkaufsförderung der Anteil konsumentengerichteter und handelsgerichteter Verkaufsförderungsmaßnahmen. Können bei einem Instrument verschiedene Medien eingesetzt werden, wie insbesondere bei dem Instrument Werbung, stellt sich die Frage nach der Auswahl der Medien als **Werbeträger**, was als **Mediaselektion** bzw. -wahl bezeichnet wird. Der Begriff **Intermediaselektion** kennzeichnet die Wahlentscheidung zwischen den verschiedenen Mediengattungen als Werbeträger, also z. B. zwischen Fernsehen, Radio und Zeitung. Mit dem Begriff **Intramediaselektion** ist die Auswahl innerhalb einer Mediengattung gemeint, also etwa die Auswahl zwischen zwei Fernsehsendern bei gegebenem Medium Fernsehen. Weitergehend und mit der Mediaselektion eng verknüpft ist die

Wahlentscheidung zwischen den verschiedenen **Werbemitteln** wie beispielsweise Anzeige, Beilage, TV-Spot oder Werbebrief.

Bei der Instrumentwahl und Medialselektion stellt sich praktisch das Problem, nach welchen Kriterien die Wahlentscheidung getroffen werden soll. Als **Kriterien für die Auswahl von Instrumenten und Medien** wie auch zur Beurteilung der Wahlentscheidung können insbesondere die folgenden herangezogen werden:

Die **Reichweite** drückt aus, wie viele Kontakte bzw. Zielpersonen mit einem Medium erreicht werden können (z. B. Anzahl der Leser einer Zeitung). Zur Reichweitenermittlung existieren verschiedene Konzepte.

Die **Bruttoreichweite** gibt die Summe aller mit dem Medium erzielten Kontakte (Kontaktsumme) einschließlich der Mehrfachkontakte an. Problematisch an dem Kriterium der Bruttoreichweite im Hinblick auf die Mediaselektion ist die fehlende Berücksichtigung von Überschneidungen. Es macht nach dieser Kennzahl also keinen Unterschied, ob beispielsweise 100 Personen je 50 Mal oder 5.000 Personen je 1 Mal mittels einem Medium kontaktiert werden.

Überschneidungen lassen sich weiter in interne und externe Überschneidungen unterscheiden. Unter **internen Überschneidungen** versteht man Wiederholungskontakte, die durch mehrfache Schaltungen in einem Medium entstehen. **Externe Überschneidungen** sind Wiederholungskontakte, die durch einmalige Schaltung in mehreren Medien entstehen.

Zur Berücksichtigung von Überschneidungen kann auf differenziertere Reichweitenkonzepte zurückgegriffen werden:

Die **Nettoreichweite** gibt an, wie viele Personen mindestens durch eine Schaltung in mehreren Medien erreicht werden (bereinigt um externe Überschneidungen). Bezogen auf den Fall einer einmaligen Belegung zweier Medien (1 und 2) ergibt sich die Nettoreichweite (R_{netto}) aus der Anzahl der Nutzer des Mediums 1 (R_1) plus der Nutzer des Mediums 2 (R_2) abzüglich der Anzahl der Nutzer beider Medien (R_{12}).

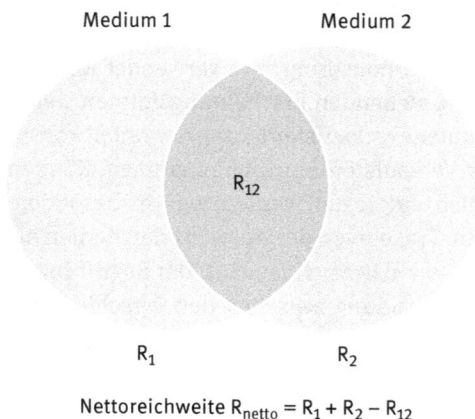

Medium 1   Medium 2

R_{12}

R_1 R_2

Nettoreichweite $R_{netto} = R_1 + R_2 - R_{12}$

Abb. 7.20: Venn-Diagramm zur Ermittlung der Nettoreichweite (eigene Darstellung).

Die Berechnung kann anhand des in Abb. 7.20 dargestellten **Venn-Diagramms** veranschaulicht werden.

Die **kumulierte Reichweite** gibt an, wie viele Personen mindestens durch mehrere Schaltungen in einem Medium erreicht werden (bereinigt um interne Überschneidungen).

Die **kombinierte Reichweite** gibt an, wie viele Personen mindestens durch mehrere Schaltungen in mehreren Medien erreicht werden (bereinigt um interne und externe Überschneidungen). Die kombinierte Reichweite ist insofern die Verallgemeinerung der Nettoreichweite. Letztere kann als Spezialfall der kombinierten Reichweite für den Fall einer einmaligen Belegung zweier Medien aufgefasst werden.

Unter der Annahme, dass eine Person i von s möglichen Ausgaben r_i Ausgaben eines Mediums im langfristigen Durchschnitt nutzt, lässt sich die **Binomialverteilung** zur Berechnung von Kontaktwahrscheinlichkeiten anwenden (zur Binomialverteilung siehe Kapitel 3.1.3). Der Quotient $w_i = r_i / s$ wird hierbei als Nutzungswahrscheinlichkeit bezeichnet.

Die Wahrscheinlichkeit der i-ten Nutzergruppe bei m-facher Belegung für genau k Kontakte lässt sich anhand der Binonomialverteilung berechnen aus

$$Z_{ki}^m = \binom{m}{k} w_i^k (1 - w_i)^{m-k} \text{ mit } \binom{m}{k} = \frac{m!}{k! \, (m-k)!}.$$

Die Wahrscheinlichkeit für keinen Kontakt (k = 0) errechnet sich hieraus zu

$$Z_{0i}^m = (1 - w_i)^m.$$

Die Wahrscheinlichkeit für mindestens einen Kontakt ergibt sich aus

$$Z_i^{1m} = 1 - Z_{0i}^m = 1 - (1 - w_i)^m.$$

Die Berechnung von Reichweiten zur Mediaselektion sei an einem **Fallbeispiel** demonstriert. Ein Sportausrüster plant im Zuge der Fußball-Europameisterschaft eine groß angelegte Werbekampagne. Das Werbebudget für diese Kampagne kann entweder für drei Schaltungen einer Anzeige in dem vierteljährlich erscheinenden Fachmagazin Tor oder alternativ für drei Schaltungen in der, ebenfalls vierteljährlich erscheinenden, Zeitschrift Sport investiert werden.

Tab. 7.41: Anzahl Leser von zwei Zeitschriften (eigene Darstellung).

gelesene Ausgaben	Tor	Sport
ungefähr eine pro Jahr	38.000	60.000
ungefähr zwei pro Jahr	35.000	30.000
ungefähr drei pro Jahr	35.000	30.000
ungefähr vier pro Jahr	36.000	35.000

Gemäß einer von Ihnen in Auftrag gegebenen Mediaanalyse ergeben sich folgende Leserschaften:

Die **Wahrscheinlichkeit für mindestens einen Kontakt** bei m = 3 Schaltungen ergibt sich anhand des Binomialmodells für die verschiedenen Nutzergruppen wie folgt:

$$Z_1^{13} = 1 - \left(1 - \frac{1}{4}\right)^3 = 0,5781$$

$$Z_2^{13} = 1 - \left(1 - \frac{2}{4}\right)^3 = 0,875$$

$$Z_3^{13} = 1 - \left(1 - \frac{3}{4}\right)^3 = 0,9844$$

$$Z_4^{13} = 1 - \left(1 - \frac{4}{4}\right)^3 = 1$$

Es soll nun berechnet werden, wie viele Werbekontakte mit jeweils drei Schaltungen in jedem der beiden Medien erreicht werden können. Die **kumulierte Reichweite** bei drei Schaltungen in der Zeitschrift Tor errechnet sich zu:

K_3^{Tor} = 38.000 · 0,5781 + 35.000 · 0,875 + 35.000 · 0,9844 + 36.000 · 1
   = 123.046,8 ≈ 123.047.

Die kumulierte Reichweite bei drei Schaltungen in der Zeitschrift Sport beträgt:

K_3^{Sport} = 60.000 · 0,5781 + 30.000 · 0,875 + 30.000 · 0,9844 + 35.000 · 1 = 125.468.

Der Sportausrüster sollte sich für eine Belegung der Zeitschrift Sport entscheiden, da die kumulierte Reichweite hier höher ist als bei der Zeitschrift Tor.

Die Analyse zur sachlichen Verteilung des Budgets auf unterschiedliche Instrumente bzw. Medien sollte nicht nur die reine Anzahl der Kontakte berücksichtigen, sondern auch die **Kontaktqualität**: Hierbei ist zu fragen, ob mit der Belegung eines Mediums auch tatsächlich die relevante Zielgruppe im Markt erreicht wird.

In diesem Zusammenhang gibt die **Zielgruppenaffinität** den Anteil einer bestimmten Zielgruppe an der Gesamtnutzerschaft eines Mediums bzw. Werbeträgers an (vgl. Reinecke und Janz 2007, S. 243). Bei der Analyse der Zielgruppenaffinität könnte weiter untersucht werden, über welche Medien sich Käufer typischerweise informieren und wo sie sich gerne informieren möchten. Nach diesen Kriterien könnte eine Segmentierung der Käufer erfolgen.

Für die Beurteilung der Kontaktqualität ist neben der Zielgruppenaffinität des Mediums auch die **Wirksamkeit** des Mediums zu untersuchen (z. B. gemessen an der Bindung der Nutzer an ein bestimmtes Medium sowie dessen Glaubwürdigkeit). Ferner ist zu betrachten, wie wirksam das gewählte Werbemittel (z. B. Größe der Anzeige, Dauer des TV-Spots) ist.

Die Überlegungen zur Kontaktqualität lassen sich auch auf die Instrumentwahl übertragen. Hier sollte unter dem Kriterium der **Zielkongruenz** kritisch reflektiert werden, inwiefern ein Kommunikationsinstrument zu einem vorgegebenen Kommunikationsziel grundsätzlich passt. Lässt sich also beispielsweise der Absatz durch die Messebeteiligung kurzfristig steigern oder der Bekanntheitsgrad durch Verkaufsförderung?

Zur Beurteilung der **Wirtschaftlichkeit** von Schaltungen in verschiedenen Werbeträgern im Rahmen der Intra- und Intermediaselektion kann der **Tausenderpreis** als Kriterium herangezogen werden. Zur Berechnung des Tausenderpreises werden die Kosten je Belegung des Werbeträgers (Mediums) durch dessen Reichweite dividiert und mit 1.000 multipliziert:

$$\text{Tausenderpreis} = \frac{\text{Kosten je Belegung des Werbeträgers}}{\text{Reichweite des Werbeträgers}} \cdot 1.000$$

Der Tausenderpreis drückt somit aus, wie teuer es ist, 1.000 Personen mit einer Belegung des entsprechenden Werbeträgers zu erreichen. Nach diesem Kriterium werden also bevorzugt solche Werbeträger (Medien) ausgewählt, die den geringsten Tausenderpreis aufweisen. Bei Bedarf kann zur Berechnung auf die oben betrachteten verschiedenen Reichweitenkonzepte zurückgegriffen werden.

Auch die **zeitliche Verfügbarkeit** (Buchbarkeit) eines Mediums sowie der **kapazitätsmäßige Planungsaufwand** für ein Kommunikationsinstrument können als Kriterien für die Media- bzw. Instrumentwahl herangezogen werden.

Bei erfolgter Wahlentscheidung für ein Kommunikationsinstrument ist in sachlicher Hinsicht sodann detaillierter über die **Gestaltung des Instruments**, das in verschiedenen Erscheinungsformen denkbar ist, zu entscheiden. Bei gegebener Wahlentscheidung zugunsten des Instruments Verkaufsförderung verdeutlichen die nachfolgenden Ausführungen die sachliche Detailplanung dieses Instruments hinsichtlich der weiteren Ausgestaltungsmöglichkeiten.

Im Gegensatz zu auf längerfristigen Wirkungen abzielenden Kommunikationsmaßnahmen wird in der **Verkaufsförderung** (Sales Promotion) der zeitlich befristete Einsatz primär kurzfristig wirkender Instrumente zur Erhöhung von Verkaufsergebnissen betrachtet. Verkaufsförderungsmaßnahmen eines Herstellers können entweder an den Handel (Handels-Promotions) oder unmittelbar an Endverbraucher (Verbraucher-Promotions) gerichtet sein. Auf Endverbraucher gerichtete Verkaufsförderungsmaßnahmen können zudem auch vom Handel initiiert werden (Händler-Promotions). Abb. 7.21 nennt typische Beispiele für die gemeinten Aktivitäten.

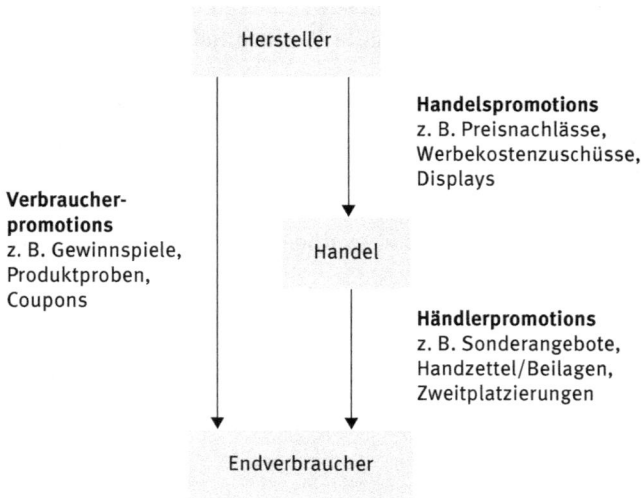

Abb. 7.21: Erscheinungsformen der Verkaufsförderung (Gedenk 2002, S. 14).

Im Folgenden seien handelsgerichtete Preisnachlässe des Herstellers eingehender betrachtet. Während der Laufzeit der Aktion kann der Handel das promotete Produkt zu einem gegenüber dem normalen Handelsabgabepreis w um den Betrag Δw reduzierten Preis beim Hersteller beziehen. Infolge der (z. B. durch die teilweise Weitergabe des Preisvorteils bewirkten) intensiveren Nachfrage der Endverbraucher möge sich das normale Absatzniveau S je Zeiteinheit, das der Hersteller gegenüber dem Handel realisiert, während der (im Zeitraum von t_2 bis t_3) laufenden Aktion auf das Niveau S + ΔS erhöhen. Nach Ankündigung der Aktion (im Zeitpunkt t_1), als auch noch eine gewisse Zeit nach Beendigung der Aktion (bis zum Zeitpunkt T) ist infolge von Verschiebungskäufen des Handels in die Aktionsphase damit zu rechnen, dass das normale Absatzniveau S um den Umfang der Verschiebungskäufe V reduziert wird. Abb. 7.22 illustriert den idealtypischen Absatzverlauf der betrachteten Sonderpreisaktion.

Ob die Durchführung der geplanten Aktion für den Hersteller vorteilhaft ist, bemisst sich an der durch sie ausgelösten Veränderung der erzielten **Deckungsbeiträge**. Mit k_v als den variablen Stückkosten erhält der Hersteller bei Verzicht auf die Sonderpreisaktion im Zeitraum von t_1 bis T den Deckungsbeitrag

$$DB_{Normal} = (w - k_v) \cdot S \cdot (T - t_1).$$

Bei Durchführung der Aktion ergibt sich der Deckungsbeitrag gemäß

$$DB_{Aktion} = (w - k_v) \cdot (S - V) \cdot [(T - t_3) + (t_2 - t_1)] + (w - k_v - \Delta w) \cdot (S + \Delta S + V) \cdot (t_3 - t_2).$$

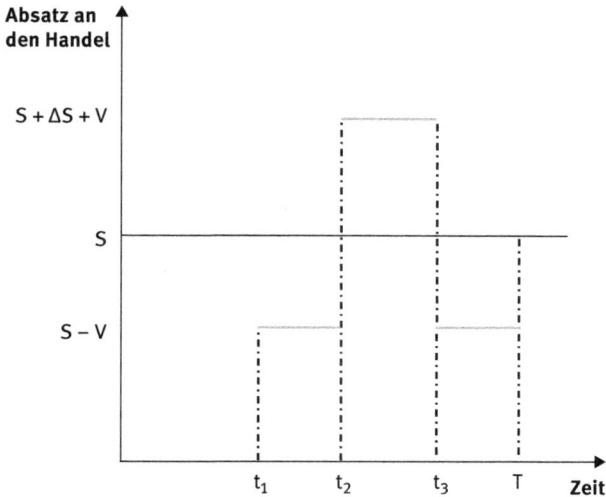

Abb. 7.22: Idealtypischer Absatzverlauf bei einer Sonderpreisaktion (eigene Darstellung).

Die Durchführung der Sonderpreisaktion ist für den Hersteller vorteilhaft, wenn

$$\Delta DB = DB_{Aktion} - DB_{Normal} \geq 0.$$

Die Überlegung sei anhand des folgenden **Beispiels** illustriert. Ein Hersteller, der zu variablen Stückkosten von $k_v = 1$ € produziert, bietet dem Handel sein Produkt zu einem Preis von $w = 10$ € an. Der Normalabsatz an den Handel beträgt 1.000 Stück je Woche. Für eine Laufzeit von 2 Wochen ist geplant, den Handelsabgabepreis um 2 € zu reduzieren. Die Aktion soll eine Woche vor Beginn angekündigt werden. Der Hersteller rechnet damit, dass der Absatz sich eine Woche nach Beendigung der Aktion wieder normalisiert haben wird. Ferner geht er davon aus, dass sich der Endverbraucherabsatz während der Laufzeit auf 1.500 Stück je Woche erhöht und dass der Handel Verschiebungskäufe im Umfang von 300 Stück je Woche realisiert.

In dem Beispiel beträgt der normale Deckungsbeitrag während der 4-wöchigen Wirkungsdauer der Aktion

$$DB_{Normal} = 9 \cdot 1.000 \cdot 4 = 36.000 \text{ €.}$$

Da in der Woche nach Ankündigung der Aktion und ebenso in der Woche nach Beendigung der Aktion der Absatz an den Handel auf jeweils 700 Stück fällt, während er während der Aktion auf 1.800 Stück pro Woche steigt, errechnet sich der Deckungsbeitrag bei Durchführung der Aktion zu

$$DB_{Aktion} = 9 \cdot 700 \cdot 2 + 7 \cdot 1.800 \cdot 2 = 37.800 \text{ €.}$$

Der Hersteller rechnet also damit, den Deckungsbeitrag durch die Aktion um 1.800 € erhöhen zu können. Angesichts der gegebenen Erwartungen des Herstellers ist die Durchführung der Aktion daher sinnvoll.

Die oben dargestellte Analyse beurteilt eine Sonderpreisaktion bei der der Umfang der Preisreduzierung und die Dauer der Aktion vorgegeben sind. Ein Entscheidungsmodell zur optimalen Festlegung dieser Aktionsparameter wurde von Rao und Thomas (1973) entwickelt. Dabei differenzieren die Autoren zwischen drei Phasen einer Sonderpreisaktion:

(1) Voraktionsphase: Zeitraum von t_1 bis t_2
(2) Aktionsphase: Zeitraum von t_2 bis t_3
(3) Nachaktionsphase: Zeitraum von t_3 bis T.

Die Wirkung des Umfangs und der Dauer der Preisreduzierung wird durch phasenspezifische Multiplikatoren, die eine Erhöhung oder Verminderung gegenüber dem normalen Absatzniveau S beschreiben, abgebildet. Wie bereits erläutert ist in der Voraktions- und Nachaktionsphase mit einem gegenüber dem normalen Absatzniveau geringeren Absatz zu rechnen. Im symmetrischen Fall gleicher Länge der beiden Phasen und gleichem Absatzrückgang in beiden Phasen, können diese beiden Phasen durch einen gemeinsamen Multiplikator R_1 erfasst werden. Rao und Thomas (1973) gehen davon aus, dass der Absatzrückgang umso stärker ist, je länger die Aktion dauert und je höher die Preisreduktion ist:

$$R_1 = 1 - a \cdot \tau \cdot W_2, \text{ mit } a > 0.$$

Die Höhe der Preisreduktion τ wird dabei als Anteil am normalen Stückdeckungsbeitrag formuliert, d. h.

$$\tau = \frac{\Delta w}{w - k_v}.$$

W_2 erfasst die Dauer der Preisreduktion, d. h. $W_2 = t_3 - t_2$.

Der Absatzanstieg in der Aktionsphase nimmt bei gegebener Preisreduktion mit zunehmender Aktionsdauer ab, wodurch ein Effektverschleiß der Aktion abgebildet wird. Gleichzeitig nimmt der Absatzanstieg bei erhöhter Attraktivität der Aktion, gemessen durch die Höhe der Preisreduktion τ, zu. Zudem wird unterstellt, dass eine attraktivere Aktion einem stärkeren Effektverschleiß ausgesetzt ist:

$$R_2 = 1 + b_1 \cdot \tau + b_2 \cdot \tau \cdot W_2, \text{ mit } b_1 > 0, b_2 < 0.$$

Bei Durchführung der Aktion erzielt der Hersteller den Deckungsbeitrag

$$DB_{Aktion} = (w - k_v) \cdot R_1 \cdot S \cdot [(T - t_3) + (t_2 - t_1)] + (w - k_v) \cdot (1 - \tau) \cdot R_2 \cdot S \cdot (t_3 - t_2).$$

Die den obigen Deckungsbeitrag maximierenden Werte für den Umfang der Preisreduktion und die Aktionsdauer sind dann gegeben durch

$$\tau^* = \frac{3}{4} - \frac{1}{4} \cdot \sqrt{1 + 8 \cdot \frac{d}{b_1}}, \text{ mit}$$

$$d = \frac{a \cdot [(t_2 - t_1) + (T - t_3)] + 2}{2} \text{ und}$$

$$W_2^* = -\frac{b_1}{b_2} \cdot \tau^*.$$

Bezogen auf das obige Zahlenbeispiel ist $\tau = \dfrac{\Delta w}{w - k_v} = \dfrac{2}{9} = 22{,}22\,\%$. Da der Absatz in der Vor- und Nachaktionsphase auf 70 % des Normalabsatzes fällt und die Aktion 2 Wochen dauert, folgt

$$R_1 = 1 - a \cdot 0{,}222 \cdot 2 = 0{,}7 \Leftrightarrow a = 0{,}675.$$

Der Multiplikator für die Aktionsphase beträgt $R_2 = 1{,}8$. Da jedoch R_2 von zwei Parametern abhängt, reichen die bisherigen Angaben nicht aus, um diese eindeutig zu bestimmen. Es sei daher zusätzlich angenommen, dass bei einer Verkürzung der Aktionsdauer auf 1 Woche, der Multiplikator R_2 aufgrund des geringeren Effektverschleißes auf den Wert 3,6 steigt. Durch Einsetzen dieser Werte in die Bestimmungsgleichung für R_2 können beide Angaben in ein äquivalentes lineares Gleichungssystem zur Bestimmung der beiden Parameter b_1 und b_2 überführt werden:

$$b_1 + 2 \cdot b_2 = 3{,}6$$

$$b_1 + b_2 = 11{,}7.$$

Dieses Gleichungssystem hat $b_1 = 19{,}8$ und $b_2 = -8{,}1$ als eindeutige Lösung. Da die Vor- und Nachaktionsphase jeweils 1 Woche dauern, folgt weiter $d = a + 1 = 1{,}675$ und somit

$$\tau^* = \frac{3}{4} - \frac{1}{4} \cdot \sqrt{1 + 8 \cdot \frac{1{,}675}{19{,}8}} = 42{,}63\,\%,$$

d. h. der Hersteller sollte den Handelsabgabepreis in der Aktionsphase um $\Delta w = 0{,}4263 \cdot 9 \approx 3{,}84$ € auf 6,16 € senken. Die optimale Dauer der Aktion beträgt

$$W_2^* = \frac{19{,}8}{8{,}1} \cdot 0{,}4263 \approx 1{,}04, \text{ also etwa 1 Woche.}$$

Bei Durchführung der so gekennzeichneten Sonderpreisaktion erzielt der Hersteller den Deckungsbeitrag

$$DB_{Aktion} = 9 \cdot 0{,}7 \cdot 1.000 \cdot 2 + 9 \cdot (1 - 0{,}4263) \cdot 3{,}6 \cdot 1.000 \cdot 1 = 31.187{,}88 \text{ €}.$$

Im Vergleich mit dem normalen Deckungsbeitrag während der 3-wöchigen Wirkungsdauer der Aktion von $DB_{Normal} = 9 \cdot 1.000 \cdot 3 = 27.000$ € entsteht durch die Aktion ein zusätzlicher Deckungsbeitrag von 4.187,88 €. Dieser fällt wiederum um ca. 2.400 € höher als bei der ursprünglich angedachten Aktion aus.

Neben der sachlichen Aufteilung des Budgets auf verschiedene Kommunikationsinstrumente und Medien stellt die **zeitliche Einsatzplanung** der Kommunikationsmaßnahmen einen weiteren wichtigen Baustein der Planung zur Kommunikationspolitik dar.

Im Hinblick auf die zeitliche Einsatzplanung der Werbung kann zwischen kontinuierlicher Werbung, konzentrierter Werbung und Werbepulsation unterschieden werden:

- **Kontinuierliche Werbung** liegt vor, wenn in jeder Teilperiode eines vorgegebenen Planungszeitraums Werbeausgaben getätigt werden.
- Im Gegensatz dazu zeichnet sich **konzentrierte Werbung** dadurch aus, dass die für Werbung verfügbaren Mittel auf bestimmte Teilperioden des Planungszeitraums (z. B. zu Beginn des Planungszeitraums) konzentriert werden, während in anderen Teilperioden auf Werbung verzichtet wird.
- **Werbepulsation** liegt vor, wenn wiederholt zwischen zwei Ausgabenniveaus gewechselt wird. Dabei kann das geringere Niveau auch Null sein, was inhaltlich ein zeitweiliges Aussetzen der Werbung bedeuten würde.

Dass die Pulsationspolitik gegenüber anderen Formen der zeitlichen Verteilung eines Werbebudgets bei Vorliegen einer **S-förmigen Werberesponsefunktion** von Vorteil sein kann, wurde bereits von Rao (1970) erkannt. S-fömige Responsefunktionen zeichnen sich allgemein dadurch aus, dass sie im Bereich geringer Werbeausgaben steigende Grenzerträge der Werbung aufweisen. Erst nach einem Wendepunkt beginnen die Grenzerträge zu fallen, was sich in einem konkaven Verlauf der Werberesponsefunktion ausdrückt.

Dass in dieser Situation Werbepulsation gegenüber anderen Strategien vorzuziehen ist, sei anhand des folgenden (Hempelmann 1995 entnommenen) Beispiels illustriert. Gegeben sei die Responsefunktion

$$f(u) = 20 \cdot \exp\left(-\frac{30}{u}\right),$$

die den monatlichen Werbeausgaben u (in 1.000 €) den in diesem Zeitraum erzielbaren Absatz (in 1.000 Stück) gegenüberstellt. Abb. 7.23 illustriert den Verlauf dieser Responsefunktion. Man beachte, dass sie bei u = 30 von einer Ursprungsgeraden tangiert wird (siehe den Verlauf der gestrichelten Linie).

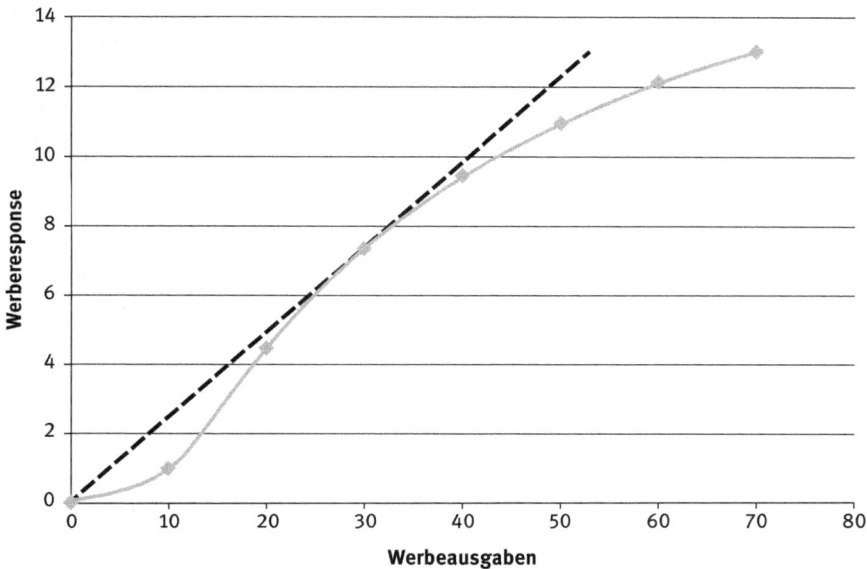

Abb. 7.23: S-förmige Responsefunktion (eigene Darstellung).

Der für Werbung zur Verfügung stehende Jahresetat belaufe sich auf 120.000 €. Die folgenden Alternativen zur zeitlichen Verteilung dieses Werbebudgets seien nunmehr betrachtet:

– Konzentrierte Werbung mit Ausgabe des gesamten Jahresetats im 1. Monat (diese Strategie wird auch **Werbeblitz** genannt)
– Gleichmäßige Aufteilung des Jahresetats auf alle 12 Monate
– Werbepulsation mit Ausgabe von 30.000 € in jedem 3. Monat und Aussetzen der Werbung in den übrigen Monaten.

Gemessen werden die drei Alternativen anhand der erzielbaren Werberesponse. Tab. 7.42 stellt die Ergebnisse im Überblick dar.

Tab. 7.42: Zeitliche Verteilung der Werbeausgaben und Werberesponse (eigene Darstellung).

Politik	Werbeausgaben	Werberesponse
Werbeblitz	120.000 € im 1. Monat	$1 \times f(120) \approx 15{,}6$
gleichmäßige Werbung	10.000 € jeden Monat	$12 \times f(10) \approx 12 \times 1 = 12$
Werbepulsation	30.000 € jeden 3. Monat	$4 \times f(30) \approx 4 \times 7{,}4 = 29{,}6$

Die Ergebnisse zeigen deutlich die Überlegenheit der Pulsationspolitik. Es lässt sich auch nachweisen, dass die angegebene Pulsationspolitik in der Tat die bestmögliche ist. Betrachtet man nämlich alternative Pulsationspolitiken mit höherer Frequenz (20.000 € jeden 2. Monat) oder mit geringerer Frequenz (40.000 € jeden 4. Monat bzw. 60.000 € jeden 6. Monat), resultieren daraus im Vergleich mit der ursprünglichen Pulsationspolitik schlechtere Ergebnisse (siehe Tab. 7.43).

Tab. 7.43: Ergebnisse alternativer Pulsationspolitiken (eigene Darstellung).

Werbeausgaben	Werberesponse
20.000 € jeden 2. Monat	$6 \times f(20) \approx 6 \times 4,5 = 27$
40.000 € jeden 4. Monat	$3 \times f(40) \approx 3 \times 9,4 = 28,2$
60.000 € jeden 6. Monat	$2 \times f(60) \approx 2 \times 12,1 = 24,2$

Die Überlegenheit derjenigen Pulsationspolitik, bei der zwischen einem Aussetzen der Werbung und demjenigen Werbeniveau, bei dem eine Ursprungsgerade zur Tangente an die Responsefunktion wird, alterniert wird, ist dabei nicht an das betrachtete Beispiel gebunden, sondern stellt bei Vorliegen einer S-förmigen Responsefunktion ein allgemeines Ergebnis dar (vgl. z. B. Sasieni 1971, Mesak 1985, Feinberg 1992).

Das Ergebnis der sachlichen und zeitlichen Einsatzplanung der Kommunikationsmaßnahmen kann in einem **Mediaplan** (Streuplan) festgehalten werden (vgl. Reinecke 2007, S. 240). Dieser enthält Angaben
- zu den gewählten Werbeträgern (Medien),
- zur Anzahl der Schaltungen (Belegungen) je Werbeträger,
- zu den Schaltungszeitpunkten (Tag, gegebenenfalls Uhrzeit) sowie
- zu den Kosten je Belegung.

Zur Beurteilung laufender Werbekampagnen unter Berücksichtigung von Kommunikationskampagnen der Wettbewerber kann auf die folgenden Kenngrößen abgestellt werden:

Der **Share of Advertising** (SoA) setzt die eigenen Werbeaufwendungen in Beziehung zu den Werbeaufwendungen für die betrachtete Produktkategorie bzw. der entsprechenden Branche:

$$SoA = \frac{\text{Eigene Werbeaufwendungen}}{\text{Werbeaufwendungen der Produktkategorie (Branche)}}$$

Als Bezugsgröße könnten im Rahmen der Benchmarking-Analyse anstelle der Werbeaufwendungen der Produktkategorie bzw -branche die Werbeaufwendungen des größten Wettbewerbers herangezogen werden.

Der **Share of Voice (SoV)** gibt den branchen- bzw. marktbezogenen Werbedruck an. Er setzt die mit der eigenen Werbekampagne erzielte Summe an Zielpersonenkontakten (Bruttoreichweite) in Beziehung zur Anzahl der Zielpersonenkontakte durch Werbung in der gesamten Branche:

$$\text{SoV} = \frac{\text{Anzahl der Zielpersonenkontakte durch eigene Werbung}}{\text{Anzahl der Zielpersonenkontakte durch Werbung in der Branche}}$$

Werden beispielsweise durch ein Online-Medium 10.000 Zielpersonen von insgesamt 30.000 potenziellen Käufern des beworbenen Produkts (z. B. einer bestimmten Kalkulationssoftware) erreicht, lässt sich der Share of Voice durch 10.000/30.000 = 0,33 annähern.

Der **Share of Mind** (SoM) gibt den zielpersonenbezogenen Werbedruck an. Er lässt sich berechnen, indem die durchschnittliche Kontaktanzahl pro Zielperson durch eigene Werbung in Beziehung gesetzt wird zur durchschnittlichen Anzahl der Kontakte pro Zielperson durch Werbung in der Branche bzw. Produktkategorie:

$$\text{SoM} = \frac{\text{Durchschnittliche Kontaktanzahl pro Zielperson durch eigene Werbung}}{\text{Durchschnittliche Kontaktanzahl pro Zielperson durch Werbung in der Branche}}$$

Zum Vergleich verschiedener Mediapläne wird häufig auf die Kennzahl **Gross Rating Points** (GRP) zurückgegriffen, die die Bruttoreichweite in der Zielgruppe in Prozent angibt (vgl. Reinecke 2007, S. 243):

$$\text{GRP} = \frac{\text{Bruttoreichweite des Mediaplans (Kontaktsumme)}}{\text{Zielgruppengröße}} \cdot 100\%$$

Mit der **Konversionsrate (Conversion Rate)** lässt sich die Wirksamkeit einer Kommunikationsmaßnahme (wie z. B. einer Werbung, eines Onlineshops, einer Website, eines Mailings usw.) bestimmen (siehe hierzu auch Kapitel 8). Sie drückt aus, wie viele der auf eine Kommunikationsmaßnahme Antwortenden (Responder) eine Transaktion (z. B. eine Bestellung bzw. einen Kauf, die Anforderung eines Katalogs, die Vereinbarung eines Beratungstermins, das Klicken auf einen Werbebanner usw.) tatsächlich durchführen:

$$\text{Konversionsrate} = \frac{\text{Anzahl Transaktionen}}{\text{Anzahl Responder}} \cdot 100\%.$$

Ein Onlineshop registriert beispielsweise 200.000 Besucher pro Monat, von denen 5.000 Besucher mindestens ein Produkt in den Warenkorb legen. Einen Bestellvorgang schließen jedoch nur 2.000 Besucher ab. Hieraus errechnet sich die Konversionsrate, indem die Anzahl der definierten Transaktionen, nämlich 2.000 abgeschlossene Bestellungen, durch die Anzahl der Nutzer des Shops (Responder) dividiert wird zu 2.000/200.000 = 0,01 = 1 %.

7.2 Instrumentübergreifende Analyse

Da regelmäßig mehrere Marketinginstrumente parallel vom Anbieter eingesetzt werden, zwischen denen zahlreiche Abhängigkeiten (Interdependenzen) bestehen, die sich in ihrer Wirkung sowohl unterstützen aber auch behindern mögen, kommt der **instrumentübergreifenden Marketinganalyse** die Aufgabe der Untersuchung der Abstimmung der Marketinginstrumente zu. Aus einer instrumentübergreifenden Analyse abgeleitete Handlungspläne zur Abstimmung mehrerer Einzelinstrumente werden auch mit Bezeichnungen wie **integriertes Marketing** oder **Marketingmix** belegt. Hierbei steht also das Auffinden einer im Hinblick auf ein übergeordnetes Ziel günstigen Aufteilung des Marketingbudgets auf alle Instrumente und nicht die isolierte Optimierung der einzelnen Instrumente im Fokus.

Eine solche Abstimmung kann sich beziehen auf die Passendheit (Widerspruchsfreiheit)
- der gleichzeitig (simultan) eingesetzten Instrumentbereiche der Produkt- bzw. Programmpolitik, Preispolitik, Distributionspolitik und Kommunikationspolitik zueinander,
- der innerhalb eines jeden dieser Instrumentbereiche eingesetzten Einzelmaßnahmen (z. B. verschiedene Werbeformen wie Online- und Anzeigenwerbung) zueinander sowie
- der auf der taktisch-operativen Ebene eingesetzten Maßnahmen im Hinblick auf die effektive und effiziente Erreichung der taktisch-operativen Ziele und Einhaltung der übergeordneten strategischen Pläne (Ziele und Instrumente).

Ein Beispiel für eine fehlende Abstimmung zwischen den Instrumenten zweier Politikbereiche des Marketings stellt etwa die starke Bewerbung der Markteinführung eines neuen Produkts dar bei unzureichender Vorbereitung der Vertriebskanäle. Hierbei mag man an eine nicht hinreichende Belieferung der Händler mit dem neuen Produkt und entstehenden Wartezeiten für Kunden denken. Ein zweites Beispiel bildet die Ausstattung eines Markenprodukts mit einem Hochqualitätsimage im Rahmen der Produktpositionierung durch kommunikationspolitische Maßnahmen, das sodann häufig zu einem Discountpreis oder zu stark unterschiedlichen Preislagen im Markt angeboten wird. Bezogen auf einen einzelnen Politikbereich des Marketings kann man sich das Angebot eines qualitativ hochwertigen Produkts vorstellen bei unzureichend gewählter Servicequalität, etwa im Hinblick auf die Bearbeitung von Kundenanfragen und Beschwerden.

Wie die Beispiele belegen, liegen die Probleme einer mangelnden oder mangelhaften Abstimmung der Marketingmaßnahmen in einer fehlenden, unzureichenden oder sogar negativen Wirkung der eingesetzten Instrumente. Die Probleme können sich im Einzelnen u. a. manifestieren in fehlender Glaubwürdigkeit des Anbieters (z. B. im Hinblick auf sein Markenversprechen), damit verbundenen Imageeinbußen, unzureichender Markenwiedererkennung, damit verbundener geringer Markenbekanntheit, erodierender Markentreue sowie schließlich in Absatz-, Erlös- und Gewinneinbußen. Auch rechtliche Probleme, die aus einem uneinheitlichen Auftreten im Geschäftsverkehr (z. B. bei paralleler Verwendung verschiedener Markenlogos) resultieren können, sind zu beachten.

Den Ausgangspunkt zur Analyse des Grades der Abstimmung der parallel eingesetzten Marketinginstrumente zur **Identifizierung eines Abstimmungsbedarfs** kann eine kriterienorientierte Beurteilung in Form einer Punktbewertung durch Experten bilden. Eine solche Untersuchung kann sich beziehen auf die Einschätzung der

- inhaltlich-sachlichen,
- formalen,
- zeitlichen und
- räumlichen

Abstimmung der eingesetzten bzw. geplanten Instrumente.

Bei der **inhaltlich-sachlichen Abstimmung** der Marketinginstrumente ist zu untersuchen, inwiefern sich die eingesetzten Instrumente hinsichtlich der gesetzten Ziele widersprechen bzw. unterstützen. So können sich beispielsweise eingesetzte Maßnahmen zur Erreichung einer kurzfristig hohen Distributionsquote mit Maßnahmen zur Erzielung eines Hochqualitätsimages für die Marke inhaltlich widersprechen. Von einer starken Marke können wiederum positive Wirkungen (z. B. Einspareffekte) auf andere Maßnahmen ausgehen (wie z. B. bei an den Handel gerichteten Unterstützungsleistungen). Die inhaltlich-sachliche Ausstrahlung eines Instruments oder Objekts auf die Wirkung eines anderen Instruments bzw. Objekts wird im Marketing auch als **Spill-over-Effekt** bezeichnet. Die Kommunikationsmaßnahmen für ein bestimmtes Markenprodukt können also beispielsweise auch auf das Image und den Bekanntheitsgrad und damit auch auf den Einsatz der Marketinginstrumente für ein anderes Markenprodukt des Sortiments wirken.

Bei der **formalen Abstimmung** ist zu betrachten, inwiefern sich die Anmutungsqualität der eingesetzten Instrumente, so wie sie vom Kunden über verschiedene Wahrnehmungskanäle (visuell, haptisch, auditiv, olfaktorisch) erfasst wird, zu einem harmonischen Gesamtbild des Angebots zusammenfügt. Hierbei ist also beispielsweise zu fragen, inwiefern der verwendete Gestaltungsstil (z. B. Wahl von Farben und Schrifttypen) und die Tonalität (z. B. Argumentationsstil, Sprachwahl) der eingesetzten Werbemittel den Ansprüchen an die Marke und Zielgruppe gerecht werden.

Bei der **zeitlichen Abstimmung** ist zu untersuchen, inwiefern der gewählte zeitliche Einsatz der Marketinginstrumente (z. B. in verschiedenen Kalenderwochen, über einen definierten Zeitraum hinweg betrachtet) der Erreichung der gesetzten Marketingziele förderlich ist. Hierbei kann zwischen einem parallelen, sukzessiven, intermittierenden und ablösenden Einsatz der Instrumente unterschieden werden (vgl. Diez 2015, S. 443 und Becker 2001, S. 647 ff.):

- Beim **parallelen Einsatz** werden zwei Marketinginstrumente zeitgleich eingesetzt, die sich (im Idealfall) gegenseitig in ihrer Wirkung unterstützen, wie z. B. die Einführung eines neuen Produkts durch begleitende Werbe- und PR-Maßnahmen.
- Beim **sukzessiven Einsatz** wird ein Marketinginstrument erst dann eingesetzt, wenn ein anderes bereits hinreichend gewirkt hat. So kann beispielsweise nur dann sinnvoll für ein neues Produkt geworben werden, wenn dieses auch in ausreichender Zahl beim Handel für Kunden verfügbar ist.
- Beim **intermittierenden Einsatz** wird ein Marketinginstrument permanent eingesetzt, ein anderes dagegen nur punktuell. Während beispielsweise Werbung in gewissem Umfang dauerhaft über den Lebenszyklus des Produkts betrieben wird, können Verkaufsförderungsaktionen (Sales-Promotion-Aktionen) sinnvoll nur zeitlich befristet erfolgen. Ansonsten drohen Mitnahmeeffekte durch zeitlichen Aufschub und Bündelung von Käufen zu günstigeren Konditionen, eine abschwächende Wirkung der Aktionen aufgrund geringer werdender Reizstärke sowie gegebenenfalls eine langfristige Schädigung des Markenimages.
- Ein **ablösender Einsatz** der Marketinginstrumente liegt vor, wenn im Zeitablauf ein Marketinginstrument durch ein anderes abgelöst wird, die Instrumente aber, im Unterschied zum sukzessiven Einsatz, prinzipiell auch gleichzeitig eingesetzt werden könnten. So könnte beispielsweise nach der Einführungsphase des Produkts aus Kostengründen die relativ teure TV-Werbung durch die kostengünstigere Onlinewerbung abgelöst werden (vgl. Diez 2015, S. 443).

Bei der zeitlichen Abstimmung der Marketinginstrumente sind **Carry-over-Effekte** als zeitliche Ausstrahlungseffekte zu beachten. Hiermit ist gemeint, dass ein in einer bestimmten Periode eingesetztes Marketinginstrument (z. B. Werbung) erst in einer späteren Periode seine (volle) Wirkung entfaltet, da z. B. die Werbebotschaft von den Empfängern zuerst dekodiert (entschlüsselt), verarbeitet und im Markt verbreitet werden muss, bevor spürbare Absatzveränderungen eintreten. Werden zeitgleich mehrere Instrumente eingesetzt, bei denen von einer ähnlichen oder auch unterschiedlichen Wirkungsverzögerung auszugehen ist, können sich hieraus Probleme hinsichtlich der Erreichung der gesetzten Marketingziele ergeben. Die unterschiedlichen Wirkungsdauern sind also bei der Planung des Einsatzes der Marketinginstrumente zu berücksichtigen.

Hinsichtlich der **räumlichen Abstimmung** der Marketinginstrumente ist die geografische Reichweite der Instrumente im Hinblick auf das Vermarktungsgebiet zu untersuchen. Problematisch können z. B. Überschneidungen beim Einsatz der Marketinginstrumente (z. B. beim persönlichen Verkauf im Falle unklarer Zuständigkeiten) in ein und demselben Absatzgebiet sein, wodurch es zu Mehrfachkontakten kommen kann. Mehrfachkontakte können für die Zielerreichung unnötig und damit ineffizient sein. Sie können darüber hinaus auch **Reaktanz** bei Empfängern auslösen, womit eine wahrgenommene Einschränkung ihrer eigenen Verhaltensfreiheit (z. B. durch einen starken Werbedruck oder mehrfache Ansprache durch Verkaufspersonal) gemeint ist. In der Folge widersetzen sich die Empfänger unter Umständen dem Beeinflussungsdruck, indem sie z. B. auf andere Angebote ausweichen. Ein weiteres Problem bei der räumlichen Abstimmung ist die mangelnde oder unzureichende Berücksichtigung regionaler (z. B. kultureller, soziodemografischer) Besonderheiten in unterschiedlichen Marktgebieten beim Einsatz (verschiedener) Marketinginstrumente.

Als geschlossene kriterienorientierte Konzepte zur Überprüfung der Konsistenz und Abstimmung der verschiedenen Instrumente sind im Marketing, primär für den Bereich der Kommunikationspolitik, u. a. das Corporate-Identity-Konzept, Konzepte zur Markenidentität und das Konzept der Copy-Strategie entwickelt worden (siehe Kapitel 7.1.4).

Für einen monopolistischen Anbieter haben Dorfman und Steiner (1954) einen marginalanalytischen Ansatz zur Bestimmung des **gewinnmaximalen Marketingmix** als Kombination aus Produktpreis, Produktqualität und Werbeausgaben vorgelegt. Das als **Dorfman-Steiner-Theorem** bekannt gewordene zentrale Ergebnis der Analyse besagt, dass ein gewinnmaximaler Marketingmix dann vorliegt, wenn die Preiselastizität der Nachfrage gleich der mit dem Quotienten aus Preis und Durchschnittskosten multiplizierten Qualitätselastizität der Nachfrage und diese wiederum gleich dem Grenzertrag der Werbung ist.

Das Dorfman-Steiner-Theorem charakterisiert den optimalen Marketingmix in allgemeiner Form, kann jedoch nur in Ausnahmefällen unmittelbar für dessen Herleitung verwendet werden. Das Vorgehen zur Bestimmung des gewinnmaximalen Marketingmix sei anhand des folgenden **Fallbeispiels** illustriert.

Die Festlé AG, ein Unternehmen, das eine Kaffeespezialität für den Massenmarkt produziert, steht vor der Aufgabe, die Marketingplanung für das nächste Geschäftsjahr, durchzuführen. Bisher hat das Unternehmen ein Standardprodukt zum Preis von 7,50 € angeboten und auf Werbemaßnahmen komplett verzichtet. Im laufenden Geschäftsjahr wurde ein Absatz von 250.000 kg erzielt. Die variablen Stückkosten der Produktion des Standardprodukts belaufen sich auf $c_0 = 5$ €. Die Unternehmensleitung geht nun davon aus, dass sich die Produktqualität durch ein verbessertes Röstverfahren kontinuierlich variieren lässt. Die Produktqualität werde durch einen Qualitätsindex $Q \in [0, 1]$ gemessen, wobei das bisher angebotene Standardprodukt den Qualitätsindex $Q = 0$ bekommt. Das die höchstmögliche Qualität aufweisende Spitzenprodukt bekommt den Qualitätsindex $Q = 1$. Für die Produktion der Kaffeespezialität mit dem Qualitätsindex Q ist mit variablen Stückkosten von $c(Q) = c_0 + Q^2$ zu rechnen.

Um die Interaktion zwischen Preis, Qualität und Werbung besser zu verstehen, beauftragt die Unternehmensleitung ein Marktforschungsinstitut mit der Untersuchung eines repräsentativ ausgewählten Testmarkts. Die Untersuchung führte u. a. zu den folgenden Ergebnissen:

- Es kann vom Vorliegen einer linearen Preis-Absatz-Funktion (PAF) ausgegangen werden, bei der der Prohibitivpreis durch Qualitätsverbesserungen gesteigert werden kann. Die Sättigungsmenge bleibt hingegen von Qualitätsverbesserungen unberührt.
- Näherungsweise kann der Prohibitivpreis als lineare Funktion der angebotenen Produktqualität angesehen werden.
- Der Prohibitivpreis des Standardprodukts beträgt 10 € und der des Spitzenprodukts 11 €.
- Werbung hat keinen Einfluss auf den Prohibitivpreis, erhöht jedoch den Absatz durch eine Steigerung der Sättigungsmenge. Sind A die in € gemessenen Werbeausgaben, lässt sich die Abhängigkeit der Sättigungsmenge von den Werbeausgaben am besten durch die Funktion $x_S = x_{S0} + 1.000 \cdot \sqrt{A}$ beschreiben. x_{S0} bezeichnet dabei die Sättigungsmenge bei Verzicht auf Werbung (Basissättigungsmenge).

Aus den Angaben lässt sich im ersten Schritt die **Responsefunktion** $x = x(p, Q, A)$ aufstellen, die den Absatz in Abhängigkeit vom Produktpreis p, dem Qualitätsindex Q und den Werbeausgaben A beschreibt. Ausgangspunkt ist hierbei die PAF für das Standardprodukt, die annahmegemäß linear verläuft und daher durch

$$x(p) = x_S \cdot \left(1 - \frac{p}{p_H}\right)$$

zu beschreiben ist. Dabei beträgt der Prohibitivpreis aufgrund der Marktforschungsergebnisse $p_H = 10$ €. Da bei einem Preis von p = 7,50 € und bei Verzicht auf Werbung ein Absatz von 250.000 t erzielt wurde, lässt sich auf die Basissättigungsmenge schließen:

$$250.000 = x_{S0} \cdot \left(1 - \frac{7,50}{10}\right) \Leftrightarrow x_{S0} = 1.000.000.$$

Im zweiten Schritt kann die Integration der **Qualitätsresponse** erfolgen. Aus den Marktforschungsergebnissen lässt sich die Qualitätsabhängigkeit des Prohibitivpreises gemäß

$$p_H = 10 + Q$$

formulieren und entsprechend in die PAF integrieren:

$$x(p, Q) = x_S \cdot \left(1 - \frac{p}{10 + Q}\right).$$

Wird dieser Gleichung die **Werberesponse** hinzugefügt, ergibt sich die gesuchte Responsefunktion zu

$$x(p,\ Q,\ A)\ =\ \left(1.000.000\ +\ 1.000\ \cdot\ \sqrt{A}\right)\ \cdot\ \left(1-\frac{p}{10\ +\ Q}\right).$$

Der gesuchte gewinnmaximale Marketingmix ergibt sich durch Maximierung der folgenden Gewinnfunktion

$$G(p,\ Q,\ A) = [p - c(Q)] \cdot x(p,\ Q,\ A) - A.$$

Zur Bestimmung des Optimums sei zunächst von einem vorgegebenen Qualitätsindex Q ausgegangen. Der gewinnmaximale Preis und die gewinnmaximalen Werbeausgaben lassen sich dann mittels Differenzialrechnung bestimmen. Die notwendigen Bedingungen für ein Gewinnmaximum lauten

$$\frac{\partial G}{\partial p}\ =\ x+[p-c(Q)]\ \cdot\ \frac{\partial x}{\partial p}\ =0\ \text{bzw.} \frac{\partial G}{\partial A}\ =\ [p-c(Q)]\ \cdot\ \frac{\partial x}{\partial A}\ -\ 1\ =0$$

Beide Gleichungen lassen sich wie folgt nach Preis und Werbeausgaben auflösen:

$$p^*\ =\ \left(\frac{p_H\ +\ c(Q)}{2}\right),\ A^*\ =\ 250.000\ \cdot\ [p^*-\ c(Q)]^2\ \cdot\ \left(1-\frac{p^*}{p_H}\right)^2.$$

Bezogen auf das Standardprodukt (Qualitätsindex Q = 0) ergeben sich die folgenden gewinnmaximalen Werte für den Preis und die Werbeausgaben:

$$p^*\ =\ \left(\frac{10\ +5}{2}\right)\ =\ 7{,}50,\ A^*\ =\ 250.000\ \cdot\ [7{,}50-5]^2\ \cdot\ \left(1-\frac{7{,}50}{10}\right)^2\ =\ 97.656{,}25.$$

Die Werte zeigen, dass die Festlé AG das Standardprodukt in der Tat zum gewinnmaximalen Preis angeboten hat. Das Ziel der Gewinnmaximierung wurde aufgrund der unterlassenen Werbung dennoch verfehlt.

Es bleibt zu analysieren, ob es für das Unternehmen sinnvoll ist, beim Standardprodukt zu bleiben oder ob ein qualitativ höherwertiges Produkt angeboten werden sollte. Durch Einsetzen der oben angegebenen Gleichungen für p* und A* in die Gewinnfunktion lässt sich diese nur als Funktion der Produktqualität formulieren. Das Maximum dieser Funktion kann im Grundsatz ebenfalls mithilfe der Differenzialrechnung bestimmt werden. Einfacher gestaltet sich indes eine Optimumbestimmung auf numerischem Wege. Dazu werden für einen vorgegebenen Qualitätsindex die gewinnmaximalen Werte für den Preis und die Werbeausgaben bestimmt und anschließend der zugehörende Gewinn ermittelt. Abb. 7.24 zeigt die sich so ergebende Abhängigkeit des Gewinns vom Qualitätsindex.

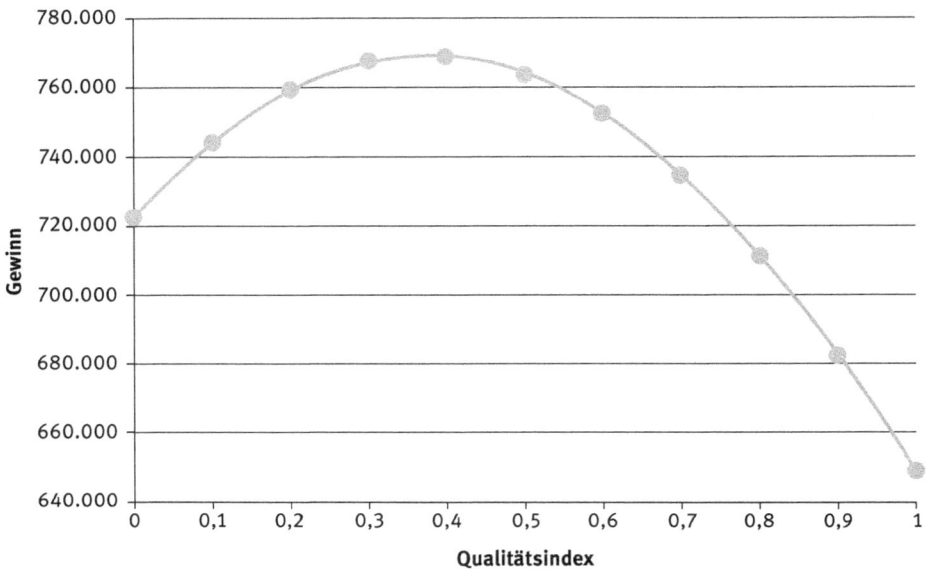

Abb. 7.24: Gewinnentwicklung bei Variation der Produktqualität (eigene Darstellung).

Abb. 7.24 verdeutlicht, dass die gewinnmaximale Produktqualität in etwa bei 0,4 liegt.

Eine genauere numerische Analyse ergibt den Wert $Q^* \approx 0{,}37$. Es ergeben sich dann die in Tab. 7.44 dargestellten Werte für die Entscheidungsvariablen sowie für die Zielgröße Gewinn:

Tab. 7.44: Gewinnmaximaler Marketingmix

Qualitätsindex	Prohibitivpreis	variable Stückkosten	Preis	Werbeaus- gaben	Absatz	Gewinn
0,37	10,37 €	5,14 €	7,76 €	108.709 €	335.062,54 kg	768.951,15 €

Im Vergleich zur Ausgangssituation sollte die Festlé AG das angebotene Produkt also qualitativ moderat verbessern, im Umfang von ca. 109.000 € werben und im Gegenzug den Produktpreis um ca. 0,26 € anheben.

7.3 Übungsaufgaben zu Kapitel 7

Aufgabe 1: Produkt- und Programmpolitik

Eine Gärtnerei bietet im Frühjahr Geranien zu einem Preis von 3,45 € je Pflanze an. Für die Setzlinge zahlt sie 0,50 € je Stück. Zusätzlich werden je Pflanze Blumenerde für 0,20 € und Wasser für 0,10 € benötigt. Die von einem anderen Lieferanten bezogenen Blumentöpfe kosten 0,05 € je Stück. Zum Eintopfen der Pflanzen ist für 500 € eine Maschine gemietet. Die Maschine verbraucht Treibstoff in Höhe von 0,06 € je Pflanze. Während der Anzuchtzeit im Gewächshaus fallen 2.000 € Miete an. Zum Verkauf werden die Geranien in Papier gewickelt, das zusätzlich 0,04 € je Pflanze kostet.

a) Berechnen Sie die variablen Stückkosten je Pflanze und die Fixkosten.
b) Wie hoch ist die Break-even-Menge?
c) Wie verändert sich die Break-even-Menge wenn unter sonst gleichbleibenden Bedingungen
    (i)   der Verkaufspreis auf 2,95 € fällt?
    (ii)   der Preis für die Setzlinge sich auf 1,75 € je Pflanze erhöht?
    (iii) die Miete für die Maschine sich auf 400 € verbilligt?
    (iv) alle drei Änderungen gleichzeitig eintreten?

Aufgabe 2: Produkt- und Programmpolitik

Der mittelständische Eiscreme-Hersteller Frostice KG mit einer Kernkompetenz in der Produktion hochwertiger, handwerklich hergestellter und innovativer Speiseeiskreationen ist ein gut etablierter Lieferant von Gastronomiekunden in der Region Osnabrück. Der Hersteller betreibt parallel selbst einige Eisdielen und Bistrocafés in Einkaufszentren in der Region, in der die hochwertigen Produkte ebenfalls verkauft werden. Der Hersteller verfügt über hinreichend Produktionskapazitäten, um weitere Kunden im Umkreis zu beliefern.

Derzeit wird in der Unternehmensleitung darüber nachgedacht, die Frostice-Produkte auch überregional über den indirekten Vertrieb über Handelspartner an Endkunden abzusetzen, um weiteres Wachstum zu ermöglichen. Hierzu wäre ein professionelles Marketing zum weiteren Aufbau der Marke Frostice durch Einschaltung einer Kommunikationsagentur erforderlich.

a) Welche Strategieoption wird aktuell in der Unternehmensleitung der Frostice KG diskutiert? Erläutern Sie dem Management vor dem beschriebenen Hintergrund kurz drei gangbare Strategiealternativen zu der aktuell von der Unternehmensleitung diskutierten Strategieoption! Beziehen Sie Ihre Aussagen auf den Falltext.
b) Um weiter überregional zu wachsen, ist die Entscheidung für den weiteren überregionalen Aufbau der Marke Frostice bereits getroffen. Für den Fall eines erfolgreichen Markenaufbaus werden die in Tab. 7.45 dargestellten Umsätze des

Markenprodukts (am Beispiel einer Standardeiskreation) und Kosten des Markenaufbaus von einer Marktforschungsagentur prognostiziert.

Tab. 7.45: Erwartete Umsätze des Markenprodukts und Kosten des Markenaufbaus (eigene Darstellung).

Zeit in Jahren	t_1	t_2	t_3	t_4	t_5
Umsätze in Tsd. €	1.000	2.000	1.800	1.600	1.500
Markenkosten in Tsd. €	600	500	400	300	200

Von einem Discounter wird ein vergleichbares Produkt unter einer Handelsmarke zum Durchschnittspreis von 2,70 € angeboten. Wöchentlich werden von dem Frostice-Produkt gegenwärtig im Durchschnitt etwa 6.000 Einheitspackungen abgesetzt.

Aufgrund höherer Bekanntheit und breiterer Distribution rechnet das Unternehmen im Falle der erfolgreichen Markierung mit einer Ausweitung der wöchentlichen Absatzmenge um 800 Einheitspackungen. Die variablen Herstellkosten pro Einheitspackung betragen 0,80 €. Zusätzlich fallen pro Jahr Lohnkosten in Höhe von 120.000 € an. Für ein Planjahr werden 4 · 12 = 48 Wochen zugrunde gelegt.

b1) Berechnen Sie die durchschnittliche Preisprämie bezogen auf den 5-Jahres-Zeitraum unter Vernachlässigung der Diskontierung. Interpretieren Sie das Ergebnis.

b2) Berechnen Sie den Kapitalwert der Investition in die Marke (Pull-Strategie)! Der Zinsfuß liegt bei 10 % p. a. Unterstellen Sie, dass in jeder Periode der in Aufgabe b1) berechnete durchschnittliche Pull-Preis am Markt erlöst werden kann.

Aufgabe 3: Preispolitik

Die Meier KG ist in einem Teilmarkt Alleinanbieter eines Produkts. Das Unternehmen hat im vergangenen Jahr 400 Stück des Produkts zu einem Preis von 80 €/Stück verkauft. Laut Aussage des Vertriebsleiters musste der Produktpreis im aktuellen Jahr zur kurzfristigen Stabilisierung des Absatzes um 20 €/Stück reduziert werden. Der Umsatz mit dem Produkt beläuft sich im aktuellen Jahr auf insgesamt 60.000 €.

a) Bestimmen Sie die lineare Preis-Absatz-Funktion, der sich das Unternehmen gegenübersieht.

b) Ermitteln Sie den umsatzmaximalen Preis und die umsatzmaximale Absatzmenge.

Aufgabe 4: Preispolitik

Die Protekta AG möchte im Zuge einer grundlegenden Überarbeitung ihres Angebots an Basisversicherungsleistungen (z. B. Unfall-, Haftpflicht-, Hausratversicherung) am Markt neue Impulse setzen und für Neukunden attraktiver werden. Mit den bislang lediglich als Einzelleistungen vertriebenen Produkten kann man nach Einschätzung von Produktgruppenleiter Dr. Vogel am Markt keine Ertragssteigerungen mehr realisieren. Vielmehr muss man der zunehmenden Nachfrage nach Paketprodukten, bestehend aus mehreren Einzelleistungen, nachkommen. Bei richtiger Umsetzung verspricht diese Angebotsstrategie Kosteneinsparungen, ein besseres Abschöpfen der Zahlungsbereitschaften der Abnehmer sowie höhere Kundenzufriedenheit. Die hohen Erfolgschancen einer solchen Strategie werden nach Ansicht von Dr. Vogel zudem durch zahlreiche Beispiele aus dem In- und Ausland eindrucksvoll belegt.

a) Der Vorstand der Protekta AG hört den Vorschlag von Dr. Vogel mit großem Interesse. Die Vorstandsmitglieder möchten jedoch über die Voraussetzungen für eine erfolgreiche Umsetzung dieser Strategie informiert werden. Helfen Sie Herrn Dr. Vogel bei dieser Aufgabe.

Aufgrund einer überzeugenden Präsentation von Dr. Vogel hat sich der Vorstand der Protekta AG darauf geeinigt, ihr Kernprodukt Lebensversicherung um weitere Produkte wie Privathaftpflicht- und Rechtsschutzversicherung zu erweitern. Zu entscheiden ist über den Preis dieser Produkte. Mittels einer nutzenbasierten Clusteranalyse (vgl. Grunwald und Hempelmann 2012, S. 110 ff.) hat ein Marktforschungsinstitut vier etwa gleich große Kundensegmente identifiziert. Die ermittelten Reservationspreise, in denen die maximalen Zahlungsbereitschaften zum Ausdruck kommen, sind in Tab. 7.46 dargestellt (Werte in € pro Monat).

Tab. 7.46: Reservationspreise von vier verschiedenen Kundensegmenten (eigene Darstellung).

Kundensegment	Privathaftpflicht	Rechtsschutz-versicherung	Paket (Privathaftpflicht- und Rechtsschutzversicherung)
1	7	1	8
2	6	3	9
3	2,5	5,5	8
4	1,5	8	9,5

b) Ermitteln Sie die erlösmaximalen Preise pro Monat für die Privathaftpflicht- sowie die Rechtsschutzversicherung, wenn die Protekta AG die beiden Produkte wie bisher lediglich als einzelne Leistungen separat vertreibt. Wie hoch ist der Gesamterlös pro Monat in diesem Fall?

c) Wie verändert sich Ihre Lösung aus Teilaufgabe b), wenn anstelle der einzelnen Leistungen nur noch das Paket, bestehend aus Privathaftpflicht- und Rechtsschutzversicherung, angeboten wird? Berechnen Sie den Gesamterlös pro Monat.

d) Berechnen Sie die erlösmaximale Preisstrategie für die Kundensegmente 1 und 2, wenn an diese sowohl das Paket als auch die darin enthaltenen Leistungen separat verkauft werden! Wie hoch ist der Gesamterlös pro Monat in diesem Fall?

e) Vergleichen Sie Ihre Ergebnisse aus den Teilaufgaben b) und c). Erklären Sie die Ursachen für mögliche Unterschiede verbal und rechnerisch!

Aufgabe 5: Preispolitik

Für einen Beispielmarkt mit vier heterogenen Konsumenten (A, B, C, D) gelten die in der Tabelle angegebenen Zahlungsbereitschaften (Z) für jeweils eine Einheit von Produkt 1, 2 und 3 sowie für das aus allen 3 Produkten bestehende Bündel (B) des betrachteten Unternehmens U. Es gilt die Annahme, dass sich U auf einen Preis pro Produkt bzw. für das Bündel festlegen muss. Außerdem ist jeder Konsument an nur jeweils einer Einheit von Produkt 1, 2 und 3 interessiert.

Tab. 7.47: Maximale Zahlungsbereitschaften von vier verschiedenen Kunden (eigene Darstellung).

Kundensegment	Z_1	Z_2	Z_3	Z_B
1	2	14	5	21
2	5	11	9	25
3	7	7	1	15
4	9	9	9	27

a) Berechnen Sie die gewinnmaximale Preisstrategie bei Nichtbündelung und bei reiner Preisbündelung, wenn in beiden Fällen die variablen Kosten aller Produkte je 6 € betragen. Geben Sie auch jeweils den maximalen Gesamtgewinn an.

b) Ab welcher Höhe der variablen Kosten ist eine Bündelung vorteilhafter als eine Nichtbündelung?

Aufgabe 6: Distributionspolitik

Die Universal Kitchen GmbH produziert hochwertige Küchen, die über den Facheinzelhandel an Endverbraucher vertrieben werden. Hierfür beschäftigt das Unternehmen 6 Reisende, von denen jeder ein monatliches Fixum von 3.500 € erhält. Als Leistungsanreiz erhalten die Reisenden zudem eine Provision von 5 % des erwirtschafteten Umsatzes. Das Unternehmen produziert das im Hochpreissegment angesiedelte Küchenmodell Senator sowie das im mittleren Preissegment angesiedelte Modell Easy. Für das abgelaufene Geschäftsjahr liegen dem Vertriebsleiter des Unternehmens die folgenden Daten vor.

Tab. 7.48: Daten der Universal Kitchen GmbH (eigene Darstellung).

Küchenmodell	Verkaufspreis an den Handel	Absatzmenge	Stück-Deckungs- beitrag (ohne variable Ver- triebskosten)	Fixkosten (ohne Fix- kosten des Vertriebs)
Senator	12.000 €	150	9.000 €	100.000 €
Easy	8.000 €	250	6.000 €	

Im Unternehmen gibt es Überlegungen, den Verkauf alternativ über den ausschließlichen Einsatz von Handelsvertretern zu organisieren. Diese sollen kein Fixum, dafür aber eine Umsatzprovision von 12 % erhalten.

a) Wäre die Umstellung auf Handelsvertreter für das Unternehmen unter Kostenaspekten sinnvoll, wenn von einem gleichbleibenden Umsatz ausgegangen wird?

b) Bei welchem Umsatz wären der Einsatz von Handelsvertretern und das bisherige Außendienstsystem unter Kostenaspekten als gleichwertig anzusehen?

c) Der Vertriebsleiter möchte im Grundsatz am Einsatz von Reisenden festhalten, diese aber zukünftig nur mit dem Verkauf des Küchenmodells Easy beauftragen. Er geht davon aus, das bisherige Absatzniveau mit dem Einsatz von nur 4 Reisenden erreichen zu können. Der Verkauf des Modells Senator soll hingegen durch den Einsatz von Handelsvertretern erfolgen. Hiervon verspricht sich der Vertriebsleiter eine deutliche Absatzsteigerung im Premiumsegment. Wie hoch müsste bei gleich bleibenden Verkaufspreisen an den Handel die prozentuale Absatzsteigerung beim Modell Senator mindestens ausfallen, damit das Unternehmen einen höheren Gewinn als bislang erzielt?

Aufgabe 7: Distributionspolitik

Das Unternehmen SEASHELL fördert an 4 Bohrinseln Erdöl in der Nordsee. Die Koordinaten der Inseln sowie die jährlichen Fördermengen sind Tab. 7.49 zu entnehmen.

Tab. 7.49: Koordinaten und jährliche Fördermengen (eigene Darstellung).

	Koordinaten (x,y) in km	jährliche Fördermenge in Mio t
Bohrinsel 1	(20,30)	2,0
Bohrinsel 2	(30,50)	2,5
Bohrinsel 3	(70,60)	3,0
Bohrinsel 4	(80,15)	0,5

Das geförderte Öl wird bisher per Schiff zu einer Tankanlage an Land, die die Koordinaten (50,0) aufweist, gebracht. Um Transportkosten zu sparen, möchte das Unternehmen zukünftig die geförderten Mengen in einem schwimmenden Sammeltank zusammenfassen und von dort per Pipeline zur Tankanlage an Land pumpen. Die Pipelines sollen entlang der direkten Verbindung (Luftlinie) verlaufen.

Formulieren Sie ein Planungsmodell zur transportkostenminimalen Bestimmung der Koordinaten (x_S, y_S) des schwimmenden Sammeltanks. Pro Mengeneinheit (1 Mio t) ist mit Transportkosten von 1.000 € je km zu rechnen.

Geben Sie eine Näherungslösung für die optimale Lage des schwimmenden Sammeltanks an. Beachten Sie dabei, dass sämtliche geförderte Mengen vom schwimmenden Sammeltank zur Tankanlage an Land transportiert werden müssen. Berechnen Sie zudem die sich ergebenden Transportkosten.

Hinweis: $x_S = \sum_j (b_j/B) \cdot x_j$, $y_S = \sum_j (b_j/B) \cdot y_j$, $B = \sum_j b_j$

Aufgabe 8: Kommunikationspolitik

Die mittelständische Brauerei Felsquell möchte ihr auf dem deutschen Markt bereits etabliertes alkoholfreies Bier Felsquell light mit einem neu entwickelten 60-Sekunden-TV-Spot bewerben. Für eine Belegung des TV-Spots stehen drei Sendeanstalten zur Disposition: das freie Fernsehen Deutschlands (FD) sowie die beiden Privatsender Tele6 (T6) und Pro5 (P5).

Für die Bruttoreichweiten dieser Sender liegen die in Tab. 7.50 dargestellten Angaben (in Millionen Personen) vor:

Tab. 7.50: Bruttoreichweiten (in Mio. Personen) (eigene Darstellung).

Sender	FD	T6	P5
Seher gesamt	5,50	3,55	2,34

Mediaanalysen haben ergeben, dass zwischen den Sendern mit den in Tab. 7.51 dargestellten Überschneidungen zu rechnen ist.

Tab. 7.51: Überschneidungen (eigene Darstellung).

Sender	Seher gesamt
FD und T6	1,25
T6 und P5	0,40
FD und P5	0,65
FD und T6 und P5	0,05

a) Erstellen Sie ein Venn-Diagramm zur Veranschaulichung der Reichweitensituation für die Seher insgesamt!

b) Ermitteln Sie die Anzahl der Personen insgesamt, die der TV-Spot bei einmaliger Schaltung bei jeweils zwei unterschiedlichen Sendern sowie bei einmaliger Schaltung aller drei Sender erreicht (Nettoreichweiten)!

Aufgabe 9: Kommunikationspolitik

Der Reiseveranstalter Aeroair will den Bekanntheitsgrad seines Pauschalreisenangebots Laissez-Faire drastisch erhöhen. Der Werbeetat für diese Kampagne wird zurzeit für drei Schaltungen einer Anzeige in der vierteljährlich erscheinenden Reisezeitschrift LaTour verwendet. Da das Angebot hauptsächlich Frauen ansprechen soll, schlagen Sie vor, den Werbeetat in zwei Schaltungen in der, ebenfalls vierteljährlich erscheinenden, Frauenzeitschrift Femme zu investieren.

a) Sie geben eine Mediaanalyse in Auftrag. Laut dieser Mediaanalyse ergeben sich für die Zeitschrift LaTour und Femme die in Tab. 7.52 dargestellten Leserschaften: Begründen Sie, ob Sie weiterhin in drei Schaltungen in LaTour oder in zwei Schaltungen in Femme investieren sollten.

Tab. 7.52: Leserschaften zweier Zeitschriften (eigene Darstellung).

gelesene Ausgaben	LaTour	Femme
ungefähr eine pro Jahr	30.000	60.000
ungefähr zwei pro Jahr	27.000	10.000
ungefähr drei pro Jahr	27.000	30.000
ungefähr vier pro Jahr	30.000	20.000

b) Aeroair plant eine neue Werbekampagne. Ziel dieser Kampagne soll sein, Laissez-Faire innerhalb eines Jahres unter Reisebüros und Kosmetikstudios gleichermaßen bekannt zu machen. Aufgrund des Erfolgs in der Vergangenheit, planen Sie weiterhin mit LaTour und Femme. Eine weitere Mediaanalyse unter Inhabern von Reisebüros und Kosmetikstudios ergab die in Tab. 7.53 dargestellten Nutzungswahrscheinlichkeiten:

Tab. 7.53: Nutzungswahrscheinlichkeiten (eigene Darstellung).

Gruppe	Besetzungszahl	Nutzungswahrscheinlichkeiten	
		LaTour	Femme
Reisebüros	800	0,5	0,1
Kosmetikstudios	750	0,05	0,6

Das Werbebudget für diese Kampagne reicht für eine zweimalige Belegung beider Medien. Berechnen Sie, wie viele Personen Sie mit einer zweimaligen Schaltung in beiden Medien insgesamt mindestens ein Mal erreichen.

Aufgabe 10: Kommunikationspolitik

Ein Unternehmen plant die Schaltung einer Farbanzeige für sein neu in den Markt eingeführtes Duschgel Powermax Shower. Als Marketingberater sollen Sie für die Geschäftsleitung die folgenden Fragestellungen bearbeiten.
a) Welche Ziele werden allgemein mit der Werbung verfolgt? Unterscheiden Sie dabei zwischen ökonomischen und psychografischen Zielen.
b) Aufgrund der Zielgruppenmerkmale kommen für die Schaltung der Anzeige nur vier Zeitschriften in Betracht, für die die in Tab. 7.54 dargestellten Daten vorliegen:

Tab. 7.54: Mediadaten Zeitschriften

Zeitschrift	Leser (in Mio.)	Kosten pro Ausgabe (in €)	Ausgaben/Jahr
Young Beauty	2,5	25.000	4
Körper und Geist	1,6	40.000	6
Gesund und Schön	3	60.000	2
Ihr Glück	2	10.000	12

Die Geschäftsleitung hat Ihnen ein Werbebudget von 300.000 € zur Verfügung gestellt. Die Kampagne soll maximal ein Jahr lang laufen. Wie oft sollen die vier Zeitschriften belegt werden, wenn unter Beachtung der unterschiedlichen Belegungskosten eine möglichst hohe Kontaktzahl erreicht werden soll?

8 Performanceanalyse

Die Überprüfung (Kontrolle) der Zielerreichung der von der Marketingorganisation im Markt einzeln oder in Kombination eingesetzten Marketinginstrumente unter Berücksichtigung der Rahmenbedingungen bildet den Fokus der **Performanceanalyse**. Sie untersucht, ob und inwieweit sich die durchgeführten Maßnahmen lohnen und das Marketing insgesamt effektiv (wirksam) und effizient (wirtschaftlich) arbeitet und vorgegebene (geplante) Kosten (pro Mengeneinheit) und Budgets (als kumulierte Kosten pro Zeiteinheit) eingehalten werden. Mit einer solchen Kontrolle der Zielerreichung unterstützt die Performanceanalyse die strategische und taktisch-operative Marketingplanung und trägt zur Fundierung von Führungsentscheidungen bei.

Methodisch nimmt die Performanceanalyse regelmäßig die Gestalt einer **Soll-Ist-Analyse** an, mit der die (im Markt oder auch intern) erreichten Ist-Größen mit vorgegebenen (geplanten) Soll-Größen abgeglichen und Abweichungen ermittelt werden (siehe hierzu auch die Ausführungen zur Gap-Analyse in Kapitel 5.1.3). Als Ist- bzw. Soll-Größen kommen sowohl ökonomische Marketingzielgrößen (wie Absatzzahlen, Preise, Produkt- und Kundendeckungsbeiträge, Kostenvorgaben) wie auch vorökonomische (psychografische) Marketingzielgrößen (z. B. Kundenzufriedenheit, Einstellung, Bekanntheit, Image) in Betracht (siehe Kapitel 3.3.2). Beispiele für zu untersuchende Kosten bzw. Budgets sind etwa Kommunikationsbudgets, Marktforschungs- und Produktentwicklungsbudgets und Kosten für Reisende vs. Handelsvertreter. Im Falle einer festgestellten Zielabweichung sind sodann die hierfür infrage kommenden Ursachen zu identifizieren und Maßnahmen abzuleiten. Hierbei findet regelmäßig eine Rückkopplung (Feedback) mit vorher bereits durchlaufenen Phasen des Marketingplanungsprozesses statt.

Neben Soll-Größen als Planwerten kann sich die Analyse von Abweichungen im Sinne der Benchmarking-Analyse (siehe Kapitel 4.2.3) zur Feststellung der Performance auch auf Vergleiche mit

- anderen Organisationseinheiten oder ganzen Betrieben,
- anderen Regionen,
- Durchschnittswerten des Marktes bzw. der Branche,
- idealtypischen Werten (Richtgrößen) für Kennzahlen (z. B. aus der Fachliteratur entnommen),
- Werten zum Einsatz anderer (vergleichbarer) Maßnahmen oder mit
- Werten aus anderen Zeitperioden (z. B. Vorjahreswerten)

beziehen.

Kommen Stichproben, z. B. bei der Erhebung der Ist-Größen, zum Einsatz lassen sich Abweichungen des gemittelten Ist-Wertes von vorgegebenen Soll-Werten (die z. B. stellvertretend für den Gesamtmarkt stehen) oder anderen

DOI 10.1515/9783110439892-008

Referenzgrößen auch mithilfe der Methoden der induktiven Statistik, nämlich mittels **Einstichprobentests**, auf signifikante Mittelwertunterschiede untersuchen. Zum Testen von Hypothesen über Erwartungswerte einer Stichprobe aus normalverteilten Grundgesamtheiten mit unbekannter Standardabweichung eignet sich der t-Test, zum Testen von Hypothesen über Erwartungswerte einer Stichprobe aus normalverteilten Grundgesamtheiten mit bekannter Standardabweichung der Gauß-Test (z-Test).

Das Vorgehen des Einstichproben-Gauß-Tests zur Überprüfung der Erreichung vorgegebener Marketingzielgrößen sei an folgendem **Fallbeispiel** demonstriert. Mit seinen Klassik-CDs spricht ein Versandhändler bewusst eine reifere Käuferschicht ab 50 Jahren an und bewirbt diese CDs auch dementsprechend. Anhand einer Stichprobe von n = 100 Kunden stellt der Anbieter fest, dass das Durchschnittsalter der Käufer dieser CDs lediglich $\bar{x}$ = 45 Jahre beträgt. Aus früher durchgeführten Untersuchungen ist bekannt, dass die Standardabweichung σ des Alters der Kunden bei rund σ = 10 Jahren liegt. Mithilfe des Einstichproben-Gauß-Tests soll nun die Vermutung (Hypothese H1) des Versandhändlers überprüft werden, dass die gemäß Zielgruppendefinition zu erreichende Kundengruppe mit dem betreffenden Produktangebot gerade nicht erreicht wird. Es soll also statistisch geprüft werden, ob der vorgegebene Soll-Wert für das Alter der Käufer von mindestens 50 Jahren signifikant unterschritten wird (linksseitiger Test).

Der Anwender muss vor Durchführung des Tests zunächst das Signifikanzniveau α festlegen. Hiermit wird die Wahrscheinlichkeit angegeben, die der Anwender des Tests für die Fehlentscheidung zulassen will, dass die Vermutung der Einhaltung des Alterswerts von μ_0 = 50 (sogenannte Nullhypothese H0) abgelehnt wird, obwohl sie richtig ist (Irrtumswahrscheinlichkeit). Gebräuchlich sind für α Werte wie 0,1, 0,05 oder 0,01. Für den betrachteten Fall sei ein Wert von α = 0,05 angenommen. Sodann ist die Stichprobe auf einen empirischen Stichprobenkennwert, den Testfunktionswert v, zu verdichten, der anschließend mit einem aus der Standardnormalverteilung abgeleiteten Ablehn- bzw. Verwerfungsbereich verglichen wird, um über die Ablehnung oder Nichtablehnung der Nullhypothese zu entscheiden. Im vorliegenden Fall errechnet sich der Testfunktionswert anhand der Gauß-Statistik zu

$$v = \frac{\bar{x} - \mu_0}{\sigma} \cdot \sqrt{n} = \frac{45 - 50}{10} \cdot \sqrt{100} = -5.$$

Zur vorgegebenen Irrtumswahrscheinlichkeit von α = 0,05 lässt sich durch Ablesen des entsprechenden Prozentpunkts z aus der tabellierten Standardnormalverteilung für den vorliegenden linksseitigen Test der Verwerfungsbereich mit

$$B = (-\infty; -z_{1-\alpha}] = (-\infty; -z_{0,95}] = (-\infty; -1,6449]$$

angeben. Die Entscheidungsregel lautet nun, dass die Nullhypothese (H0) genau dann verworfen (abgelehnt) wird, wenn v ∈ B gilt. Im vorliegenden Fall liegt der Testfunktionswert v mit −5 in dem Verwerfungsbereich, sodass die Nullhypothese, der Sollwert bezüglich des Alters werde eingehalten, zu verwerfen ist. Es liegt somit im vorliegenden Fall eine signifikante Abweichung des Durchschnittsalters der tatsächlichen Käufer vom vorgegebenen Durchschnittsalter gemäß der Zielgruppendefinition (Soll-Wert) vor. Ein solches Ergebnis kann sodann die Vorstufe zur Ableitung von Maßnahmen, z. B. einer Schärfung der Zielgruppendefinition oder einer Überarbeitung der Kommunikationsmaßnahmen, sein.

In analoger Weise lässt sich mit einem **Zweistichprobentest** auf Grundlage von zwei vorliegenden unabhängigen Stichproben überprüfen, ob ein Leistungsmerkmal (wie z. B. die Lebensdauer oder der Verbrauch) von Produkten der Marke A (z. B. der eigenen Marke) im Durchschnitt signifikant höher bzw. geringer ausfällt als der entsprechende Wert von Produkten der Marke B (z. B. einer Konkurrenzmarke). Das folgende **Fallbeispiel** soll dies verdeutlichen. In einem vergleichenden Warentest möchte ein Haushaltsgerätehersteller seine Waschmaschine des Typs X mit einem Konkurrenzprodukt hinsichtlich des Stromverbrauchs vergleichen. Während gemessen an einer Zufallsstichprobe vom Umfang $n_1 = 50$ die eigene Maschine pro Waschgang durchschnittlich $\bar{x}_1 = 0{,}768$ [kwh] Strom verbraucht mit einer Standardabweichung von $S_1 = 0{,}2$, wurde für das vergleichbare Konkurrenzprodukt an einer Zufallsstichprobe vom Umfang $n_2 = 30$ ein durchschnittlicher Stromverbrauch pro Waschgang von $\bar{x}_2 = 0{,}695$ [kwh] mit einer Standardabweichung von $S_2 = 0{,}25$ gemessen. Das Unternehmen möchte nun mithilfe des Zweistichproben-Gauß-Tests zur Irrtumswahrscheinlichkeit α = 0,05 prüfen, ob das Konkurrenzprodukt einen signifikant niedrigeren Stromverbrauch aufweist als das eigene Produkt. Für den Zweistichproben-Gauß-Test berechnet sich der Testfunktionswert wie folgt:

$$v = \frac{\bar{x}_1 - \bar{x}_2}{\sqrt{\frac{S_1^2}{n_1 - 1} + \frac{S_2^2}{n_2 - 1}}} = \frac{0{,}768 - 0{,}695}{\sqrt{\frac{0{,}2^2}{49} + \frac{0{,}25^2}{29}}} = 1{,}3392.$$

Der Verwerfungsbereich zu dem hier vorliegenden rechtsseitigen Test ergibt sich zu:

$$B = [1{,}6449; +\infty).$$

Somit liegt v nicht im Verwerfungsbereich B. Damit kann die Nullhypothese, dass das Konkurrenzprodukt keinen signifikant niedrigeren Stromverbrauch im Vergleich zum eigenen Produkt aufweist, nicht verworfen werden. Das Konkurrenzprodukt schneidet also bezüglich des Verbrauchs nicht besser ab als das eigene Produkt.

Zur Analyse der Effektivität von Marketingmaßnahmen sei exemplarisch für den Bereich Kommunikationspolitik auf die bereits in Kapitel 7.1.4 besprochenen Kennzahlen (wie z. B. die Konversionsrate (Conversion Rate)) verwiesen. Da der Untersuchung der Wirtschaftlichkeit als Output-Input-Relation eine herausragende Bedeutung bei der Erfassung der Marketingperformance zukommt, werden Effizienzkontrollen im Folgenden näher betrachtet. Ein wirtschaftliches Vorgehen beim Einsatz der Marketinginstrumente liegt dann vor, wenn entweder mit vorgegebenen Mitteln (Input) das maximale Ergebnis (Output) erreicht wird (Maximumprinzip) oder ein vorgegebenes Ergebnis (Output) mit minimalem Einsatz (Input) erzielt wird (Minimumprinzip) oder die Ergebnis-Einsatz-Relation als solche maximiert wird (vgl. Reinecke und Janz 2007, S. 160).

Dem Informationsbedarf der Entscheidungsträger im Marketing folgend lassen sich Wirtschaftlichkeitsanalysen kompakt und anwendungsnah anhand von einzelnen **Kennzahlen** oder in sich geschlossenen **Kennzahlensystemen**, bestehend aus einer Mehrzahl von aufeinander abgestimmten Kennzahlen, durchführen. Kennzahlen, die einen besonderen Bezug zu den kritischen Erfolgsfaktoren eines Unternehmens aufweisen und wichtige Beiträge zur Unterstützung von Planung und Entscheidung liefern, werden auch als **Key Performance Indicators** (kurz: KPI) oder Schlüssel- bzw. Spitzenkennzahlen bezeichnet. An ihnen kann offenbar die Leistungsfähigkeit von Instrumenten oder von Organisationseinheiten im Überblick besonders kompakt und eingängig abgelesen werden, wobei in der Regel aber erst mehrere Indikatoren in ihrem gemeinsamen Zusammenwirken aussagekräftig zur Beurteilung der Performance erscheinen.

Die **Balanced Scorecard** (siehe Kaplan und Norton 1997; Bischof 2002) ist ein aus verschiedenen Perspektiven bestehendes Kennzahlensystem, das die Leistungsfähigkeit (Performance) von Unternehmen ganzheitlich zu erfassen sucht. Die Gesamtperformance eines Unternehmens wird dabei über mehrere Kennzahlen gemessen, die sich den Perspektiven
- Finanzen,
- Kunden,
- Prozess und
- Personal-/Innovation

zuordnen lassen. Die den einzelnen Perspektiven zugeordneten Kennzahlen und auch die Perspektiven selbst können den Gegebenenheiten des Unternehmens angepasst werden. Die Marketingperformance wird in der Balanced Scorecard primär über die Kundenperspektive abgebildet. Tab. 8.1 zeigt an einem Unternehmensbeispiel für den Bereich Werbung einen Ausschnitt aus einer Balanced Scorecard (vgl. Pfannenberg 2009).

Tab. 8.1: Auszug aus einer Balanced Scorecard des Bereichs Werbung (vgl. Pfannenberg 2009, S. 24).

Perspektive/Bereich		Werttreiber	KPI (Dimension)	Berichtsmodus
Finanzen	Umsatzmaximierung	interne Rendite	1 – Gewinn/Kosten in %	monatlich
		Umsatz	Jahresumsatz gesamt in Tsd. €	monatlich
			Anteil Umsatz mit neuen Kunden in % an Anteil Jahresumsatz in %	jährlich
		Umsatzverteilung auf Unternehmensbereiche	maximaler Anteil eines Unternehmensbereichs an Gesamtumsatz in %	jährlich
			minimaler Anteil eines Unternehmensbereichs an Gesamtumsatz in %	jährlich
	Kostensenkung	effizienter Personaleinsatz	Abbau Überstunden in Stundenanzahl	monatlich
			Auslastung Team: Stunden in %, die nicht auf Kundenprojekte und definierte interne Projekte gebucht werden können	jährlich
			Einsatz Mitarbeiter gemäß Kompetenzen/Stellenbeschreibung: geleistete Stunden in %, die nicht der Stellenbeschreibung/Aufgaben des Mitarbeiters entsprechen	jährlich
		Reduzierung Druckkosten	Reduzierung gegenüber Ist des Vorjahres in %	jährlich
		Reduzierung interner und externer Erstellungskosten	maximale Überschreitung 1. Angebot, Plan, Budget in %	jährlich bzw. laufend nach Abschluss jedes Projekts
Kunden		Kundenzufriedenheit	Reklamationen: Anzahl im Jahr	monatlich
			Kundenfluktuation (jährlich): Volumen entzogene Aufträge in % Jahresumsatz	jährlich
		Full-Service-Angebot (Entwicklung)	Anzahl Entwicklung neuer Leistungen, Angebote (insbesondere Beratung, Planung, Steuerung)	jährlich
		aktive Jahresplanung mit/für Kunden (vorausschauende Maßnahmen- und Budgetplanung)	Anzahl der Kunden/Bereiche, die diesen Service nutzen	jährlich

Tab. 8.1: (fortgesetzt)

Perspektive/Bereich			Werttreiber	KPI (Dimension)	Berichtsmodus
Prozesse	operative Exzellenz		(Produkt-) Qualität	Fehlerfreiheit: Fehlerfreiheit bei 1. Vorlage beim Kunden in %	monatlich
				Einhaltung aller Vorgaben zum Corporate Design (CD) in %	jährlich
				Erstellung und Verfügbarkeit von CD-Leitlinien: – fehlende Themengebiete definieren – vollständige Leitlinien für definierte Themengebiete erstellen	jährlich
				Umsetzung journalistischer Standards: Umsetzung der Richtlinien in %	jährlich
			Termintreue	Einhaltung aller (vereinbarten) End- und Zwischentermine in % ($\varnothing$ aller Projekte)	monatlich
			Budgettreue	Einhaltung des Projektbudgets in % ($\varnothing$ aller Projekte)	monatlich
			Abstimmungsprozess	Abstimmungsschritte je Hierarchieebene (Ebene 1: Unternehmensbereichsleiter/CEO; Ebene 2: Unternehmenskommunikation; Ebene 3: Operativ/Projektpartner): Anzahl im $\varnothing$	Ebenen 1 und 2: monatliche Schätzung
				Abstimmungsprozesse, die eine Stufe im Unternehmen (Konzern) höhergehen: Anzahl im Jahr	jährlich
				Anzahl der Reklamationen im Jahr	monatlich
			Aktualität	Reaktionszeit in eiligen Fällen (ohne online) in Tagen	jährlich
				Aktualität Medienspiegel: Verzögerung in Tagen (nach Vorliegen der Clippings)	jährlich
	Angebot, Produkte und Leistungen		Motivation, Zufriedenheit	Commitment: TNS Commitment Index 1 – 100	jährlich
				Krankheitstage: % (nach System Personalabteilung, Personalstatistik)	monatlich

Reichmann (2011) schlägt zur ganzheitlichen Messung der Marketingperformance in der Facette der Wirtschaftlichkeit ein mehrdimensionales Kennzahlensystem vor, das sich in die Bereiche Planung und Kontrolle
- der Erfolgsträger bzw. Marktsegmente,
- der Erfolgswirkungen von Marketingmaßnahmen sowie
- der Marketingorganisationseinheit(en)

gliedert (vgl. Reichmann 2011, S. 430 f.). Abb. 8.1 zeigt im Überblick die diesen drei Bereichen zugeordnete Key Performance Indicators als Beispiele, welche bei entsprechendem Informationsbedarf des Entscheidungsträgers in verfeinerte Kennzahlen weiter aufgeschlüsselt werden können.

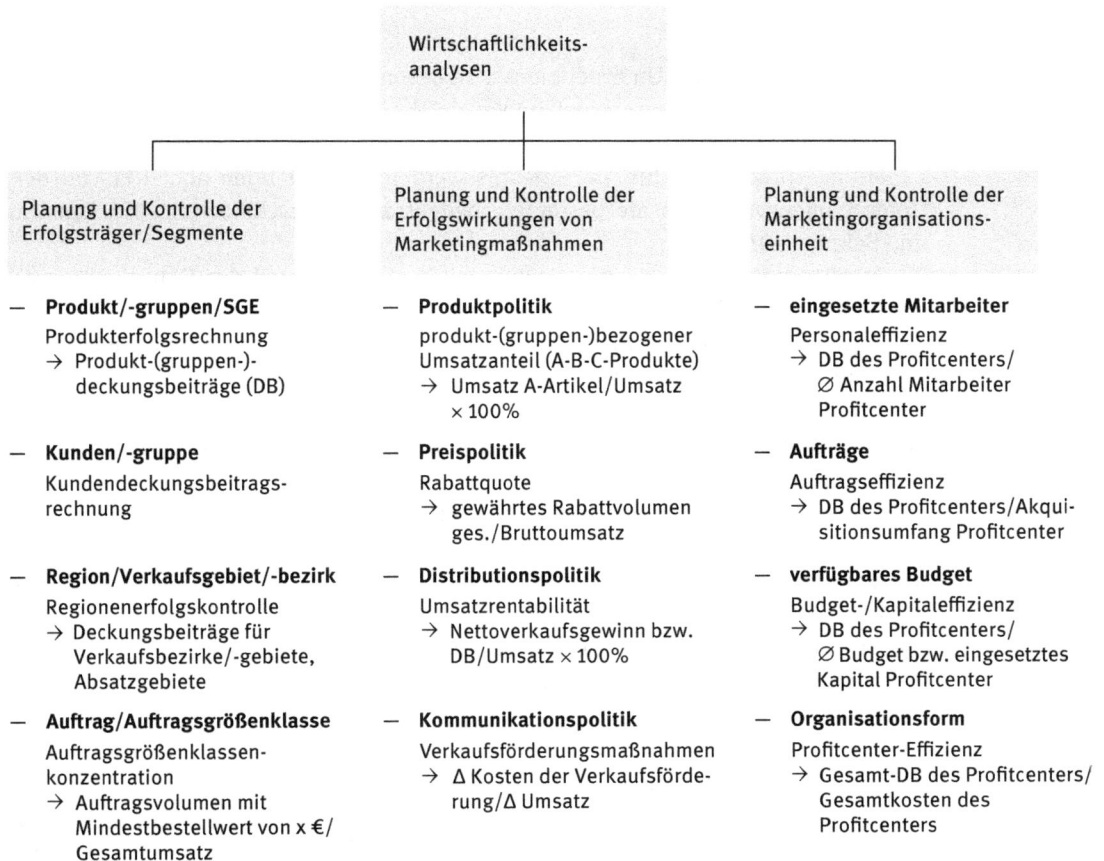

Abb. 8.1: Kennzahlen zur Wirtschaftlichkeitsanalyse im Marketing (vgl. Reichmann 2011, S. 430).

Speziell zur Analyse der Effizienz in den Bereichen Kommunikations- und Distributionspolitik können in Verfeinerung zu Abb. 8.1 die in Tab. 8.2 dargestellten Kennzahlen betrachtet werden (vgl. Reichmann 2011, S. 431):

Tab. 8.2: Kennzahlen zur Wirtschaftlichkeitsanalyse in der Kommunikations- und Distributionspolitik (Reichmann 2011, S. 431).

Kennzahl	Berechnung
Werbemitteleffizienz	Umsatz/Kosten der eigesetzten Werbung
Effizienz des Kundendiensts	Umsatz/Kosten des Kundendienstes
Effizienz der Verkaufsförderungsmaßnahmen	Umsatz/Kosten der Verkaufsförderungsmaßnahmen
Effizienz der eingesetzten Verkaufsfläche	Umsatz/durchschnittliche Verkaufsfläche (qm)
Außendienstmitarbeitereffizienz	Umsatz/Kundenbesuche (ME/Std.)
Effizienz des Mitarbeitereinsatzes (z. B. Reisende)	Umsatz/Kosten des Reisenden

Zur Aufdeckung der aus Unternehmenssicht besonders relevanten KPI zur Steuerung und Messung von Leistung speziell im Vertrieb hat die Universität St. Gallen Manager von 130 Unternehmen aus unterschiedlichen Branchen befragt und 20 vertiefende Expertengespräche geführt. Im Ergebnis werden die folgenden acht KPI von den Unternehmensvertretern als besonders bedeutsam eingeschätzt (vgl. Huckemann und Schmitz 2014):

(1) **Marktperspektive:** eigener Marktanteil und Marktanteil des Hauptwettbewerbers sowie ein Kundenzufriedenheitsindex

(2) **Ergebnisse und Prognosen:** Umsatz und Deckungsbeiträge pro Vertriebskanal, Produktgruppe, auswertbar nach Region und pro Verkäufer

(3) **Effizienz im Vertrieb:** Kosten des Vertriebs vom Umsatz

(4) **Produktivität im Vertrieb:** Umsatz pro Kopf, pro Kundenklasse, gewonnene und verlorene Kunden

(5) **Vertriebsaktivitäten:** Anzahl der Besuche insgesamt, pro Außendienstmitarbeiter, Region, Kundenklasse, Segment und Vertriebskanal

(6) **Vertriebsmitarbeiter:** durchschnittliches Alter der Vertriebsmitarbeiter, Länge der Zugehörigkeit, Fluktuation

(7) **Produkte und Innovationen:** Umsatzanteil alte vs. neue Produkte

(8) **Führung:** Anzahl der Coachingtage mit den Vertriebsmitarbeitern, Mitarbeiterentwicklungsgespräche

Bei isolierter Betrachtung einzelner Kennzahlen sollte beachtet werden, dass der mit einer Kennzahl oftmals unterstellte Ursache-Wirkungs-Zusammenhang nicht zwingend und in jeder Situation gegeben sein muss (vgl. Reinecke und Janz 2007, S. 162). Der Erfolg kann auch mit anderen Größen als dem Einsatz der Marketinginstrumente oder der eigenen Marketingorganisation in Zusammenhang stehen (vgl. z. B. die Berücksichtigung von Spill-over-Effekten bei der instrumentübergreifenden Analyse). Daher kann auch der Einsatz **experimenteller Wirkungsanalysen** auf Grundlage experimenteller Designs (wie z. B. im Rahmen von Markttests bereits angesprochen, siehe Kapitel 7.1.1) sinnvoll oder sogar geboten sein, um die ursächlich auf eine Maßnahme zurückzuführende Performance zu ermitteln. In diesem Zusammenhang fasst Tab. 8.3 mögliche Probleme bei einer Messung der Wirkung bzw. des Erfolgs der Marketingmaßnahmen (z. B. der Kommunikationspolitik) zusammen.

Tab. 8.3: Mögliche Probleme bei der Messung der Marketingperformance (vgl. Reinecke und Janz 2007, S. 235).

Problem	Erläuterung
Interdependenzeffekt	Eingesetzte Maßnahmen wirken in Verbindung mit anderen parallel eingesetzten Maßnahmen auf den Gesamterfolg, sodass der Erfolgsbeitrag einer Maßnahme nicht mehr klar zugeordnet werden kann.
Spill-over-Effekt	Maßnahmen für eine bestimmte Leistung wirken auf die Zielgrößen (z. B. Einstellung, Verhalten) bzw. den Instrumenteinsatz einer anderen Leistung ein.
Carry-over-Effekt	zeitliche Ausstrahlungseffekte von Marketinginstrumenten, die dazu führen, dass der Erfolg in einer Periode nicht eindeutig den in dieser Periode eingesetzten Instrumenten zugeordnet werden kann (z. B. Depoteffekte von bereits länger zurückliegenden Werbemaßnahmen)
Wahl falscher Kontrollgrößen	Messung von Reaktionen, die nicht oder nur teilweise auf die betrachteten Maßnahmen zurückführbar sind
mangelnde Berücksichtigung moderierender Variablen	Marketingperformance wird u. a. beeinflusst von Konkurrenzaktivitäten, Produktinvolvement der Nachfrager, Produkterfahrungen usw.
mangelnder Entscheidungsbezug	mangelndes Wissen über Wirkungszusammenhänge der Instrumente

9 Lösungen zu den Übungsaufgaben

Kapitel 3

Aufgabe 1: Methodische Grundlagen

a) Eine Auszählung ergibt die in Tab. 9.1 dargestellte **Verteilung der Probanden** auf Altersklassen bzw. Notenstufen:

Tab. 9.1: Verteilung der Probanden (eigene Darstellung).

Altersklasse	Anzahl	Notenstufe	Anzahl
25–30	8	sehr gut (1,0–1,4)	4
31–36	6	gut (1,5–2,4)	14
37–42	9	befriedigend (2,5–3,4)	13
43–48	8	ausreichend (3,5–4,4)	3
49–54	7	mangelhaft (4,5–5,0)	6
55–60	2		
Summe	**40**		**40**

Die beiden **Histogramme** sind nachfolgend dargestellt.

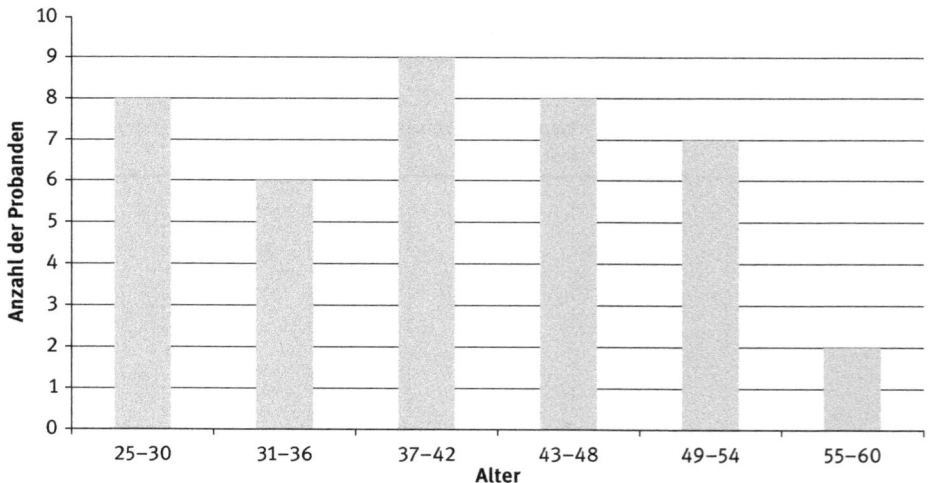

Abb. 9.1: Histogramm Alter (eigene Darstellung).

DOI 10.1515/9783110439892-009

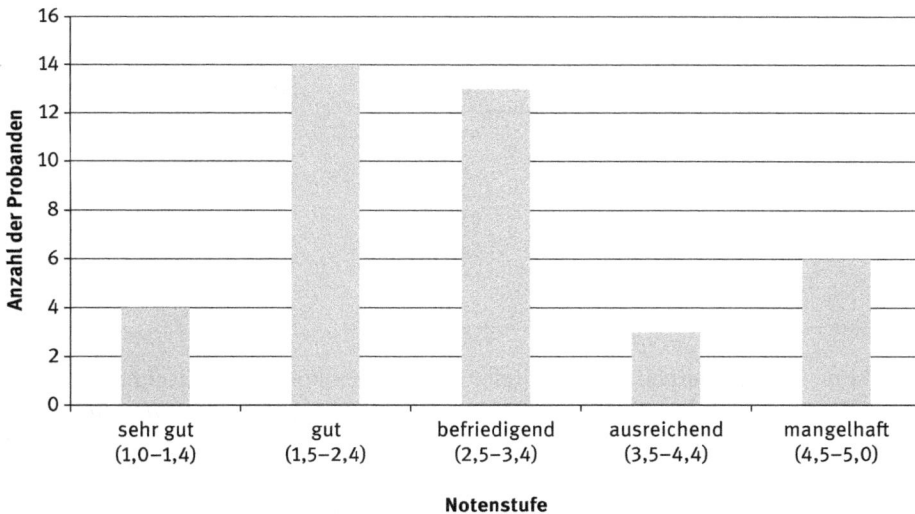

Abb. 9.2: Histogramm Notenstufe (eigene Darstellung).

b) Von den klassierten Daten ausgehend ist bei der Variablen Alter die Altersklasse 37–42 Jahre mit 9 Probanden am häufigsten vertreten. Setzt man als **Modus** die Klassenmitte an, erhält man 39,5 Jahre.

Um den **Median** ausgehend von der Urliste zu bestimmen, werden zunächst die Beobachtungswerte in eine Rangwertreihe mit zunehmendem Alter überführt (siehe Tab 9.2).

Tab. 9.2: Rangwertreihe (eigene Darstellung).

Proband	Alter	Proband	Alter
17	26	15	40
11	27	1	42
40	27	23	42
9	28	13	43
29	28	3	44
22	29	24	45
26	29	31	45
37	29	39	46
5	32	19	47
10	32	33	47
35	32	16	48
18	33	28	48
12	35	2	49

Tab. 9.2: (fortgesetzt)

Proband	Alter	Proband	Alter
30	35	6	49
34	37	32	50
38	37	14	51
4	38	36	51
21	38	8	54
25	38	20	55
27	39	7	56

Da n = 40 eine gerade Zahl ist, ergibt sich der Median als Durchschnitt aus dem n/2. und dem (n/2 + 1). Wert der Rangwertreihe, hier also als Durchschnitt aus dem 20. und dem 21. Wert der Rangwertreihe, die von den Probanden 27 bzw. 15 gebildet werden. Als Median erhält man folglich (39 + 40)/2 = 39,5 Jahre.

Für die Variable Alter beträgt die Merkmalssumme 1.601. Der **arithmetische Mittelwert** beträgt daher 1.601/40 = 40,025 Jahre.

Die **Spannweite** (= Differenz zwischen dem größten und dem kleinsten Beobachtungswert) beträgt 56 – 26 = 30 Jahre. Zur Ermittlung der Standardabweichung ist zunächst die **Stichprobenvarianz** zu berechnen:

$$s^2 = ((42 - 40{,}025)^2 + ... + (27 - 40{,}025)^2)/39 = 77{,}775$$

Hieraus ergibt sich die **Standardabweichung** s = 8,819 Jahre.

Die Berechnung der Kennziffern zur Häufigkeitsverteilung der Variablen Produktqualität erfolgt in analoger Weise. Man erhält:

Tab. 9.3: Lage- und Streuungsparameter für die Variable Produktqualität (eigene Darstellung).

Modus	1,95
Median	2,55
Arithmetisches Mittel	2,735
Spannweite	4,0
Standardabweichung	1,136

Aufgabe 2: Methodische Grundlagen

a) Alternative Produktionsmengen:

   a_1: 1 Mio. Stück = weltweiter Vertrieb

   a_2: 100.000 Stück = europaweiter Vertrieb

   a_3: 10.000 Stück = deutschlandweiter Vertrieb

Umweltzustände:
- s_1 = Superhit
- s_2 = begrenzter Hit
- s_3 = Flop

fixe Kosten Produktion und Vertrieb: 500.000 €
Künstlerhonorar: 100.000 €
Verkaufspreis je CD: 20 €
variable Kosten je CD: 5 €
Kosten für Verschrottung je CD: 10 €
Absatzmengen:
- s_1: alle produzierten CDs
- s_2: min {Produktionsmenge, 100.000}
- s_3: 5.000 CDs

a_1: Produktionsmenge = 1 Mio. Stück
- s_1: $(20 - 5) \cdot 1 - 0,6 = 14,4$
- s_2: $20 \cdot 0,1 - 5 \cdot 1 - 10 \cdot 0,9 - 0,6 = -12,6$
- s_3: $20 \cdot 0,005 - 5 \cdot 1 - 10 \cdot 0,995 - 0,6 = -15,45$

a_2: Produktionsmenge = 100.000 Stück
- s_1: $(20 - 5) \cdot 0,1 - 0,6 = 0,9$
- s_2: $(20 - 5) \cdot 0,1 - 0,6 = 0,9$
- s_3: $20 \cdot 0,005 - 5 \cdot 0,1 - 10 \cdot 0,095 - 0,6 = -1,95$

a_3: Produktionsmenge = 10.000 Stück
- s_1: $(20 - 5) \cdot 0,01 - 0,6 = -0,45$
- s_2: $(20 - 5) \cdot 0,01 - 0,6 = -0,45$
- s_3: $20 \cdot 0,005 - 5 \cdot 0,01 - 10 \cdot 0,005 - 0,6 = -0,6$

Das Entscheidungsproblem lässt sich mit der in Tab. 9.4 dargestellten Ergebnismatrix strukturieren:

Tab. 9.4: Ergebnismatrix zum Entscheidungsproblem (eigene Darstellung).

Alternativen	Umweltzustände		
	s_1	s_2	s_3
a_1	14,4	−12,6	−15,45
a_2	0,9	0,9	−1,95
a_3	−0,45	−0,45	−0,6

b) Für die drei Alternativen ergeben sich bei den gegebenen Eintrittswahrscheinlichkeiten für die Umweltzustände die in Tab. 9.5 dargestellten Präferenzwerte bei dem gewählten Gewichtungsfaktor von k = 10. In diesem Fall sollte Alternative a_3 gewählt werden, da diese zum höchsten Präferenzwert führt.

Für k = 0 entsprechen die Präferenzwerte den Erwartungswerten. In diesem Fall sollte dann Alternative a_2 gewählt werden.

Tab. 9.5: Präferenzwerte (eigene Darstellung).

	Erwartungswert	Varianz	Standardabweichung	Präferenzwert
a_1	−2,085	181,847025	13,48506674	−136,9356674
a_2	0,615	0,731025	0,855	−7,935
a_3	−0,465	0,002025	0,045	−0,915

Aufgabe 3: Methodische Grundlagen

Das Entscheidungsproblem lässt sich anhand des in Abb. 9.3 dargestellten Entscheidungsbaums strukturieren.

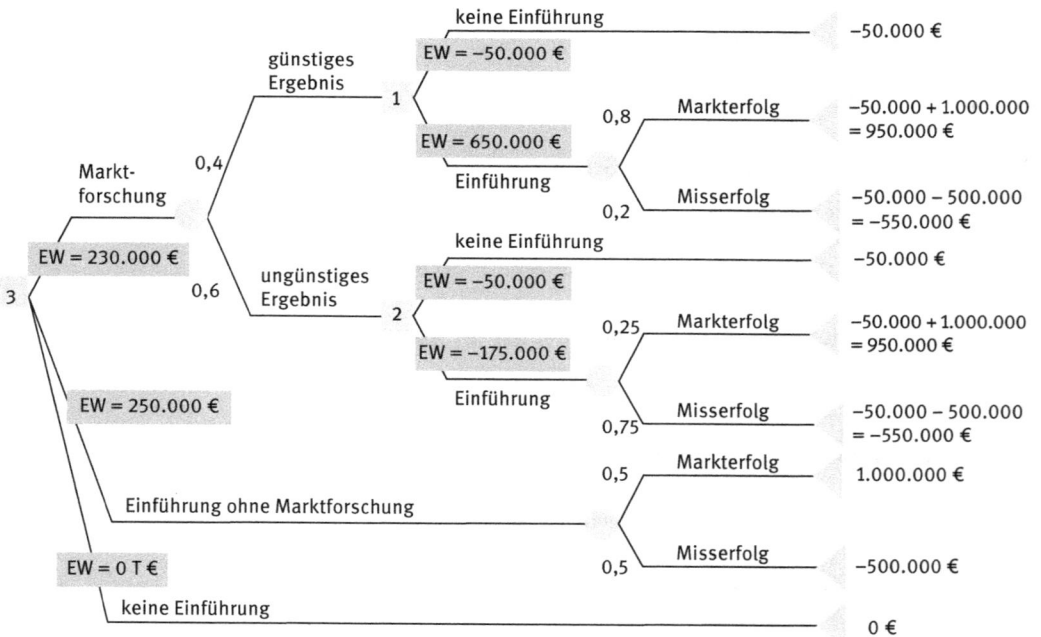

Abb. 9.3: Strukturierung des Entscheidungsproblems mithilfe des Entscheidungsbaums (eigene Darstellung).

Wie an den im Entscheidungsbaum für die Entscheidungsknoten 1 und 2 eingetragenen Erwartungswerten zu erkennen ist, sollte sich das Unternehmen im Fall eines günstigen Ergebnisses des Konsumententests für die Markteinführung entscheiden, im Fall eines ungünstigen Ergebnisses hingegen darauf verzichten. Als Erwartungswert für die Alternative Marktforschung im Entscheidungsknoten 3 erhält man dann

$$EW = 0,4 \cdot 650.000 + 0,6 \cdot (-50.000) = 230.000.$$

Der Vergleich mit dem Erwartungswert bei Markteinführung ohne vorherige Marktforschung zeigt, dass sich die Durchführung des Konsumententests nicht lohnt und das Unternehmen lieber auf die 50:50-Chance eines Markterfolgs bei sofortiger Einführung spekulieren sollte.

Kapitel 4

Aufgabe 1: Situationsanalyse

Die durchschnittliche Dauer einer Kundenbeziehung zu einem A-Kunden beträgt $n_A = 1/0,05 = 20$ Jahre. Die entsprechenden Werte für B- und C-Kunden betragen $n_B = 1/0,2 = 5$ Jahre und $n_C = 1/0,5 = 2$ Jahre.

Damit ergeben sich die folgenden Kundenwerte:

$$KW_A = [0,75 \cdot 20 - 0,1] \cdot \sum_{t=1}^{20} 1,03^{-t} = 14,9 \cdot 14,877 = 221,67 \,[\text{Mio.€}]$$

$$KW_B = [0,2 \cdot 20 - 0,02] \cdot \sum_{t=1}^{5} 1,03^{-t} = 3,98 \cdot 4,58 = 18,23 \,[\text{Mio.€}]$$

$$KW_C = [0,05 \cdot 20 - 0,02] \cdot \sum_{t=1}^{2} 1,03^{-t} = 0,98 \cdot 1,913 = 1,87 \,[\text{Mio.€}]$$

Aufgabe 2: Situationsanalyse

Zunächst sollte das Angebot an Gütern der Deutschen Bahn definiert werden, da hiervon die Festlegung der räumlichen Grenzen des Marktes sowie die Marktform und Struktur des Marktes (die zwischen den Marktteilnehmern bestehenden Beziehungen) abhängen.

Um keine derzeitigen und zukünftigen Wettbewerber auszugrenzen, die den Markterfolg des Unternehmens potenziell beeinflussen, sollte das **Güterangebot** eher weit gefasst werden und nicht nur die interne Sicht des Unternehmens, sondern auch die externe Kundensicht berücksichtigen. In einer weiter gefassten Angebotsdefinition ließe sich die Leistung der Deutschen Bahn als Problemlösung für Kunden mit dem Angebot an Mobilität umschreiben. Das Angebot könnte weiter strukturiert werden nach den Bereichen Personenbeförderung, gerichtet an private wie organisationale Kunden (B2C- und B2B-Markt) und Güterbeförderung bzw. Logistikdienstleistungen mit Fokus auf Geschäftskunden (B2B-Markt).

Die **räumliche Abgrenzung** des Marktes wird zum Teil von der Festlegung des Angebots bestimmt und leitet sich aus der Reichweite der definierten Leistungen, z. B. mit einem Fokus auf die Bundesrepublik Deutschland, ab. Der Markt kann räumlich aber auch für die Zwecke der Wettbewerbsanalyse vom Unternehmen selbst anders definiert werden. Bei der Festlegung sollten auch gegenwärtige und zukünftig geplante Ausdehnungen des Absatzgebiets und zu diesem Zweck eingegangene Kooperationen berücksichtigt werden.

Von der Definition des Güterangebots und der räumlichen Grenzen des Marktes hängt wiederum die Anzahl an Anbietern relativ zu der Anzahl der Nachfrager ab, woraus sich die **Marktform** ableitet. Um Wettbewerber auf den Teilmärkten Personen- und Güterbeförderung zu identifizieren, kann weiter gefragt werden, welche Angebote bzw. Anbieter aus Käufersicht denselben Nutzen bzw. Zweck erfüllen, also Substitute darstellen. Konkurrenzanbieter wären also beispielsweise im Bereich der Personenbeförderung Anbieter von (Fern-)Busreisen, Fluggesellschaften sowie privat oder von Mitfahrzentralen organisierte Fahrgemeinschaften. Im Bereich der Güterbeförderung sind als Konkurrenzanbieter u. a. Speditionen und Logistikdienstleister mit Angeboten ebenfalls auf dem Schienennetz, im Straßengüterverkehr und auch im Bereich der Binnenschifffahrt zu berücksichtigen. Die Anzahl der relevanten Konkurrenzanbieter zur definierten Leistung Mobilität kann sodann in Abhängigkeit des definierten Absatz- bzw. Marktgebiets bestimmt werden. Hierbei ist zu fragen, welche Anbieter in der Reichweite des räumlich definierten Marktes vergleichbare Leistungen erbringen können. Hiermit können regelmäßig bereits einige Anbieter, z. B. aufgrund ihrer eingeschränkten Größe, Kapazität und Reichweite, von einer weiteren Betrachtung ausgeschlossen werden. Entsprechend bestimmt sich die Anzahl der (potenziellen) Nachfrager anhand der definierten räumlichen Grenzen des Marktes.

So kann bezogen auf den öffentlichen Personenverkehr aufgrund der hohen Zahl von Nachfragern und der (noch) relativ geringen Zahl an Anbietern von der Marktform eines Angebotsoligopols (wenige Anbieter stehen vielen Nachfragern gegenüber) ausgegangen werden, da die Deutsche Bahn dem intensiven Wettbewerb durch den Individualverkehr ausgesetzt ist und im Nah- und Mittelstreckenbereich mit anderen Bahngesellschaften und im Langstreckenbereich mit dem Luftverkehr in Wettbewerb steht (vgl. Ambrosius 2007, S. 473). Aufgrund des verstärkten Wettbewerbs auch im

Bereich des Güterverkehrs kann auch hier von einem Angebotsoligopol gesprochen werden (vgl. Ambrosius 2007, S. 474).

Die **Struktur des Marktes** kann näher beschrieben werden durch eine verfeinerte merkmalsbezogene Analyse der Marktteilnehmer, in die neben der bereits betrachteten Anzahl der Wettbewerber zur Einschätzung der Marktform auch weitere quantitative und qualitative Größen einfließen können. Zudem können die zwischen den Marktteilnehmern bestehenden Beziehungen näher charakterisiert werden.

Wettbewerber lassen sich weiter nach quantitativen Merkmalen (z. B. Größe, Marktanteil, Preisstellung) und qualitativen Merkmalen (z. B. Alleinstellungsmerkmale, Qualität der Kernleistung und Serviceleistungen, angebotene Produktbündel) analysieren. Nachfrager können beispielsweise nach ihrer Größe und relativem Stellenwert (z. B. gemessen am Kaufvolumen, an der Häufigkeit der Interaktionen mit dem Anbieter, am Grad ihrer Vernetzung, an den Einflussmöglichkeiten auf die Preissetzung) beschrieben werden.

Die Beziehungen zwischen Anbieter und Nachfragern lassen sich im Bereich des B2C-Marktes in der Tendenz eher als unpersönlich, anonym kennzeichnen. Es überwiegen Formen der (medialen) Massenkommunikation über standardisierte Leistungen. Die persönliche Kommunikation, etwa bei der Abwicklung von Kaufvorgängen am Schalter, wird zunehmend durch anonyme Kaufvorgänge im Internet oder an Ticketautomaten ersetzt. Allerdings bestehen bei der Nutzung der Leistung selbst durch Kontakte zum Bahnpersonal vor Ort persönliche Kommunikationsbeziehungen, so auch teilweise bei der Abwicklung von Beschwerdefällen. Im B2B-Bereich dominieren dagegen eher persönliche Kommunikationsformen aufgrund individueller Lösungen und Verhandlung von Konditionen. Zwischen Anbietern substitutiver Leistungen herrscht überwiegend Wettbewerb. Der zwischen Anbietern herrschende Wettbewerb könnte weiter kriteriengeleitet anhand der Intensität und Form charakterisiert werden. Das Angebot wird durch Kooperationen mit (z. B. regionalen) Anbietern komplementärer Leistungen (z. B. Hotels, Gastronomie, Mietwagenverleih, Verkehrsverbünde) zur Stärkung der eigenen Wettbewerbsposition ergänzt. Nachfrager untereinander sind sich in der Regel unbekannt, was jedoch durch die verstärkte Nutzung von sozialen Netzwerken oder Bildung von Zusammenschlüssen zwischen Nachfragern zur Nutzung von Einspareffekten durch Gruppentarife sowie durch Bildung von Interessenverbänden (z. B. Fahrgastverband) relativiert wird.

Folgende Aspekte können sich bei Missachtung im Rahmen der Durchführung der Wettbewerbsanalyse und Abgrenzung des relevanten Marktes als problematisch erweisen:

- **Reihenfolge** bei der Abgrenzung des relevanten Marktes: Hierbei sollte, wie oben gezeigt, zunächst das Güterangebot mit entsprechenden Substituten analysiert werden, woraus sich wiederum räumliche Grenzen des Marktes und die Marktform ableiten. Würde zunächst die Anzahl der Anbieter und Nachfrager definiert, könnten sich aufgrund einer unscharfen Produktdefinition unklare Aussagen in Bezug auf die Marktgrenzen ergeben.

– **Definition des Angebotsumfangs:** Die Definition der angebotenen Leistung sollte eher weit gefasst werden, um keine relevanten Wettbewerber auszugrenzen. Vor allem auch zukünftig in den Markt eintretende Wettbewerber können so leichter erfasst werden. Eine sehr eng gefasste Produktdefinition würde relevante Wettbewerber ausklammern und die sich aus etwaigen Kooperationen ergebenden Potenziale unterschätzen. Die Marktform würde falsch eingeschätzt werden mit negativen Konsequenzen für die Ableitung einer marktkonformen Preispolitik.

– **Perspektive der Angebotsdefinition:** Die angebotenen Leistungen sind im Sinne einer Problemlösung aus der Sicht der (potenziellen) Nachfrager zu definieren. Als problematisch könnte sich hier eine einseitig unternehmensbezogene Definition der eigenen Leistung erweisen, die sich nicht mit der Kundensicht deckt, sodass Alternativangebote aus Sicht der Nachfrager nicht identifiziert werden.

– **Vollständigkeit:** Anbieter und Nachfrager sollten in Abhängigkeit der definierten Leistung und räumlichen Marktgrenzen möglichst vollständig identifiziert und anhand quantitativer und qualitativer Kriterien näher beschrieben werden.

Aufgabe 3: Situationsanalyse

a) In dem BCG-Portfolio sind den gegebenen Marktwachstumsraten die relativen Marktanteile der strategischen Geschäftseinheiten (SGE) gegenüberzustellen. Letztere errechnen sich, indem der Umsatz der eigenen SGE durch den jeweiligen Umsatz des Hauptwettbewerbers dividiert wird. Die Ergebnisse sind in Tab. 9.6 dargestellt.

Tab. 9.6: Marktwachstumsrate und Relativer Marktanteil für die SGE der Diele GmbH (eigene Darstellung).

SGE	Marktwachstum pro Jahr (%)	relativer Marktanteil
A: Wohnzimmermöbel	0	0,5
B: Küchenmöbel	7	1,8
C: Büromöbel	3	1,9
D: Wohnaccessoires	1	1,2

Es ergibt sich das in Abb. 9.4 dargestellte BCG-Portfolio:

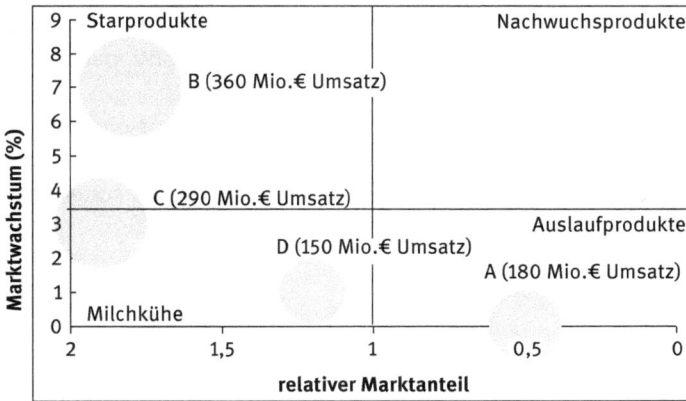

Abb. 9.4: BCG-Portfolio der Diele GmbH (eigene Darstellung).

b) Das Portfolio stellt sich als unausgewogen dar. Es mangelt dem Unternehmen an Nachwuchsprodukten. Somit droht die Überalterung des Produktprogramms. Zukünftige Starprodukte fehlen dem Unternehmen. SGE D (Wohnaccessoires) drohen in den Bereich der Auslaufprodukte abzurutschen. Die SGE A (Wohnzimmermöbel) steht als Auslaufprodukt bei sehr geringem Marktwachstum und gleichzeitig geringem relativen Marktanteil vermutlich nicht mehr langfristig zur Verfügung.

Die derzeitige Finanzsituation erscheint ausgewogen infolge der im Bereich der Milchkühe vorhandenen SGE C und D bei gleichzeitig geringem Unterstützungsbedarf für SGE B und fehlenden Investitionen in Nachwuchsprodukte. Die Finanzsituation scheint auch in naher Zukunft ausgeglichen, da die erfolgversprechende SGE B mit hohem Umsatzvolumen und sehr hohem Marktwachstum bei weiterer Unterstützung zur Milchkuh ausgebaut werden kann. Folgende Strategieempfehlungen können abgeleitet werden:

–   Es ist vermehrt in den Bereich der Nachwuchsprodukte zu investieren, wofür aufgrund der ausgewogenen finanziellen Situation offenbar ausreichend Mittel zur Verfügung stehen.

–   Gegebenenfalls können durch (vorsichtig bemessene) Investitionen in das Auslaufprodukt A (Wohnzimmermöbel) innovative Produktideen zu tragenden Konzepten für Nachwuchsprodukte entwickelt werden. Falls sich die Weiterentwicklung von SGE A als nicht tragfähig erweist, sollte eine Desinvestitionsstrategie in Betracht gezogen werden.

–   SGE B sollte weiter zur Milchkuh ausgebaut werden. Die von SGB B erwirtschafteten Mittel sollten in SGE B weiter investiert werden. Bei weitergehendem

Untersützungsbedarf sollten zusätzliche Mittel, aus den von SGE C und D erwirtschafteten Überschüssen, in SGE B investiert werden.

- SGE C sollte ebenfalls so lang wie möglich im Bereich der Milchkühe gehalten und, falls erforderlich, ebenfalls durch (moderate) Investitionen unterstützt werden, um den Umsatz weiter auszubauen.
- Da SGE D droht, in den Bereich der Auslaufprodukte abzurutschen, empfiehlt sich hier eine Abwartestrategie, bei der die weitere Entwicklung dieser SGE zunächst beobachtet wird, bevor umfangreiche Unterstützungsmaßnahmen erfolgen.

Kapitel 5

Aufgabe 1: Potenzialanalyse

Die sich in diesem Zusammenhang bietenden strategischen Optionen werden in der sogenannten **Ansoff-Matrix** (siehe Tab.9.7) systematisiert:

Tab. 9.7: Ansoff-Matrix (eigene Darstellung).

| | Produkt | |
Markt	gegenwärtig (alt)	zukünftig (neu)
gegenwärtig (alt)	Marktdurchdringung	Produktentwicklung
zukünftig (neu)	Marktentwicklung	Diversifikation

- Marktdurchdringung: bessere Ausschöpfung des vorhandenen Marktes mit den bereits bestehenden Produkten (z. B. durch Intensivierung von Werbemaßnahmen)
- Marktentwicklung: Erschließung von Märkten außerhalb Deutschlands mit den bereits bestehenden Produkten (z. B. Vertrieb der vorhandenen Produkte in Österreich/Schweiz)
- Produktentwicklung: Ausweitung des Produktangebots im bestehenden Markt (z. B. Vertrieb von Snowboards innerhalb Deutschlands)
- Diversifikation: Eintritt in bislang nicht bearbeitete Märkte mit bisher nicht angebotenen Produkten/Leistungen (z. B. Betätigung als Veranstalter von Winterreisen in Österreich/Schweiz)

Aufgabe 2: Potenzialanalyse

Das Marktpotenzial errechnet sich multiplikativ aus dem Mengengerüst, Wertgerüst und Zeitgerüst. Bezüglich des Zeitgerüsts wird aufgrund des kurzen Planungshorizonts des Bauunternehmens und bestehenden (zeitlich befristeten) Fördermöglichkeiten auf Grundlage der aktuellen Befragungsergebnisse zunächst von einem baldigen Bedarf in den nächsten 1 oder 2 Jahren und von einmaligen Investitionen (ohne Ersatzbedarf) ausgegangen.

Marktpotenzial = Anzahl modernisierungsbedürftiger Einfamilienhäuser ·

Kaufneigung für Modernisierungsmaßnahmen in den nächsten 1 bis 2 Jahren ·

$\varnothing$ Fassadenfläche [m^2] · $\varnothing$ Kosten (Preis) für Wärmedämmung/m^2
= 20.000 · 0,47 · 0,026 · 100 · 120 = **2.932.800 €.**

Kapitel 6

Aufgabe 1: Strategieanalyse

Das Unternehmen Toppix wäre mit einem frühen Markteintritt bei Wahl einer **Pionierstrategie** als Alleinanbieter zunächst keinem Wettbewerbsdruck ausgesetzt und könnte Preisspielräume ausnutzen. Das Unternehmen könnte in der Wahrnehmung der Käufer eine noch nicht besetzte Position (Alleinstellung) im Produkt-Markt-Raum einnehmen. Als Pionier könnte das Unternehmen auch z. B. durch Patente, Standardisierung und Markentreue Markteintrittsbarrieren für nachträglich in den Markt eintretende Unternehmen aufbauen, um sich den eigenen Wettbewerbsvorteil möglichst langfristig zu sichern. Zudem könnte das Unternehmen als anfänglicher Alleinanbieter Mengenvorsprünge auf der Erfahrungskurve realisieren.

Gegen die Pionierstrategie spricht jedoch die mit einem frühen Markteintritt verbundene Ungewissheit darüber, ob sich die neue Technologie auch längerfristig im Markt etablieren wird und Käufer nicht zunächst auf eine neue Produktgeneration warten, die möglicherweise bereits von Wettbewerberunternehmen erforscht wird. Es besteht die Gefahr von Technologiesprüngen. Insbesondere im Falle von Haushaltschemikalien mögen höher involvierte Käufer mit dem Produktgebrauch auch Risiken, z. B. gesundheitlicher Art, assoziieren, was sich im vorliegenden Fall vor allem aufgrund der Neuartigkeit des Produkts und möglicherweise noch wenig erforschter Risiken als Hindernis bei der Vermarktung erweisen könnte. Die hohen Kosten der Markterschließung sind zudem vom Anbieter selbst zu tragen. Er kann diesbezüglich auf keine beobachtbaren Erfahrungen von Konkurrenzunternehmen zurückgreifen.

Bei Wahl einer **Folgerstrategie** wären bereits Markt- und Technologiekenntnisse in größerem Umfang für das Unternehmen verfügbar. Außerdem könnte der Anbieter durch Beobachtung der Marketing- und Vertriebsarbeit des Pioniers Lerneffekte sammeln und Fehler bei der eigenen späteren Marktbearbeitung vermeiden, womit

Kosten der Markterschließung reduziert werden können. Auf der anderen Seite wären jedoch etwaige Markteintrittsbarrieren des Pioniers zu überwinden. Zudem bestünde die Gefahr von Preiskämpfen mit dem Pionierunternehmen. In der Wahrnehmung der Käufer könnte ein späterer Markteintritt als Folger auch Imagenachteile in sich bergen, sofern sich das Unternehmen Toppix in der Nähe des Pioniers positioniert, sodass das Toppix-Produkt als Me-too-Produkt wahrgenommen werden würde. Etwaige Imagenachteile könnten jedoch möglicherweise durch eine Positionierung des Produkts in einer Preislage unterhalb des Pionierprodukts kompensiert werden.

Aufgabe 2: Strategieanalyse

Der Produkt-Markt-Raum, in dem auch die Idealvorstellungen (Präferenzen) der Nachfrager dargestellt sind (sogenannter gemeinsamer Merkmalsraum oder Joint Space), stellt sich für den Markt der Emulsionsfette/Brotaufstriche wie in Abb. 9.5 zu sehen dar.

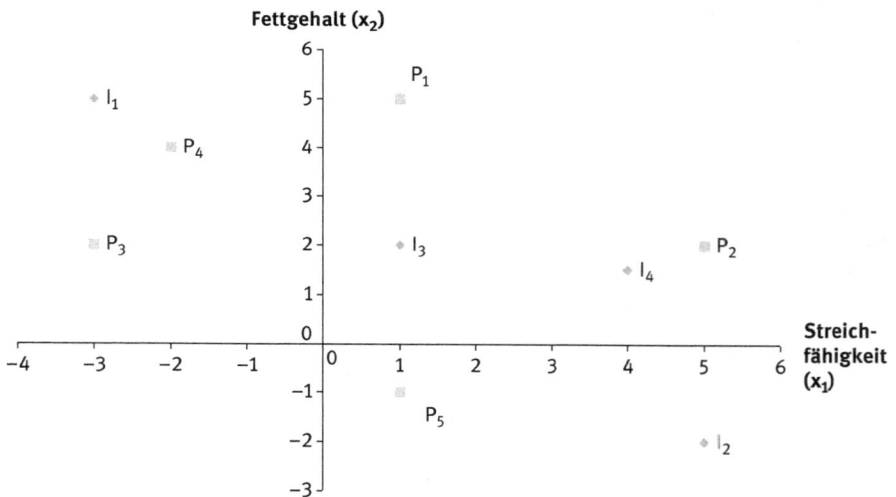

Abb. 9.5: Gemeinsamer Produkt-Markt-Raum (Joint Space) für den Markt der Emulsionsfette (eigene Darstellung).

Auf Basis dieses Modells kann eine optimale Produktposition beispielsweise an der Stelle ($x_1 = 3,5 \mid x_2 = 1$) gesehen werden. Diese Position kann mit einer **Marktausschöpfungsstrategie** erreicht werden, bei der das Produkt in der Nähe der

Idealproduktpositionen von drei Nachfragersegmenten, nämlich I_2, I_3, I_4, positioniert wird. Dahinter steht die Überlegung, möglichst viele Käufer zu erreichen.

Man erkennt aus dem Produkt-Markt-Raum, dass es sich nicht lohnt, sich auf das Segment 1 mit dem Idealpunkt I_1 zu konzentrieren, da dieses nur durch einen Abstand (Euklidische Distanz) von kleiner als 3 erreicht werden kann. Zudem würde an dieser Stelle hauptsächlich Nachfrage von lediglich einem Segment abgegriffen.

In der folgenden Tabelle sind die Distanzen zwischen Realprodukt- und Idealproduktpositionen (Idealpunkten) dargestellt.

Tab. 9.8: Euklidische Distanzen zwischen Real- und Idealproduktpositionen (eigene Darstellung).

Distanz	P_1	P_2	P_3	P_4	P_5
I_1	4	8,5	3	1,4	7,2
I_2	8,1	4	9	9,2	4,1
I_3	3	4	4	3,6	3
I_4	4,6	1,1	7	6,5	3,9

So berechnet sich beispielsweise die Euklidische Distanz zwischen Realproduktposition P_1 und Idealproduktposition I_1 wie folgt:

$$d(P_1, I_1) = \sqrt{(-3 - 1)^2 + (5 - 5)^2} = 4.$$

Aufgabe 3: Strategieanalyse

a) Die **direkte Imagemessung** erfolgt durch Vorgabe kaufrelevanter Produkteigenschaften, anhand derer die im Markt vorhandenen Marken von potenziellen Käufern anhand vorgegebener Aussagen, die z. B. wie beim Semantischen Differenzial bipolar gefasst sind, auf einer Skala beurteilt werden.

Die Gefahr liegt hierbei jedoch in einer starken Lenkung der Probanden auf eben diese vorgegebenen Vergleichskriterien. Zudem ist häufig nicht sichergestellt, dass mit den vorgegebenen Eigenschaften auch alle aus Käufersicht relevanten Vergleichskriterien erfasst sind. Zudem werden die Marken, abweichend von einer realen Kaufentscheidungssituation, nicht ganzheitlich anhand eines Bündels von Eigenschaften eingeschätzt und verglichen.

Bei der **indirekten Imagemessung** erfolgt dagegen bewusst keine Vorgabe von Vergleichskriterien. Stattdessen sollen die Objekte ganzheitlich (global) von den Probanden betrachtet und miteinander verglichen werden. Die indirekte Imagemessung umgeht so die mit der Vorgabe von Kriterien verbundenen Probleme einer Lenkung des Probanden und ist auch bei vorherrschendem niedrigen Involvement der Probanden einsetzbar.

Zur indirekten Imagemessung kann die **Multidimensionale Skalierung** (MDS) eingesetzt werden (vgl. Grunwald und Hempelmann 2012, S. 118 ff.). Mithilfe der MDS können Objekte (z. B. Produktmarken) auf Basis ihrer Ähnlichkeit zueinander in einem (möglichst niedrig dimensionierten) Raum dargestellt werden. Hierbei liegt allerdings das Problem in der nicht immer eindeutigen Interpretation des resultierenden Produkt-Markt-Raumes, dessen Achsen zunächst offenbleiben.

Daher bietet sich als dritte Option die Kombination aus indirekter und direkter Imagemessung an.

b) In dem Produkt-Markt-Raum werden die Ähnlichkeiten bzw. Unähnlichkeiten der auf dem Markt für Büromöbel befindlichen Markenhersteller aus Käufersicht bezogen auf kaufrelevante Eigenschaften, also somit das Markenimage, dargestellt.

Tabelo ist in einer Marktnische positioniert. Momentan wird offenbar mit wenig Erfolg eine **Differenzierungsstrategie** verfolgt.

Tabelo könnte eine **Umpositionierung** entweder in den oberen linken Quadranten oder den unteren rechten Quadranten des Produkt-Markt-Raumes in Betracht ziehen, was einer Form von Imitationsstrategie entspricht. Eine Umpositionierung in den unteren rechten Quadranten würde sich anbieten, da hier – anders als im oberen linken Quadranten – lediglich drei Konkurrenzmarken etabliert sind, somit also die Wettbewerbsintensität geringer erscheint. Dieses sollte jedoch anhand von Merkmalen der Wettbewerbsunternehmen näher untersucht werden (siehe c)). Außerdem bräuchte in diesem Fall das Niveau der Standardisierung nicht mehr verändert zu werden, denn es erfolgt lediglich eine Umpositionierung entlang der horizontalen Merkmalsachse in Richtung Modernität. Ein Mehr an Modernität lässt sich in der Wahrnehmung der Käufer möglicherweise bereits mit vergleichsweise geringem Aufwand durch Anpassung der kommunikationspolitischen Maßnahmen realisieren.

Als Alternative könnte die Betonung der Wichtigkeit (Kaufrelevanz) der derzeit in der Wahrnehmung der Käufer besetzten Eigenschaftskombination im Sinne der Restrukturierungsstrategie erwogen werden. Damit wäre eine Umpositionierung nicht zwingend erforderlich. Jedoch ist die Betonung der Kaufrelevanz in der Regel mit einer Veränderung der Einstellungen der Käufer verbunden, welche sich in der Regel nicht kurzfristig realisieren lässt.

c) Folgende zusätzliche Informationen sollten insbesondere für die Wahl der Positionierungsstrategie herangezogen werden:
   – Segmentgröße und -stärke (Kaufkraft)
   – Idealvorstellungen/-wünsche der Kunden
   – Informationen über die Größe der Wettbewerber (Marktanteile)
   – Marktpotenzial/-sättigung.

Aufgabe 4: Strategieanalyse

a) Aus dem Falltext kann aus Tab. 6.16 die Umsatzveränderung (in %) jeweils zum Vorjahr abgelesen werden. Eine mögliche Ursache des schrumpfenden Umsatzwachstums kann in der geringen ungestützten Markenbekanntheit (Markenerinnerung) gesehen werden, auf die der Falltext direkt hinweist und die hier nicht weiter analysiert werden soll. Weitere Ursachen lassen sich erschließen, wenn man die in Tab. 6.16 angegebene Umsatzentwicklung mit den in der zweiten Tabelle dargestellten Ergebnissen der Marktforschung in Verbindung bringt. Die Marke Zuma vermag zwar starke Markenassoziationen bei Konsumenten auszulösen, jedoch wächst der Umsatz erheblich schwächer als bei der Konkurrenz. Offenbar scheint die Mehrzahl der Konsumenten mit der Marke Zuma solche Eigenschaften zu assoziieren (wie etwa gute Laufeigenschaften, robust/langlebig, wenig pflegeintensiv), die für den Kauf relativ unwichtig sind.

b) Aus dem gewählten Modellansatz leiten sich zwei **alternative Vorgehensweisen** für den Markenerhalt von Zuma ab:
   - Das Unternehmen könnte eine Annäherung an die Konkurrenz im Sinne der **Imitationsstrategie** verfolgen. Hierbei müssten die bestehenden Markenassoziationen für Zuma in Richtung der Wettbewerbermarken verändert werden, z. B. indem man die Gemeinsamkeiten bei kaufrelevanten Eigenschaften stärker herausstellt. Technisch ausgedrückt müsste man die Wahrscheinlichkeit steigern, mit der Konsumenten Eigenschaften wie modisches Design/Trendschuh und gutes Preis-Leistungs-Verhältnis bei Zuma für vorhanden halten. Hierbei bräuchte die Eigenschaftsbewertung der Konsumenten nicht verändert zu werden, weil diese Eigenschaften offenbar bereits als hoch kaufrelevant erachtet werden. Flankierend hierzu könnte Zuma Anstrengungen unternehmen, die Wahrscheinlichkeit zu senken, mit der Konsumenten die besonders kaufrelevanten Eigenschaften mit den Konkurrenzmarken verbinden.
   - Eine andere Möglichkeit besteht darin, im Sinne der **Restrukturierungsstrategie** die vorhandenen Markenassoziationen für Zuma unverändert beizubehalten und stattdessen die Eigenschaftsbewertung der bislang als unwichtig (wenig kaufrelevant) eingestuften Attribute, mit denen die Marke Zuma in Verbindung gebracht wird, wie gute Laufeigenschaften, robust/langlebig und wenig pflegeintensiv, zu verbessern. Praktisch läuft diese Strategie auf die Betonung von Unterschieden zu den wichtigsten Konkurrenzmarken hinaus, welche mit diesen Eigenschaften kaum assoziiert werden (Differenzierungsstrategie). Flankierend hierzu mag die Bedeutung (Wichtigkeit, Kaufrelevanz) solcher Eigenschaften abgeschwächt werden, mit denen Konsumenten bevorzugt die bestehenden Konkurrenzmarken verbinden.

c) Die Vorteile der **Imitationsstrategie** liegen in der Konzentration auf bereits vorhandene, besonders wichtige (d. h. kaufrelevante) Eigenschaften, um den Konkurrenzerfolg zu kopieren. Man betont das Vorhandensein von solchen Eigenschaften, die wirklich kaufrelevant sind und mit denen die Wettbewerbermarken bereits erfolgreich geworben haben. Dadurch scheint eine rasche Umsatzsteigerung möglich. Es fragt sich allerdings, ob der Markt an dieser hart umkämpften Position (in der Nähe der Wettbewerber) noch weitere Anbieter vertragen kann. Das entsprechende Marktsegment in diesem Bereich muss eine hinreichende Größe aufweisen, um einen weiteren Anbieter aufnehmen zu können. Mit einer solchen Mee-too-Position steigt jedoch auch das Risiko von Imageverlusten bei Zuma. Nicht nur ist eine solche Veränderung der Markenassoziationen im Rahmen der Umpositionierung kostspielig, die Marke verliert möglicherweise auch ihren einzigartigen Wettbewerbsvorteil (USP) samt ihrer bisherigen Käuferschaft. Zudem kann Zuma an der neuen Position leichter von Nachfragern substituiert werden, was sich wiederum nachteilig auf die Nachfrage nach Zuma-Schuhen auswirken kann.

Die **Restrukturierungsstrategie** hat den Vorteil, dass die bestehenden Assoziationen nicht mehr kostspielig geformt oder verändert zu werden brauchen. Das vorhandene knappe Marketingbudget kann vollständig auf die Erhöhung der Gewichtung dieser Eigenschaften ausgerichtet werden. Insgesamt scheint diese Variante risikoärmer und kostengünstiger als die Imitationsstrategie. Die bereits vorhandene einzigartige und unverwechselbare Wettbewerbsposition (USP) kann erhalten bzw. ausgebaut werden. Damit wird der Grad der Substituierbarkeit der Marke Zuma reduziert. Allerdings könnte die Wichtigkeitsbetonung der bislang mit Zuma assoziierten Eigenschaften nicht ausreichen, um eine rasche Umsatzsteigerung zu realisieren. Zudem besteht die Gefahr des Markteintritts neuer Konkurrenten in das derzeit von Zuma besetzte Nischensegment, sofern mit einem Ansteigen der Segmentgröße gerechnet wird.

d) Die **Imitationsstrategie** müsste berücksichtigen, dass Zuma-Schuhe modisch und im Trend bzw. Kult sind und ein hervorragendes Preis-Leistungs-Verhältnis aufweisen. Damit sind vor allem Änderungen in der Ausrichtung der Kommunikations- und Produktpolitik angezeigt. Das Produkt könnte z. B. in der Werbung zusammen mit modisch-aktiven/vitalen Personen gezeigt werden, die gleichzeitig Trendsetter und preisbewusst sind. Es müsste deutlich kommuniziert werden, dass das Tragen von Zuma-Schuhen auch im Freundes- und Bekanntenkreis akzeptiert ist und das eigene positive Image befördert. Die Berücksichtigung unterschiedlicher Altersgruppen und Verwendungssituationen etwa in der Werbekampagne (z. B. das Tragen des Sportschuhs in der Klubszene und abseits sportlicher Aktivitäten) erhöht zudem das Spektrum möglicher Kaufinteressenten und damit letztlich die Segmentgröße. Flankierend können im Wege vergleichender Werbung Defizite der Konkurrenzmarken bei den fokussierten kaufrelevanten Eigenschaften aufgezeigt werden.

Bei Entscheidung für die **Restrukturierungsstrategie** muss das KMU einerseits deutlich machen, dass sich Zuma-Schuhe in den Laufeigenschaften, in Langlebigkeit/Haltbarkeit und Pflegeintensität markant positiv von den bestehenden Wettbewerbermarken abheben. Der Fokus der Strategie liegt also klar auf der

Leistungs-/Qualitätsebene, die den Produktkern in den Mittelpunkt rückt. Die Produktperipherie (wie etwa der Produktpreis und das von Konsument zu Konsument unterschiedlich wahrgenommene Design) stehen dagegen nicht im Vordergrund. Zum anderen muss Konsumenten die Wichtigkeit dieser Eigenschaften nahegebracht werden, z. B. durch Verweis auf Gesundheitsaspekte, sportmedizinische Gutachten, Langzeit-Belastungstests, Prüf- und Gütesiegel sowie Stiftung-Warentest-Urteile. Umgekehrt kann auf die Risiken des Fehlens solcher Eigenschaften bei Freizeitschuhen aufmerksam gemacht werden. Insgesamt sollte sich Zuma im Rahmen einer Qualitätsoffensive glaubwürdig als echte Alternative zu den bestehenden Wettbewerbermarken darstellen.

Bei beiden Strategien müsste zudem sichergestellt werden, dass die zu beklagende geringe ungestützte Markenbekanntheit durch eine entsprechende Wahl der Markenelemente (wie Logo, Slogan, Jingle) gesteigert wird.

Kapitel 7

Aufgabe 1: Produkt- und Programmpolitik

a) $k_v = 0,50 + 0,20 + 0,10 + 0,05 + 0,06 + 0,04 = 0,95$
$K_{Fix} = 2.500$

b) $x_{BE} = K_{Fix}/(p - k_v) = 2.500/(3,45 - 0,95) = 1.000$

c) (i) $x_{BE} = 2.500/(2,95 - 0,95) = 1.250$
(ii) $x_{BE} = 2.500/(3,45 - 2,20) = 2.000$
(iii) $x_{BE} = 2.400/(3,45 - 0,95) = 960$
(iv) $x_{BE} = 2.400/(2,95 - 2,20) = 3.200$

Aufgabe 2: Produkt- und Programmpolitik

a) Aktuell wird die Pull-Strategie im Unternehmen diskutiert, bei der die Frostice KG eine überregionale (nationale) Marke durch Einschalten der Kommunikationsagentur aufbauen würde. Die Marke wird gegenüber dem Endverbraucher beworben, um sie bekannt zu machen und mit einem vorteilhaften Image zu versehen. Hiermit sollen Präferenzen bei Endverbrauchern aufgebaut und ein Nachfragesog ausgelöst werden. Die Händler spüren vermehrt die Endverbrauchernachfrage und listen vermehrt Frostice-Produkte (Pull-Effekt).

Als grundsätzlich gangbare Strategiealternativen könnten in Betracht gezogen werden:

– Push-Strategie: Verzicht auf Markierung; Herstellung einer Handelsmarke
– duale Markenstrategie: Kombination aus Push- und Pull-Strategie

   –   Markenlizenzierung: Nutzung einer bereits etablierten Marke eines anderen Anbieters gegen Gebühr

b1) Der kumulierte Umsatz bei Wahl der Pull-Strategie beläuft sich nach fünf Jahren auf:

$$U_{Pull} = 1.000.000 + 2.000.000 + 1.800.000 + 1.600.000 + 1.500.000$$
$$= 7.900.000 \text{ €.}$$

Der kumulierte Absatz beträgt nach fünf Jahren:

$$x_{Pull} = (6.000 + 800) \cdot 48 \cdot 5 = 1.632.000 \text{ Stück.}$$

Für den Pull-Preis resultiert:

$$p_{Pull} = U_{Pull} / x_{Pull} = 7.900.000 / 1.632.000 = 4,84 \text{ €/Stück.}$$

Die durchschnittliche Preisprämie berechnet sich aus der Differenz der Durchschnittspreise bei Wahl der Pull- und Push-Strategien zu

$$\varnothing \text{ Preisprämie} = \varnothing \text{ Preis}_{Pull} - \varnothing \text{ Preis}_{Push} = 4,84 - 2,70 = 2,14 \text{ €/Stück.}$$

Die Preisprämie lässt sich inhaltlich als Mehrpreis interpretieren, der ursächlich auf die Marke als Zeichen zur Markierung zurückzuführen ist.

b2) Die produktbezogenen Kosten pro Jahr ergeben sich aus der Summe der Herstellkosten und Lohnkosten. Die Herstellkosten betragen $0,8 \cdot 6.800 \cdot 48 = 261.120$ €. Addiert man die Lohnkosten von 120.000 € hinzu, ergeben sich die produktbezogenen Kosten zu 381.120 €. Somit kann der Kapitalwert der Investition in die Marke (Pull-Strategie) wie folgt berechnet werden:

$$C_0^{Pull} = (1.000.000 - 600.000 - 381.120) \cdot 1,1^{-1}$$
$$+ (2.000.000 - 500.000 - 381.120) \cdot 1,1^{-2}$$
$$+ (1.800.000 - 400.000 - 381.120) \cdot 1,1^{-3}$$
$$+ (1.600.000 - 300.000 - 381.120) \cdot 1,1^{-4}$$
$$+ (1.500.000 - 200.000 - 381.120) \cdot 1,1^{-5} = 2.905.517,07 \text{ €.}$$

Aufgabe 3: Preispolitik

a)   Die Preis-Absatz-Funktion kann anhand von zwei Punkten bestimmt werden. Für die Vorperiode leitet sich aus dem Fall eine Preis-Mengen-Kombination von (x = 400; p = 80) ab. In der aktuellen Periode wurde der Preis auf p = 60 €/Stück reduziert. Aus dem angegebenen Umsatz lässt sich die zugehörige Absatzmenge wie folgt ermitteln:

$$U = p \cdot x \Leftrightarrow x = U/p = 60.000/60 = 1.000 \text{ Stück.}$$

Das Einsetzen der zwei Punkte in die allgemeine Geradengleichung ergibt:

$$x = a - b \cdot p$$

$$400 = a - b \cdot 80 \tag{1}$$

$$1.000 = a - b \cdot 60 \tag{2}$$

Zieht man Gleichung (2) von Gleichung (1) ab, so ergibt sich:

$$-600 = -20\,b \Leftrightarrow \mathbf{b = 30} \tag{3}$$

Das Einsetzen von (3) in (1) liefert:

$$400 = a - 30 \cdot 80 \Leftrightarrow \mathbf{a = 2.800}$$

Hieraus resultiert als Preis-Absatz-Funktion:

$$x = 2.800 - 30 \cdot p$$

bzw. umgeformt nach p:

$$p = 93,33 - 1/30 \cdot x.$$

b) Die Umsatzfunktion lautet:

$$U = 93,33\,x - (1/30) \cdot x^2$$

Das Ableiten der Umsatzfunktion nach x und Nullsetzen liefert:

$$U' = 93,33 - (2/30) \cdot x = 0$$

Das Umformen nach x ergibt als umsatzmaximale Absatzmenge x* = 1.400 Stück. Das Einsetzen in die Preis-Absatz-Funktion ergibt p* = 93,33 − (1/30) · 1.400 ≈ 47 €/Stück als umsatzmaximalen Preis.

Aufgabe 4: Preispolitik

a) Die Vorteilhaftigkeit der Bündelungsstrategie hängt wesentlich von der jeweiligen Verteilung der Reservationspreise (maximalen Zahlungsbereitschaften) der Nachfrager ab. Eine negative Korrelation der Reservationspreise für zwei oder mehrere Einzelprodukte bei verschiedenen Konsumentensegmenten macht die Bündelungsstrategie in der Tendenz vorteilhaft. Zudem sind die Kosten der Bündelung zu beachten. Die Kosten der Bündelung (z. B. für Umverpackung, Neuetikettierung, zusätzlichen Analyse- und Planungsaufwand) dürfen die Vorteile der Bündelung, die in einer im Vergleich zur Einzelpreisbildung besseren Abschöpfung der Konsumentenrente bestehen, nicht übersteigen.

b) Für den Fall der **Einzelpreisbildung** lassen sich anhand der folgenden Arbeitstabelle die erlösmaximalen Preise für die beiden Produkte wie folgt bestimmen:

Tab. 9.9: Analyse der Einzelpreisbildung (eigene Darstellung).

	Preise	Absatz Privathaft-pflicht	Erlös		Preise	Absatz Rechts-schutzversi-cherung	Erlös
p_1	1	4	4	p_1	1	4	4
p_2	1,5	4	6	p_2	1,5	3	4,5
p_3	2,5	3	7,5	p_3	2,5	3	7,5
p_4	3	2	6	p_4	3	3	9
p_5	5,5	2	11	p_5	5,5	2	11
p_6	6	2	12	p_6	6	1	6
p_7	7	1	7	p_7	7	1	7
p_8	8	0	0	p_8	8	1	8

Als erlösmaximaler Preis für die Privathaftpflichtversicherung ergibt sich 6 € pro Monat. Der erlösmaximale Preis für die Rechtsschutzversicherung beträgt 5,50 € pro Monat. Der Gesamterlös beläuft sich auf 23 € pro Monat.

c) Für den Fall der reinen Bündelung ergibt sich ein erlösmaximaler Preis für das Bündel von 8 € pro Monat. Der Gesamterlös beträgt dann 32 € pro Monat. Die Berechnungen können anhand von Tab. 9.10 nachvollzogen werden.

Tab. 9.10: Analyse der reinen Bündelung (eigene Darstellung).

	Preise	Absatz Bündel	Erlös
p_1	8	4	32
p_2	9	2	18
p_3	9,5	1	9,5

d) Für den Fall der gemischten Bündelung kann die optimale Preisstrategie anhand der folgenden Arbeitstabelle ermittelt werden (mit p_1 = Preis Privathaftpflicht, p_2 = Preis Rechtsschutzversicherung, p_B = Bündelpreis).

Tab. 9.11: Analyse der gemischten Bündelung (eigene Darstellung).

	Preise	Absatz Segment 1	Absatz Segment 2	Erlöse bei gemischter Bündelung
p_1	6	1	1	**16**
p_2	1	1	1	(2 Bündel)
p_B	8	1	1	
p_1	6	1	1	**16**
p_2	1	1	1	(2 Einzelleistungen,
p_B	9	0	1	1 Bündel)
p_1	6	1	1	**16**
p_2	3	0	1	(2 Bündel)
p_B	8	1	1	
p_1	6	1	1	**15**
p_2	3	0	1	(1 Einzelleistungen,
p_B	9	0	1	1 Bündel)
p_1	7	1	0	**16**
p_2	1	1	1	(2 Bündel)
p_B	8	1	1	
p_1	**7**	**1**	**0**	**17**
p_2	**1**	**1**	**1**	(2 Einzelleistungen,
p_B	**9**	**0**	**1**	1 Bündel)
p_1	7	1	0	**16**
p_2	3	0	1	(2 Bündel)
p_B	8	1	1	
p_1	7	1	0	**16**
p_2	3	0	1	
p_B	9	0	1	

Als erlösmaximale Preisstrategie für die Kundensegmente 1 und 2 ergibt sich: p_1 = 7, p_2 = 1, p_B = 9. Der Gesamterlös beträgt für diesen Fall 17 € pro Monat.

e) Bei Wahl der **Bündelung** kaufen alle 4 Segmente das Bündel zu je 8 €. Es werden insgesamt 8 Einzelleistungen abgesetzt.

Bei Wahl der **Einzelpreisbildung** werden lediglich 4 Einzelleistungen abgesetzt. Die Zahlungsbereitschaft der Segmente 3 und 4 in Höhe von zusammen 4 € für die Privathaftpflicht und die Zahlungsbereitschaft der Segmente 1 und 2 in Höhe von zusammen ebenfalls 4 € für die Rechtsschutzversicherung bleiben bei Wahl dieser Strategie ungenutzt.

Die Summierung der Reservationspreise für die Einzelleistungen bewirkt bei der Bündelung, dass überschüssige Zahlungsbereitschaft von den Segmenten 1 und 2 für die Privathaftpflicht auf die Rechtsschutzversicherung transferiert wird. In gleicher Weise wird überschüssige Zahlungsbereitschaft von den Segmenten 3 und 4 für die Rechtsschutzversicherung auf die Privathaftpflicht übertragen. Dieser Transfer von Zahlungsbereitschaft bedeutet eine bessere Abschöpfung der Konsumentenrente im Fall der Bündelung im Vergleich zur Einzelpreisbildung.

Aufgabe 5: Preispolitik

a) Für den Fall der **Nichtbündelung** kann die gewinnmaximale Preisstrategie wie folgt bestimmt werden:

Produkt 1:
- Bei p = 7 ergibt sich ein Absatz von x = 2. Dies führt zu einem Gewinn von $G = 2 \cdot 7 - 2 \cdot 6 = 2$.
- Wird p = 9 gewählt, ergibt sich ein Absatz von x = 1 und ein Gewinn von $G = 1 \cdot 9 - 1 \cdot 6 = 3$.

Der gewinnmaximale Preis für das Produkt 1 beträgt somit $p_1^* = 9$. Der maximale Gewinn beträgt $G_1^* = 3$.

Produkt 2:
- Bei p = 7 ergibt sich ein Absatz von x = 4 und ein Gewinn von $G = 4 \cdot 7 - 4 \cdot 6 = 4$.
- Wird p = 9 gewählt, resultieren x = 3 und $G = 3 \cdot 9 - 3 \cdot 6 = 9$.
- Bei p = 11 ergibt sich x = 2 und $G = 2 \cdot 11 - 2 \cdot 6 = 10$.
- Für p = 14 resultieren x = 1 und $G = 1 \cdot 14 - 1 \cdot 6 = 8$.

Der gewinnmaximale Preis für das Produkt 2 beträgt also $p_2^* = 11$. Der maximale Gewinn beträgt $G_2^* = 10$.

Produkt 3:
Bei p = 9 resultiert ein Absatz von x = 2. Der Gewinn beträgt $G = 2 \cdot 9 - 2 \cdot 6 = 6$. Dies entspricht der gewinnmaximalen Lösung. Es gilt also $p_3^* = 9$ und $G_3^* = 6$.
Als Gesamtgewinn ergibt sich somit im Fall der Nichtbündelung:

$$G_{ges} = 3 + 10 + 6 = 19\,€.$$

Im Fall der **reinen Preisbündelung** werden die Produkte ausschließlich zusammen, also im Bündel, verkauft. Es resultieren bei 3 Produkten je Bündel variable Kosten pro Bündel von $k_v = 6 \cdot 3 = 18\,€/Bündel$.
- Bei p = 21 ist x = 3 und $G = 3 \cdot 21 - 18 \cdot 3 = 9$.
- Bei p = 25 ist x = 2 und $G = 2 \cdot 25 - 18 \cdot 2 = 14$.
- Bei p = 27 ist x = 1 und $G = 1 \cdot 27 - 18 \cdot 1 = 9$.

Der Gesamtgewinn bei reiner Preisbündelung beträgt somit $G_{ges} = 14\,€$ bei einem optimalen Preis von $p^* = 25$.

b) Zur Ermittlung der variablen Kosten, bei denen Bündelung vorteilhafter wird als Nichtbündelung, kann der Gesamtgewinn bei Nichtbündelung und bei Bündelung für unterschiedlich hohe variable Kosten berechnet werden. Das Ergebnis kann Tab. 9.12 entnommen werden.

Tab. 9.12: Gewinne bei Nichtbündelung und bei Bündelung für unterschiedliche Kostenniveaus (eigene Darstellung).

variable Kosten (k_v)	Gewinn bei Nichtbündelung	Gewinn bei Bündelung
6	19	14
5	24	20
4	31	27
3	38	36
2	45	45
1	52	54
0	61	63

Wie aus den Berechnungen ersichtlich, schneiden Bündelung und Nichtbündelung bei $k_v = 2$ gleich gut ab. Bei geringeren variablen Kosten dominiert die Strategie der Bündelung die Nichtbündelung.

Aufgabe 6: Distributionspolitik

a) Der Umsatz des Unternehmens errechnet sich zu

$$U = 150 \cdot 12.000 + 250 \cdot 8.000 = 3.800.000 \, €.$$

Die Gesamtkosten für den Einsatz der Reisenden belaufen sich auf

$$K_R = 6 \cdot 3.500 \cdot 12 + 0{,}05 \cdot 3.800.000 = 442.000 \, €.$$

Bei gleichem Umsatz belaufen sich die Gesamtkosten für den Einsatz von Handelsvertretern auf

$$K_{HV} = 0{,}12 \cdot 3.800.000 = 456.000 \, €.$$

Unter ausschließlicher Betrachtung der gesamten Vertriebskosten sollte das Unternehmen am Einsatz der Reisenden festhalten.

b) In Abhängigkeit vom erzielten Umsatz lassen sich die Vertriebskosten beim Einsatz der Reisenden als

$$K_R(U) = 252.000 + 0{,}05 \cdot U$$

ausdrücken.

Die entsprechende Kostenfunktion für die Handelsvertreter lautet

$$K_{HV}(U) = 0{,}12 \cdot U.$$

Das Gleichsetzen der beiden Kostenfunktionen und Auflösen nach dem Umsatz ergibt

$$K_R(U) = K_{HV}(U) \Leftrightarrow 252.000 + 0{,}05 \cdot U = 0{,}12 \cdot U \Leftrightarrow 0{,}07 \cdot U = 252.000 \Leftrightarrow U = 3.600.000 \, €.$$

Bei einem Umsatz unterhalb (oberhalb) von 3.600.000 € verursachen die Handelsvertreter (Reisende) die geringeren Vertriebskosten.

c) Der beim Einsatz der Reisenden entstehende Gewinn beträgt

$$G = 9.000 \cdot 150 + 6.000 \cdot 250 - 442.000 - 100.000 = 2.308.000 \text{ €}.$$

Da der Umsatz durch das Küchenmodell Easy 2.000.000 € (= 8.000 · 250) beträgt, verursacht der Einsatz von 4 Reisenden Vertriebskosten in Höhe von

$$4 \cdot 3.500 \cdot 12 + 0,05 \cdot 2.000.000 = 268.000 \text{ €}.$$

Bezeichnet τ die prozentuale Absatzsteigerung beim Modell Senator, verursacht der Einsatz der Handelsvertreter Vertriebskosten in Höhe von

$$0,12 \cdot 12.000 \cdot 150 \cdot (1 + \tau) = 216.000 \cdot (1 + \tau).$$

Der Unternehmensgewinn beträgt dann

$$\begin{aligned} G &= 9.000 \cdot 150 \cdot (1 + \tau) + 6.000 \cdot 250 - 268.000 - 216.000 \cdot (1 + \tau) - 100.000 \\ &= 2.266.000 + 1.134.000 \cdot \tau. \end{aligned}$$

Da dieser mindestens 2.308.000 € erreichen muss, folgt

$$2.266.000 + 1.134.000 \cdot \tau \geq 2.308.000 \Leftrightarrow \tau \geq 3,7\,\%.$$

Der Vertriebsleiter muss also davon ausgehen, dass der Absatz beim Modell Senator um mindestens 3,7 % steigt.

Aufgabe 7: Distributionspolitik

Insgesamt werden in den Bohrinseln 8 Mio. t Öl gefördert, die vom schwimmenden Sammeltank zur Tankanlage an Land zu transportieren sind. Somit ergibt sich eine Gesamttransportmenge von B = 16 Mio. t. Tab. 9.13 gibt die sich daraus ergebenden prozentualen Anteile der einzelnen Transportmengen an.

Tab. 9.13: Anteile der Transportmengen (eigene Darstellung).

	jährliche Tranportmenge in Mio t	prozentualer Anteil an der Gesamtmenge
Bohrinsel 1	2,0	12,5 %
Bohrinsel 2	2,5	15,625 %
Bohrinsel 3	3,0	18,75 %
Bohrinsel 4	0,5	3,125 %
Tankanlage	8	50 %
Summe	**16**	**100 %**

Die Schwerpunktkoordinaten errechnen sich dann zu

$$x_S = 0,125 \cdot 20 + 0,15625 \cdot 30 + 0,1875 \cdot 70 + 0,03125 \cdot 80 + 0,5 \cdot 50 = 47,81,$$

$$y_S = 0,125 \cdot 30 + 0,15625 \cdot 50 + 0,1875 \cdot 60 + 0,03125 \cdot 15 + 0,5 \cdot 0 = 23,28.$$

Demnach eignet sich der Standort mit den Koordinaten (47,81; 23,28) als Näherungslösung für die transportkostenminimale Position des schwimmenden Sammeltanks. Tab. 9.14 stellt dar, über welche Entfernungen das Öl transportiert werden muss und welche Kosten daraus resultieren.

Tab. 9.14: Entfernungen und Transportkosten (eigene Darstellung).

	jährliche Tranportmenge in Mio t	Entfernung zum Schwerpunkt in km	jährliche Tranport- kosten in €
Bohrinsel 1	2,0	28,613	57.225,06
Bohrinsel 2	2,5	32,112	80.279,85
Bohrinsel 3	3,0	42,902	128.704,96
Bohrinsel 4	0,5	33,236	16.617,87
Tankanlage	8	23,384	187.070,34
Summe	**16**		**469.898,07**

In Summe fallen dem Unternehmen jährliche Transportkosten in Höhe von ca. 470.000 € an.

Aufgabe 8: Kommunikationspolitik

a) Die Reichweitensituation kann anhand des folgenden **Venn-Diagramms** veranschaulicht werden:

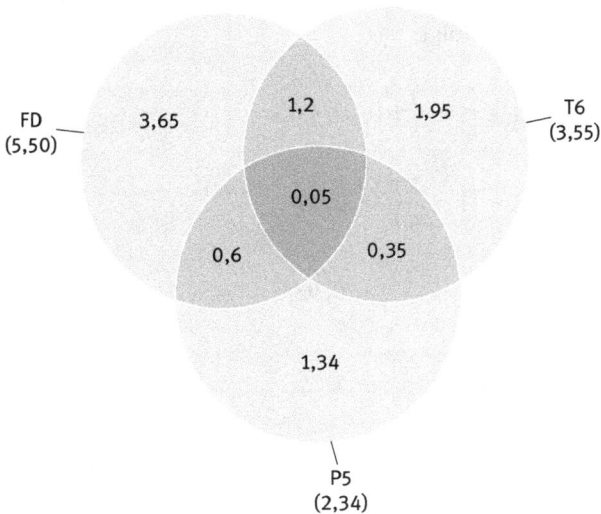

Abb. 9.6: Venn-Diagramm (eigene Darstellung).

b) Es ergeben sich folgende Nettoreichweiten:
- FD + T6: $\quad$ 5,5 + 3,55 − 1,25 = 7,8 [Mio. Personen]
- FD + P5: $\quad$ 5,5 + 2,34 − 0,65 = 7,19 [Mio. Personen]
- T6 + P5: $\quad$ 3,55 + 2,34 − 0,4 = 5,49 [Mio. Personen]
- Alle Sender: $\quad$ 5,5 + 3,55 + 2,34 − 1,25 − 0,4 − 0,65 + 0,05 = 9,14 [Mio. Personen]

Aufgabe 9: Kommunikationspolitik

a) Die Wahrscheinlichkeit für mindestens einen Kontakt bei 3 Schaltungen in der Zeitschrift LaTour kann mit dem Binomialmodell wie folgt berechnet werden:

$$i = 1: Z_1^{13} = 1 - \left(1 - \frac{1}{4}\right)^3 = 0,5781$$

$$i = 2: Z_2^{13} = 1 - \left(1 - \frac{2}{4}\right)^3 = 0,875$$

$$i = 3: Z_3^{13} = 1 - \left(1 - \frac{3}{4}\right)^3 = 0,9844$$

$$i = 4: Z_4^{13} = 1 - \left(1 - \frac{4}{4}\right)^3 = 1$$

Die kumulierte Reichweite bei 3 Schaltungen in der Zeitschrift LaTour berechnet sich zu:

$$K_3^{LaTour} = 0,5781 \cdot 30.000 + 0,875 \cdot 27.000 + 0,9844 \cdot 27.000 + 1 \cdot 30.000 = 97.547.$$

Die Wahrscheinlichkeit für mindestens einen Kontakt bei 2 Schaltungen in der Zeitschrift Femme berechnet sich wie folgt:

$$i = 1: Z_1^{12} = 1 - \left(1 - \frac{1}{4}\right)^2 = 0,4375$$

$$i = 2: Z_2^{12} = 1 - \left(1 - \frac{2}{4}\right)^2 = 0,75$$

$$i = 3: Z_3^{12} = 1 - \left(1 - \frac{3}{4}\right)^2 = 0,9375$$

$$i = 4: Z_4^{12} = 1 - \left(1 - \frac{4}{4}\right)^2 = 1$$

Für die kumulierte Reichweite bei 2 Schaltungen in der Zeitschrift Femme ergibt sich:

$$K_2^{Femme} = 0,4375 \cdot 60.000 + 0,75 \cdot 10.000 + 0,9375 \cdot 30.000 + 1 \cdot 20.000 = 81.875.$$

Es sollte weiterhin in 3 Schaltungen in der Zeitschrift LaTour investiert werden, da hier die kumulierte Reichweite höher ist: $K_3^{LaTour} > K_2^{Femme}$.

b) Gesucht ist die kombinierte Reichweite bei $m_1 = m_2 = 2$ Schaltungen.

Für die Zeitschrift LaTour lässt sich für $m = 2$ die Wahrscheinlichkeit für keinen Kontakt in der Gruppe Reisebüros bzw. Kosmetikstudios angeben mit:
- Reisebüros $\qquad\qquad Z_{OR}^2 (LaTour) = (1 - 0,5)^2 = 0,25$
- Kosmetikstudios $\qquad Z_{OK}^2 (LaTour) = (1 - 0,05)^2 = 0,9025$

Für die Zeitschrift Femme beträgt für $m = 2$ die Wahrscheinlichkeit für keinen Kontakt:
- Reisebüros $\qquad\qquad Z_{OR}^2 (Femme) = (1 - 0,1)^2 = 0,81$
- Kosmetikstudios $\qquad Z_{OK}^2 (Femme) = (1 - 0,6)^2 = 0,16$

Die Wahrscheinlichkeit, dass ein Leser sowohl in der Zeitschrift LaTour als auch in der Zeitschrift Femme keinen Kontakt mit der Werbung hat, lässt sich durch den Multiplikationssatz der Wahrscheinlichkeitsrechnung wie folgt angeben:
- Reisebüros $\qquad\qquad Z_{OR}^2 (LaTour, Femme) = 0,25 \cdot 0,81 = 0,2025$
- Kosmetikstudios $\qquad Z_{OK}^2 (LaTour, Femme) = 0,9025 \cdot 0,16 = 0,1444$

Die entsprechenden Wahrscheinlichkeiten für mindestens einen Kontakt errechnen sich zu:
- Reisebüros $\qquad\qquad Z_{1R}^2 (LaTour, Femme) = 1 - 0,2025 = 0,7975$
- Kosmetikstudios $\qquad Z_{1K}^2 (LaTour, Femme) = 1 - 0,1444 = 0,8556$

Die kombinierte Reichweite ergibt sich durch Multiplikation der soeben berechneten Wahrscheinlichkeiten für mindestens einen Kontakt mit der Anzahl der Personen mit gleicher Nutzungswahrscheinlichkeit und Summation über alle Personengruppen:

$$\text{Kombinierte Reichweite} = 0,7975 \cdot 800 + 0,8556 \cdot 750 = 1.279.$$

Aufgabe 10: Kommunikationspolitik

a) Anbieter verfolgen mit der Werbung Ziele, die sich in unterschiedlicher Weise systematisieren lassen. Eine gängige Unterscheidung ist die zwischen psychografischen und ökonomischen Werbezielen. Zu den **psychografischen Werbezielen** gehören z. B. das Auslösen von Emotionen, die Vermittlung von Informationen, die Erhöhung der Bekanntheit oder die Differenzierung von der Konkurrenz. Zu den **ökonomischen Werbezielen** gehören beispielsweise die Erhöhung von Umsatz, Marktanteil oder Kauffrequenz.
Psychografische Werbeziele sind den ökonomischen Werbezielen vorgelagert, die Zielerreichung lässt sich aber bei den psychografischen Zielen besser feststellen als bei den ökonomischen Zielen.

b) Die Entscheidung über die Belegung der Zeitschriften ist anhand des Tausenderpreises zu treffen. Der Tausenderpreis ist definiert als
(Kosten der Belegung des Werbeträgers / Reichweite des Werbeträgers) $\cdot$ 1.000.

Für die vier zur Verfügung stehenden Zeitschriften errechnen sich folgende **Tausenderpreise:**
- Young Beauty (25.000/2.500.000) · 1.000 = 10 €
- Körper und Geist (40.000/1.600.000) · 1.000 = 25 €
- Gesund und Schön (60.000/3.000.000) · 1.000 = 20 €
- Ihr Glück (10.000/2.000.000) · 1.000 = 5 €

Aufgrund des niedrigsten Tausenderpreises sollte zunächst in die Zeitschrift Ihr Glück investiert werden, gefolgt von den Zeitschriften Young Beauty und Gesund und Schön. Die (kumulierten) Kosten der Belegung können Tab. 9.15 entnommen werden.

Tab. 9.15: (Kumulierte) Kosten der Belegung (eigene Darstellung).

Rangplatz	Werbeträger	Anzahl Belegungen	Kosten	kumulierte Kosten
1	Ihr Glück	12	12 × 10.000 = 120.000 €	120.000 €
2	Young Beauty	4	4 × 25.000 = 100.000 €	220.000 €
3	Gesund und Schön	1	60.000 €	280.000 €

Die Zeitschrift Körper und Geist wird nicht belegt. Es verbleibt ein Restbudget von 20.000 €.

Literatur

Aaker, David A.: Win the Brand Relevance Battle and then Build Competitor Barriers, in: California Management Review, Vol. 54, No. 2, 2012, S. 43–57.

Adams, William James und Janet L. Yellen, Commodity Bundling and the Burden of Monopoly, in: Quarterly Journal of Economics, Vol. 90, Nr. 3, 1976, S. 475–498.

Adidas Group, Together We Win – Geschäftsbericht 2011, Herzogenaurach 2012, URL: http://www.hauptversammlung.de/assets/files/adidas/2012/GB_2011_De.pdf (abgerufen am: 25.01.16).

Ambrosius, Gerold, Öffentlicher Verkehr und Gemeinwirtschaftlichkeit, in: Oliver Schöller, Weert Canzler, Andreas Knie (Hrsg.): Handbuch Verkehrspolitik, Wiesbaden 2007, S. 471–489.

Asche, Thomas, Probleme der ABC-Analyse, in: Das Wirtschaftsstudium (wisu), 42. Jahrgang, Heft 10, 2013, S. 1279–1282.

Backhaus, Klaus, Bernd Erichson, Wulff Plinke und Rolf Weiber, Multivariate Analysemethoden: Eine anwendungsorientierte Einführung, 8. Aufl., Berlin 1996.

Bänsch, Axel, Käuferverhalten, 9. Aufl., München 2002.

Bamberg, Günter, Franz Bauer, und Michael Krapp, Statistik, 17. Aufl., München 2012a.

Bamberg, Günter, Adolf G. Coenenberg und Michael Krapp, Betriebswirtschaftliche Entscheidungslehre, 15. Aufl., München 2012b.

Barney, Jay B. und Ricky W. Griffin, The Management of Organizations, Boston 1992.

Bass, Frank M., A New Product Groth Model for Consumer Durables, in: Management Science, Vol. 15, 1969, S. 215–227.

Baum, Heinz-Georg, Adolf G. Coenenberg und Thomas Günther, Strategisches Controlling, 2. Aufl., Stuttgart 1999.

Becker, Jochen, Marketing-Konzeption, 7. Aufl., München 2001.

Bischof, Jürgen, Die Balanced Scorecard als Instrument einer modernen Controlling-Konzeption, Wiesbaden 2002.

Bühl, Achim, SPSS 22: Einführung in die moderne Datenanalyse, München 2014.

Bundesanstalt für Arbeitsschutz und Arbeitsmedizin (BAuA), REACH-Info 5: Rechte und Pflichten des nachgeschalteten Anwenders unter REACH, Dortmund 2009.

Bundesministerium für Umwelt, Naturschutz und Reaktorsicherheit (BMU), Megatrends der Nachhaltigkeit – Unternehmensstrategie neu denken, Berlin 2008.

Bundesnetzagentur für Elektrizität, Gas, Telekommunikation, Post und Eisenbahn, Jahresbericht 2010, URL: http://www.bundesnetzagentur.de/SharedDocs/Downloads/DE/Allgemeines/Bundesnetzagentur/ Publikationen/Berichte/2011/Jahresbericht2010pdf.pdf?__blob=publicationFile&v=2 (abgerufen am: 21.01.16).

Bruhn, Manfred, Marketing: Grundlagen für Studium und Praxis, 8. Aufl., Wiesbaden 2007.

Bruhn, Manfred, Dominik Georgi, Mathias Treyer und Simon Leumann, Wertorientiertes Relationship Marketing: Vom Kundenwert zum Customer Lifetime Value, in: Die Unternehmung, 54. Jg., Heft 3, 2000, S. 167–187.

Bruns, Jürgen, Direktmarketing, 2. Aufl., Ludwigshafen 2007.

Büttgen, Marion, Recovery Management – systematische Kundenrückgewinnung und Abwanderungsprävention zur Sicherung des Unternehmenserfolges, in: Die Betriebswirtschaft, 63. Jahrgang, Heft 1, 2003, S. 60–76.

Buscher, Udo, Anke Daub, Uwe Götze, Barbara Mikus und Folker Roland, Produktion und Logistik, Chemnitz 2008.

Clausen, Jens, Klaus Fichter und Wiebke Winter, Theoretische Grundlagen für die Erklärung von Diffusionsverläufen von Nachhaltigkeitsinnovationen, Berlin 2011.

Coenenberg, Adolf G., Kostenrechnung und Kostenanalyse, 5. Aufl., Stuttgart 2003.

Cornelsen, Jens, Kundenwertanalysen im Beziehungsmarketing, in: Science Factory, Ausgabe 3 (Oktober), 2001, S. 1–12.

Dansby, Robert E. und Cecilia Conrad, Commodity Bundling, in: American Economic Review, Vol. 74, 1984, S. 377–381.

Day, George S., Analysis for strategic business decisions, Cincinnati, OH 1986.

De Pelsmacker, Patrick, Wim Janssens, Ellen Sterckx und Caroline Mielants, Consumer preferences for the marketing of ethically labelled coffee, in: International Marketing Review, Bd. 22, H. 5, 2005, S. 512–530.

Dichtl, Erwin, Fallstudien zum Marketing, Teil 2, Lösungsskizzen, Berlin 1973.

Diez, Willi, Automobil-Marketing, 6. Aufl., München 2015.

Domschke, Wolfgang und Armin Scholl, Grundlagen der Betriebswirtschaftslehre: Eine Einführung aus entscheidungstheoretischer Sicht, 3. Aufl., Berlin, Heidelberg 2005.

Dorfman, Robert und Peter O. Steiner, Optimal Advertising and Optimal Quality, in: American Economic Review, Vol. 44, Nr. 5, 1954, S. 826–836.

D'Souza, Clare, Mehdi Taghian, M., Peter Lamb und Roman Peretiatko, Green decisions: demographics and consumer understanding of environmental labels, in: International Journal of Consumer Studies, Bd. 31, H. 4, 2007, S. 371–376.

Eayrs, Willis E., Dietmar Ernst und Sebastian Prexl, Corporate Finance Training, 2. überarb. Aufl., Stuttgart 2011.

Eisenführ, Franz, Thomas Langer und Martin Weber, Rationales Entscheiden, 5. Aufl., Berlin, Heidelberg 2010.

Enquete-Kommission Wachstum, Wohlstand, Lebensqualität – Deutscher Bundestag, Abschlussbericht Projektgruppe 2 „Entwicklung eines ganzheitlichen Wohlstands- bzw. Fortschrittsindikators", Kommissionsdrucksache 17(26)87, 2013.

Erichson, Bernd, Prüfung von Produktideen und -konzepten, in: Sönke Albers und Andreas Herrmann (Hrsg.): Handbuch Produktmanagement, Wiesbaden 2000, S. 385–409.

European Chemicals Agency (ECHA), Guidance on the communication of information on the risks and safe use of chemicals, Helsinki 2010.

Feinberg, Fred M., Pulsing Policies for Aggregate Advertising Models, in: Marketing Science, Vol. 11, 1992, S. 221–234.

FhG ISI, Fraunhofer-Institut für System- und Innovationsforschung, Erhebung Modernisierung der Produktion 2009, URL: http://www.industriebenchmarking.eu/download/beispiel_produk-tivitaet.pdf (abgerufen am: 25.01.16).

French, John R. P. und Bertram Raven, The bases of Social Power, in: Dorwin Cartwright (Hrsg.), Studies in Social Power, Ann Arbor 1959, S. 150–167.

Freter, Hermann, Marketing, München 2004.

Gausemeier, Jürgen, Karsten Stoll und Christoph Wenzelmann, Szenario-Technik und Wissens-management in der strategischen Planung, in: Vorausschau und Technologieplanung. 3. Symposium für Vorausschau und Technologieplanung, Heinz Nixdorf Institut, HNI-Verlags-schriftenreihe, Paderborn, Band 219, Gütersloh 2007.

Gedenk, Karen, Verkaufsförderung, München 2002.

Giering, Annette, Der Zusammenhang zwischen Kundenzufriedenheit und Kundenloyalität. Eine Untersuchung moderierender Effekte, Wiesbaden 2000.

Ginsberg, Jill Meredith und Paul N. Bloom, Choosing the Right Green Marketing Strategy, in: MIT Sloan Management Review 46, No. 1, 2004, S. 79–84.

Greve, Goetz und Elke Benning-Rohnke (Hrsg.), Kundenorientierte Unternehmensführung – Konzept und Anwendung des Net Promoter Score in der Praxis, Wiesbaden 2010.

Grunwald, Guido, Analyse der Wirtschaftlichkeit von Kundenkartensystemen: Theoretische Grundlagen und empirische Anwendung, in: Gerhard Seicht (Hrsg.): Jahrbuch für Controlling und Rechnungswesen 2009, Wien 2009a, S. 585–609.

Grunwald, Guido, Investitionen in den Absatzkanal vs. Investitionen in die Marke? Eine Entscheidungsanalyse aus Sicht kleiner und mittlerer Unternehmen (KMU) – Teil 1: Fallbeschreibung und Aufgaben, in: Wirtschaftswissenschaftliches Studium (WiSt) – 38. Jahrgang, Heft 10, 2009b, S. 541–543.

Grunwald, Guido, Investitionen in den Absatzkanal vs. Investitionen in die Marke? Eine Entscheidungsanalyse aus Sicht kleiner und mittlerer Unternehmen (KMU) – Teil 2: Lösungen, in: Wirtschaftswissenschaftliches Studium (WiSt), 38. Jahrgang, Heft 11, 2009c, S. 597–601.

Grunwald, Guido, Markenstrategien kleiner und mittlerer Unternehmen (KMU) – dargestellt am Beispiel der Umpositionierung einer Sportartikelmarke, in: Meyer, Jörn-Axel (Hrsg.): Strategien von kleinen und mittleren Unternehmen – Jahrbuch der KMU-Forschung und -Praxis 2010, Lohmar – Köln 2010, S. 201–215.

Grunwald, Guido, Garantien als Marketinginstrument: Wirkungs- und Entscheidungsanalyse, in: Heribert Giel, Roland Helm, Frank Huber und Henrik Sattler (Hrsg.): Reihe Marketing, Bd. 66, Lohmar – Köln 2013.

Grunwald, Guido und Bernd Hempelmann, Angewandte Marktforschung – Eine praxisorientierte Einführung, 1. Aufl., München 2012.

Grunwald, Guido und Bernd Hempelmann, Übungen zur angewandten Marktforschung, 1. Aufl., München 2013.

Grunwald, Guido und Philipp Hennig, Die sozioökonomische Analyse (SEA) im Stoffrecht: Möglichkeiten und Grenzen im Lichte möglicher Vorbehalte, in: StoffR – Zeitschrift für Stoffrecht (The European Journal for Substances and the Law), 5, 2010, S. 204–211.

Grunwald, Guido und Philipp Hennig, REACH und CSR: Mehr Reputation durch Nachhaltigkeit in kleinen und mittleren Unternehmen, in: Heribert Gierl, Roland Helm, Frank Huber und Henrik Sattler (Hrsg.): Reihe Marketing, Bd. 57, Lohmar – Köln 2012a.

Grunwald, Guido und Philipp Hennig, Beiträge der REACH-Umsetzung zur CSR-Strategie, in: zfwu – Zeitschrift für Wirtschafts- und Unternehmensethik (Journal for Business, Economics and Ethics), Jg. 13, H. 1, 2012b, S. 82–91.

Grunwald, Guido und Ralf J. Ostendorf, Kompatibilität moderner Kommunikationsanforderungen an KMU mit der Dynamischen Ökologieführerschaft, in: Jörn-Axel Meyer (Hrsg.).: Kommunikation kleiner und mittlerer Unternehmen – Jahrbuch der KMU-Forschung und -Praxis 2013, Lohmar – Köln 2013, S. 123–150.

Günther, Martin, Ulrich Vossebein und Raimund Wildner, Marktforschung mit Panels, 2. Aufl., Wiesbaden 2006.

Halfmann, Marion und Carsten Rennhak, Konzeptionelle Überlegungen zum Kundenwert, Munich Business School Working Paper 2005–14, München 2005.

Hammann, Peter und Bernd Erichson, Marktforschung, 3. Aufl., Stuttgart 1994.

Hansen, Ursula, Absatz- und Beschaffungsmarketing des Einzelhandels, Göttingen 1990.

Hansmann, Karl-Werner, Kurzlehrbuch Prognoseverfahren, Wiesbaden 1983.

Hefti, Jacques, Heike Rawitzer und Claudio Cometta, Konkurrenzanalyse: Potenzielle und tatsächliche Wettbewerber identifzieren, in: Zeitschrift Führung und Organisation (Hrsg.): Toolkit – Managementinstrumente für die Praxis, 2015, S. 52–56.

Helm, Sabrina und Bernd Günter, Kundenwert – eine Einführung in die theoretischen und praktischen Herausforderungen der Bewertung von Kundenbeziehungen, in: Bernd Günter und Sabrina Helm (Hrsg.): Kundenwert: Grundlagen – Innovative Konzepte – Praktische Umsetzungen, 2., überarb. und erw. Aufl., Wiesbaden, 2003, S. 3–38.

Helmedag, Fritz, Preisdifferenzierung, in: Wirtschaftswissenschaftliches Studium (WiSt), Heft 1, 2001, S. 10–16.

Hempelmann, Bernd, Werbepulsation, in: Wirtschaftswissenschaftliches Studium (WiSt), 24. Jahrgang, Heft 1, 1995, S. 42–45.

Hempelmann, Bernd, Die Fallstudie aus der Betriebswirtschaftslehre: Handelsvertreter versus Reisende als Problem der Principal-Agent-Theorie, in: Das Wirtschaftsstudium (wisu), 30. Jahrgang, Heft 10, 2001, S. 1354–1358.

Hempelmann, Bernd, Die Fallstudie aus der Betriebswirtschaftslehre: Nachfrageprognose mit dem Bass-Modell, in: Das Wirtschaftsstudium (wisu), 31. Jahrgang, Heft 5, 2002, S. 688–689.

Hempelmann, Bernd und Thomas Fröhlich, Modellierung und Simulation von Moden im Konsum, in: Wirtschaftswissenschaftliches Studium (WiSt), 34. Jahrgang, Heft 9, 2005, S. 494–499.

Hempelmann, Bernd und Guido Grunwald, Die Zufriedenheit von Franchisenehmern: Ergebnisse einer empirischen Studie, in: Jahrbuch für Absatz- und Verbrauchsforschung, 50. Jahrgang, Heft 3, 2004, S. 296–314.

Hempelmann, Bernd und Guido Grunwald, Franchisee Satisfaction: Results of an Empirical Study, in: Yearbook of Marketing and Consumer Research, Vol. 3, 2005, S. 82–100.

Hempelmann, Bernd und Guido Grunwald, Die Fallstudie aus der Betriebswirtschaftslehre: Preisbündelung bei einer Bildungseinrichtung, in: Das Wirtschaftsstudium (wisu), 35. Jahrgang, Heft 11, 2006, S. 1405–1407.

Hempelmann, Bernd und Guido Grunwald, Der Mehrpreis von Markenprodukten: Erklärungsansätze und Messkonzepte, in: Wirtschaftswissenschaftliches Studium (WiSt), 37. Jahrgang, Heft 6, 2008, S. 303–308.

Hempelmann, Bernd und Markus Lürwer, Humor in der Werbung – Der Stand der empirischen Wirkungsforschung, in: Planung & Analyse, 3, 2002, S. 28–31.

Hempelmann, Bernd und Markus Lürwer, Der Customer Lifetime Value-Ansatz zur Bestimmung des Kundenwertes, in: Das Wirtschaftsstudium, 32. Jg., Nr. 3, 2003, S. 336–341.

Henderson, Bruce D., The Experience Curve – Reviewed, IV. The Growth Share Matrix or The Product Portfolio, in: Boston Consulting Group: Perspectives, Reprints, No. 135, 1973, S. 1–3, URL: https://www.bcg.com/documents/file13904.pdf (abgerufen am: 01.09.16).

Hinterhuber, Hans H., Strategische Unternehmensführung I, Strategisches Denken, 5. Aufl., Berlin/New York 1992.

Holzmüller, Hartmut H. und Bettina Boehm, Potenzialanalyse, in: Sönke Albers und Andreas Herrmann (Hrsg.): Handbuch Produktmanagement, 3. Aufl., Wiesbaden 2007, S. 295–313.

Homburg, Christian, Quantitative Betriebswirtschaftslehre: Entscheidungsunterstützung durch Modelle, 3. Aufl., Wiesbaden 2000.

Homburg, Christian und Harley Krohmer, Marketingmanagement, Wiesbaden 2003.

Huckemann, Matthias und Christian Schmitz, Leistungsreserven identifizieren und ausschöpfen, in: Vertriebsmanager (online), 2014, URL: http://www.vertriebsmanager.de/ressort/leistungsreserven-identifizieren-und-ausschoepfen-3046 (abgerufen am: 21.01.16).

Hügens, Torben und Stephan Zelewski, Eine Stakeholder-Analyse zur Ermittlung potenzieller Perspektiven für das Beziehungsmanagement mithilfe der Balanced Scorecard, in: Wirtschaftswissenschaftliches Studium (WiSt), Heft 7, 2006, S. 368–373.

Hüttner, Manfred und Ulf Schwarting, Grundzüge der Marktforschung, 7. überarb. Aufl., München – Wien 2002.

Icon Added Value, Studie „CSR auf dem Prüfstand 2012", URL: http://source.icon-added-value.com/?p=1456 (abgerufen am: 12.10.12).

Ifo-Institut, ifo Konjunkturtest August 2016 – ifo Geschäftsklima Deutschland, URL: http://www.cesifo-group.de/de/ifoHome/facts/Survey-Results/Business-Climate/Geschaeftsklima-Archiv/2016/Geschaeftsklima-20160825.html (abgerufen am: 02.09.16)

Ingerowski, Jan Boris, Daniela Kölsch und Heinrich Tschochohei, Anspruchsgruppen in der neuen europäischen Chemikalienregulierung (REACh), Centrum für Nachhaltigkeitsmanagement (CNM) e. V., Lüneburg 2008.

Janssen, Marco A. und Wander Jager, Fashions, Habits and Changing Preferences: Simulation of Psychological Factors Affecting Market Dynamics, in: Journal of Economic Psychology, Vol. 22, 2001, S. 745–772.

Kaplan, Robert S. und David P. Norton, Balanced Scorecard: Strategien erfolgreich umsetzen, Stuttgart 1997.

Keller, Kevin Lane, Conceptualizing, Measuring, and Managing Customer-Based Brand Equity, in: Journal of Marketing, Vol. 57, 1993, S. 1–22.

Keller, Kevin Lane, Strategic Brand Management – Building, Measuring, And Managing Brand Equity, Upper Saddle River 1998.

Kleine-Doepke, Rainer, Dirk Standop und Wolfgang Wirth, Management-Basiswissen – Konzepte und Methoden zur Unternehmenssteuerung, 3. Aufl., München 2006.

Kosow, Hannah, Robert Gaßner, Lorenz Erdmann und Beate-Josephine Luber, Methoden der Zukunfts- und Szenarioanalyse: Überblick, Bewertung und Auswahlkriterien, Werkstattbericht Nr. 103, Institut für Zukunftsstudien und Technologiebewertung, Berlin 2008.

Kotler, Philip, Kevin Lane Keller und Friedhelm Bliemel, Marketing-Management, 12. Aufl., München 2007.

Kruskal, Joseph B., Multidimensional Scaling by optimizing goodness of fit to a nonmetric hypothesis, in: Psychometrika, Vol. 29, No. 1, 1964, S. 1–27.

Krüger, Wilfried, Macht in der Unternehmung – Elemente und Strukturen, Stuttgart 1974.

Kumar, Nirmalya, Jan-Benedict E. M. Steenkamp, Private Label Strategy: How to Meet the Store Brand Challenge, Boston 2007.

McDonald, Seonaidh, Caroline Oates, Maree Thyne, Panayiota Alevizou, P. und Leigh-Ann McMorland, Comparing sustainable consumption patterns across product sectors, in: International Journal of Consumer Studies, Bd. 33, H. 2, 2009, S. 137–145.

Leiser, Wolf, Angewandte Wirtschaftsmathematik, Stuttgart 2000.

Link, Jörg, Volker Hildebrand, Database Marketing und Computer Aided Selling, München 1993.

Little, John D. C., Models and Managers: The Concept of a Decision Calculus, in: Management Science, Vol. 16, 1970, S. B466–B485.

Meffert, Heribert, Marketing, 5. Aufl., Wiesbaden 1980.

Meffert, Heribert, Marketing, 9. Aufl., Wiesbaden 2000.

Mesak, Hani I., On Modeling Advertising Pulsing Decisions, in: Decision Sciences, Vol. 16, 1985, S. 25–42.

Mesterharm, Michael und Marion Akamp, Unternehmenskommunikation in Wertschöpfungsketten: Erkenntnisse aus der Forschung zur Klimaanpassung, in: Umweltwirtschaftsforum, Jg. 19, H. 3–4, 2011, S. 223–228.

Mieg, Harald A. und Matthias Näf, Experteninterviews, 2. Aufl., Institut für Mensch-Umwelt-Systeme (HES), ETH Zürich 2005.

Mitchell, Ronald K., Bradley R. Agle und Donna J. Wood, Toward a Theory of Stakeholder Identification and Salience: Defining the Principle of Who and What Really Counts, in: The Academy of Management Review, Vol. 22, No. 4, 1997, S. 853–886.

Neumann, Claudia, Konsumentenorientierte Neuproduktplanung im Spannungsfeld zwischen Marktforschung und Produktentwicklung: Eine empirische Untersuchung auf Basis der Discrete-Choice-Analyse (Diss. rer. pol), München 2006.

Ossadnik, Wolfgang, Controlling, München 1996.

Parasuraman, A., Zeithaml, Valarie A. und Leonard L. Berry, A Conceptual Model of Service Quality and Its Implications for Future Research, in: Journal of Marketing, Vol. 49, 1985, S. 41–50.

Parfitt, J. und B. Collins, Use of Consumer Panels for Brand Share Prediction, in: Journal of Marketing Research, Vol. 5, 1968, S. 131–145.

Peters, Malte L. und Stephan Zelewski, Analytical Hierarchy Process (AHP) – dargestellt am Beispiel der Auswahl von Projektmanagement-Software zum Multiprojektmanagement, Arbeitsbericht Nr. 14, Institut für Produktion und Industrielles Informationsmanagement, Essen 2002.

Peters, Malte L. und Stephan Zelewski, Fallstudie zur Lösung eines Standortplanungsproblems mit Hilfe des Analytical Hierarchy Process (AHP), Arbeitsbericht Nr. 19, Institut für Produktion und Industrielles Informationsmanagement, Essen 2003.

Pfannenberg, Jörg, Die Balanced Scorecard im strategischen Kommunikations-Controlling (communicationcontrolling.de Dossier Nr. 2). Berlin/Leipzig: DPRG/Universität Leipzig, 2009.

Pfohl, Hans-Christian, Logistiksysteme, 8. Aufl., Berlin 2010.

Porter, Michael, Competitive Strategy, New York 1980.

Pousttchi, Key und Dietmar G. Wiedemann, Relativer Vorteil bei mobilen Bezahlverfahren – mobiles Bezahlen aus Sicht der Diffusionstheorie, in: Wolffried Stucky und Gunther Schieffer (Hrsg.): Perspektiven des Mobile Business – Wissenschaft und Praxis im Dialog, Wiesbaden 2005, S. 35–50.

Powalla, Christian, Heuristiken im Rahmen der strategischen Analyse – Ein Vergleich der Prognosekraft von VRIO-Framework und Rekognitionsheuristik, Berlin 2009.

Pratt, Nadine, Thomas Wagner und Sarah Beckers, CSR-Kommunikation im Wandel – Status quo und Trends aus Sicht der Unternehmen, Collaborating Centre on Sustainable Consumption and Production (CSCP), Wuppertal 2012.

Rao, Ambar G., Quantitative Theories in Advertising, New York 1970.

Rao, Vithala R. und L. Joseph Thomas, Dynamic Models for Sales Promotion Policies, in: Operation Research Quarterly, Vol. 24, 1973, S. 403–417.

Raven, Bertram H., Social influence and power, in: I. D. Steiner und Martin Fishbein (Hrsg.): Current studies in social psychology, New York 1965, S. 371–382.

Reichmann, Thomas, Controlling mit Kennzahlen, 8. Aufl., München 2011.

Reinecke, Sven, Marketing Performance Management – Empirisches Fundament und Konzeption für ein integriertes Marketingkennzahlensystem, Wiesbaden 2004.

Reinecke, Sven und Simone Janz, Marketingcontrolling, Stuttgart 2007.

Reinecke, Sven und Jens Keller, Strategisches Kundenwertcontrolling – Planung, Steuerung und Kontrolle von Kundenerfolgspotenzialen, in: Reinecke, Sven und Torsten Tomczak (Hrsg.): Handbuch Marketingcontrolling: Effektivität und Effizienz einer marktorientierten Unternehmensführung, Wiesbaden 2006, S. 253–282.

Remmerbach, Klaus-Ulrich, Markteintrittsentscheidungen – Eine Untersuchung im Rahmen der strategischen Marketingplanung unter besonderer Berücksichtigung des Zeitaspektes, Wiesbaden 1988.

Ries, Al und Jack Trout, Positioning – The battle for your mind, New York 2001.

Rogers, Everett M., Diffusion of Innovations, 3. Aufl., New York, London 1983.

Rokka, Joonas und Liisa Uusitalo, Preference for green packaging in consumer product choices – Do consumers care? In: International Journal of Consumer Studies, Bd. 32, H. 5, 2008, S. 516–525.

Rosenberger, Matthias und Matthias Freitag, Repertory Grid, in: Stefan Kühl, Petra Strodtholz und Andreas Taffertshofer (Hrsg.): Handbuch Methoden der Organisationsforschung: Quantitative und qualitative Methoden, Wiesbaden 2009, S. 477–496.

Saaty, Thomas L., Multicriteria Decision Making: The Analytic Hierarchy Process, New York 1980.

Sasieni, Maurice W., Optimal Advertising Expenditures, in: Management Science, Vol. 18, 1971, S. 64–72.

Savage Grant T., Timothy W. Nix, Carlton J. Whitehead und John D. Blair, Strategies for Assessing and Managing Organizational Stakeholders, in: Academy of Management Executive, 5. Jg., H. 2, 1991, S. 61–75.

Schmidt, Rainer Wolfram, Strategisches Marketing-Accounting – Nutzung des Rechnungswesens bei strategischen Marketingaufgaben, Wiesbaden 1997.

Sinus-Institut, Die Sinus-Milieus in Deutschland: Das aktuelle Modell, URL: http://www.sinus-akademie.de/angebot/themen/sinus-milieus.html (abgerufen am: 01.09.16).

Sonnenschein, Martin, Strategien für neue Geschäfte: Ein Konzept zur strategischen Suchfeld-analyse für Umweltdienstleistungen, Berlin 2001.

Sorger, Gerhard, Entscheidungstheorie bei Unsicherheit, Stuttgart 2000.

Standop, Dirk, Mehr Sicherheit des privaten Konsums durch verstärkte Produkthaftung? Abschiedsvorlesung von Prof. Dr. Dirk Standop, 17. Juli 2009, in: Beiträge des Fachbereichs Wirtschaftswissenschaften der Universität Osnabrück, Nr. 7, Osnabrück 2009.

Statistisches Bundesamt, Verbraucherpreisindex für Deutschland, URL: https://www.destatis.de/DE/ZahlenFakten/GesamtwirtschaftUmwelt/Preise/Verbraucherpreisindizes/Tabellen_/VerbraucherpreiseKategorien.html?cms_gtp=145110_slot%253D2&https=1 (abgerufen am: 29.01.16).

Steffenhagen, Hartwig, Werbeziele, in: Ralph Berndt und Arnold Hermans (Hrsg.): Handbuch Marketing-Kommunikation, Wiesbaden 1993, S. 285–300.

Steinle, Claus und Stephan Harmening: Strategische Planung mit dem PC – Grundüberlegungen und praktische Lösungshinweise, in: Jürgen Bloech, Uwe Götze, Burkhard Huch, Wolfgang Lücke und Friedhelm Rudolph: Strategische Planung: Instrumente, Vorgehensweisen und Informationssysteme, Heidelberg 1994, S. 229–250.

Straughan, Robert D., James A. Roberts, Environmental segmentation alternatives: a look at green consumer behavior in the new millennium, in: Journal of Consumer Marketing, Bd. 16, H. 6, 1999, S. 558–575.

Stremersch, Stefan und Gerard J. Tellis, Strategic Bundling of Products and Prices: A New Synthesis for Marketing. In: Journal of Marketing, Vol. 66 (2002), S. 55–72.

Theuvsen, Ludwig, Stakeholder-Management – Möglichkeiten des Umgangs mit Anspruchsgruppen, Münsteraner Arbeitspapiere zum Nonprofit-Sektor, Nr. 16, August, Münster 2001.

Thom, Norbert, Grundlagen des betrieblichen Innovationsmanagements, Königstein 1980.

Tomczak, Torsten und Elisabeth Rudolf-Sipötz, Bestimmungsfaktoren des Kundenwertes: Ergebnisse einer branchenübergreifenden Studie, in: Bernd Günter und Sabrina Helm (Hrsg.): Kundenwert: Grundlagen – Innovative Konzepte – Praktische Umsetzungen, 2., überarb. und erw. Aufl., Wiesbaden 2003, S. 133–161.

Treyer, Oscar A. G., Business Forecasting: Anwendungsorientierte Theorie quantitativer Prognoseverfahren, Bern 2010.

Trommsdorff, Volker, Verfahren der Markenbewertung, in: Manfred Bruhn (Hrsg.): Handbuch Markenführung, Wiesbaden 2004, S. 1853–1875.

Verordnung (EG) Nr. 1907/2006 des Europäischen Parlaments und des Rates vom 18. Dezember 2006 zur Registrierung, Bewertung, Zulassung und Beschränkung chemischer Stoffe (REACH). URL: http://eur-lex.europa.eu/legal-content/DE/TXT/PDF/?uri=CELEX:32006R1907&from=en (abgerufen am: 25.01.16).

Voeth, Markus und Uta Herbst, Marketing-Management: Grundlagen, Konzeption und Umsetzung, Stuttgart 2013.

Von Nitzsch, Rüdiger, Entscheidungslehre, 1. Aufl., Stuttgart 2002.

Witte, Eberhard, Organisation für Innovationsentscheidungen – Das Promotoren-Modell, Göttingen 1973.

Zeithaml, Valarie A., A. Parasuraman und Leonard L. Berry, Qualitätsservice – Was Ihre Kunden erwarten – was Sie leisten müssen, Frankfurt 1992.

Index

www.ingramcontent.com/pod-product-compliance
Lightning Source LLC
Chambersburg PA
CBHW081226220326
41598CB00037B/6889